Heterogenität in der Schule

Integration - Interkulturelle Erziehung - Koedukation

Andreas Hinz

Heterogenität in der Schule

Integration - Interkulturelle Erziehung - Koedukation

Curio Verlag Erziehung und Wissenschaft Hamburg

Titelbild: Ines Boban

Gefördert mit Mitteln der Max-Traeger-Stiftung und der Hamburger Landesarbeitsgemeinschaft Eltern für Integration e.V.

Die Arbeit wurde unter dem Titel: "Bewältigung von Heterogenität in der Schule. Eine Analyse von Ansätzen der Integrationspädagogik, der Interkulturellen Erziehung und der Feministischen Pädagogik im Hinblick auf eine gemeinsame, vielfältige Schule für alle Kinder" der Universität Hamburg 1992 als Dissertation eingereicht.

Hinz, Andreas:
Heterogenität in der Schule.
Integration - Interkulturelle Erziehung - Koedukation.
Hamburg: Curio Verlag 1. Auflage 1993
ISBN 3-9265-3494-X

Druck: Mensing GmbH + Co KG

Vorwort

"Es ist ein Glück des Menschen, ein anderer unter Gleichen zu sein."
(PLATO)

Interkulturelle Erziehung, Integration von Behinderten und Nichtbehinderten und Koedukation von Jungen und Mädchen sind Brennpunkte der aktuellen pädagogischen Diskussion. Auf den ersten Blick handelt es sich um 'eigenständige' Themen der Erziehungswissenschaft, die keinerlei verbindende Gemeinsamkeiten von allgemeinpädagogischer Qualität aufweisen.

Andreas Hinz hat mit der vorliegenden Arbeit die theoretische Anstrengung aufgebracht, diese scheinbar disparaten Arbeitsfelder auf einen allgemeinpädagogischen Generalnenner zu bringen. Den gemeinsamen Nenner von integrativer, interkultureller und koedukativer Pädagogik definiert er als Bewältigung von Heterogenität. Denn diese drei 'Pädagogiken' haben im Kern das gleiche Thema zum Inhalt: Hier wie dort geht es um die Bewältigung von Verschiedenheit, nämlich der Verschiedenheit der Begabungen, der Verschiedenheit der Kulturen und der Verschiedenheit der Geschlechter.

Andreas Hinz durchforstet diese drei Heterogenitätsdimensionen nach Gemeinsamkeiten und Unterschieden. Erkenntnisleitendes Interesse ist dabei die Fragestellung, wie die Institution Schule mit der Verschiedenheit der Kinder so zurechtkommen kann, daß eine gemeinsame und vielfältige Schule, eine Schule ohne Aussonderungszwänge und ohne Anpassungsdruck möglich wird.

Zur systematisierenden Ordnung und analytischen Durchdringung wird die 'Theorie integrativer Prozesse' herangezogen, die von einer dialektischen Spannung von Gleichheit und Verschiedenheit ausgeht.

Das vorgelegte Werk kann in mehrfacher Hinsicht beeindrucken. Da ist vorab die systematische Leistung zu nennen. Alles, was Integrationspädagogik, Feministische Pädagogik und Ausländerpädagogik an Problemen, Erfahrungen, Einsichten, Grundsätzen, Ergebnissen und Konzepten zu Tage gefördert haben, wird lückenlos gesichtet, gerafft beschrieben und kritisch abgewogen. Die Bandbreite der angesprochenen Themen ist unüberschaubar, die Fülle des verarbeiteten Materials schier erdrückend. Das Werk gleicht hierin einem Kompendium der Pädagogik.

Gewichtiger ist indes die theoretische Leistung. Die Analyse der feministischen, integrativen und interkulturellen Pädagogik führt zu erstaunlichen Parallelen. Die Bewältigungsmuster in den verschiedenen Heterogenitätsdimensionen sind in einem so hohen Maße ähnlich, daß gelegentlich die Wörter Frauen, Behinderte und Ausländer schlichtweg ausgetauscht werden könnten und der übrige rahmende Text doch weiterhin Gültigkeit hätte.

Die Theorie integrativer Prozesse vermag dabei in den untersuchten Heterogenitätsfeldern eine hohe produktive, klärende analytische Kraft zu entfalten. Sie erfährt durch diese Arbeit eine begriffliche Präzisierung und inhaltliche Anreicherung, in einem solchen Maße, daß ihr paradigmatische Qualitäten für die Allgemeine Pädagogik zuerkannt werden können.

Die Arbeit ist im Ergebnis ein überzeugendes Plädoyer für Gemeinsamkeit in der Schule. Insofern ist sie auch ein überfälliges Memorandum an die Allgemeine Pädagogik, die in ihrer gesamten Theoriegeschichte überwiegend eine Theorie für den normalen Durchschnittsschüler gewesen ist und sich der Heterogenität durch die Konzipierung von Sonderpädagogiken entledigt hat.

Die konkrete Schlußfolgerung, die sich aus den Studien ergibt, lautet unmißverständlich, eine demokratische Schule für alle aufzubauen. Eine allgemeine Schule, die diesen Namen verdient, verwirklicht die 'Gemeinsamkeit der Verschiedenen' (ADORNO). Eine demokratische Schule für alle Kinder bewältigt Heterogenität durch eine spannungsvolle, lebendige Balance von Gleichheit und Verschiedenheit. Oder mit den Worten der italienischen Integrationsbewegung: Tutti uguali, tutti diversi - alle sind gleich, alle sind verschieden. Das "Glück des Menschen, ein Anderer unter Gleichen zu sein" (PLATO), bedarf der Ergänzung durch das Glück, ein Gleicher mitten unter Anderen zu sein.

Hamburg, im August 1993 Hans Wocken

Inhaltsverzeichnis

Lieber Lehrer.

Ich bin Überlebender eines Konzentrationslagers.
Meine Augen haben gesehen,
was niemand je sehen sollte.

Gaskammern, gebaut von gelernten Ingenieuren.
Kinder, vergiftet von ausgebildeten Ärzten.
Säuglinge, getötet von
geschulten Krankenschwestern.
Frauen und Babies, erschossen und verbrannt
von Hochschulabsolventen.

Deshalb bin ich mißtrauisch
gegenüber Erziehung.
Meine Forderung ist, daß Lehrer ihren Schülern helfen,
menschlich zu werden.
Ihre Anstrengungen dürfen niemals führen
zu gelernten Ungeheuern, ausgebildeten
Psychopathen, studierten Eichmanns.
Lesen, Schreiben, Rechnen sind nur wichtig, wenn sie
dazu dienen, unsere Kinder
menschlicher werden zu lassen.

aus: Haim Ginott (1972): Teacher & Child

1. Einleitung

Die schulische Pädagogik steht überall vor der Herausforderung, daß sich in jeder Lerngruppe unterschiedliche Kinder befinden und somit eine Heterogenität gegeben ist, die möglichst in der Weise bewältigt werden muß, daß jedes Kind angemessene, förderliche Angebote erhält. Diese Heterogenität bezieht sich auf unterschiedliche Dimensionen: Bedeutsam sind z.B. die kognitive Leistungsfähigkeit, die Emotionalität, psycho-soziale Fähigkeiten, das Alter, das Geschlecht, die sprachlich-kulturelle Herkunft und die soziale Schicht.

In Vergangenheit und Gegenwart des deutschen Schulwesens dominiert eine Strategie der Bewältigung von Heterogenität durch die Bildung von Lerngruppen mit möglichst 'gleichen' Kindern, also eine Strategie der Homogenisierung durch Gliederung und äußere Differenzierung. Vielfältige Strukturen dienen dieser Strategie: die Jahrgangsklasse, die Gliederung des Schulwesens in unterschiedliche, hierarchisch geordnete Schultypen vom Gymnasium bis zur Schule für Geistigbehinderte und eine Vielzahl von Sonderformen und -maßnahmen für Kinder mit spezifischen Problemlagen.

Diese Strategie der Homogenisierung ermöglicht es, für die möglichst homogenen Lerngruppen gleiche Anforderungen zu formulieren und gleiche Ziele auf gleichem Niveau zu setzen. Da jedoch Kinder nicht nur verschieden sind, sondern sich auch unterschiedlich entwickeln, sind Regelungen und Verfahren notwendig, die diese Logik der Homogenisierung aufrechtzuerhalten helfen: Bestimmungen über Versetzungen bzw. Klassenwiederholungen, über die Abschulung auf einen Schultyp mit niedrigeren Anforderungen, bis hin zum Sonderschulüberweisungsverfahren. Diese Mechanismen sind Ausdruck des grundlegenden Spannungsverhältnisses, in dem sich die Schule befindet: Auf der einen Seite ist die individuelle Verschiedenheit jedes Kindes vorhanden, auf der anderen Seite wird die Lerngruppe der Gleichheitsforderung einheitlicher Anforderungen und Ziele unterworfen. Die Strategie der Homogenisierung ist zumindest seit dem pädagogischen Optimismus von COMENIUS, der die Kunst postulierte, allen Kindern - und nicht nur den Kindern des Adels - alles zu lehren, das grundlegende Prinzip der Schule.

Dieses Spannungsverhältnis spiegelt sich auch in den beiden grundlegenden Strukturelementen des Schulsystems wider, um deren Gewichtung sich die bildungspolitische Diskussion seit mindestens 70 Jahren dreht: auf der einen Seite die vertikale Struktur des Schulsystems mit dem Anspruch auf Gliederung und Differenzierung als Entsprechung zu einer vertikal gegliederten Gesellschaft, auf der anderen Seite die strukturelle Horizontalisierung des Systems mit dem Anspruch von Chancengleichheit und Demokratisierung (vgl. FURCK 1990). Selbst jene Schule, die seit den Postulaten in der Weimarer Verfassung eine Schule für alle Kinder des Volkes sein soll, die allgemeine Grundschule, ist - ebenso wie die Integrierte Gesamtschule - trotz gegenteiliger Programmatik bisher keine Schule für alle Kinder, denn sie hat Kindern mit Behinderungen weithin die Aufnahme verweigert und Kinder mit größeren Schwierigkeiten in die Grundstufen der Sonderschulen ausgesondert. Vereinfacht läßt sich feststellen: Überall wird davon ausgegangen, daß Kinder entweder gleich bzw. in Maßen durch Zuweisung zu Klassen und Kursen anzugleichen sind. Wenn diese Homogenisierungsprozesse nicht möglich und Kinder also zu verschieden sind, werden sie separiert. Bei zu großer Abweichung von einem imaginären Durchschnitt, von einer allgemeinen Norm ist mit Anpassungsdruck und/oder Separierungsdrohung zu rechnen (vgl. HINZ 1989a). Dies sind die zwei Seiten des bisher herrschenden Homogenisierungs-Denkens.

Diese Strategie der Bewältigung von Heterogenität durch Homogenisierung ist immer wieder heftig kritisiert worden. Mehrfach gab es Ansätze, ihr andere Strategien entgegenzusetzen. Als Beispiele können die von Peter PETERSEN entwickelten Jena-Plan-Schulen gelten, die die Heterogenität des Alters in gemischten Gruppen produktiv zu nutzen versuchten, aber auch die Gesamtschule, die die Mischung der sozialen Schichten in einer gemeinsamen Schule für alle statt ihrer Trennung im gegliederten Schulwesen postuliert. Als beispielhaft für die kritische Einschätzung der Homogenisierungsstrategie mit der Folge eines hierarchisch gestuften Systems mag die Stellungnahme von VIERLINGER zur österreichischen Hauptschule gelten, die er unter der Überschrift "das pädagogische Defizit der Schülersortierung" (1988, 547) u.a. in den folgenden Thesen zusammenfaßt: "Ein gestuftes Schulsystem macht die Schule stets mehr zu einer Stätte der Diagnose, des Richtens und des Aburteilens, des Aussortierens und der Auslese als zu einer Stätte des Helfens, der bildenden Begegnung und der Förderung" (1988, 547). Dies hat nach VIERLINGER negative Konsequenzen für die sozial-emotionale Entwicklung der SchülerInnen und ihre Fähigkeiten zu Kooperation und Hilfe. "Die homogene Schülerzusammensetzung liefert dem Lehrer ein Alibi, für Individualisierung und Differenzierung nicht weiter Sorge tragen zu müssen. Jedes gestufte System perfektioniert den Lehrer zu einem Spezialisten für Aussonderung, während er doch ein Spezialist für das Entwerfen von Lehrstrategien sein sollte!" (1988, 549). Dies hat für die LehrerInnen negative Konsequenzen für ihre Rollendefinition und ihre Aufgabenwahrnehmung. Schließlich klagt VIERLINGER die pädagogische Behinderung von Lernmöglichkeiten in homogenisierten Lerngruppen an: "Der wichtigste Lernvorgang aber, das Lernen am Vorbild, wurde und wird mißachtet" (1988, 550). Angesichts diese negativen Folgen für die Entwicklung von SchülerInnen, für das Selbstverständnis von LehrerInnen und für die pädagogischen Chancen fordert VIERLINGER eine Schule, die sich von der äußeren Differenzierung ab- und ausschließlich der inneren Differenzierung zuwendet (1988, 551). Damit würde der Homogenisierungsstrategie abgeschworen und eine bewußte Kultur der Heterogenität gepflegt.

In den 70er, stärker aber noch in den 80er Jahren ist wiederum Bewegung in die Diskussion um die Frage der Bewältigung von Heterogenität in der Schule, oder, plakativ ausgedrückt, in die Frage des Mischens oder Aufteilens von Kindern gekommen. Die Anstöße dazu kamen im wesentlichen nicht aus der Schule und der Pädagogik, sondern gingen von einer Elternbewegung aus: Eltern fordern für ihre behinderten und nichtbehinderten Kinder einen gemeinsamen, integrativen Unterricht in einer gemeinsamen 'Schule für alle Kinder'. Kinder mit Behinderungen sollen dem Willen dieser Eltern nach nicht mehr in den für sie gedachten Formen des Sonderschulwesens, sondern gemeinsam mit den nichtbehinderten Kindern der Umgebung in der Grundschule des Bezirks unterrichtet werden. Das Motto: 'Gemeinsam leben - gemeinsam lernen' faßt das Programm dieser Elternbewegung für Integration und gegen Aussonderung zusammen.

Die Genehmigung der ersten Integrationsversuche war von den zuständigen Kultusbehörden zunächst als Beruhigungs- und Befriedungsaktion für kleine, privilegierte Gruppen von Eltern geplant, die sich quasi konspirativ in Initiativen organisierten und öffentlichen Druck erzeugten. Inzwischen zeichnet sich jedoch eine Tendenz grundlegender Veränderung ab, und dieses am deutlichsten im Grundschulbereich. Deutlich wird dieser veränderte Elternwille z.B. in der Repräsentativumfrage des Instituts für Schulentwicklung von 1989, nach der 75 % der Befragten der Meinung zustimmen und lediglich 8 % verneinen, daß die Eltern eines behinderten Kindes selbst entscheiden können sollen, welche Schule ihr Kind besuchen soll (IFS 1990, 42). Diese neue Entwicklung hat zunächst vor allem in den alten Bundesländern mit sozialdemokratisch geführten Regierungen begonnen. Sie hat sich jedoch inzwischen auf fast alle alten Bundesländer ausgeweitet und auch in den neuen Bundesländern zu ersten Initiativen und Versuchen geführt. Eine Reihe integrativer Versuche sind bereits in die Sekundarstufe I, meist in Gesamtschulen, hineingewachsen, die ältesten Klassen haben schon die Sekundarstufe I durchlaufen, und die SchülerInnen mit und ohne Behinderungen sind in die verschiedenen Zweige der Sekundarstufe II übergegangen. Die Tendenz zu grundlegenden Veränderungen läßt sich auch durch die Tatsache belegen, daß seit Beginn der 90er Jahre in einer Reihe von Bundesländern Schulgesetzänderungen in Kraft treten, die die Erziehungsaufgabe der allgemeinen Schule ausdrücklich auch auf SchülerInnen mit Behinderungen beziehen - und dieses ohne prinzipiellen Ausschluß nach Art oder Schwere der Behinderung, wenn auch im Rahmen vorhandener Mittel. Damit scheint die Dominanz des Ausschlusses von SchülerInnen mit Behinderung aus der allgemeinen Schule überwindbar und eine andere Strategie der Bewältigung von Heterogenität möglich zu werden.

Die pädagogische Bedeutung dieser Entwicklung liegt nun nicht einfach darin, daß einige bisher in Sonderschulen unterrichtete Kinder mit Behinderungen die Grundschule des Umfelds bzw. eine der allgemeinen Sekundarschulen besuchen. Die Integrationsbewegung stellt die bisherige schulstrukturelle Dominanz von Differenzierung und Ausgrenzung im Schulsystem in neuer Radikalität in Frage und fordert im Gegensatz zu ihr die Dominanz der Gemeinsamkeit und Demokratisierung. Bewältigung von Heterogenität vollzieht sich innerhalb dieser neuen Entwicklung in einer neuen Weise, bei der offensichtlich die Gemeinsamkeit höchst unterschiedlicher Kinder nicht mehr als zu minimierendes Problem, sondern als Chance gesehen wird. Insofern handelt es sich bei der Integration im Sinne eines gemeinsamen Unterrichts für alle Kinder in der Tat um eine "ideelle Revolution" (WOCKEN 1987b, 76) innerhalb der Pädagogik, mit der die Schule nach über 300 Jahren über COMENIUS hinauszugehen verspricht. Die Grundschule könnte mit der unbeschränkten Aufnahme aller Kinder ihrem in der Weimarer Verfassung verankerten Postulat einer 'Schule für alle Kinder des Volkes' einen gewichtigen Schritt näherkommen und sich somit tatsächlich zu einer demokratischen Schule entwickeln (vgl. SCHWARZ 1991, 16).

Der erste Teil der Fragestellung dieser Arbeit richtet sich auf die praktischen und theoretischen Strategien der Bewältigung von Heterogenität im Bereich der integrativen Erziehung.

Zunächst sollte sich die vorliegende Arbeit der Praxis der integrativen Erziehung in der Primarstufe zuwenden. Auf der Basis mehrjähriger Wissenschaftlicher Begleitungsarbeit in den Hamburger Integrationsklassen sollte sie beschrieben und analysiert werden. Das Untersuchungsvorhaben dieser Arbeit nahm jedoch eine andere Wendung: Im integrativen Unterricht waren immer wieder Situationen zu beobachten, in denen sich Auseinandersetzungen nicht auf die Heterogenität der Begabungen bezogen, sondern auf andere Dimensionen von Heterogenität: Häufig waren dies Auseinandersetzungen zwischen Mädchen und Jungen, bei denen die Geschlechter eine große Rolle spielten, oder Auseinandersetzungen, bei denen der unterschiedliche kulturelle Hintergrund der Kinder von Bedeutung war. Auf dieser Grundlage weitete sich der Interessen- und Aufmerksamkeitshorizont für andere Dimensionen der Heterogenität von Kindern in der Schule. Es wurde eine neue Problematik deutlicher, die darin besteht, daß in der Praxis der Integrationsklassen anderen Dimensionen der Heterogenität möglicherweise nicht hinreichend Aufmerksamkeit geschenkt wird, so daß dort traditionelle 'heimliche Lehrpläne' trotz aller Bemühungen um Integration von behinderten und nichtbehinderten Kindern weiterhin unreflektiert und um so effektiver wirken können. PädagogInnen sind demnach in der Praxis auf alle Dimensionen der Heterogenität bezogen herausgefordert und stehen unter unmittelbarem Handlungsdruck. Eine Folge dieser Überlegungen war die intensivere Beschäftigung mit den Diskussionen um die Verschiedenheit von Kindern in der Literatur der Schulpädagogik (vgl. HINZ 1989a). Ermutigt und angeregt wurden diese Überlegungen durch ähnliche Gedanken in den Arbeiten von Annedore PRENGEL (1988b, 1989a, 1990c).

Bei der theoretischen Beschäftigung mit diesem ausgeweiteten Fragenhorizont zeigte sich schnell, daß die Frage einer veränderten Bewältigung von Heterogenität in der Schule sich nicht allein im Hinblick auf die Dimension der Begabung im Sinne des gemeinsamen oder getrennten Unterrichts von Kindern mit und ohne Behinderung stellt. Sie wird zumindest in zwei weiteren Feldern diskutiert:

- o Bei der Frage der gemeinsamen oder getrennten schulischen Erziehung von Kindern mit unterschiedlichem kulturellen Hintergrund geht es ebenfalls um die Bewältigung von Heterogenität, und zwar ihrer kulturellen Dimension. Hier versprechen Ansätze der Interkulturellen Erziehung über jenes Homogenisierungsdenken hinauszuführen, das für Kinder von MigrantInnen und Flüchtlingen nur die Alternative zwischen der Anpassung an das Deutsche und der subkulturellen Isolation im Kreis der Herkunftskultur läßt.
- o Auch die Frage der gemeinsamen oder getrennten schulischen Erziehung von Mädchen und Jungen wird seit einigen Jahren kontrovers diskutiert. Die feministische Schulkritik betont, daß die geschlechtliche Heterogenität in der Schule bisher weitgehend im Sinne der Homogenisierung durch die Anpassung oder das Ignorieren des Weiblichen bewältigt wurde. Ansätze der Feministischen Pädagogik versuchen hier alternative Bewältigungsstrategien aufzuzeigen.

Der zweite Teil der Fragestellung dieser Arbeit bezieht sich dementsprechend auf Gemeinsamkeiten und Unterschiede dieser drei bisher weitgehend getrennt geführten pädagogischen Diskussionen. In allen drei Diskussionen geht es um die Frage einer Balance zwischen Gleichheit und Gemeinsamkeit einerseits und Verschiedenheit und Differenzierung andererseits. Wenngleich die Ausgangssituationen unterschiedlich sind, so kreist die Suche in allen drei Feldern um die gleiche Fragestellung, nämlich die Frage, wie sich Gemeinsamkeit ohne Uniformitätsdruck und ohne Ausgrenzungsdrohung entwickeln kann, oder, um es in einem Kernbegriff zu fassen, wie ein "Miteinander des Verschiedenen" (ADORNO 1980, 153) ermöglicht werden kann. Ansätzen der Integrationspädagogik, der Interkulturellen Erziehung und der Feministischen Pädagogik ist dieses zentrale Anliegen gemeinsam, auch wenn dies innerhalb der einzelnen Diskussionsfelder meist nicht bewußt ist.

Die Fragestellung der Arbeit lautet also in einem Satz zusammengefaßt: Wie kann Heterogenität in der Schule so bewältigt werden, daß nicht mehr die Homogenisierung mit den problematischen Konsequenzen der Anpassungsforderung und Aussonderungsdrohung dominiert, sondern eine Strategie des 'Miteinander des Verschiedenen' Platz greift, die zu einer gemeinsamen, vielfältigen Schule für alle Kinder beiträgt?

2. Darstellung des Untersuchungsvorhabens

Das Untersuchungsvorhaben dieser Arbeit gliedert sich in zwei Schritte auf. Im ersten Schritt geht es um eine Analyse der Integrationspädagogik und ihrer bisherigen Praxis- und Theorieentwicklung. Hier steht die Frage im Zentrum, wie die Integrationspädagogik das gleichzeitige Vorhandensein von Gleichheit und Verschiedenheit von Kindern theoretisch formuliert (Kap. 2) und wie sie es praktisch zu bewältigen in der Lage ist (Kap. 3).

Im zweiten Schritt richtet sich die Fragestellung auf die Übertragbarkeit des integrationspädagogischen Vorverständnisses eines dialektischen Verständnisses von Gleichheit und Verschiedenheit auf andere Bereiche der allgemeinen Pädagogik. Hier steht im Zentrum, ob ein solches dialektisches Verständnis für die Bereiche der Heterogenität der Kulturen (Interkulturelle Erziehung) und die Heterogenität der Geschlechter (Feministische Pädagogik) Gültigkeit besitzt und weiter, wie es in Praxis und Theorie beschrieben und eingelöst wird (Kap. 4 und 5).

Die Beantwortung dieser beiden Fragen erfolgt wiederum in zwei Schritten: Zunächst werden hierzu die theoretischen und praktischen Aussagen der drei Bereiche, der Heterogenität der Begabungen, der Kulturen und der Geschlechter, in einer synoptischen Zusammenfassung verglichen. Es werden Gemeinsamkeiten und Unterschiede herausgearbeitet (Kap. 6). Schließlich wird ausgelotet, welche Bedeutung diese Ergebnisse auf unterschiedlichen Ebenen haben: die Bedeutung für die Institution Schule, für den Unterricht, für die LehrerInnenausbildung, auch die Bedeutung für die Erziehungswissenschaft (Kap. 7).

2.1 Integrationspädagogik - Linien der Praxis- und Theorieentwicklung

In diesem Abschnitt erfolgt eine Analyse der integrationspädagogischen Entwicklung. Dabei wird zwischen den Ebenen der Praxisentwicklung (Kap. 2.1.1) und der Theorieentwicklung (Kap. 2.1.2) unterschieden. Die Praxisebene steht hier am Anfang, da sie auch in der realen Entwicklung selbst als 'Entwicklung von unten' voranging und erst theoretische Aussagen nach sich zog.

2.1.1 Praxisentwicklung der Integrationspädagogik

Bei der Betrachtung der Praxisentwicklung geht es um drei Schwerpunkte: Zunächst wird das historische Vorfeld und gesellschaftliche Umfeld umrissen, es werden also jene pädagogischen und gesellschaftlichen Entwicklungen dargestellt, in die die Integrationsentwicklung eingebettet ist. Daran schließt sich eine zusammenfassende Darstellung der in der Praxis vorzufindenden konzeptionellen Entwicklungslinien an. Den Abschluß bildet eine Charakterisierung der beiden wesentlichen aktuellen bildungspolitischen Kontroversen, die Einbeziehung von Kindern, die sonst Schulen für Geistigbehinderte besuchen würden, und die Weiterführung integrativer Erziehung im Sekundarbereich.

Einbettung in pädagogische und gesellschaftliche Entwicklungen

Die praktische und theoretische Entwicklung der Integrationspädagogik hat historische Vorläufer und unterschiedliche Wurzeln, auf denen sie aufbaut und durch die sie angeregt wurde. Mit ihrer Betrachtung kann das Vor- und Umfeld erhellt werden, in dem sich die Integrationspädagogik hat entwickeln können.

Bereits in der **Weimarer Reichsverfassung** 1919 wird für die allgemeine Grundschule gemäß Artikel 146 als Ziel proklamiert: "Die Grundschule ist eine Schule für alle Kinder des Volkes". Ziel und Anspruch sind jedoch der Praxis weit voraus. So wird auf der Reichsschulkonferenz 1920 von SonderschulvertreterInnen für eine eigenständige Sonderbeschulung argumentiert, "damit die normalbegabten einen ruhigen und ungehemmten Fortschritt in der Grundschule und den weiteren Zweigen der Einheitsschule erfahren können" (zit. in PRENGEL 1989a, 188). In § 5 des Reichsgesetzes über die Grundschule, die eine vierjährige gemeinsame Beschulung für (fast) alle Kinder festlegt, wird der Ausschluß von Kindern mit Behinderungen festgeschrieben: "Auf die Unterrichtung und Erziehung blinder, taubstummer, schwerhöriger, sprachleidender, krankhaft veranlagter, sittlich gefährdeter oder verkrüppelter Kinder sowie auf die dem Unterricht und der Erziehung dieser Kinder bestimmten Anstalten und Schulen finden die Vorschriften dieses Gesetzes keine Anwendung" (nach PREUSS-LAUSITZ 1986a, 104).

Im Gegensatz zu anderen Ländern wird **nach dem zweiten Weltkrieg** in der BRD keine "grundlegende Erneuerung der Gesellschaft" (DEPPE-WOLFINGER 1990a, 11) eingeleitet, sondern im Bildungsbereich "die Restauration des viergliedrigen Schulwesens" (1990a, 12) betrieben. Bis zur Mitte der 70er Jahre ist die pädagogische Förderung behinderter Kinder, so weit sie überhaupt beschult wurden, nahezu die ausschließliche Angelegenheit, das Monopol der Sonderschulen. Zwar gibt es immer wieder einzelne Kinder mit Behinderungen, die in der allgemeinen Schule 'nebenbei mitlaufen' oder 'mitgezogen' werden; doch übernehmen die Sonderschulen in immer größerem Maße eine Entlastungsfunktion für die allgemeine Schule, indem sie ihr Kinder mit größeren Schwierigkeiten abnehmen und so die Heterogenität der Lerngruppen begrenzen. Der rapide Ausbau des Sonderschulwesens seit dem Ende des zweiten Weltkriegs und vor allem in den 60er Jahren ist u.a. dessen Ausdruck (MUTH 1982, PREUSS-LAUSITZ 1986a).

Erst **Ende der 60er Jahre** kommt im Zusammenhang mit der Erklärung des "Bildungsnotstandes" (PICHT 1964) stärkere Bewegung in die Bildungslandschaft, die zur ersten Welle von Gesamtschulgründungen führt. Damit beginnt nach EBERWEIN "die erste Phase der Integrationsdiskussion" (1988b, 51), innerhalb der Sonderpädagogik vorwiegend als theoretische Diskussion um die Einbeziehung von 'SonderschülerInnen' in Gesamtschulen.

Mit der **Empfehlung der Bildungskommission des Deutschen Bildungsrates** "Zur pädagogischen Förderung behinderter und von Behinderung bedrohter Kinder und Jugendlicher" von 1973 ist eine Wendemarke der sonderpädagogischen Bildungsplanung und ihrer theoretischen Grundlagen sowie eine zweite Phase der Integrationsdiskussion wie der Realisierung integrativer Schulen (EBERWEIN 1988b, 51) erreicht. "In ihm ist das erste offizielle Dokument zu sehen, das in der Bundesrepublik die Gemeinsamkeit von Behinderten und Nichtbehinderten im allgemeinen Schulwesen empfiehlt" (MUTH 1988a, 14). Die Empfehlung des Bildungsrates markiert gleichzeitig die Verlagerung der Integrationsdiskussion vom Sekundar- in den Primarbereich und von der Integration der sozialen Schichten (in der Gesamtschule), bei der die Einbeziehung von Kindern mit Behinderungen einen marginalen Stellenwert hat, zu der von 'unterschiedlichen Begabungen' (HINZ 1989a). Wie MUTH 1983, zehn Jahre später, jedoch feststellt, sind die konkreten Wirkungen der Empfehlungen der Bildungskommission eher enttäuschend. In den offiziellen Curricula wie in der offiziellen Schul- und Hochschulpolitik hat sich seiner Einschätzung nach "nichts, nichts, nichts getan" (1984, 19).

Immerhin aber kommt es zu **Beginn der 80er Jahre** - vorwiegend im Bereich der Behindertenpädagogik - zu einer Phase intensiver, auch ideologisch geführter Diskussionen. Der Aufsatztitel "... man kann sich das einfach nicht vorstellen" (BOBAN & WOCKEN 1983) gibt die Situation jener Zeit wieder, als noch keine breiteren Erfahrungen mit schulischer Integration vorliegen. In dieser Zeit intensiver ideologischer Auseinandersetzungen werden Sonderschulen als 'Institutionen der Gewalt' bezeichnet und demokratisierende Konsequenzen gefordert: "Schafft die Sonderschule ab!" (JANTZEN 1981). Gleichzeitig fühlen sich andere durch die "italienische Seuche" (PRÄNDL 1981), mit der sie die Anregungen aus der italienischen Psychiatrie- und Schulreformbewegung benennen zu müssen glauben, verfolgt und bedroht.

Die harten ideologischen Auseinandersetzungen treten in den Folgejahren jedoch zurück zugunsten der Diskussion über die Entwicklung praktischer Versuche und theoretischer Konzepte. Gleichwohl kommen auch Ende der 80er Jahre ideologische Entgleisungen vor wie die von SPECK, der auf einer Tagung des Berliner Senats 1987 das Vorhaben einer "totalisierten Integration als Endziel" kritisiert (was dann in der schriftlichen Fassung des Vortrags nicht mehr enthalten ist; vgl. PREUSS-LAUSITZ 1988f, 35, SPECK 1989). An diesem Vortrag lassen sich auch in seiner schriftlichen Fassung ideologische Momente in der Begriffsbildung finden: SPECK stellt einem als positiv verstandenen "Konzept der differenzierten und kooperativen Integration" (1989, 18) das von ihm schon im Vortrag heftiger kritisierte "Konzept der totalen Integration" (1989, 20) gegenüber - die ideologische Wertung ist eindeutig; sie könnte indessen umgekehrt werden durch die ebenso tauglichen Begriffe 'unbeschränkte Integration' und 'beschränkte Integration'.

In der Folge der Bildungsratsempfehlung gehen in der Praxis nicht nur die Schülerzahlen im Sonderschulbereich zurück, sondern es entstehen auch zahlreiche **Integrationsprojekte**, die in ihren inhaltlichen Grundlagen deutlich mit der Bildungsratsempfehlung verbunden sind und sich auf sie berufen (z.B. PROJEKTGRUPPE 1988, WOCKEN 1988e). Seit der Empfehlung des Bildungsrates breitet sich die integrative Erziehung im Sinne einer "Gemeinsamkeit im Bildungswesen" (MUTH 1986) von behinderten und nichtbehinderten Kindern immer stärker aus. Mittlerweile hat die Integrationsbewegung nicht nur "das Monopol der bisherigen Sonderbeschulung gebrochen" (BLEIDICK 1989a, 37), sondern mit dem Aufbau von Möglichkeiten des gemeinsamen Lebens und Lernens von Kindern mit und ohne Behinderung in der Schule ein "Patt der konkurrierenden Systeme" (1989a, 37) hergestellt.

Die Integrationsentwicklung hat ihre Wurzeln jedoch nicht nur in der Sonderpädagogik, sondern auch in der **Allgemeinen Pädagogik**. In der Tradition der anfangs zitierten Weimarer Verfassung nähert sich die allgemeine Schule, insbesondere die Grundschule mit den Reformbestrebungen in den 70er Jahren und deutlich verbesserten Rahmenbedingungen dem Anspruch an, eine Schule für alle Kinder zu sein. Hier bildet das vom Grundschulkongreß 1989 beschlossene Grundschulmanifest einen wichtigen Meilenstein. Dort heißt es, die Grundschule müsse aus den tiefgreifenden Veränderungen in den Lebensbedingungen von Kindern Konsequenzen ziehen. Unter anderem wird unter Punkt 4 gefordert: "Kinder heute haben einen Anspruch auf eine für alle gemeinsame Grundschule, wie sie schon der Artikel 146 der Weimarer Verfassung forderte. Solange behinderte Kinder außerhalb der Grundschule bleiben, ist der Verfassungsauftrag nicht erfüllt. Grundschule heute muß deshalb die Integration von Behinderten als humane Aufgabe einlösen" (GRUNDSCHULMANIFEST 1989, 3). Mit dem Grundschulmanifest erklärt sich die Grundschule explizit für die Unterrichtung behinderter Kinder in der allgemeinen Schule für zuständig. Diese Qualität der Aussage ist neu: Es geht nicht mehr um die Frage der Machbarkeit von Integration oder um das Erfahrungen-Sammeln in Modell- und Schulversuchen, sondern um eine Verankerung der Integrationsaufgabe als substantiellem Teil grundschulpädagogischer Arbeit.

Integrationspädagogik ist jedoch nicht als modernisierte Form und schon gar nicht als 'Erfindung' der Schul- oder Sonderschulpädagogik anzusehen, sondern primär das Ergebnis einer **Elternbewegung**. Die professionelle Pädagogik in Schulpraxis, Schulverwaltung und Wissenschaft hat zunächst ablehnend und zögernd, später nur teilweise unterstützend auf Anforderungen von außen reagiert. Eltern waren und sind die "Integrations-Antreiber vom Dienst" (METTKE 1982). "Wenn es in der Frage der Integration ein Verdienst zu reklamieren gibt, dann ist es ein Verdienst der Mütter und Väter, die den Weg zur gemeinsamen Erziehung von behinderten und nichtbehinderten Kindern mit dem Mut, der Berge versetzt, gebahnt haben" (GROLLE 1987, 42). Vor allem Eltern waren in der Lage, "produktive Unruhe in die Schulen zu tragen und damit 'vor Ort' Reformdiskussionen anzustoßen" (DEPPE-WOLFINGER 1990a, 15). Sie stehen nach wie vor zu diesem Reformprojekt und bilden prinzipiell wie konkret die wichtigsten UnterstützerInnen, im Primar- wie im Sekundarbereich (MUNDER 1983, 1988, DUMKE & SCHÄFER 1987, WOCKEN 1987d, BOBAN 1989c, DUMKE, KRIEGER & SCHÄFER 1989, PREUSS-LAUSITZ 1990c, COWLAN U.A. 1991b, für Österreich REICHER 1991).

Dieses Verdienst hat jedoch gleichzeitig seine Schattenseiten: Eltern waren und sind es auch, die sich immer wieder von 'realistischen' ExpertInnen die Unmöglichkeit ihres Anliegens entgegenhalten lassen und für jede einzelne Integrationsklasse und -maßnahme kämpfen müssen. Nach wie vor bleibt es ihnen überlassen und zugemutet, sich für die Ausweitung integrativer Erziehung stark zu machen. Ein zweischneidiges Unterfangen: Wo bildungspolitische Einflußmöglichkeiten gegeben sind, kann von Eltern viel bewirkt werden, wo dies nicht zugelassen wird, kann immer argumentiert werden, es habe sich in anderen Bundesländern um priviligierte Eltern gehandelt; somit seien die dort gemachten Erfahrungen nicht repräsentativ und nicht übertragbar. Damit vollzieht sich "Weiterentwicklung und Reform von Schule unter massiver Mitwirkung, aber eben auch auf dem Rücken von Eltern" (HINZ 1989b, 77).

Viele Elterngruppen haben sich zusammengefunden, um eine gemeinsame Kindergartenzeit zu erreichen, häufig unterstützt von privaten Trägern. So entstehen in vielen kirchlichen und Einrichtungen der Behindertenverbände integrierte (im Sinne eines gemeinsamen Hauses von separierten Gruppen für behinderte und nichtbehinderte Kinder) und integrative, also gemischte Gruppen. Weiter wird eine große Zahl von Kindern mit Behinderungen in Regeleinrichtungen betreut (HÖSSL 1988a, 1988b, 1988c, zusammenfassend HUNDERTMARCK 1990). Daß die integrative Entwicklung nicht vor den Toren der Grundschule enden soll und viele Elterninitiativen für die Fortsetzung streiten, ist nicht verwunderlich. So haben viele Integrationsprojekte im Schulbereich ihre Vorläufer in integrativen Kindergärten.

Eine zweite wichtige Initiativbewegung neben der der Eltern geht von der **LehrerInnenschaft** aus, die insbesondere im Rahmen gewerkschaftlicher Aktivitäten ihren Teil zur Initiierung und Unterstützung von Integrationsprojekten im Schulbereich beigetragen hat (GEW 1982, 1986a, GEW LÜNEBURG 1986, GEW LV SCHLESWIG-HOLSTEIN 1986, HEYER 1988b, GGG 1989, GEW LV HAMBURG 1990). Auch der Arbeitskreis Grundschule unterstützt die Integrationsentwicklung: Die Verleihung des Grundschulpreises 1988 an die Hamburger Eltern für Integration ist hierfür ein deutliches Zeichen (BRUNNERT 1988, RAMSEGER 1988), ebenso wie die Verleihung des Grundschulpreises 1992 an die Uckermark-Grundschule als erste staatliche Integrationsschule in der Bundesrepublik. Weiter sind auch Einzelinitiativen aus dem Bereich der Hochschulen (TU Berlin; SCHÖLER 1988a, 1988b, KRISCHOCK 1989) zu nennen sowie Querverbindungen zwischen Hochschule und LehrerInnengewerkschaft, die bei entsprechenden politischen Veränderungen großes Potential entwickeln konnten, so z.B. im Saarland.

Förderlich für die Integrationsentwicklung in der Bundesrepublik sind weiter auch **Anregungen aus dem Ausland**. Seit den 70er Jahren kommt es geradezu zu einem "Integrationstourismus" (DEPPE-WOLFINGER 1990a, 18), aus dem eine Vielzahl von Reise- und Tagungsberichten erwächst (vgl. u.a. KASZTANTOWICZ 1982, BÜRLI 1985, 1988, HINZ & WOCKEN 1987, SCHÖLER 1990).

Die Aufmerksamkeit richtet sich zunächst auf die **skandinavischen Länder**. Maßgebliche Wirkung erzielt das von BANK-MIKKELSEN formulierte Normalisierungsprinzip, nach dem Menschen mit Behinderungen Hilfen bekommen sollen, mit denen sie ein Leben so normal wie möglich führen können und nicht in die Isolation separierender Institutionen geraten. Im schulischen Bereich wird ein System der Unterstützung für SchülerInnen mit Behinderungen bereitgehalten, das ihren stufenweisen Einbezug in die neunjährige Einheitsschule gewährleisten soll (THIMM U.A. 1985, BUNDESVEREINIGUNG 1986).

Zum zweiten gewinnt **Italien** seit dem radikalen Schritt der Auflösung von Sonderschulen in der Folge der Anti-Psychiatrie-Bewegung für bundesdeutsche Eltern und PädagogInnen eine besondere Anziehungskraft (SCHÖLER 1983, 1984, 1987a, 1987b, INNERHOFER & KLICPERA 1986, 1988, BOBAN U.A. 1987). Dort gibt es kein gestuftes System der Integration wie in Skandinavien, sondern alle Kinder besuchen die Schule des Wohnbereichs, ggf. mit der Unterstützung durch StützlehrerInnen. 1977 wird diese Regelung mit dem Gesetz 517 festgeschrieben und seither nicht grundsätzlich kontrovers diskutiert (RITTMEYER 1990). Konzeptionell bedeutsam ist die italienische Weiterentwicklung des Normalisierungsprinzips in der Medizin der Gesundheit (ROSER & MILANI-COMPARETTI 1982, ROSER 1983a, 1983b, MILANI-COMPARETTI 1987, ROSER 1987a, 1987b; vgl. Kap. 3.5.3).

Weiterhin ist auch **Großbritannien** von Interesse, sowohl was die Entwicklung schulischer Integration selbst angeht, aber auch auf konzeptioneller Ebene mit dem WARNOCK-Report und dem darin enthaltenen Begriff der "special education needs" (KLEBER 1982, 1984). Zwischenzeitlich wird dort jedoch hinterfragt, ob es sich tatsächlich um "special needs" oder nicht vielmehr um bisher "unmet needs" handelt, das segregierte System wird als "system of educational apartheid" scharf kritisiert, durch das Kinder depriviert würden (HALL 1992, 8).

Neben den Initiativgruppen und Anregungen aus dem Ausland trägt ein weiteres Moment zur Dynamik der Integrationsentwicklung bei: Die **Anknüpfung an die Reformbewegungen in den 70er Jahren**, die außen-, innen- und bildungspolitisch eine grundsätzliche Demokratisierung forderten. Ihnen ging es u.a. um "eine Neuordnung des Bildungswesens vom Kindergarten bis zur Universität mit dem Ziel von Chancengleichheit, Emanzipation und Mündigkeit" (DEPPE-WOLFINGER 1990a, 12). Dies war wesentlich die Phase intensiver Diskussionen um Gesamtschulen und der ersten Welle ihrer Gründungen.

Diese Modernisierung schlägt sich u.a. in veränderten Schulstrukturen nieder. Die dahinterstehenden Interessen sind gleichwohl sehr unterschiedlich, das Spektrum erstreckt sich von der Forderung nach demokratischeren Strukturen bis zu einer effektiveren "Ausschöpfung der Begabungsreserven" (vgl. KLEMM, ROLFF & TILLMANN 1985). Die sich in der Folge wachsender ökonomischer und individueller Mobilität zunehmend entwickelnde Individualisierung der Lebenslagen und Lebensstile (BECK 1986, 1988, BECK & BECK-GERNSHEIM 1990) verändert auch die **Struktur familiärer Sozialisation** und führt zu einem tendenziellen Funktionsverlust der Familie. Familien können ihre bisherigen Sozialisationsaufgaben nicht mehr in der bisherigen Weise wahrnehmen und verändern die Bedingungen von Kindheit fundamental. Die bisherige Klarheit von gesellschaftlichen Normen wird immer verschwommener: Die alten Ideale von Fortschritt und Wachstum durch Differenzierung und Spezialisierung werden angesichts der atomaren und ökologischen Weltbedrohung unglaubwürdig, und damit werden auch Maximen bisheriger Bildungsbegriffe und des Bildungssystems insgesamt fragwürdig (vgl. PREUSS-LAUSITZ 1986a, 1988d, SCHLEY 1989a, DEPPE-WOLFINGER 1990b).

Daher muß die Schule - und zumal die Grundschule, wie im GRUNDSCHULMANIFEST 1989 festgestellt wird - vermehrt Sozialisationsaufgaben übernehmen, die weit über das bisherige Verständnis der Schule als Ort der Wissensvermittlung und der Vorbereitung auf die Zukunft hinausgehen (vgl. FÖLLING-ALBERS 1989, FAUST-SIEHL, SCHMITT & VALTIN 1990). Schule - und besonders Grundschule - muß sich stärker zu einem Ort jetzigen Lebens und Lernens weiterentwickeln. Integrationsversuche kommen dieser Notwendigkeit insofern entgegen, als sie z.B. mit einem veränderten Lernbegriff, der nicht nur die kognitive Dimension, sondern auch emotionale und soziale Dimensionen verstärkt in den Blick bekommen und damit alten Postulaten wie PESTALOZZIS 'Lernen mit Kopf, Herz und Hand' neue Aktualität verleihen (WOCKEN 1987a, 1987b; vgl. Kap. 3.5.1). Insofern können sie evtl. einen Beitrag leisten auf dem "Weg aus der Krise des Bildungssystems" (PREUSS-LAUSITZ 1988c, 1988e, vgl. DEPPE-WOLFINGER 1990b).

Konzeptionelle Entwicklungslinien

Im Rückblick lassen sich verschiedene konzeptionelle Linien ausmachen, die teilweise zeitlich aufeinander folgen, teils sich parallel entwickeln. Sie sollen im folgenden charakterisiert werden (vgl. hierzu PREUSS-LAUSITZ 1981, HAUPT 1985, MUTH 1988b, MUTH & HÜWE 1988 sowie DEPPE-WOLFINGER, PRENGEL & REISER 1990). Zahlreiche Erfahrungsberichte zu den verschiedenen Ansätzen finden sich in den Publikationen von MUTH, KNIEL & TOPSCH (1976), WEIGT (1977), SCHINDELE (1977), REINARTZ & SANDER (1978 bzw. 1982), GEW (1982, 1983, 1986a), KLEIN, MÖCKEL & THALHAMMER (1982), VALTIN, SANDER & REINARTZ (1984), PREUSS (1985).

Schon lange gibt es in allgemeinen Schulen **Integrationsversuche mit Kindern einer Behinderungsart**. Dabei handelt es sich durchweg um Integration mit gleichen Lernanforderungen für alle, es wird jedoch durch Mitarbeit von SonderpädagogInnen und didaktische, therapeutische und apparative Hilfen zusätzliche Unterstützung gegeben. Solche Versuche, denen unzweifelhaft das Verdienst zukommt, Kindern mit bestimmten Behinderungsarten höhere Schulabschlüsse ermöglicht zu haben, beziehen sich zumeist auf Kinder mit Sehschädigungen, Hörschädigungen und mit Körperbehinderungen.

Dabei wird meistens einseitig von einer "Regelschulfähigkeit" bzw. "Sonderschulbedürftigkeit" von Kindern ausgegangen (z.B. HAUPT 1983, 141), die sich nach vorhandenen Schulstrukturen richten müssen. Die Reichweite solcher Versuche ist bezüglich des Personenkreises begrenzt: Es können vor allem solche Kinder mit Behinderungen aufgenommen werden, die einen im wesentlichen unveränderten Unterricht verkraften können. Jene Kinder mit Behinderungen, auf die im Unterricht der allgemeinen Schule in höherem Maße Rücksicht genommen werden müßte, drohen in derartigen Versuchen eher an Vorhandenes angepaßt zu werden (HINZ 1989a), als daß es zu einer Veränderung des Unterrichts im Sinne einer verstärkten Individualisierung für alle Kinder kommt.

Im Zusammenhang mit der Empfehlung des Deutschen Bildungsrates "Zur pädagogischen Förderung behinderter und von Behinderung bedrohter Kinder und Jugendlicher" (DEUTSCHER BILDUNGSRAT 1973a) entstehen in der zweiten Hälfte der 70er Jahre zahlreiche **Versuche mit einer "differenzierten Grundschule"**, die auf die Verschiedenartigkeit der SchulanfängerInnen besser Rücksicht nehmen wollen. Dazu werden in vielen Projekten Eingangsstufen eingerichtet, die den Übergang vom Elementarbereich zur Grundschule fließend gestalten (vgl. REINARTZ & SANDER 1978/1982, BUSCHBECK, ERNST & REBITZKI 1982, VALTIN, SANDER & REINARTZ 1984).

Ihr pädagogischer Schwerpunkt liegt in der Veränderung des Grundschulunterrichts durch binnendifferenzierende Maßnahmen (KLAFKI & STÖCKER 1976) und durch die Öffnung des Unterrichts (BENNER & RAMSEGER 1981, RAMSEGER 1985, SCHWARZ 1987, WALLRABENSTEIN 1988, 1991), so daß an alle (aufgenommenen) Kinder angemessene Anforderungen gestellt werden können. Auch wenn an eine Integration von Kindern mit Behinderungen im ganzen Spektrum von Begabungen hierbei noch nicht gedacht wird, so bildet die innere Differenzierung des Unterrichts eine unabdingbare Voraussetzung für einen angemessenen Unterricht jeder heterogenen Lerngruppe - und erst recht für bewußt heterogene Gruppen innerhalb von Integrationsversuchen (vgl. BOBAN 1984).

Parallel entstehen - wiederum mit engem inhaltlichen Bezug zur Bildungsratsempfehlung - zahlreiche von der Sonderpädagogik initiierte **Versuche mit der integrierten Förderung von lernbehinderten und verhaltensgestörten Kindern (Prävention)**. Sie beabsichtigen, die Überweisungsquote von SchülerInnen auf Sonderschulen während der Grundschulzeit zu senken und diese Kinder in der Grundschule so weit zu fördern, daß dem Unterricht wieder folgen können. Bei diesen "integrierten Förderversuchen" (REISER 1988, 249) geht es vorwiegend um Kinder mit Problemen im Bereich des Lernens und Verhaltens. Zur Bewältigung dieser Aufgabe werden SonderschullehrerInnen an die Regelschulen abgeordnet, die ihre spezifischen Qualifikationen für diese Kinder einbringen sollen (vgl. GOETZE 1987, REISER 1988 sowie BACH 1989).

REISER vertritt in seinem zusammenfassenden Bericht die Auffassung, daß solche integrierten Förderversuche der Mehrheit leistungsschwacher Kinder eine Leistungssteigerung ermöglichen, daß aber die Hoffnung, alle SchülerInnen zum Ziel der Grundschule führen zu können, unrealistisch sei (1988, 249). Die Vermeidung von Aussonderung solcher Kinder werde hingegen erst im Rahmen von Integrationsversuchen mit unterschiedlichen Curricula ermöglicht (1988, 254). Gleiches gelte auch für Kinder mit Verhaltensproblemen, bei denen über die Erfolge integrierter Förderversuche angesichts der Bedeutung außerschulischer Faktoren Aussagen schwer zu treffen seien (1988, 254).

Trotz konzeptioneller Überschneidungen von Integrationsversuchen mit Kindern mit einer Behinderungsart sind hier auch Versuche mit sprachbehinderten Kindern einzuordnen, geht es doch weitgehend darum, Verfestigungen von Sprachauffälligkeiten zu manifesten Sprachbehinderungen und eine Umschulung in die entsprechende Schule zu vermeiden.

Mit der Einrichtung der ersten Vorklasse an der Berliner Fläming-Grundschule 1975 beginnt eine neue Phase der Integrationsentwicklung im staatlichen Schulwesen, die Phase der **Integrationsklassen** (vgl. NOWAK 1980, 1988, KINDERHAUS 1988, S. MÜLLER 1988). Am Modell der Fläming-Grundschule (STOELLGER 1981, 1982a, 1982b, 1983a, HÖNTSCH U.A. 1984, HETZNER & STOELLGER 1985b, PROJEKTGRUPPE 1988) orientieren sich mehr oder weniger deutlich alle nachfolgenden Integrationsprojekte. Bleibt es zunächst bei diesem einzigen staatlichen Versuch mit Integrationsklassen, so folgen ihr schließlich in den 80er Jahren weitere Schulen:

- 1981 die Evangelische Grundschule Bonn-Friesdorf (BRABECK 1983, BODE U.A. 1984, HELLER 1986, BODE 1991) und
- 1981 die (ohne Nachfolgeklasse gebliebene) Integrationsklasse Schenefeld (KÖHLING, HAARMANN & ROEDER 1984),
- 1982 die Peter-Petersen-Schule Köln (PETER-PETERSEN-SCHULE 1982, BRAASCH 1985, KLINKE 1986),
- seit 1983 die Hamburger Integrationsklassen (WOCKEN & ANTOR 1987, WOKKEN, ANTOR & HINZ 1988) und
- 1983 die Hartenberg-Grundschule in Mainz (KROPPENBERG 1986, KROPPENBERG & SCHRODIN 1991),
- 1984 die Grundschule an der Robinsbalje Bremen (FEUSER & MEYER 1987, ELLROTT U.A. 1989),
- 1985 die Integrative Schule Frankfurt (COWLAN U.A. 1991a, 1991b), vier Grundschulen in Schleswig-Holstein (SUCHAROWSKI U.A. 1988),
- 1985 die Keune-Grundschule Trier (KROPPENBERG 1986, KROPPENBERG & SCHRODIN 1991) und
- die Montessorischule Borken (INTEGRATIVE MONTESSORI-SCHULE MÜNSTERLAND 1984).

Trotz gewisser Abweichungen ist auch das seit 1982 bestehende Projekt in Rüsselsheim zu den Integrationsklassen zurechnen. Dort werden in Kooperation der unmittelbarer nebeneinander liegenden Grundschule (mit Eingangsstufe) und der Schule für praktisch Bildbare Integrationsklassen gebildet (KLEIN 1987). Dieses gilt ebenso für die private Montessori-Schule der Aktion Sonnenschein in München, die schon seit 1970 im Grundschulbereich als Integrationsschule, im Sekundarbereich als kooperative Sonderschule arbeitet (HELLBRÜGGE 1977, 1988, HELLBRÜGGE U.A. 1976, 1984, OCKEL 1976, 1977, 1982). Ab 1986 ist die Einrichtung von Integrationsklassen im Grundschulbereich kaum mehr überschaubar (vgl. GEW 1986b, DEMMER-DIECKMANN 1989, PRENGEL 1990a).

Die integrativen Grundschulversuche finden teilweise ihre Fortsetzung in entsprechenden Gesamtschulen (vgl. GGG 1989), so in Bonn ab 1985 in der Gesamtschule Bonn-Beuel (WAHL 1991), in Köln ab 1986 in der Gesamtschule Köln-Holweide (AFFELDT o.J., HARTH o.J.), in Hamburg ab 1987 an der Gesamtschule Bergedorf und in den Nachfolgejahren an mehreren Sekundarschulen (SCHLEY, BOBAN & HINZ 1989, SCHLEY U.A. 1990, BÖCKER U.A. 1991), in Bremen ab 1988 in der schulformübergreifende Orientierungsstufe (in GGG 1989, MEUER U.A. 1991) und in Frankfurt ab 1989 in der Ernst-Reuter-Gesamtschule II (KAISER & NIEMEYER-WAGNER 1990). Einige Versuche scheitern bei den Bemühungen um die Weiterführung in der Sekundarschule am Widerstand der Schulverwaltungen, so der Versuch in Rüsselsheim und die Versuche in Mainz und Trier.

Gemeinsam ist all diesen Projekten, daß Integrationsklassen als besondere Klassen mit besonderen Rahmenbedingungen als Angebot an allgemeinen Schulen eingerichtet werden: Bei einer verminderten Klassenfrequenz (in der Regel zwischen 15 und 20 Kinder) arbeitet hier ein multiprofessionelles PädagogInnenteam, in den meisten Projekten sind kontinuierlich zwei PädagogInnen anwesend (vgl. Kap. 3.4.2). So entsteht im Laufe der Zeit ein 'integrativer Zug' neben der Mehrzahl 'normaler' Klassen (auf die daraus entstehenden Probleme innerhalb der Kollegien ist wiederholt hingewiesen worden; vgl. HÖHN 1990, pragmatische Perspektiven zeigt hierzu BOBAN 1989a auf).

In Integrationsklassen werden (im Unterschied zu Präventionsansätzen) auch Kinder aufgenommen, die bereits zum Zeitpunkt der Einschulung voraussehbar nicht das Niveau der allgemeinverbindlichen Lernziele der Grundschule erreichen können, sondern sie auf eigenen Niveaus anstreben. Hier werden "die Homogenität der Schülergruppe und die Lehr- und Lernzielgleichheit ... aufgegeben" (DEPPE-WOLFINGER 1990a, 17, vgl. DEPPE-WOLFINGER 1985b). Bei dieser Form der Integration verbietet sich prinzipiell jegliche Aussonderung von Kindern aus diesen Klassen in Sonderschulen.

Entstanden sind Integrationsklassen in der Anfangszeit meist aus Elterninitiativen von integrativen Kindergartengruppen. Als **Angebotsschule** mit einem größeren Einzugsbereich konzipiert, weisen sie meistens einen höheren Anteil von offiziell behinderten Kindern auf als es deren Anteil an der gesamten Schülerzahl entspricht (z.B. Fläming-Grundschule Berlin, Integrative Schule Frankfurt, Klassen in Schleswig-Holstein, z.T. Hamburg). Die Behinderungsarten sind ebenfalls nicht repräsentativ vertreten. Meist müssen in einem Aufnahmeverfahren entgegen dem Anliegen der Integration Kinder aufgrund der geringen Zahl von vorhandenen

Plätzen ausgewählt werden. Dieses Dilemma versucht die Konzeption der **Nachbarschaftsschule** zu vermeiden, indem dort nach dem Regionalitätsprinzip nur die Kinder des Einzugsbereichs aufgenommen werden (z.B. Schule An der Robinsbalje Bremen, z.T. Integrationsklassen Hamburg).

Mit der Uckermark-Schule in Berlin wird 1982 nach gründlichen konzeptionellen Vorplanungen und Analysen des Stadtteils (HEYER & PREUSS-LAUSITZ 1990) ein weiteres integratives Konzept, die **Integrationsschule** in die Praxis umgesetzt (ECK U.A. 1984, EBERWEIN 1984, HEYER, PREUSS-LAUSITZ & ZIELKE 1990, HEYER U.A. 1993). Auf der Grundlage einer Initiative von PädagogInnen und Wissenschaftlern arbeitet dort eine ganze Schule integrativ, d.h. in alle Klassen werden auch Kinder aufgenommen, die sonst auf Sonderschulen verwiesen worden wären. Leitende Grundsätze dieses Konzeptes sind die Wohnortnähe aller Kinder, die Annäherung der Klassenzusammensetzung und der Arbeitsbedingungen an die gesellschaftliche Normalität zum Zwecke einer besseren Übertragbarkeit auf andere Schulen, die Individualisierung der Förderung und die soziale Integration auch über die Schule hinaus (HEYER & PREUSS-LAUSITZ 1990, 18f.). Ziel ist also eine wohnortnahe "Schule ohne Aussonderung" (PREUSS-LAUSITZ 1982), die alle Kinder des Einzugsbereiches aufnimmt wie sie sind. Diesem Leitziel konnte jedoch aufgrund des Verbotes der Senatsschulverwaltung zur Aufnahme von Kindern mit geistiger Behinderung nur eingeschränkt entsprochen werden (HEYER & PREUSS-LAUSITZ 1990, 21). Nach dem Modell der Uckermark-Grundschule arbeiten mittlerweile mehrere Berliner Grundschulen. Die Aufnahmebeschränkung für Kinder mit geistiger Behinderung ist mit dem Schuljahr 1989/90 aufgehoben worden.

Neben Integrationsklassen und -schulen ist ein weiterer wichtiger Ansatz zu betrachten, der seit langer Zeit vor und außerhalb von Modell- und Schulversuchen integrative Möglichkeiten zu verwirklichen trachtet: die **Einzelintegration**. Zum einen kann damit eine ergänzende Möglichkeit außerhalb begrenzter Modell- und Schulversuche angeboten werden, die solche Kinder (bzw. ihre Eltern) nutzen können, die nicht das Glück hatten, in diese Versuche 'hineinzugeraten' und/oder schon in Sonderschulen eingeschult waren. Damit weist die Einzelintegration einen höheren Grad von Normalität auf und vollzieht sich weniger spektakulär (und evtl. elitär) als institutionalisierte Versuche, die leicht für bildungspolitische Alibifunktionen mißbraucht werden können. Hier sind in erster Linie die Bemühungen von SCHÖLER seit 1982 mit dem an der Technischen Universität angesiedelten Projekt in Berlin-Spandau zu nennen (SCHÖLER 1988a, 1988b, KRISCHOCK 1989), das keinen Status als Schulversuch besitzt (HÖHN 1990, 47f.).

Zum anderen bietet der Ansatz der Einzelintegration bessere Möglichkeiten auf dem Lande, wo es kaum zu integrativen und gleichzeitig wohnortnahen Kindergartengruppen kommen kann. So ging das Saarland mit einem von vornherein flächendeckenden, öko-systemisch orientierten Ansatz den Weg der auf einzelne Kinder bezogenen "Integrationsmaßnahme", der sich prinzipiell auf alle Behinderungsarten, -grade und Altersstufen bezieht (CHRIST 1987, SANDER U.A. 1987,

1988, 1989, 1990, HILDESCHMIDT & SANDER 1988). Dabei wird ein gestuftes System organisatorischer Maßnahmen vorgesehen, beginnend bei der Arbeit eines Zwei-Lehrer-Teams in einer Integrationsklasse, bis hin zur separierten Förderung in einer Sonderschule (kritisch hierzu PREUSS-LAUSITZ 1989 und HINZ 1990a).

Ein entsprechender konzeptioneller Weg ist auch bei dem Versuch der Stadt Bonn im Stadtteil Beuel zu sehen. In der Nachfolge des Friesdorfer Versuchs mit seinem überproportional hohen Anteils von Kindern mit Behinderungen wird dort seit dem Schuljahr 1986/87 ein flächendeckender Grundschulversuch durchführt, bei dem - unter Zulassung zieldifferenten Unterrichts - eine stärkere Normalisierung der Klassenzusammensetzung und eine größere Wohnortnähe angestrebt wird (KOCH-GOMBERT & BRABECK 1986, BRABECK 1988, DUMKE & BRABECK 1988, HERBSLEB-BIALAS 1991).

Eine lange Tradition weist die **dezentralisierte Sonderpädagogik** mit den 'AmbulanzlehrerInnen' auf. Ihr liegt der Gedanke zugrunde, daß nicht die Kinder zu den sonderpädagogischen Spezialisten kommen sollen, sondern umgekehrt jene zu den Kindern, dorthin wo sie leben. Dies kann in letzter Konsequenz die Umwandlung von Sonderschulen in 'Schulen ohne Schüler' bedeuten, d.h. Zentren sonderpädagogischer Kompetenz, die lediglich aus einem dezentral arbeitenden Kollegium mit einem Reservoir apparativer Hilfen, Literatur etc. bestehen. Das bekannteste Beispiel hierfür ist die Schule für Sehbehinderte in Schleswig. Solche Ansätze sind insbesondere aus der ambulanten Förderung für Kinder mit Sinnesbehinderungen bekannt, werden aber auch als ambulante Sprachförderung (z.B. in MUTH & HÜWE 1988) und bei Kindern mit Körperbehinderungen (DIEDERLEY 1986) praktiziert.

Bislang ging es bei solchen ambulanten Unterstützungssystemen um apparative, didaktische und therapeutische Hilfen, bezogen auf solche Kinder, die den Zielen der allgemeinen Schule ohne größere Einschränkungen folgen können (kritisch hierzu EBERWEIN 1988d, der hier die Gefahr einer Überlebensstrategie für eine separierte Sonderpädagogik sieht). Der Konsens bezüglich solcher Maßnahmen dezentralisierter Sonderpädagogik endet z.B. bei der Frage, ob es hier um eine "Erweiterung des Aufgabenfeldes Sonderpädagogik" (PREUSS U.A. 1989, 89) geht oder um deren Veränderung im Sinne einer "Neuorientierung" sonderpädagogischer Arbeit, bei der "präventive und integrative Arbeitsformen als Wege aus der Krise" (SCHLEY 1989f) einer separierten Sonderschulpädagogik helfen könnten.

In der Tradition dezentralisierter Sonderpädagogik liegt auch die deutliche Tendenz, Sonderschulen, die ja ohnehin schon in unterschiedlichem Ausmaß ambulante Aufgaben in der allgemeinen Schule wahrnehmen, in "Sonderpädagogische Förderzentren" umzubenennen und so diesen ambulanten Aufgabenbereich offiziell anzuerkennen (vgl. z.B. VDS 1989, SANDER 1990, WOCKEN 1991b, GERS 1991). Kontrovers wird jedoch diskutiert, ob diese Förderzentren auch eigene SchülerInnen beherbergen und damit die Funktion von Sonderschulen beibehalten oder ob sie ausschließliche Unterstützungsfunktionen für allgemeine Schulen ausüben sollen. Schleswig-Holstein hat mit dem Schulgesetz von 1990 alle Sonderschulen in Sonderpädagogische Förderzentren umgewandelt. Ungeklärt bleibt dabei jedoch, wie und woher es zu den notwendigen Veränderungen von Selbstverständnis und Rollendefinition kommen soll. Es besteht vielmehr die Gefahr, daß lediglich - wieder einmal - das Eingangsschild gewechselt wird: Von der Hilfsschule zur Schule für Lernbehinderte, dann zur Förderschule, nun zum Sonderpädagogischen Förderzentrum.

Eine andere Bedeutung kommt diesen ambulanten Diensten im Rahmen der integrativen Beschulung in folgendem Sinne zu: Integrationsprojekte werden auf Dauer nicht auskommen ohne derartige Unterstützungssysteme auch für solche Kinder, die nicht dem allgemeinen Lernzielniveau entsprechen (HINZ 1990a). Zur Zeit wird über mögliche Konzepte sog. Ambulatorien, Förderzentren oder Beratungszentren diskutiert (PREUSS-LAUSITZ 1987, WOCKEN 1990, 1991b), sie werden in mehreren Ländern schulgesetzlich abgesichert (vgl. Kap. 3.4.1).

Die vorgestellten konzeptionellen Linien sollen nun in einer **Zusammenfassung und Diskussion** gegenübergestellt werden. Ihnen allen ist gemeinsam, daß sie zu einer schülergerechteren Schule beitragen wollen. Gemeinsames Ziel ist ein verbessertes Eingehen auf die Verschiedenheit von Kindern, die Vermeidung von Aussonderung und mehr Gemeinsamkeit von Kindern mit und ohne Behinderung.

Unterschiede gibt es bezüglich des Zugangs, der Reichweite und der konkreten Zielsetzungen. Sie lassen sich in einer Übersicht zusammenfassen (Tab. 2.1).

Bei Versuchen mit der differenzierten Grundschule und mit der Prävention geht es um das Eingehen auf die Heterogenität der Lerngruppe, wobei jedoch gleichzeitig am Prinzip der Leistungshomogenisierung festgehalten wird. Jene Kinder, die das vorgeschriebenen Lernzielniveau der allgemeinen Schule nicht erreichen, müssen demnach ausgesondert werden. Dabei liegt bei Versuchen mit einer differenzierten Grundschule der Schwerpunkt deutlich auf der Veränderung des Unterrichts für alle Kinder, während Präventionsversuche eher die individuelle Förderung einzelner Kinder zum Gegenstand haben. Demgegenüber zielen zwar die Versuche mit der (Teil-) Integration von Kindern einer Behinderungsart - ein zeitlicher Vorläufer der anderen Konzeptionslinien - auf das Ermöglichen bisher im Sonderschulwesen nicht zugänglicher Bildungsabschlüsse, unterliegen jedoch wiederum der Grenze allgemeinverbindlicher Leistungsanforderungen. Gleiches gilt für die bisherige Praxis der Versuche mit dezentralisierter Sonderpädagogik.

Diese konzeptionell bedingte und administrativ festgelegte Grenze der Verpflichtung zur Lernzielniveaugleichheit wird erst mit den Versuchen mit Integrationsklassen und -schulen überschritten (vgl. SANDER & HILDESCHMIDT 1988, 120). Sie kommen insofern auf dem - schon von der Weimarer Verfassung von 1919 geforderten - Weg zu 'einer Schule für alle Kinder' einen wichtigen Schritt vorwärts, als sie sich einer unausgelesenen Schülerschaft in bewußt heterogenen Lerngruppen stellen.

VERSUCHE	SCHWERPUNKTE, ZIEL	"GEFAHREN", PROBLEME
VERSUCHE MIT EINER BEHINDE-RUNGSART	Zugang zu höheren Schulabschlüssen; mehr soziale Kontakte; Spezialisierung auf Probleme einer Behinderungsart	Gefahr der Anpassung; nur eingeschränkte Kontakte; Entfernung aus dem sozialen Umfeld
VERSUCHE MIT EINER "DIFFE-RENZIERTEN GRUNDSCHULE"	Eingehen auf die Heterogenität der Lerngruppe, bes. am Schulanfang; Veränderung des Unterrichts (Öffnung, Individualisierung)	eingeschränkte Schülerschaft (Aussonderung vor Einschulung); gleiche Anforderungen für alle (wenn auch mit Modifikationen)
PRÄVENTIONS-VERSUCHE	Vermeidung von Aussonderung; zusätzliche Hilfen für Kinder, Eltern und PädagogInnen	wenig Notwendigkeit zur Veränderung des Unterrichts, geringes Innovationspotential; keine Aufgabe der gleichen Anforderungen für alle; eingeschränkte Schülerschaft, institutionelle Begrenzungen
INTEGRATIONS-KLASSEN	"eine Schule für alle" mit unausgelesener Schülerschaft; Aufgeben gleicher Anforderungsniveaus für alle (zieldifferentes Lernen); stärkere Entwicklungsanreize in bewußt heterogener Lerngruppe	Auslese bei Aufnahme; schiefe Repräsentanz der Anteile von Kindern mit Behinderung und Behinderungsarten; soziale Selektivität (bes. bei Elterninitiativen); Zweiteilung von Schule und Kollegium (integrative und normale Klassen); enge Kooperation d. PädagogInnen
INTEGRATIONS-SCHULEN	s. Integrationsklassen; angemessene Berücksichtigung der Behinderungsarten und der Schichten; Wohnortnähe für alle; keine Zweiteilung der Schule	Probleme der Heranziehung spezifischer Hilfen; enge Kooperation der PädagogInnen; Verteilung von SonderpädagogInnen auf den ganzen Jahrgang
EINZEL-INTEGRATION	soziale Bezüge im Umfeld, Wohnortnähe, Normalität des Stadtteils bzw. ländl. Umfelds; stärkere Entwicklungsanreize außerhalb der Sonderschule; Integrationsmöglichkeit außerhalb elitärer Schulversuche	Gefahr der Anpassung an unveränderten Unterricht, Tendenz von der Integration zur Addition; Gefahr der Vereinzelung von Kindern mit Behinderung; Gefahr der Selektivität mit einer "integrierbaren" Schülerschaft
DEZENTRALI-SIERTE SONDER-PÄDAGOGIK	Prinzip: SpezialistInnen zu Kindern, nicht umgekehrt; Unterstützung wohnortnaher Integration durch apparative, didaktische und therapeutische Hilfen	Gefahr der Anpassung an unveränderten Unterricht; Gefahr der Vereinzelung von Kindern mit Behinderung

Tab. 2.1: Konzeptionelle Linien der Integrationsentwicklung

Zum Problem kann die notwendige, enge Kooperation mehrerer PädagogInnen werden, denn bislang sind LehrerInnen es gewohnt, allein in 'ihrer Klasse' zu arbeiten. Bei Integrationsklassen kommt es zu zwei weiteren Problemen: Zum einen ergibt sich eine überproportionale Häufung von Kindern mit Behinderungen (mit einer quantitativen Auslese am Schulanfang angesichts geringer zur Verfügung stehender Plätze), zudem noch in einer nicht repräsentativen Verteilung der Behinderungsarten, zum zweiten gibt es auf der Schulebene das Problem einer Zweiteilung von Klassen und KollegInnen, das trotz gemeinsamer Beschlüsse zur Einführung der Integration nicht ohne Gegenreaktionen bleibt (Neidprobleme, Zwei-Klassen-Gefühl etc.). Diesen Problemen versucht man z.B. mit dem Prinzip der Wohnortnähe und der Ausdehnung der integrativen Arbeit auf die ganze Schule zu begegnen.

Eine spezifische Zugangsweise verbindet sich mit Versuchen der Einzelintegration. Sie ermöglichen mehr Wohnortnähe und stärkere soziale Bezüge gegenüber der Isolation in Sonderschulen, bilden wie Integrationsklassen und -schulen eine Strategie zum Erreichen einer 'Schule für alle' und stehen als Möglichkeit außerhalb tendenziell elitärer offizieller Schulversuche insbesondere auf dem Land zur Verfügung. Gleichzeitig bergen sie jedoch ebenso wie Versuche der dezentralisierten Sonderpädagogik und der Prävention die Gefahr einer Anpassung von Kindern mit besonderen Bedürfnissen an die weiterbestehenden administrativen Vorgaben und an einen ansonsten nicht wesentlich veränderten Unterricht (vgl. KOBI 1988, 59) und zudem mit dem Status dieser einzelnen Kinder die Gefahr von deren Vereinzelung.

Es muß deutlich gesehen werden, daß es zum gegenwärtigen Zeitpunkt keine Form integrativer Erziehung gibt, die alle Vorteile in sich vereinigen würde und keinerlei Gefahren aufsitzen könnte. Es geht hier auch nicht um eine Hierarchie integrativer Erziehungsformen. Was es zum gegenwärtigen Zeitpunkt zu konstatieren gilt, ist ein Nebeneinander unterschiedlicher Formen und Ansätze auf dem Weg zu mehr Gemeinsamkeit von unterschiedlichen Kindern.

Bildungspolitische Kontroversen

Die Praxisentwicklung integrativer Pädagogik vollzieht sich in bildungspolitisch unterschiedlich gesteuerter Weise: Während sozialdemokratisch regierte Länder in der Genehmigung von Integrationsversuchen deutlich aufgeschlossener sind, halten sich christlich-demokratisch geführte Regierungen mit solchen Genehmigungen zurück. Dies wird auch gegen den erklärten Willen aller direkt Beteiligten durchgesetzt (vgl. LAU 1987, MUTH 1989, HINZ 1989b, REMPT 1990). Integration soll dem christlich-demokratischen Verständnis nach nur mit gleicher Zielvorgabe zugelassen werden. Kinder, die nicht das allgemein herrschende kognitive Niveau erreichen, werden als 'nicht integrationsfähig' von integrativer Erziehung ausgeschlossen und auf Sonderschulen verwiesen (vgl. HINZ 1990b).

Dementsprechend verändert sich auch das Entwicklungstempo der schulischen Integration nach einem Regierungswechsel: War in Hessen eine deutliche Stagnation bei der Regierungsübernahme durch die CDU-geführte Regierung 1987 zu verzeichnen (HÖHN 1990, 108) und ein neuer Standort in Soden-Allendorf nur durch bundesweite Öffentlichkeitsaktionen durchzusetzen (BATTON & GUNDLACH 1990), so zeigt sich beim Regierungswechsel 1985 im Saarland (WELZEL 1988) wie auch 1988 in Schleswig-Holstein, 1989 in Berlin und 1991 wiederum in Hessen (BATTON & GUNDLACH 1991) eine rasante Temposteigerung. Daß diese Prozesse trotzdem nicht ohne Konflikte und Enttäuschungen ablaufen, zumal auf Elternseite (vgl. BRUNS 1989, BATTON & GUNDLACH 1991), ist ein schmerzlicher, aber logischer Bestandteil von Innovationsprozessen.

In der bildungspolitischen Diskussion sind im wesentlichen zwei Kontroversen im Bereich integrativer Erziehung festzustellen. Wie bereits angedeutet, geht es zum einen um die Einbeziehung von Kindern, die nicht dem Bildungsgang der allgemeinen Schule folgen können, schwerpunktmäßig also Kinder mit geistiger Behinderung und schweren Mehrfachbehinderungen. Zum zweiten dreht sich die Kontroverse um die Weiterführung integrativer Erziehung in der Sekundarstufe I.

Die Ablehnung der **Einbeziehung von Kindern mit geistiger Behinderung** gründet sich auf Argumentationen (vgl. MAIKOWSKI & PODLESCH 1988d, MÖCKEL 1991) wie die, daß die Bildungsbedürfnisse dieser Kinder derart speziell und von 'normalen' Kindern so verschieden seien, daß sich beide Gruppen in ihren Lernprozessen gegenseitig stören würden: "Ein überwiegend gemeinsamer Unterricht von Kindern mit und ohne geistige Behinderung läuft auf eine Benachteiligung einer dieser Gruppen bezüglich ihrer Förderungsmöglichkeiten hinaus" (BACH 1982, 144). Insbesondere auf die Notwendigkeit einer lebenspraktischen Erziehung könne eine Grundschule nicht hinreichend eingehen; gleichzeitig würden Kinder mit geistiger Behinderung durch viele Situationen in ihrer Wahrnehmungsfähigkeit überfordert (LAURIEN 1986, 31). Zusätzlich sei auch der Übergang in die Sekundarstufe I mit dem notwendigen Schulwechsel eine belastende Hürde. Hier seien insgesamt Grenzen der Integration erreicht, die respektiert werden müßten. Das Bayerische Kultusministerium argumentiert ebenfalls in der Weise, "daß ein Verständnis von Integration, das nicht zum gemeinsamen Unterricht führt, beim behinderten Kind eine dauerhafte Überforderung und damit fortschreitende Isolierung zur Folge habe" (zit. in KÖRNER 1989, vgl. auch AKADEMIE 1991). Stattdessen sei es sinnvoller, Begegnungsmöglichkeiten im Sinne kooperativer Modelle zu schaffen und an einer separierten Beschulung dieser Kinder festzuhalten (vgl. SPECK 1989; als Praxisberichte z.B. FRUCK U.A. 1985, BÖS & SCHOLTES 1990). Den defensiven Charakter kooperativer Ansätze demonstriert die Bayerische Akademie für Lehrerfortbildung, in deren Bericht über "Kooperation zwischen Schulen für Behinderte und anderen Schulen" der grundlegende Beitrag mit dem bezeichnenden Satz beginnt: "Kooperation darf nicht mit Integration verwechselt werden!" (AKADEMIE 1991, 7) - damit erfolgt die für dieses Anliegen wesentliche

Botschaft gleich am Beginn des Berichts und macht den Charakter der Integrationsabwehr von konservativer Seite deutlich.

Zum Fazit der Unmöglichkeit der Integration bei Kindern mit geistiger Behinderung kommt auch der Geistigbehindertenpädagoge MÜHL. Er stellt fest, "daß die schulische Integration der Schüler mit geistiger Behinderung ein komplexes und schwieriges Unterfangen darstellt, das kaum lösbar erscheint" (1987, 93). Seiner Meinung nach "sind erhebliche Bedenken anzumelden, ob die Regelschule mit der Überbewertung kognitiver Inhalte und des Leistungsprinzips den Lernansprüchen von Schülern mit geistiger Behinderung entsprechen kann" (1984, 116). Ein ganzes Bündel von Hindernissen, das große (integrative) Schritte nahezu unmöglich macht und folglich zu kleinen (kooperativen) Schritten leitet, wird angeführt: "die derzeitigen Strukturen des Regelschulsystems, die Vorurteile in der Gesellschaft und ihr Wertesystem, das auch die Schule prägt und das nicht kurzfristig 'umgekrempelt' werden kann, da sind die Bedenken und Zweifel der Beteiligten, angefangen von den Eltern der behinderten wie der nichtbehinderten Schüler über die Regelschul- und Sonderschullehrer bis hin zur Schulverwaltung, die in ihre Gesetze, Erlasse und Verordnungen eingebunden ist, nicht zu vergessen die nichtbehinderten Schüler, die nicht alle von vornherein auf die Akzeptanz der behinderten Schüler eingestellt sind" (1984, 116) - ein Szenario, das von den Schwierigkeiten von Veränderungen in der allgemeinen Schule ausgeht und die Unverträglichkeit einer Anpassungsstrategie (statt einer integrativen) bei SchülerInnen mit geistiger Behinderung herausstellt (vgl. hierzu Kap. 3.5.1).

Solchen Einwänden stehen erste praktische Erfahrungen in Integrationsklassen gegenüber, die z.T. einen überproportional hohen Anteil an Kindern aufweisen, die sonst Schulen für Geistigbehinderte besuchten. PraktikerInnen und Wissenschaftliche BegleiterInnen berichten darüber, welche überraschenden Entwicklungen diese Kinder nehmen, und weisen auf sehr gute Möglichkeiten hin, im Rahmen eines individualisierenden Unterrichts auch gemeinsame Situationen mit diesen Kindern herzustellen (POPPE 1986a, 1986b, 1989, WILKEN 1987, 1991, BOBAN 1989b, HETZNER & STOELLGER 1985a, MAIKOWSKI & PODLESCH 1988a, 1988d; vgl. Kap. 3.1.1). Auch der Übergang auf Schulen der Sekundarstufe erweist sich nicht als das erwartete Problem; die gerade für Kinder mit geistiger Behinderung befürchtete "Krise findet nicht statt" (BOBAN 1989c).

Selbst die Einbeziehung von Kindern mit schwersten Behinderungen, die sich sonst häufig in der extremen Isolation spezieller Klassen für Schwerst- und Mehrfachbehinderte befinden und "eine entscheidende Bewährungsprobe" der Integration darstellen (HINZ 1987, 307), wird nicht nur von ExpertInnen für möglich (FRÖHLICH 1986) oder notwendig (FEUSER 1985) gehalten, sondern auch - nach Überzeugung der Beteiligten - mit Erfolg praktiziert (DIETRICH U.A. 1988, HINZ 1989d, H. SCHOLZ 1990, GÄNS & SCHNEIDER 1991, HINZ 1991a, HINZ & WÖLFERT-AHRENS 1991, HINZ U.A. 1992). Sie setzen damit die Bemühungen im Elementarbereich (vgl. ROTHMAYR 1988, 1989) fort.

Die **Kontroverse um die Fortführung in der Sekundarstufe I** geht von dem Widerspruch zwischen ethisch-moralischem Wollen und pragmatisch-realistischem Nicht-Können aus. Nach SCHLEY (1989a, 14) sind es drei Thesen, die den Kern pessimistischer Positionen ausmachen:

Die Pubertätsthese geht davon aus, daß das soziale Miteinander behinderter und nichtbehinderter SchülerInnen im Alter der Pubertät nicht mehr tragfähig ist, weil alle SchülerInnen mit ihren je eigenen Problemstellungen und Sinnfragen beschäftigt sind. So geraten dieser These nach SchülerInnen mit Behinderungen in die soziale Isolation, denn insbesondere sie spielen für ihre MitschülerInnen als attraktive KommunikationspartnerInnen keine Rolle mehr.

Die Systemthese schließt an die unterschiedliche Struktur dieser Stufe gegenüber dem Primarbereich an. War dort die Schule noch eine - von Privat- und Alternativschulen abgesehen - konkurrenzlose 'Schule für die meisten Kinder' und die Zustimmung zumindest sozialdemokratischer Bildungspolitik zur Integration einigermaßen sicher, so gestaltet sie sich nun als ein System miteinander konkurrierender und SchülerInnen selektierender Sekundarschultypen. In Bildungspolitik und Wissenschaft herrscht "verbreitete Unsicherheit" (HINZ 1989b, 76), ob Integration und ein hierarchisches System miteinander verträglich sind. Allenfalls bliebe hier die Gesamtschule als Schulform der Wahl.

Die Belastungsthese hält die ethisch-moralische Verpflichtung der Integration für eine Belastung für jedes System, das seine Konkurrenzsituation erschwert. Insofern muß Integration im Sinne einer gerechten Belastung auf alle Schultypen verteilt und nicht nur der Gesamtschule zugemutet werden.

Mit Pubertät, selektiver Konkurrenzsituation und Abschlußorientierung im Sekundarbereich sehen SkeptikerInnen wiederum die Grenzen der Integration erreicht. Wo es um kognitive Leistungsentwicklung, höheres Abstraktionsniveau und Spezialisierung geht, hat das soziale Miteinander in der heterogenen Lerngruppe kaum mehr eine Chance. Nun hat der 'Ernst des schulischen Lebens' begonnen, die Zeiten, in denen vielfältige soziale Erfahrungen in unbegrenzter Kindervielfalt gesammelt werden konnten, sind vorbei.

Zumindest sollten daher Kinder mit 'schwereren' Behinderungen nicht in die Sekundarstufe mitgenommen werden; ihnen diene die spezielle Förderung ihrer Sonderschule mehr als die Situation des Verlorenseins in einem für sie unüberschaubaren System. Weiter erscheint Integration im Sekundarschulbereich innerhalb des vorhandenen, vertikal gegliederten Schulsystems als ein schlechterdings unmögliches - zumindest aber nicht verantwortbares - Vorhaben; sollte es zum Gelingen gebracht werden, müßte zunächst das Schulsystem völlig neu gegliedert werden (BLEIDICK 1988, 1989a). Erst dann wären verantwortbare Bedingungen für praktische Versuche gegeben - dies genau das Bild, das das Spannungsfeld der Integration "zwischen Utopie und Realität" (SCHLEY 1989a) wiedergibt. In dieser Situation systemimmanenter und bildungspolitischer Widersprüche obliegt es wiederum den Eltern, bildungspolitischen Druck für vielfältige Veränderungen der Schule zu entwickeln (vgl. z.B. AG ELTERN FÜR INTEGRATION 1989).

Solchen skeptischen Positionen gegenüber vertreten ProtagonistInnen der Weiterführung der Integration in der Sekundarstufe I ein Leitbild, "das die Verschiedenheit von Kindern nicht als Rechtfertigung für die Existenz eines hierarchisch gegliederten oder separierenden Schulsystems mißbraucht" (GEW LV HAMBURG 1990, 51). Demzufolge halten sie die Fortführung integrativer Erziehung in der Gesamtschule für logisch und konsequent (zur Diskussion über die in Frage kommenden Schulformen vgl. HINZ 1989b). Entsprechende - von SkeptikerInnen für unrealistisch gehaltene - Praxiserfahrungen werden in einigen Versuchen in der Sekundarstufe I gemacht, zum größten Teil in Gesamtschulen (z.B. AFFELDT o.J., HARTH o.J., BÖCKER U.A. 1991). Auch liegen bereits einige Publikationen zur Integrationspädagogik in der Sekundarstufe I vor (MAIKOWSKI 1988a, 1988b, STOELLGER 1988, GGG 1989, SCHLEY, BOBAN & HINZ 1989, SCHLEY U.A. 1990, HILDESCHMIDT 1990, 1991, BOBAN & KÖBBERLING 1991, DUMKE 1991a, IFL 1991, ASI & BZI 1991, KÖBBERLING 1991).

Vor allem dort, wo der Übergang von der Grund- zur Sekundarschule durch personelle Verzahnung (Mitgehen von PädagogInnen aus der Grundschule oder 'Abholen' durch Hospitationen von SekundarschullehrerInnen) abgefedert wird, findet die besonders für Kinder mit Behinderungen von den Eltern befürchtete Krise nicht statt (vgl. DANNOWSKI U.A. 1989). Vielmehr sind rasche Akklimatisationsprozesse zu beobachten, bei behinderten Kindern aus der Integrationsklasse wie bei neu hinzugekommenen nichtbehinderten Kindern (BOBAN 1989c).

Daß es bei der integrativen Praxis in der Sekundarstufe I nicht ein einfaches 'klappt' oder 'klappt nicht' gibt, zeigen die Erfahrungen in Hamburg, die der Leiter einer Gesamtschule in einem ersten Zwischenfazit zusammenfaßt: "Einerseits gibt es Verkrustungen in der Alltagspraxis der Gesamtschulen, die ihren integrativen Intentionen eher entgegenstehen, andererseits entwickelt sich durch die Einführung der Integration eine Dynamik, durch die eben diese Verkrustungen in Frage gestellt werden. In dem dadurch in Gang gesetzten Prozeß der Veränderung nähert sich die Alltagspraxis an vielen Punkten wieder den Postulaten der Gesamtschule an. ... Integration 'paßt' nicht nur in die Gesamtschule, sondern erweist sich als Katalysator pädagogischer Verbesserungen. Integrationsklassen, so scheint es, tragen dazu bei, das spezifische Profil der Gesamtschule als Schule für alle Kinder zu akzentuieren und so ihre Leistungsfähigkeit zu erhöhen" (PABST 1989, 115).

Gleichwohl gibt es in der Sekundarstufe I viele offene Fragen, die Schritt für Schritt angegangen werden, wenn die Probleme konkret anstehen und gelöst werden müssen. So gesehen stehen sich hier Vertreter eines bestehenden Status-Quo, der bestimmte Probleme provoziert, mit denen einer anzustrebenden Entwicklungsperspektive gegenüber. Wissenschaftliche Beweise für die einen oder anderen wird es auch hier nicht geben.

2.1.2 Theorieentwicklung der Integrationspädagogik

In diesem Abschnitt wird die Entwicklung der Integrationspädagogik auf der Theorieebene betrachtet. Zunächst wird schlaglichtartig das traditionell vorherrschende Selbstverständnis der Sonderpädagogik und die in den 70er und 80er Jahren heraufgezogene Umbruchssituation beleuchtet. Auf dieser Grundlage und angestoßen durch die von Basisinitiativen getragene Entwicklung der integrativen Praxis bilden sich mehrere integrationspädagogische Theorieansätze heraus. Die wichtigsten drei Ansätze werden kurz charakterisiert und abschließend in ihrer theoretischen Reichweite vergleichend eingeschätzt.

Wie bereits in den Bemerkungen zum historischen Vorfeld (vgl. Kap. 2.1.1) angesprochen, sieht die Sonderpädagogik in der Vergangenheit ihre Aufgabe primär in der Förderung von behinderten SchülerInnen in Sonderschulen. Sie versteht sich somit als Sonderschulpädagogik. Damit hat sie für die Entwicklung des Schulwesens in bezug auf SchülerInnen mit Behinderungen eine ambivalente Bedeutung: Einerseits liegt ihre unbestreitbare Leistung darin, daß sie schulische Bildung und damit mehr gesellschaftliche Teilhabe für Kinder mit Behinderungen überhaupt ermöglicht, und dies u.a. dadurch, "daß sie ... spezialisierte Verfahren für die Förderung behinderter Kinder entwickelt hat" (PRENGEL 1989a, 194). Andererseits verfestigt sie den Ausschluß von Kindern mit Behinderungen aus dem allgemeinen Schulwesen und damit ihre gesellschaftliche Ausgrenzung, indem sie sich - auch aus institutionellen Eigeninteressen heraus - zum praktischen Umsetzungsinstrument einer "medizinisch dominierte(n) Sonderanthropologie für Behinderte" (1989a, 182) macht (vgl. Kap. 3.5.1).

Dieses traditionelle Selbstverständnis mit seinen theoretischen Grundlagen wird erst mit der Empfehlung des Bildungsrates von 1973 aufgebrochen. Sie wird mit den folgenden berühmten Sätzen eingeleitet: "Für diese neue Empfehlung mußte die Bildungskommission davon ausgehen, daß behinderte Kinder und Jugendliche bisher in eigens für sie eingerichteten Schulen unterrichtet wurden, weil die Auffassung vorherrschte, daß ihnen mit besonderen Maßnahmen in abgeschirmten Einrichtungen am besten geholfen werden könne. Die Bildungskommission folgt dieser Auffassung nicht. Sie legt in der vorliegenden Empfehlung eine neue Konzeption zur pädagogischen Förderung behinderter und von Behinderung bedrohter Kinder und Jugendlicher vor, die eine weitmögliche gemeinsame Unterrichtung von Behinderten und Nichtbehinderten vorsieht und selbst für behinderte Kinder, für die eine gemeinsame Unterrichtung mit Nichtbehinderten nicht sinnvoll erscheint, soziale Kontakte mit Nichtbehinderten ermöglicht. Damit stellt sie der bisher vorherrschenden schulischen Isolation Behinderter ihre schulische Integration entgegen" (DEUTSCHER BILDUNGSRAT 1973a, 15f.). Der Bildungsrat bezieht sich explizit auf die Grundlage des Strukturplans von 1970 und auf dessen drei wesentliche Akzente, auf deren Grundlage das Sonderschulwesen überwunden werden soll: die horizontale Gliederung des Schulwesens, die Individualisierung der Lernanforderungen und die Betonung früher Lernprozesse (1973a, 16).

In den Aussagen zur schulischen Förderung und zum Unterricht behinderter und nichtbehinderter Kinder schlägt der Bildungsrat ein differenziertes System vor: Es soll sich "von der gemeinsamen Unterrichtung aller Kinder, auch der behinderten, über Organisationsformen einer teilweise gemeinsamen Unterrichtung und einer parallel durchgeführten separaten Förderung behinderter Kinder bis zur getrennten Unterrichtung behinderter Kinder in Schulen für Behinderte" (1973a, 66) erstrecken und Durchlässigkeit aufweisen.

Für die Behindertenpädagogik ist dies eine grundlegende Umbruchssituation, denn ebenso wie die Praxis müssen auch bisherige theoretische Ansätze verändert und weiterentwickelt werden. Alte Gleichungen wie: nichtbehinderte Kinder = allgemeine Schule, behinderte Kinder = Sonderschule haben ihre Gültigkeit verloren. Sonderpädagogik ist nicht mehr selbstverständlich eine auf einen bestimmten Lernort festgelegte Sonderschulpädagogik. Was bisher als Grundkonsens galt, wird plötzlich wieder in Frage gestellt - und es droht ein Identitätsverlust für SonderpädagogInnen. Gleichzeitig kommen jedoch auch neue Arbeitsfelder und Konzeptionen in den Blick. Dies ist als Ausdruck einer tiefgreifenden Krise der Behindertenpädagogik mit den entsprechenden Symptomen und Phasen zu verstehen (SCHLEY 1989f, 1990a). Mit diesen Veränderungen scheint sich eine "kopernikanische Wende der Behindertenpädagogik" (WOCKEN 1990, 39) zu vollziehen. Die zentrale sonderpädagogische Devise lautet nicht mehr: "Lasset die Kinder zu mir kommen", sondern: "Wir gehen zu den Kindern hin" (WOCKEN 1991b, 104).

In dieser Situation und angestoßen durch die praktischen Erfahrungen in einer zunehmenden Zahl von Integrationsversuchen, kommt es auf der Theorieebene innerhalb der Integrationspädagogik zur Herausbildung mehrerer Ansätze. Sie sind mit den Namen FEUSER, SANDER und REISER verbunden und aus je unterschiedlichen theoretischen Grundorientierungen entstanden.

Von der sowjetischen Psychologie und in deren Folge von der materialistischen Behindertenpädagogik ausgehend, formuliert Georg FEUSER die **Theorie des gemeinsamen Gegenstandes** (1982, 1984a, 1988, 1989, 1990) als Kern eines integrativen Unterrichts. Anstelle der bisherigen aussondernden pädagogischen Praxis ist nach FEUSER eine "basale allgemeine Pädagogik" (1984a, 16) vonnöten, "in der alle Kinder in Kooperation miteinander auf ihrem jeweiligen Entwicklungsniveau und mittels ihrer momentanen Denk- und Handlungskompetenzen an und mit einem gemeinsamen Gegenstand lernen und arbeiten" (FEUSER 1988, 172; sinngemäß FEUSER 1989, 1990; vgl. Kap. 3.3.3). Er fordert, die hierarchiebildende Aufspaltung von SchülerInnen durch äußere Differenzierung zu beenden und durch innere Differenzierung zu ersetzen. Statt schulische Inhalte in Fächer aufzuteilen und damit zu atomisieren, fordert FEUSER, in fachübergreifenden Projekten zu arbeiten. Integrationspädagogik ist dieser Theorie nach also nichts anderes als eben diese basale allgemeine Pädagogik. Schwerpunkt dieses Ansatzes ist die konkrete Handlungsebene im Unterricht, die Ebene der Didaktik.

Einen anderen theoretischen Zugang zum Praxisfeld bildet der **ökosystemische Ansatz** der Saarbrücker Arbeitsgruppe um Alfred SANDER (vgl. z.B. HILDESCHMIDT & SANDER 1988, 220f.). Auf der Grundlage der ökologischen Sichtweise betrachtet er die Wechselwirkungen zwischen unterschiedlichen Systemen. BRONFENBRENNER (1989) geht von einem ökologischen Entwicklungsbegriff aus, der unterschiedliche Ebenen eines Wechselbeziehungssystems einschließt.

Das Mikrosystem umfaßt nicht nur die Umwelt als "augenblickliche, direkt auf die sich entwickelnde Person einwirkende Situation mit Objekten, auf die sie reagiert, und Leuten, mit denen sie interagiert" (1989, 23). Zu ihm gehören auch die indirekteren "Verbindungen zwischen anderen im Lebensbereich anwesenden Personen, die Art dieser Verbindungen und der Einfluß, den sie über direkte Kontaktpersonen auf die sich entwickelnde Person ausüben" (1989, 23). Seine Elemente sind Tätigkeiten, Rollen und Beziehungen (1989, 27). Das Mesosystem bezieht sich auf Verbindungen zwischen verschiedenen Lebensbereichen, "an denen die in Entwicklung begriffene Person wirklich beteiligt ist" (1989, 24). Das Makrosystem schließlich bezeichnet "das sichtbare Ergebnis von überwölbenden, einer bestimmten Kultur oder Subkultur gemeinsamen ideologischen und organisatorischen Mustern sozialer Institutionen" (1989, 24). BRONFENBRENNERS auf menschliche Entwicklung bezogene Definition läßt sich auch auf andere Systeme, etwa eine einzurichtende Klasse, beziehen.

Ein solcher ökologischer Ansatz verlangt, Kinder nicht nur in ihrer personalen, individuellen Dimension, sondern auch im Rahmen ihrer sozialen Bezüge wahrzunehmen. Die Betrachtung dieser Wechselbezüge macht den Kern des ökosystemischen Ansatzes der Saarbrücker Arbeitsgruppe aus. Besondere Bedeutung erlangt er u.a. in der Eingangsdiagnostik und Beratung. Es gilt diesem Ansatz gemäß nicht einfach ein Kind mit seinen Möglichkeiten und Einschränkungen zu betrachten, sondern auch sein Umfeld und die Wechselwirkungen zwischen beiden. Bedeutung erlangt dieser Ansatz aber auch bereits bei der Betrachtung des Phänomens Behinderung, die nicht mehr eindimensional als Eigenschaft eines Menschen, sondern als Wechselwirkungsgefüge zwischen einem Menschen und der ihn umgebenden näheren und weiteren - auch gesellschaftlich-normativen Umgebung - gesehen wird. Schwerpunkte des theoretischen Ertrags dieses ökosystemischen Ansatzes liegen auf der Ebene der diagnostischen Betrachtung einzelner Kinder, aber auch auf der institutionellen und gesellschaftlichen Ebene des Umfeldes (vgl. Kap. 3.4.1). Der ökosystemische Ansatz liegt auch der landesweiten Integrationsentwicklung durch Einzelintegrationsmaßnahmen im Saarland zugrunde, indem er vermutet, daß sich durch viele örtliche Entwicklungsimpulse das Schulsystem des Saarlandes auf lange Sicht auch im ganzen zu einem integrationsfreundlicheren System entwickelt.

In einem dritten Theorieansatz entwickelt die Frankfurter Arbeitsgruppe um Helmut REISER von psychoanalytischen Grundlagen ausgehend ihre **Theorie integrativer Prozesse**. Die Grundlage dieser Theorie bildet die Dialektik der Gleichheit und Verschiedenheit aller Menschen und damit die Veränderung der bisher in der Praxis am weitesten verbreiteten Problemlösung, daß Schule aus ungleichen Menschen gleiche zu machen sucht und sich aus - unter bestimmten Aspekten - gleichen Menschen immer wieder ungleiche entwickeln. Auf dieser Grundlage wendet sich die Theorie integrativer Prozesse unterschiedlichen Ebenen zu, auf denen sich Integration mittels Prozessen der Annäherung und Abgrenzung entwikkelt. Dieser Theorieansatz betrachtet in der Person liegende, sich in Interaktion zwischen Personen ereignende, das Unterrichtsgeschehen betreffende, Institutionen betreffende und auf gesellschaftlichen Normen und Werthaltungen bezogene Prozesse. Er geht auch über die Integration von behinderten und nichtbehinderten Kindern hinaus, indem er sich auf andere Dimensionen von Gleichheit und Verschiedenheit beziehen läßt - so die Hypothese der Frankfurter Arbeitsgruppe, die im weiteren Verlauf der Arbeit überprüft werden soll. Diese Theorie der Frankfurter Arbeitsgruppe um REISER wird in Kap. 2.1.3 differenzierter dargestellt.

Dieses dialektische Verständnis der Integration unterscheidet sich von einem anderen, das unter dem Begriff eines Spannungsverhältnisses "zwischen Gleichheit und Freiheit" mit dem Ziel der Gerechtigkeit von BLEIDICK (1986, 1989a, 1990c) formuliert wird: Dort wird der Gleichheitspol durch soziale Integration, integrierten Unterricht und heterogene Lerngruppe gekennzeichnet (1986, 33). Integration gehe "von dem Grundsatz aus: Allen das Gleiche", der Gegenpol der besonderen Förderung "sagt: Jedem das Seine" (BLEIDICK 1986, 20, 1989a, 54, 1990c, 27). Die Synthese aus Gleichheit und Freiheit muß sich dann dieser Bestimmung nach "gegen undialektische Vereinseitigung, wenn sie jeweils nur einen Pol sieht, Integration oder Eigenwelt, Allgemeines oder Besonderes" (1986, 35, 1989a, 58), wenden - eine Konsequenz, die auf der Grundlage der Überlegungen von FLITNER, auf den BLEIDICK sich bezieht, keineswegs so gezogen werden muß. In BLEIDICKs Sinne ist es dann auch logisch, Beschulungsentscheidungen als Einzelfallentscheidungen zu fällen und das Angebot zweier parallel existierender Beschulungsmöglichkeiten zu fordern, die jede Einzelfallentscheidung offenhält, anstatt ein deutliches Primat der einen oder anderen Möglichkeit zu formulieren (so ANTOR 1988a, 1990).

Es ist jene Verwechslung von Integration und Anpassung, die schon bei MÜHL (1987) bezüglich der Einbeziehung von Menschen mit geistiger Behinderung zu bemerken war (vgl. Kap. 2.1.2). In der Tat ist eine vereinseitigte Anpassung von Kindern mit Behinderung abzulehnen - dieses entspräche auch nicht der dialektischen Spannung von reiner Gleichheit als bloßer Anpassung und purer Verschiedenheit als durchgängige Aussonderung, deren Synthese erst die Integration ist. Integrative Erziehung geht eben gerade nicht vom Grundsatz aus: Allen das Gleiche, sondern, wie GROLLE ausführt, vom Grundsatz: Jedem "seinen Möglichkeiten entsprechend" (1987, 44). Die von BLEIDICK ausgehende dialektische Schieflage ist kennzeichnend für eine breite AutorInnenschaft innerhalb der Sonderpädagogik und findet sich z.B. auch bei KOBI (1983, 1990) und ANTOR (1988, 1990).

Dieser Schieflage entspricht auch die weithin rezipierte Systematik zur Integration von KOBI. Dort werden in einer formalen Matrix verschiedene Ebenen und Intensitätsgrade (proklamatorisch, modellhaft, praktiziert) innerhalb eines dialektischen Spannungsverhältnisses von "Separation und Integration" (KOBI 1990, 55) unterschieden. Auf den unterschiedenen Ebenen (KOBI 1983, 1990) geht es zunächst um die Umweltverhältnisse und den Abbau von baulichen Barrieren (physisch/ökologisch), um die Abschaffung stigmatisierender Begriffe (terminologisch/begrifflich), weiter um in Spezialisierung und Professionalisierung begründete separierende Strukturen von Schule, Lehrerausbildung und Forschung (administrativ/bürokratisch), dann um soziale Kontakte und Anteilnahme zwischen Kindern mit und ohne Behinderung (sozial/kommunikativ), schließlich um gleiche inhaltliche Angebote für alle Kinder ohne generelle Reduzierung (curricular-funktionell) und um die gleiche Teilhabe verschiedener Kinder an den selben Inhalten, Formen und Bedingungen (lern-/lehrpsychologisch). Dabei wird ein zunehmender Intensitäts- und Schwierigkeitsgrad festgestellt (KOBI 1983, 197, 1990, 58).

Problematisch wird diese Systematik von der curricular/funktionellen Ebene an, da hier zunehmende Anforderungen an die Gleichheit der Kinder gestellt werden, nicht jedoch intensivere Möglichkeiten der Integration bestehen. Einigungsprozesse im Sinne REISERs werden nicht intensiviert durch die Gleichheit von Kindern in bezug auf Partizipationsmöglichkeiten an der selben Sache mit gleichen Anforderungen und unter gleichen Bedingungen. KANTER sitzt ebenso wie KOBI diesem Mißverständnis auf, indem er zwar mit Bezug auf historische Vorerfahrungen feststellt, daß es sich als unmöglich erwies, "(1) mit einer heterogenen Gruppe von Kindern und Jugendlichen (2) nach uniformen curricularen Vorgaben (3) zu gleicher Zeit (4) zu allseits verpflichtenden Lernzielen zu gelangen" (1985, 312f.). Er zieht aber nicht die logische Konsequenz daraus, die Verpflichtung zur Lernzielgleichheit aufzuheben und somit die Rahmenbedingungen entscheidend zu verändern. Hier zeigt sich wiederum die Bedeutung des zieldifferenten Lernens in der Gemeinsamkeit unterschiedlicher Kinder als pädagogische Revolutionierung, die, wenn sie nicht wahrgenommen wird, zu einem grundsätzlichen sonderpädagogischen Mißverständnis der Integration führt.

Die drei wesentlichen theoretischen Zugänge, mit den Namen FEUSER, SANDER und REISER verbunden, sind auf unterschiedlichen Ebenen angesiedelt: FEUSERS Theorie des gemeinsamen Gegenstandes bezieht sich auf die unmittelbare Handlungsebene des Unterrichts und leitet daraus u.a. auch institutionelle Notwendigkeiten ab. SANDERs Zugang geht demgegenüber von der übergeordneten Ebene der Entwicklung von (Schul-)Systemen aus und betrachtet so die Wechselwirkungen auf unterschiedlichen Systemebenen. Für die konkrete Unterrichtsebene scheint der ökosystemische Ansatz jedoch weniger hilfreich. REISERs Theorie integrativer Prozesse vermag die sich vollziehenden Prozesse auf unterschiedlichen Ebenen zu analysieren und bekommt - über die beiden anderen Ansätze hinausgehend - das ganze Spektrum vorhandener Ebenen von der Psyche des einzelnen Menschen bis zu institutionellen und gesellschaftlich-normativen Fragestellungen in den Blick. Damit ist sie sowohl für konkret alltägliche Prozesse als auch für übergeordnete Fragestellungen gleichermaßen ertragreich.

Die Theorie integrativer Prozesse vermag darüberhinaus die beiden anderen Ansätze einzubeziehen: Die Theorie des gemeinsamen Gegenstandes bildet gleichsam den Kern der Ebene unterrichtlicher Handlungen innerhalb des Gesamtgebäudes integrativer Prozesse. Der ökosystemische Ansatz ließe sich auf unterschiedlichen Ebenen wiederfinden: auf der Ebene der Wechselbeziehungen zwischen Personen, mit Institutionen, mit gesellschaftlichen Normen.

Damit kann die Theorie integrativer Prozesse als umfassendste und ertragreichste Theorie im Bereich der Integrationspädagogik bezeichnet werden. Sie soll deshalb auch im folgenden die Grundlage dieser Arbeit bilden und im anschließenden Kap. 2.1.3 ausführlicher dargestellt werden.

2.1.3 Theorie integrativer Prozesse - Dialektik von Gleichheit und Verschiedenheit

Zentraler Begriff der von der Frankfurter Arbeitsgruppe um Helmut REISER entwickelten Theorie integrativer Prozesse ist der der Integration. Es ist dies ein Begriff, der in verschiedenen Zusammenhängen in unterschiedlichster Weise verwendet wird, z.B. innerhalb der Ausländerpädagogik (vgl. Kap. 4.1.2).

REISER setzt sich mit diesem schillernden, aber auch inflationär bis zur Unkenntlichkeit benutzten Begriff auseinander. Für ihn ist Integration ein Ziel, allerdings nicht im Sinne eines Zielpunktes, den man irgendwann erreicht, sondern im existentiellen Sinne: Das Ziel der Integration besteht quasi in ihrem prozeßhaften Weg. Dies gilt entsprechend wie für das Ziel des Lebens, das nicht im Tod, sondern im Lebendig-Sein bis zu seinem Ende liegt (1991, 14). Dabei ist die Grundlage eine dynamische Balance von Gleichheit und Verschiedenheit, die jede menschliche Entwicklung begleitet: Einerseits die Tendenz des Gleichseins, der Annäherung an andere und der Gemeinsamkeit mit anderen, andererseits die Tendenz des Verschiedenseins, der Abgrenzung von anderen und persönlicher Autonomie. Diese Tendenzen bilden keine sich gegenseitig ausschließenden oder relativierenden Pole, sondern sind in einem dialektischen Spannungsverhältnis aufeinander angewiesen. Nach REISER läßt sich Integration für andere Personen nicht unmittelbar herstellen. Es geht um einen pädagogischen Auftrag, der Möglichkeiten eröffnen soll. Den Prozeß stellt er in Abbildung 2.1 mit der Kreislinie dar:

"- Ich versuche, förderliche Bedingungen zu schaffen.
- Ich versuche wahrzunehmen, welche integrativen Prozesse dadurch in Gang kommen.

- Dabei ist es hilfreich zu analysieren, auf welchen Ebenen welche Prozesse in Gang kommen. Ich unterscheide dabei die sieben auf dem Bild angegebenen Ebenen.
- Aufgrund dieser Analyse gemäß meinem Richtziel: dynamische Balance von Gleichheit und Verschiedenheit versuche ich die Bedingungen weiter zu verbessern, weitere Ebenen einzubeziehen, die integrative Prozesse fördern" (1991, 16).

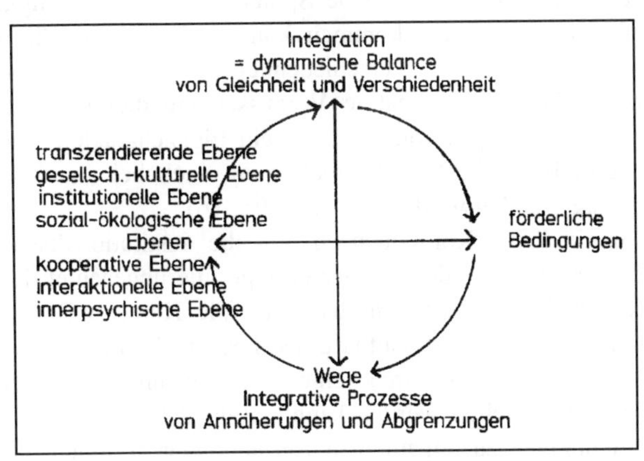

Abb. 2.1: Integration als dynamische Balance von Gleichheit und Verschiedenheit (REISER 1991, 15)

Diese immer weiter fortzuführende Linie beschreibt damit den pädagogischen Prozeß und damit auch das Ziel der Integration.

Dialektik von Gleichheit und Verschiedenheit

REISER U.A. (1986) gehen bei ihrer Theorie integrativer Prozesse von der Dialektik von Gleichheit und Ungleichheit aus. Auf der Ebene der Person läßt sie sich im Sinne des Symbolischen Interaktionismus (MEAD) mit den Kategorien der Identitätsentwicklung beschreiben: Das Bedürfnis nach Gleichheit und Gemeinsamkeit mit anderen wird als soziale Identität, das Bedürfnis nach Einzigartigkeit und Individualität wird als persönliche Identität bezeichnet. Die Entwicklung von Ich-Identität wird erst ermöglicht durch eine Balance zwischen beiden Bedürfnissen. Ohne die Entwicklung persönlicher Identität entstehen gesichtslose Konformisten, die sich lediglich an andere anpassen, ohne die Entwicklung sozialer Identität kommt es zu 'asozialen Sonderlingen', zu inhumanem Egoismus (vgl. HINZ 1989a, 54, REISER 1991, 14). Beide Tendenzen sind notwendig für die Entwicklung von Ich-Identität, also einer Identität, bei der Individualität und Gruppenbezogenheit gleichermaßen zu ihrem Recht kommen.

Diese dynamische Balance hat nun nicht nur Bedeutung für einzelne Personen, sondern läßt sich ebenso auf die Beziehungen zwischen Gruppierungen, also auf die gesellschaftliche Ebene, anwenden. Hier bilden die verbrieften Gleichheitsrechte für alle Menschen die Grundlage, die in den USA zum Grundsatz der Nichtdiskriminierung führen und im skandinavischen Raum ihren Ausdruck im Normalisierungsprinzip finden. Sollen sie jedoch nicht zur Anpassung an einheitliche Maßstäbe und Normen geraten, müssen gleichzeitig auch partikulare Unterschiede anerkannt werden: verschiedene Sprachen, Normen, Fähigkeiten, Verhaltensweisen müssen zur Geltung kommen können. Erst wenn die grundsätzliche Gleichheit aller, aber auch ihre Verschiedenheit akzeptiert wird, ist gesellschaftliche Integration möglich: "Normative Voraussetzung dieser Sichtweise ist, daß beiden Partnern oder Gruppen von Personen ein Eigencharakter, eine eigene Identität und eine grundsätzliche Gleichberechtigung auch bei unterschiedlicher Leistungsfähigkeit zugestanden wird" (REISER 1991, 16).

Dies hat unmittelbare Konsequenzen für die institutionalisierte Erziehung: "Eine Absonderung eines Kindes aus der Gruppe, die ungeachtet des Geschlechts, der Rasse, des sozialen Herkommens usw. für alle Kinder z.B. im Kindergarten angeboten wird, ist nur insoweit statthaft, als dies für die Entwicklung des Kindes unbedingt erforderlich ist, weil durch keine andere, weniger absondernde Maßnahme die Entwicklung gesichert werden kann" (REISER U.A. 1986, 118). Somit stehen Sondereinrichtungen zu allgemeinen Einrichtungen in einem untergeordneten Ergänzungsverhältnis: "Sonderschulen sind damit subsidiäre Ersatzlösungen, Lernorte zweiter Wahl, die ihre Rechtfertigung aus dem Ungenügen der allgemeinen Schule beziehen" (WOCKEN 1988h), nicht hingegen aus sich selbst heraus. Daß ein Kind eine Sondereinrichtung besucht, muß gemäß dem Primat der Integration begründet werden und nicht, daß es eine allgemeine Einrichtung besucht (vgl. SCHÖNBERGER 1988, 67).

Mit dem Postulat von Gleichheit und Verschiedenheit werden Grunddimensionen jeder Pädagogik angesprochen: "der Ausgleich zwischen Individuum und Gruppe, das Verhältnis von Gleichheit und Ungleichheit, den Widerspruch von Selbstwertgefühl und gesellschaftlich definierter Tüchtigkeit" (REISER U.A. 1986, 117). Dieses universale Postulat drückt sich beispielhaft im Motto der italienischen Integrationsbewegung aus: "Tutti uguali - tutti diversi!" - alle sind gleich und alle sind verschieden (DEPPE-WOLFINGER 1985a). Alle sind gleich beispielsweise in bürgerlichen Rechten, in dem Bedürfnis nach Gemeinsamkeit, in den Grundbedürfnissen der Versorgung, auch z.B. in der Unvollkommenheit in diversen Bereichen. Gleichzeitig sind alle verschieden, in ihren Fähigkeiten, Vorlieben, Eigenschaften, Ängste, Attraktivität, Stärken und Schwächen oder anderem.

Die Anerkennung der "Gleichwertigkeit aller Menschen" und daraus folgend der "Gleichberechtigung aller Bürger" (SCHÖNBERGER 1988, 64f.) und ihre Ergänzung durch "partikular besondere Qualitäten" (PRENGEL 1988a, 73) führen auch über die bisherigen emanzipatorischen Bestrebungen von diskriminierten Gruppen hinaus, die bisher fast durchweg auf der Gleichheitsvorstellung beruhen und ihre Gleichwertigkeit über den Beweis ihrer Gleichheit zu beweisen versuchen (so z.B. die Einheitsschulbewegung; vgl. PRENGEL 1988a). Im politischen Bereich pflegt Karl MARX als Kronzeuge der Gleichheitsforderung angeführt zu werden, obwohl gerade er es war, der in der Kritik des Gothaer Programms der deutschen Sozialdemokraten 1875 den Gleichheitsgrundsatz radikal in Frage stellte. Er forderte, daß eigentlich das Recht für Ungleiche ungleich sein müsse (GROLLE 1987, 43).

Auch die Bildungsreform der 70er Jahre hat sich an der Gleichheitsvorstellung orientiert (ebenso wie die in Kap. 2.1.1 vorgestellten präventiven Ansätze), indem sie die Allgemeinverbindlichkeit schulischer Anforderungen beibehalten und auf größere institutionelle Durchlässigkeit und individuell unterstützende Maßnahmen für einzelne SchülerInnen zum Erreichen der allgemeinen Anforderungen gesetzt hat. Insbesondere der Strömung innerhalb der Gesamtschule, die dem Leitbild der 'demokratischen Leistungsschule' folgt, geht es eher um eine real leistungsgerechte - und nicht durch soziale Schichtung gleichsam verfälschte - Selektion als um die Gemeinsamkeit unterschiedlichster Kinder (vgl. HINZ 1989a, 50-53). Mit einem solchen Selbstverständnis haben Bildungsreformbestrebungen auf die Verschiedenheit von Kindern "mit einem strikten innerschulischen Selektionssystem reagiert, dem alle Fördermaßnahmen im Grunde dienten" (PRENGEL 1988a, 72). Mit der Verabsolutierung des Gleichheitsgedankens in den 70er Jahren ist auch zu erklären, warum allenfalls "Grenzfälle zwischen Gesamt- und Sonderschule" (BACHMANN 1977), also Kinder mit Problemen im Bereich des Lernens, Verhaltens und der Sprache in die Diskussion einbezogen wurden. Kinder mit Behinderungen führten dort ein marginales Dasein in Form einer in Statistiken immer wiederkehrenden Fußnote: "ohne Schüler aus Sonderschulen" (vgl. HINZ 1989a, 53).

Aus heutiger Sicht müssen jene Versuche eher als Anpassungsstrategien durch zusätzliche Förderung denn als Integrationsversuche gesehen werden (HINZ 1989a), obwohl sie einen integrativen Ansatz beanspruchten. Zu dem Gleichheitsprinzip muß daher also als spannungsvoller Ergänzungspart das Verschiedenheitsprinzip hinzutreten. In diesem Sinne ist auch WOCKENs Satz zu verstehen, die integrative Schule suche "das Recht auf Unterschiedlichkeit ohne den Verzicht auf die Gemeinsamkeit zu verwirklichen" (1987b, 76).

Das Spannungsverhältnis von Gleichheit und Verschiedenheit wird auch in der Allgemeinen Pädagogik thematisiert, so von FLITNER (1985) und von SCHLÖMERKEMPER (1986, 1989).

Die dialektische Angewiesenheit von Gleichheits- und Verschiedenheitsprinzip geht in FLITNERs Begrifflichkeit mit "unterscheidender und egalisierender Gerechtigkeit" ein (1985, 5): Die egalisierende Gerechtigkeit geht nach dem Grundsatz 'Allen das Gleiche' vor und sichert grundsätzlich gleiche Rechte, die unterscheidende Gerechtigkeit verhindert nach dem Grundsatz 'Jedem das Seine' bloße Gleichbehandlung. Mit der Formel 'Jedem das Seine' ist nicht das Bleiben-Lassen-wie-man-ist gemeint, sondern das, "was den Schüler fördert, was ihm nützt, wessen er zu seiner Bildung und Entwicklung und sozialen Förderung besonders bedarf" (FLITNER 1985, 5), also jene partikularen Besonderheiten, von denen schon unter der Formel: 'Jeder seinen Möglichkeiten' entsprechend die Rede war. Gleichwohl denkt FLITNER diesen Gedanken nicht konsequent zu Ende, wenn seiner Meinung nach Gerechtigkeit "ein gewisses Basisniveau, eine grundlegende Bildung oder ein(en) 'Sockel'" (1985, 18) benötigt; offensichtlich kann nur eine gewisse Bandbreite an Verschiedenheit von Kindern gedacht werden, die durch ein für alle gemeinsames Fundament begrenzt wird. Von seinen Grundgedanken aus kommt auch FLITNER zu einer Einschätzung der Bildungsreform im obigen Sinne: "Viel zu mächtig geworden ist (...) die gleichsetzende, austeilende Gerechtigkeit, Justitia wie sie dargestellt wird mit verbundenen Augen, die entscheiden soll 'ohne Ansehen der Person'. Für die Schule muß, mindestens gleich mächtig, die Schwesterfigur danebenstehen: die unterscheidende, soziale und persönlichzuteilende Gerechtigkeit, die keine Binde vor den Augen hat, sondern zu sehen vermag, wes dieses Kind, diese Gruppe, diese Schule bedarf" (FLITNER 1985, 21).

In seinen bildungstheoretischen Überlegungen geht SCHLÖMERKEMPER vom Spannungsfeld zwischen emanzipatorisch-egalitären und hierarchisch-elitären Anteilen der Bildung aus (1986). Er spricht sich im Sinne einer Stärkung egalitärer Anteile für eine "Entkoppelung von Bildung und Kompetenz" (1986, 413) aus. Sie ermöglicht für ihn eine bildungstheoretische Argumentation für Integration, "weil alle Kinder nicht nur die gleiche Chance haben müssen, sich einem für alle verbindlichen Leistungs- und 'Bildungs'-Maßstab anzunähern, sondern weil Bildung in dem egalitären Sinn die Fähigkeit beinhaltet, mit der Unterschiedlichkeit von Kompetenzen konstruktiv und sozial umzugehen" (1986, 413). Und dies, so SCHLÖMERKEMPER, ist nur in einer Schule möglich, in der Verschiedenheit von Kindern möglich ist, also prinzipiell keine Kinder ausgeschlossen werden - zunächst also in der Gesamtschule. In diesem Sinne hält SCHLÖMERKEMPER eine andere, konstruktivere Bewältigung von Heterogenität für möglich: Das Ziel muß nicht mehr sein, Heterogenität abzubauen, um Bildung im elitären Sinne zu ermöglichen (1986, 414). Wenn Bildung vielmehr "auf jeder Kompetenzstufe möglich ist, dann können die Unterschiede in den Leistungsmöglichkeiten zunächst einmal als solche akzeptiert werden, um dann für alle Schüler ein darauf bezogenes Bildungsangebot zu entwerfen, das jedem einzelnen die Erfahrung ermöglicht, mit seinen Kompetenzen konstruktiv und sozial umgehen zu können" (1986, 414; vgl. 1989, 320).

Bei der Reflexion des widersprüchlich verstandenen und gewerteten Integrationsbegriffs unterscheidet SCHLÖMERKEMPER drei Bedeutungsvarianten: "Meritokratische Integration" (1989, 321) will die Heranwachsenden an die ihnen im hierarchischen Berufs- und Sozialstruktur zustehenden Plätze führen; sie zielt damit auf gesellschaftliche Anpassung und auf die Stabilisierung gesellschaftlicher Verhältnisse. "Kompensatorische Integration" (1989, 322) will die Zugangschancen Benachteiligter verbessern und ihnen so gerechtere Möglichkeiten der Konkurrenz verschaffen; auch hier bleiben die allgemeinverbindlichen 'Lernziele' unhinterfragt, und es bleibt den Benachteiligten aufgegeben, unter den Bedingungen des bestehenden Leistungsprinzips erfolgreich zu sein. Nach meritokratischem wie nach kompensatorischem Verständnis hat "Unterschiedlichkeit ... unterschiedliche Berechtigung zur Folge" (1989, 323). Demgegenüber bezieht sich "egalitäre Integration" (1989, 323) auf einen doppelten Anspruch der Gleichberechtigung, nämlich auf den "Anspruch optimaler Förderung" und auf den "Anspruch auf gleiche soziale Lebenschancen" (1989, 323) ohne die Erfüllung allgemeiner Leistungsmaßstäbe; hier wird die universelle Gleichwertigkeit aller Menschen unabhängig von der Leistungsfähigkeit eingeklagt.

SCHLÖMERKEMPER beschreibt mit seiner Bedeutungsvariante der egalitären Integration das dialektische Verständnis von Gleichheit und Verschiedenheit. Während der meritokratische Integrationsbegriff die Verschiedenheit hierarchisch bestärkt, zielt der kompensatorische Integrationsbegriff auf minimierende Anpassung der Benachteiligten. So ergeben sich deutliche, weitgehend unabhängig voneinander entstandene theoretische Parallelen im Bereich der Integrationspädagogik wie im Bereich der Bildungstheorie.

Integrative Prozesse

Die Dialektik von Gleichheit und Verschiedenheit spiegelt sich wider und konkretisiert sich in der Dynamik integrativer Prozesse, deren aufeinander angewiesene Pole auf der Grundlage der "Gegensatzeinheit von Autonomie und Interdependenz" (REISER 1990a, 31) Annäherung und Abgrenzung sind. Es ist dies das Spannungsverhältnis zwischen den beiden Polen, sowohl die Position des anderen zu verstehen und zu berücksichtigen, als auch sich seiner Position sicher zu werden (KRON 1988b, 124). Da wir gleichzeitig gleich und verschieden sind, muß es auch gegensätzliche Anteile bei jeder Persönlichkeit, in jedem Dialog, in jeder gemeinschaftlichen Situation geben. Demnach sind Verhaltensweisen der Abgrenzung und Distanzierung genauso wichtige Anteile wie solche der Annäherung und der Harmonie. Sie sind deshalb in konkreten Situationen nicht vorschnell als desintegrative Momente zu interpretieren, sondern vielmehr auf ihre Funktion innerhalb der Dynamik von Annäherung und Abgrenzung zu befragen.

Es wäre demnach eine desintegrative Entwicklung, wenn es zu dauerhaften Prozessen symbiotischer Verschmelzung ohne Momente der Abgrenzung oder zu Entfremdung von anderen oder sich selbst ohne Momente der Annäherung käme. PRENGEL beschreibt denn auch Störungen integrativer Prozesse als "Überabgrenzung, die Isolation bedeutet, und Überannäherung, die Grenzüberschreitung im aggressiven und im überfürsorglichen Sinne bedeutet" (1989a, 207). "Diese gegensätzlich erscheinenden Fehlentwicklungen sind doch darin gleich, daß sie nur durch massive Abwehr aufrechterhalten werden können" (REISER U.A. 1986, 120). Wie schwer konflikthafte Anteile integrativer Erziehung für Beteiligte zu ertragen sind, zeigt sich bei PädagogInnen wie bei Eltern. Harmonie und Verständnis prägen die Wunschbilder in der Darstellung integrativer Erziehung; Konflikte, Genervtheit und unbefriedigende Situationen sind demgegenüber seltener zu finden (vgl. z.B. OLEJNIK & GÄBLER 1986).

Deutlich ist hier bereits, daß die Theorie integrativer Prozesse keineswegs auf ein per se harmonisches Miteinander zielt. Im Gegenteil ist es eine wichtige Aufgabe für die PädagogInnen in der gemeinsamen Situation mit den Kindern, Konflikte als Chance der Weiterentwicklung für die Gruppe wie für die Individuen wahrzunehmen und in konstruktiver Weise mit ihnen umzugehen, anstatt sie mit großem Energieaufwand zu tabuisieren. Auch erscheint die Chance für Freiräume bedeutsam: Die Theorie gesteht den Beteiligten Zwiespältigkeiten und Widersprüchlichkeiten zu und eröffnet konstruktive Möglichkeiten für authentisch geführte Auseinandersetzungen.

Bezugstheorien

Die Frankfurter Forschungsgruppe verweist auf die Themenzentrierte Interaktion (COHN 1975) und die psychoanalytische Interaktionstheorie (LORENZER 1972, 1974) als Bezugstheorien. Weiter bezieht sie sich auf den Philosophen BUBER (1953) und seinen Grundsatz der nichthierarchischen, dialogischen und ganzheitlichen "Ich-Du-Beziehung", der von vielen AutorInnen, zumal im Bereich reformpädagogischer Ansätze, aufgenommen worden ist.

Damit steht die Frankfurter Forschungsgruppe in der Tradition von Ansätzen der psychoanalytischen und der humanistischen Psychologie, die sie mit soziologischen Ansätzen zu verbinden sucht. So ergibt sich eine große Nähe zu Ansätzen, die ihre Wurzeln ebenfalls in der Psychoanalyse und deren Weiterentwicklung in der Verbindung mit Elementen der Humanistischen Psychologie haben, wie etwa FROMM (1979, 1985), GRUEN (1986, 1988) und MILLER (1979, 1980).

Insbesondere die Humanistische Psychologie weist mit ihrem grundlegenden Prinzip der Integration auf verschiedenen Ebenen (vgl. BUROW & NEUMANN-SCHÖNWETTER 1988) eine große Nähe zur Theorie integrativer Prozesse auf: Auf der Persönlichkeitsebene geht es um die Akzeptanz widersprüchlicher Persönlichkeitsanteile und die Einheit von Denken, Fühlen und Handeln. Auf der Beziehungsebene stehen Akzeptanz, Empathie und Dialog im Sinne BUBERs im Mittelpunkt. Die Ebene des sozialen und ökologischen Umfeldes bezeichnet die Anwendung der Beziehungsebene auf die Umwelt.

Diese Nähe gilt ebenso für auf die Humanistische Psychologie aufbauende Ansätze wie Gestalttherapie und Gestaltpädagogik (PETZOLD & BROWN 1977, BUROW & SCHERPP 1981, PRENGEL 1983, 1989b, BUROW, QUITMANN & RUBEAU 1987, KLEBER 1988), bei denen teilweise ebenfalls von integrativer Erziehung die Rede ist, im Sinne einer Ganzheit des Menschen, mit der Einheit von Leib, Seele und Geist, von Vergangenheit, Gegenwart und Zukunft, von Sich-Akzeptieren und Sich-Verändern, von Bewirken und Bewirkt-Werden, von Individuum und Umwelt (BUROW & SCHERPP 1981, 63 ff.).

Ebenen der Theorie integrativer Prozesse

Integrative Prozesse - in Anlehnung an die Themenzentrierte Interaktion (COHN 1975) im Schnittpunkt von SchülerIn, LehrerIn und Grundschule lokalisiert - werden zunächst auf drei (GUTBERLET U.A. 1983), später auf vier (REISER U.A. 1986) und wiederum später auf sieben (REISER 1990a) aufeinander einwirkenden Ebenen analysiert.

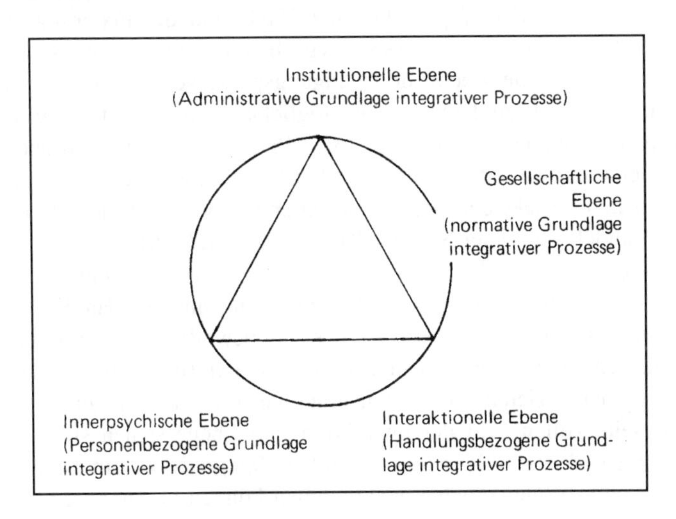

Abb. 2.2: Ebenen integrativer Prozesse in Anlehnung an das TZI-Modell von COHN (KLEIN U.A. 1987, 41)

Zum besseren Verständnis wird hier zunächst auf das Modell mit vier Ebenen (REISER U.A. 1986, KLEIN U.A. 1987) zurückgegriffen. Diese vier Ebenen repräsentieren zugleich die Bestandteile des TZI-Modells (vgl. Abb. 2.2). Die einzelnen Ebenen werden in ihrer Funktion folgendermaßen beschrieben:

"1. Die innerpsychische Ebene ist die Grundlage aller folgenden Ebenen insofern, als ohne sie auf allen weiteren Ebenen keine Einigungen gelingen können" (KLEIN U.A. 1987, 39).

Hier geht es - wie in der Humanistischen Psychologie - um Akzeptanz. Sie "wird dann möglich, wenn die Person ihre widersprüchlichen Empfindungen und Impulse zueinander in Beziehung bringt, ohne eigene Anteile verdrängen oder verleugnen zu müssen" (KLEIN U.A. 1987, 41). Es geht um die Akzeptanz der eigenen ungeliebten Anteile, um unsere Schattenseiten, um die von FROMM formulierte Erkenntnis, "es gibt nichts Menschliches, was nicht in jedem von uns zu finden wäre" (1985, 57). Für die "dunkle Seite unserer eignen Person" (WOCKEN 1988g, 438) verfügen wir über zwei nicht integrierende Abwehrstrategien: Mit der

Verleugnung versuchen wir diese Anteile zu vernichten, wir behaupten, daß sie in uns nicht existieren. Mit der Verfolgung schieben wir sie von uns weg, wir sondern sie aus und bekämpfen sie als Projektion stellvertretend, vielleicht besonders scharf, bei anderen. Wenden wir uns nicht unserer eigenen dunklen Seite zu, werden wir kaum in der Lage sein, sie bei anderen zu ertragen. Wir werden schwerlich Dysfunktionalität und Schwäche, aber auch die unmittelbare Lustbetontheit von Kindern aushalten können. Hier liegt die psychologische Wurzel der Aussonderung von Kindern (vgl. GEBAUER 1984) und der Fixierung auf Fördererfolge (vgl. MILANI-COMPARETTI 1987) (vgl. hierzu Kap. 3.1 und 3.5.3).

"2. Die interaktionelle Ebene der Einigungsprozesse baut auf ihr (der innerpsychischen; A.H.) auf; zugleich ist die Möglichkeit, miteinander etwas zu tun zu haben, die reale Grundlage aller integrativen Prozesse und insofern auch die Voraussetzung der Prozesse auf der innerpsychischen Ebene. Die interaktionelle Ebene umfaßt so den Aspekt der Gruppenbeziehungen wie auch den Aspekt des gemeinsamen Handelns an einer Sache" (KLEIN U.A. 1987, 39f.).

Hier geht es - wie in der Humanistischen Psychologie - um den Dialog im Sinne BUBERs, um die ganzheitliche Wahrnehmung anderer. Häufig wenden wir uns gegen eine andere Person, indem wir sie unbewußt zum Objekt unserer Projektionen machen, sie als nur verschieden von uns empfinden und sie völlig ablehnen; oder wir identifizieren uns so mit einer Person, daß wir genau wie sie und mit ihr eins sein wollen. Auf der interaktionellen Ebene stehen sich die Pole der Verschmelzung und der Ablehnung gegenüber. Integrativ ist ein Dialog, bei dem wir andere in ihren Widersprüchen wahrnehmen können und uns treu bleiben.

"3. Auf der institutionell bestimmten Ebene geht es um den in Erziehungskonzepten gefaßten und durch Einrichtungen repräsentierten Sachauftrag der Erziehung. Hier liegt mit der Einrichtung der integrativen Gruppen die administrative Grundlage der Integration, die ohne integrative Prozesse auf der innerpsychischen und der interaktionellen Ebene jedoch wirkungslos bleibt" (KLEIN U.A. 1987, 40).

Hier geht es um die Frage, wie weit konzeptionelle und institutionelle Rahmenbedingungen einen Spielraum für die Verschiedenheit von Menschen lassen. Meistens haben Institutionen Vorgaben und Bestimmungen, auf die sich die Menschen in ihnen einzustellen haben. Wenn jemand nicht in diese Eingangsvoraussetzungen 'paßt', wird er nicht in diese Institution aufgenommen oder aus ihr ausgesondert und vielleicht in andere 'überwiesen'. Andere Menschen scheinen in Grenzen in diese Institution zu 'passen', aber sie können noch 'passender' gemacht werden (andernfalls müßten auch sie 'überwiesen' werden). Ein Beispiel dieser Ebene ist die Schule, die ihre Schülerschaft bislang zwischen geforderter Anpassung und drohender Aussonderung gehalten hat. Eine integrative Schule, in der Gemeinsamkeit zwischen unterschiedlichen Kindern möglich ist, nimmt die Kinder an, wie sie sind, und versucht, ihren Bedürfnissen und Notwendigkeiten zu entsprechen.

"4. Auf der gesellschaftlichen Ebene liegen die normativen Grundlagen integrativer Prozesse. Die Berücksichtigung dieser Grundlagen verringert die Gefahr der Selbstüberforderung der Pädagogen, wenn sie sich zur Aufgabe setzen, einen Lern- und Lebensraum herzustellen, in dem der Widerspruch zwischen ungleichen Voraussetzungen und gleichen Bedürfnissen und Rechten - bei Kindern wie Erwachsenen - aufgehoben ist. Pädagogen können nach unseren Beobachtungen keinen derartigen Raum schaffen, da die gesellschaftlich vorgegebenen Wertungen individueller Leistungsunterschiede in den Selbstdefinitionen der Individuen, auch im Selbsterleben der Kinder, unauflöslich verwoben wird" (KLEIN U.A. 1987, 40).

Auf dieser Ebene geht es um den zentralen Widerspruch zwischen individuellen Maßstäben und Einstellungen einerseits und gesellschaftlichen Normen und Werten andererseits. Das Spektrum, innerhalb dessen etwas gesellschaftlich als 'normal' betrachtet wird, kann sehr unterschiedlich sein. Dem einen Pol entsprechend hält eine Gesellschaft schnell alles, was nur ein bißchen anders als die gesellschaftliche Norm ist, für falsch, schädlich, schlimm etc. Sie grenzt sich dann dadurch ab, daß diese vielleicht geringe Ungleichheit als 'anormal' exotisiert wird und für völlig anders, vielleicht für abwegig oder verrückt gehalten wird und auf einen normativen (oder auch realen) Index, auf eine schwarze Liste kommt. Dem anderen Pol entsprechend übt eine Gesellschaft dergestalt normativen Druck auf jedes Mitglied aus, daß es sich den bestehenden normativen Erwartungen anzugleichen hat. Wer eigentlich mit anderen Normen und Vorstellungen lebt, wird von der Gesellschaft 'normativ kolonialisiert', er wird dazu gedrängt, die in der Gesellschaft herrschenden Normen zu übernehmen. Integrativ wäre demgegenüber eine Haltung, die die Verschiedenheit von Normen, Vorstellungen und Verhaltensweisen anerkennt, ohne sie in eine Hierarchie zu fügen und damit unterschiedliche Rechte und einen unterschiedlichen Status zu verbinden.

Die Situation und Dynamik auf den vier Ebenen kann in ihrer dialektischen Verknüpfung wie folgt schematisch dargestellt werden:

Spannungsfeld -> ↓Ebenen↓ Prozesse ->	Verschiedenheit <--- Abgrenzung <---	Balance Einigung	---> Gleichheit ---> Annäherung
innerpsychisch	Verfolgung	Akzeptanz	Verleugnung
interaktionell	Ablehnung	Begegnung	Verschmelzung
institutionell	Aussonderung	gemeins. Unterricht	Anpassung
gesellschaftlich	Exotisierung	Normalisierung	Kolonialisierung

Tab. 2.2: Integrative Prozesse (nach KLEIN U.A. 1987)

Hier sind die vier Ebenen integrativer Prozesse im Spannungsfeld der Balance von Gleichheit und Verschiedenheit und mit den Prozessen der Abgrenzung und Annäherung in ihrer Widersprüchlichkeit zusammengefaßt. Mit Hilfe von Einigungen auf der innerpsychischen Ebene kann Akzeptanz ermöglicht und Verfolgung wie Verleugnung überflüssig gemacht werden. Auf der interaktionellen Ebene können Einigungen zu Begegnung beitragen und überabgrenzende Ablehnung wie überannähernde Verschmelzung überwinden helfen. Institutionelle Einigungen vermögen gemeinsamen Unterricht realisieren zu helfen und den Druck der Aussonderung ebenso wie den Zwang zur Anpassung überflüssig werden zu lassen. Gesellschaftlich-normativ können Einigungen zu mehr Normalisierung beitragen und Distanz schaffende Exotisierung wie unterjochende Kolonialisierung abbauen helfen.

Die Tabelle macht darüberhinaus deutlich, daß Integration im hier verwendeten Sinne mehr meint als das Beieinandersein von Kindern mit und ohne Behinderungen. Es geht auch nicht um ein bloßes Hinzufügen von Kindern, die vorher ausgeschlossen waren, zu einem unveränderten Ganzen, sondern um einen Ansatz, der **alle** Kinder, **alle** mit Schule befaßten Personen und die Gesellschaft als ganzes betrifft und insgesamt zur Entwicklung von etwas Neuem führt.

Die später (1990) erfolgten Modifikationen der Theorie zielen auf eine Differenzierung des Modells, gehen jedoch zu Lasten seiner Verständlichkeit. Dabei wird die Systematik stärker an das Modell der Themenzentrierte Interaktion herangeführt: "Während der Ich-Aspekt (innerpsychisch), der Gruppen-Aspekt (interaktionell) und der Sach-Aspekt (Handlungsebene) die Eckpunkte des Dreiecks bilden, werden die weiteren Ebenen im Bild der Kugel (Globe) versammelt" (REISER 1990a, 32). Die Kugel wird in verschiedene Schalen aufgegliedert: In der ersten Schale geht es um die situativ-ökologische Ebene des Austauschs mit der konkreten Lebensumwelt (Lebensweltorientierung), in der zweiten um Prozesse in Institutionen (institutionelle Entwicklung), in der dritten um die Ebene gesellschaftlicher Strukturen (Demokratische Entwicklung) und in der vierten um die transzendierende Ebene (existentielle Erfahrungen).

Auf die weitere detaillierte Darstellung der einzelnen Ebenen (REISER 1990a) kann hier verzichtet werden, da dieser Modifikation nur z.T. gefolgt werden soll: So sinnvoll es ist, die Handlungsebene als Teil schulischer Realität aus der interaktionellen Ebene herauszunehmen und damit stärker zu gewichten, so unklar bleibt die Aufteilung des Globe in mehrere Schalen. Hier wird auch nicht mehr deutlich, von welchen Bezugspunkten die einzelnen Ebenen ausgehen; es sei denn von dem Bemühen, die vorhandenen Ansätze integrationspädagogischer Forschung in die Systematik einzubauen, etwa den öko-systemischen Ansatz der Saarbrücker Arbeitsgruppe, der sich in der Schale des Austauschs mit der konkreten Lebensumwelt wiederfindet. Leider wird bei den Modifikationen auch nicht mehr in bisheriger Weise das dialektische Grundmuster deutlich, das das Spannungsfeld auf den einzelnen Ebenen ausmacht. Stattdessen wird lediglich beschrieben, welche Prozesse auf den einzelnen Ebenen integrativ wirken.

Aufgrund der bisherigen Analyse kann nun ein modifiziertes Modell integrativer Prozesse entwickelt werden, das in dieser Arbeit die Systematik der weiteren Bearbeitung bildet. Entsprechend dem TZI-Modell besteht es aus den drei von

REISER (1990a) beschriebenen Polen, die vom Globe umschlossen werden. Innerhalb des Globes wird zwischen institutionellen Bedingungen und gesellschaftlichen Normen unterschieden. Dieses könnte grafisch folgendermaßen dargestellt werden:

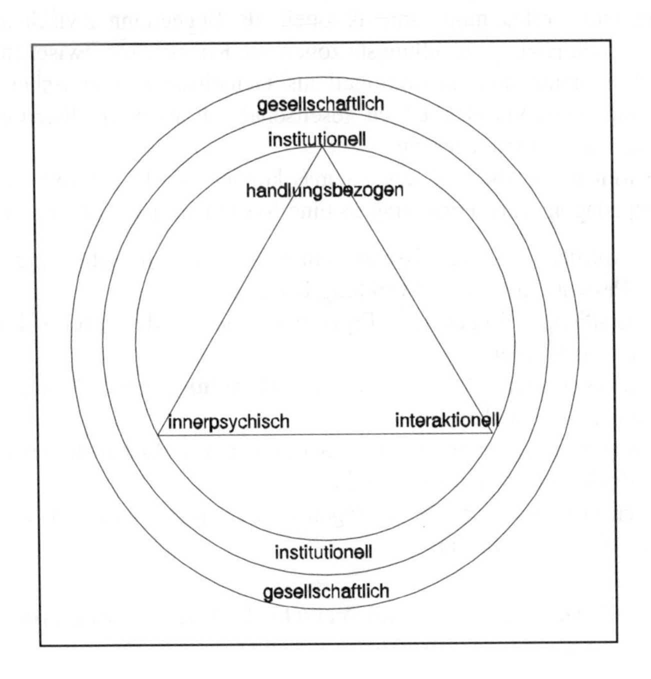

Abb. 2.3: Modell integrativer Prozesse

Die widersprüchlichen Pole und Prozesse können wie folgt bezeichnet werden:

Spannungsfeld -> ↓Ebenen↓ Prozesse ->	Verschiedenheit <--- Abgrenzung <---	Balance Einigung	---> Gleichheit ---> Annäherung
innerpsychisch	Verfolgung	Akzeptanz	Verleugnung
interaktionell	Distanzierung	Begegnung	Verschmelzung
handlungsbezogen	Verweigerung	Kooperation	Vereinnahmung
institutionell	Aussonderung	Gemeinsamkeit	Anpassung
gesellschaftlich	Exotisierung	Normalisierung	Kolonialisierung

Tab. 2.3: Ebenen integrativer Prozesse

Die Grundstruktur besteht aus Abgrenzungs- und Annäherungsprozessen zwischen den beiden Polen Gleichheit und Verschiedenheit. Sie werden auf unterschiedlichen Ebenen als widersprüchliche Tendenzen und ihre dialektische Aufhebung in Einigungen deutlich: innerpsychisch als Akzeptanz im Widerstreit von aggressiver Verfolgung und Verleugnung, interaktionell als Begegnung zwischen Distanzierung und Verschmelzung, handlungsbezogen als Kooperation zwischen Verweigerung und Vereinnahmung, institutionell als Gemeinsamkeit zwischen Aussonderung und Anpassung und schließlich gesellschaftlich als Normalisierung zwischen Exotisierung und Kolonialisierung.

Für die weitere Bearbeitung des Themas können nun Ergebnisse und Aussagen integrationspädagogischer Forschung in eine Systematik gebracht werden:

- Zunächst werden die Ergebnisse zusammengetragen, die schwerpunktmäßig die einzelne **Person** und ihre Entwicklung betreffen.
- Daran anschließend folgen jene Ergebnisse, die mit der **Interaktion** zwischen Personen zu tun haben.
- Dann geht es um jene Aussagen, die mit **Handlung** innerhalb des Unterrichtsgeschehens zusammenhängen.
- Mit Aussagen zu Bedingungen und Konzepten von **Institutionen** ist das Umfeld des direkten Geschehens erreicht.
- Schließlich beziehen sich die Aussagen zu Selbstverständnissen, Begriffen und Normen auf die **Gesellschaft**.

2.2 Dialektik von Gleichheit und Verschiedenheit als integrationspädagogisches Paradigma

In der vorliegenden Arbeit wird der Versuch unternommen, die Gültigkeit der Theorie integrativer Prozesse mit der Grundlage eines dialektischen Verständnisses von Gleichheit und Verschiedenheit auch für andere Bereiche der Allgemeinen Pädagogik zu prüfen. Die Frankfurter Forschungsgruppe formuliert verschiedentlich selbst, daß hier eine allgemeine pädagogische Fragestellung aufgeworfen wird, die nicht nur auf den gemeinsamen Unterricht mit behinderten und nichtbehinderten Kindern in der Schule zu beziehen ist, sondern auf jegliche pädagogische Situation. Es handelt sich bei der Theorie integrativer Prozesse eigenen Bekundungen nach nicht um eine Theorie speziell für Kinder mit und ohne Behinderungen. Gleichheit und Verschiedenheit bezieht sich allein schon in der Schule bei Kindern auf verschiedene Dimensionen (vgl. HINZ 1989a). In diesem Sinne versteht sie sich also nicht als sonder-, sondern als eine allgemeinpädagogische Theorie. Immer geht es darum, "daß die Menschen unterschiedlich sind und daß eine Gleichheit hergestellt werden soll, oder daß die Menschen gleich sind und daß sich durch pädagogische Einwirkungen eine Differenz herausbildet" (REISER 1990e, 10). Diese Fragestellung von Gleichheit und Differenz betrifft auch andere Bereiche, wo es etwa "um die Heterogenität z.B. bei Kulturdifferenzen (geht), wie bei der Integration von Kindern aus anderen Kulturen, und z.B. bei der Geschlechterdifferenz, obwohl es sich hierbei um ganz andere unvergleichbare Differenzen handelt" (1990e, 10). Doch auch über die Schule und die Pädagogik hinaus, so die These, kann sie auf Bereiche angewandt werden, "bei denen es um Verschiedenheit geht - sei es auf innerpsychischer Ebene, sei es zwischen Personen, Gruppen, Institutionen oder Staaten, sei es in bezug auf Meinungen, Begriffe, Selbstverständnisse, Wissenschaften und Normen" (HINZ 1989b, 95).

Damit erhebt die Theorie integrativer Prozesse den Anspruch, sich auf ein generelles pädagogisches Kernproblem zu beziehen, paradigmatische Qualitäten aufzuweisen und "Integration als ein Schlüsselwort für ein neues Verständnis von Erziehung" (REISER 1990e, 9) zu begreifen. Im folgenden soll es nun um die Formulierung des weiteren Vorgehens (Kap. 2.2.1) gehen.

2.2.1 Fragestellung und Methoden

Aus der bisherigen Darstellung sind bereits die aktuellen Dimensionen der Heterogenität in der Schule deutlich geworden: Die Heterogenität der Geschlechter, die Heterogenität der Sprachen und Kulturen und die Heterogenität der Begabungen.

Bei der Heterogenität der Geschlechter geht es nicht primär um das biologische Geschlecht und seine unmittelbaren - vielleicht medizinisch feststellbaren - Folgen, sondern vor allem darum, wie sich die gesellschaftliche Definition der Geschlechter und ihrer Rollen in der Schule darstellen.

Die Heterogenität der Kulturen bezieht sich vor allem auf jene Kinder, die im Zuge der Arbeitsmigration mit ihren Eltern eingewandert oder schon hier geboren worden sind. Weiter bezieht sie sich auf jene, die als Flüchtlinge oder Aussiedler nach Deutschland gekommen sind. Ihnen ist gemeinsam, daß sie mit einer Schule konfrontiert werden, die sich traditionell an deutsche Kinder wendet. Sie haben sich mit der deutschen Schule vor einem anderen lebensgeschichtlichen Hintergrund auseinanderzusetzen als z.B. Kinder von DiplomatInnen. Der Begriff der kulturellen Heterogenität meint also primär den Personenkreis, der aufgrund von Migration, Rückwanderung oder Flucht mit der deutschen Schule konfrontiert wird.

Die Heterogenität der - dynamisch verstandenen - Begabungen bezieht sich auf jene Kinder, die bisher im Regelfall aus allgemeinen Schulen ausgesondert oder gar nicht erst von ihnen aufgenommen worden sind. Der Begriff der Begabung erscheint hier vertretbar, auch wenn das Spektrum von Behinderungen nicht immer den Aspekt der Begabung tangiert oder jener dabei nicht das entscheidende Moment ist; der Integrationspädagogik geht es jedoch im Unterschied zu anderen (sonderpädagogischen) Ansätzen gerade auch um die Einbeziehung solcher Kinder, die voraussehbar nicht das Leistungsniveau der allgemeinen Schule erreichen werden (vgl. Kap. 2.1.1).

Diese Felder der Heterogenität, die gleichzeitig Dimensionen jeder Lebensgeschichte darstellen und in der Praxis, zumal der Grundschulpraxis, von PädagogInnen gleichzeitig berücksichtigt werden müssen, sollen im folgenden näher betrachtet werden.

Bereits in den Bemühungen um Bildungsreform der 70er Jahre wurden verschiedene Dimensionen der Heterogenität thematisiert. In der damaligen Kunstfigur der "Arbeitertochter auf dem Lande, katholischer Konfession" (FLITNER 1985, 7), der die größten Aussichten auf Benachteiligungen in der Schule zugeschrieben wurden, sind die Dimensionen der sozialen Schicht und des Geschlechts enthalten. Da heute die Dimensionen der Konfession und der Stadt-Land-Frage in Diskussionen keine große Rolle mehr spielen und über sie kaum Untersuchungsergebnisse vorliegen - FLITNER (1985) nimmt eine Abnahme der Benachteiligungen an - , sollen sie im weiteren nicht berücksichtigt werden.

Stattdessen war damals offensichtlich weder die Dimension der Kulturen noch die der Leistungen (im Sinne einer unbeschränkt zugelassenen Vielfalt) im Blickfeld der Bildungsreform. Die Heterogenität von Kultur und Leistung sind heute dagegen wichtige Diskussionsfelder in der Allgemeinen Pädagogik.

Reizvoll wäre es, als weitere Dimension die Heterogenität des Alters zu untersuchen, denn wenn tatsächlich eine Pädagogik der Vielfalt Zielperspektive sein und die Heterogenität der Begabungen als deren Teil praktiziert werden soll, ist nicht mehr einsichtig zu begründen, warum das altersdiskriminierende Kriterium der Jahrgangsklasse weitergeführt werden soll. Integrationsansätze, die auf die Peter-Petersen-Pädagogik zurückgehen, weisen auf die positive Bedeutung der Altersheterogenität hin, die z.B. auch Kindern mit geistiger Behinderung die Erfahrung des Größer- und Kompetenter-Seins ermöglicht, wenn sie im zweiten Schulbesuchsjahr ihren neu dazukommenden KlassenkameradInnen die Gegebenheiten und Gepflogenheiten des Schullebens vermitteln können (zu Möglichkeiten der Altersheterogenität vgl. CLAUSSEN & GOBBIN-CLAUSSEN 1989). Da jedoch nur wenige Erfahrungsberichte vorliegen (z.B. KLINKE 1986) und sich Untersuchungen in altersheterogenen Klassen nicht explizit mit diesem Aspekt der Heterogenität auseinandersetzen (so COWLAN U.A. 1991a, 1991b), muß dieser Bereich aus der Bearbeitung ausgespart bleiben.

Somit ergeben sich für den weiteren Weg der Arbeit drei Felder, die bearbeitet werden sollen:

- Die Integrationspädagogik verspricht Aussagen über Erfahrungen, die mehr Gemeinsamkeit von Kindern mit unterschiedlicher Leistungsfähigkeit ermöglichen;
- Von der Interkulturellen Erziehung können Erfahrungen und Aussagen erwartet werden, die über die Gemeinsamkeit von Kindern mit unterschiedlicher kultureller Herkunft Auskunft geben;
- Die Feministische Pädagogik schließlich trägt Erfahrungen über die Gemeinsamkeit der Geschlechter bei. Sie wird insbesondere Aussagen über eine formale Gleichheit, die vorhandene Heterogenität ignoriert, machen können.

Das Verweilen bei diesen drei Feldern ist im Erkenntnisprozeß zu verstehen als immer weitergehende Annäherung an den Gegenstandsbereich. Das Vorgehen läßt sich in Anlehnung an die beiden hermeneutischen Zirkel (vgl. DANNER 1979, LAMNEK 1988) beschreiben. Der hermeneutische Zirkel I ermöglicht durch den wiederkehrenden Wechsel von Vorverständnis und Literaturstudium eine immer stärkere Annäherung an das Erkenntnisobjekt. So wird eine immer stärkere und genauere Fokussierung möglich: Das Vorverständnis wird mit dem Literaturstudium differenzierter und ermöglicht wiederum gleichzeitig ein gezielteres Herangehen an weitere Literatur. Der hermeneutische Zirkel II ermöglicht im vorliegenden Fall die so wichtige wechselweise Betrachtung der Teile und des Ganzen des Untersuchungsvorhabens, die aus wechselseitiger Perspektive heraus interpretiert und somit in der Interpretation verfeinert werden können. Mit den beiden hermeneutischen Zirkeln bzw. den hermeneutischen Spiralen, wie LAMNEK (1988, 70) angemessener formuliert, sind gute Voraussetzungen gegeben, einerseits mit genügender Spezifität und andererseits mit dem Blick für das Gemeinsame die vorhandenen Erkenntnisse, Aussagen und Erfahrungen zu betrachten, zusammenzufassen und in Beziehung zu setzen.

In diese Arbeit gehen keine eigenen empirischen Untersuchungen ein. Sie bezieht vielmehr ihr Material aus der Sekundäranalyse publizierter Untersuchungsergebnisse und Konzeptentwürfe. Dieses birgt in zweifacher Hinsicht Schwierigkeiten: Zum einen weist die vorliegende Literatur eine ausnehmend große Heterogenität theoretischer Zugänge, empirischer Standards und Aussagequalitäten auf, die nicht einfach vereinheitlicht werden können, sondern entsprechend gewichtet werden müssen. Angesichts der Konkretheitsgrades der Untersuchungen erscheint es dennoch sinnvoll und vertretbar, bei jeder Fragestellung zu prüfen, ob sich trotzdem eine gemeinsame Linie der Ergebnisse - im Sinne von gemeinsamen Aussagen einer mittleren Reichweite - erkennen läßt oder ob es keinerlei Verknüpfungsmöglichkeiten gibt. Zum anderen zeigt aber auch die große Quantität der erscheinenden - auch der 'grauen' - Literatur, daß es sich hier um Brennpunkte der pädagogischen Diskussionen handelt. Diese Arbeit erhebt keinen Anspruch, die vorhandene Literatur auch nur nahezu vollständig einbezogen zu haben - zumal es ohne Probleme möglich wäre, mit der fortlaufenden Aktualisierung der Literatur die Arbeit einige Jahre weiterzuschreiben. Es wurde versucht, wichtige Literatur bis zum Ende des Jahres 1991 zu berücksichtigen.

Weiter ist einschränkend zu beachten, daß lediglich Literatur aus dem deutschen Sprachraum einbezogen wurde. Dieses erscheint zum einen deshalb vertretbar, weil die Praxisentwicklung der Integrationspädagogik zwar auch von ausländischen Erfahrungen angeregt wurde, es sich jedoch letztlich um eine eigenständige Entwicklung handelt. Zum anderen wäre es eine kaum zu bewältigende Ausweitung des Themas, sollte die internationale Entwicklung in den drei Feldern der Heterogenität mit der Frage der Übertragbarkeit angemessen bearbeitet werden. Stärker als die integrationspädagogische Entwicklung sind die kulturelle und die geschlechtliche Dimension der Heterogenität in internationale Diskussionszusammenhänge eingebunden. Insofern wird bei einigen Punkten auf wichtige Untersuchungen aus dem Ausland hingewiesen.

Eine weitere Einschränkung des Vorhabens muß angesprochen werden: Es kann hier nicht darum gehen, quasi eine 'Allgemeine Integrationspädagogik', eine 'Allgemeine Interkulturelle Erziehung' und eine 'Allgemeine Feministische Pädagogik' zu schreiben und diese miteinander zu kombinieren und zu vergleichen. Der Blick ist in jedem Untersuchungfeld auf die Bewältigung von Heterogenität zentriert, wenngleich auch dieses bereits ein großes Feld darstellt. Weiter müssen die Aussagen der Arbeit auch in einem gewissen Allgemeinheitsgrad bleiben. Es wäre beispielsweise sehr lohnend, im Bereich der Integration Gemeinsamkeiten, Unterschiede und Spezifika unterschiedlicher sonderpädagogischer Fachrichtungen zu analysieren. Im Bereich der Interkulturellen Erziehung wäre es spannend, zwischen unterschiedlichen Kulturen zu differenzieren. Um dieses ohnehin große Feld noch annähernd überschaubar und systematisierbar zu halten, müssen viele Spezifika übergangen werden. Auf sie wird lediglich dort eingegangen, wo sie allgemeine - über das jeweilige Feld hinausweisende - Bedeutung gewinnen, z.B. bei dem Streit in der Gehörlosenpädagogik um das Primat laut- oder gebärdensprachlicher Erziehung und der möglichen Perspektive einer 'bisozialen Integration'.

Eine letzte Bemerkung zur Begrifflichkeit erscheint notwendig: In dieser Arbeit werden einige Begriffe zunächst im Sinne von Arbeitsbegriffen benutzt. Dieses gilt u.a. für den Begriff des 'behinderten Kindes' und den des 'ausländischen Kindes', Begriffe, die ohne Erläuterung des ihnen zugeordneten Verständnisses schwer einzuordnen sind und leicht in die definitorischen Bahnen des defizitorientierten, germanozentristischen Denkens geraten. Sie werden zunächst dennoch benutzt und in den entsprechenden Kapiteln in den Abschnitten, die sich mit gesellschaftlich-normativen Fragen beschäftigen, problematisiert, so daß das hier maßgebliche Verständnis deutlich wird.

Mit der Systematisierung der drei Diskussionsfelder scheinen hinreichende Vorarbeiten geleistet, diese nun intensiver zu bearbeiten und das Vorverständnis zu überprüfen, ob in allen Feldern die Gemeinsamkeit eines dialektischen Ansatzes von Gleichheit und Verschiedenheit besteht, wie ein solcher Ansatz formuliert wird und wie er auf theoretischer, aber auch auf der Ebene empirischer Erkenntnisse und ggf. in Erfahrungsberichten eingelöst wird. Bei dieser Überprüfung des Vorverständnisses fungieren die Ebenen der Theorie integrativer Prozesse der Frankfurter Arbeitsgruppe als Kategorien der Untersuchung: Die einzelnen Kapitel sind in den Abschnitten dieser Ebenen gleich aufgebaut, unterscheiden sich jedoch entsprechend vorhandenen inhaltlichen Unterschieden und Schwerpunkten innerhalb dieser Ebenen. Dabei sollen einerseits Gemeinsamkeiten, andererseits aber auch gerade Unterschiede herauskristallisiert werden, die es dann in einer gemeinsamen, vergleichenden Betrachtung zu analysieren (Kap. 6) und in ihrer Bedeutung für verschiedene Ebenen auszuloten (Kap. 7) gilt.

3. Aussagen der Integrationspädagogik zur Bewältigung von Heterogenität

In diesem Kapitel wird zusammenfaßt, was bisher an wesentlichen empirischen Ergebnissen, theoretischen Hypothesen und konzeptionellen Aussagen innerhalb der Integrationspädagogik entstanden ist - hauptsächlich durch jene WissenschaftlerInnen, die seit Jahren wissenschaftliche Begleitungsarbeit wahrnehmen und so direkten Einblick in die Praxis integrativer Arbeit haben.

Als Grundlage und gleichsam gemeinsames integrationspädagogisches Haus kann jene Theorie integrativer Prozesse der Frankfurter Forschungsgruppe angesehen werden, wie sie in Kap. 2.1.3 dargestellt worden ist. Zwar soll sie "keine übergreifende Theorie der Integration" (DEPPE-WOLFINGER 1990a, 25) sein, denn wie sie betont: "Nicht die Metatheorie befördert die Integration, sondern die Vielfalt und Differenzierungen der wissenschaftlichen Zugänge" (1990a, 25). Dennoch eignet sie sich mit ihren mehreren Ebenen integrativer Prozesse sehr gut als übergreifende Systematik, in die weitere Theorieaussagen anderer AutorInnen, etwa zur Didaktik, zur Kooperation im Team oder zur sozialen Integration einzuordnen sind. Denn obwohl sich die einzelnen Wissenschaftlichen BegleiterInnen von höchst unterschiedlichen wissenschaftstheoretischen Positionen - DEPPE-WOLFINGER unterscheidet sechs verschiedene Strömungen - auf die integrative Praxis zubewegen, so kommen sie doch zu ähnlichen Aussagen im Sinne von Theorien mittlerer Reichweite (vgl. DEPPE-WOLFINGER 1990a, 21-25). Dies sicherlich u.a. auch deshalb, weil ihnen allen "die Grundentscheidung für eine kindgerechte, demokratische Schule ohne Aussonderung" (1990a, 25) gemeinsam ist. Es geht bei der Arbeit Wissenschaftlicher Begleitungen keineswegs darum, die allgemeine Richtigkeit oder die (unter allen Umständen gegebene) Überlegenheit der Integration zu begründen oder gar zu beweisen - etwas, was für die Integration wie für Sonderschulen nicht zu beweisen ist (KLEIN U.A. 1987, 292; vgl. auch BLEIDICK 1989a). Wissenschaftlichen Begleitungen geht es vielmehr um die Frage, wie gemeinsames Leben und Lernen gestaltet werden kann, welches günstige Rahmenbedingungen sind, welche Ressourcen bereitgestellt werden müssen etc. (vgl. KLEIN U.A. 1987, 36; WOCKEN & ANTOR 1987, 7; COWLAN U.A. 1991b, 17). In diesem Rahmen sind auch Vergleichsuntersuchungen zu Erfahrungen unter einzelnen, begrenzten Fragestellungen sinnvoll und notwendig (vgl. PREUSS-LAUSITZ 1988a); der Anspruch einer generellen Vergleichsuntersuchung, etwa zwischen Integration und Separation, ist weder sinnvoll noch verantwortbar noch einlösbar (vgl. LANGFELDT 1988, SCHLEY 1989b). Hier müssen andere Wege gegangen werden, die stärker die sowohl teilnehmende als auch distanzierte Rolle der Wissenschaft betonen und ihren Blick stärker auf die Prozesse und die sich entwickelnde Dynamik richten (vgl. SCHLEY 1990c).

In diesem Kapitel geht es darum, wie die Integrationspädagogik das dialektische Verständnis von Gleichheit und Verschiedenheit im Sinne der Theorie integrativer Prozesse einlöst. Dieses wird anhand ihrer empirischen Ergebnisse, theoretischer

Aussagen und von Erfahrungsberichten überprüft. Dabei bilden die Ebenen der Theorie integrativer Prozesse die Kategorien der Untersuchung. Es werden also im folgenden Aussagen zur Person-Ebene (Kap. 3.1), Interaktion-Ebene (Kap. 3.2), Handlungsebene (Kap. 3.3), Institution-Ebene (Kap. 3.4) und Gesellschaft-Ebene (Kap. 3.5) zusammengefaßt. Beendet wird das Kapitel mit der Zusammenfassung integrationspädagogischer Aussagen zu dieser Fragestellung (Kap. 3.6).

3.1 Aussagen zur Person-Ebene

Die Prozesse auf der Person-Ebene werden von der Frankfurter Forschungsgruppe definiert als jene, "in denen ein Mensch im Austausch mit anderen Personen und/-oder seiner Umwelt widersprüchliche Anteile der eigenen Person in seine Wahrnehmungs- und Ausdrucksmöglichkeiten integriert" (REISER 1990a, 32f.), also die die dunkle Seite der eignen Person (WOCKEN 1988g) wahrnimmt und so die Ganzheit und Begrenztheit seiner Person erfährt. Hier werden jene Ergebnisse der Integrationspädagogik gesammelt, die mit der einzelnen Person, ihrer Entwicklung, ihren Problemlagen und ihrem Wohlbefinden zu tun haben.

Zunächst wird in Kap. 3.1.1 um die kognitive Entwicklung von Kindern in Integrationsklassen betrachtet. Die sozial-emotionale Seite der Entwicklung bei Kindern nimmt Kap. 3.1.2, die innerpsychischen Prozesse bei den beteiligten Erwachsenen Kap. 3.1.3 in den Blick. Kap. 3.1.4 schließlich beschäftigt sich in einem Exkurs mit der Diskussion innerhalb der Gehörlosenpädagogik über die sprachliche Entwicklung gehörloser Menschen zwischen lautsprachlicher und gebärdensprachlicher Orientierung.

3.1.1 Schulleistungsentwicklung

Die Frage nach der Entwicklung der Schulleistungen von Kindern in Integrationsklassen zielt auf einen gesellschaftlich als sehr wichtig wahrgenommenen Bereich der Persönlichkeit, den Bereich der kognitiven Entwicklung. Auch wenn die (bessere) Förderung der kognitiven Entwicklung von Kindern nicht das primäre Anliegen der Integrationsbewegung ist, sondern die soziale Einbindung unterschiedlicher Kinder mit ihren Chancen veränderter Persönlichkeitsentwicklung, ist die Entwicklung der Schulleistungen von Anfang an eine wichtige Forschungsfrage gewesen. Dieses ist angesichts der Qualifizierungsfunktion der Schule naheliegend. Die hier zusammengetragenen Untersuchungen beziehen sich im wesentlichen nur auf einen Bereich kognitiver Entwicklung, nämlich die fachlichen Leistungen im Bereich der Kulturtechniken. Mit ihnen ist also nicht der ganze Bereich der kognitiven Entwicklung erfaßt.

WOCKEN (1987f) führt zur Leistungsentwicklung nichtbehinderter Kinder in Regel- und in Integrationsklassen eine vergleichende Untersuchung im Bereich des Lesens und Rechnens in den Klassenstufen 1 und 2 durch. Er kommt im Ergebnis zu einem "Patt der konkurrierenden Systeme": "Zwischen Integrationsklassen und Regelklassen bestehen keine bedeutsamen Leistungsunterschiede" (1987f, 304).

Weder kommt es aufgrund der günstigeren Rahmenbedingungen (kleinere Klasse, Zwei-PädagogInnen-System) zu einer generellen Leistungsüberlegenheit entsprechend einer "Optimierungshypothese" (1987f, 282), noch aufgrund der Anwesenheit von Kindern mit Behinderung zu einer Leistungsunterlegenheit der Integrationsklassen entsprechend einer "Deprivationshypothese" (1987f, 280f.). Gleichwohl weist WOCKEN mit Blick auf die Allgemeingültigkeit der Aussagen auf das begrenzte Untersuchungsfeld - auch wenn weiterführende Untersuchungen den grundsätzlichen Trend bestätigt haben, so z.B. HETZNER (1988a) - und den geringen Untersuchungszeitraum (Klasse 1 und 2) hin.

WOCKENs Ergebnisse im Hinblick auf nichtbehinderte Kinder werden z.B. durch die Ergebnisse von HAEBERLIN U.A. gestützt. Dort finden BLESS & KLAGHOFER (1991) keine Anhaltspunkte dafür, daß begabte SchülerInnen - definiert durch einen IQ über 115 - durch die Anwesenheit lernbehinderter SchülerInnen in Regelklassen mit Heilpädagogischer SchülerInnenhilfe benachteiligt werden. Dies gilt für die Schulleistungen, für das emotionale Wohlbefinden, die Einschätzung eigener Fähigkeiten und die soziale Stellung in der Klasse. "Die oft geäußerte Befürchtung, die Integration von Lernbehinderten in Regelklassen könnte Nachteile für die Entwicklung der begabten Schüler zur Folge haben, ist somit bezüglich der hier untersuchten Merkmale unbegründet" (1991, 222).

DUMKE (1991d) führt in den Bonner Schulversuchen (Grund- und Gesamtschule) Vergleichsuntersuchungen zwischen Integrations- und Parallelklassen in den Bereichen Lesen, Rechtschreiben und Mathematik über die Zeit der Grundschule hinaus. Fünf Jahrgänge werden über drei Jahre jeweils am Schuljahresende mit standardisierten Tests untersucht. Bei insgesamt 43 Vergleichen von Mittelwerten zwischen Integrations- und Parallelklassen ergeben sich 10 statistisch bedeutsame Differenzen, sechs zugunsten und vier zuungunsten der Integrationsklassen (1991d, 37). Bei den meisten Vergleichen (77 %) stellt DUMKE keine signifikanten Unterschiede fest; wenn man je eine Integrationsklasse mit besonders günstiger und besonders ungünstiger Leistungsentwicklung unberücksichtigt läßt, ergibt sich eine "den Parallelklassen vergleichbare Entwicklung" (DUMKE 1991d, 38). Bei dem Vergleich der Standardabweichung, also der Streuung der Leistungen, ergeben sich nur bei drei Vergleichen signifikante Unterschiede, obgleich die Integrationsklassen weithin eine größere Streuung aufweisen. DUMKE folgert aus den Ergebnissen: "Die nichtbehinderten Schüler in Integrationsklassen lernen auf keinen Fall weniger als Schüler in Regelklassen" (1991d, 39). Die größere Streuung in Integrationsklassen erklärt DUMKE mit der vorhandenen größeren Heterogenität der integrativen Lerngruppe. Darüberhinaus sei "die Gefahr nicht auszuschließen, daß ein im statistischen Sinne vorliegender 'Chancenausgleich' eher das Ergebnis von Siebung als von Förderung darstellt" (1991d, 40), d.h. in den Parallelklassen könnte die geringere Streuung der Leistungen die Folge von Selektionsprozessen sein. Somit können auch DUMKEs Ergebnisse als Beleg und Bestätigung für die 'Patthypothese' von WOCKEN angesehen werden.

HEYER (1990b) kritisiert die Untersuchung von WOCKEN wegen des geringen Ausschnitts der erfaßten Leistungen, die sich ausschließlich auf die Kulturtechniken beziehen. Seine Untersuchungen beziehen sich auf die Leistungsentwicklung im ganzen und schließen so "vielseitige Lernleistungen (ein), die zur ganzheitlichen Entwicklung von Kindern gehören, ohne in den Rahmenplänen ausdrücklich ihren Niederschlag gefunden zu haben, z.B. integrative Komponenten der sozialen Kompetenz, die Stärkung von Vitalität, Emotionalität und Herausarbeitung eines positiven Selbstkonzeptes" (1990b, 130). Vor diesen umfassenden und richtigen Ansprüchen erscheinen die vorgelegten Untersuchungen in ihrer methodischen Anlage allerdings eher problematisch: Sie beziehen ihre Grundlage aus den Berichtszeugnissen und Übergangsempfehlungen sowie aus Einschätzungen der PädagogInnen zur individuellen Lernentwicklung.

Die Übergangsempfehlungen zeigen, daß trotz einer veränderten Schülerschaft die Anteile der Sekundarschulempfehlungen vor und während der Integrationsschulzeit annähernd gleich bleiben - HEYER geht davon aus, daß sie sich aufgrund sozialstruktureller Veränderungen positiv verschieben werden. Angesichts der Tatsache, daß Klassenwiederholungen auf ein Minimum reduziert und Aussonderungsentscheidungen gar nicht mehr getroffen werden, hält HEYER dieses Ergebnis für "pädagogisch beachtenswert" (1990b, 132).

Bezüglich der subjektiven Einschätzung der individuellen Leistungsentwicklung durch die KlassenlehrerInnen stellt HEYER als Ergebnis fest, sie seien bei den behinderten wie den nichtbehinderten Kindern "auffallend positiv" (1990b, 134). Dieser positive Eindruck ist mit dem Bezug auf die Anforderungen der Rahmenpläne zu differenzieren, wo dann große Unterschiede zwischen Teilgruppen deutlich werden: Während die höhere Häufigkeit von "größeren Leistungsrückständen" bei Kindern mit Behinderung in der Natur der extrem heterogenen und unausgelesenen Lerngruppe liegt, ist ihr vermehrtes Auftreten bei ausländischen (relativ zu deutschen) Kindern und bei Jungen (relativ zu Mädchen) für HEYER Grund für unumgängliche Diskussionen (1990b, 135). Hier besteht großer Untersuchungsbedarf. Ob allerdings auf den methodischen Pfaden der Untersuchungen von HEYER vorgegangen werden sollte, muß bezweifelt werden. Es wäre zumindest eine Ergänzung durch Verfahren direkter Erhebung angebracht, um nicht nur den Weg über subjektive Einschätzungen von PädagogInnen zu beschreiten.

Daß die subjektiven Einschätzungen von Beteiligten Hinweise für Aussagen über die Entwicklung der Kinder in Integrationsklassen geben können, zeigen die von PRENGEL im Rahmen eines DFG-Projekts durchgeführten 29 Interviews mit PädagogInnen, SchulrätInnen und Wissenschaftlichen BegleiterInnen zu "subjektiven Erfahrungen mit Integration" (PRENGEL 1990b). In allen Interviews wird übereinstimmend geäußert, "daß Behinderte unerwartet große Lernerfolge erzielen und Nichtbehinderte in keiner Weise in ihrer intellektuellen Entwicklung durch den gemeinsamen Unterricht mit Behinderten beeinträchtigt werden" (1990b, 209). PRENGEL hält die Leistungsentwicklung der behinderten Kinder für "die zentrale, sich unter verschiedenen Fragestellungen in den Interviews vielfach wiederholende Aussage" (1990b, 209). Begründet wird diese Feststellung von den Befragten mit den "reichhaltigen Anregungen (...), die behinderte und lernschwache Kinder allein durch das Zusammensein mit nichtbehinderten Kindern erfahren" und die "durch keine pädagogische Maßnahme der Erwachsenen ersetzbar (sind), seien sie auch noch so perfekt" (1990b, 214).

Weiter sind für diese Frage mehrere Untersuchungen von Interesse, die die Leistungsentwicklung von SchülerInnen mit Lernproblemen in unterschiedlichen Schulformen vergleichen.

HAEBERLIN U.A. untersuchen bei lernbehinderten SchülerInnen im Bereich Mathematik Grundoperationen und Sachrechnen sowie im Bereich Deutsch als Muttersprache Wortschatz, Leseverständnis, Wortverständnis und Rechtschreiben (1990, 182). Sie vergleichen zu zwei Zeitpunkten schulleistungsschwache SchülerInnen in Hilfsschulklassen mit jenen in Regelschulen, die z.T. von einer Heilpädagogischen SchülerInnenhilfe unterstützt werden. Diese Regelklassen sind allerdings nicht mit Integrationsklassen gleichzusetzen, sondern eher als Klassen mit sonderpädagogischer Unterstützung im Sinne eines Präventionsansatzes anzusehen (vgl. hierzu Kap. 3.5.2). Doch selbst unter diesen schwierigeren Bedingungen eines Präventionsansatzes ergeben sich für die Leistungsentwicklung folgende Ergebnisse:

Zur "schulischen Gesamtleistung" stellen HAEBERLIN U.A. fest: "Schulleistungsschwache Schüler (SLS) in Hilfsschulklassen (HS) zeigen einen geringeren Anstieg der schulischen Gesamtleistung als schulleistungsschwache Schüler (SLS) in Regelschulen mit (RG+) oder ohne Heilpädagogische Schülerhilfe (RG-). Besonders gering ist der Anstieg der schulischen Gesamtleistung von nicht-schulleistungsschwachen Schülern (NSLS) in Hilfsschulen (HS); sie werden nach dem Untersuchungsjahr von den Schulleistungsschwachen (SLS) in Regelschulen sogar überholt" (1990, 231). "Die Ergebnisse der mathematischen Gesamtleistung dekken sich weitgehend mit den Ergebnissen zur schulischen Gesamtleistung" (1990, 232). Auch hier wird "das scherenartige Auseinandergehen des Leistungszuwachses von schulleistungsschwachen Schülern in Hilfsschulen und in Regelschulen deutlich" (1990, 232). Dieses gilt durchgängig für die beiden Untertests Grundoperationen und Textrechnen. Bei der Gesamtleistung in den Sprachtests ist "die geringere Leistungssteigerung bei den schulleistungsschwachen Schülern in Hilfsschulen gegenüber denjenigen in Regelschulen (...) etwas, bei den Deutschleistungen etwas weniger deutlich" (1990, 239), wenngleich "immer noch signifikant" (1990, 239). Im Untertest Wortschatz sind die entsprechenden Tendenzen signifikant, im Untertest Rechtschreiben annähernd signifikant, nicht aber in den Untertests Leseverständnis und Wortverständnis (1990, 239-243).

In ihrer Zusammenfassung der Ergebnisse formulieren HAEBERLIN U.A., daß unabhängig von den Prüfmethoden ihrer Hypothesen

- "schulleistungsschwache Schüler in Sonderklassen für Lernbehinderte bzw. Hilfsschulklassen einen geringeren Anstieg der schulischen Gesamtleistung zeigen als schulleistungsschwache Schüler in Regelklassen, unabhängig davon, ob diese Heilpädagogische Schülerhilfe anbieten oder nicht" (1990, 258) - auch bei Parallelisierung nach sozialer Schicht, Intelligenz, Geschlecht und Anfangsleistung (1990, 259)!
- "sich das scherenartige Auseinandergehen der Schulleistungen von schulleistungsschwachen Schülern in Sonder- und Regelklassen vor allem im Bereich der Mathematikleistungen vollzieht, während bezüglich des Sprachunterrichts zwar ähnliche Tendenzen, jedoch nicht vergleichbar starke, systematische Effekte zu beobachten sind" (1990, 258).

HAEBERLIN stellt noch bündiger fest: "Die durchschnittlichen Leistungsfortschritte vergleichbar schulleistungsschwacher Schüler sind in Regelklassen eindeutig besser als in Sonderschulen. Dies gilt sogar dann, wenn die schwachen Schüler in den Regelklassen keine Heilpädagogische Schülerhilfe erhalten" (1991a, 40; vgl. auch 1991b). Leistungsschwache SchülerInnen würden sogar "nach einer Sonderklasseneinweisung leistungsmäßig noch weiter hinter das Leistungsniveau der Regelschüler zurückfallen" (1991a, 40). HAEBERLIN kommt zu der zu allen sonderpädagogischen Bemühungen quer liegenden Konsequenz: "Bloßes Sitzenlassen in der Regelklasse scheint für die Leistungsfortschritte gar mehr zu bringen als die Sonderklasseneinweisung" (1991a, 40).

In einer weiteren Untersuchung wenden sich TENT U.A. der Frage zu, ob die Schule für Lernbehinderte ihre SchülerInnen besser zu fördern vermag als die allgemeine Schule. Hierzu vergleichen sie zwei Untersuchungsgebiete mit einer extrem hohen bzw. niedrigen Sonderbeschulungsquote (SBQ), in denen demzufolge vergleichbare SchülerInnen im einen Gebiet in Schulen für Lernbehinderte, im anderen in allgemeinen Schulen zu finden sein müßten. TENT U.A. vergleichen hier eine parallelisierte Stichprobe, die auf mögliche Störvariablen untersucht wird (vgl. TENT U.A. 1991b, 293ff.).

Im Schulleistungsbereich, innerhalb dessen Fähigkeiten im Bereich der Mathematik (Zahlenrechnen, Textaufgaben) und des Deutschen (Leseverständnis, Rechtschreibung) im 3. Schuljahr getestet werden, finden TENT U.A. "keine Ergebnisse zugunsten der SfL; im Gegenteil zeichnen sich sogar Vorteile der Regelschule bzw. für Schüler aus dem Gebiet mit niedriger SBQ ab" (1991a, 7). Diese Vorteile zeigen sich "besonders im Rechtschreiben, im Leseverständnis und im Zahlenrechnen, weniger deutlich bei der Lösung von Textaufgaben" (1991b, 300). Hier geht es nicht um Integrationsklassen, sondern um Regelklassen der Grundschule ohne jegliche besondere Ausstattung und besondere Hilfen. In ihrem Resümee führen TENT U.A. aus: "Nach Lage der Dinge werden leistungsschwache Schüler (sog. Lernbehinderte) trotz der objektiv günstigeren Lernbedingungen an der SfL nicht wirksamer gefördert, als dies in den Grund- und Hauptschulen der

Fall wäre, wenn man sie dort beließe. Dies gilt jedenfalls eindeutig für die Schulleistungen in den Hauptfächern, wo sich sogar Vorteile zugunsten der Regelschule abzeichnen" (1991a, 11).

Insgesamt lassen die bisherigen Ergebnisse zur Leistungsentwicklung den Rückschluß zu, daß die Integration von Kindern mit und ohne Behinderung keinen negativen Einfluß auf die Leistungsentwicklung nichtbehinderter Kinder nimmt. Wie WOCKEN (1988a) im Hinblick auf den Vergleich der Leistungen zwischen homogeneren und heterogeneren Lerngruppen auf allgemeinerer Ebene schreibt, übertrifft - wie schon bei Untersuchungen zur Gesamtschule im Vergleich zum gegliederten Schulwesen - auch hier der Klasseneffekt den Systemeffekt; die konkreten Bedingungen in der einzelnen Klasse sind für die Leistungsentwicklung der nichtbehinderten Kinder wichtiger als die Frage, ob sie in einer integrativen oder einer 'normalen' Klasse lernen.

Für Kinder mit Lernbehinderungen zeigen sich schon in Klassen der allgemeinen Schule ohne sonderpädagogische Hilfen - in welcher Form auch immer - deutliche Vorteile im Leistungsbereich gegenüber der Schule für Lernbehinderte. Was im Sinne direkt messender Untersuchungen offen bleibt, ist die Frage der Leistungsentwicklung bei Kindern mit anderen Behinderungen. Hier zu allgemeineren Aussagen zu kommen, ist ungleich schwerer, sind doch standardisierte Verfahren kaum einzusetzen angesichts einer wesentlich größeren Heterogenität dieser Schülerschaft, die jede Art von Vergleichen nahezu unmöglich macht. Zwar gibt es eine Reihe von Einzelfallstudien, etwa über körperbehinderte (HASCHE, NOWAK & STOELLGER 1988), mehrfachbehinderte (HETZNER & LINGENBERG 1988), geistig behinderte (RAITH & RAITH 1982, HOLTZ 1988, KELLNER, WIRTZ & DUMKE 1991), schwerst-mehrfachbehinderte (HINZ 1991a) und hörbehinderte Kinder (SCHINNEN 1988b). Sie vermögen individuelle Entwicklungen - und dies nicht nur im Hinblick auf die kognitive Dimension - zu dokumentieren, ermöglichen jedoch keine allgemeinen Aussagen. So bleibt es vorerst bei der übereinstimmenden Feststellung von PädagogInnen, SchulrätInnen und WissenschaftlerInnen, daß es bei Kindern mit Behinderungen in Integrationsklassen "ganz erstaunliche", "überraschende", "kaum vorhergesehene Entwicklungen" gibt (z.B. WOCKEN 1987b, 79, SCHLEY 1989e, 352, PRENGEL 1990b, 157, 162, 199) - also insgesamt eine positive Bilanz.

3.1.2 Entwicklung von Persönlichkeit und Selbstwahrnehmung der SchülerInnen

WOCKEN hat eine vergleichende Untersuchung zur sozialen Akzeptanz in unterschiedlichen Schulformen gegenüber Kindern mit Abweichungen vorgelegt, DUMKE & MERGENSCHRÖER haben die sozialen Kognitionen nichtbehinderter Kinder in Integrations- und Parallelklassen untersucht. Untersuchungen zur emotionalen und sozialen Integration bei Lernbehinderten liegen von HAEBERLIN U.A. sowie TENT U.A. im Vergleich zwischen integrierter und separierter Erziehung vor. Die Auseinandersetzung von Kindern mit dem Phänomen Behinderung ist für den Kindergartenbereich von KRON (1988a, 1990) untersucht worden; für den Schulbereich stehen derartige Untersuchungen noch aus.

WOCKEN (1993) untersucht die Frage, wie weit SchülerInnen in verschiedenen Klassenkonstellationen und Schulen Nähe und Distanz zu Kindern mit Abweichungen zulassen. Diese Frage hat insofern höchste Priorität, als die integrative Erziehung ihre Grundlage in jener von ADORNO formulierten primären Aufgabe der Erziehung sieht, daß "Auschwitz nicht noch einmal sei" (1970, 92). Für WOCKEN kann es nicht das zentrale integrationspädagogische Ziel sein, daß sich alle Kinder lieben, aber gegenseitige Akzeptanz ist das zentrale Anliegen integrativer Erziehung. Sie könnte sonst in der Tat zu einer sozialromantischen Nische ohne längerfristigen Effekt verkommen, wenn sich in den Einstellungen der Kinder ohne offensichtliche Behinderungen jenen mit Abweichungen und Behinderungen gegenüber nicht grundsätzliche Akzeptanz zeigte. Er konfrontiert die Kinder in einer Gruppenbefragung mit Hilfe des von ihm entwickelten "Fragebogens Soziale Distanz" (FSD) mit Bildern und dazugehörigen Geschichten, in denen es um Kinder mit unterschiedlichen Auffälligkeiten geht: ein Kind ausländischer Herkunft, ein Kind mit Beinschiene, mit Verhaltensproblemen, mit Lernschwierigkeiten, ein Kind mit Down-Syndrom. Die Befragten kreuzen an, ob sie sich vorstellen können, daß dieses Kind unterschiedliche Grade von Nähe mit ihnen hat (in die gleiche Klasse gehen, in der Klasse neben ihm sitzen, zum Geburtstag einladen, gemeinsam schwimmen gehen, bester Freund sein etc.).

Bei dieser Untersuchung werden SchülerInnen verschiedener Schultypen verglichen: Klassen mit homogeneren Lerngruppen (Hauptschule, Gymnasium, Förderschule, Sprachheil- und Schwerhörigenschule) und mit heterogeneren Lerngruppen (Integrationsklasse, Orientierungsstufe, Gesamtschule). Weiter wird unterschieden zwischen Klassen, in denen sich Kinder mit Behinderungen befinden, und solchen, in denen dies nicht der Fall ist. Somit werden von WOCKEN als zwei wesentliche Faktoren Sozialer Distanz das "Varianzerleben" von Unterschiedlichkeit in der Klasse und das "Devianzerleben" von Andersartigkeit erfaßt (1993, 93f.). Seinen Hypothesen folgend müßten die SchülerInnen in Integrationsklassen, die Varianz und Devianz erleben, die geringste Soziale Distanz zeigen, gefolgt von jenen in Sonderschulen, die Devianz, und jenen in Grund- und Gesamtschulen, die Varianz erleben. Schließlich müßten SchülerInnen in Hauptschulen und Gymnasien Distanz folgen, dort kann weder Varianz noch Devianz erlebt werden.

Die bisherige Auswertung der Untersuchung zeigt mehrere deutliche Tendenzen: Es gibt eine durchgängige Rangreihe von Abweichungen: 'Verhaltensgestörten' gegenüber besteht die weitaus größte Soziale Distanz, gefolgt von 'Geistigbehinderten', 'Ausländern', 'Körperbehinderten' und 'Lernbehinderten' (1993, 97). Mit Ausnahme der 'Verhaltensgestörten' zeigen Mädchen eine geringere Soziale Distanz gegenüber Kindern mit Abweichungen als Jungen. Dieses entspricht ihren gesellschaftlich vermittelten geschlechtsspezifischen Rollenorientierungen (1993,

99). Zwischen den SchülerInnen der verschiedenen Schulformen zeigen mit Ausnahme gegenüber 'Verhaltensgestörten' deutliche Unterschiede:

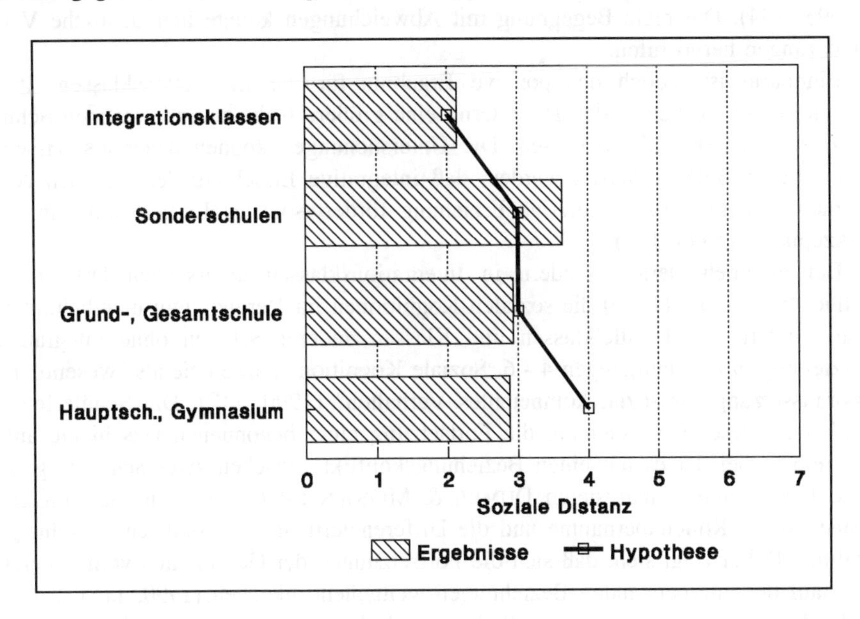

Abb. 3.1: Hypothesen und Ergebnisse der Untersuchung zur Sozialen Distanz (WOCKEN 1993, 103)

Der Abbildung nach weisen die SchülerInnen in Integrationsklassen zwar deutlich die geringste Soziale Distanz gegenüber Kindern mit Abweichungen auf, jedoch sind es nicht die SchülerInnen aus Hauptschulen und Gymnasien, sondern die aus Sonderschulen, die die größte Soziale Distanz zeigen. Haupt- und GymnasialschülerInnen zeigen in der Summe eine gleich große Distanz wie Grund- und GesamtschülerInnen. Damit weichen die Ergebnisse der Gymnasial- und HauptschülerInnen und vor allem die der SonderschülerInnen von den Erwartungen ab.

WOCKEN interpretiert diese Ergebnisse vorsichtig: Die hohe Soziale Distanz in Sonderschulen hält er für bestürzend, vermag sie aber nicht als "Persönlichkeitsmerkmal von Behinderten" (1993, 105) oder als "psychologische(n) Effekt der Sonderbeschulung" (1993, 105) zu interpretieren. Dieses Ergebnis darf somit nach WOCKEN auch nicht als Anlaß genommen werden, die Sonderschule als Verursacherin der Selbstdistanzierung ihrer SchülerInnen anzuprangern. Gleichwohl ist es für die Sonderschulen keineswegs schmeichelhaft und mahnt sie zu kritischer Selbstreflexion, besonders bezüglich der Vorstellung eines heilpädagogischen Schon- und Schutzraumes, denn "nirgendwo stoßen Behinderte auf mehr Ablehnung" als bei ihnen (1993, 105). Die Ergebnisse in Hauptschulen und Gymnasien, so vermutet WOCKEN, könnten durch großzügige soziale Erwünschtheit bedingt sein, "weil Andersartigkeit für sie kein wirkliches, sie berührendes Thema ist" (1993, 104). Die reale Begegnung mit Abweichungen könnte hier deutliche Veränderungen hervorrufen.

Eindeutig ist jedoch das positive Ergebnis für die Integrationsklassen: Ihre SchülerInnen "haben in der Tat gelernt, eine größere Nähe zu andersartigen Schülern zu ertragen und zuzulassen. Die Untersuchungen können daher als wissenschaftlicher Beleg gewertet werden, daß integrative Erziehung dem eigenen Anspruch gerecht wird. Integrative Erziehung fördert soziales Lernen und humane Akzeptanz" (1993, 106).

Bei nichtbehinderten Kindern in Integrationsklassen untersuchen DUMKE & MERGENSCHRÖER (1990) die sozialen Kognitionen im Vergleich zu nichtbehinderten Kindern aus Parallelklassen und Klassen anderer Schulen ohne integrative Erziehung in den Jahrgängen 4 - 6. Soziale Kognitionen sehen sie als "wesentliche Voraussetzung für sozial kompetentes Verhalten" (1990, 112). Die SchülerInnen sollen in dieser Untersuchung die Fortsetzung einer begonnenen Geschichte aufschreiben, bei der es um einen Beziehungskonflikt zwischen zwei Schülern geht. Die Fortsetzungen analysieren DUMKE & MERGENSCHRÖER im Hinblick auf das Ausmaß der Rollenübernahme und die Differenziertheit der moralischen Stellungnahme. Dabei zeigt sich, daß sich die Fortsetzungen der Geschichten vom äußeren Verlauf der interpersonalen Beziehungen weitgehend gleichen (1990, 115). Unterschiede gibt es jedoch darin, daß die SchülerInnen der Integrationsklassen eher eine "nachvollziehbare, allmähliche Entwicklung der Beziehung zwischen Fritz und Hermann" darstellen und sich häufiger auf den am Anfang der Geschichte vorgegebenen Konflikt beziehen (1990, 115).

Wie DUMKE & MERGENSCHRÖER hinsichtlich der Fähigkeit zur Rollenübernahme feststellen, weisen die SchülerInnen der "Integrationsklassen fast immer die höchsten Werte für Rollenübernahmefähigkeit auf" (1990, 115), gefolgt von den Parallelklassen und den Kontrollklassen. Bei den (emotionalen, kognitiven, motivationalen und attüdinalen) Teilkomponenten der Rollenübernahmefähigkeit zeigt sich ebenso eine stärkere Ausprägung bei Integrationsklassen (1990, 116).

Hinsichtlich der Fähigkeit zum moralischen Urteil stellen DUMKE & MERGENSCHRÖER heraus, daß die Aufsätze aus den Integrationsklassen insgesamt eine höhere Rangsumme aufweisen als die aus Parallel- und Kontrollklassen. Die SchülerInnen aus Integrationsklassen "begründeten ihre Konfliktlösung bzw. das Fehlen einer Konfliktlösung ... auf einem komplexeren Niveau" (1990, 117).

DUMKE & MERGENSCHRÖER ziehen aus ihren Ergebnissen die Erkenntnis, "daß Schüler aus Integrationsklassen und zum Teil auch aus ihren Parallelklassen eine bessere Rollenübernahmefähigkeit haben" und "daß diese Schüler mehr Gelegenheit gehabt haben zu lernen, die Perspektive eines anderen einzunehmen" (1990, 118). Dieses führen die AutorInnen neben möglichen Einflüssen des Elternhauses zurück auf die Konfrontation und den Umgang "mit neuen Situationen und Konflikten im gemeinsamen Alltagserleben von behinderten und nichtbehinderten Schülern" (1990, 118). Somit wäre die Hypothese zu wagen, daß nach diesen Ergebnissen die häufigere Konfrontation mit zwischenmenschlichen Konflikten und die Reflexion über Verhaltensweisen innerhalb von Integrationsklassen zu einer stärkeren sozialen Kompetenz der nichtbehinderten SchülerInnen beiträgt. Ob sie sich in ihrem konkreten Handeln widerspiegelt, ist damit nicht gesagt.

Der Entwicklung der Selbstwahrnehmung wenden sich HAEBERLIN U.A. in ihrer Untersuchung über die präventive Praxis der Beschulung lernbehinderter Kinder zu. Drei Dimensionen der Selbsteinschätzung werden dort betrachtet: "Die Einschätzung der eigenen Fähigkeiten im Rahmen des Schulunterrichts gibt Hinweise zur Dimension der leistungsmotivationalen Integration. Die Einschätzung der eigenen Beziehungen zu den Mitschülern gibt Hinweise zur Dimension der sozialen Integration. Die Einschätzung des eigenen Befindens in der Schule gibt Hinweise zur Dimension der emotionalen Integration" (1990, 174).

Zur Einschätzung der eigenen Fähigkeiten bzw. der leistungsmotivationalen Integration ergibt sich: "Schulleistungsschwache Schüler (SLS) in Hilfsschulklassen (HS) schätzen ihre Fähigkeiten ähnlich ein wie nicht-schulleistungsschwache Schüler (NSLS) in allen Schulmodellen. Hingegen liegt die Einschätzung eigener Fähigkeiten bei schulleistungsschwachen Schülern (SLS) in Regelschulen mit oder ohne Heilpädagogische Schülerhilfe (RG+, RG-) tiefer als bei schulleistungsschwachen Schülern (SLS) in Sonderklassen und bei allen nicht-schulleistungsschwachen Schülern (NSLS). Die ansteigende Tendenz beim Begabungskonzept von schulleistungsschwachen Schülern (SLS) in RG+ gegenüber der entsprechenden sinkenden Tendenz in RG- dürfte ... als überzufällig interpretiert werden, so daß eine gewisse positive Wirkung der Regelschulen mit Heilpädagogischer Schülerhilfe angenommen werden kann" (1990, 225).

Zur soziometrischen Stellung bzw. der sozialen Integration kommen HAEBERLIN U.A. zu dem Ergebnis, "wonach schulleistungsschwache Schüler in leistungsheterogenen Klassen signifikant häufiger zu den unbeliebten Schülern gehören als ihre Mitschüler; daran vermögen die derzeitigen Maßnahmen der Heilpädagogischen Schülerhilfe in deutschschweizerischen Schulmodellen offenbar nichts zu ändern" (1990, 218). Entsprechend ergibt sich bei der "Selbsteinschätzung der Beziehungen zu den Mitschülern" (1990, 260), daß sich diese SchülerInnen "auch sozial weniger gut integriert ein(schätzen), als sich nicht-schulleistungsschwache Schüler einschätzen" (1990, 260). Dies gilt nicht nur für Regelklassen mit oder ohne Heilpädagogische SchülerInnenhilfe, "sondern auch in Hilfsschulklassen schätzen sich nicht-schulleistungsschwache Schüler besser sozial integriert ein als schulleistungsschwache Schüler" (1990, 261).

Bei der "Selbsteinschätzung des subjektiven Befindens" ergeben sich zwar keine signifikanten Effekte, jedoch wird hier deutlich, "daß innerhalb jeder Schulform sämtliche Mittelwerte der schulleistungsschwachen Schüler tiefer sind als jene der nicht-schulleistungsschwachen Schüler" (1990, 265). HAEBERLIN U.A. folgern daraus: "Tendenziell scheinen sich innerhalb jeder Schulform schwache Schüler weniger gut emotional in die Schule integriert einzuschätzen als gute Schüler. Die ebenfalls knapp verfehlte Signifikanz des Haupteffektes 'Schulform' äußert sich ... darin, daß sowohl bei den SLS als auch bei den NSLS die Mittelwerte der Hilfsschüler durchgehend höher liegen als jene der Regelschüler. Tendenziell kommt hierin zum Ausdruck, daß die bei Sonderschullehrern verbreitete Meinung zutreffen könnte, daß Schüler in der Hilfsschulklasse ein etwas besseres subjektives Befinden haben als in der Regelklasse" (1990, 266).

HAEBERLIN U.A. fassen ihre Ergebnisse zur Selbsteinschätzung zusammen:

"1. Integrierte Lernbehinderte gehören häufiger zu den unbeliebten und abgelehnten Schülern als ihre Mitschüler.
2. Integrierte Lernbehinderte schätzen sich selbst weniger gut sozial in die Klasse integriert ein, als sich die Mitschüler einschätzen.
3. Integrierte Lernbehinderte schätzen die eigenen Fähigkeiten negativer ein als ihre Mitschüler und als Lernbehinderte in Sonderklassen.
4. Integrierte Lernbehinderte schätzen ihr Wohlbefinden in der Schule negativer ein als ihre Mitschüler und als Lernbehinderte in Sonderklassen" (1990, 329).

HAEBERLIN U.A. interpretieren diesen Befund bezugsgruppentheoretisch so, daß integrierte Lernbehinderte in Regelklassen Vergleichen mit leistungsstarken SchülerInnen ausgesetzt sind, die sie in der Hilfsklasse nicht vorfinden. In Hilfsklassen werden sie sich infolgedessen leistungsstärker als in Regelklassen und damit "zu gut" (1990, 339) einschätzen. "So gesehen, kann die tiefere Einschätzung der eigenen Fähigkeiten durch schwache Schüler in der Regelklasse als deren Bereitschaft zu einer unserer leistungsideologisch geprägten Gesellschaft adäquaten Selbsteinschätzung interpretiert werden" (1990, 339). HAEBERLIN U.A. sehen in dieser Interpretation das ungebrochen leistungsideologisch geprägte Klima in den Regelklassen für die negativere Selbsteinschätzung und in deren Folge auch das schlechtere Wohlbefinden leistungsschwacher SchülerInnen als verantwortlich an. Dieses bestehe so lange, wie "in unseren Schulen die lehrplanbezogene Leistungsfähigkeit eine zentrale Bewertungskategorie auch für die Zuweisung der soziometrischen Positionen in Schulklassen bleibt" (HAEBERLIN 1991a, 41).

Eine Studie von RANDOLL (1991a, 1991b), die die gleiche Fragestellung mit dem gleichen Instrumentarium in bundesdeutschen Integrationsprojekten untersucht, kommt zu entsprechenden Ergebnissen wie die Forschungsgrupe um HAEBERLIN, ohne sie jedoch z.B. im Hinblick auf unterschiedliche Förderkonzepte und -organisation schlüssig interpretieren zu können.

In der ebenfalls schon zitierten Vergleichsuntersuchung von TENT U.A. zwischen lernbehinderten SchülerInnen in der Grundschule - ohne jede sonderpädagogische Hilfestellung - und in der Schule für Lernbehinderte (SfL) von TENT U.A. finden sich im emotionalen Bereich ebenfalls Befunde, "die für die SfL sprechen"

(1991a, 7), auch wenn diese nur bei der Prüfungsangst eindeutig sind (1991b, 305). TENT U.A. zufolge ist dieser Vorteil allerdings an das günstigere Notenniveau gekoppelt (1991a, 8). In weiteren Bereichen wie der Einschätzung des eigenen Betragens, Schulunlust, Kontaktbereitschaft, Sozialer Erwünschtheit, Beliebtheit und Einfluß sehen TENT U.A. eine "fehlende Wirksamkeit der SfL" (1991a, 9). Beim Arbeitsverhalten zeigt sich ein Vorteil für die SfL, wiederum gebunden an die bessere Benotung. Weiter lassen sich positive Tendenzen der SfL beim Selbstwertgefühl und bei der Einschätzung der eigenen Fähigkeiten erkennen (1991a, 10).

TENT U.A. resümieren, "die SfL wird am ehesten ihrer pädagogischen Schonraumfunktion gerecht: Die homogenere Lerngruppe und die größere Chance, positive Rückmeldung zu erhalten, mildern offenbar den Leistungsdruck, sie senken das Angstniveau der Schüler, fördern ihr Selbstwertgefühl und haben ein günstigeres Arbeitsverhalten im Gefolge" (1991a, 10). Und trotzdem, wie TENT U.A. bemerken, kann die SfL diese günstigere Situation nicht in eine bessere Leistungsentwicklung als in der allgemeinen Schule umsetzen (1991b, 317).

Für die Entwicklung von SchülerInnen mit anderen Behinderungen in Integrationsklassen gibt es Anhaltspunkte dafür, daß auch sie anders verläuft als in Sonderschulen. Aus mehreren Projekten wird über Kinder berichtet, die nach der 4. Klasse in eine Schule für Geistigbehinderte wechseln mußten, weil ihre Integrationsklasse nicht weitergeführt wurde. Den dortigen PädagogInnen seien sie durch ungewohnte Aktivität, Selbständigkeit und ein starkes Selbstbewußtsein aufgefallen (z.B. BOBAN & HINZ 1988a, 144, 169). In Begegnungssituationen mit SonderpädagogInnen wird geradezu ein Phänomen deutlich (vgl. z.B. HINZ 1990a, 394f.): Kinder mit einer integrativen Sozialisation verhalten sich nicht so, wie es die ExpertInnen von Kindern mit geistiger Behinderung bisher gewohnt sind. Mit ELBERT (1982) und NIEDECKEN (1989) kann vermutet werden, daß dies neben dem Einfluß der Gemeinsamkeit verschiedener Kinder u.a. eine Folge veränderter Sichtweisen und anderer Verständnisse der PädagogInnen in Integrationsklassen wie auch ihrer Eltern ist (vgl. BOBAN & HINZ 1993 sowie Kap. 3.1.3).

In Berichten von LehrerInnen und Wissenschaftlichen BegleiterInnen wird von intensiver gemeinsamer Reflexion von PädagogInnen und Klasse über ein Kind mit schwerster Behinderung und seine Befindlichkeit berichtet (HINZ 1991a) und es werden Situationen geschildert, in denen Kinder mit Behinderung sich intensiv mit ihrem So-Sein auseinandersetzen (vgl. PRENGEL 1990b, 229-234, zur Sekundarschulzeit vgl. BOBAN & KÖBBERLING 1991). Ebenso schildern Eltern solche Phasen, verbunden mit Prozessen des Zweifelns und Trauerns, bei ihren Kindern, die ihren Beobachtungen nach in der Sekundarstufe zunehmen (DANNOWSKI U.A. 1989). Trotz dieser belastenden Phänomene betrachten diese Eltern "das ständige Reflektieren, auch Phasen des Haderns und der Sorge über die Zukunft, als einen wichtigen Teil unserer eigenen Entwicklung" (1989, 274). Krisenphänomene sehen sie als notwendige Bestandteile der Persönlichkeitsentwicklung ihrer Kinder, deren

"Behindert-Sein (...) nicht in einer Schutzatmosphäre zugedeckt oder gar tabuisiert" wird. Da sie "nach sechs Jahren immer noch gerne zur Schule (gehen), entgegen aller Prophezeiungen von Überforderung und Depressivität" (1989, 274), fühlen sich diese Eltern in ihrem Weg bestätigt. Bei NIEDECKENs Beschäftigung mit der Persönlichkeitsentwicklung von Kindern mit Down-Syndrom taucht lediglich ein positives Beispiel als Ausnahme auf (1989, 137f.): Nina ist in der Lage, sich auch mit Konfliktsituationen selbstbewußt auseinanderzusetzen; sie hat eine Mutter, die eigene Tötungsphantasien zulassen konnte und besucht - zufälligerweise ? - "eine integrative Schulklasse" (1989, 138).

Solche positiven Grundeinschätzungen der Situation behinderter Kinder in Integrationsklassen werden wiederum gestützt durch Ergebnisse von SchülerInnenbefragungen. PREUSS-LAUSITZ faßt seine Befragung in der Uckermark-Schule wie folgt zusammen: "Für die Gutachtenkinder dieses Schulversuchs kann zurückgewiesen werden, daß unter Bedingungen integrativer Pädagogik sinnes- und körperbehinderte und schulleistungsschwache Schüler grundsätzlich oder auch nur überwiegend Schulunlust entwickeln, soziale Zurückweisung erfahren und hohen Leidensdruck erleben. Vielmehr besteht überwiegend Zufriedenheit und Freude am Schulbesuch" (1990a, 126; vgl. für Hamburg BOBAN & HINZ 1988a).

3.1.3 Zur Persönlichkeit der PädagogInnen

Neben den Kindern sind auf der innerpsychischen Ebene die beteiligten Erwachsenen zu betrachten. In der Befragung des DFG-Projektes berichten fast alle Lehrkräfte, aber auch ein Teil der SchulrätInnen und Wissenschaftlichen BegleiterInnen von persönlichen Erfahrungen mit Behinderungen in der Kindheit, in Familie und Verwandtschaft, in Nachbarschaft und Umgebung, die ihnen teilweise erst während der Interviews wieder einfallen (PRENGEL 1990b, 174ff., 204f., 189f.). Für einen großen Teil der Lehrkräfte verändert sich während der integrativen Praxis die Art ihres Kontaktes zu behinderten Kindern: "Gefühle der Scheu, Distanz, der Berührungsangst, des Blockiertseins oder des Fremdseins verminderten sich und eine als offen, normal, natürlich bezeichnete Haltung trat an ihre Stelle" (PRENGEL 1990b, 175). Gleiches wird von den SchulrätInnen berichtet: "Von Berührungsängsten, Unsicherheit, Fremdheit und Befangenheit gegenüber behinderten Kindern kam man weg, hin zu mehr Toleranz, Verständnis, Unbefangenheit, Lockerheit" (1990b, 190). Für Wissenschaftliche BegleiterInnen gilt Ähnliches (1990b, 204f.).

Auf die herausragende Bedeutung der Lehrerpersönlichkeit und beobachtete Spezifika von IntegrationslehrerInnen gehen MAIKOWSKI & PODLESCH ein: "Integrationslehrer lenken weniger, sie machen mehr Angebote, schlagen Alternativen vor, besprechen gemeinsame Aktivitäten, praktizieren weniger Frontalunterricht, haben mehr emotionalen Kontakt mit den Schülern, haben lebendig und individuell gestaltete Klassenräume, äußern mehr Anerkennung für die Schüler" (1988c, 135) - eben jene geringere pädagogische Aggressivität, die MUTH (1986) als Ziel für jegliche PädagogInnen beschrieben hat (vgl. Kap. 3.5.1). MAIKOWSKI & PODLESCH beschreiben hier den Typus von PädagogInnen, die sich nicht nur in der Rolle von PädagogInnen, sondern als ganze Person in den Unterricht einbringen und sich dem Risiko aussetzen, "daß die Veränderung der Persönlichkeit, die Änderung des Lebensstils in und außerhalb des Klassenraums bedeutet" (1988c, 135). Im Umkehrschluß stellt JETTER fest: "Mit Pädagogen, für die das 'wirkliche Leben' außerhalb ihrer Arbeit 'im Privaten' stattfindet, ist Integration nicht zu leisten" (1988, 139), "und die Möglichkeit oder Unmöglichkeit der Lehrer, ihren Beruf auch als Person und nicht nur als Rollen annehmen zu können, entscheidet über die Qualität der Schule als Institution" (BRÜCK 1978, 11).

Bereits in Kap. 2.1.3 ist deutlich geworden, daß integrative Prozesse auf der innerpsychischen Ebene bei den PädagogInnen in unmittelbarer Wechselwirkung mit dem gemeinsamen Leben, Lernen und Arbeiten mit KollegInnen wie mit Kindern stehen. PädagogInnen, die nach wie vor die innere Einstellung haben, Kinder mit Behinderungen seien bedauernswerte Wesen, und es sei ein Glück, daß die eigenen Kinder nicht so seien - bissig formuliert also die Einschätzung, daß Kinder mit Behinderungen doch Minusvarianten menschlichen Lebens darstellen -, werden diese Einstellung unbewußt als heimlichen Lehrplan vermitteln. Sie werden so eine integrative Auseinandersetzung um das Phänomen Behinderung, aber auch jegliche integrative Prozesse auf der interpersonellen Ebene massiv erschweren. Bezogen auf Kinder, die sonst in Schulen für Geistigbehinderte eingeschult worden wären, faßt NIEDECKEN eine solche Haltung als "rehabilitierende Abwehr" (1989, 19) auf. Sie hat ebenso wie die aussondernde Abwehr eine Schutzfunktion für uns Erwachsene, denn wir "lassen (...) uns von ihnen nicht gerne an eigene, unerfüllt auf der Strecke gebliebene Kindersehnsüchte erinnern" (1989, 19). Von der für uns selbst nicht zugelassenen unmittelbaren Emotionalität, aber auch von existentiellen Erfahrungen in jeder Lebensgeschichte wie Abhängigkeit, Krankheit, Verletzt-Sein, Hilfsbedürftig-Sein, Diskriminiert-Sein, Nicht-Konkurrieren-Können (vgl. PRENGEL 1989a, 214) müssen wir uns mit Rationalität und Erziehung distanzieren, sei es durch Aussonderung oder - im Falle des gemeinsamen Unterrichts - u.U. durch Abwehr mittels Förderansprüchen. Und wie bei Eltern verhindern 'Förderwut' und Leistungsorientierung häufig ein Verstehen des Kindes, und dies nicht nur in der Frühförderzeit (NIEDECKEN 1989, 179ff.), sondern auch in der Schulzeit (vgl. Kap. 3.5.3).

Auch MILANI-COMPARETTI "beschäftigt sich mit den Abwehrmechanismen, mit denen Menschen einer Behinderung begegnen" (1987, 229). Er unterscheidet als Abwehrmechanismen die "Negationshaltung" und die "schizo-paranoide Haltung", als Ausdruck von Realitätsbewußtsein sieht er die "deprassive Haltung" (1987, 230). MILANI-COMPARETTI geht davon aus, daß die Abwehrmechanismen "Ausdruck einer Omnipotenzphantasie (sind), die aus der Abspaltung des Übels von der Person entsteht" (1987, 229). Bei der Negationshaltung wird das Übel verleugnet. Es ist nicht wahr, daß ich mit Behinderung konfrontiert werde; dies gilt sowohl für die Schockphase bei Eltern, als auch für Vereine, die das absolute Gleichheitsideal vertreten, getreu dem Motto: 'eigentlich sind wir doch alle behindert oder nichtbehindert'. So wird Verschiedenheit verdrängt. Bei der häufigeren schizo-paranoiden Haltung wird die Aggression gegen das Übel gerichtet: Dies kann durch rehabilitative Abwehr (NIEDECKEN) geschehen, bei der dann z.B. Eltern nach allem greifen, was Abhilfe verspricht, und ExpertInnen dementsprechend auch alles bereitstellen und versuchen. Hier kann es dann zu einer "perversen Allianz" (vgl. Kap. 3.5.3) kommen, die den angstabwehrenden Bedürfnissen von Eltern und Fachleuten (ÄrztInnen, PädagogInnen etc.) entspricht, jedoch dem Kind schadet. Der Schaden entsteht, indem das Kind die Ganzheit der Person, seine Integrität verliert und auf seine Behinderung reduziert wird. Mittels aussondernder Abwehr (NIEDECKEN) kann es zum Kampf gegen das behinderte Kind kommen, bei dem Verschiedenheit verfolgt wird - durch Aussonderung, Einweisung in Institutionen u.a.m.. Diese Aggression gegen Verschiedenheit kann sich auch in einer anspruchsorientierten Verbandshaltung mittels Förderaktivismus und Schadensersatzforderungen äußern.

Diesen beiden abwehrenden Haltungen stellt MILANI-COMPARETTI das Realitätsbewußtsein der depressiven Haltung gegenüber. Bei ihr wird 'das Übel' nicht abgewehrt, sondern man wendet sich ihm zu, bemüht sich um seine Bearbeitung durch Trauerarbeit. Dies wird auch als depressive Verbandshaltung in entsprechenden Aktivitäten mit dem Ziel der Einbeziehung in Familie, Umfeld und Gesellschaft deutlich. "Nicht-Abspaltung des Übels bewirkt Nicht-Aussonderung. Akzeptieren und gelassen miterleben, das ist viel mehr als einfache Integration" (1987, 231). Dabei gibt es nicht einfache Wechsel von der einen zur anderen Haltung, sondern es handelt sich um langfristige, nie ganz beendete Trauerarbeit mit typischen Phasen der 'Krisenbewältigung', mit der Möglichkeit von immer wiederkehrenden Krisen und Zeiten der Stagnation (vgl. SCHUCHARDT 1982). "Trauerarbeit ist der Weg, der in Gang kommen muß, wenn die Ängste vor dem Behindertsein und die mit diesen einhergehende Ablehnung der Behinderten sich verwandeln sollen in Interesse für das Fremde" (PRENGEL 1989a, 213).

Die Ängste von PädagogInnen vor diesen Prozessen der Auseinandersetzung mit sich selbst, mit eigenen Stärken und Schwächen in der integrativen Situation finden in vielen Argumentationen ihren - mitunter verdeckten - Ausdruck, und sie spiegeln die gesellschaftlichen Wertungen über Menschen mit Behinderungen wider: In der Regel gibt es vor der Einrichtung integrativer Klassen in der Grundschule, aber auch vor ihrer Übernahme in eine Sekundarschule heftige Diskussionen, in denen diese 'zusätzliche Belastung' aus Gründen der unzureichenden Bedingungen, der Mehrarbeit, nicht ausreichender Qualifikation, ohnehin vorhandener ständiger Überlastung, bis hin zu Ungerechtigkeiten durch die Ungleichbehandlung mit den Parallelklassen abgewehrt wird. Solche Argumentationen enthalten immer auch einen berechtigten Kern, aber sie bieten nur allzu häufig auch die Chance, sich hinter ihnen zu verstecken und sich nicht mit eigenen Ängsten auseinandersetzen zu müssen. Gleichwohl sind derartige Verhaltensweisen auch verständlich, denn hinter ihnen steht, "daß in der gegebenen Situation der Verunsicherung durch unüberschaubare Veränderungen ohne die Gewähr notwendiger Unterstützung Angstabwehr bzw. persönliche Absicherung notwendig wird, und dies erfolgt im Rückgriff auf vertraute normative Orientierungen und Entscheidungsmuster der bislang gewohnten Praxis" (KÖBBERLING & STIEHLER 1989, 138). So wirken Prozesse der institutionellen und der gesellschaftlich-normativen Ebene auf die innerpsychische Ebene zurück.

Gerade deshalb wird häufig betont, daß Integrationsprojekte von Anfang mit begleitenden Angeboten wie kollegialer Praxisberatung oder Supervision ausgestattet werden müssen. Denn "die Weiterentwicklung des Integrationsgedankens steht und fällt mit der Integration von Gedanken und Gefühlen in uns selbst" (QUITMANN 1988, 206). Dabei wird für zwei Ebenen der Arbeit in begleitenden Arbeitsgruppen plädiert. Zum einen soll die Selbsterfahrung als Beschäftigung mit der eigenen Person zu einer "präzise(n) Wahrnehmung der eigenen Gedanken, Interessen und Gefühle wie der anderer Menschen" (1988, 207) beitragen. Dieser Schwerpunkt bezieht sich zentral auf die innerpsychische Ebene integrativer Prozesse. Zum zweiten soll es aber auch im Sinne der Organisationsentwicklung um die Auseinandersetzung mit der umgebenden Institution, also "die Schule als Gebäude und Apparat, um Kinder, Eltern, Schüler, Kollegen, Schulleitung, Gremien, Hausordnung, Hausmeister und Behörde" (1988, 209) gehen. Hier bietet sich für Schulversuche eine Verbindung von Team-Supervision, Organisationsentwicklung und Wissenschaftlicher Begleitung geradezu an (vgl. SCHLEY 1990b). Diese Auseinandersetzung bezieht sich auf die Verknüpfung aller Ebenen integrativer Prozesse. Bedenklich erscheint allerdings die Tatsache, daß in der DFG-Untersuchung der Frankfurter Arbeitsgruppe bei einem Teil der befragten SchulrätInnen bezüglich Supervisionsangeboten eher Unwissenheit (PRENGEL 1990b, 189) und nur unzulängliche Bereitschaft zur Bereitstellung notwendiger Mittel besteht. Offensichtlich ist die Erkenntnis nicht genügend gereift, wie existentiell der Zusammenhang der verschiedenen Ebenen integrativer Prozesse ist.

Die große Bedeutung der Persönlichkeit von PädagogInnen beschränkt sich natürlich nicht auf integrative Erziehung. Hier wird sie u.U. besonders deutlich, jedoch gilt sie für jedwede Schulerziehung. Die eigentliche Notwendigkeit, sich der Thematik von Schwäche zuzuwenden, bedarf nicht der Anwesenheit von Kindern mit Behinderungen. Dies zeigt der Bericht von GEBAUER über die Erfahrungen des Kollegiums der Leinebergschule in Göttingen (1984). Bei diesem Bericht geht es nicht um Methoden, Erfahrungen und Strategien der Förderung von Kindern mit Problemen, sondern um Veränderungsprozesse innerhalb eines Grundschulkollegiums auf dem Weg zu mehr Menschlichkeit. Schon BRÜCK hatte bei seinen Bemühungen um eine Verbesserung seines Unterrichts die Bedeutung "der Person des Lehrers und des Schülers, die Frage danach, was sie miteinander oder gegeneinander als Personen machen" (1978, 10), herausgestellt. Dieser - bisher meist als 'blinder Fleck' wirksame - Faktor erscheint BRÜCK bedeutsamer als die Intensität der Unterrichtsvorbereitung, denn er konnte "keinen ursächlichen Zusammenhang zwischen meiner guten oder schlechten Vorbereitung und meinem guten oder schlechten Unterricht feststellen" (1978, 25).

Auch GEBAUER setzt auf der Ebene der Persönlichkeit von PädagogInnen und Kindern und ihrer Beziehung an, mit folgenden Hypothesen, die die Grundlage der Entwicklung des Schulprojektes bilden:

Lehrerinnen/Lehrer, die fähig und bereit sind, ihre eigenen Schwächen wahrzunehmen, zu akzeptieren, mit ihnen zu leben, haben sich eine entscheidende Voraussetzung dafür erworben, Schwächen bei Mitmenschen als Ausgangspunkt für die Bewältigung von Lern- und Lebenssituationen zu machen.

Lehrerinnen/Lehrer, die gelernt haben, mit eigenen Schwächen und den Schwächen anderer verständnisvoll umzugehen, schaffen damit eine wesentliche Voraussetzung für eine Lebendigkeit, die von Wahrhaftigkeit geprägt ist.

Lehrerinnen/Lehrer, die gelernt haben, mit ihrer Erziehungsschwäche zu leben und zu arbeiten (die nicht unter allen Umständen ein gestecktes Ziel durchsetzen müssen), müssen nicht täglich die Rolle einer Lehrerin /eines Lehrers spielen; sie können Lehrerin/Lehrer sein, gerade auch in den Situationen, in denen es nicht so geht, wie sie es sich erhofft hatten. (Anders formuliert: Man kann es lernen, nicht mehr täglich als sein eigenes Denkmal in die Schule zu kommen.)

In ihrer täglichen Schularbeit wird es ihnen darum gehen, eine Atmosphäre des Vertrauens und Verstehens zu schaffen als Grundlage eines gemeinsamen Lernens von Kindern, die behindert sind, Lernstörungen in Teilbereichen haben, die in ihrem Verhalten auffällig sind und den nicht weiter auffallenden Kindern.

Abb. 3.2: Voraussetzungen für eine menschliche Schule (GEBAUER 1984, 269)

GEBAUER spricht jenen zentralen Punkt an, der die innerpsychische Grundlage für die selektiven Wirkungsmechanismen des Schulsystems auf der Ebene der einzelnen LehrerInnen bildet: das Abdrängen von Schwäche. Er bezeichnet als erziehungsschwachen Lehrer den Menschen, "der einmal an die Grenzen seiner Einwirkungsmöglichkeiten anderen Menschen gegenüber gestoßen ist" (1984, 268). In Übereinstimmung mit BRÜCK (1978) und mit Bezug auf die Arbeiten Alice MILLERS (1979, 1980) und den von ihr beschriebenen Wiederholungszwang fragt GEBAUER: "Wie sollte jemand, der möglicherweise als Kind nicht schwach und hilflos, wütend und zornig auf Eltern und Lehrer sein durfte, wie sollte dieses Kind von damals - nun groß geworden - sich selber Schwäche und Hilflosigkeit zugestehen dürfen? Statt dessen passiert es, daß viele Lehrer diesen Teil von sich abspalten, sie isolieren ihn. ... Der erziehungsschwache Lehrer ist einer, der nicht die eigenen verdrängten Anteile seines Versagens aus der frühen Kindheit auf andere überträgt und sich nun auf diese stützt, um sich an ihnen abzuarbeiten. Nein, er läßt den anderen - einen anderen sein" (1984, 268).

Was diese allgemeine Aussage für die Integrationspädagogik bedeutet, nimmt GEBAUER genauer in den Blick: "Wenn wir behinderte Menschen vom Umgang mit uns ausschließen, wenn wir sie von Institutionen ausschließen, wie z.B. vom gemeinsamen Besuch der Grundschule, schließen wir zunächst einen Teil von uns selbst aus" (1984, 273). Weiter verweist GEBAUER auf die Gemeinsamkeiten in den Grenzerfahrungen von LehrerInnen und SchülerInnen: "Der Schüler, der sich - oft unbewußt - aggressiv gegenüber Sachen und Personen verhält, von dem wir dann sagen, er sei verhaltensauffällig, oder dessen Lernfähigkeit in Teilen blokkiert ist (Lernstörung), zeigt lediglich graduell ein anderes Verhalten als der Lehrer, der brüllt, Druck ausübt, alkohol- oder drogenabhängig oder auch nur kommunikationsunfähig wird" (1984, 274).

Als Quintessenz für die Integrationspädagogik läßt sich ableiten, daß jene PädagogInnen, die sich nicht mit ihrer eigenen Kindheit und Schulzeit auseinandergesetzt haben, gemäß dem MILLERschen Wiederholungszwang (1979, 129ff.) ihre eigene Geschichte als Erwachsene zu reproduzieren drohen und weniger in der Lage zu sein scheinen, die für die Kinder so wichtige Funktion des 'Spiegelns' in der Klasse übernehmen zu können. Vielmehr stehen sie in der Gefahr, gemäß ihrer bisherigen Praxis die eigene Ratlosigkeit für effektive Hilfen an die betreffenden und betroffenen Kinder zu delegieren und sie - wenn auch nicht mehr, wie früher, mit dem Wechsel auf Sonderschulen - aus der direkten Konfrontation oder z.B. gedanklich in den Aufgabenbereich der SonderpädagogInnen abzuschieben.

Auch NIEDECKEN weist auf diesen Zusammenhang bei uns Erwachsenen hin: "Die Methoden, die wir anwenden, uns vor Angst, Haß und Schuldgefühlen zu schützen, spiegeln die Not, in die wir selbst damit geraten." Wichtig ist dabei allerdings, ob wir uns selbst und anderen gegenüber die eigenen Probleme eingestehen oder "ob die Abwehrmechanismen nicht mehr als das benannt werden, was sie sind, Selbstschutz, vielmehr das Etikett 'konsequente Erziehung' oder 'Therapie' erhalten" (1989, 160).

Was demgegenüber Kinder brauchen, ist eine Haltung, die PädagogInnen ermöglicht, mit ihnen in einen Dialog zu treten, und in die etwa folgende vier Aspekte eingehen: "1. Achtung vor dem Kind; 2. Respekt für seine Rechte; 3. Toleranz für seine Gefühle; 4. Bereitschaft, aus seinem Verhalten zu lernen" (MILLER 1980, 122). Es gilt also nicht ausschließlich, sich der Schwäche zuzuwenden, sondern jenen Phänomenen, die häufig von Kindern mit Behinderungen in Integrationsklassen repräsentiert und von Erwachsenen allgemein vernachlässigt werden: Lust/Unlust, Impulsivität, Emotionalität, Körperbetontheit, Nähe, Zärtlichkeit etc..

Die Bedeutung integrativer Prozesse auf der innerpsychischer Ebene bei den PädagogInnen faßt Abb. 3.3 mit Kernsätzen von GEBAUER (1984) zusammen.

Wenn wir offene Unterrichtsarbeit anstreben, müssen wir auch unsere Zusammenarbeit auf Offenheit hin überprüfen.

Wenn wir selbstbestimmtes Lernen fordern, müssen wir uns fragen, wie denn unser selbstbestimmtes Arbeiten aussieht.

Wenn wir uns entdeckendes Lernen wünschen, müssen wir uns fragen, wo wir denn selber in unserem Alltag solches praktizieren.

Wenn wir schwachen Kindern helfen wollen, müssen wir uns mit unseren eigenen Schwächen auseinandergesetzt haben.

Wenn wir Kinder mit Lernstörungen beraten wollen, müssen wir über unsere eigenen Arbeitsstörungen nachgedacht haben.

Wenn wir von den Kindern Konfliktlösung, Gruppenfähigkeit, Einfühlungsvermögen erwarten, müssen wir uns fragen, wie es mit unserer Fähigkeit steht, die Situation einer Kollegin gefühlsmäßig wahrzunehmen, Konflikte anzugehen, selbst lehrergruppenfähig zu werden.

Wenn wir Ängste, Wut oder Ärger eines Kindes verstehen wollen, müssen wir etwas über unsere Angst, Wut und unseren Ärger wissen.

Abb. 3.3: Integrative Prozesse auf der innerpsychischen Ebene - Analogien zwischen Kindern und PädagogInnen (GEBAUER 1984, 283f.)

3.1.4 Exkurs: Der Sprachenstreit in der Gehörlosenpädagogik

Zum Abschluß dieses Abschnittes soll ein Punkt bearbeitet werden, der zunächst zusammenhangslos und weit hergeholt erscheinen mag. Es geht um die Diskussion innerhalb der Gehörlosenpädagogik darüber, ob die sprachliche Entwicklung bei gehörlosen Kindern primär über die Lautsprache erfolgen sollte oder primär über die Gebärdensprache. Diese Diskussion erscheint deshalb bedeutsam, weil in ihr die individuell-sprachliche Ebene der Gleichheit und Verschiedenheit angesprochen wird - ein Thema zudem, das im Bereich interkultureller Ansätze ebenfalls diskutiert wird. Diese Diskussion zieht in der Gehörlosenpädagogik tiefe Gräben und nimmt stellenweise den Charakter eines erbitterten Glaubenskrieges bis hin zu persönlichen Beleidigungen an (vgl. PRENGEL 1989c).

Wenn die Integration, also die Gemeinsamkeit unterschiedlicher Menschen als höchstes Ziel gesehen wird, so liegt darin nach HEESE (1984) die Gefahr einer Verabsolutierung. Er beschreibt die Situation eines erwachsenen Gehörlosen, der sich zwar oral im Arbeitsprozeß mit KollegInnen verständigen kann. Nach Arbeitsschluß zieht er jedoch "die Kommunikation unter Gehörlosen einer integriert gestalteten Freizeit vor: Er wohnt mit anderen, etwa gleichaltrigen Gehörlosen in einer Wohngemeinschaft und geht so an die zehnmal im Monat in den Gehörlosenclub bzw. zu einem Stammtisch mit anderen Gehörlosen" (1984, 385). HEESE fragt angesichts der Integrationsforderung, ob sich dieser junge Mann nun selbst tadeln müsse, wenn er die Gemeinschaft der Gleichbetroffenen sucht.

Hintergrund dieser Fragestellung ist eben der Streit innerhalb der Gehörlosenpädagogik. HEESE charakterisiert diesen Streit wie folgt: "Um eine Integration in die Welt der Hörenden sprachlich zu ermöglichen, mutet man den gehörlosen Kindern seit zweihundert Jahren im deutschen Sprachgebiet zu, die Mühe der Lautsprachlernung auf sich zu nehmen" (1984, 387). Gleichwohl hält der Bund Deutscher Taubstummenlehrer einen gemeinsamen Unterricht für gehörlose bzw. hochgradig schwerhöriger und nichtbehinderter SchülerInnen für unverantwortlich, weil die Lautsprache das Unterrichtsmedium in der allgemeinen Schule an sich sei und damit Gehörlose in ihren Bildungschancen geschmälert und in die Isolation getrieben würden (zit. in RAIDT 1991, 196). Einerseits soll durch das Erlernen der Lautsprache die gesellschaftliche Integration erreicht werden, andererseits kann dies anscheinend nicht in einem gemeinsamen Unterricht geschehen.

Demgegenüber wird in Amerika von manchen GehörlosenpädagogInnen vertreten: "Laßt uns auf die Sysiphusarbeit verzichten, taube Kinder sprechen und ablesen zu lehren - unterrichtet sie von Anfang an in der Gebärdensprache!" (HEESE 1984, 387). In den USA wird der Schwerpunkt sozialer Bezüge in der Gemeinschaft der Gehörlosen gesehen, die eigene Wohnmöglichkeiten, Ausbildungen und eine Universität für Gehörlose bereithält und nach erbitterten Kämpfen gegen die Mehrheit der hörenden SonderpädagogInnen auch einen gehörlosen Universitätspräsidenten durchsetzte (PRENGEL 1989c, 198). In den USA wie in Deutschland wird gefordert, die Gebärdensprache als Sprache einer Minderheit anzuerkennen, wie dies in Schweden seit einigen Jahren geschieht (vgl. HEESE 1984, 389) und von der Europäischen Gemeinschaft 1988 für ihre Mitgliedsstaaten gefordert wurde (vgl. GÜNTHER 1991, 182f.). Gehörlose Menschen halten sich grundsätzlich nicht für behindert, sondern für Angehörige einer sprachlichen Minderheit (vgl. HOFMANN 1991, VOIT 1991, 190f.).

HEESEs Einschätzung zum Sprachenstreit scheint typisch für dessen Wahrnehmung in der Gehörlosenpädagogik zu sein. Chancen für die Integration sieht HEESE nur, "wenn die tauben Kinder weiterhin eine Art Erstprägung durch die Lautsprache im Absehen und Sprechen erfahren" (1984, 387). Bei einem Primat der Gebärde geht befürchtetermaßen "die Reise nolens volens in Richtung Separation, wenn nicht gar Isolation von der hörenden Umwelt" (1984, 389). Andererseits fordert HEESE jede(n) auf, der/die Gebärden ablehnt, sich zu prüfen, "ob er nicht auch ihre Eigenheiten ablehnt" (1984, 388). Den zukünftigen pädagogischen Entscheidungsbedarf sieht er in der Frage, "ob ein positiver Wert, die Integration einer Gruppe von Behinderten, einem anderen positiven Wert, der Bewahrung und Pflege ihrer kommunikativen Eigenart, über-, neben- oder untergeordnet werden soll" (1984, 389).

In den Dimensionen dieser Arbeit ausgedrückt, geht es wiederum um die Frage der Gleichheit und Verschiedenheit, hier von Gehörlosen. Am Beispiel der Sprachentwicklung wird diskutiert, ob die Gleichheit mit allen Menschen Priorität haben soll oder die Verschiedenheit dieser Gruppe von anderen. Interessanterweise wird dabei der oralistische Weg der Lautsprache als integrativer, der Gebärdenweg als separierender Weg gesehen. Dahinter steht die Überzeugung, "man kann als Behinderter unter Nichtbehinderten nur bestehen, wenn man sich ihnen weitgehend anpaßt" (1984, 392). Mit dieser Form von 'Integration', die von den sog. OralistInnen propagiert wird, ist allerdings nicht mehr das Miteinander des Verschiedenen gemeint, sondern schlichte Anpassung an die Standards der sog. Normalität. Verschiedenheit hat in diesem Verständnis keinen Platz. Es ist dies jene argumentative Schieflage, die in der Sonderpädagogik weithin anzutreffen ist (vgl. Kap. 2.1.2). Wer, wie VertreterInnen des Gebärdenprimats, demgegenüber die Verschiedenheit betont, gerät in den Geruch des subkulturellen Separatismus.

Was in der Diskussion innerhalb der Gehörlosenpädagogik weitgehend fehlt, ist die dialektische Vermittlung von Gleichheit und Verschiedenheit. Integrativ im Sinne dieser Arbeit wäre es, die Verschiedenheit und damit auch die Gebärdensprache anzuerkennen und sie in das Miteinander der Verschiedenen einzubringen. Es wäre denkbar - und ist auch schon praktiziert worden - , daß SchülerInnen einer Integrationsklasse die Chance erhalten, die Gebärdensprache zu lernen, so daß nach je vorhandener sozialer Nähe das oder die gehörlosen Kinder auch in ihrer Sprache mit anderen kommunizieren können. Wie GÜNTHER weiter hervorhebt, kann das gehörlose Kind seine besonderen Fähigkeiten für alle SchülerInnen einbringen, die nichtbehinderten SchülerInnen haben einen natürlichen Anlaß zur Reflexion über die eigene und die Gebärdensprache (1991, 183).

Gleichzeitig sind gehörlose Kinder auf die alltägliche Kommunikation mit Gleichbetroffenen angewiesen, soll die kommunikative Kompetenz in dieser Sprache zur Geltung kommen können. Dies könnte durch Spielgruppen, Freizeitgruppen, Ferienaktivitäten im Kreis der Gehörlosengemeinschaft (vgl. 1991, 183) oder im Rahmen einer Integrationsklasse geschehen, zu der mehrere gehörlose SchülerInnen gehören. Ein solcher Ansatz stände zwar im Gegensatz zur integrationspädagogischen Maxime der Mischung von Kindern, gäbe jedoch der Dimension der Gleichheit innerhalb der Integrationspädagogik eine größere Chance. Gleichzeitig würde auch das weitgehend bestehende Tabu der Thematisierung einer "Kollektivität von Behinderten" (PRENGEL 1989c) in der Integrationspädagogik aufgebrochen. Für gehörlose Menschen ist eine "bisoziale Integration" (GÜNTHER 1991) anzustreben, die ihnen eine Entwicklung in der Welt der Hörenden und in der Gehörlosengemeinschaft ermöglicht und auf alle Anpassungs- und Ausschließlichkeitstendenzen in der einen oder anderen Richtung verzichtet.

3.2 Aussagen zur Interaktion-Ebene

Auf dieser zweiten Ebene integrativer Prozesse steht nach der Definition der Frankfurter Forschungsgruppe um das ganzheitliche Erleben anderer bei gleichzeitiger Wahrnehmung von deren und der eigenen Gleichheit und Verschiedenheit im Mittelpunkt (REISER 1990a, 33; vgl. auch WOCKEN 1988g).

Zu diesem Bereich gehören vor allem die Ergebnisse und Aussagen der Integrationspädagogik über die Beziehungen zwischen den Kindern und zwischen ihnen und den PädagogInnen. Hier kann die Methodenvielfalt innerhalb der Integrationspädagogik produktiv genutzt werden: Zum einen gibt es eine Reihe von quantitativ ausgerichteten soziometrischen Untersuchungen, ausgehend von WOKKEN aus dem Hamburger Projekt, die in andere Projekte hinein übernommen und/oder erweitert wurden (Berlin, Frankfurt; Kap. 3.2.1). Weiter existieren Untersuchungen mit größerer Nähe zur Praxis, die Interaktionen im Unterricht selbst beobachten (Kap. 3.2.2). Zum dritten gibt es Erfahrungsberichte von PraktikerInnen sowie Auswertungen qualitativer Interviews darüber, wie sich die Beziehungen zwischen Kindern in Integrationsklassen entwickelt haben und wie integrative Prozesse auf dieser Ebene bewußt befördert werden können (Kap. 3.2.3).

3.2.1 Emotionale Beziehungen in Integrationsklassen

WOCKENs soziometrische Untersuchung in Hamburger Integrationsklassen im ersten Schuljahr fragt danach, "ob schulische Integration behinderter und nichtbehinderter Kinder auch ihre soziale Integration bewirkt" (1987e, 210). Als Kriterium verwendet er, ausgehend von der gleichen Würde aller Menschen, "die Gleichgewichtigkeit der sozialen Beziehungen zwischen behinderten und nichtbehinderten Kindern" (1987e, 221). Diese gliedert er in die Teilfragen (1987e, 255), ob behinderte und nichtbehinderte Kinder

- "im Durchschnitt gleich viel Wahlen und Ablehnungen erhalten";
- "an den soziometrischen Rollen 'Beliebte', 'Lieblinge', 'Anerkannte', 'Unauffällige', 'Unbeliebte', 'Außenseiter' in gleichem Maße partizipieren";
- "ihre affektiven Austauschbeziehungen gleichgewichtig gestalten und der anderen Teilgruppe jeweils so viele Wahlen, Nichtbeachtungen und Ablehnungen zukommen lassen, wie es ihrem Anteil an der Gesamtgruppe entspricht" und
- "in beiden Teilgruppen die gleiche Resonanz finden und auch selbst auf beide Teilgruppen emotional ausgeglichen reagieren".

Ob soziale Integration nach diesen Maßstäben gelungen sei, kann nach WOCKENS Untersuchungsergebnissen "weder mit einem klaren Ja noch mit einem klaren Nein beantwortet werden" (1987e, 255). Bei den vier Teilfragen kommt er zu folgenden Ergebnissen (1987e, 269-271):

- Lediglich in der Wahrnehmung des eigenen Geschlechts gibt es Unterschiede in Sympathie und Antipathie gegenüber bzw. von behinderten Kindern: behinderte Kinder erfahren weniger Zuneigung, werden aber durchschnittlich häufig abgelehnt. Der Ablehnungsstatus bei behinderten streut stärker (entweder stark oder kaum) als bei nichtbehinderten Kindern.
- Die Rollenverteilung zwischen behinderten und nichtbehinderten Kindern ist nicht gleichgewichtig; behinderte Kinder sind bei den positiven Rollen unterrepräsentiert, bei den neutralen und negativen Rollen überrepräsentiert. WOCKEN vermutet, daß diese Ungleichgewichtigkeit auf Kinder mit Lern- und Verhaltensproblemen zurückgeht, während Kinder mit geistiger und Körperbehinderung im ganzen Rollenspektrum vertreten sind.

- Demgegenüber gibt es einen ausgewogenen emotionalen Austausch zwischen beiden Teilgruppen: sie erhalten jeweils so viele Wahlen von beiden Gruppen, wie es deren Anteil entspricht. Bei den Ablehnungen gibt es eine "mäßig überhöhte Ablehnungstendenz" (1987e, 270) bei den nichtbehinderten gegenüber den behinderten Kindern.
- Während die behinderten Kinder ihre Wahlen gleichmäßig an beide Teilgruppen richten, sich also nicht etwa in die eigene Teilgruppe zurückziehen, bevorzugen die nichtbehinderten Kinder bei Wahlen die eigene und bei Ablehnungen die andere Gruppe.

WOCKEN zieht als Resümee seiner Untersuchung: "Aufs ganze gesehen ist zwischen den behinderten und nichtbehinderten Kindern in den Integrationsklassen eine alltägliche Beziehung, wie sie unter Kindern nun mal üblich ist, gewachsen. Die emotionalen Beziehungen zwischen Behinderten und Nichtbehinderten entsprechen 'nicht voll und ganz' dem Kriterium der Gleichgewichtigkeit, jedoch sind die Abweichungen von den idealen Erwartungsnormen durchweg geringfügig. Der Eindruck eines normalen Verhältnisses herrscht vor, wobei in diesem Verhältnis ein Rest von sozialer Distanz zu behinderten Kindern mitschwingt" (1987e, 271), vorwiegend gegenüber Kindern mit Lern- und Verhaltensproblemen. Er plädiert darüberhinaus dafür, das Kriterium der Gleichgewichtigkeit auch dann aufrechtzuerhalten, wenn es nicht voll und ganz erreicht wird, ebenso wie es zwischen Männern und Frauen oder deutschen oder ausländischen Bürgern der Fall sei. Man solle lieber "mit dem Quäntchen Unvollkommenheit in Gelassenheit" (1987e, 271) leben. Er betont allerdings, daß mit den emotionalen Beziehungen noch nicht die soziale Integration vollständig untersucht sei. Zu ähnlichen Ergebnissen wie WOCKEN kommen MAIKOWSKI & PODLESCH (1988b, 1988e) in ihrer soziometrischen Untersuchung in der Fläming-Grundschule in Berlin.

Auch in den ersten vier Hessischen Integrationsklassen an drei Grundschulen werden die sozialen Beziehungen der SchülerInnen untersucht (COWLAN U.A. 1991b). Dabei wird zwischen dem schulischen und außerschulischen Bereich unterschieden. In enger methodischer Anlehnung an WOCKEN, jedoch in jährlichem Rhythmus, werden die generellen Sympathien und Beziehungen in konkreten Tätigkeiten erfragt. Dabei kommen sie zu folgenden Ergebnissen:

Die soziale Einbeziehung behinderter und nichtbehinderter Kinder bezeichnen sie als durchschnittlich; sie unterscheidet sich deutlich bei der eigengeschlechtlichen, nicht jedoch bei der Gruppe des anderen Geschlechts (COWLAN U.A. 1991b, 197). Dabei hat das Geschlecht der Kinder mit Behinderungen keinen Einfluß auf ihre soziale Position. Behinderte und nichtbehinderte Kinder nehmen "ungefähr proportional die gleiche Bandbreite sozialer Positionen in ihrer Klasse (ein)" (1991b, 199). Lediglich Kinder mit häufigeren aggressiven Verhaltensweisen weisen einen niedrigeren sozialen Status in der eigengeschlechtlichen Gruppe auf, der jedoch nicht in gleicher Weise auf unterrichtsbezogene Tätigkeiten durchschlägt (1991b, 200). Im Längsschnitt zeigt sich eine hohe Stabilität: "im Durchschnitt hat sich der soziale Status in der Gruppe behinderter wie nichtbehinderter Kinder im Verlauf dreier Schuljahre kaum geändert" (1991b, 201).

Auch die Struktur der sozialen Rollen erweist sich als recht stabil. COWLAN U.A. unterscheiden aufgrund einer Cluster-Analyse vier Typen von SchülerInnen: Typ 1 (24,2 %) ist in der eigengeschlechtlichen Gruppe sehr, in der gegengeschlechtlichen durchschnittlich beliebt und erhält unterdurchschnittlich viele Ablehnungen. Er verkörpert beliebte SchülerInnen. Typ 2 (60 %) ist in beiden Gruppen durchschnittlich beliebt und erhält unterdurchschnittlich viele Ablehnungen. Dies sind akzeptierte SchülerInnen. Typ 3 (3,6 %) ist in der eigengeschlechtlichen Gruppe besonders unbeliebt und erhält besonders viele Ablehnungen, in der gegengeschlechtlichen Gruppe ist er durchschnittlich beliebt bei hoher Anzahl von Ablehnungen. Dieser Typ umfaßt die vom eigenen Geschlecht abgelehnten SchülerInnen. Typ 4 (12,1 %) erhält von der eigengeschlechtlichen Gruppe leicht unterdurchschnittliche Sympathiebekundungen und leicht überdurchschnittliche Ablehnungen, von der gegengeschlechtlichen Gruppe dagegen extrem viele Ablehnungen und fast durchschnittlich viele Sympathiebekundungen. Diesem Typ gehören die vom anderen Geschlecht abgelehnten SchülerInnen an.

Fast 85 % der SchülerInnen (ca. 75 % der behinderten, 87 % der nichtbehinderten) nehmen eine positive soziale Rolle ein. Über diese vier Typen verteilen sich die behinderten und nichtbehinderten Kinder in allen Schuljahren nicht proportional. Während fast keine behinderten Kinder bei Typ 1 zu finden sind, finden sie sich zu ca. zwei Dritteln bei Typ 2; Typ 3 bezeichnet in drei Jahren nur behinderte, im vierten Jahr ein nichtbehindertes Kind; in Typ 4 finden sich behinderte und nichtbehinderte Kinder proportional. Mädchen stoßen tendenziell häufiger auf Sympathie und Offenheit als Jungen. Wesentlich bedeutsamer ist, ob das Kind dem eigenen oder dem anderen Geschlecht angehört.

COWLAN U.A. schließen sich in ihrer Bewertung WOCKEN (1987a) an, der eine Handbreit zwischen Erwartungen und Ergebnissen feststellte. Relativ zu Untersuchungen über andere schulische Konstellationen sehen sie die Einrichtung von Integrationsklassen als "bisher günstigste bekannte Grundlage zur sozialen Integration der Schüler/-innen" (1991b, 218), zumal angesichts der verbreiteten Negativhaltungen gegenüber Kindern mit Behinderungen.

Ergänzend untersuchen COWLAN U.A. auch die außerschulischen Kontakte mittels einer Elternbefragung und einer jährlichen Kinderbefragung. Dabei ergibt sich, "daß der Anteil behinderter Kinder, der sich regelmäßig in der Freizeit mit Klassenkameraden/-innen trifft, etwas kleiner ist, daß die durchschnittliche Anzahl ihrer Freizeitpartner/-innen geringfügiger ist und daß die durchschnittliche Frequenz ihrer Treffen mit Mitschülern/-innen niedriger ist als bei den nichtbehinderten Kindern" (1991b, 248). Dieser Befund kann jedoch keine Basis für eine Bewertung sein, denn dafür müßten die Freizeitkontakte der Kinder mit Behinderungen mit denen von Kindern in Sonderschulen verglichen werden.

Im Unterschied zu WOCKEN (1988d), aber in Übereinstimmung mit COWLAN U.A. (1991b) bezieht auch PREUSS-LAUSITZ (1990a) seine in der wohnortnah integrierenden Uckermark-Grundschule in Berlin jährlich durchgeführten soziometrischen Untersuchungen nicht nur auf die Situation in der Klasse, sondern auch auf den Freizeitbereich. Aus den ermittelten Daten gewinnt er einen "integrierten Sympathiestatus" (1990a, 101). Aufgrund der Längsschnittentwicklung des Sympathiestatus stellt PREUSS-LAUSITZ als allgemeinen Trend fest, "daß das positive Klima (d.h. mehr Wahlen als Ablehnungen; A.H.) von ersten bis zum sechsten Schuljahr in fast allen Klassen zunimmt" (1990a, 102). Dabei sind differenzierende Einzelergebnisse zu betrachten, die am ältesten Jahrgang untersucht werden:

In diesen Klassen steigt der Sympathiewert insgesamt an, in Klasse 3 und 4 etwas geringer, in 5 und 6 wieder deutlicher, so daß es in den beiden letzten Klassenstufen viele besonders beliebte und gar keine Außenseiterkinder gibt.

Über die ganze Grundschulzeit hinweg sind Mädchen insgesamt beliebter als Jungen, die Unterschiede resultieren aus einem größeren Anteil der Jungen im mittleren und der Mädchen im höheren Sympathiebereich. Bei den weniger beliebten Kindern gibt es keine geschlechtsspezifischen Unterschiede.

Deutsche Kinder sind durchweg beliebter als ausländische; der Anstieg der Sympathiewerte ist bei ausländischen Kindern geringer als bei deutschen. PREUSS-LAUSITZ vermutet hier einen allgemeinen schulischen Trend. Ihm entsprechend sind auch Kinder aus der Unterschicht weniger beliebt als solche aus der Mittelschicht, dabei sind die Unterschiede bei den relativ unbeliebten Kindern gering. Weiter sind Einzelkinder beliebter als Kinder mit Geschwistern, mit der für die Schichtzugehörigkeit beschriebenen Einschränkung. PREUSS-LAUSITZ erklärt dies damit, daß Einzelkinder sich innerhalb der Klasse mehr um soziale Kontakte bemühen als Kinder mit Geschwistern. Das beliebteste Kind ist das "deutsche Mittelschichtsmädchen als Einzelkind" (1990a, 106).

Die behinderten Kinder, im Uckermark-Versuch Gutachtenkinder genannt, weisen eine breite Streuung in den Sympathiewerten auf, die insgesamt wie bei den nichtbehinderten Kindern durch die Abnahme von Ablehnung eine positive Entwicklung zeigen. Dies hält PREUSS-LAUSITZ insofern für ein bemerkenswert positives Ergebnis, als daß alle behinderten Kinder dieses Jahrgangs der Unterschicht angehören, Geschwisterkinder haben, überwiegend männlich und deutsch sind, daß also drei von vier Merkmalen eher in eine im obigen Sinne negativ gesehene Richtung wirken. Da sich keine statistischen Zusammenhänge zwischen Behindertenstatus und Beliebtheit ergeben, zieht er als Fazit: "Die 'soziale Integration' ist für diese Kinder also erreicht worden" (1990a, 106).

Eine Auswertung der soziometrischen Untersuchungen von PREUSS-LAUSITZ entsprechend der Methodik von WOCKEN nach Wahlstatus und Ablehnungsstatus ergibt vergleichbare Ergebnisse der Uckermark-Grundschule mit den Hamburger Ergebnissen. Es gibt keine Hinweise dafür, daß behinderte Kinder in Integrationsklassen durchgängig soziale diskriminiert und isoliert sind.

PREUSS-LAUSITZ erweitert WOCKENs Untersuchungsansatz um die Dimension der Freizeitkontakte. Dabei kommt er zu dem Ergebnis, daß durchschnittlich drei FreizeitpartnerInnen genannt werden, also PartnerInnen, mit denen die Kinder der Uckermark-Grundschule sich öfter verabreden, etwas gemeinsam unternehmen und nachmittags zusammen spielen (1990a, 111). Im Verlauf der Grundschulzeit gibt es eine durchgängige Steigerung der realen Nachmittagskontakte, die PREUSS-LAUSITZ mit der abnehmenden Attraktivität des nachmittäglichen Horts erklärt. Knapp die Hälfte aller FreizeitpartnerInnen stammt aus der eigenen Klasse, die somit "heute der Dreh- und Angelpunkt der Freundschaftsbildung bei Kindern" (1990a, 112) ist. Allerdings können ca. 20 % aller Kinder keine Freizeitpartner angeben, sie müssen als isoliert angesehen werden.

Bei den differenzierten Ergebnissen des ersten Jahrgangs aus Klasse 5 und 6 ergeben sich kaum Unterschiede zwischen den Geschlechtern und zwischen den sozialen Schichten. Jedoch haben ausländische Kinder und Kinder mit Geschwistern mehr Freizeitkontakte als deutsche und Einzelkinder. Die behinderten Kinder haben in den meisten Fällen zwei bis vier feste Freizeitkontakte.

Die behinderten Kinder aller Jahrgänge haben durchschnittlich geringfügig weniger Nachmittagskontakte, allerdings weisen sie eine sehr breite Streuung auf; die Unterschiede zwischen ihnen sind demnach bedeutsamer als die zu Kindern ohne Behinderungen. Auch die durchschnittliche Zunahme der Kontakte kann bei ihnen nicht in dieser Weise festgestellt werden.

PREUSS-LAUSITZ vergleicht darüberhinaus die Freizeitkontakte zwischen den SchülerInnen der Uckermark-Grundschule und den SchülerInnen der benachbarten Schule für Lernbehinderte, auch wenn sie aufgrund der geringen Population (30 Kinder der Sonderschule, 60 Uckermark-Kinder) keine verallgemeinerbaren Ergebnisse ermöglicht. PREUSS-LAUSITZ stellt dabei fest, daß "für die Sonderschüler die Fortsetzung der schulischen Sympathien in reale Freizeitkontakte nicht in dem Maß wie in der Grundschule möglich war" (1990a, 119). Er erklärt dies mit dem größeren Einzugsbereich der Sonderschule.

Als zusammenfassendes Fazit hält PREUSS-LAUSITZ fest, "daß ein Ziel der gemeinsamen Erziehung, nämlich der Aufbau stabiler und positiver sozialer Beziehungen zu anderen Kindern zu unterstützen, in hohem Maß gelungen ist" (1990a, 128). Er betont, daß dies zugleich Ausdruck eines dauerhaften Schwerpunktes der Arbeit der PädagogInnen sei. Diese positiven Ergebnisse seien darüberhinaus besonders positiv zu bewerten, da die in der Uckermark-Grundschule beschulten behinderten Kinder überwiegend zu den sozial schwierigen Kindern gehören, nämlich jenen mit Lern- und vor allem mit Verhaltensproblemen.

3.2.2 Kontakte in Integrationsklassen

Eine Untersuchung über das konkrete Sozialverhalten der SchülerInnen im Unterricht liegt aus dem Bonner Integrationsversuch vor (DUMKE 1991c, DUMKE & MERGENSCHRÖER 1991). Im Minutentakt wird das Verhalten jeweils eines Kindes nach einem differenzierten Raster mit 14 Hauptkategorien und jeweils weiteren Unterkategorien für je eine Unterrichtsstunde protokolliert (zur Methodik vgl. SCHÄFER 1991). Neben fünf Integrationsklassen aus dem 2. bis 6. Schuljahr bezieht DUMKE die entsprechenden Parallelklassen in die Untersuchung ein. So liegen von 59 nichtbehinderten (Nb) 74 Stunden und von 24 behinderten (Bh) SchülerInnen der Integrationsklassen 92 Stunden sowie von 106 SchülerInnen der Parallelklassen (Pkl) 118 Stunden Protokolle vor (1991c, 22). In der Analyse ergeben sich sieben interpretierbare Faktoren (angegeben wird jeweils der prozentuale Zeitanteil der einzelnen Situationen).

Bei Faktor 1, "Aspekte der Einzelbetreuung des Schülers durch den Lehrer" (1991c, 22), wird die unterschiedliche Situation von Integrations- und Parallelklassen deutlich: Während in Regelklassen Einzelbetreuung durch LehrerInnen praktisch nicht vorkommt (0,6 %) und der verbale Kontakt zu LehrerInnen gering ist (4 %), ergibt sich in der Integrationsklasse für nichtbehinderte und für die behinderten SchülerInnen in noch höherem Maße eine wesentlich größere Kontaktdichte (Bh 16 + 16 %, Nb 10 + 5 %). Gleiches gilt für Hilfe von LehrerInnen (Bh 11 %, Nb 6 %, Pkl 0,8 %). Einzelbetreuung durch LehrerInnen ist auf der Grundlage des Zwei-LehrerInnen-Systems eine wichtige Form in Integrationsklassen, die sich auf alle Kinder bezieht (DUMKE 1991c, 23).

Auch bei Faktor 2, der emotionalen Befindlichkeit der SchülerInnen, zeigen sich deutliche Unterschiede zwischen Integrations- und Parallelklassen: Die nichtbehinderten SchülerInnen zeigen gut doppelt so häufig (15 %), die behinderten SchülerInnen dreimal so häufig (21 %) positive Gefühlsäußerungen wie die in Parallelklassen (4 %), wobei die Werte bei einfacher LehrerInnenbesetzung noch höher sind als bei Dopppelbesetzung. Die behinderten SchülerInnen zeigen eine größere Hinwendung zu anderen SchülerInnen (Bh 1,7 %, Nb 0,7 %, Pkl 0,3 %) und beeinflussen so das Klima in der Klasse (DUMKE 1991c, 23).

Bei Faktor 3, dem Arbeits- und nicht unterrichtsbezogenen Verhalten, zeigt sich vor allem ein Unterschied zwischen den nichtbehinderten SchülerInnen in Integrations- (62 %) und Parallelklassen (54 %) im Sinne der größeren Arbeitseffektivität der IntegrationsklassenschülerInnen. Das Arbeitsverhalten der behinderten SchülerInnen (52 %) entspricht etwa dem der SchülerInnen in Parallelklassen. Insgesamt ergibt sich zeitlich eine deutlich positive Arbeitseffektivität. Auffällig ist, daß die behinderten SchülerInnen bei Anwesenheit nur einer/s LehrerIn länger beständig arbeiten als bei der Anwesenheit von zwei LehrerInnen. Beim Störverhalten ergeben sich keine großen Unterschiede zwischen den Gruppen, nur beim Rückzugsverhalten weisen SchülerInnen mit Behinderungen einen größeren Zeitanteil (17 %; NB 13 % und Pkl 11 %) auf - ein weiterer Beleg gegen die 'Belastungsthese' durch behinderte SchülerInnen (1991c, 24).

Faktor 4 erfaßt den Bereich der Hilfeersuchen gegenüber LehrerInnen. Hier ergeben sich insgesamt keine deutlichen Unterschiede zwischen den Gruppierungen, jedoch zeigt sich, daß die SchülerInnen der Integrationsklassen ihrer LehrerInnen häufiger um Hilfe bitten (Bh 3,2 %, Nb 2,7 %) als die der Parallelklassen (1,3 %; (DUMKE 1991c, 24). Dabei wenden sich SchülerInnen mit und ohne Behindertenstatus an beide LehrerInnen (DUMKE & MERGENSCHRÖER 1991, 177).

Deutliche Unterschiede gibt es bei gegenseitiger Unterstützung der SchülerInnen (Faktor 5): Während diese Interaktionen in den Parallelklassen kaum entwickelt sind (unter 1 %), gehören sie in den Integrationsklassen zum Interaktionsrepertoire (zwischen 1,3 und 3 %). Dies gilt für behinderte wie nichtbehinderte SchülerInnen, verstärkt in Phasen Freier Arbeit und bei Anwesenheit nur einer/s LehrerIn. Größere Unterschiede zwischen behinderten und nichtbehinderten SchülerInnen gibt es allenfalls im zeitlichen Ausmaß der Hilfe für andere SchülerInnen (Bh 0,9 %, Nb 3,1 %). Dabei kommt es auch zu mehr Konflikten als in Parallelklassen (Bh 1,6 %, Nb 1,5 %, Pkl 0,7 %); DUMKE 1991c, 24).

Faktor 6 wendet sich den verbalen Kontakten zwischen den SchülerInnen und der Partnersituation insgesamt zu. Bei den Zweier-Kontakten ergibt sich für die nichtbehinderten SchülerInnen der Integrationsklassen die größte Dichte (22 %) vor den SchülerInnen der Parallelklassen (18 %) und den behinderten SchülerInnen (17 %). Die Beteiligung der behinderten bzw. nichtbehinderten SchülerInnen an der Kontakthäufigkeit entspricht in etwa ihren Anteilen an der Gruppe. Nennenswerte abgelehnte verbale Kontakte gibt es lediglich in Parallelklassen (Pkl 2 %, Nb 0,9 %, Bh 0,8 %). In den Integrationsklassen gibt es mehr Partnersituationen (Bh 10 %, Nb 13 %) als in den Parallelklassen (4 %) und damit bessere Voraussetzungen für soziale Kontakte (DUMKE & MERGENSCHRÖER 1991, 182).

Faktor 7 schließlich bezieht sich auf die Dimension des Zuschauens und Zuhörens bei anderen SchülerInnen, eine Dimension, die die Voraussetzung für das Modellernen bildet. Hier zeigt sich ebenfalls in den Integrationsklassen eine günstigere Situation (Bh 11 %, Nb 13 %, Pkl 5 %). SchülerInnen mit Behinderungen schauen bzw. hören in 2 % der Gesamtzeit anderen behinderten, in 6 % nichtbehinderten SchülerInnen und in 3 % der Zeit gemischten Gruppen zu. Für die SchülerInnen in Integrationsklassen bestehen damit in größeren Zeiträumen Chancen, von anderen zu lernen (DUMKE & MERGENSCHRÖER 1991, 183).

Insgesamt ergibt sich in dieser Untersuchung ein positives Bild der Kontaktsituation für die integrative Erziehung im Vergleich zu 'normaler' Erziehung (vgl. DUMKE 1991c, 25f.): SchülerInnen in Integrationsklassen haben mehr soziale Kontakte, erhalten mehr individuelle Zuwendung, zeigen häufiger eine positive emotionale Befindlichkeit, arbeiten häufiger konzentriert, geben und erhalten häufiger Hilfen und haben häufiger Konflikte mit anderen SchülerInnen, befinden sich häufiger in Partnersituationen und haben häufiger Gelegenheit, von anderen SchülerInnen durch Zuschauen bzw. Zuhören zu lernen. Diese größere Intensität der Interaktion steht in direktem Zusammenhang mit den dominierenden Formen integrativen Unterrichts, aber auch mit der größtenteils gegebenen Anwesenheit von zwei LehrerInnen. Interessanterweise treten diese positiven Effekte jedoch noch stärker auf, wenn sich nur eine Lehrperson im Unterricht befindet. Vermutlich steigt in diesen Situationen der Grad selbstorganisierter Interaktion der SchülerInnen, die die Anwesenheit der zweiten Lehrkraft zum Teil ersetzt.

Neben dieser Untersuchung existieren einige Berichte über Ansätze, die zwar in Integrationsprojekten eingesetzt werden, mit deren Hilfe jedoch keine allgemeineren Aussagen zur Interaktionssituation gemacht werden (vgl. FEUSER & MEYER 1987, MAIKOWSKI & PODLESCH 1988e). Sie dienen vorwiegend zur Analyse konkreter Situationen und zur Reflexion der Beteiligten für einzelne SchülerInnen.

3.2.3 Erfahrungsberichte über die Entwicklung sozialer Beziehungen

In vielen Erfahrungsberichten und Hospitationsbesprechungen wird - auch von Menschen, die Integrationsversuchen eher skeptisch gegenüberstehen - auf die bemerkenswert positive soziale Atmosphäre in diesen Klassen hingewiesen. Dies hängt, so wird vermutet, mit dem Wegfallen der Allgemeinverbindlichkeit der Lernziele für die SchülerInnen und den bewußt wahrgenommenen, vielleicht auch größeren pädagogischen Freiräumen in diesen Klassen zusammen, die die offensichtliche Verschiedenheit der SchülerInnen nicht mehr als zu beseitigendes Problem erscheinen lassen. So schreibt z.B. NOWAK im Rückblick auf zehn Jahre integrative Arbeit in der Fläming-Grundschule: "Weil die meisten Schwächen der behinderten Kinder allen sofort offensichtlich sind, können sich die nichtbehinderten Kinder einer Integrationsklasse leicht den Luxus erlauben, auch ihre eigenen Schwächen nicht verstecken zu müssen, sie können sie vielmehr akzeptieren und an deren Überwindung mit der von Mitschülern erbetenen Hilfe arbeiten" (1988, 31). Hier wird die Bedeutung integrativer Prozesse auf der innerpsychischen Ebene deutlich gemacht: Wer sich seinen eigenen "dunklen Seiten" zuwendet, braucht sie nicht mehr so stark in sich und in anderen abzuwehren; und wer umgekehrt erlebt, daß die offensichtlichen 'dunklen Seiten' anderer nicht diskriminierend kommentiert werden, kann auch eher Zugang zu seinen eigenen finden (vgl. DÜBBERS & PODLESCH 1988, 11).

Daß dies Annäherungsprozesse sein können, die von Harmonie, gegenseitigem Verständnis und einer gewissen Faszination geprägt sind, daß dabei aber auch Krisen, Phasen des Aushaltens und der Ambivalenz eine wichtige Rolle spielen können, macht BOBAN (1989b) eindringlich deutlich. Dies geschieht aus der Erlebnisperspektive heraus am Beispiel von jeweils zwei Kindern, je eines mit und eines ohne Behinderung, letzteres in der 5. Klasse neu in die Integrationsklasse gekommen. Hier wird darüberhinaus klar, daß diese "neuen Verhältnisse" direkte Bedeutung für kognitive Lernprozesse haben und diese Trennung von sozialem und kognitivem Lernen eine theoretische ist: Wenn Jörg Gesa beim Schwimmen genau beobachtet und sie dank seiner Anleitung und Unterstützung ihre ersten Sprünge ins Schwimmbecken bewältigt (BOBAN 1989b, 216), findet beides gleichzeitig und ineinander verwoben statt: soziales wie kognitives Lernen.

In der zweiten, schwierigeren 'Paargeschichte' geht es um einen Jungen mit großen Verhaltensproblemen und ein nichtbehindertes Mädchen. An dieser Geschichte wird auch deutlich, wie wichtig das Gespräch mit der ganzen Klasse für alle Beteiligten ist, als sich Konflikte zwischen diesen beiden Kindern zuspitzen. Da wird, durch die PädagogInnen forciert, aber auch abgesichert, nichts beschönigt und ausgeredet, was an Emotionen da ist. Selbst als ein Konflikt generalisiert in der Forderung von Jana an Tim kulminiert: "Weißt Du, wenn Du so weitermachst, dann will ich nicht mehr in einer Klasse mit Dir sein. Entweder gehst Du oder ich gehe!" (BOBAN 1989b, 220), versuchen die PädagogInnen nicht zu beschwichtigen, sondern lassen den Konflikt in aller notwendigen Deutlichkeit und Authentizität bewußt und erlebbar werden. Damit nehmen sie den Umgang mit individueller Verschiedenheit als stets präsente pädagogische Aufgabe ernst.

In der Auswertung von PädagogInnen-Interviews geht PRENGEL auch der geschlechtsspezifischen Dimension sozialer Beziehungen in Integrationsklassen nach. Demnach werden Schwierigkeiten bei integrativen Prozessen geschlechtsspezifisch unterschiedlich verarbeitet: "Nichtbehinderte Mädchen machen behinderte Kinder zum Objekt ihrer Beziehungswünsche, indem sie sie, ihre Grenzen überschreitend, körperlich überversorgen. Nichtbehinderte Jungen machen behinderte Kinder zum Objekt ihrer Aggression, indem sie sie körperlich attackieren" (1990b, 229; vgl. auch 1990f). In den Erfahrungen der InterviewpartnerInnen wird aber auch deutlich, daß diese geschlechtsspezifischen Fixierungen wahrgenommen und bearbeitet werden, "so daß die Mädchen lernen, sich abzugrenzen und Jungen lernen, sich liebevoll anzunähern" (1990b, 229).

In vielen Integrationsklassen wird die Gruppe aus Kindern und PädagogInnen in eigens dafür eingesetzten Stunden systematisch zum Thema gemacht. Dabei kommen u.a. auch 'therapeutische Verfahren' zum Einsatz wie der "heiße Stuhl". In solchen "Klassenrat"- oder 'Tut'(anden)-Stunden steht oft die gemeinsame Reflexion über aktuelle und grundsätzliche Fragen im Vordergrund, es geht um den Umgang mit Konflikten, Gefühlen, auch um die Unterschiedlichkeit von Kindern und Erwachsenen. Dabei wird auch das Phänomen 'Behinderung' von Kindern und PädagogInnen keineswegs tabuisiert, sondern kritisch unter die Lupe genommen. So hat ein Klassenrat in der Tat die Chance, zum "Motor für integrative Prozesse" zu werden (DAHMKE & POPPE 1989), und dies u.U. nicht nur zwischen den Kindern, sondern auch zu und zwischen den PädagogInnen.

Eine solche Veränderung von Interaktion und Beziehung bietet gute Chancen für Veränderungen des Selbstverständnisses und der Rollendefinition bei PädagogInnen. Wie in den Interviews der DFG-Untersuchung deutlich wird, verändert sich bei PädagogInnen besonders deutlich die Beziehung zu Kindern mit Behinderungen: "Bisher erlebten sie Angst und Unsicherheit, also eine aus der Fremdheit resultierende Kontaktunfähigkeit. Aus dieser Form der Überabgrenzung finden sie nun heraus, sie lernen behinderte Kinder kennen, werden mit deren und mit eigenen Mängeln vertraut und Annäherungen werden möglich, so daß sich Einigungssituationen anbahnen können" (PRENGEL 1990b, 244). PädagogInnen in der integrativen Praxis charakterisieren in einer Befragung ihre erzieherische Grundhaltung mit Begriffen wie Offenheit, Akzeptanz, Partnerschaftlichkeit und Emotionalität (SCHLEY 1989c, 286) und zeigen ein entsprechendes Bild ihrer SchülerInnen.

Im Bereich der Qualitäten zwischenmenschlicher Begegnung stehen Untersuchungen mit allgemeinen Aussagen noch aus. Bislang gibt es 'nur' eine Vielzahl von Erlebnis- und Erfahrungsberichten, die auf eine Tendenz zu einer veränderten Qualität in der Interaktion zwischen SchülerInnen und PädagogInnen hinweisen. Sie zeigen eine zunehmende Bereitschaft bei den PädagogInnen, dialogisch zu arbeiten und die SchülerInnen als PartnerInnen anzuerkennen. So verbessern sich die Möglichkeiten für integrative Prozesse auf der interaktionellen Ebene.

3.3 Aussagen zur Handlungsebene

Diese Ebene behandelt gemäß der Definition der Frankfurter Forschungsgruppe jene Prozesse, "in denen Personen gemeinsam an einem Gegenstand/Vorhaben arbeiten mit dem Ziel, Realität zu bewältigen. Dies erfordert vielfältige und individuell gestaltbare Kooperationsmöglichkeiten" (REISER 1990a, 33). Schon in der Definition spielt der Begriff der Kooperation eine wichtige Rolle. Der Bereich umfaßt allerdings mehr als Kooperation, denn hier geht es um den gesamten Bereich des schulischen Unterrichts, also um all jene (mit Handlung verbundenen) Veranstaltungen, die innerhalb vorgegebener institutioneller Rahmenbedingungen (hier: von Schule) von den Beteiligten ausgehen oder an sie herangetragen werden. Dies schließt ausdrücklich sowohl die Kinder als auch die PädagogInnen ein.

Die Grundlage für die Handlungsebene bildet die integrative Lerngruppe mit einem höheren Grad von Heterogenität. Sie bringt damit auch eine höhere Komplexität als herkömmliche, homogenisierte Lerngruppen mit sich. Insofern stellt sich die Notwendigkeit neuer Strategien der Komplexitätsreduktion, die in einem integrativen Unterricht das Lernen in der Gemeinsamkeit unterschiedlichster Kinder ermöglichen und Aussonderung erübrigen sollen (Kap. 3.3.1).

Die Lösung des Problems eines Unterrichts mit einer derartig heterogenen Lerngruppe, die multiprofessionelle Kooperation im Sinne des Team-Teachings, hat sich jedoch in vielen Integrationsversuchen als das zentrale Problem integrativer Arbeit herausgestellt. Insofern geht es in Kap. 3.3.2 um deren Kooperation, ihre strukturellen Bestandteile, regelhafte Verlaufsphasen und um die vorhandenen Rollen und Aufgabenbereiche der beteiligten Berufsgruppen.

Ausgehend von der Analyse von Kooperationsstrukturen der PädagogInnen können vor allem zwei didaktische Fragestellungen in den Blick genommen werden (Kap. 3.3.3). Zum einen sind die Grundlagen einer integrativen Didaktik zu klären und das Verhältnis zwischen integrativer und allgemeiner Didaktik, zum anderen sind didaktische Elemente zu betrachten, die eine Bedeutung für die Praxis der Integrationspädagogik haben.

Wenn, so die übereinstimmende Aussage mehrerer AutorInnen, PädagogInnen noch nicht hinreichend über Qualifikationen verfügen, die für das neue Praxisfeld Integration notwendig sind, muß dem Aspekt der Aus-, Fort- und Weiterbildung sowie der Notwendigkeit beratender und begleitender Dienste Aufmerksamkeit gewidmet werden (Kap. 3.3.4).

3.3.1 Integration und Komplexitätsreduzierung: Kooperation von PädagogInnen statt Homogenisierung von Lerngruppen

IntegrationspädagogInnen und -projekte schreiben der Schule die Aufgabe zu, "ein demokratisches Gemeinschaftsleben zu entwickeln, in das ohne Ausschluß alle Kinder einbezogen sind" (REISER 1990c, 263). Dementsprechend geht es bei Lernprozessen in der Schule darum, "die individuelle Förderung und die Entwicklung des Gemeinschaftslebens ständig neu in ein optimales Verhältnis zu setzen" (1990c, 263), so daß sich die Dialektik von Gleichheit und Verschiedenheit im Unterricht in einer Balance von gemeinsamen und individuellen Situationen widerspiegelt. In integrativen, bewußt heterogenen Lerngruppen befinden sich höchst unterschiedliche Kinder; die Aufnahmebedingungen der meisten Integrationsversuche legen fest, daß kein Kind aufgrund des Grades und/oder der Art seiner Behinderung von vornherein ausgeschlossen wird. Dies bedingt notwendigerweise den Abschied vom Phantom des Durchschnittskindes, das bisher trotz aller Schulreformversuche wenig in Frage gestellt worden ist.

Unterricht muß sich dieser größeren Heterogenität der Lerngruppe entsprechend verändern, wenn er den eigenen Ansprüchen genügen soll. In der Sprache der Systemtheorie (LUHMANN) ausgedrückt, wird jede/r LehrerIn "mit Komplexitätsproblemen der Unterrichtssituation" (LUHMANN & SCHORR 1979, 229), mit einer großen Vielfalt von Bedürfnissen, Fähigkeiten etc. konfrontiert. Damit diese bewältigt werden kann, muß sie nach bestimmten Maßstäben reduziert werden. Seit COMENIUS vor über 300 Jahren in seiner Didactica Magna die Kunst, allen alles zu lehren, entwickelte, gilt die homogenisierte Jahrgangsklasse als selbstverständlichste Form der Komplexitätsreduktion, ergänzt durch eine Differenzierung der Kinder nach Leistungsfähigkeit in unterschiedlichen Niveaus. Bisher konnten dementsprechend solche Kinder, die in bezug auf Leistungen und/oder Verhalten vom Durchschnitt ihrer Jahrgangsklasse zu weit entfernt waren, in spezielle schulische Einrichtungen ausgesondert werden, um eine relative Einheitlichkeit aufrechtzuerhalten oder wieder herzustellen, und damit also die von LehrerInnen zu bewältigende Komplexität des Unterrichtsgeschehens durch "organisatorische Differenzierungen" (LUHMANN & SCHORR 1979, 231) auf einem vertretbaren Maß zu halten. Komplexitätsreduktion bedeutete bisher also im wesentlichen Homogenisierung von Lerngruppen durch Aussonderung von Kindern.

Hier liegt die strukturelle Begründung für ein hierarchisch gegliedertes Schulwesen mit vier bis fünf Zügen im Sekundarbereich inklusive eines differenzierten Sonderschulwesens, innerhalb dessen man durch immer weitere Homogenisierungsbestrebungen immer feinere Unterscheidungen machte. Dies führt(e) zu leistungsdifferenzierten Kurssystemen selbst innerhalb der Schule für Geistigbehinderte, zu speziellen Klassen für Kinder mit autistischen Verhaltensweisen, für

Kinder mit schwersten und Mehrfachbehinderungen - eine Spezialisierungsentwicklung, für die sich der Begriff des 'Homogenisierungsfetischismus' aufdrängt.

Mit dem Postulat des gemeinsamen Lebens und Lernens von Kindern mit und ohne Behinderungen ist dieser Weg der Komplexitätsreduzierung durch Aussonderung nicht mehr gangbar. Sollen sich hier alle Kinder gemäß ihren individuellen Bedürfnissen, aber auch im Rahmen einer Gemeinschaft entwickeln können, ist ein(e) Lehrer(in) damit hoffnungslos überfordert. So spricht denn auch BLEIDICK davon, Komplexität werde "kumuliert" (1990a, 47) - dies ist allerdings nur die halbe Wahrheit. Die mit der Integration gegebene noch größere Komplexität des Unterrichtsgeschehens kann nur von mehreren LehrerInnen in gemeinsamer Arbeit, durch integrative Kooperation (KREIE 1985; vgl. Kap. 3.3.2) geleistet werden. Integrative Kooperation verspricht, nach über 300 Jahren über COMENIUS hinauszuführen, und nicht, wie BLEIDICK vielfach (1989b, 21, 1989c, 35, 1990a, 47, 1990b, 119, 1990c, 28f.) behauptet, systemtheoretisch hinter COMENIUS zurückzufallen. Bereits FECHLER hat 1987 in einem Aufsatz als Konsequenz aus einem Schulversuch in Hildesheim mit dem "Kompagnon-Modell" (1987b; vgl. hierzu FECHLER 1990 sowie Kap. 3.5.2) auf die Möglichkeit wie die Notwendigkeit hingewiesen, die Komplexität des Unterrichtsgeschehens - er bezog dies auf 'normale' Grundschulklassen - durch ein Zwei-LehrerInnen-System zu reduzieren. FECHLER stellt zu den berichteten positiven Erfahrungen auf der Grundlage des Niedersächsichen Kooperationserlasses fest: "Aber was hat das alles schon mit SONDERpädagogik zu tun? Die zweite Lehrerin wird hier noch nicht vom 'schwachen und von Lernbehinderung bedrohten Schüler' her gedacht und legitimiert, sondern von der Schwäche des Systems Unterricht her, das wegen der bisherigen Struktur '1 L - 1 K' (1 Lehrer - 1 Klasse; A.H.) ganz einfach von der Aufgabe überfordert ist, den Bedürfnissen von Schülern und Lehrern gleichermaßen gerecht zu werden" (1990, 10). FECHLER ist zuzustimmen bei der Feststellung, daß binnendifferenzierter und offener Unterricht so lange exotisch bleibt, wie einzelne LehrerInnen ihn alleine bewältigen sollen. Insofern kann es nicht verwundern, daß es im Ein(e)-LehrerIn-System zum großen Teil bei der Dominanz des lehrerzentrierten Frontalunterrichts und bei einer methodischen Monokultur bleibt (vgl. DUMKE 1991b, 35f.).

Die Notwendigkeit zur Veränderung von Schule im Sinne des Aufbaus kooperativer Systeme gilt damit generell und gleichzeitig nur graduell verstärkt für integrative Klassen, die lediglich in höherem Maße heterogene Lerngruppen darstellen als 'normale' Klassen. So nimmt es nicht Wunder, daß dieses als "Zwei-Pädagogen-System" (STOELLGER 1982a) beginnend mit der Einrichtung der ersten Integrationsklasse in der Fläming-Grundschule von 1975 an in den meisten Integrationsprojekten praktiziert wird. Die Kooperation mehrerer PädagogInnen ist somit die Möglichkeit der Wahl für die Komplexitätsreduktion des Unterrichtsgeschehens mit einer extrem heterogenen Lerngruppe. Die integrative Komplexitätreduzierung des Unterrichtsgeschehens statt auf der SchülerInnenseite durch Aussonderung durch Teamarbeit und Kooperation auf der PädagogInnenseite kann in einer schematischen Darstellung verdeutlicht werden:

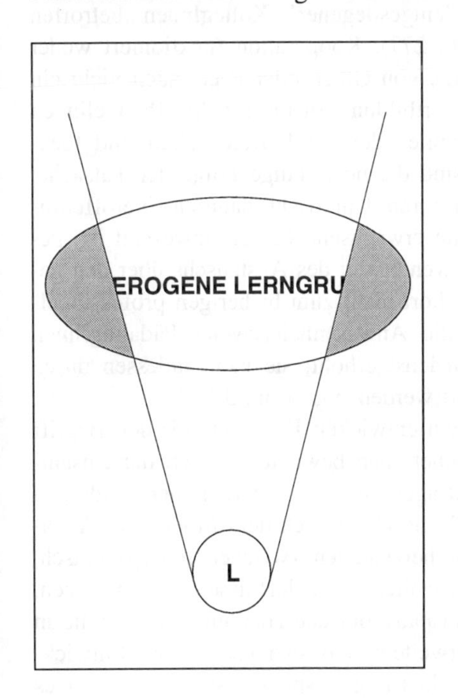

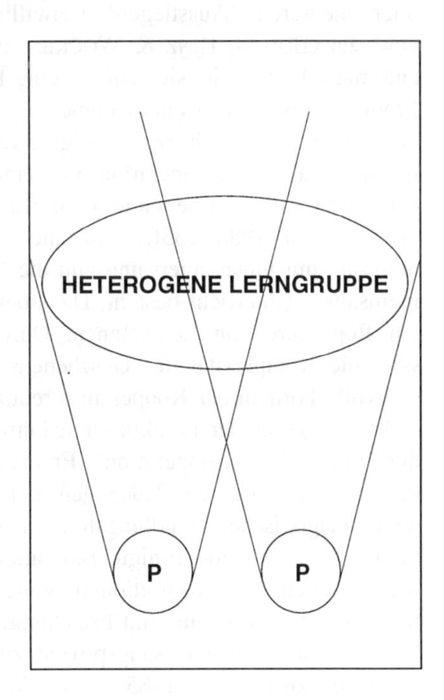

Abb. 3.4: Segregative und integrative Komplexitätsreduzierung in der Schule

Einzelne LehrerInnen (L) sind mit der Komplexität unterschiedlicher Bedürfnisse innerhalb einer heterogenen Lerngruppe überfordert, Aussonderung wird notwendig; durch das Zwei-PädagogInnen-System kann die Komplexität der Lerngruppe idealerweise so reduziert und bewältigt werden, daß Aussonderung sich erübrigt. Die Kooperation mehrerer PädagogInnen bildet die zentrale Chance, daß sich die integrative Arbeit für Kinder wie für sie selbst gedeihlich entwickeln kann.

3.3.2 Integrative Kooperation als zentrales Problem der Integrationspädagogik

Die Kooperation mehrerer PädagogInnen innerhalb eines Teams ist nicht nur eine wichtige "Problemlösung" (WOCKEN 1988e, 200), sondern hat sich gleichzeitig "zum zentralen Problem" (REISER U.A. 1984, 309) der Integrationspädagogik entwickelt. PädagogInnen berichten vom "Gefühl der Überforderung" (SUCHAROWSKI U.A. 1988, 40), von "Unsicherheit im Unterricht", "einer Art Dauerstreß", sie fühlen einen "permanenten Rechtfertigungszwang" und "ständige Imagegefährdung" (1988, 41; vgl. auch SUCHAROWSKI 1990).

In Einzelfällen kommt es zu Zusammenbrüchen von Teams: In den Hamburger Integrationsklassen ist in den ersten fünf Jahren fast jedes zweite Team von einem oder mehreren 'Ausstiegen' freiwillig 'eingestiegener' KollegInnen betroffen gewesen (BOBAN, HINZ & WOCKEN 1988, 277). Kooperation funktioniert weder automatisch, noch ist sie schlicht eine Frage von Glück oder Pech, auch nicht ein Problem, das einfach durch immer mehr Fortbildung zu lösen wäre. Ihr Gelingen ist nicht schon durch gegenseitige Sympathie oder durch Bereitschaft und Idealismus garantiert. Kooperationsprobleme sind die notwendige Folge der Tatsache, daß bisher allein arbeitende LehrerInnen ihren Unterricht dadurch "veröffentlichen" (KREIE 1988, 235f.), daß eine zweite erwachsene Person anwesend ist, gemeinsam mit ihnen agiert und nun die Notwendigkeit des Austauschs über den gemeinsamen Unterricht besteht. Das aber gehört nicht zum bisherigen professionellen Repertoire von LehrerInnen. Durch die Anwesenheit zweier PädagogInnen wird die Komplexität des Geschehens zunächst erhöht; sie kann indessen durch sinnvolle Formen der Kooperation reduziert werden (vgl. Kap. 3.3.1).

Auf der Basis der Frankfurter Erfahrungen entwickelt KREIE (1985) den Begriff der "Integrativen Kooperation". Er bezeichnet "den bewußten Prozeß der Zusammenarbeit von Lehrern/Pädagogen, der getragen ist von dem Bemühen beider, in dem pädagogischen Handlungsfeld einer Grundschule nach dem Modus der Annäherung befriedigende Einigungssituationen herzustellen zwischen innerpsychisch, interpersonell und institutionell widersprüchlichen Bedürfnissen, Grundsätzen, Sichtweisen von Schule und Erziehung, um pädagogische Handlungsspielräume in einem gemeinsamen Lösungsprozeß zu erweitern und sozialisatorische Entwicklungshilfe zu leisten" (1985, 119f.). Wo kein Einigungsprozeß stattfindet, gibt es keine integrative, sondern nur "scheinbare Kooperation" (1988, 237).

In integrativer Kooperation sind alle Ebenen integrativer Prozesse miteinander verwoben: Es geht zugleich um die Wahrnehmung der eigenen und anderer Personen, um die ständige Dialogsituation im gemeinsamen Unterricht mehrerer PädagogInnen, um Einigungen bezüglich des Unterrichtsgeschehens und die eigene Rolle darin, um Möglichkeiten und Beschränkungen durch institutionelle Vorgaben, zu denen man sich verhalten muß, und nicht zuletzt gehen Veränderungen von Berufsrollen und -bildern, beruflichen Leitbildern sowie kollektive gesellschaftliche Denkweisen und ethische Maßstäbe in jeden Einigungsprozeß ein. Entscheidend ist die gegenseitige Akzeptanz und die Bereitschaft zur gemeinsamen Reflexion der Kooperationsprozesse. Die Verwobenheit unterschiedlicher Ebenen integrativer Prozesse geht in WOCKENs Strukturanalyse kooperativer Arbeit (1988e; vgl. auch 1991a) ein, wenn er in loser Anlehnung an das TZI-Modell (und an den Frankfurter Integrationsansatz) folgende Problembereiche unterscheidet (Abb. 3.5).

Das **Persönlichkeitsproblem** (Schwerpunkt innerpsychische Ebene) bezieht sich auf die Bewältigung eben jener Offenheit, die durch die Anwesenheit einer zweiten erwachsenen Person bedingt ist.

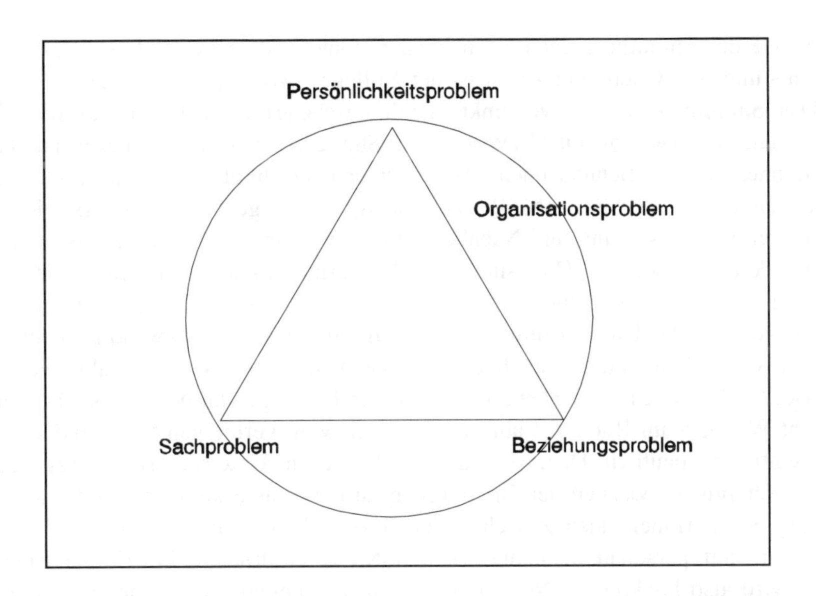

Abb. 3.5: Strukturbedingungen kooperativer Arbeit (WOCKEN 1988e, 208)

Zum einen geht es hier um Prozesse der Enthüllung der Rolle, also um die Aufgabe jener bisherigen beruflichen Intimsphäre, die die einzelnen LehrerInnen in ihrer beruflichen Selbstwahrnehmung vor den Blicken und realistischen Einschätzungen der KollegInnen schützte. Deren Enthüllung kann u.U. schmerzliche Prozesse mit sich bringen, wenn beispielsweise das Selbstbild auf "manipulative Selbstzuschreibungen und irrealen Selbsttäuschungen" (WOCKEN 1988e, 211) gegründet war. Besonders problematisch wird die Situation für SonderpädagogInnen, wenn einerseits angesichts einer ungenügenden Passung ihrer Förderkompetenzen mit den -bedürfnissen von Kindern innerhalb des Teams "wenig Gelegenheit (besteht), sich als unentbehrlicher, exklusiver Fachmann für besondere pädagogische Problemlagen darzustellen" (1988d, 195), also den SpezialistInnen-Erwartungen der anderen Teammitglieder entsprechen zu können. Andererseits aber können sie aufgrund kurzer Anwesenheitszeiten oder unzureichender Grundschulkompetenz auch nicht die Funktion von für alles zuständigen GeneralistInnen übernehmen. So kommt es zu psychischen Verunsicherungen, zum "Außen-Vor-Gefühl" (1988d, 196) und zu "Kompetenzmonopolzweifeln" (1988d, 197). Es kann für alle Beteiligten die Frage aufkommen, worin eigentlich die spezifische Kompetenz von SonderpädagogInnen besteht, zumal "angesichts der Erfahrungen, daß es in zahlreichen Schulstunden 'auch ohne sie geht'" (HINZ 1990a, 393).

Zum anderen geht Kooperation über den professionellen Bereich hinaus: KooperationspartnerInnen verhalten sich professionell und immer auch als Personen.

Prozesse der Enthüllung der Person können noch größere und tiefere Ängste auslösen - und "die Quelle der Angst ist der Kollege" (WOCKEN 1988e, 212).

Das **Sachproblem** (Schwerpunkt Handlungsebene) bezieht sich auf die "Bewältigung von Heterogenität" (WOCKEN 1988e, 214), und dies in bezug auf PädagogInnen wie auf SchülerInnen - "eine schier unerschöpfliche Quelle für Kooperationsprobleme" (1988e, 215). Bei den PädagogInnen geht es um den Bereich der Vorbereitung, Gestaltung und Nachbereitung von Unterricht, also um das Feld der Didaktik und Methodik. Hier sind vor allem grundsätzliche Einigungen über die "pädagogischen Philosophien" (ANTOR 1987, 100) der Beteiligten gefragt, aber auch methodische Übereinstimmungen in Grundfragen sind notwendig, denn "für gemeinsame Ziele müssen auch einheitliche Mittel und Wege gewählt werden" (WOCKEN 1988e, 218). Den Problemgehalt der Heterogenität bei den SchülerInnen macht WOCKEN im Rückgriff auf das Gleichnis vom verlorenen Schaf und auf die Systemtheorie deutlich. Demnach kann der bei jedem Unterricht spannungsgeladene Widerspruch zwischen der Orientierung an der Klasse als Ganzes oder an einzelnen SchülerInnen, also zwischen der Bezugnahme "auf ein soziales System" und der "auf personale Systeme" (LUHMANN & SCHORR 1979, 122) entstehen. Hier wird also konkret die Notwendigkeit einer Komplexitätsreduzierung wirksam (vgl. Kap. 3.3.1). Dieses dialektische Spannungsverhältnis kann dadurch verschärft werden, daß die Orientierung auf die Klasse häufig mit der Repräsentierung schulischer Anforderungen, die auf einzelne SchülerInnen mit der Repräsentierung kindlicher Bedürfnisse einhergeht (vgl. KREIE 1985).

Als bisherige integrative Lösungsperspektiven für Komplexitätsreduktion nennt WOCKEN Gruppenteilung und Funktionsteilung: Bei Gruppenteilung betreuen beide PädagogInnen unterschiedliche Kindergruppen (so in Teilungsstunden oder bei Gruppenarbeit) und nehmen dabei in etwa gleiche Aufgaben wahr. Dagegen füllen sie bei der Funktionsteilung unterschiedliche Anteile des Unterrichts aus, in klassischer Weise durch die Funktionen Unterrichtsgestaltung und Unterrichtsunterstützung (1988e, 226). Da aber "Rollenstrukturen die Beziehungsstrukturen eines Teams definieren", handeln sie sich mit einer dauerhaften Funktionsteilung eine "asymmetrische Beziehungsstruktur" (1988e, 230) ein. Ob allerdings seine Ableitung, "daß die Bewältigung der Heterogenität von Schülern zu überwiegenden Anteilen nur durch eine asymmetrische, vertikale Arbeitsorganisation zu leisten ist", in jedem Falle richtig, d.h. pädagogisch nur so lösbar ist oder lediglich bisherige (Hamburger) Praxis beschreibt, ist kritisch zu hinterfragen.

Interessant ist in diesem Zusammenhang PRENGELs Feststellung, daß die Zusammensetzung der Teams direkte Auswirkungen auf die Kooperationsstrukturen haben: Wo GrundschullehrerInnen und ErzieherInnen/SozialpädagogInnen zusammenarbeiten, bildet sich eine "sehr stark arbeitsteilige Kooperation" (1990b, 168) heraus mit WOCKENs Funktionsaufteilung und "mit guter Kooperation und hoher Arbeitszufriedenheit" (1990b, 169) - dies ist die eindeutigere Form der Kooperation mit mehr Distanz. Wo Grund- und SonderschullehrerInnen im Zweier-Team arbeiten, bildet sich eine "Tendenz zur gemeinsamen, wesentlich weniger arbeitsteiligen Bewältigung der Aufgaben" (1990b, 169), bei der allenfalls Zuständigkeiten für verschiedene Fächer aufgeteilt werden. Dort reichen die Aussagen zur Zufriedenheit von "problematisch und belastend" bis zur "Begeisterung über die Chance, gemeinsam viel besser arbeiten zu können als allein" (1990b, 169f.) - dies ist eine anspruchsvollere Form der Kooperation mit mehr Nähe.

Das **Beziehungsproblem** (Schwerpunkt interaktionelle Ebene) ist bereits im letzten Abschnitt angesprochen worden. Hier geht es um die "Bewältigung von Interdependenz" (WOCKEN 1988e, 230), also um die gegenseitige Abhängigkeit der Teammitglieder, die mit dem Abschied von LehrerInnen als alleinigen Souveränen in ihren Klassenzimmern untrennbar verbunden ist. WOCKEN unterscheidet analytisch zwei Bereiche, die der Teilung von Autonomie und von Satisfaktionen.

Bei der "Teilung von Autonomie" (1988e, 231) geht es um das Faktum, daß die Unterrichtung einer heterogenen Schülergruppe eine "funktionsteilige Arbeitsstruktur" (1988e, 231) des Teams erfordert, so daß die Aufgabe "unter der Berücksichtigung der Interessen und Kompetenzen der Teammitglieder unterteilt und auf verschiedene Schultern geladen" (1988e, 231) werden kann. WOCKEN sieht anhand bisheriger Hamburger Integrationsklassenpraxis eine "vertikal differenzierte Rollenstruktur" (1988e, 232) mit Unterrichtsgestaltung und Unterrichtsunterstützung. Sie ist "asymmetrisch und komplementär" (1988e, 232) angelegt, da Unterrichtsunterstützung eine ergänzende, abhängige Tätigkeit in Relation zur Unterrichtsgestaltung ist. Die bei den beteiligten Berufsgruppen vorhandenen Kompetenzen passen insofern zu den beiden Rollen, als GrundschullehrerInnen SpezialistInnen für Unterrichtsgestaltung in der Grundschule sind und ErzieherInnen (oder andere Pädagogische MitarbeiterInnen) über sozialpädagogische Kompetenzen verfügen, mit deren Hilfe sie Sozialisations- und Lernhilfen für einzelne SchülerInnen oder Gruppen geben können. ErzieherInnen - wie auch SonderschullehrerInnen als SpezialistInnen für Kinder mit besonderen Lern- und Entwicklungserschwernissen - verfügen in der Regel nicht über eine vergleichbare grundschulpädagogische Kompetenz wie GrundschullehrerInnen. "Weil aber die unzureichenden Grundschulkompetenzen von Erziehern und Sonderschullehrern eine rotierende Aufgaben- und Rollenverteilung nicht oder nur bedingt zulassen, bleibt es bei der vertikalen, asymmetrischen Rollenstruktur von kooperierenden Unterrichtsteams" (1988e, 236). Diese Situation einer strukturellen Ungleichheit stellt wiederum Anforderungen an die PädagogInnen: Insbesondere SonderpädagogInnen haben Schwierigkeiten mit ihrer "komplementären Interdependenz" (1988e, 236), die ihnen das letzte Wort bei Entscheidungen, "Entscheidungsautonomie und gleiche Verantwortlichkeit" (1988e, 238) verunmöglicht. Trotzdem plädiert WOCKEN für eine eindeutige Verantwortlichkeit und für eine Rollenverteilung im Team, die GrundschullehrerInnen zu dessen LeiterInnen macht.

Daß Eindeutigkeit in der Verantwortlichkeit notwendig ist, zeigen u.a. die unklaren und widersprüchlichen Aussagen aus dem Versuch der Uckermark-Grundschule: Einerseits sind SonderpädagogInnen verantwortlich "für all diejenigen Kinder, die einer zusätzlichen Unterstützung, Betreuung, Förderung bedürfen" (ZIELKE 1988, 227), andererseits sind sie "gemeinsam mit allen in einer Klasse unterrichtenden Lehrern für die Verwirklichung eines integrativen Unterrichts verantwortlich" (1990b, 162). So wird das "Spezialist-Generalist-Dilemma" (WOCKEN 1988d, 195) reproduziert.

In diesem Punkt gibt es deutliche Differenzen zwischen WOCKEN und FEUSER. Er vertritt aufgrund Bremer Erfahrungen die Auffassung, "daß weder Regel- noch Sonderpädagogik per se hinsichtlich der integrativen Pädagogik bessere Voraussetzungen entwickelt hätten" (FEUSER & MEYER 1987, 176), d.h. GrundschullehrerInnen haben nach FEUSER nicht einfach kraft Ausbildung und Berufserfahrung eine größere Kompetenz zur Unterrichtung einer integrativen Lerngruppe als SonderpädagogInnen und umgekehrt. Aus FEUSERs Perspektive wäre insofern an WOCKEN und anderen AutorInnen zu kritisieren, daß die Veränderungs- und Weiterentwicklungsbedürftigkeit von Grundschulkompetenz nicht klar genug formuliert wird: WOCKEN spricht ihr Leitungsfunktion zu, HEYER z.B. lediglich "zusätzliche" Aufgaben (1990c, 165). FEUSER fordert im Gegensatz dazu ein gleichberechtigtes Zwei-LehrerInnen-Team, das die Komplexität der heterogenen Lerngruppe sehr wohl in einer symmetrischen Arbeitsstruktur mit jederzeit möglichem Rollenwechsel bewältigen kann und so der Dialektik von Gleichheit und Verschiedenheit auf PädagogInnenebene am ehesten gerecht würde.

Der zweite Teilbereich betrifft bei WOCKEN die "Teilung von Satisfaktionen", also die "Befriedigungen und emotionalen Belohnungen professioneller Arbeit" (1988e, 239). Konnten einzelne LehrerInnen in ihren Klassen ohne Beobachtung von anderen Erwachsenen bisher die Quellen ihrer Bestätigung autonom definieren, so fällt der Teamsituation nicht nur die Autonomie, sondern auch die Klarheit des persönlichen Anteils an Erfolgen zum Opfer. Daraus entstehende Konkurrenzprobleme können sich auf das Besser-Sein als LehrerIn oder auf die Wichtigkeit des eigenen, zudem in Veränderung begriffenen Aufgabenbereichs beziehen. Hier können kollegiale Wertschätzung und die Beliebtheit bei Kindern und/oder Eltern eine gewisse Ersatzbefriedigung bieten. Sie können jedoch wiederum Quellen von Kooperationsproblemen bilden, muß bei ihnen doch "emotionale Interdependenz" (1988e, 243) bewältigt werden. Konkurrenzprobleme können also sowohl im Hinblick auf Effekte wie auf Affekte auftreten.

Das **Organisationsproblem** (Schwerpunkt institutionelle Ebene) schließlich trägt auf indirekte Weise aufgrund der vorgegebenen Rahmenbedingungen zu Kooperationsproblemen bei. Hier sind nach WOCKEN jene Regelungen bedeutsam, die Kooperation insgesamt erschweren, wie eine zu knapp bemessene Zeit für Kooperationsgespräche, eine ungünstige Teamzusammensetzung, evtl. mit extrem unterschiedlichen Anwesenheitszeiten, evtl. als Drei-Personen-Team - die als schwierigste Gruppenkonstellation überhaupt gilt. Dazu gehört auch die paradoxe Arbeitssituation für SonderpädagogInnen in Hamburg, die einerseits SpezialistInnen für die Kinder mit Behinderungen in der Klasse sein sollen, andererseits nur in zwei von neun sonderpädagogischen Fachrichtungen ausgebildet und in einen kleinen Teil der Schulstunden anwesend sind. Dies ist die Grundlage der Forderung WOCKENs nach einem Zwei-PädagogInnen-Team mit zusätzlichen, schulgebundenen und schulübergreifenden, ambulanten sonderpädagogischen Diensten (WOCKEN 1990, zur Aus- und Fortbildung vgl. Kap. 3.3.4).

Und schließlich sind auch administrative Fragen der behördlichen Versorgung integrativer Klassen zu bedenken. FEUSER weist auf diese Problemebene hin, wenn er sagt, es habe "bezogen auf jeden einzelnen Schritt der Entwicklung des Schulversuchs, ob es nun um die Klärung von Stundenfragen, seiner Fortsetzung, einzelner Mittel, Personalzuweisungen u.a. ging, in jedem Punkt z.T. unerträgliche Belastungen gegeben, die unmittelbar auf diesen konfliktträchtigen Boden trafen und bei allen Betroffenen zusätzlich immense Konflikte geschaffen haben" (FEUSER & MEYER 1987, 171). Hamburger Erfahrungen machen darüberhinaus die Problematik der Versorgung integrativer Klassen durch eine desintegrativ organisierte Schulbehörde deutlich, wenn die Abordnung von SonderpädagogInnen für Integrationsklassen von der Sonderschulabteilung neben dem Kriterium der Freiwilligkeit auch nach 'Abkömmlichkeit' vorgeschlagen wird. Letztere ist eine Kategorie, die ein Primat in der personellen Versorgung für die Sonderschulen festschreibt und auch das Abschieben von nicht für gut oder voll arbeitsfähig befundenen KollegInnen ermöglichte (vgl. AG ELTERN FÜR INTEGRATION 1988).

Während WOCKENs Analyse in weiten Bereichen auf breite Zustimmung und entsprechende Überlegungen innerhalb der Integrationspädagogik trifft, gibt es in zwei Punkten unterschiedliche Positionen bzw. Unklarheiten.

Zum einen betrifft dies die Frage, wo der Kern des Kooperationsproblems liegt. WOCKEN sieht ihn in der "Bewältigung der Autonomiefrage", der "Bewältigung der Interdependenz durch die Akzeptanz einer asymmetrischen Komplementarität" (1988e, 238f.). Für KREIE ist im Gegensatz dazu "der psychische Entwicklungsstand der Lehrer entscheidend, ihre Selbst- und Fremdwahrnehmung, ihr Selbstwertgefühl in beruflichen Arbeitszusammenhängen" (1985, 117), also das Persönlichkeitsproblem mit der Bewältigung von Offenheit. Diese unterschiedliche Gewichtung hat Auswirkungen auf die inhaltliche Zielperspektive von Hilfs- und Fortbildungsmaßnahmen. WOCKEN plädiert für klare Absprachen über Zuständigkeiten und Arbeitsbereiche und - in gewissem Sinne antipädagogisch - für eine möglichst intensive Teilnahme am gesellschaftlichen Leben, um die dominierende asymmetrische Kommunikationssituation von PädagogInnen zu relativieren. Demgegenüber verweist KREIE auf den "persönliche(n) Entwicklungsauftrag des Lehrers" (1985, 165) und spricht sich für begleitende Supervisionsgruppen aus, die die Fähigkeiten zu Selbst- und Fremdwahrnehmung sowie zur sprachlichen Reflexion zu fördern versuchen (1985, 166).

Zum zweiten betrifft die Diskussion die Rollenstruktur innerhalb des Teams und deren Grundlagen, zu denen FEUSER eine deutlich andere Position vertritt. Er kritisiert, daß in vielen Integrationsversuchen ein - zuweilen auch ungeklärtes - Grundverständnis der Integration vorzufinden sei, und zeigt zwei idealtypische Grundpositionen auf: 1. "Grundschule und Grundschulunterricht bleiben, wie sie sind, werden aber durch den Grundschullehrer 'so gut wie nur möglich' gemacht. Der Sonderschullehrer ist in der Grundschule der 'Spezialist' für lerngestörte Kinder und vermeidet durch seine Tätigkeit im Unterricht deren Ausgliederung. 2. Grundschule und Grundschulunterricht werden einer Reform derart unterworfen, daß alle Schüler ohne Aussonderung entsprechend ihren individuellen Voraussetzungen und Bedingungen lernen können. Der Sonderschullehrer ist gleichwertiger Partner des Grundschullehrers im Unterricht. Beide führen und begleiten den Unterricht durch planmäßiges neben- und miteinander sowie funktionsteiliges Arbeiten (Team-Teaching/Kompetenztransfer)" (FEUSER & MEYER 1987, 172).

KREIEs Überlegungen, auf denen WOCKEN im wesentlichen aufbaut, basieren auf Erfahrungen aus einem Versuch integrierter Förderung von Kindern mit Lern- und Verhaltensproblemen. Dort ging es zunächst eindeutig um die erste Grundposition. Diese Grundlage aber führt nach FEUSER "zwangsläufig dazu ..., daß es integrierbare und nicht integrierbare behinderte Kinder und Jugendliche gibt" (FEUSER & MEYER 1987, 172). Zwar könnten viele SchülerInnen vor Aussonderung bewahrt werden, aber "ein Unterricht für alle Schüler" (1987, 173) sei so nicht zu realisieren. Er sei erst auf der Grundlage der zweiten Grundposition erreichbar, die von allen Beteiligten "eine völlige Neudefinition ihrer Rollen und Funktionen verlangt" (1987, 173), also auch die der GrundschullehrerInnen. Bisher ist es nach FEUSER Aufgabe und Verdienst von GrundschullehrerInnen, "so viele Schüler als möglich in den vier Grundschuljahren zu so hohen Leistungen als möglich zu bringen" (FEUSER & MEYER 1987, 174), und Aufgabe von SonderschullehrerInnen, "die Regelschule von (...) Störungen (durch lernschwache, -gestörte und behinderte SchülerInnen; A.H.) zu entlasten" (1987, 174), auch wenn oft mit den Möglichkeiten spezieller Förderung argumentiert wird. Dementsprechend sind Grund- wie SonderschullehrerInnen "Lehrer mit spezifischen Kenntnissen und Erfahrungen" (1987, 176), aber nicht per se ExpertInnen für bestimmte Anteile eines integrativen Unterrichts, die schon "für alle Fragen und Probleme Lösungen hätte(n)" (1987, 176). Insofern fordert FEUSER ein Zwei-LehrerInnen-Team, das in einer "lehr- und lernprozeßorientierten Kooperation" (FEUSER & MEYER 1987, 175) gleichberechtigt zusammenarbeitet.

Hier stellen sich mehrere Fragen. FEUSER und WOCKEN stehen zunächst einmal für unterschiedliche Herangehensweisen und Positionen. FEUSER fordert aufgrund theoretischer Erkenntnisse normativ Strukturen (vgl. hierzu Kap. 3.5.1) und versucht sie im Rahmen begrenzter Versuche zu entwickeln. WOCKEN geht pragmatisch von Vorhandenem aus und will auf breiterer Basis integrative Entwicklung vorantreiben. Beide stellen damit Pole im Spannungsfeld zwischen Zielperspektive und Realität, zwischen Ansprüchen und Vorhandenem, zwischen Soll- und Ist-Zustand dar. Die bislang unbeantwortete Frage ist allerdings, ob einerseits über den Weg der ersten von FEUSER formulierten Grundposition Entwicklungen zur zweiten hin möglich sind und andererseits die Erfüllung seiner theoretisch als "notwendig" und "unverzichtbar" erklärten Ansprüche in begrenzten Projekten - von ausgeweiteter Praxis ganz zu schweigen - realistisch zu erwarten ist. Andersherum ausgedrückt: Bei FEUSERs Forderungen stellt sich die bedrohliche Frage nach einer durch Aus- und Fortbildung parallel zur Unterrichtsarbeit komplett neu zu bildenden LehrerInnenpersönlichkeit, die zur Erfüllung seiner theoretischen Ansprüche wohl erst in der Lage wäre. Bei WOCKENs Überlegungen stellt sich Unbehagen ein in bezug auf eine additive Tendenz: Hier drohen SpezialistInnen in einem wenig in Frage gestellten Grundschulunterricht mit GrundschullehrerInnen als TeamleiterInnen mit behinderten Kindern zu arbeiten, ohne daß eine andere Zielperspektive angedeutet und damit Orientierungshilfen gegeben würden.

Weiter stellt sich die Frage, worin das Spezifische der ExpertInnen "SonderpädagogInnen" besteht, vergegenwärtigt man sich etwa die Überlegungen von REISER und EBERWEIN zur 'Entmystifizierung' der Sonderpädagogik, nach denen sich sonderpädagogische Kompetenz um nichts als eine vertiefte allgemeine Pädagogik bemüht, ergänzt um manche nützliche Techniken und spezielle Maßnahmen (vgl. Kap. 3.5.1). Daß derartige Überlegungen keine akademische Verbalakrobatik sind, wird bei SonderpädagogInnen in der integrativen Praxis am Problem deutlich, ihre besondere Fachkompetenz, besonders wenn es um Lern- und Verhaltensprobleme geht, hinreichend zu belegen (vgl. ZIELKE 1988, 1990b). Insofern erscheint die Beschränkung von SonderpädagogInnen auf die Kinder mit Behinderungen bei WOCKEN (sei es im Sinne der Prävention an der Schule oder im Sinne der Ambulanz im Förderzentrum) als problematische Unklarheit, denn Bemühungen um eine vertiefte Pädagogik können weder kontinuierliche Absprache und gemeinsame Entwicklung mit GrundschullehrerInnen, noch den größten Teil der Kinder aussparen. SonderpädagogInnen als ExpertInnen kann es, abgesehen von gewissen nützlichen Techniken und speziellen Maßnahmen, nur so lange geben, wie Grundschulpädagogik eine reduktionistische, verflachte allgemeine Pädagogik praktiziert. Wenn also WOCKEN auf der SpezialistInnenrolle von SonderpädagogInnen beharrt, so könnte dies eine bedenkliche Tendenz zur Verfestigung alter Rollenstrukturen bedeuten, in dem Sinne, daß entsprechend REISERs These von der "sonderpädagogischen Verseuchung der allgemeinen Schule" (1989a, 163) bei der schon durch die Anwesenheit von SpezialistInnen die Zuständigkeit für bestimmte Kinder um so eher an sie delegiert wird (vgl. Kap. 3.5.2 sowie HINZ 1990a).

Dem Problem der Rollendefinition von Teammitgliedern wendet sich REISER zu, wenn er "die positiven Ausprägungen allgemeinpädagogischer und sonderpädagogischer Erfahrungen" (1989b, 321) betrachtet. Danach ermöglicht Arbeitserfahrung in Sonderschulen "einen Blick auf die individuellen Entwicklungsimpulse und Entwicklungschancen der einzelnen Schüler und entwickelt das Geschick, auch unter erschwerten Bedingungen auf kleinste Entwicklungsschritte und dezenteste

Entwicklungsimpulse zu antworten und sie zu ermutigen" (1989b, 321f.). Arbeitserfahrung in Grundschulen ermöglicht "einen Blick auf die Bearbeitungsmöglichkeiten, die in einem Unterrichtsstoff liegen und entwickelt im positiven Fall ein Geschick, Aufgaben, Impulse, Lehrarrangements zu erfinden und bereitzustellen, mit denen die Mehrheit der Kinder gerne arbeiten" (1989b, 322). GrundschullehrerInnen zielen also von ihrem Aufmerksamkeitshorizont her mehr auf die Sache, SonderschullehrerInnen mehr auf das einzelne Kind. Pädagogische MitarbeiterInnen, meist ErzieherInnen oder SozialpädagogInnen, bringen als dritten Blickwinkel "die Beachtung der Gruppe, ihrer Aktivitäten und Entwicklungen" (1989b, 322) ein. Somit sind entsprechend dem TZI-Modell die didaktischen Elemente von Unterricht bei den beteiligten PädagogInnen in unterschiedlicher Gewichtung im Blick (vgl. Kap. 3.3.3).

Entscheidend für die Kooperation ist sicherzustellen, daß die Herstellung der dynamischen Balance zwischen den Elementen Sache, Einzelne, Gruppe und Rahmenbedingungen vom ganzen Team als gemeinsame Aufgabe, als "Kern der allgemeinpädagogischen Kompetenz" (REISER 1989b, 323) wahrgenommen wird, also Prozesse der "Ergänzung" von Kompetenzen und des "Kompetenztransfer" stattfinden. Nimmt jedes Teammitglied nur die Bereiche eigener Kompetenz und Zuständigkeit wahr, kommt es zu Prozessen der "Polarisierung" (1989b, 323), die langfristig Kooperation unmöglich machen (vgl. KREIE 1985, 116).

In REISERs Ausführungen ist explizit die Dynamik und Prozeßhaftigkeit der Kooperation angesprochen worden. Schon sie bedingt, "daß Kooperationsprobleme der Normalfall sind und auch so gewertet werden müssen" (WOCKEN 1988e, 264) und "daß Schwierigkeiten den Kooperationsbeziehungen inhärent sind und diese immer zuerst als kreative psychische Bewältigungsstrategien zu sehen sind" (KREIE 1985, 172). Dabei spielen die zeitlichen und räumlichen Grunddimensionen der Teamarbeit eine wichtige Rolle: Teamarbeit vollzieht sich zweifach in einem labilen Spannungsverhältnis. In der räumlichen Beziehungsdimension stehen sich einerseits das "Streben nach Nähe", nach Gemeinsamkeit, und andererseits das "Bedürfnis nach Distanz" (SCHLEY 1989d, 343), nach Unabhängigkeit und Individualität gegenüber. Diese Dimension entspricht exakt der von integrativen Prozessen auf der interaktionellen Ebene. Sie wird ergänzt durch die zeitliche Dimension zwischen den Polen "Streben nach Dauer" (1989d, 344), nach Verläßlichkeit und klaren Abläufen und mit der Gefahr der Erstarrung, und der "Lust auf Wechsel" (1989d, 344), auf Dynamik, auf Weiterentwicklung, auf Flexibilität, aber auch mit der Gefahr permanenter Ruhelosigkeit und des Treiben-Lassens. Zwischen diesen vier Polen wird sich Teamarbeit in einer immer wieder veränderten Gewichtung bewegen. Dabei wird, wie SCHLEY nach einer PädagogInnenbefragung feststellt, innerhalb dieser inneren Schulreform "eine Kultur der Nähe und der Veränderung ... quasi großgeschrieben" (1989c, 296).

Die Verknüpfung beider Grunddimensionen trägt zu typischen Verläufen von Teamarbeit bei. Danach lassen sich generell vier Phasen unterscheiden, die z.B.

auch konkret in der Arbeit des Teams der beiden ältesten Integrationsklassen an Hamburger Gesamtschulen zu finden sind: In der ersten Phase der Orientierung ist eine Tendenz zur Anfangseuphorie auszumachen, das Gemeinsame und Einigende dominiert. Diese Betonung der Annäherung ist jedoch nicht auf Dauer durchzuhalten. In der folgenden, zweiten Phase der Gärung und Klärung tritt nun das Unterscheidende, Individuelle, tritt Abgrenzung hinzu. Konflikte werden deutlich, Aggression und Gegensätzlichkeit im Denken und Fühlen werden stärker zugelassen. Aber auch Verletzlichkeit und Schwäche werden deutlicher und tragen zu mehr Vertrautheit bei. Und so werden auch neue Verabredungen, Regelungen und Verfahrensweisen möglich. Nun folgt als drittes die Phase der Arbeitslust und Produktivität. Die Verschiedenheit von Personen, Erfahrungen, Zugangsweisen, Interessen etc. kann von der Gruppe produktiv genutzt werden, Ergänzung ohne Symbiose ist möglich. In der vierten Phase des Transfers schließlich hat sich Routine entwickelt, der Blick ist nun wieder frei für weitere Perspektiven, neue Utopien und andere Bereiche (vgl. SCHLEY 1989d).

Wie SCHLEY betont, kommt "kein Team (...) ohne eine chaotische Zeit der Gärung und Klärung aus" (1989d, 340). Da jedoch die meisten PädagogInnen mit der Krise gleich "das Ende der Gemeinsamkeit heraufziehen" sehen (1989d, 346), ist es um so wichtiger, daß sie ein Wissen über diesen regelhaften Verlauf von Gruppenprozessen haben. Dementsprechend "sind Krisen nicht zu begreifen als Ausdruck des Scheiterns, sondern als Umbrüche, die in gemeinsamer Verantwortung getragen und verarbeitet werden müssen" (1989a, 17).

Die Komplexität der Kooperationssituation multiprofessioneller Teams in Integrationsklassen macht einen intensiveren Blick nötig, welche Rollendefinitionen und Aufgaben den einzelnen Berufsgruppen über die auf der bisherigen Erfahrungsbasis aufbauenden Aufmerksamkeitshorizonte hinaus zugeschrieben werden.

In der Literatur nehmen die SonderpädagogInnen den breitesten Raum ein, da sich ihre Arbeitssituation am dramatischsten verändert: Ihre situativen Bedingungen verändern sich grundlegend, indem sie ihre 'eigene' Klasse, 'eigene' Kinder verlieren und stattdessen nun in einer Kooperationssituation "Arbeit mit Kindern und Arbeit für Kinder" (HINZ 1990a, 393; vgl. auch ZIELKE 1988) 'in den Klassen anderer' zu leisten haben. Damit werden sie jedoch gleichzeitig, wie WILKEN kritisiert, auf die Rolle von - tendenziell therapeutischen - SpezialistInnen reduziert, die nur noch einen kleinen Ausschnitt des integrativen Alltags wahrzunehmen im Stande sind (1987, 40). Weiter soll sich ihr Selbstverständnis zu neuen Qualitäten hin entwickeln (HINZ 1990a, 394f.): "vom Vorgesetzten zum Lernhelfer", "von der Defizit- zur Kompetenzorientierung", "von der Fixierung auf isolierte individuelle Förderung zur Offenheit für gemeinsame Lernsituationen", "von der Einzelarbeit zur Teamarbeit" - Orientierungen, die als Zielperspektive ebenso auch für die anderen Berufsgruppen zutreffen.

Die Situation der Grund- bzw. SekundarschullehrerInnen wird zwar auch reflektiert, wenn auch die Veränderungen ihrer Rolle und ihres Selbstverständnisses gewiß nicht derart grundlegend sind. Jedoch ließen sich nicht nur "zusätzliche Aufgaben und Tätigkeiten" (HEYER 1990c, 165) beschreiben, sondern ebenso Veränderungen in der Beziehung zu den Kindern, in der Orientierung von der Gruppe zur Individualität, vielleicht von der überbetonten Sachorientierung zur 'Wiederentdeckung' der SchülerInnen und auch von der individuellen Arbeit der Kinder zum produktiven Miteinander der Verschiedenen in Dialogsituationen. Hier besteht erheblicher Nachholbedarf.

Anders stellt sich die Situation für die dritte Berufsgruppe, die Pädagogischen MitarbeiterInnen, meist ErzieherInnen, SozialpädagogInnen, vereinzelt auch TherapeutInnen, dar. In jenen Projekten, in denen sie "interessanterweise (tätig) sind" (REISER 1989b, 322), so etwa in der Fläming-Grundschule, in Hamburger Integrationsklassen im Primar- und Sek I-Bereich, anfangs in der Mainzer Hartenberg-Grundschule sowie z.T. in Hessen und Niedersachsen (vgl. HÖHN 1990), wird ihre Mitarbeit geschätzt: "In Hamburg hat sich die Zusammenarbeit von Grundschullehrern/innen und Erziehern/innen gut bewährt" (H. MÜLLER 1988, 41), "die Mitarbeit der Erzieher (wird) von allen als nützlich und notwendig empfunden" (WOCKEN 1988d, 185). Nur blieb es bisher bei diesen pauschalen Aussagen, obwohl auch für diesen Personenkreis die Rollenfindung als in Schule und Unterricht Tätige kein einfaches Unterfangen darstellen kann.

3.3.3 Grundlagen und Elemente eines integrativen Unterrichts

Die Herausforderung einer integrativen Didaktik liegt in der Realisierung der Balance von Gleichheit und Verschiedenheit und von Gemeinsamkeit und Individualität im Unterricht. Hierbei ist zunächst zu klären, worin das verbindende Gemeinsame besteht. Zum zweiten ist die Frage zu bearbeiten, inwieweit integrative Didaktik eine neue, andere Didaktik darstellt. Drittens ist ihr methodisches Repertoire zu betrachten.

Integrativer Unterricht - Gemeinsamkeit und Individualisierung

Mehrfach wird in der Literatur darauf hingewiesen, daß die Bedeutung kooperativer Tätigkeit nicht nur auf die PädagogInnen, sondern auf alle am Unterrichtsgeschehen Beteiligten zu beziehen ist (z.B. FEUSER & MEYER 1987, 172), und daß eine Analogie zwischen der Gestaltung integrativer Prozesse zwischen PädagogInnen und SchülerInnen besteht, in der die Kooperation der PädagogInnen für die SchülerInnen u.U. als "Modellverhalten" (HEYER 1990a, 82) wirksam werden kann. Durch die Gemeinsamkeit der Kinder kann ihre Verschiedenheit erst als Chance ergriffen und produktiv genutzt werden - und so kann erst integrative Qualität eines Unterrichts entstehen, die die Gleichheit und die Verschiedenheit von Kindern berücksichtigt (vgl. REISER 1991, 23-25).

PädagogInnen stehen mit dem integrativen Unterricht also vor der permanenten Aufgabe, unterrichtliche Gemeinsamkeit herzustellen, denn es besteht die "Gefahr, in die Strukturen der am Klassendurchschnitt orientierten Regelschule hineinzuschlittern. Dann spaltet sich die Integrationsklasse; die nichtbehinderten Kinder lernen im Gleichschritt das Pensum der Jahrgangsklasse und die behinderten Kinder werden als gesonderte Gruppe und mit Extra-Materialien auf einfachem Niveau meist von der Co-Lehrerin unterrichtet" (PRENGEL 1989a, 208) - die Umformung von Integration zur Zusammenlegung unveränderter Grundschul- und Sonderschulpädagogik wäre damit vollzogen.

Das unverzichtbare Zentrum der unterrichtlichen Gemeinsamkeit innerhalb integrativer Pädagogik ist am prägnantesten von FEUSER formuliert worden (vgl. Kap. 2.1.2). Er konkretisiert seine didaktische Grundlage einer allgemeinen, basalen Pädagogik in folgenden Überlegungen: Entgegen bisheriger Dominanz der Sachebene im Unterricht legt FEUSER größten Wert auf eine gleichgewichtige Analyse der Sachstruktur und der Tätigkeitsstruktur des einzelnen Kindes. Auf der Grundlage der sowjetischen Psychologie (LEONTJEW, GALPERIN) kann so die "Zone der aktuellen Entwicklung" und die "Zone der nächsten Entwicklung" bestimmt werden. Die didaktische Planung geht von den Voraussetzungen der SchülerInnen auf die in der Sache enthaltenen Qualitäten zu und erstellt eine Analyse der Handlungsstruktur, "aus der sich die wechselseitigen Austauschbeziehungen des Schülers mit seiner (Lern- und Lebens-)Umwelt ... ergeben" (1988, 174).

Integrative Didaktik ist so die Konkretisierung der Einigung zwischen widersprüchlichen Tendenzen auf der Handlungsebene: "Schulische Vorgaben, die Herausforderung an Kinder, unter Anleitung gemeinsam in einer Institution zu arbeiten (werden) verbunden (...) mit Offenheit für die Individualität jedes einzelnen Kindes (ob mit oder ohne festgestellte Behinderung), seine Selbständigkeit, Verantwortlichkeit und Kreativität" (PRENGEL 1989a, 208).

Der Begriff des 'gemeinsamen Gegenstandes' (FEUSER 1984a, 18) hat viele Unklarheiten aufkommen lassen. Teilweise wurde er in zu enger Definition mißverstanden als gleicher Inhalt, teils in übergroßer Ausweitung als "Leerformel" bezeichnet, nach der z.B. als gemeinsamer Gegenstand formuliert werden könnte, "daß sowohl der Mediziner, der eine komplizierte Operation ausführt, als auch der Reinigungstrupp, der nachher saubermacht, am gleichen Inhalt tätig sind" (BLEIDICK 1989a, 45, 1991, 466). Solche inhaltlichen Karikaturen werden natürlich FEUSERs Anliegen nicht gerecht. Spätere Erklärungsversuche (FEUSER 1988, 1989, 1990), vergleichen den gemeinsamen Gegenstand mit dem "Inneren des Baumstammes, das sich aus seinen Wurzeln der historischen Entwicklung der Wissenschaften bis zum heutigen Erkenntnisstand der Einzelwissenschaft speist, (er) ist das innere Wesen der äußeren Erscheinung eines Projektes in seinen astartigen Ausdifferenzierungen und seinen Verzweigungen", letztlich "der zentrale Prozeß, der hinter den Dingen und beobachtbaren Erscheinungen steht und sie hervorbringt" (FEUSER 1988, 176f.).

Diese Baumstruktur erfordert die ausschließliche unterrichtliche Arbeit in Projekten. Nur sie ermöglicht die Arbeit am 'gemeinsamen Gegenstand' mit individualisierten Lernzielen auf unterschiedlichen kognitiven Niveaus und mit unterschiedlichen Abstraktionsgraden ohne eine inhaltliche Zersplitterung, die für FEUSER einen Rückfall in separierende Strukturen bedeuten würde. Problematisch erscheint jedoch die ausschließliche Orientierung des 'gemeinsamen Gegenstandes' an der Wissenschaftssystematik. Wenn FEUSER etwa als Beispiel anführt, der Gegenstand des Projektes "Ernährung", bei dem u.a. Gemüse eingekauft, gekocht und gegessen wird, seien die Gesetze der Thermodynamik (1990, 63f.), so erscheint dieses zwar theoretisch stringent abgeleitet, es droht jedoch den SchülerInnen verborgen und auf das Bewußtsein der PädagogInnen beschränkt zu bleiben. So wichtig die theoretische Vorstellung der Herstellung inhaltlicher Gemeinsamkeit durch den 'gemeinsamen Gegenstand' als Anregung und Herausforderung für die Unterrichtspraxis ist, so unkonkret bleibt sie bisher. In der Praxis kommt es mitunter zu einer Tendenz der krampfhaften Verbindung unterschiedlichster Tätigkeiten unter diesem theoretischen Leitgedanken. Dennoch bleibt es das Verdienst von FEUSER, eine theoretische Leitvorstellung entwickelt zu haben, die für die Praxis richtungsweisend, wenn auch nicht leicht zu realisieren ist.

Anders als FEUSER gehen MEIER & HEYER (1988) von dem in der Weimarer Verfassung verankerten und bis heute nicht eingelösten Postulat der Grundschule als "Schule für alle Kinder des Volkes" und von der Grundschulreform aus. Ihrer Herangehensweise nach muß die Grundschule Handlungsspielräume für die SchülerInnen eröffnen, ihre sozialen Bedürfnisse müssen für wichtig genommen, ihre Neugier und Lernbereitschaft erhalten und gefördert werden. Für MEIER & HEYER ist das zentrale Anliegen des integrativen Unterrichts die "Erziehungsarbeit in Situationen, an Aufgaben und Sachen" (1988, 184). Dabei wirken gemeinsame und individuelle Vorhaben zusammen, eingefaßt von gemeinsamen (Anfangs- und Schluß-)Ritualen. Wichtig ist ihnen gemeinsames Spielen und Singen als wichtige Dimension von Lernprozessen und die gemeinsame Reflexion von Arbeitsvorhaben und Situationen. Für MEIER & HEYER gilt es explizit nicht, eine "besondere Integrationspädagogik und Integrationsdidaktik" zu schaffen, sondern "eine 'gute Grundschule' für alle Kinder des Volkes zu sichern" (1988, 188).

Aus den Unklarheiten bzw. der Kritik am zentralen Begriff des 'gemeinsamen Gegenstandes' von FEUSER heraus entwickelt WOCKEN (1987b, 72) den vorsichtigeren Begriff der "gemeinsamen Lernsituationen", in denen der Anspruch der Kooperation nicht in gleicher Weise wie bei FEUSER enthalten ist. Nach WOCKEN ist integrativer Unterricht ein "schwieriger Balanceakt" "zwischen individuellen Lernsituationen einerseits, damit jedes Kind zu seinen Möglichkeiten findet, und gemeinsamen Lernsituationen andererseits, damit die soziale Integration der Kindergruppe gefördert wird. ... Das dialektische Spannungsverhältnis von individuellen und gemeinsamen Lernprozessen muß in ausgewogener Weise zur Geltung kommen" (WOCKEN 1987, 75). Dies ist die Konkretisierung der Dialektik von Gleichheit und Verschiedenheit auf der Unterrichtsebene: "Vernachlässigte man die Individualität des einzelnen Schülers, entstünde Gleichbehandlung nach Art eines Kasernenhofes, vergäße man die Gemeinsamkeit der Gruppe, entstünde Vereinzelung wie vor dem Datensichtgerät" (HINZ 1990b, 135).

In seiner nach Interaktionsstrukturen differenzierenden Systematik unterscheidet WOCKEN vier Typen gemeinsamer Lernsituationen (nach WOCKEN 1988i): Kooperative Lernsituationen enthalten das wechselseitige Zusammenwirken zweier Interaktionspartner, die sich gegenseitig beeinflussen, aber gleichzeitig die eigene, individuelle Handlungsplanung aufrechterhalten. Dieses ist für WOCKEN die höchste Ausprägung gemeinsamer Prozesse, nicht aber als "notwendige", "unverzichtbare" Grundlage wie bei FEUSER. Komplementäre Lernsituationen bezeichnen eine asymmetrische Interaktion, bei der ein Interaktionspartner den anderen in seiner Handlungsplanung mehr beeinflußt als umgekehrt; das Paradebeispiel hierfür ist die Situation, in der ein Partner einem anderen hilft. Kommunikative Lernsituationen zeichnen sich dadurch aus, daß beide Partner sich aufeinander beziehen, der Interaktion aber keine gemeinsame Handlungsplanung zugrundeliegt. Solche Situationen ergeben sich z.B. während der Freiarbeit, wenn quasi 'nebenbei' Gespräche geführt werden. Koexistente Lernsituationen sind dann gegeben, wenn es keine direkte Einflußnahme und Interaktion miteinander gibt, der eine Partner für den anderen jedoch trotzdem eine Bedeutung hat. Beispiel: Ein Kind haut während des Bastelns mit der Schere rhythmisch auf den Tisch, ein anderes sagt zu ihm: "Hör auf damit, die Ira (ein Kind mit schwerster Behinderung) erschrickt sich immer so." Zwischen dem Jungen und Ira ist nichts direkt Interaktives abgelaufen, trotzdem hat Ira und ihre Anwesenheit für ihn eine Bedeutung, die seine Aktivitäten beeinflußt. Es macht einen bedeutenden Unterschied, ob Ira da ist oder nicht.

Die Stärke der Systematik von WOCKEN liegt darin, daß sie zum einen eine klarere Definition für Situationen und Zusammenhänge gibt, in denen sich Gemeinsamkeit ereignet, und daß Kooperation andererseits nicht zum einzig gültigen Maßstab gemacht wird, an dem gemessen jene Bereiche, die ihn nicht erreichen, für nicht integrativ erklärt werden. Unter Umständen kann für ein Kind und seine Klasse in einer konkreten Phase nicht mehr Gemeinsamkeit möglich sein als koexistente Lernsituationen - sei es durch Notwendigkeiten des einzelnen Kindes, das nicht mehr Gemeinsamkeit ertragen kann, sei es durch die Konstellation in der Klasse oder sei es durch individuelle Begrenztheiten der PädagogInnen. Trotzdem ist nicht an der Sinnhaftigkeit der, wenn auch noch so beschränkten, Gemeinsamkeit zu zweifeln. Kommunikative Lernsituationen erfüllen nicht die Bedingung der Kooperation, sind aber nach eigenen Beobachtungen die zentralen Situationen, in denen die SchülerInnen ihre Beziehungen klären.

Ein weiterer Vorteil der Systematik von WOCKEN - wie auch der Beobachtung integrativer Prozesse nach dem Frankfurter Ansatz - ist der, daß dort Ernst gemacht wird mit dem Prinzip des Dialogischen, indem man sich bemüht, die in den Prozessen des Lernens enthaltenen Qualitäten herauszulesen. PRENGEL formulierte einmal, sie seien der Praxis abzulauschen. Hierauf zielt SCHLEY, wenn er feststellt, daß im Verlauf der Entwicklung integrativer Unterrichtspraxis unterschiedliche Aufmerksamkeitsdimensionen verfolgt wurden. Schließlich rückte in den Vordergrund, daß nicht die inhaltliche Verbindung der Arbeiten unterschiedlicher Kinder das Entscheidende sei, sondern die Gestaltung von Dialog-Situationen, in denen Intersubjektivität, das Sich-Hineinversetzen in die Perspektive anderer, als wichtiger Teil der Persönlichkeitsentwicklung möglich ist (1991, 13).

Dialogische Entwicklung kann nicht allein vom Aspekt der Wissenschaftssystematik her geplant und dann dementsprechend umgesetzt werden. Ansätze wie der von FEUSER laufen Gefahr, daß theoretisch abgeleiteten Entwicklungsschemata das Dialogische im Lernprozeß des einzelnen Kindes in den Hintergrund zu verbannen drohen. Wird indessen Ernst gemacht mit dialogischen Prinzipien, "sollten wir zuallererst die 'Anfragen' der Kinder studieren und sie als Vorschläge verstehen. Unsere Angebote sind als Gegenvorschläge zu konzipieren, nicht nur als die Reise zu der von uns antizipierten 'Zone der nächsten Entwicklung', wenn das Reden von einer dialogischen Erziehung einen Sinn machen soll" (KLEIN U.A. 1987, 50).

Andererseits kann eine Überbetonung des Situationsbezuges dazu führen, daß Kinder mit Behinderungen durch Ad-hoc-Modifikation unverbundene inhaltliche Bröckchen eines Grundschulcurriculums geboten bekommen. So bietet sich ihnen keine Möglichkeit kontinuierlicher Entwicklung, sondern nur eine Folge punktueller Lernanreize (vgl. WILKEN 1991). FEUSER bezeichnet diese Struktur, bei der diese Kinder 'auch etwas tun', in angemessener Bissigkeit als untaugliche 'Auch-Pädagogik', die am Kern der Integration vorbeigeht. Es muß um eine dynamische Balance zwischen situativen Elementen und Bedürfnissen und dem systematischen Wissen um Entwicklungsprozesse als Hintergrund gehen, der - auch nach den Fähigkeiten der PädagogInnen - unterschiedlich gestaltet werden wird.

Mit der Balance von gemeinsamen und individuellen Lernsituationen als unterrichtliche Konkretisierung der Dialektik von Gleichheit und Verschiedenheit ist die Notwendigkeit der Individualisierung angesprochen, die bei jedem Unterricht in jedweder Klasse vonnöten ist, in integrativen, bewußt heterogenen Lerngruppen aber unumgehbar wird. Individualisierung wird dabei auf drei Ebenen wirksam (WOCKEN 1989): Bei den Zielen verlangt integrativer Unterricht von jedem Kind das, was es leisten kann, "nicht mehr, aber auch nicht weniger" (1989, 10), dies ist das Prinzip des zieldifferenten Lernens. Bei den Methoden bekommen Kinder die individuell notwendigen Hilfen für individuelle Lernwege. Bei der Leistungsbewertung werden nicht alle Kinder über einen Leisten gebrochen, sondern die Leistungen jeden Kindes nach seinem eigenen Maßstab in Form eines Berichtes, anstatt durch Zensuren, bewertet (vgl. hierzu Kap. 3.5.1).

Integrative Didaktik als allgemeine Didaktik

Wie die bisherigen Ausführungen zu Gemeinsamkeit und Individualisierung gezeigt haben, stehen integrativer Unterricht und seine Didaktik im Kern vor der Aufgabe, mit einem Team aus gleichen und verschiedenen PädagogInnen, dessen Mitglieder auf mehr oder minder unterschiedliche Aufmerksamkeitshorizonte zielen, die Balance zwischen individuellen und gemeinsamen Lernsituationen herzustellen. Die Aufmerksamkeitshorizonte der PädagogInnen richten sich dabei - im Sinne ergänzender Kooperation - entsprechend den berufsgruppenbezogenen Erfahrungen schwerpunktmäßig auf die Sache, auf den Einzelnen, auf die Gruppe und die Lebensumwelt (vgl. REISER 1989b, Kap. 3.3.2). Damit sind in den drei Berufsgruppen die drei Elemente der Didaktik verkörpert; durch integrative Kooperation sollen sie in eine "dynamische Balance" (1989b, 323) gebracht werden. Nach dem TZI-Modell, in Entsprechung zur Theorie integrativer Prozesse, läßt sich die Struktur wie folgt darstellen:

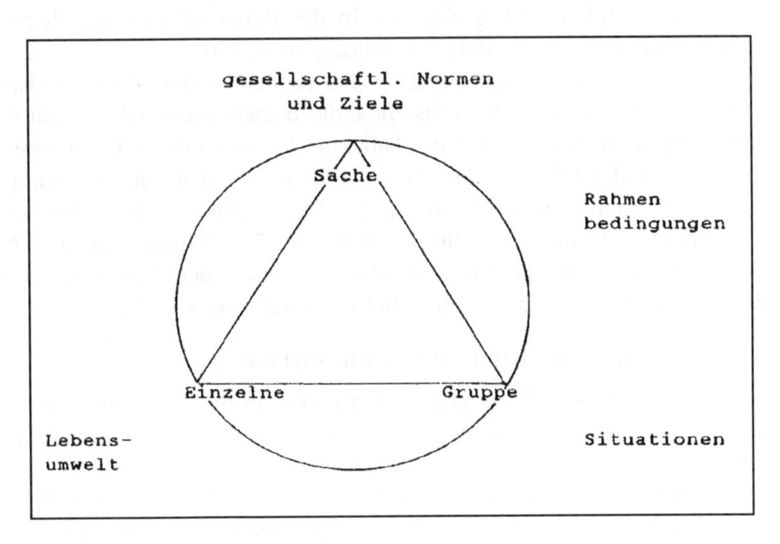

Abb. 3.6: Modell einer integrativen Didaktik (REISER 1989b, 323)

Für den integrativen Unterricht gilt: "Der Prozeß des schulischen Lernens ist so zu gestalten, daß er den einzelnen Beteiligten / dem 'Ich', der Gruppe, d.h. ihrer Beziehungsstruktur und -dynamik / dem 'Wir' und dem Unterricht in seinen verschiedenen Aspekten / dem 'Thema' gleichermaßen gerecht wird" (COWLAN U.A. 1991a, 127). Integrativer Unterricht zeigt damit eine Zielperspektive an, auf die hin er sich entwickeln soll, gleichzeitig ist er ein Prozeß auf dem Wege dorthin.

Weiter macht diese Abbildung deutlich, daß integrative Didaktik keine grundsätzlich neue Didaktik ist. In sie gehen keine anderen Elemente ein als in Strukturen der allgemeinen Didaktik. "Integrative Pädagogik und Didaktik ist nichts anderes als Pädagogik und Didaktik für heterogene Lerngruppen und deshalb nichts anderes als Pädagogik schlechthin" (REISER 1990c, 264).

Eine spezielle integrative Didaktik wäre auch nicht wünschenswert, förderte sie doch die Entwicklung der Integrationspädagogik als einer zusätzlichen 'Sonderpädagogik für Integration'. Insofern nimmt integrativer Unterricht lediglich Elemente auf, die aus der allgemeinen Pädagogik bekannt sind, und entwickelt sie weiter. Unterschiedlich ist integrative von - üblicher - allgemeiner Didaktik insofern, als sich in der integrativen Situation das Strukturelement "Gruppe" und das Element "Einzelner" in anderer Qualität und Anforderung darstellt und andere Bezüge mit der "Sache" fordert als in Regelschulsituationen. Diese qualitativen, jedoch nicht strukturellen Unterschiede sind es, die PETERS in bezug auf ihren Mathematikunterricht in der Sekundarstufe I deutlich macht: "Man könnte vermuten, daß in Integrationsklassen dieses Problem (der Über- bzw. Unterforderung von SchülerInnen; A.H.) noch größer sei. In der Praxis ist dies jedoch nur ein gradueller Unterschied" (1989, 194; vgl. RIEDEL 1991, 450).

Gleichwohl sind deutliche Unterschiede festzustellen zu einer Unterrichtspraxis einer homogenisierenden Gleichschritts-Didaktik; dementsprechend ist auch PRENGELs Äußerung zu verstehen, "daß die Didaktik des integrativen Unterrichts sich grundsätzlich von der Didaktik des gleichschrittigen Lernens in der homogenen Jahrgangsklasse unterscheidet" (1990b, 215). Dieses gilt jedenfalls dann, wenn sich die didaktische Planung im Alltag gemäß Abb. 3.6 wie eine "aus dem Nebel ragende Bergspitze" vollzieht, wenn lediglich der Sachaspekt klar gesehen wird, Ich- und Wir-Aspekt dagegen wie im Nebel zu verschwinden drohen.

Integrativer Unterricht in empirischen Untersuchungen

Es stellt sich nach diesen theoretischen Ausführungen die Frage, ob und wie in Integrationsprojekten die Ansprüche einer integrativen Didaktik eingelöst werden. Hierzu liegen methodisch sehr unterschiedliche Untersuchungen aus den Bonner und den Hessischen Integrationsversuchen vor. Der empirischen Beschreibung integrativen Unterrichts wenden sich DUMKE, KELLNER & KRANENBURG (1991) zu. Sie vergleichen den Unterricht in den Integrations- und Parallelklassen (IK und PK) der drei Bonner Integrationsprojekte (Grundschule Friesdorf [GF], Gesamtschule Beuel [GS], Grundschulen Beuel [GB]; Angaben je in % der Zeit).

Bezüglich der vorgegebenen bzw. frei gewählten Lehrinhalte ergibt sich folgendes Bild: Nach wie vor dominiert in allen Klassen der Unterricht mit von den LehrerInnen vorgegebenen Lehrinhalten (zwischen 73 und 94 %). In den Integrationsklassen - und dort mehr in der Primar- (21 bzw. 22 %) als in der Sekundarstufe (11 %) - nimmt jedoch die Freie Arbeit mit einem Fünftel der Zeit auch quantitativ eine wichtige Stellung ein, während sie in den Parallelklassen im Primarbereich (GF 12 %, GB 3 %) deutlich seltener praktiziert wird (1991, 113).

Die gleichen Tendenzen zeigen sich auch beim Einsatz von Unterrichtsmitteln: Hier dominieren Lernmittel (in der Hand der SchülerInnen; GF 68 bzw. 63 %, GS 57 bzw. 59 %, GB 62 bzw. 52 %) gegenüber Lehrmitteln (in der Hand der LehrerInnen). Lediglich die Parallelklassen des Beueler Flächenversuches zeigen wiederum ein höheres Maß an LehrerInnenzentrierung (22 % gegenüber 10 bis 16 %; 1991, 115).

Weiter ist die Aufgabenstellung im integrativen Unterricht von Bedeutung. Soll sie einer heterogenen Lerngruppe gerecht werden, muß sie zumindest teilweise differenziert erfolgen. Hierzu ergibt sich folgendes Bild: In allen Klassen dominiert die gleiche Aufgabenstellung (64 - 94 %); dabei zeigt sich in den Integrationsklassen der Primarstufe ein höherer Anteil differenzierter Aufgabenstellungen als in den Parallelklassen (GF 36 %, GB 28 %). Die AutorInnen führen die Unterschiede vor allem auf die Freie Arbeit zurück, bei der es fast ausschließlich differenziert gestellte Aufgaben gibt (1991, 116).

Ergänzend treten in den Integrationsklassen weitere Differenzierungen in den Aufgaben für einzelne behinderte SchülerInnen hinzu. Hier ergeben sich zusätzlich weitere Differenzierungen mit über 50 % im Primar- bzw. fast 40 % im Sekundarbereich. Den größeren Anteil themenverschiedener Differenzierung in der Grundschule Friesdorf (35 %) erklären die AutorInnen mit der großen Anzahl von SchülerInnen, die mit differentem Niveau unterrichtet werden (1991, 117).

Für den integrativen Unterricht ist die Häufigkeit der Sozialformen wichtig. In Integrationsklassen hat der lehrerzentrierte, frontale Klassenunterricht seine zeitliche Dominanz verloren (GF 32 %, GS 44 %, GB 43 %). Er wird ergänzt durch Einzelarbeit und übrige Sozialformen wie Partner-, Gruppenarbeit und Kombinationen (GF 38 %, GS 28 %, GB 35 %). Auch in den Parallelklassen wird der Klassenunterricht graduell reduziert (GF 48 %, GS 49 %, GB 57 %; 1991, 118).

Je nach realisierter Sozialform ergeben sich unterschiedliche Interaktionssituationen. Hier wird zunächst die Situation der LehrerInnen betrachtet. Die LehrerInnen interagieren am häufigsten mit der ganzen Klasse (42 - 78 %). Gleichwohl zeigen sich in den Integrationsklassen höhere Anteile der Interaktion mit einzelnen SchülerInnen (GF 28 %, GS 21 %, GB 14 %) als in Parallelklassen (GF 7 %, GS 12 %, GB 8 %). Insofern ergibt sich eine Übereinstimmung mit den Sozialformen, als in Integrationsklassen mit dem reduzierten Klassenunterricht auch die Interaktion mit der ganzen Klasse rückläufig ist. In der nicht auf die ganze Klasse bezogenen Interaktion ergibt sich eine ziemlich gleichmäßige Verteilung auf behinderte und nichtbehinderte SchülerInnen (1991, 121).

Das Ausmaß der Steuerung durch die LehrerInnen bzw. Aktivierung der SchülerInnen wird in den Unterrichtsformen deutlich. Erfreulicherweise ist die Darbietung durch LehrerInnen nicht mehr die dominierende Unterrichtsform (6 - 12 %). Während in der Sek I nur geringe Unterschiede bestehen, zeigt sich im Primarbereich ein deutlich höherer Zeitanteil der Selbsttätigkeit der SchülerInnen (GF 59 % in IK bzw. 42 % in PK, GB 46 % in IK bzw. 35 % in PK). Sie nimmt dort in den Integrationsklassen größeren Raum ein als die gemeinsame Erarbeitung, während dies in den Parallelklassen umgekehrt ist (GF 33 % in IK, 46 % in PK, GB 39 % in IK, 52 % in PK; 1991, 125).

Anhand ihrer Einzelbefunde arbeiten DUMKE U.A. Organisationsstrukturen des Unterrichts heraus. Klassenunterricht, Darbietung, gleiche Aufgaben und Interaktion mit allen SchülerInnen fassen sie als lehrerzentrierte Form des Unterrichts zusammen, Einzelarbeit sowie die übrigen Sozialformen mit Schülerselbsttätigkeit an gleichen oder differenzierten Aufgaben und unterschiedlicher Interaktion sind für DUMKE U.A. schülerzentrierte Ansätze der Unterrichtsorganisation (1991, 128). Insgesamt machen lehrerzentrierte Formen 39 % und schülerzentrierte Formen 36 % der Unterrichtszeit aus. Dieses bewerten sie als sehr positives Ergebnis (1991, 128).

Zwischen Integrations- und Parallelklassen ergeben sich in den zeitlichen Anteilen der lehrer- und schülerzentrierten Formen deutliche Unterschiede. Die Integrationsklassen der Friesdorfer Grundschule weisen demnach die stärkste Schülerorientierung auf (77 % schülerInnenzentriert), gefolgt von denen der Beueler Grundschulen (63 %) und der Beueler Gesamtschule (62 %). Erst dann folgen die Parallelklassen der drei Projekte (GF 55 %, GS 56 %, GB 47 %; 1991, 129-135). Die Unterschiede zwischen den Integrationsprojekten im Primarbereich führen DUMKE U.A. auf die geringeren Anteile der Doppelbesetzung zurück, die in den Beueler Grundschulen stärker zur äußeren Differenzierung und zur Klassenansprache beitragen (1991, 136). Dort ist auch der Zeitanteil mit separiert im Gruppenraum arbeitenden Zweitbesetzungen am größten (30 % des ganzen Unterrichts im Zwei-LehrerInnen-System, dabei 22 % Arbeit separiert; 1991, 145).

In der Diskussion ihrer Ergebnisse stellen DUMKE U.A. heraus, daß sich der Unterricht in Integrationsklassen in den meisten Bereichen zwar deutlich von dem der Parallelklassen unterscheidet, jedoch keine generelle Trennung der Organisationsstrukturen zwischen beiden Klassentypen vorliegt. "Daher kann nicht von einer gänzlich eigenständigen Struktur des integrativen Unterrichts gesprochen werden, wohl aber von besonderen methodischen Akzentuierungen" (1991, 153). Integrativer Unterricht ist somit kein komplett anderer Unterricht, sondern reiht sich in die ohnehin festzustellenden allgemeinen Veränderungen des Unterrichts zu mehr Schülerorientierung, Selbsttätigkeit und Individualisierung ein.

COWLAN U.A. beobachten die Entwicklung des integrativen Unterrichts in den ersten Hessischen Integrationsklassen. Dabei halten sie hinsichtlich der Ausdifferenzierung der Leistungsunterschiede zwei gegenläufige Tendenzen für möglich: einerseits, "daß dadurch die Gemeinsamkeiten geringer werden, da die Interessen auseinanderdriften und sich Untergruppen verfestigen" (1991b, 87), andererseits, "daß sich die Arbeitstechniken vielfältiger gestalten, sich die Kommunikationsmöglichkeiten erweitern und daß die Kooperation von Kindern mit sehr unterschiedlichem Entwicklungsniveau erleichtert werden kann" (1991b, 87). Die häufig beschworene 'Leistungsschere' kann also durchaus unterschiedliche Konsequenzen nach sich ziehen.

In drei kontinuierlich die Grundschulzeit hindurch beobachteten Klassen finden COWLAN U.A. drei idealtypische Lösungsstrategien für die Aufgabe der Vereinbarung von Individualität und Gemeinsamkeit. Sie basieren auf je unterschiedlichen Voraussetzungen (Klassenzusammensetzung, Teamkooperation etc.) und bringen je unterschiedliche Vor- und Nachteile mit sich:

In einer sehr unruhigen und schwierigen Klasse, in der sich u.a. ein blindes Kind befindet, bildet sich zunehmend eine "Großgruppen-Kleingruppen-Struktur" heraus (1991b, 123). Die Lehrerinnen teilen sich der (Grundschul-) Klasse und den förderungsbedürftigen Kindern zu, später zeigt sich diese Struktur auch räumlich: Hinter dem Tischquarree, das auf die (Grundschul-)Lehrerin ausgerichtet ist, entsteht eine Fördereinheit für die SchülerInnen mit Behinderungen. Sie haben die Möglichkeit, sich flexibel und situativ der Großgruppe oder der Kleingruppe anzuschließen, für die LehrerInnen entstehen klar abgrenzbare Aufgabenbereiche. In fachübergreifende Vorhaben können die SchülerInnen mit Behinderung je nach Bedürfnissen flexibel einbezogen werden. Obwohl sich im Laufe der Grundschulzeit die Zeiten gemeinsamen Tuns verringern, "bleibt eine hohe emotionale Zusammengehörigkeit erhalten, was auf die hohe Zuverlässigkeit und Kontinuität der Großgruppen-Kleingruppen-Struktur zurückzuführen ist, die SchülerInnen und Lehrerinnen Halt, Stabilität und Gelassenheit gibt" (1991b, 123).

In einer anderen Klasse bildet sich eine "flexible Struktur" (COWLAN U.A. 1991b, 124) aus. Hier gibt es viele offene Phasen, in denen die beiden LehrerInnen in arbeitsgleicher Rollenverteilung einzelne Kinder begleiten; einzig die Fächer Deutsch und Mathematik werden je einer Person zugeordnet, die die Unterrichtsgestaltung übernimmt und von der anderen Person unterstützt wird. Der Zusammenhalt der Klasse wird vorwiegend durch Kind-Kind-Beziehungen hergestellt, was gemeinsame Rituale relativ schnell überflüssig erscheinen läßt. Hier ergibt sich für die SchülerInnen ein anregungsreiches und emotional positives Klima und es kann sich die Eigenverantwortlichkeit für das eigene Lernen gut entwickeln; gleichzeitig ergeben sich Probleme für Kinder mit Behinderungen, die diese Sicherheit nicht in gleichem Maße erlangen.

In der dritten, im Ganztagsbetrieb einer Privatschule geführten Klasse, in der sich mehrere behinderte Kinder mit einem hohen Pflege- und Betreuungsbedarf befinden und damit ein hoher Personalaufwand - gleichzeitig bis zu vier Erwachsene - entsteht, entwickelt sich die Struktur "individualisierte(r) Betreuung in der Gemeinschaft" (COWLAN U.A. 1991b, 125). Hier hat der Morgenkreis eine wichtige, gemeinschaftsstiftende Funktion, der Wochenplan wird ein wichtiges individualisierendes Element des Unterrichts. Anfängliche Einzel-Betreuungsverhältnisse werden bald zugunsten wechselnder Konstellationen aufgebrochen: "So kann das System der individualisierten Betreuung in der Gemeinschaft beibehalten, aber die Fixierung individueller Betreuungsverhältnisse weitgehend vermieden werden" (1991b, 125). Zunehmende Gruppengespräche bilden ein Gegengewicht zur Tendenz zu Einzelbeziehungen. Für das PädagogInnenteam ist diese Klassenkonstellation mit ihrem hohen Bedarf an Absprachen und Rollenwechseln anstrengend. Einerseits ist es in dieser Struktur möglich, auch einen Schüler mit schwerer Mehrfachbehinderung einzubeziehen, andererseits zeigt sich auch die Problematik der Überlastung mit Kindern, die viel individuelle Zuwendung brauchen.

In allen drei Klassen wird das Postulat, Projekte und Arbeit am gemeinsamen Gegenstand müssen den Kern integrativen Unterrichts bilden, nicht bestätigt (COWLAN U.A. 1991b, 126). Vielmehr ergibt sich eine breite Palette von Situationen und Ereignissen, die in ihrer Gesamtheit integrative Wirkung erzielen. Diese Aussagen faßt REISER (1991, 24) folgendermaßen zusammen:

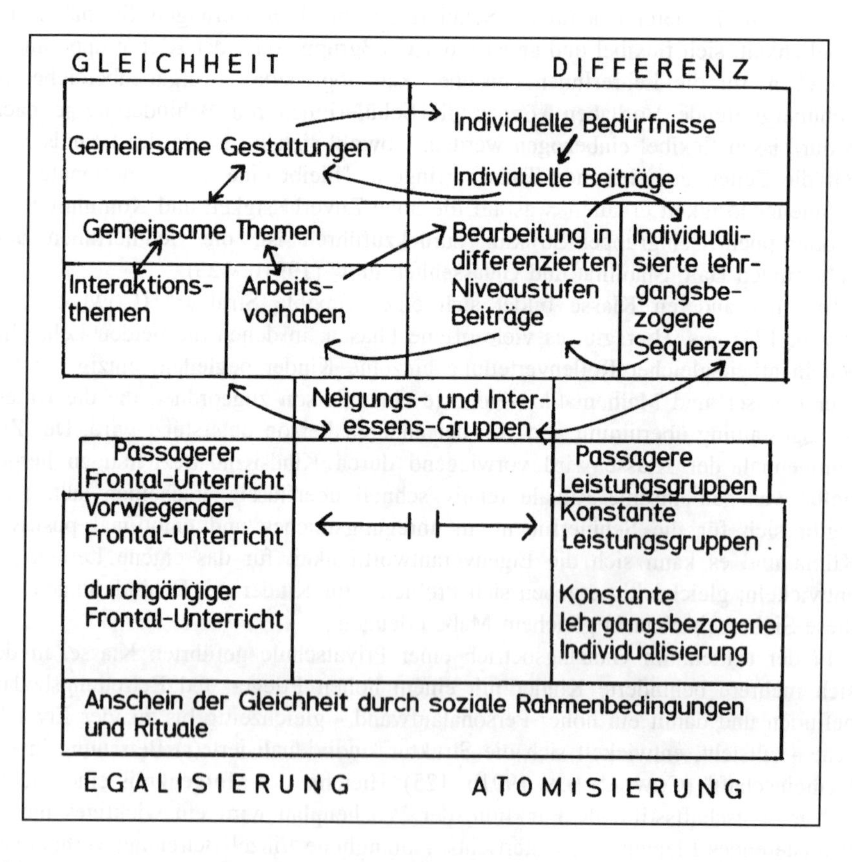

Abb. 3.7: Elemente der dynamischen Balance von Gleichheit und Differenz in heterogenen Lerngruppen (REISER 1991, 24)

Die nach rechts gerichteten Pfeile in der Grafik kennzeichnen Prozesse der Abgrenzung, zu mehr Individualisierung, die nach links gerichteten Pfeile Prozesse der Annäherung, zu mehr Gemeinsamkeit. Zentral für den Unterricht sind die gemeinsamen Gestaltungen als Ausgangspunkt für individuelle Vorhaben und als Möglichkeit deren verknüpfender Zusammenführung. Während im oberen Teil der Grafik eine solche dynamische Balance verdeutlicht wird, zeigt der untere Teil undialektische Vereinseitigungen: vorübergehender oder durchgängiger Frontalunterricht zwingt alle SchülerInnen in die Egalisierung, also zu Tendenzen der Anpassung, vorübergehende oder konstante Leistungsgruppen führen zur Atomisierung, also zu Tendenzen klassenimmanenter Aussonderung. Rituale und Rahmenhandlungen können nur noch den Schein der Gleichheit bzw. Gemeinsamkeit aufrechterhalten. Hier ist dann jene Situation erreicht, in der ein an der Fiktion der homogenen Lerngruppe orientierter Unterricht von Kindern entweder Anpassung oder Aussonderung verlangt und ihnen in keiner Weise gerecht wird.

Methodenrepertoire integrativen Unterrichts

In Praxisberichten tauchen bundesweit in großer Übereinstimmung immer wieder die gleichen Prinzipien und Elemente auf. "Die Stichworte sind: Individualisierung und Differenzierung; Projektunterricht; Lebenswelt- und Handlungsorientierung; offener Unterricht; Freie Arbeit" (HÖHN 1990, 143), ergänzt durch "Arbeit mit Tages- oder Wochenplänen, Gesprächskreise" (PRENGEL 1990b, 215) - Prinzipien wie Schülerzentrierung, Erfahrungsorientierung, Offenheit, Dialog, Selbsttätigkeit, Dezentralisierung der Lernprozesse sind in allen Beschreibungen enthalten. Damit fügt sich integrativer Unterricht ein in andere, vor allem grundschulpädagogische Bemühungen um Schulreform (SCHLEY 1989g).

POPPE faßt beispielsweise ihre bisherigen Erfahrungen in der Sekundarstufe I in "drei Säulen unseres Unterrichts: Lehrgangsmäßiger Unterricht, Wochenplanarbeit, Projektarbeit" (1989, 167) zusammen. Sie beschreibt die Erfahrungen mit "Handlungsmustern, die integrative Prozesse erschweren" (1989, 172), wie Lehrervortrag, gelenktes Unterrichtsgespräch, Tafeltexterarbeitung und Wandkartenarbeit sowie "Handlungsmustern, die integrative Prozesse begünstigen" (1989, 169) wie Spielen, Schülergespräch, Arbeitsblätter, Experiment, Collagen (z.B. als Leistungskontrolle), Erkundungen. Mit der Abnahme erschwerender und der Zunahme begünstigender Handlungsmuster kennzeichnet sie den Prozeß zunehmender Öffnung, Handlungsorientierung und Schülerorientierung der Praxis.

Es ist kein Zufall, daß bei der Entwicklung integrativen Unterrichts reformpädagogische Ansätze wie die von MONTESSORI, FREINET und PETERSEN Berücksichtigung finden, stehen sie doch für die Zeit der Wiederentdeckung des Kindes und der Kindgemäßheit und dem Bestreben, der Vorherrschaft der Sache entgegenzuwirken. Allerdings werden solche Elemente genutzt, ohne damit das ganze System geschlossen zu übernehmen, und sie werden kombiniert mit jenen neueren Ansätzen, die ebenfalls auf eine Überwindung vielfältiger Begrenzungen des Unterrichts und auf seine Öffnung zielen.

Gemeinsam ist diesen Ansätzen das Element der Selbsttätigkeit des Kindes, gemäß dem Grundsatz von MONTESSORI: "Hilf mir es selbst zu tun". PädagogInnen treten in ihrer Lehr-Funktion zurück und werden zu AssistentInnen für die aktiven Lernprozesse der Kinder (vgl. zur pädagogischen Aggressivität Kap. 3.5.1.). Aufgabe von PädagogInnen ist nun eher, eine 'vorbereitete Umgebung' herzustellen, die durch ihre Gestaltung Lernprozesse provoziert. Ein gemeinsames

Kernstück reformpädagogischer Ansätze ist die Freie Arbeit, bei der sich die Kinder selbst für Arbeiten entscheiden oder - bei stärkerer Orientierungsnotwendigkeit - aus einem vorgegebenen Tages- oder Wochenplan auswählen. Dabei bestimmt das Kind Dauer, Tempo, Intensität und Sozialform seiner Lernprozesse (vgl. HELLBRÜGGE U.A. 1984, HELLBRÜGGE 1988, KAUL 1988, MACK 1991).

Der Klassenraum wird in reformpädagogischen Traditionen von einem Ort des Erwerbs kognitiver Fähigkeiten zu einer anregenden Lebens- und Lernumwelt. Dort kann das Spektrum kindlicher Lernformen durch die Betonung von Spiel, Gespräch, Arbeit und Feier, so die wesentlichen Formen in der Petersen-Pädagogik, eher angemessen berücksichtigt werden (so ist letztlich auch das Motto der Elternbewegung für Integration, "gemeinsam Leben, gemeinsam Lernen", grundgelegt). In diesem Zusammenhang sind regelmäßige, strukturierende Abläufe wie Morgenkreis und andere Anfangs- und Abschlußrituale wichtig, in denen erzählt, gesungen, gefeiert und gemeinschaftliches Schulleben praktiziert wird.

In einer solchen lernanregenden Umwelt kann die Einrichtung von Klassen nicht mehr aus Bänken in Reihen und einer Anzahl von verschlossenen Schränken bestehen. Hier gibt es unterschiedliche funktionelle Bereiche für bestimmte Aktivitäten, so etwa "Ecken", in denen geforscht, gelesen, sich ausgeruht, gedruckt, gerechnet und - von konservativen KritikerInnen immer wieder argwöhnisch betrachtet - auch 'gekuschelt' werden kann.

In den Funktionsecken sind die entsprechenden Materialien für die Kinder zugänglich, so daß sie sich ihren Neigungen nach mit Materialien selbst versorgen können. Die Auswahl der bereitgestellten Materialien spielt dabei hinsichtlich der mit ihnen verbundenen Ansprüche eine wichtige Rolle. Beispielsweise sollen sie möglichst Wahrnehmungen auf verschiedenen Kanälen ermöglichen und abstrakte Vorgänge konkret vollziehbar machen, so etwa die von Montessori entwickelten Sandpapierbuchstaben. Sie sollen so strukturiert sein, daß ein selbständiges Arbeiten mit ihnen möglich ist, oder Kindern in Sinnzusammenhänge eingebundene Möglichkeiten intensiver Beschäftigung mit Buchstaben, Wörtern und Sätzen und die Produktion von "freien Texten" erlauben, wie z.B. die Freinet-Druckereien. COWLAN U.A. stellen zusammenfassend fest, "daß die Tagesstruktur der integrativen Klassen sich aus einer flexiblen Gestaltung von Ritualen, gemeinsamen und individuellen, angeleiteten und freien Arbeitsphasen zusammensetzt (1991a, 76f.; zur räumlichen und zeitlichen Organisation vgl. auch WOCKEN 1988f).

Von besonderer Bedeutung sind hier auch projektorientierte Formen des Unterrichts. Sie ermöglichen zum einen, "Lernprozesse nicht über fachspezifische und lehrgangsartige Unterrichtsformen anzuregen, sondern unmittelbar von den Interessen und Bedürfnissen der behinderten und nichtbehinderten Kinder auszugehen" (PODLESCH & SCHINNEN 1988). Auch COWLAN U.A. betonen die Bedeutung von Wochenthemen und Unterrichtsprojekte mit ihren Möglichkeiten eines fächerübergreifenden Arbeitens (1991a, 65). So können Lehrprozesse aus ihrem häufig entleerten Übungscharakter herausgeholt und in einen sinnhaften Zusammenhang gestellt werden: Statt etwa das Schreiben von Wörtern zu üben, werden (im Sinne FREINETS) Berichte über Projektteile und -erlebnisse geschrieben und gedruckt oder im Rahmen von Klassenpartnerschaften Briefe an andere Klassen geschickt. Weiter können über projektorientierte Unterrichtsformen die Mauern der Schule überwunden und das Leben außerhalb der Schule in Vorhaben einbezogen werden. So wird auch möglich, sich mit eigenen Anliegen an die Bevölkerung zu wenden und Handlungsmöglichkeiten und damit -fähigkeiten zu erschließen.

Projekte sind für die Realisierung eines integrativen Unterrichts besonders gut geeignet, weil sich an einem gemeinsamen inhaltlichen Zusammenhang verschiedene Teilaufgaben benennen lassen, die u.U. auch einen unterschiedlichen Schwierigkeitsgrad enthalten. So können alle Kinder am Projekt teilhaben, ihren Teil dazu beitragen und so für die ganze Lerngruppe bedeutsam sein. Für Projekte in Integrationsklassen gibt es inzwischen eine ganze Reihe von Berichten (z.B. in ECK U.A. 1984, in HETZNER & STOELLGER 1985b, VON DER BECKE U.A. 1986, PODLESCH & SCHINNEN 1988, DEMMER-DIECKMANN 1991, zum Lesen NEBL-KOLLER 1988, zur freien Arbeit VOSS-FRANTZEN & ZIMMER 1988, zum Sportunterricht TREESS 1988, KASPARI 1991, zum Sachunterricht POPPE 1988, zur Sekundarstufe I fächerübergreifend PLACHETKA & LUHMER 1991 sowie allgemein SCHMIDTBAUER 1988, POPPE 1989, SCHWARZ 1989a, 1989b, HEYER 1990a). Jedoch ist auch hier wieder festzustellen - dieses sind keine spezifisch neuen Arbeitsformen der Integrationspädagogik. Es handelt nicht um eine neue, andere Pädagogik, sondern um eine gute, allgemeine Pädagogik. Wesentlich sind auf didaktisch-methodischer Ebene somit die Variabilität der Unterrichtsorganisation und eine aktivitätsfördernde Unterrichtsgestaltung (vgl. RIEDEL 1991, 451-454).

3.3.4. Zur Aus- und Weiterbildung, Beratung und Begleitung

Wenn die übereinstimmende Einschätzung richtig ist, daß weder Grundschulpädagogik noch Sonderpädagogik hinreichende Qualifikationen für einen integrativen Unterricht besitzen, sondern er erst gemeinsam entwickelt werden muß (so z.B. FEUSER 1984b, 351, FEUSER & MEYER 1987, 181, WOCKEN 1987b, 75, HEYER & ZIELKE 1990, 191, HINZ 1990a, 395), gewinnen Fragen der Aus- und Weiterbildung und die Notwendigkeit beratender und begleitender Dienste Bedeutung.

Zunächst gilt es, für die unmittelbar Beteiligten auf konkret-pragmatischer Ebene eine Weiterqualifizierung für ihre Arbeit zu ermöglichen. Bevor es um deren Formen geht, muß auf eine veränderte Sichtweise und andere Notwendigkeiten bezüglich der Fortbildung hingewiesen werden. Wie mehrere Autoren betonen, ist die erste und wichtigste Form der Fortbildung die Teamarbeit selbst, die "kooperative Selbstberatung von Pädagogen" (WOCKEN 1987b, 78). Sie soll zur wechselseitigen Ergänzung der unterschiedlichen Aufmerksamkeitshorizonte und Kompetenzen beitragen (vgl. Kap. 3.3.3.). SCHLEY etwa betont "die intensive Auseinandersetzung, Infragestellung und den allmähliche Kompetenzerwerb durch die Praxis einer anderen Pädagogik, durch Individualisierung der Aufgaben und Anforderungen, durch Arbeit mit extrem heterogenen Gruppen, durch Teamarbeit, durch die Auseinandersetzung mit innerer Schulreform und die Neugestaltung des Arbeitsplatzes Schule. Diese Entwicklung benötigt Reflexionsschritte, Vertiefungsmöglichkeiten, Besinnungsphasen, Praxisbegleitung und Erfahrungsaustausch" (1989e, 356). Dies bedeutet, daß Fortbildung sich nicht nur auf Sachgegenstände dieses neuen Praxisfeldes beziehen kann, etwa auf Fragen der Aufbereitung von Inhalten und der Kooperation im Unterricht. Fortbildung muß alle Ebenen integrativer Prozesse umfassen, auch Entwicklungsprobleme einzelner Kinder oder Rollenprobleme einzelner PädagogInnen. Dort muß auch das thematisiert werden, "was denn Integration 'mit einem jeden von ihnen macht' und wo es individuelle Grenzen und Grenzüberschreitungen gibt" (HINZ 1990a, 396; vgl. auch HINZ 1989c). SCHLEY warnt denn auch vor einer Abkoppelung einer theoretisch orientierten Fortbildung von der Praxis: "Es gibt kein lebendigeres und dynamischeres Lernfeld als die Praxis selbst" (1989e, 356). Die erste, unmittelbarste Form der Fortbildung ist also die gemeinschaftliche Beratung innerhalb der Teams. Daß dies nicht nur von PraktikerInnen, sondern auch von der Administration anerkannt wird, muß im Stundendeputat deutlich gemacht werden.

Wo einzelne Schulen integrativ arbeiten, werden größtenteils schulinterne Formen der Fortbildung praktiziert, so etwa in der Berliner Uckermark-Schule mit Integrationsplenum, Gesamtkonferenz, Fallbesprechungen, Fortbildungstagen und nicht zuletzt der Teilnahme am Fortbildungsprogramm der Schulverwaltung (vgl. HEYER 1988a, HEYER & ZIELKE 1990). Die Berliner Erfahrungen sind nach dem Regierungswechsel 1989 inzwischen in ein landesweites Konzept und dessen Realisierung eingegangen (HETZNER & ZIELKE 1990, ZIELKE 1991).

Bei Projekten, die stark in Ausweitung begriffen sind, stellt sich das Problem der Fortbildung schulübergreifend, so daß dezentrale Formen entwickelt werden müssen. In Hamburg wurde mit der Einrichtung des Beratungszentrums Integration (RAMSEGER 1988) ein erster Schritt in die Richtung einer Koordinationsstelle des Schulversuchs gemacht, die u.a. Fortbildungsangebote bereithält (vgl. BZI 1991). Dazu gehören von integrationserfahrenen PädagogInnen moderierte dezentrale Fortbildungsgruppen für die Teams der ersten Klassen, aber auch zentrale

- berufsgruppenspezifische Arbeitskreise, in denen nach Bedarf entsprechende Fragestellungen bearbeitet werden,
- jahrgangsbezogene Arbeitskreise zum Erfahrungsaustausch,
- kontinuierliche Kurse, etwa zum Erwerb einer speziellen Kompetenz zu kollegialer Praxisberatung (vgl. MUTZECK 1989) und
- themenbezogene Angebote, z.B. zur Psychomotorik, therapeutischen Ansätzen oder zur Frage der Integration von Kindern mit schwersten Behinderungen.

Fortbildungsangebote dieser Art können als unmittelbare Serviceangebote für eine hier und jetzt zu bewältigende Praxis angesehen werden, sie beruhen auf dem "Grundgedanken einer einzelfall- und problembezogenen Unterstützung" (WOCKEN

1988e, 260). Daneben stellt sich jedoch auf grundsätzlicherer Ebene die immer drängendere Frage nach der Perspektive für eine bislang separierte LehrerInnen-ausbildung (z.B. in Hamburg seit 1982 eingrenzend für das "Lehramt an Sonderschulen"), die eigentlich auch Kompetenzen für das Arbeitsfeld Integration vermitteln müßte (vgl. den Überblick bei VERNOOIJ 1991).

Hierzu haben HEYER & MEIER (1988) eine Planskizze entwickelt, die vier - bei entsprechendem politischem Willen auch parallel umzusetzende - Realisierungsstufen umfaßt. Die Überlegungen schließen an die bis heute nicht berücksichtigten Vorschläge des Deutschen Bildungsrates von 1973 an. HEYER & MEIER schlagen als erste Stufe ergänzende Ausbildungsangebote für LehrerInnen an Grund- und Sonderschulen vor, die vor allem die Begrenzungen im Überschneidungsbereich zwischen allgemeiner und Sonderschule überwinden helfen sollen. Die zweite Stufe zielt auf ein in der ersten Ausbildungsphase zu verankerndes Wahlangebot für Grundschul- und SonderpädagogInnen, in dessen Folge nach einem Studienschwerpunkt "Integrative Pädagogik und Didaktik der Grundschule", z.B. mit 16 Semesterwochenstunden, spezielle IntegrationslehrerInnen zur Verfügung stehen. Die dritte Stufe enthält für alle Studierenden der Grundschul- und Sonderpädagogik einen gemeinsamen Pflichtbereich "Integrative Schul- und Unterrichtsarbeit" zum Erwerb allgemeinpädagogischer Kompetenz im Sinne REISERS (vgl. Kap. 3.3.3.), nach dem sie sich dann auf spezielle sonderpädagogische Inhalte oder grundschulpädagogische Lernbereiche spezialisieren. Die vierte Stufe schließlich sieht eine gemeinsame Ausbildung aller LehrerInnen für ein Schulsystem ohne Aussonderung vor, in der ein Teil bisheriger sonderpädagogischer Inhalte (insbesondere Fragen des Lernens, des Verhaltens, der psychomotorischen Entwicklung und der entsprechenden Schwierigkeiten) für alle LehrerInnen obligatorisch zur Ausbildung gehört, und speziellere sonderpädagogische Fragen (etwa Sprach- und Kommunikationsmöglichkeiten bei Kindern mit Blindheit, Gehörlosigkeit, mit schwersten Behinderungen etc.) als Teil der Fächerkombination innerhalb der GrundschullehrerInnenausbildung gewählt werden können. Generell aber sollten in jedem studierten Schulfach oder Lernbereich auch Schwierigkeiten und Probleme bearbeitet werden, die sich in der Entwicklung von SchülerInnen ergeben können (EBERWEIN 1989, 12). HEYER & MEIER weisen abschließend darauf hin, "daß für ein allgemeines Schulwesen ohne Aussonderung eine integrierte Lehrerbildung unerläßlich ist" (1988, 342).

Erste Realisierungsschritte in dieser Richtung sind im Saarland gegangen worden. Dort wird seit dem Sommersemester 1989 an der Universität des Saarlandes ein viersemestriges "Kontakt- und Aufbaustudium Integrationspädagogik" angeboten (JUNG 1990). Die Dringlichkeit dieses Vorhabens ergibt sich u.a. aus der Tatsache, daß im Schuljahr 89/90 bereits über 350 LehrerInnen an allgemeinen Schulen als KlassenlehrerInnen und ca. 140, d.h. fast ein Viertel der saarländischen SonderpädagogInnen in Integrationsmaßahmen arbeiten (1990, 304). Das Kontakt- und Aufbaustudium steht PraktikerInnen und Studierenden offen und ist nach dem 'Baukasten-Prinzip' aufgebaut. Es umfaßt 40 Semesterwochenstunden und 50 Stunden Praktikum und betrifft die Bereichen Integration, Sonderpädagogik, Diagnostik und Didaktik (vgl. JUNG & SANDER 1993).

Wichtig erscheinen neben diesen Entwicklungen für die erste Phase jedoch auch neue Strukturen und Anforderungen für die zweite Phase der LehrerInnenausbildung (vgl. SANDER 1993, 200). Sie muß ebenso wie die erste Phase auf die Entwicklung des späteren Praxisfeldes reagieren und eine strukturelle Annäherung bisher getrennter Ausbildungen vollziehen. Inhaltlich muß sie beispielsweise auf Teamarbeit, auf die Praxis eines schülerInnenzentrierten, individualisierten Unterrichts mit höchst heterogenen Lerngruppen und vor allem auf die Herausforderung der Verknüpfung unterschiedlicher Aktivitäten und damit die produktive, anregende Nutzung der vorhandenen Heterogenität vorbereiten. Weiter hat sie über die Vermittlung von 'pädagogischem Handwerkszeug' hinaus die Reflexion über die Rollendefinition und das Selbstverständnis von PädagogInnen im Sinne ihrer späteren integrativen Unterrichtspraxis anzuregen.

Über die bisher vorgestellten inhaltlichen Planungen geht ein von FEUSER (1984b) für den Kindergartenbereich entwickeltes Fortbildungskonzept hinaus. In elf Lehrgangswochen soll ein umfangreiches, auf lerntheoretischen Grundlagen basierendes Curriculum der berufsbegleitenden Zusatzausbildung 'Integration' bewältigt werden. Auch für den Schulbereich ist es ein "unverzichtbares Erfordernis, die Vorbereitung der Lehrer in einer ersten Phase entlang eines konsistenten Curriculums vorzunehmen und parallel dazu in einer zweiten Phase mit Supervisionsmöglichkeiten in ihren Tätigkeitsfeldern eine möglichst weitgehende Umsetzung für die Praxis anzustreben" (FEUSER & MEYER 1987, 188). Inhaltlich geht es z.B. für GrundschullehrerInnen "schwerpunktmäßig (um) die umfassende Befassung mit allen behindertenpädagogischen Fragen und eingebettet in diese die Befassung mit der Vielfalt humanbiologischer, medizinischer und neuropsychologischer Fragen, mit Zusammenhängen familialer Interaktion und Aufarbeitung von 'Behinderung', mit entwicklungsbeeinträchtigenden Formen der Kommunikation und Interaktion u.v.m." (1987, 181), SonderpädagogInnen "müßten sich schwerpunktmäßig mit Fragen der Grundschulpädagogik und -didaktik, vor allem aber auch mit den im Erstunterricht von Lesen, Schreiben und Rechnen relevanten fachdidaktischen Fragen bis hinein in die Bereiche Sachkunde, Kunst, Musik und Sport befassen" (1987, 181).

Diese Anforderungen an die Weiterqualifikation der PraktikerInnen werden nun allerdings nicht im Sinne eines Zusatzstudiums o.ä. aufgestellt, was überaus sinnvoll wäre, sondern "stellen sich als eine besondere, außerunterrichtlich zu leistende Kooperationsform aller im SV-INT (Schulversuch Integrationsklasse; A.H.) Zusammenarbeitenden dar" (1987, 181). Ob dieses überhaupt von PädagogInnen neben ihren Unterrichtsverpflichtungen zu leisten ist - von möglichen Interessen, Aktivitäten und Verpflichtungen im außerschulischen, privaten Bereich ganz zu schweigen - , erscheint mehr als fraglich, so wünschenswert diese fundierten

Kenntnisse auch sein mögen. Hier ist WOCKEN zuzustimmen, wenn er Maßnahmen der unterrichtsbegleitenden Fortbildungen auf das "unabdingbar Notwendige" (1988e, 259) beschränkt wissen will, nämlich auf das, was dem konkreten Team mit konkreten Kindern nützt, und alles, was darüber hinausgeht, als "aktive Beihilfe zum burn-out von Integrationspädagogen" geißelt (1988e, 259).

Als weiterer Aspekt der Beratung und Begleitung ist die Problematik einer angemessenen sonderpädagogischen Assistenz anzusprechen. In Integrationsklassen sind häufig nicht die SonderpädagogInnen verfügbar, deren Kompetenzen und Erfahrungen dem Bedarf konkreter Kinder in der Klasse entsprechen würden. Die vorhandenen SonderpädagogInnen fühlen sich demzufolge häufig "überfordert bzw. mißfordert" (WOCKEN 1988e, 249), weil sie ihre Erfahrungen nicht an das richtige Kind bringen können, ihnen aber in der Klasse sonst benötigte Erfahrungen fehlen. Wenn aber einerseits das Prinzip der Mischung von Kindern mit verschiedenartigen Behinderungen in Integrationsklassen beibehalten werden soll und andererseits die Mitarbeit von SonderpädagogInnen unverzichtbar ist, weil "die pädagogische Versorgung der behinderten Kinder nicht auf einen Stand zurückfallen soll, der unterhalb des in unserem herkömmlichen Sonderschulwesen erreichten Niveaus liegt" (STOELLGER 1982a, 45), muß eine bessere Passung von besonderen Förderbedürfnissen und Förderkompetenzen hergestellt werden. Dieses Problem stellt sich im übrigen unabhängig davon, in welcher Zusammensetzung das Zwei-PädagogInnen-Team arbeitet.

Die einzig mögliche Lösung dieses Passungsproblems besteht im Gegensatz zur früheren sonderpädagogischen Logik, bei der die Kinder zu den sonderpädagogischen Hilfen kamen, in einer neuen Logik, nach der die Hilfen zu den Kindern gebracht werden (RAAB 1990). Dies ist die neue Logik einer "subsidiären Sonderpädagogik" (WOCKEN 1991b, 106), die nun als "ambulanter sonderpädagogischer Dienst" (HINZ 1990a, 396) eine direkte 'Service-Funktion' für die allgemeine Schule und die allgemeine Pädagogik übernimmt.

Für solche ambulanten Dienste liegen höchst unterschiedliche Konzepte und Realisierungen vor, offensichtlich werden sehr verschiedene Lösungen für das Passungsproblem gefunden. Eindeutig klar ist allenfalls eines: "Ohne Förderzentren kann es keine verantwortbare flächendeckende Integration geben" (WOCKEN 1990, 48). Eine systematische Aufarbeitung bisheriger Vorschläge für Förderzentren findet sich bei WOCKEN (1990).

Konzeptionelle ebenso wie praktische Fragen beginnen bereits bei dem Adressatenkreis: Soll sich ein Förderzentrum um eine oder um mehrere Behinderungsarten kümmern; soll es ein monoprofessionelles oder ein multiprofessionelles sein? Soll es auf eine oder auf mehrere Altersstufen bezogen arbeiten? Für wie viele Menschen mit besonderem Förderbedarf soll sich die Zuständigkeit erstrekken; soll das Förderzentrum auf lokaler, regionaler oder überregionaler Ebene organisiert sein? Hier muß u.a. nach der Häufigkeit nachgefragter Kompetenzen differenziert werden.

Weiter drehen sich Fragen um die wahrzunehmenden Aufgaben: Was soll im Förderzentrum geleistet werden - Förderung, wenn ja, in welcher Form (Therapie, Unterricht)? Wie weit sollen andere (sonderpädagogische) Aufgabenfelder wahrgenommen werden - Diagnostik, Beratung, Fortbildung, Dokumentation, vielleicht noch Forschung und Öffentlichkeitsarbeit?

Als konzeptionelles Problem entsteht weiter die Frage, woher die Impulse integrativen Denkens und Arbeitens kommen sollen, durch die ein solches System dezentralisierter Sonderpädagogik (vgl. Kap. 2.1.1.) seine womöglich traditionelle latent defekt- und defizitorientierte Sicht und den Ansatzpunkt individueller Förderung bedürftiger Kinder zugunsten eines gruppenorientierten Ansatzes überwinden können soll (vgl. HINZ 1992a). Dieses Unterfangen erscheint nur auf der Basis integrativ denkender und arbeitender Teams aussichtsreich.

Schließlich kommen institutionelle Fragen in den Sinn: Soll das Förderzentrum als Abteilung an eine allgemeine oder eine Sonderschule angegliedert werden oder soll es eine eigenständige Einrichtung sein? Hier ergibt sich u.a. ein innovationsstrategisches Dilemma (HINZ 1990a, 401f.): Einerseits wäre es sinnvoll, Sonderschulen durch die Angliederung von Förderzentren in diese Innovationsarbeit einzubeziehen, weil sonst eine Verhärtung der Fronten drohte und in Sonderschulen Prozesse der Identitätsbedrohung zu einem 'Wagenburg-Effekt' führen könnten. Andererseits stellt sich die Frage nach den Veränderungsimpulsen in der Situation von Sonderschulen noch weniger aussichtsreich, wenn im eigenen Hause gleichzeitig die traditionelle Praxis mit ihren bisherigen Sicht- und Verfahrensweisen weitergeführt wird. Damit wäre keine hinreichende Aussicht für eine Weiterentwicklung der sonderpädagogischen Assistenz gegeben; eher könnte sich die Entwicklung einstellen, daß lediglich unter einem neuen Firmenschild althergebrachte Sonderschulpädagogik praktiziert wird.

3.4 Aussagen zur Institution-Ebene

Diese Ebene konzentriert sich nach der Definition der Frankfurter Forschungsgruppe auf jene Prozesse, "bei denen Institutionen für sich wie in Kooperation mit anderen Institutionen ihre Leitvorstellungen neu definieren, ihre Mitglieder für diese Konzeptentwicklung aktivieren und sowohl innerinstitutionell wie nach außen ihre Aktivitäten und Strukturen zugunsten dieser übergeordneten Ziele verändern" - oder, so wäre zu ergänzen, auch nicht (REISER 1990a, 33).

In diesem Bereich ergeben sich Widersprüche in bezug auf den institutionellen Eigencharakter der Schule: Schule zeichnet sich durch Spezialisierung und institutionelle Selbsterhaltung aus, zu der "die verwaltungsmäßige Planbarkeit des Schulbetriebs, aus der Sicht der Verwaltung die routinemäßige Einsetzbarkeit der Lehrkräfte, aus der Sicht der Lehrkräfte die routinemäßige Ableistung von Unterrichtsarbeit" gehört (REISER 1990c, 268). Sie erlaubt z.B. auch teilzeitbeschäftigten LehrerInnen, Berufstätigkeit und Familienleben in befriedigender Weise zu verbinden. Integration verlangt jedoch "Flexibilität und Offenheit für individuelle und fallspezifische Lösungen" (1990c, 268), die institutioneller Routine widersprechen. REISER zieht aus dieser Aussage die Konsequenz, daß die Integrationsarbeit dann am besten zu realisieren ist, wenn sie eingebettet ist in die Erarbeitung eines schuleigenen Konzepts, das eigenes Profil entwickelt und sich dem Stadtteil öffnet. Organisationsentwicklung als Herausforderung für die ganze Schule ist der Rahmen, in dem Integrationsklassen nicht mehr in der Gefahr eines exotischen Fortsatzes stehen, sondern zu einem integralen Bestandteil eines werden. Hier treffen sich REISERs Überlegungen mit den konkreten Vorschlägen von SCHLEY (1990b) zur wissenschaftlich begleiteten Organisationsentwicklung.

Zielperspektive bei solchen Prozessen institutioneller Weiterentwicklung ist die gemeindenahe Schule, die sich nicht nur allen Kindern ihres Einzugsbereiches öffnet, sondern sich auch entsprechend den Ansätzen einer community education dem Stadtteil und dem Umfeld selbst zuwendet und das Lernen in der Schule mit dem Leben außerhalb der Schule in eine engere Verzahnung bringt. Wohnortnahe Integrationskonzepte sind bereits Anfang der 80er Jahre formuliert und später weiterentwickelt worden (vgl. PREUSS-LAUSITZ 1981, 1982, 1986b, 1988b).

In diesem Zusammenhang ist auch der ökosystemische Ansatz der Arbeitsgruppe um SANDER bedeutsam, der sich auf BRONFENBRENNER bezieht (vgl. auch Kap. 2.1.2.). Ein solcher ökologischer Ansatz verlangt, Kinder nicht nur in ihrer personalen, individuellen Dimension, sondern als in den Rahmen ihrer sozialen Bezügen eingebettet wahrzunehmen. Die Betrachtung dieser Wechselbezüge macht den Kern des ökosystemischen Ansatzes der Saarbrücker Arbeitsgruppe um SANDER aus (vgl. z.B. HILDESCHMIDT & SANDER 1988, 220f). Besondere Bedeutung erlangt diese Betrachtungsweise u.a. in der Eingangsdiagnostik und Beratung. Sie lenkt aber auch generell die Aufmerksamkeit auf die Zusammenhänge zwischen der Integrationsidee und vorhandenen bzw. notwendigen Rahmenbedingungen, innerhalb deren gemeinsamer Unterricht realisiert werden soll.

In diesem Abschnitt sind also im Sinne der Frankfurter Definition integrativer Prozesse auf der institutionellen Ebene jene Fragen zu bearbeiten, die die Rahmenbedingungen im weitesten Sinne betreffen, auf denen ein integrativer Unterricht aufbaut. PRENGEL weist auf die "Reibungspunkte zwischen Projekten und Administration" hin: "Notengebung, Zulassung der Geistigbehinderten, Personalausstattung, Übergang in die Sekundarstufe, Fortführung von Integrationsversuchen nach Ablauf der Versuchsphase", verbunden mit Kooperationsproblemen zwischen den Abteilungen der Behörden und in Kollegien (PRENGEL 1990c, 284).

Zunächst sind als rechtliche Grundlagen die Schulgesetze zu betrachten, die die erste Voraussetzung und ggf. Schwelle bilden, indem sie gemeinsames Leben und Lernen, wenn auch zunächst als Ausnahme von der Regel, zulassen oder nicht (Kap. 3.4.1.). Weiter ist nach den Rahmenbedingungen zu fragen, die von der Schulverwaltung in konzeptioneller, aber auch personeller und materieller Hinsicht bereitgestellt werden (Kap. 3.4.2.). Schließlich stellt sich angesichts des neuen Grades von Verschiedenheit bei Kindern in einer Schule und Klasse die schwierige Frage danach, was einerseits Kinder mit Behinderungen an Bedingungen und ggf. zusätzlichen Ressourcen brauchen, andererseits nach administrativen Regelungen, mit denen eine integrative Schule verantwortbar praktiziert werden kann - die Frage also nach diagnostischen Vorgehensweisen, die eine Balance zwischen staatlicher Sorgfaltspflicht und den Notwendigkeiten für einzelne Kinder herstellen müssen (Kap. 3.4.3.). Bei der Aufnahme in die Grundschule und beim Übergang in die Sekundarstufe tritt diese Problematik deutlich und angstauslösend hervor.

3.4.1. Rechtliche Grundlagen

Das gemeinsame Lernen von behinderten und nichtbehinderten Kindern ohne prinzipiellen Ausschluß ist zunächst in keinem Schulgesetz eines Bundeslandes vorgesehen gewesen. Das erste Integrationsprojekt im staatlichen Schulwesen, die Fläming-Grundschule Berlin, konnte nur als "abweichende Organisationsform" geführt werden, nachfolgende Projekte im Bundesgebiet als Schulversuche. Nur so konnten die vom Normalen abweichenden Rahmenbedingungen und Anliegen realisiert und legitimiert werden. Integration im Sinne der Integrationsklassen ist zunächst als Ausnahme von der Regel ermöglicht worden, wenn und soweit die bildungspolitisch Verantwortlichen in den einzelnen Bundesländern im Rahmen ihrer Kulturhoheit dies unterstützt oder wenigstens zugelassen haben. Damit ist die Kulturhoheit der Länder Fluch und Segen zugleich, je nach dem bildungspolitischen Willen des betreffenden Bundeslandes. Aussagen auf Bundesebene, z.B. im Fünften Jugendbericht der Bundesregierung, weisen seit längerem auf eine stärkere Integrationsorientierung hin (vgl. SANDER & CHRIST 1985, 175).

Die gemeinsame Grundlage der Landesschulgesetze bilden die bundeseinheitlichen Empfehlungen der Kultusministerkonferenz, die eine Koordination gewährleisten sollen, jedoch keine Verbindlichkeit besitzen. Für die Beschulung von Kindern mit Behinderungen sind vor allem die "Empfehlung zur Ordnung des Sonderschulwesens" von 1972 und der "Bericht über Bedingungen und Grenzen des gemeinsamen Unterrichts von lernbehinderten und nichtbehinderten Schülern in allgemeinbildenden Schulen" von 1983 bedeutsam (vgl. SANDER & CHRIST 1985). Nach diesen Verlautbarungen hat es erst 1991 wieder einen Entwurf für bundeseinheitliche Aussagen gegeben (KMK 1991).

Die juristische Situation ist durch das im Grundgesetz verankerte Spannungsverhältnis im Bildungswesen zwischen den Grundrechten der Eltern und des Kindes (Art. 6 Abs. 2 GG) und dem staatlichen Schulaufsichtsrecht (Art. 7 Abs. 1 GG) begründet (vgl. FÜSSEL & NEVERMANN 1984). Das Elternrecht bezieht sich in der Praxis auf die Auswahl unter verschiedenen Bildungsgängen und Schularten, die vom Staat angeboten werden. Der Staat seinerseits ist bei der Gestaltung des Schulwesens an seine eigenen Ziele, aber auch an den grundsätzlichen Willen von Eltern und SchülerInnen gebunden (1984, 53). Gleichwohl sind aus den grundgesetzlichen Rechten keine Ableitungen zur Gestaltung des Schulwesens, etwa für oder gegen eine gemeinsame bzw. eine getrennte Beschulung behinderter und nichtbehinderter Kinder möglich (vgl. FÜSSEL 1988, 102). Die Unklarheiten beginnen bereits bei der Pflicht zum Besuch der Sonderschule, die sich auf eine "recht unbestimmte Gruppe von entwicklungsgestörten, kranken und behinderten Kindern und Jugendlichen" bezieht (SANDER & CHRIST 1985, 172f.) und keine genauen Kriterien und keine klaren Rechtsbegriffe enthalten. Zudem scheinen an der Grundgesetzgemäßheit der juristischen Grundlagen des Sonderschulrechts Zweifel zu bestehen (vgl. DIETZE 1988a, 1988b). Zumindest wird aufgrund der Ausbreitung integrativer Erziehung schulgesetzlicher und administrativer Handlungsbedarf festgestellt (BLEIDICK 1989a, BUNDESVEREINIGUNG 1991).

Nach den Vorgaben des Grundgesetzes sollen Eltern und Staat im Bildungswesen gleichrangig zusammenwirken. Veränderungen des Elternwillens kann zunächst vernünftigerweise nur durch Ausnahmeregelungen wie Schulversuche entsprochen werden. Sie ermöglichen, "pädagogische Vorhaben" zu erproben (SCHULGESETZ 1973, § 23, sinngemäß in den Schulgesetzen der anderen Bundesländer). So können neue Konzepte mit veränderten Rahmenbedingungen - in eingeschränktem Rahmen - in die Praxis umgesetzt werden. Mit dem Schulversuchsstatus verbunden ist die Freiwilligkeit der SchülerInnen bzw. der Eltern, die der beteiligten PädagogInnen und Schulen und eine Wissenschaftliche Begleitung, die die gemachten Erfahrungen dokumentiert und auswertet. Es besteht jedoch kein Recht auf Ausweitung und Weiterführung (vgl. SANDER & CHRIST 1985, 173).

Die Funktion von Schulversuchen wird kontrovers eingeschätzt. Offensichtlich können sie von Landesregierungen sehr unterschiedlich genutzt werden: Einerseits ermöglichen sie einen Beginn von Schulreformbestrebungen unter Ausnahmebedingungen, der Erfahrungen ermöglicht, die sich dann mehr oder minder schnell auf breiterer Basis zum Allgemeingut des Schulsystems entwickeln. Bei ihnen wird es zu einer formalen Frage, ob und wann sie aus dem Versuchsstatus in den Regelstatus überführt werden können. Dieser Verlauf scheint allerdings in der Mehrzahl eher idealtypisch und wenig realistisch zu sein. Andererseits können Schulversuche eingerichtet werden, um offensichtlichem Bedarf - etwa von lautstarken Initiativen - zu entsprechen und diese zu beruhigen, dann aber eine Weiterentwicklung dadurch zu blockieren, daß erst wissenschaftliche Ergebnisse abgewartet werden müßten, bevor weiter entschieden werden könne. In diesem Sinne können Schulversuche, wie SCHÖLER ausgeführt hat, eine gute Möglichkeit sein, Schulreform, in diesem Falle Integration, zu verhindern.

Mit erfolgreichem Verlauf der Versuche stehen jedoch bei gleichbleibendem Elternwillen und staatlicher Verantwortbarkeit schulgesetzliche Änderungen an. Die Änderung der Schulgesetze im Sinne des gemeinsamen Lebens und Lernens für alle Kinder als anerkanntes Regelangebot und die Einführung eines Wahlrechts der Schulform auch für Eltern von Kindern mit Behinderungen ist von Anfang an eine der Hauptforderungen der Elternbewegung für Integration gewesen. Sie war schon in der Resolution des ersten bundesweiten Elterntreffens 1984 in Bremen enthalten (KOERNER 1985, 63) und ist vielfach wiederholt worden.

Im folgenden sollen die schulgesetzlichen Regelungen bezüglich der Integration betrachtet werden. In Hamburg etwa besuchen Kinder mit Behinderungen nur dann Sonderschulen, wenn sie "in den anderen Schulformen nicht hinreichend gefördert werden können" (SCHULGESETZ § 20). Es ist dies jene alte Formulierung, die vom Deutschen Bildungsrat mit der Formel "so viel Integration wie möglich, so viel Besonderung wie nötig" eingeführt wurde und das Subsidiaritätsprinzip der Sonderschule deutlich macht. Damit wird der allgemeinen Schule nur teilweise die Verantwortlichkeit für alle Kinder übertragen, die insbesondere die Grundschule als "Schule für alle" haben müßte.

Als erstes Bundesland ist das Saarland seit 1985 mit § 4 Abs. 1 des Schulordnungsgesetzes einen wichtigen Schritt weiter gegangen: "Der Unterrichts- und Erziehungsauftrag der Schulen der Regelform umfaßt grundsätzlich auch die behinderten Schüler" (GESETZ NR. 1200 1986). Damit ist erstmalig in der Bundesrepublik "in einem Landesschulgesetz ein grundsätzliches Recht behinderter Kinder auf gemeinsamen Unterricht in den Regelschulen verankert" worden (CHRIST 1987, 166). Gleichwohl ist hier ein Finanzierungsvorbehalt eingebaut, der schulische Integration auf den "Rahmen der vorhandenen schulorganisatorischen, personellen und sächlichen Möglichkeiten" beschränkt und so aufgrund finanzieller Probleme des Saarlandes insgesamt den Grundsatz der Kostenneutralität gewährleistet (vgl. Kap. 3.4.2., CHRIST & SANDER 1989).

Der entscheidende Punkt auf gesetzlicher Ebene - zumal für die Elternbewegung - ist neben einer eindeutigen Verantwortlichkeit der allgemeinen Schule für alle Kinder und dem damit verbundenen Primat der Integration die Frage des Elternrechts. Auch hier hat das Saarland einen ersten Schritt unternommen. Entsprechend der Integrationsverordnung (BREITENBACH 1987) haben die Eltern ein Antragsrecht auf Integration für ihr behindertes Kind, unabhängig von Art und Schwere der Behinderung, und bezogen auf alle Schulformen und -stufen. In Berlin ist eine noch weiter gehende Regelung vom rot-grünen Senat auf den Weg gebracht worden: In § 10a wird festgestellt: "Bis zum Schuljahr 1996/97 sind die Voraussetzungen für das uneingeschränkte Wahlrecht der Erziehungsberechtigten von Schülerinnen und Schülern mit festgestelltem sonderpädagogischen Förderbedarf zwischen der allgemeinen Schule und einer bestehenden Sonderschule oder Sonderschuleinrichtung zu schaffen" (ZWEIUNDZWANZIGSTES GESETZ 1990). Damit ist man der Realisierung der Forderung der Elternbewegung nähergekommen. Gleichwohl ist noch nicht der Standard der USA erreicht, wo seit der Mitte der 70er Jahre Eltern von Kindern mit Behinderungen das Recht und die Klagemöglichkeit auf gemeinsame Beschulung haben. Dies ist eine wichtige Basis, wenngleich sie nicht eine veränderte Praxis gewährleisten kann (vgl. DEGENER 1990).

Auf der Grundlage schulgesetzlicher Vorgaben wird für Kinder mit Behinderungen ein Aufnahmeverfahren eingeleitet, das über Kommissionen (Förderausschuß, Aufnahmekommission) oder ansässige SonderpädagogInnen die Bedürfnisse und Notwendigkeiten der einzelnen Kinder mit Behinderungen wie der Lerngruppe insgesamt zu dokumentieren und für entsprechende Ausstattung zu sorgen hat (vgl. hierzu Kap. 3.4.3.).

Besondere Probleme gibt es erfahrungsgemäß beim Übergang vom Status eines - als erfolgreich eingeschätzten - Schulversuchs zum Regelangebot. Als ein Beispiel für einen - vorerst? - steckengebliebenen Versuch der Überführung vom Schulversuch zum Regelangebot kann der Versuch Integrationsklassen in Hamburger Grundschulen gelten. Im Referentenentwurf der Schulbehörde war zunächst vorgesehen, die Integrationsklassen in ein Regelangebot zu überführen und sie durch die Einrichtung Integrativer Regelklassen zur Nichtaussonderung von Kindern aus Parallelklassen mit der Zielperspektive einer integrativen, nicht aussondernden Schule zu ergänzen (BSJB 1989a, 17). Schon in der überarbeiteten Fassung (BSJB 1989b), aber auch in der Beschlußvorlage des Hamburger Senats an die Bürgerschaft (BÜRGERSCHAFT 1990) ist von einer Überführung des Schulversuchs ins Regelangebot nicht mehr die Rede. Hier sind eher bildungspolitische und strategische als pädagogische Gründe bzw. Machtverhältnisse maßgeblich.

Damit bleibt Hamburg trotz breiterer Erfahrungen mit der integrativen Erziehung auf schulgesetzlicher Ebene nicht nur hinter dem Saarland, sondern u.a. auch hinter Schleswig-Holstein und Berlin zurück. Schleswig-Holstein hat 1990 mit § 5 (2) seines Schulgesetzes die saarländische Wende nachvollzogen und konkretisiert: "Behinderte und nichtbehinderte Schülerinnen und Schüler sollen gemeinsam unterrichtet werden, soweit es die organisatorischen, personellen und sächlichen Möglichkeiten erlauben und es der individuellen Förderung behinderter Schülerinnen und Schüler entspricht" (SCHLESWIG-HOLSTEINISCHES SCHULGESETZ 1990, 16). Sonderschulen sollen ihre Funktion in die von Förderzentren wandeln und nach § 25 (3)

"1. die Behinderung beheben oder deren Folgen mildern und dabei eine allgemeine Bildung vermitteln und auf die berufliche Bildung vorbereiten,
2. auf die Eingliederung der Schülerinnen und Schüler in Schulen anderer Schularten hinwirken,
3. sich an der Förderung behinderter und von Behinderung bedrohter Schülerinnen und Schüler in den anderen Schularten beteiligen,
4. an der Planung und Durchführung von Formen des gemeinsamen Unterrichts für behinderte und nichtbehinderte Schülerinnen und Schüler mitwirken,
5. Eltern von Kindern mit sonderpädagogischem Förderbedarf und deren Lehrkräfte beraten" (1990, 27).

Hier sind zu den traditionellen sonderschulpädagogischen Aufgaben die der unterstützenden Ambulanz hinzugetreten (vgl. Kap. 3.3.4).

Auch in den Änderungen zum Berliner Schulgesetz 1990 wird in § 10a eine entsprechende Aussage zum gemeinsamen Unterricht gemacht. In § 10a (1) wird sinngemäß die saarländische Formulierung übernommen: "Der Unterrichts- und Erziehungsauftrag der allgemeinen Schule (Grund- und Oberschule) umfaßt auch

Schülerinnen und Schüler mit sonderpädagogischem Förderbedarf. Dies gilt nicht für geistig- und schwermehrfachbehinderte Schülerinnen und Schüler sowie für den Sekundarbereich I" (ZWEIUNDZWANZIGSTES GESETZ 1990). Für die beiden genannten Bereiche werden zunächst landesweite Schulversuche durchgeführt. Zur konkreten Realisierung sagt § 10a (5) aus: "Der Unterrichts- und Erziehungsauftrag der allgemeinen Schule (...) wird schrittweise verwirklicht. Er gilt ab Schuljahr 1991/92 für die Vorklasse sowie die Klassenstufen 1 und 2, in den folgenden Schuljahren jeweils zusätzlich für die nächsthöhere Klassenstufe" (1990). Die Feststellung eines sonderpädagogischen Förderbedarfs erfolgt - nach Maßgabe einer Rechtsverordnung - durch Förderausschüsse. Die zwischenzeitlich erfolgten politischen Machtverschiebungen mit einer großen Koalition haben diese deutliche Integrationsorientierung stagnieren lassen.

In Hessen, Niedersachsen und Rheinland-Pfalz stehen nach sozialdemokratischen Wahlsiegen Schulgesetzänderungen im Sinne der Hinwendung zu schulischer Integration an (vgl. HESSISCHER LANDTAG 1992). Dort soll gemeinsamer Unterricht im Primarbereich Regelangebot werden, für die Sekundarstufe I werden Schulversuche geplant. Die Schulgesetze der neuen Bundesländer orientieren sich gemäß der politischen Orientierung der Regierungen weitgehend an den Regelungen in den entsprechend regierten Altbundesländern. Immerhin ist damit in drei Bundesländern der gemeinsame Unterricht schulgesetzlich aus dem Versuchsstadium herausgetreten, als Regelangebot und damit als legitimer Teil des allgemeinen Schulwesens anerkannt worden. Weitere sind auf dem Weg dazu.

3.4.2 Rahmenbedingungen

In diesem Abschnitt gilt es, die Voraussetzungen zu betrachten, unter denen gemeinsames Leben und Lernen bislang ermöglicht wird.

Die **konzeptionellen Rahmenbedingungen** betreffen vor allem die Grundprinzipien, auf denen Integrationsversuche (mit unterschiedlicher Schwerpunktsetzung) basieren:

Das Prinzip der Freiwilligkeit ist schon mit dem Schulversuchsstatus verbunden und gilt in allen Integrationsprojekten für Eltern, PädagogInnen und für die Schulen. Es ist jedoch mit dem Paradox behaftet, daß die Freiwilligkeit der Eltern behinderter Kinder mitunter bei der Freiwilligkeit der Schule, die integrative Begehren schlicht ablehnen kann, endet (vgl. HINZ 1990a, 390). Langfristig wäre zu hinterfragen, mit welchem Recht Schulen und PädagogInnen es ablehnen können, neben Kinder ohne deutliche auch solche mit Behinderungen zu unterrichten. Heute wird im Gegensatz zu früheren Zeiten keine Schule und kein(e) LehrerIn gefragt, ob sie neben Jungen auch Mädchen, neben evangelischen auch katholische, neben deutschen auch ausländische, neben Akademikerkindern auch solche von Arbeitern unterrichten möchte. Weiter droht mit dem durch das Freiwilligkeitsprinzip bedingten Angebotscharakter langfristig eine Zersplitterung des Schulsystems, das damit im Hinblick auf die Entwicklungschancen von Kindern immer weniger vergleichbar würde.

Weiter gilt für alle Projekte mit Integrationsklassen und -schulen - bis auf administrativ verfügte Einschränkungen - das Prinzip der offenen Aufnahmetoleranz (WOCKEN 1988b) bzw. das Prinzip Nichtaussonderung (PREUSS-LAUSITZ 1986c), nach dem kein Kind aufgrund der Art oder des Schweregrades seiner Behinderung von vornherein ausgeschlossen wird (vgl. Kap. 2.1.1).

Das Prinzip der multiprofessionellen Versorgung (WOCKEN 1988b) verdeutlicht, daß integrative Klassen durch ein Team von PädagogInnen mit unterschiedlichen Kompetenzen gemeinsam unterrichtet werden (vgl. Kap. 3.3.1 und 3.5.2).

Dem Prinzip Stadtteilbezug (PREUSS-LAUSITZ 1986c) folgend kann sich Integration dann am besten ereignen, wenn die Kinder im gleichen Umfeld wohnen und soziale Kontakte im außerschulischen Bereich weitergeführt werden können; spezielle Hilfen sind zu den Kindern zu bringen (vgl. Kap. 3.2.1).

Das Prinzip des zieldifferenten Lernens (WOCKEN 1988b) besagt, daß von unterschiedlichen Kindern Unterschiedliches verlangt und erwartet werden muß; die Leistungsbewertung muß daher verbal erfolgen (vgl. Kap. 3.5.1).

Das Prinzip der Kind-Umfeld-Diagnose (SANDER U.A. 1987 ff.) bezeichnet das systemische Verständnis einer Diagnostik, die das Kind und das System betrachtet, in das das Kind aufgenommen werden soll (vgl. Kap. 3.4.3).

Bei den **personellen Rahmenbedingungen** lassen sich in Abhängigkeit von der Klassenzusammensetzung grob zwei Formen unterscheiden: Bei einer größeren Zahl von Kindern mit Behinderungen in einer Klasse - zwischen zwei und fünf - wird mit einem ständigen Zwei-PädagogInnen-System gearbeitet. Befindet sich nur ein Kind mit Behinderungen in der Klasse, so arbeitet ein(e) zweite(r) PädagogIn stundenweise in der Klasse mit. Ersteres hat den Vorteil der ständigen Kooperationsmöglichkeit zur Komplexitätsreduzierung der Gesamtsituation (vgl. Kap. 3.3.1), verbunden mit dem Nachteil einer überproportionalen Häufung von Kindern mit Behinderungen, letzteres hat den Vorteil einer stärkeren Berücksichtigung der Regionalisierung und Wohnortnähe, allerdings verbunden mit der nur zeitweise gegebenen Möglichkeit zur Kooperation im Unterricht. Im Zwei-PädagogInnen-System arbeiten entweder Regel- und SonderschullehrerInnen oder eine(r) von ihnen mit Pädagogischen MitarbeiterInnen zusammen (vgl. REISER 1990c, 259; zu den Kooperationsproblemen vgl. Kap. 3.3.2). Die Konstellation im Hamburger Grundschulbereich mit GrundschullehrerIn, ErzieherIn und stundenweise mitarbeitender SonderpädagogIn stellt bundesweit betrachtet eine Ausnahme dar; demgegenüber erscheint die Ausstattung in der Sek I mit einer längeren Anwesenheitszeit der SonderpädagogInnen günstiger (vgl. HEIMER 1989). Für Kinder mit besonders großem Betreuungsbedarf werden in vielen Projekten zusätzliche personelle Ressourcen aufgeboten, etwa Zivildienstleistende oder andere Kräfte, so daß in der Praxis eine (fast) durchgehende Anwesenheit von drei Erwachsenen gegeben ist (vgl. HINZ 1991a, 135). Unterschiedlich ist die Einbindung von TherapeutInnen in Integrationsprojekte geregelt: Teils arbeiten sie stundenweise direkt im Unterricht mit, teils sind die Eltern auf ambulante Therapien am Nachmittag verwiesen, was sich allerdings bisher für die Aufnahme von Kindern nicht negativ bemerkbar gemacht hat (vgl. Kap. 3.5.3).

Eine spezielle Problematik ergibt sich aus der weitverbreiteten Praxis, zusätzliche personelle Ressourcen an einzelne Kinder mit Behinderungen zu binden. Konzeptionell ist dies den Einzelintegrationsmaßnahmen eigen, aber auch in Integrationsklassen wird mitunter (so im Hamburger Grundschulbereich) die Stundenzahl von SonderpädagogInnen an die Anzahl der behinderten Kinder gekoppelt. Zieht dann z.B. ein Kind weg, verschlechtert sich die personelle Ausstattung rapide; Kooperationsprobleme verschärfen sich, das Zwei-PädagogInnen-System als Möglichkeit der Komplexitätsreduzierung (vgl. Kap. 3.3.1) gerät ins Wanken. Hinzu kommt die Problematik der Etikettierung einzelner Kinder als behindert als Voraussetzung für die Zuweisung von Ressourcen. Sie erscheint jedoch für die Praxis problematisch und überflüssig (vgl. Kap. 3.5.1 sowie HINZ 1990a, 398f.).

Völlig unhaltbar ist es, Kindern mit Behinderungen nur einen Status als GastschülerInnen der allgemeinen Schule zuzuweisen, die die ihnen zustehenden Ressourcen aus der sonst zuständigen Sonderschule mitbringen und offiziell deren SchülerInnen bleiben (so die Praxis im Bundesland Nordrhein-Westfalen, beginnend mit den Projekten Bonn-Friesdorf und Peter-Petersen-Schule in Köln; vgl. BUNDESVEREINIGUNG 1987, KLINKE 1986, DER KULTUSMINISTER 1990). Ein solcher Zustand mag in der Anfangsphase pragmatisch vertretbar oder unumgehbar gewesen sein; auf längere Sicht ist er nicht akzeptabel, weil er dem Prinzip einer gemeinsamen Schule, die für alle Verantwortung trägt, diametral widerspricht.

Ein Charakteristikum von Integrationsklassen ist die Senkung der Klassenfrequenz. Abgesehen von einzelnen Ausnahmen hat sie sich bundesweit zwischen 15 und 20 Kindern eingependelt (PRENGEL 1990a, 37), wobei sich die Gruppe von 20 Kindern als vielfältiger und sinnvoller erwiesen hat (H. MÜLLER 1988, 30f.).

Bei der Klassenzusammensetzung ergeben sich in der Entstehung begründete Unterschiede. Die von Eltern initiierten Projekte weisen einen stark überhöhten Anteil von Kindern mit Behinderungen auf, von Kollegien und WissenschaftlerInnen initiierte orientieren sich dagegen an der Normalverteilung von Kindern mit Behinderungen (im Saarland und an der Uckermark-Grundschule Berlin). Im Durchschnitt der Jahre 1976 bis 1986 kommt es zu einem Anteil von Kindern mit Behinderungen von 23 %, mit leicht abnehmender Tendenz (PRENGEL 1990a, 37). Integrationsprojekte nehmen somit "ca. sechsmal so viele behinderte Kinder auf als ihr normaler Anteil an jedem Grundschuljahrgang ausmacht" (1990a, 38).

Hamburger Untersuchungen weisen darüberhinaus auf einen hohen Anteil jener Kinder hin, die als offiziell nichtbehindert in Integrationsklassen aufgenommen werden, aber im Laufe der Schulzeit besondere Bedürfnisse und Notwendigkeiten bezüglich des Lernens, des Verhaltens und der Sprache entwickeln. Für die Zeit von 1983-1988 kommen HINZ & WOCKEN auf einen Anteil der behinderten Kinder von 18 % und auf einen zusätzlichen Anteil von Kindern mit Auffälligkeiten von 17 % (1988, 20) - zusammen mehr als ein Drittel der Kinder in Integrationsklassen mit besonderen Bedürfnissen! Den zusätzlichen hohen Anteil offiziell nichtbehinderter, schwieriger Kinder gibt es bei regionalisiert arbeitenden wie auch bei Angebotsschulen mit größerem Einzugsbereich (PRENGEL 1990b, 166).

Eine weitere Schieflage ergibt sich bezüglich der Häufigkeit von Behinderungsformen. Dies machen übereinstimmend Ergebnisse deutlich, etwa die von REISER (1990b, 41) bundesweit für die Kinder aller zweiten Integrationsklassen 1985 erhobenen, aber auch die für den Hamburger Versuch im Überblick von 1983-1988 (HINZ & WOCKEN 1988, 18) erhoben wurden. In beiden Versuchen wurde ein besonders großer Anteil von Kindern aufgenommen, die sonst in Schulen für Körper- und Geistigbehinderte eingeschult worden wären (70 bzw. 54 %); Kinder mit großen Lernproblemen sind gegenüber der Normalverteilung in Sonderschularten deutlich unterrepräsentiert (13 bzw. 19 %). Nach FRÜHAUF besuchen in Hamburg im Schuljahr 1989/90 bereits über 10 % der geistig behinderten SchülerInnen Integrationsklassen (1991, 16); im Bundesdurchschnitt sind dies noch unter 1 % (1991, 19). Diese Verzerrung läßt sich in erster Linie mit der früheren Erkennbarkeit der überrepräsentierten Behinderungsarten erklären. Teilweise spielen auch die Kriterien der Aufnahme eine Rolle (vgl. Kap. 3.4.3). Aber auch die unterschiedliche Bildungsnähe der Eltern der Kinder mit jenen Behinderungsarten, die eine schichtenspezifische Verteilung aufweisen, hat hier Einfluß. Eltern von Kindern mit Lernbehinderungen sind demgegenüber seltener in der Lage, sich an der Durchsetzung von Integrationsprojekten zu beteiligen. REISER (1990c, 270) sieht diese Verzerrungen als Folge des Versuchscharakters, der zuungunsten von Eltern und Kindern bestimmter Bevölkerungsschichten geht.

Interessant ist auch die Geschlechterverteilung der Kinder in Integrationsklassen. Hierzu können die Ergebnisse von PRENGEL (1990a) und HINZ & WOCKEN (1988) herangezogen werden. In beiden Untersuchungen wird übereinstimmend deutlich, daß bedeutend mehr behinderte Jungen als Mädchen aufgenommen worden sind (bei PRENGEL sind zwischen 100 und 66 %, bei HINZ & WOCKEN zwischen 78 und 61 % der aufgenommenen behinderten Kinder Jungen). Auch in Sonderschulen sind Mädchen unterrepräsentiert (in Schulen für Lernbehinderte ca. 40%, in anderen ca. 37%; vgl. PRENGEL 1990a, 40), in Integrationsklassen tritt diese Tendenz noch verstärkt auf. Besonders eklatant wird dieses Verhältnis bei den auffälligen Kindern in der Hamburger Untersuchung: Dort sind von den auffälligen Kindern im Gesamtzeitraum nur ca. 25 % Mädchen (28 von 111; HINZ & WOCKEN 1988, 19). Demgegenüber ergibt sich im Gesamtzeitraum bei den nichtbehinderten Kindern ein umgekehrtes Verhältnis, denn fast 60% sind Mädchen (243 von 412; 1988, 19). Bundesweit bilden sie in Grundschulen jedoch nur knapp 49 % (PRENGEL 1990a, 40). Gleichwohl lassen beiden Untersuchungen mit zunehmender Bekanntheit eine Tendenz zu mehr Normalität erkennen.

Für die **räumlichen Rahmenbedingungen** wird fast einheitlich bundesweit angestrebt, daß ein zweiter Raum zur Verfügung steht, so daß mehr Möglichkeiten der Dezentralisierung des Arbeitens, besonders für offene Lernsituationen genutzt werden können. Im Zusammenhang mit didaktischen Elementen wurde schon auf die Notwendigkeit der Umgestaltung eines Lernortes in eine anregende Lebens- und Lernumwelt mit unterschiedlichen Funktionsbereichen angesprochen (ein Beispiel dafür findet sich in CZERWIONKA & SCHMUCK 1988; vgl. auch Kap. 3.3.3). Hierbei können u.U. auch notwendige Ausstattungselemente für einzelne Kinder mit Behinderungen positive Anregungen für die ganze Klasse oder Schule bieten (vgl. MAIKOWSKI & PODLESCH 1988c, 137f.). Häufige Erfahrungen zeigen, daß auch andere Kinder von der Vielfalt der Zugänge, Medien und Aneignungsniveaus (vgl. Kap. 3.5.1) profitieren. Ausstattungselemente für Kinder mit Behinderungen wie z.B. die Zugänglichkeit für Kinder im Rollstuhl, Orientierungshilfen für blinde, Schalldämpfung für schwerhörige Kinder können oft durch pragmatische Eigeninitiative bereitgestellt werden; dies enthebt die Schule jedoch nicht von der - u.U. längerfristigen - Verpflichtung zur Bereitstellung einer angemessenen Ausstattung. Oft werden Ausstattungsfragen zum Vehikel für Rückzugsgefechte gegenüber einer Öffnung der Schule für alle Kinder (vgl. SCHLEY 1989a, 13). Daher kommt es auf eine Parallelstrategie mit pragmatischen (Zwischen-)Lösungen und grundsätzlichen Forderungen an (vgl. HETZNER 1988b).

Diese Situation mit veränderten Anforderungen bedingt eine andere Ausstattung, die zumindest in Teilen durch verbesserte finanzielle Ressourcen gesichert werden muß, denn nur zum Teil läßt sich die veränderte Ausstattung mit von den Kindern mitgebrachten Alltagsmaterialien bestreiten. Hamburger Integrationsklassen erhalten zum Beginn der Arbeit in der Grundschule die Standardausstattung der Vorklassen und zusätzlich pro Jahr 1000 DM für die Anschaffung von Arbeitsmaterialien (vgl. BÜRGERSCHAFT 1990, 9).

Bezüglich der **finanziellen Rahmenbedingungen** erscheint es wichtig darauf hinzuweisen, daß Integration auf Dauer nicht als kostenneutrales Reformprojekt realisiert werden kann. Die Planungen der Hamburger Schulbehörde weisen für die Jahre 1991-1996 einen ansteigenden finanziellen Mehrbedarf von insgesamt 26,7 Mio. DM aus (BÜRGERSCHAFT 1990, 9). Damit steht Integration als innovatives Schulreformprojekt in einer undankbaren Konkurrenz mit allen anderen Vorhaben und Notwendigkeiten des Bildungsbereichs. Nicht selten wird gefordert, daß zunächst ein ausreichender Stand der schulischen Versorgung mit LehrerInnenstunden, Lehrmittelausstattung etc. gewährleistet sein müsse, bevor man sich solche teuren Projekte leisten könne. Auch wenn in dieser Situation bildungspolitische Entscheidungen zur Gratwanderung zwischen notwendigen Verbesserungen und wünschenswerten Innovationen geraten müssen, erscheint es doch richtig und wichtig, pädagogische Reform nicht auf den unabsehbaren Tag einer ausreichenden Versorgung der Schulen zu verschieben und solange auf pädagogische Innovation zu verzichten. Ganz abgesehen davon werden derartige Argumentationen auch gerne für ideologische Funktionen genutzt.

Im Saarland findet die landesweite Integration aufgrund der finanziellen Situation des Landes unter der Prämisse insgesamt gegebener Kostenneutralität statt (vgl. Kap. 3.4.1). Einerseits hat die saarländische Integrationsentwicklung nur unter dieser Bedingung derartig weitreichend und erfolgreich sein können. Andererseits mehren sich die Zeichen, daß Integrationsmaßnahmen für Kinder mit einem Förderbedarf, die größere finanzielle Ressourcen nötig machen, nicht in hinreichender Zahl eingerichtet werden können. So drohen etwa Integrationsmaßnahmen für ein Kind abgelehnt zu werden, das sonst in eine Schule für Geistigbehinderte eingeschult würde und nun eine permanente Doppelbesetzung mit PädagogInnen braucht (vgl. HINZ 1992b). Hierzu stellt SANDER fest: "Von den 8 Anträgen (für Kinder mit geistiger Behinderung; A.H.) 1989 führte keiner zur Integration in eine Regelklasse!" (1990, 32). Weiter deutet die große Zahl von Integrationsanträgen, bei denen im Förderausschuß kein sonderpädagogischer Förderbedarf festgestellt wird (1989: 47 von 226 = etwa 20 %; 1990, 13), auf jenen problematischen Effekt hin, bei dem die allgemeine Schule dadurch noch unbeweglicher zu werden droht, daß sie schon für Kinder mit relativ geringen Problemen SpezialistInnen heranzuziehen trachtet und sich damit tendenziell der Verantwortung für diese Kinder entledigt. Dies ist auch ein Effekt der Bindung personeller Ressourcen an einzelne Kinder (vgl. Kap. 3.5.2). So drohen sich die positiven Grundsätze einer Integration ohne prinzipiellen Ausschluß von Kindern aufgrund finanzieller Gegebenheiten und unterstützt von konzeptionellen Schwachstellen in ein System mit selektiver Praxis zu verkehren, das eine große Zahl von SchülerInnen mit Lern-, Verhaltens- und Sprachproblemen auffangen zu können scheint. Bei anderen, z.B. geistig behinderten Kindern, führt es jedoch zum Nicht-Zustandekommen von Integrationsmaßnahmen und zu Überweisungen in die entsprechende Sonderschulform, und dies sowohl bei Schulbeginn wie beim Übergang in die Sekundarstufe I (vgl. hierzu SANDER 1990 sowie SCHNEIDER 1991).

Es besteht Anlaß zu ernster Sorge, daß die flächendeckende Integration im Saarland unter diesen finanziellen Rahmenbedingungen zu einem Beispiel für einen Umformungsprozeß wird, der im schlimmsten Falle zu folgendem Zustand führen könnte: Kinder, deren Integration mit größeren ressourcenbezogenen Notwendigkeiten verbunden sind, werden eher in Schulen für Behinderte eingewiesen, Kinder, die bisher zumindest teilweise ohne besondere Unterstützung in der allgemeinen Schule verblieben, werden mit Integrationsmaßnahmen unter verbesserten Rahmenbedingungen in der allgemeinen Schule gehalten und für behindert erklärt. Integration droht so vor allem auf jenen Personenkreis beschränkt zu werden, auf den schon frühere Versuche zur integrierten Förderung von Kindern mit Lern- und Verhaltensproblemen zielten. Es wäre dies die schleichende Umformung von der Integration zur Prävention.

Letztlich wird es für die Zukunft darauf ankommen, mit dem "sozialpolitische(n) Dilemma von bestehender Mittelknappheit und dem Anspruch einer humanen Schule für Kinder und Pädagogen" (HINZ 1990a, 402) so umzugehen, daß einerseits das Machbare - was immer das auch konkret sein mag - getan wird, andererseits die Bedingungen so gestaltet werden, daß positive Erfahrungen möglich sind und Reibungsverluste weder zu einem Exodus von PädagogInnen wegen der vorhandenen Bedingungen noch zu Umformungstendenzen führen, wie sie im Saarland heraufzuziehen drohen.

3.4.3 Verfahren der Aufnahme - Kind-Umfeld-Diagnostik

In allen Integrationsprojekten gibt es mehr oder minder standardisierte Verfahren, nach denen die angemeldeten Kinder aufgenommen werden. Alte Kategorien wie die 'Sonderschulbedürftigkeit', die die Zugangsberechtigung von Kindern einzig an ihren Eigenschaften und an vorhandenen Institutionen festmachten, sind für diesen Zweck obsolet geworden (vgl. Kap. 3.5.1, HINZ 1991b). Abwandlungen, etwa in Gestalt der 'Integrations(un)fähigkeit' einzelner Kinder, haben sich nicht als förderlicher und angemessener, sondern nur als modernisierte Ausschlußkriterien in der Nachfolge der 'Bildungsunfähigkeit' der Nachkriegszeit erwiesen, mit der bestimmten Kindern der Zugang zu schulischer Bildung und Erziehung überhaupt unmöglich gemacht wurde (HETZNER & STOELLGER 1988, HINZ 1990b). Auch der Begriff des "sonderpädagogischen Förderbedarfs" führt hier nur bedingt weiter: Er koppelt zwar gegenüber der "Sonderschulbedürftigkeit" die Beschulung von SchülerInnen mit Behinderungen von bestimmten Institutionen ab, droht jedoch den betreffenden SchülerInnen ebenso wie ältere Begriffe den Stempel der Andersartigkeit aufzudrücken (vgl. Kap. 3.5.1 sowie HINZ 1992a).

Was also not tut, sind Verfahren der Aufnahme, die einerseits nach den Bedürfnissen und Notwendigkeiten einzelner Kinder fragen, andererseits die gegebenen und/oder herstellbaren notwendigen Rahmenbedingungen formulieren und zwischen beidem möglichst eine Passung erzielen (vgl. WOCKEN 1988c). Kinder ohne Behinderung werden - wie schulgesetzlich festgelegt - durch die Schulleitung aufgenommen. Für Kinder mit Behinderungen ist ein Verfahren notwendig, das bei genügendem Raum zur Flexibilität ein möglichst hohes Maß an pädagogischer Verantwortlichkeit, Gerechtigkeit und formaler Korrektheit enthalten muß. Zu diesem Zweck werden entweder in den meisten Projekten Gremien einberufen: im Saarland und in Berlin Förderausschüsse, in Hamburg Aufnahmekommissionen. Oder am Versuch beteiligte PädagogInnen bzw. in Berlins beiden ältesten Integrationsprojekten fachlich-pädagogische bzw. wissenschaftliche BegleiterInnen nehmen die Eingangsdiagnostik wahr (vgl. ZIELKE 1990a, HETZNER 1988c, HETZNER & STOELLGER 1988; für Bremen FEUSER & MEYER 1987, 17).

In ihrer Analyse des Übergangs vom Kindergarten zur Grundschule arbeiten COWLAN U.A. die Bedeutung der von beiden Institutionen gemeinsam getragenen Gestaltung heraus. Sie halten dies bei integrativer Erziehung für "besonders wichtig, um eine Kontinuität für die Kinder in einem so bedeutenden Lebensabschnitt zu ermöglichen, damit die Teams der Schulen die Kinder kennenlernen können, um eine ausgewogene Klassenzusammensetzung zu gewährleisten, um Kindern mit Behinderungen das Einleben in die Klasse zu erleichtern" (1991a, 35).

Insgesamt zeigt die Analyse von COWLAN U.A., daß sich Kinder in der Regel problemlos zu einer integrativen Klasse zusammenfinden, allerdings ist es für manche Kinder hilfreich, wenn eine Stammgruppe gemeinsam in die neue Institution wechselt. LehrerInnen betonen immer wieder, "daß sie selbst bei den Kerngruppen, die sich untereinander kennen, den selbstverständlichen Umgang miteinander beobachten konnten und so selbst einen unkomplizierten Zugang zur Gruppe und den Kindern mit Behinderung fanden, daß sich die Unbefangenheit der Kinder auf sie schnell übertrug" (1991b, 70). Die Existenz einer Stammgruppe ist also sowohl für manche Kinder als auch für die PädagogInnen hilfreich; das häufige Dogma, daß möglichst ganze Gruppen geschlossen von einer Stufe des Bildungssystems zur nächsten wechseln sollten, weil das für einzelne Kinder notwendig sei oder später beginnende Gemeinsamkeit nicht mehr so leicht gelingen könne, kann dagegen nicht bestätigt werden.

Weiter weisen COWLAN U.A. auf die besondere Bedeutung eines kontinuierlichen Einbezugs der Eltern hin (1991a, 36), der vorhandene Ängste, Befürchtungen, aber auch Hoffnungen und Erwartungen aufgreifen und so Ansätze eines gemeinsamen Verständnisses der Situation bei Eltern und Schule hervorbringen kann. Dabei gilt es, "die notwendige Eigenständigkeit der Institutionen und der Eltern zu verdeutlichen und zu respektieren" (1991b, 75). Auch und gerade in dieser Übergangssituation sind integrative Prozesse zwischen den Beteiligten vonnöten, um Einigungen über die Situation und die je vorhandenen Interpretationen herzustellen (vgl. hierzu auch den Bericht von BARON & HINZ 1989).

Erschwerend kommt in jenen Projekten, die nicht streng nach dem Regionalisierungsprinzip arbeiten, bei Aufnahmeverfahren hinzu, daß erfahrungsgemäß im Laufe der Jahre mit steigendem Bekanntheitsgrad immer mehr Kinder mit Behinderungen angemeldet werden, so daß das Aufnahmegremium entgegen seiner eigentlichen integrativen Intention mit der Auswahl von Kindern mit Behinderungen - mit quantitativer Selektion also - beginnen muß (vgl. COWLAN U.A. 1991a, 23-27, 35f.). So konnten z.B. in Integrationsklassen in Hamburger Grundschulen in den Jahren 1987 und 1988 weniger als 50 % der angemeldeten behinderten Kinder aufgenommen werden, weil das Angebot nicht der Nachfrage entsprechend ausgeweitet wurde (HINZ & WOCKEN 1988, 19); für die Berliner Fläming-Schule liegt der Anteil abgelehnter Kinder noch höher (HETZNER 1988c). Doch auch in den streng regionbezogenen Projekten stellt sich die Aufgabe, Bedürfnisse und Notwendigkeiten der behinderten Kinder zu dokumentieren und auf eine ausgewogene Zusammensetzung der Klasse zu achten. Sie soll weder eine 'Eliteklasse' noch eine 'Sonderklasse' sein, sondern dem Durchschnitt des Einzugsgebietes entsprechen.

Die prägnantesten Aussagen zur Eingangsdiagnostik hat die Saarbrücker Forschungsgruppe entwickelt. Ausgehend von einem ökosystemischen Behinderungsbegriff, der von einer ungenügenden Integration in das Mensch-Umfeld-System ausgeht (vgl. Kap. 3.5.1), stellt sich "für den diagnostischen Prozeß die Aufgabe, soziale und materiale Erleichterungen und 'Behinderungen' in den Umfeldern des Kindes (...) und seiner Familie aufzuklären, in gemeinsamer Beratung nach Veränderungsmöglichkeiten zu suchen und entsprechende pädagogische Handlungen zu planen" (HILDESCHMIDT & SANDER 1988, 220; vgl. HILDESCHMIDT 1988). Es geht nicht darum, Defizite und Defekte des einzelnen Kindes zu betrachten, sondern das Kind mit seiner Behinderung "im Schnittpunkt der Systeme Schule und Familie" zu sehen (SANDER U.A. 1987, 95). Wichtig bei dieser interdisziplinären Diagnostik ist, daß sie als "Entscheidungsprozeß eines Teams" (HILDESCHMIDT & SANDER 1988, 221) realisiert wird, in dem neben den zukünftigen HandlungspartnerInnen in der allgemeinen Schule auch bisherige Bezugspersonen (z.B. Eltern, ErzieherInnen, TherapeutInnen) und fachlich kompetente Kontaktpersonen (z.B. ÄrztInnen, SonderpädagogInnen) vertreten sind. Zum zweiten "erfolgt die Diagnose inhaltlich kind- und umfeldbezogen" (1988, 221), d.h. es geht auch um die vorhandenen oder zu schaffenden Bedingungen des Systems Schule, wozu u.a. Schulleitung, Kollegium, Klasse, LehrerInnen und anderes Personal gehören.

Der Förderausschuß orientiert sich an einem "Leitfaden für die Kind-Umfeld-Diagnose" (HILDESCHMIDT & SANDER 1988, 225-227) und geht in drei Schritten vor (1988, 222): Auf der Grundlage der zunächst gesammelten Informationen zur bisherigen und aktuellen Entwicklung des Kindes werden als zweites die Bedürfnisse, Interessen und Notwendigkeiten des Kindes mit der Aufnahmebereitschaft des Umfelds in Beziehung gesetzt. Schließlich wird drittens die Frage nach Veränderungsnotwendigkeiten und nach zusätzlicher personeller und materieller Ausstattung behandelt. Dies bildet dann die Grundlage für die Empfehlung des Förderausschusses, über den die Schulbehörde entscheidet. Damit ist der Prozeß der Kind-Umfeld-Diagnose jedoch keineswegs beendet; an die Einschulung schließt sich eine begleitende Beratung (vgl. CHRIST U.A. 1989) und spätestens nach zwei Jahren eine Überprüfung der ursprünglichen Diagnose durch den Förderausschuß an, so daß seine Entscheidungen immer revidierbar sind. Bedeutsam ist am saarländischen Modell die starke Aufwertung der Eltern, die als ExpertInnen für ihr Kind ernstgenommen werden.

In der Praxis kann ihre Rolle in Einzelfällen jedoch auch von Gefühlen des "Auf-der-Anklagebank-Sitzens" geprägt sein, insbesondere wenn im Förderausschuß eher defektorientierte Alltagstheorien als systemische Vorstellungen dominieren (vgl. CHRIST & JUNG 1989). Derartige Erfahrungen sind in Berlin von Eltern dokumentiert worden (ARBEITSKREIS NEUE ERZIEHUNG & ELTERN FÜR INTEGRATION 1990). Sie erheben keinen Anspruch auf Repräsentativität, machen aber auf große Probleme aufmerksam, die insbesondere dann entstehen, wenn eine große Anzahl von Förderausschüssen eingerichtet wird und der ökosystemische

Ansatz gegenüber bestehenden Alltagstheorien in den Hintergrund zu geraten droht. Zu warnen ist auch vor einer personellen Aufblähung, bei der der an sich positive überschulische Stadtteilbezug zu einer Eigendynamik in Richtung sozialer Dienste geraten kann. Dort besteht dann sogar die Gefahr, daß Kinder und ihre Eltern, um die es eigentlich gehen soll, zur Fortbildung und systemischen Verzahnung sozialer Dienste instrumentalisiert werden (vgl. HINZ 1992a).

Am saarländischen Vorgehen orientieren sich alle Integrationsprojekte, zumindest bezogen auf Fragestellung und Vorgehensweise. Modifikationen beruhen vor allem auf unterschiedlichen Ausgangsbedingungen: Wo, wie z.B. in Hamburg, eine Aufnahmekommission für eine Klasse zuständig ist, ergeben sich für die Rolle der Eltern Schwierigkeiten, denn die Eltern der angemeldeten Kinder können und dürfen nicht in die problematische Entscheidungsfindung hineingezogen werden, welche Kinder einen der bereitstehenden Plätze erhalten. Deshalb beschränkt sich ihre Mitwirkung in solchen Projekten auf das Angehört-Werden, das unverzichtbar ist. Es bringt jedoch Eltern in eine schwer ertragbare Situation, in der sie Gefühle der "Ängstlichkeit und Wut über die Abhängigkeit" (KÖBBERLING & STIEHLER 1989, 131) erleben. Dies ist kein glücklicher Beginn der Kooperation zwischen integrationsorientierten Eltern und Schulen.

Wenn mehr Kinder für eine Klasse angemeldet sind als aufgenommen werden können, müssen nachvollziehbare Kriterien der Aufnahme angewandt werden. Die Hamburger Aufnahmekommissionen gehen hierzu nicht etwa nach der "Pflegeleichtigkeit" vor - dies wäre der Sprung von quantitativer zu qualitativer Selektion, die Kinder mit 'leichteren' Behinderungen bevorteilen und jene mit 'schwereren' benachteiligen würde (vgl. HINZ 1990b, 137). Sie berücksichtigen die Möglichkeit zur Weiterführung bestehender sozialer Kontakte, repräsentative Vielfalt, also eine Mischung von Arten und Schweregraden der Behinderungen und die Gewährleistung der Förderung innerhalb der Klasse (vgl. WOCKEN 1987c, BSB 1988b). Es können andere oder auch engere - und damit qualitative - Kriterien hinzukommen, so z.B. in der Berliner Fläming-Grundschule die Fähigkeit zur Teilhabe am binnendifferenzierten Unterricht, Orientierung an den Rahmenplänen, Gewährleistung sonderpädagogisch-therapeutischer Förderung, Ausschluß einer Häufung gleichartiger und schwerster Behinderungen und von gegenseitigen Beeinträchtigungen (HETZNER & STOELLGER 1988).

Aufnahmeverfahren sind jedoch auch an sich eine problematische Sache, denn sie sind extrem der Gefahr von Umformungsprozessen ausgesetzt. Dies beginnt bei der Tatsache, daß die zukünftigen PädagogInnen (mit Recht) auch nur solche Kinder aufnehmen könnten, deren Förderung sie sich zutrauen - und dieses bedeutet qualitative Selektion im Aufnahmeverfahren. Die Freiwilligkeit der PädagogInnen ist - jedenfalls mittelfristig - anerkannter Grundsatz. Bei ihr kann jedoch die ebenso allseits anerkannte Freiwilligkeit der Eltern enden. So wichtig die Freiwilligkeit der PädagogInnen ist, sie bildet gleichzeitig die Grundlage für das Dilemma, bei dem Eltern zu Bittstellern für ihre behinderten Kinder werden und bei dem einer Einführung von latenten Kriterien der 'Integrierbarkeit von Kindern mit Behinderungen' Tür und Tor geöffnet werden könnte (BRUNS 1989).

Hinzu kommt in vielen Fällen die Problematik, daß im Rahmen einer Kind-Umfeld-Diagnose notwendige personelle und materielle Ressourcen benannt worden sind und ihre Realisierung dann scheitert. Im Saarland, aber auch in anderen Projekten ist die zweite Seite der diagnostischen Medaille die Überweisung in eine Sonderschule. Eltern geraten damit in die Gefahr, daß sie für ihr Kind Integration fordern und Aussonderung ernten (HINZ 1992a). So können über Probleme der Ausstattung durch die Hintertür 'Grenzen der Integration' entstehen, die den in der Öffentlichkeit vertretenen Prinzipien eines prinzipiellen Nicht-Ausschlusses widersprechen (vgl. Beispiele aus Hamburg in HINZ 1990b).

Dieser Widerspruch zwischen integrativer Grundüberzeugung und administrativen Engpässen, die zu behördlich verfügter Selektion geraten können, gilt in noch stärkerem Maße für den zweiten Zeitpunkt administrativ geforderter diagnostischer Aktivität: den Übergang von der Primarstufe zur Sekundarstufe I, von der vierten zur fünften (bzw. in Berlin und Brandenburg von der sechsten zur siebenten) Klasse. Hier ist die Situation noch schwieriger, handelt es sich doch in der Regel um Grundschulgruppen, die als solche in die Sekundarschule übergehen wollen. Da aber zu diesem Zeitpunkt meistens ein Wechsel der Schule ansteht, der mit veränderten Umfeldbedingungen einhergeht, ist eine erneute Kind-Umfeld-Diagnose sinnvoll. Für diesen Zweck werden von den gleichen Personen (in Berlin) oder entsprechenden Gremien (in Hamburg Übernahmekommissionen genannt) wiederum Gutachten oder Empfehlungen erstellt, auf deren Grundlage von der Schulbehörde entschieden wird (vgl. für Berlin PREUSS-LAUSITZ 1990b, für Hamburg HEIMER 1989). Je nach bildungspolitischen Vorgaben gilt dabei entweder der prinzipielle Nicht-Ausschluß von Kindern weiter (Bonn, Hamburg, Köln), oder es werden Selektionskriterien gesetzt, so in Berlin unter der CDU-Regierung 1983 bis 1989 die Hauptschulempfehlung, die die Frage des Übergangs für einen Teil der SchülerInnen mit Behinderungen zur Frage der Verteilung auf Sonderschulen machte (vgl. STOELLGER 1983b, 1988, NOWAK 1988).

So kommt es zum zweiten Male zur konfliktbeladenen und angstbesetzten Konfrontation zwischen den unterschiedlichen Erwartungen von Eltern und (diesmal) den PädagogInnen der Sekundarschule: "Die Eltern haben sich für die Fortsetzung einer Pädagogik entschieden, die sie aus der Integrationsklasse in der Grundschule kennen und aufgrund ihrer positiven Erfahrungen beibehalten wollen" (KÖBBERLING & STIEHLER 1989, 132), sie haben aber auch Befürchtungen in bezug auf die nun anstehenden Rahmenbedingungen. Bei den PädagogInnen werden die neuen Perspektiven "auch mit Befürchtungen und Verunsicherung verknüpft sein", denn von ihnen wird eine "pädagogische Neuorientierung und eine Veränderung ihrer pädagogischen Arbeit erwartet" (1989, 132). Dies ist dann keineswegs eine gute Anfangssituation für vertrauensvolle Kooperation während der Sekundarschulzeit.

In dieser Konstellation ist der zwiespältige Charakter solcher Übernahmekommissionen schon angelegt: Eltern wünschen die Fortsetzung des Bisherigen, PädagogInnen trauen sich evtl. weniger zu als ihnen angetragen wird, und zum dritten gibt die Schulbehörde Rahmenbedingungen vor, die sich an der Nähe zur Normalität orientieren sollen und nur bedingt auf die Situation der einzelnen übergehenden Klasse hin modifizierbar sind. Die Ambivalenz solcher Überleitungsgremien zwischen der Sicherung der Weiterführung integrativer Erziehung unter angemessenen Bedingungen und der administrativen Absicherung der Verantwortbarkeit unter gegebenen Bedingungen, die evtl. auch zur Funktion eines Selektionsinstrumentes geraten kann, ist offensichtlich (vgl. SCHMIDT 1989, zu den Hamburger Erfahrungen HEIMER 1989, KÖBBERLING & STIEHLER 1989).

3.5 Aussagen zur Gesellschaft-Ebene

Auf dieser Ebene geht es um die gesellschaftlichen Normen, Werte und Begriffe, die im Kontext der schulischen Entwicklung unterschiedlicher Kinder wirksam werden. Die Frankfurter Forschungsgruppe definiert integrative Prozesse auf dieser Ebene als jene, "in denen Benachteiligungen abgebaut werden und die Verfassungsgrundsätze der Gleichberechtigung und sozialen Gerechtigkeit ihrer Verwirklichung näher kommen; dieser Anspruch bemißt sich insbesondere an Personen und Personengruppen, die durch strukturelle Gewalt von Ausgrenzung oder Benachteiligung bedroht sind" (REISER 1990a, 33).

Mit grundlegenden Veränderungen pädagogischer Praxis gehen gewöhnlich Veränderungen des theoretischen und ideologischen Überbaus einher, so auch im Falle der Integrationsentwicklung. War es schon vorher eine unzulässige Reduzierung von Kindern auf ein Persönlichkeitsmerkmal, z.B. von "Körperbehinderten", "Sprachbehinderten" etc. zu sprechen (oder noch schlimmer beispielsweise von "dem Geistigbehinderten", seinen Eigenschaften und Bedürfnissen; vgl. BOBAN & HINZ 1993), so ist eine Eingruppierung von Kindern nach dem bisher üblichen Beschulungsort innerhalb integrativer Beschulung völlig unsinnig und funktionslos geworden und allenfalls zum Zwecke des schnellen Überblicks für Außenstehende vertretbar (z.B. HINZ & WOCKEN 1988, BOBAN, HINZ & SCHLEY 1989). Doch auch andere Begriffe sind (im wahrsten Sinne des Wortes) frag-würdig geworden: Was meint beispielsweise der Begriff der Förderung, zumal wenn er mit dem Begriff des "Optimalen" verbunden und so in die bildungspolitische Diskussion eingeführt wird? Wie wird Leistung definiert angesichts einer Gemeinschaft höchst unterschiedlicher Kinder? Doch auch der Integrationsbegriff selbst ist eine Quelle von immer wiederkehrenden Mißverständnissen - begriffliche Unsicherheit aller Orten (SCHÖLER 1988a). Über Begriffe können aber auch Umrisse des Menschenbildes und des Selbstverständnisses einer sich selbst so bezeichnenden 'Integrationspädagogik' deutlich werden (Kap. 3.5.1).

Weiter geht es in diesem Abschnitt um die Kritik der Integrationspädagogik an verschiedenen Ansätzen und Entwicklungen, die alle mit vorhandenen und z.T.

sich verengenden Normalitätsvorstellungen zusammenhängen: Dies sind die Kritik an Förderansätzen und Ansätzen der Prävention (vgl. Kap. 2.1.1) und ihren konzeptionellen wie institutionellen Begrenzungen (Kap. 3.5.2), die Kritik an der inflationär ausgeweiteten 'Therapiewut' (Kap. 3.5.3) und die Kritik an medizinisch-gesellschaftlichen Uniformierungsprozessen wie der Pränataldiagnostik und der Gentechnologie, die zunehmend gesellschaftlichen Druck entwickeln (Kap. 3.5.4). Doch auch die Kritik von Betroffenen an der Integrationspädagogik und mögliche Gefahren sollen betrachtet werden (Kap. 3.5.5), sind sie es doch, für die diese Überlegungen und Konzeptansätze eine existentielle Bedeutung haben.

3.5.1 Selbstverständnis der Integrationspädagogik - Reflexion über ihr Menschenbild

Als Begründungszusammenhänge für die Integration in der Schule wie in der Gesellschaft führt MUTH die Notwendigkeit an, Diskriminierungen abzubauen und Menschen mit Behinderungen human anzunehmen, eine Aufgabe, die angesichts der an Nichtbehinderten orientierten gesellschaftlichen Normen und einer übertriebenen Leistungsorientierung der Industriegesellschaft Menschen mit und ohne Behinderungen gestellt ist (1986, 26f.). Dazu gehört es, frühe Fixierungen auf Außenseiterpositionen, etwa durch schulische Ausgliederung, zu vermeiden (1986, 29). Mit der Integration in der Schule verbindet sich die Hoffnung, die bestehende kollektive Bezugsgruppenorientierung, "eine negative Interdependenz" (BÄRSCH 1987, 57) abzubauen: 'Normale' Menschen ohne Behinderungen gelten unhinterfragt als positive Orientierung für Menschen mit Behinderungen, Menschen mit Behinderungen als negative Bezugsgruppe für solche ohne Behinderungen, von denen man sich distanziert. Insofern wird die Integration gesehen als ein "gesamtgesellschaftliches Problem" (BÄRSCH 1982), als eine "menschliche Pflicht" (BÄRSCH 1986) und eine "humane Notwendigkeit" (BÄRSCH 1988). Es sind dies ethisch-moralische, normative Setzungen, die der Not bisheriger Aussonderung von Menschen mit Behinderungen aus der Gesellschaft, bis hin zu ihrer Vernichtung, eine bessere Zukunft mit mehr Gemeinsamkeit - nicht nur, aber auch in der Schule - entgegensetzen wollen. Entgegen der bisher vorherrschenden Theorie der Andersartigkeit von Menschen mit Behinderungen werden nun die Gemeinsamkeiten, wird das Verbindende betont. Zielperspektive ist auf institutioneller Ebene eine Schule für alle Kinder, die institutionelle Integration überflüssig machen kann, wenn keine Prozesse der Aussonderung stattfinden.

Weiter macht es einen wichtigen Unterschied, ob von der Integration behinderter Kinder oder von der Integration behinderter und nichtbehinderter Kinder gesprochen wird. Ein geradezu erschreckendes Beispiel für die erste Variante liefert BÄRSCH (1990) mit seinem Aufsatztitel "Zur Reform des Sonderschulwesens: Auf dem Weg zur Integration?" Es ist jene ebenso schiefe wie eingeschränkte Sichtweise der Integration, wie sie u.a. auch von PAPE & LEMKE (1988) vertreten worden ist. Danach geht es zunächst nur um Kinder mit, nicht aber um Kinder ohne offensichtliche Behinderungen. Sie und ihre allgemeinen Schulen sollen Integration im Sinne einer solidarischen Haltung als gesamtgesellschaftliche Aufgabe tragen. So bleiben Kinder mit Behinderungen eine Last, die quasi zusätzlich aufgebürdet wird (vgl. HINZ 1989b, 94f. und SCHLEY 1989a, 14).

Demgegenüber zielt Integration im hier von REISER übernommenen Sinne nicht auf Akte der Aufnahme von Kindern mit besonderen Bedürfnissen, denen leicht die Gefahr von Anpassungstendenzen an ein im wesentlichen unverändertes Ganzes eigen ist, sondern auf die Veränderung eben dieses Ganzen (vgl. hierzu Kap. 3.5.5 mit der Kritik von Betroffenen). Ziel der Integration ist eben auch "die Aufhebung der psychischen Verkrüppelung Nichtbehinderter durch ihre Einschränkung auf die herrschende Normalitäts- und Leistungsorientiertheit" (FEUSER 1982, 94). Die logische Weiterführung dieses Gedankens könnte im Begriff des gemeinsamen Unterrichts von Kindern mit und ohne Behinderungen liegen. Dabei würde auch deutlich, daß die Behinderung einen - u.U. bedeutsamen - Bestandteil der Persönlichkeit eines Kindes ausmacht, nicht aber deren Gesamtheit.

Damit kommt der Begriff der **Behinderung** ins Bild. In der Sonderpädagogik ging man traditionell vom medizinischen Modell einer Behinderung aus, die am einzelnen Menschen diagnostiziert wird. Im Rahmen einer "Sonderanthropologie für Behinderte" (PRENGEL 1989a, 182) entwickelte sich eine deutliche Hierarchie zwischen Menschen mit und ohne Behinderungen, die "wie rassistische und misogyne Polarisierungen nach dem Muster monistischer Hierarchisierungen gestaltet" ist (1989a, 184). In diesen Zusammenhang ist auch die (erfolglose) Suche nach einer klaren, möglichst medizinisch faßbaren Definition des Phänomens 'Lernbehinderung' einzuordnen (vgl. hierzu EBERWEIN 1988b, 46).

Demgegenüber schlägt SANDER - an andere Sonderpädagogen wie BACH unnd BLEIDICK anschließend - ein systemisches Verständnis von Behinderung vor, bei dem entsprechend einer Systematik der Weltgesundheitsorganisation (WHO) zwischen "impairment" (als medizinisch-organische Schädigung), "disability" (als individuelle/psychologische Leistungsminderung) und "handicap" (als soziale Behinderung) unterschieden wird (SANDER 1988, 79). Behinderung besteht dieser Sichtweise nach "in gestörter Integration des betreffenden Menschen in sein Umfeldsystem" (1988, 81). Durch Maßnahmen in den Umfeldbedingungen kann ein Mensch weniger behindert sein als zuvor. "Die Frage lautet dann nicht, welche Behinderung ein Mensch 'hat', sondern durch welche Umstände eine mögliche Entwicklung behindert wird" (REISER 1990c, 266).

Es entspricht exakt diesem Verständnis, wenn in der Integrationsklasse einer Hamburger Gesamtschule im Klassenrat von den SchülerInnen erregt diskutiert wird, worin denn die Behinderung einer Mitschülerin liege, die zwar bis 20 rechnen und Schreibschrift kaum lesen könne, aber sonst doch, eingeschränkt wie alle anderen auch, zu allem in der Lage sei, was sie tun wolle. Zuhause stellte dieses Mädchen den verdutzten Eltern gegenüber fest, sie sei übrigens überhaupt nicht behindert. Damit hat sie im Sinne SANDERs recht, stößt aber - und nicht nur bei Eltern - schnell auf Verständnisprobleme (vgl. DANNOWSKI U.A. 1989, 270).

Wie groß die terminologischen Probleme mit dem Begriff der 'Behinderung' sind, zeigt die große Variationsbreite ersetzender Begriffsvorschläge: Neben Kindern mit Behinderungen, offiziell behinderten Kindern, 'behinderten' oder benachteiligten Kindern wird von Gutachtenkindern, Kindern mit einem sonderpädagogischen Förderbedarf, Kindern mit besonderen pädagogischen Bedürfnissen oder Lebenserschwernissen gesprochen. Auch wurden schon "behinderte" und "normalbehinderte" Kinder gemeinsam unterrichtet (KOERNER 1987, 14). Gemeinsam haben diese Begriffe die Abgrenzung vom bisherigen wissenschaftlichen und Alltagsverständnis und die Unsicherheit, was an dessen Stelle treten soll. Klar ist allenfalls, daß die bisherigen Untergliederungen entsprechend den zuständigen Sonderschulformen nicht nur eine unzulässige Reduzierung auf einen Teil eines Persönlichkeitsmerkmals darstellen, sondern auch für die Praxis keinerlei Funktion und Aussagekraft mehr haben. Weiter muß sich das (sonder-)pädagogische Denken von der Orientierung auf Defekte und Defizite abwenden und den Fähigkeiten von Kindern zuwenden (vgl. SCHÖLER 1988c, HINZ 1990a, 1991b).

Als pragmatischer Schritt wäre - nach italienischem, aber auch skandinavischem Vorbild - die Begrenzung des Behinderungsbegriffs auf die klarer faßbaren Sinnes-, Körper- und geistigen Behinderungen denkbar, die Lern-, Verhaltens- und Sprachprobleme aus dieser Etikettierung ausnehmen würden. Dieser Schritt wäre logisch doppelt begründbar: Zum einen würden unterschiedliche Entstehungszusammenhänge der beiden (wenn auch nicht eindeutig voneinander abgrenzbaren) großen Gruppen von Behinderungen, einerseits mit auch körperlich deutlichen Beeinträchtigungen, andererseits im Sozialisationsprozeß und in der Auseinandersetzung mit Schule entstehend (PRENGEL 1989a, 181), berücksichtigt. Zum anderen würde auf die unterschiedliche Spezifikation sonderpädagogischer Einrichtungen und eine dementsprechende pädagogische Begründbarkeit eingegangen: Die 'älteren Sonderschulen' für Kinder mit geistigen, Körper- und Sinnesbehinderungen können didaktisch und methodisch eher auf eigenständige Entwicklungen verweisen als die 'jüngeren Sonderschulen' für Kinder mit Lern-, Verhaltens- und Sprachproblemen (vgl. MÖCKEL 1988). Diesem Vorschlag entspricht die Planung der Hamburger Schulbehörde, die Kinder mit derartigen Problemen nicht mehr auszusondern, sondern integrativen Grundschulen pauschal eine bestimmte Ausstattung zukommen zu lassen, ohne sie bestimmten, individuell definierten Kindern mit diagnostizierten Bedürftigkeiten zuzuordnen.

Der vorhandene Konsens innerhalb der Integrationspädagogik endet bei der Frage, ob die Kategorie Behinderung zukünftig überhaupt noch einen Sinn haben kann. Einerseits soll die Dichotomie behindert/nichtbehindert einem Kontinuum von Schwächen und Stärken aller Kinder weichen, das den Behinderungsbegriff überflüssig macht, weil sowieso alle Kinder etwas Unterschiedliches brauchen. Andererseits wird auf der Beibehaltung des Begriffs beharrt, ist er doch die

Grundlage dafür, daß bei bestimmten Kindern von den allgemeinen Anforderungen der Schule und von der allgemeinen (personellen wie sächlichen) Ausstattung abgewichen wird, aber auch notwendiger Anstoß für die Trauerarbeit bezüglich der Behinderung (z.B. REISER 1990c, 270ff., 1990e, 17f.). Bei diesem Dissens könnten u.a. unterschiedliche Anteile wünschenswerter Utopien und realistischer Einschätzungen über die Entwicklungsmöglichkeiten von Schule eine Rolle spielen, die in die Stellungnahmen eingehen. Möglicherweise wäre die Not der Trauer bei einer anderen gesellschaftlichen Bewertung von Behinderung nicht mehr so groß. Der Dissens ist gleichzeitig auch Ausdruck der widersprüchlichen Tatsache, daß integrative Praxis die Schullaufbahnorientierung überwunden hat, nicht aber die Trennung der Schullaufbahnen selbst (1990c, 271, 1990e, 18f.). Deutlich wird dies u.a. in der Hamburger Praxis in der von PädagogInnen häufig beklagten Schizophrenie, daß Kinder drei Jahre lang so sein dürfen wie sie sind, ihnen dann im vierten Schuljahr plötzlich eine Schullaufbahnempfehlung gegeben werden soll, die sich an den Maßstäben der Anpaßbarkeit an Anforderungen hierarchisch geordneter Schultypen orientieren muß.

Werden Perspektiven des Behinderungsbegriffs diskutiert, können die **Perspektiven der Behindertenpädagogik** nicht unberührt bleiben. Hier beginnt der Dissens innerhalb der Integrationspädagogik schon bei der Frage, ob die Einrichtung von Sonderschulen ein "historischer Fehler" war, der jetzt korrigiert werden könne (EBERWEIN 1988d, 61, 1989, 10), oder ein "historisches Verdienst" (WOKKEN 1989, 4), Kinder mit Behinderungen überhaupt erst in das öffentliche Schulwesen einzubezogen zu haben (vgl. MÖCKEL 1988, PRENGEL 1990c, 282).

Sicherlich hängt die Stellungnahme zu diesem Punkt u.a. von der betrachteten Schülerschaft ab: Im Hinblick auf Kinder mit Problemen im Bereich des Lernens, Verhaltens und der Sprache sind historisch insofern eher Fehlentwicklungen zu beklagen, als die allgemeine Schule sich nicht auf sie eingelassen, sondern sie ausgesondert und sich von ihnen entlastet hat. Die Entlastungsfunktion des Sonderschulwesens für die allgemeine Schule war eine zentrale Begründung für deren Ausweitung und wurde u.a. im "Gutachten zur Ordnung des Sonderschulwesens" der Kultusministerkonferenz von 1960 als offizielle bundeseinheitlichen Bildungspolitik verkündet (vgl. MUTH 1989, 22). Standesinteressen der Lehrerschaft haben diese Aussonderungsprozesse unterstützt (vgl. ELLGER-RÜTTGARDT 1988, 43). Die Einbeziehung von Kindern mit Sinnes-, Körper- und geistiger Behinderung in das Schulsystem ist demgegenüber eher als Ausdruck integrativer Prozesse angesichts ihrer zuvor festgestellten 'Schulunreife' und 'Bildungsunfähigkeit' zu sehen. Aussonderung ging und geht primär von allgemeinen Schulen aus. Sonderschulen werden in dem Moment Schulen der Aussonderung, in dem sie das Prinzip der Subsidiarität verlassen und die Andersartigkeit ihres Klientels zur einzigen und dauerhaften Begründung für ihre institutionelle Existenz machen.

Weiter schließt sich hier die Frage nach dem **Verhältnis von allgemeiner und Behindertenpädagogik** an. Behindertenpädagogik hat bislang - nach eben jenem

Subsidiaritätsprinzip - die Aufgaben übernommen, zu denen sich eine allgemeine Pädagogik nicht in der Lage zeigte. Sie konstituierte sich unter dem Leitgedanken einer "speziellen Förderung" (REISER 1990d, 299) und "auf dem Hintergrund der Bearbeitung von Defekten" (1990d, 299). Heute stellt sich angesichts der Integrationsentwicklung verstärkt die Frage nach dem Besonderen der Sonderpädagogik - und dies vorwiegend als Bemühung um Entmystifizierungsprozesse (EBERWEIN 1988d, REISER 1990d). REISER argumentiert zu diesem Punkt überzeugend in zwei Richtungen: Wo es um Hilfen bei spezifischen Frage- und Problemstellungen geht, gibt es "eine Reihe recht brauchbarer spezieller Hilfsmittel, Methoden und Geschicklichkeiten der Lehrer" (1990d, 300) in der Sonderpädagogik. Wo es jedoch - bei dem größten Teil sonderpädagogischer Arbeit - um Fragen von Erziehung, Lernen, Emotionalität und Verhalten geht, ist Sonderpädagogik "nichts anderes (...) als allgemeine Pädagogik" (1990d, 299), die unter erschwerten Bedingungen zu einer vertieften, grundlegenden Pädagogik wurde. Deren Aufwertung "bringt eine Entmystifizierung spezieller Fördermaßnahmen mit sich" (1990d, 300) zugunsten der Beobachtung von Kindern und deren Entwicklungen.

Die Problematik dieser Veränderungen des sonder- bzw. integrationspädagogischen Selbstverständnisses wird gleichzeitig dadurch verschärft, daß die legitimatorische Grundfigur der Bearbeitung von Defekten eine Defekt-Systematik in der Sonderpädagogik nach sich zieht. Dies hat, wie REISER für die Lernbehindertenschule feststellt, weniger zu einer vertieften allgemeinpädagogischen Praxis geführt, sondern vielmehr verbreitet zu einer verstärkten "Angleichung an eine verflachte Pädagogik der allgemeinen Schule" (1989b, 320; vgl. hierzu das Beispiel einer Hospitationsstunde in der zweiten Phase der LehrerInnenausbildung; 320f.) und zu "dem ungeeigneten Versuch, eine banalisierte und reduktionistische Unterrichtsweise als spezielle Förderung für Schwachsinnige auszugeben" (1989b, 318). Dieses Mysterium besonderer Pädagogik veranlaßt EBERWEIN zu der provokanten Forderung: "Wenn dem so ist, daß die Sonderschule sich durch ein besonderes Profil und durch besondere Attraktivität auszeichnet, dann schlage ich vor, die allgemeine Schule zugunsten von Sonderschulen abzuschaffen!" (1988d, 60).

Auf der Ebene der Ausbildungseinrichtungen fordert EBERWEIN im Sinne einer "dialektischen Aufhebung der Sonderpädagogik" die Integration sonderpädagogischer und allgemeinpädagogischer Institute zu Instituten für eine integrative Pädagogik (1988c, 344, 1989, 11). Wenn die Sonderpädagogik keine Legitimation für eine Eigenständigkeit mehr aufweise, müsse dies in ihrer institutionellen Verankerung deutlich werden. Ein erster Schritt in die Richtung einer Reintegration von allgemeiner und Sonderpädagogik wurde in der Universität Hamburg mit der Einrichtung einer institutsübergreifenden "Arbeitsstelle Integration" gemacht, in der Schul- und SonderpädagogInnen zusammenarbeiten.

Integrative Erziehung macht einen normativen Wandel der Rollendefinition und des Selbstverständnisses von PädagogInnen notwendig. Sie befinden sich einem Spannungsfeld zwischen **Förderung und Entwicklung**. Ging es bisher um spezielle - und als Forderung formuliert meistens um optimale - Förderung von Kindern mit Behinderungen, so scheint es zumindest in Teilen der Integrationspädagogik einen Umschwung zugunsten eines stärker entwicklungsorientierten Denkens zu geben. Für die PädagogInnen definiert sich ihre Rolle immer weniger entsprechend dem Bild eines Tankwarts, der den im wesentlichen passiven Kindern eine Menge an Wissen, Fähigkeiten, Fertigkeiten einfüllt und sich über die danach abgegebenen Leistungen legitimiert. Der Gegenpol in Gestalt des Bildes eines Bibliothekars, der seiner Leserschaft offene Angebote macht und Situationen arrangiert, die sie dann mehr oder minder aktiv wahrnimmt, gerät mehr und mehr in den Blick (vgl. HINZ 1990a, 395, BOBAN & HINZ 1992, 1993). IntegrationspädagogInnen pflegen eher einen pädagogischen Garten und sorgen für genügend Licht, Luft und Dünger, als daß sie einen schweren schulischen Karren ziehen und SchülerInnen irgendwo hinbringen müssen. Diese Veränderungen der Rollendefinition sind es, auf die Jakob MUTH mit seinem vielzitierten Wort zielt: "Der Lehrer (und selbstverständlich auch die Lehrerin; A.H.) muß dazu seine pädagogische und didaktische Aggressivität aufgeben, die sich darin äußert, daß er ständig fragt, belehrt, fordert, diktiert, korrigiert, an die Tafel schreibt, bittet, befiehlt, vorträgt usw. Stattdessen sollte er die Kinder stärker aktivieren, sie miteinander arbeiten lassen, das Recht des Fragens auf ihre Seite geben, den Mut haben, sie auch Irrwege beschreiten zu lassen usw. Zurückhaltung ist auf der Seite des Lehrers die kardinale didaktische Tugend" (1986, 76).

Ein solches Verständnis schulischer Pädagogik läßt keinen minutiös und mit erwartetem SchülerInnenverhalten geplanten und ebenso durchgeführten Unterricht und keine in Grob- und Feinziele gegliederten Förderpläne für Kinder mit Behinderungen zu. Die PädagogInnen als wahrnehmende, erlebende und handelnde Subjekte "sind die 'Instrumente' der Förderung und Entwicklung, und es sind nicht die Förderpläne, Übungsreihen, Trainingsmaterialien, diagnostischen Techniken und instrumentellen Maßnahmen" (SCHLEY 1989e, 355). Dieses Selbstverständnis löst sich auch von der Vorstellung, "Pädagogik könne bei den Schülern bestimmte Lernziele erreichen" (1989a, 17), und auch von der "Grundauffassung, wir wüßten, was die Schüler wissen und können müßten, um ihre späteren gesellschaftlichen Rollen einnehmen zu können" (1989a, 17). Es bricht auch mit der weithin vertretenen "Überzeugung, daß man es nicht dem Kinde überlassen kann, wann und zu welchem Ziel es sich spontan entwickelt. Im Grunde hat der Erwachsene kein Vertrauen in den Anpassungs- und Lebenswillen des normalen Kindes, um so weniger in die Kompensationsmöglichkeiten des Behinderten" (ROSER 1987b, 44). Integrationspädagogisches Denken und Handeln "fühlt sich der Aufgabe der Sozialisation verpflichtet, dem Prozeß, in dem ein Mensch zum Gefährten seiner selbst wird, in dem er lernt, sich selbst vertraut zu werden und sich selbst zu verstehen" (SCHLEY 1989a, 17f.).

Diese Wendung in der Haltung gegenüber SchülerInnen ist der Integrationspädagogik jedoch weder automatisch noch exklusiv eigen. Weder ist eine Entwicklungsorientierung in Sonderschulen unmöglich und eine defizitorientierte 'Förderwut' unumgänglich, noch ist mit der Einrichtung von Integrationsklassen pädagogische Aggressivität per se verflogen. Entscheidend ist ein Verständnis von Lerngruppen als heterogene - und das zunächst unabhängig von Lernort und zugelassener Schülerschaft -, auf die offen und beobachtend zugegangen wird. IntegrationspädagogInnen sind hier allerdings im Vorteil, können sie doch auf ein wesentlich breiteres Anregungspotential von Kindern mit einer größeren Bandbreite bauen als SonderschullehrerInnen.

Eine solche Wendung im pädagogischen Selbstverständnis von der Förderung zur Entwicklung wird indes nur von Teilen der Integrationspädagogik vollzogen. In manchen Projekten werden nach wie vor Förderpläne für Kinder mit Behinderungen aufgestellt, so z.B. in der Berliner Uckermarkschule (vgl. ZIELKE 1990a, 53ff.), in anderen werden sie als Ausdruck pädagogischer Aggressivität abgelehnt und durch intensive Beobachtung und Reflexion der Entwicklung des Kindes - in teilweise sehr intensiver Kooperation mit den Eltern - ersetzt.

Doch auch innerhalb von Integrationsprojekten findet sich jene pädagogische Aggressivität (vgl. das Beispiel eines Hamburger Sonderschullehrers mit seinen Bemühungen um "intensive sonderschulpädagogische Förderung" in BOBAN & HINZ 1993). Auch in einem Beitrag des Berichts aus der Berliner Fläming-Grundschule (PROJEKTGRUPPE 1988) wird sie in erschreckender Weise deutlich: Dort wird in äußerer Differenzierung "klassenübergreifende Förderung" (SCHINNEN 1988a, 120) betrieben, zu der die Kinder jedoch nicht freiwillig kommen, weil die sozialen Bezüge unterbrochen werden. Deswegen u.a. wird die Förderlehrerin von Kindern verbal barsch attackiert, wenn sie sie abholen will. Die Förderkinder beleidigen sich im Förderunterricht gegenseitig, ca. ein halbes Jahr (!) vergeht, bis "auch bei geforderten Einzelleistungen gegenseitige Hilfen selbstverständlich sind" (1988a, 125) - hier wird pädagogische Aggressivität überdeutlich. Auch die Art der Darstellung unterstreicht dies: Ein Kind "weiß um seine letzte Chance" (1988a, 121), "mit einem Schreibblock bewaffnet" beobachtet die Kollegin die Kinder und notiert "die auftretenden Schwierigkeiten" (1988a, 127).

Auch Wissenschaftliche BegleiterInnen sind nicht frei von pädagogischer Aggressivität. Eine Vielzahl derartiger Postulate finden sich bei Georg FEUSER. Der Aufsatz "Integration: Humanitäre Mode oder humane Praxis?" (1986b) kann hierfür als Beispiel dienen. Schon im Untertitel geht es um "unverzichtbare Grundlagen und Formen der gemeinsamen Erziehung behinderter und nichtbehinderter Kinder" (1986b, 22; vgl. auch 1986a). Im weiteren Text finden sich zahlreiche Ansprüche: "Integration ohne neues Menschenbild bleibt Fassade" (1986b, 22), "Integration ist unteilbar" (1986b, 24), wo grundlegende Bildungs- und Schulreform "nicht stattfindet, kommt es unter dem Mantel der Integration nur zu unverantwortlichen, gewaltsamen Anpassungen behinderter Kinder an nichtbehinderte und umgekehrt" (1986b, 25). Weiter geht es darum, "was integrative Erziehung und Bildung verlangt und sich pädagogisch repräsentieren und realisieren muß"

(1986b, 25). Auch im Zwischenbericht zum Bremer Schulversuch (FEUSER & MEYER 1987) finden sich Beispiele: "Integrativer Unterricht verlangt letztlich im Sinne des Kompetenztransfers, ständig selbst neu zu lernen, seine Einstellungen und Haltungen zu revidieren, lieb und stabilisierend gewordene Rollen abzulegen und neue zu übernehmen und selbst die bisher Sicherheit und Stabilität, vor allem aber auch Anerkennung vermittelnde Praxis zugunsten einer neuen aufzugeben" (1987, 174). Hier wird Bereitschaft zur kompletten Persönlichkeitsveränderung verlangt. Und "der Lehrer selbst, an den höchste, subjektbezogene Ansprüche und solche hoher stabiler persönlicher Integrität gestellt werden müssen, ist kein Objekt. ... Jeder einzelne muß auf dem Hintergrund seiner Motive und Ziele ... als Subjekt für eine bestimmte Aufgabe unter bestimmten Bedingungen handlungsfähig gemacht werden" (1987, 177). Dieses ist über pädagogische Aggressivität hinaus eine paradoxe Forderung, denn einen Menschen als Subjekt handlungsfähig machen zu wollen - und damit das Subjekt als passiven Teil von Entwicklungsprozessen zu begreifen - , ist ein Widerspruch in sich selbst.

Praxis und Theorie der Arbeit mit integrativen, also bewußt heterogenen Lerngruppen führen notwendigerweise auch zu einem veränderten Begriff von **Leistung** (vgl. WOCKEN 1987a). Bezüglich der Inhalte von Leistungen geht es um den Weg von der verkürzten "kognitivistischen Ausrichtung der Arbeit", die vor allem auf Zuwächse an Wissen und Können zielt, zum "Postulat einer vielseitigen, ganzheitlichen Bildung" (1987a, 115), in der dem Postulat PESTALOZZIs folgend zum Lernen mit gleicher Wichtigkeit neben dem Kopf auch Herz und Hand gehören. Dies meint sowohl die Einbeziehung der bisher weitgehend vernachlässigten sozialen Dimension des Lernens, die beim integrativen Lernen immer im kognitiven Lernen enthalten ist, als auch die Berücksichtigung von Leistungsfreude und -motivation. Sie zu beachten, heißt, Leistungen zu individualisieren und den einzelnen SchülerInnen jene Angebote zu machen, mit denen sie sich fordern können, ohne sich zu über- oder zu unterfordern.

Für die Kriterien der Leistung gilt es, von einer sozialen Bezugsnorm zu einer individuellen Bezugsnormorientierung zu kommen (1987a, 118). Diese Notwendigkeit stellt sich mit der Konstituierung einer bewußt heterogenen Lerngruppe noch stärker als ehedem. Diese Erkenntnis hat unmittelbare Auswirkungen auf die Form der Leistungsbeurteilung: "In allen integrativen Klassen gilt die auf die persönliche Entwicklung bezogene verbale Beurteilung als Grundsatz" (REISER 1990c, 266), in Hamburger Integrationsklassen zumindest bis zum Ende der 6., in der Berliner Fläming-Schule bis zum Ende der 4. (NOWAK 1988, 32f.), in Bremen nur bis zum Ende der 2. Klasse (FEUSER & MEYER 1987, 211). Dabei wird z.B. in der Berliner Uckermark-Schule der doppelte Bezug, einerseits zur individuellen Entwicklung, andererseits zu den Anforderungen der Rahmenpläne in verbalen Beurteilungen explizit deutlich gemacht (HEYER 1990a, 85-94). In integrationspädagogischer Praxis kann nicht mehr wie gewohnt von unterschiedlichen Kindern Gleiches verlangt werden, denn unter dem Maßstab dessen, was z.B. 'der Bildungsgang der Grundschule' genannt wird, hätte ein Kind mit schwerster Behinderung niemals die Chance, etwas zu leisten. Kinder in Integrationsklassen sind - manchmal besser als ihre PädagogInnen - sehr gut in der Lage, Leistungen eines Kindes zu würdigen, die für sie selbst keine 'guten' Leistungen wären, die für jenes Kind aber 'sehr gute' Leistungen sind, wenn sie sie mit denen des gleichen Kindes vor z.B. einem halben Jahr vergleichen.

Bezogen auf die Aneignungsformen von Leistungen geht es um eine Erweiterung der bisher vorwiegend auf die abstrakte sprachliche Ebene bezogenen Aneignung, häufig in einem 'Heft- und Bleistift-Unterricht'. Sollen Lernprozesse bei allen Kindern ermöglicht werden, so muß eine integrative Schule auch alle Aneignungsmedien berücksichtigen. Nach Erkenntnissen der Lern- und Entwicklungspsychologie müssen daher auch die Medien der Handlung und der Anschauung im integrativen Unterricht einen zentralen Stellenwert haben (WOCKEN 1987a, 120f.). Von ihnen aus können auch jene Kinder besser abstrahieren, bei denen bisher konkretere Aneignungsformen für eher überflüssig gehalten wurden. Die bisher dominierende "Monokultur des sprachlichen Lernens" in der Schule (1987a, 121) muß diversifiziert werden, sollen alle Kinder ihre Fähigkeiten in einem tatsächlich integrativen Unterricht entwickeln können. Eine veränderte Sichtweise von Leistung kann abschließend eine Fabel verdeutlichen:

Es gab einmal eine Zeit, da hatten die Tiere eine Schule. Das Lernen bestand aus Rennen, Klettern, Fliegen und Schwimmen. Und alle Tiere wurden in allen Fächern unterrichtet.

Die Ente war gut im Schwimmen; besser sogar noch als der Lehrer. Im Fliegen war sie durchschnittlich, aber im Rennen war sie ein besonders hoffnungsloser Fall. Da sie in diesem Fach so schlechte Noten hatte, mußte sie nachsitzen und den Schwimmunterricht ausfallen lassen, um das Rennen zu üben. Das tat sie so lange, bis sie auch im Schwimmen nur noch durchschnittlich war. Durchschnittsnoten aber waren akzeptabel, darum machte sich niemand Gedanken darum, außer der Ente.

Der Adler wurde als Problemschüler angesehen und unnachsichtig und streng gemaßregelt, da er, obwohl er in der Kletterklasse alle anderen darin schlug, als erster den Wipfel eines Baumes zu erreichen, darauf bestand, seine eigene Methode anzuwenden.

Das Kaninchen war anfänglich im Laufen an der Spitze der Klasse, aber es bekam einen Nervenzusammenbruch und mußte von der Schule abgehen wegen des vielen Nachhilfeunterrichts im Schwimmen.

Das Eichhörnchen war Klassenbester im Klettern, aber sein Fluglehrer ließ ihn seine Flugstunden am Boden beginnen, anstatt vom Baumwipfel herunter. Es bekam Muskelkater durch die Überanstrengung bei den Startübungen und immer mehr "Dreien" im Klettern und "Fünfen" im Rennen.

Die mit Sinn fürs Praktische begabten Präriehunde gaben ihre Jungen zum Dachs in die Lehre, als die Schulbehörde es ablehnte, Buddeln in das Curriculum aufzunehmen.

Am Ende des Jahres hielt ein anormaler Aal, der gut schwimmen, etwas rennen, klettern und fliegen konnte, als Schulbester die Schlußansprache.

Abb. 3.8: Eine curriculare Fabel oder: Das Konzept individueller Unterschiede (Autor unbekannt; BRABECK 1988, 100)

Integrationspädagogisch kann es nicht um das Herbeiführen von durchschnittlichen Leistungen bei allen SchülerInnen anhand eines einheitlichen Maßstabes gehen; es gilt vielmehr, jedes Kind im Rahmen seiner Möglichkeiten, in seinem individuellen Profil zu unterstützen.

3.5.2 Kritik an Förderansatz und Prävention

In einer Reihe von Untersuchungen ist den Effekten präventiver Maßnahmen bzw. den Folgen der unterstützenden Förderarbeit von SonderpädagogInnen in allgemeinen Schulen nachgegangen worden. Dabei zeigt sich, daß eine additive Konstruktion präventiver Maßnahmen zusätzlich zum allgemeinen Unterricht und mit der Zielrichtung der Förderung einzelner Kinder nicht nur kaum allgemeine positive Effekte zeigt, sondern sogar negative Effekte nach sich ziehen kann. Damit soll nicht negiert werden, daß derartige Systeme einzelne Kinder zu unterstützen vermögen. Diese übereinstimmende Linie ergibt sich aus den Untersuchungen von SPRINGER (1982), HAEBERLIN U.A. (1990) und REISER U.A. (1984).

SPRINGER berichtet über den Schulversuch Essen-Vogelheim, eine Schule mit einem problematischen Einzugsbereich. Ziel dieses Versuchs ist die Reduzierung der extrem hohen Sonderschulüberweisungsquote durch "die einfache Konstruktion eines strukturellen Annex an die bestehende Grundschule, der in die herkömmliche Schulorganisation kaum verändernd eingreift und im Grunde ohne großen organisatorischen und personellen Aufwand an jede Schule und jeden Schultyp angegliedert werden kann" (1982, 277f.). Dieses Ziel wird durch die Halbierung der Quote von Sonderschulüberweisungen zwar statistisch erreicht, jedoch fällt es angesichts einer Reduzierung an anderen Schulen mit ähnlichem Einzugsbereich ohne ein Förderzentrum "schwer, die Reduzierung an der Modellschule auf die organisatorische Veränderung der Schulstruktur durch die Einrichtung eines Förderzentrums zurückzuführen" (1982, 280) - positive Effekte des Förderzentrums sind demnach nicht sicher zu belegen. SPRINGER faßt die ernüchternden Ergebnisse des Versuchs u.a. in folgenden Kernpunkten zusammen:

"Die Lehrer haben die systemstrukturelle Erweiterung der Grundschule ... nicht als Entlastung ihrer täglichen Arbeit verspürt" (1982, 282). Die Einrichtung des Förderzentrums hat nicht zu einer "Erweiterung der Handlungskompetenz der Lehrer geführt" (1982, 282), vielmehr reagieren die LehrerInnen auf die weiterhin bestehende Aufgabe der Förderung schulschwacher Kinder "mit Ratlosigkeit und Resignation" (1982, 283). Weiter nimmt dieser Versuch keinen Einfluß auf "heimliche Theorien und nicht bewußtes Verhalten der Lehrer" (1982, 283). Es bleibt bei einem Konzept, das "sich an individuumbezogenen Defiziten orientiert, damit also Schulsystem und Organisationsrolleninhaber von einer Verantwortung für die als individuell oder sozio-kulturell bedingt definierten Defizite entlastet" (1982, 284).

SPRINGER stellt sogar negative Effekte des Förderzentrums fest, die sie in Anlehnung an ROGERS als Cooling-Out-Prozeß bezeichnet (1982, 288): Das Förderzentrum bekommt "in ihrem Definitionskonzept eine rechtfertigende, sie entlastende Funktion für die von ihnen ausgesprochenen Segregationsentscheidungen" (1982, 288). Hat das Kind die Chance einer Förderung im Förderzentrum nicht wahrnehmen können, kann es eher mit ruhigem Gewissen denn mit Verunsicherung ausgesondert werden. Schulschwäche erweist sich für die LehrerInnen des Versuchs "als organisatorisches Problem, das sie von der Notwendigkeit der Reflexion und Veränderung ihrer pädagogischen und interaktionalen Kompetenz entbindet" (1982, 294).

Die Haltung der LehrerInnen dem Versuch gegenüber ist von Ambivalenz geprägt, zum einen "aufgrund der ausbleibenden Zusammenarbeit mit den Experten" (1982, 289), zum anderen aufgrund des Gefühls einer Kompetenzbeschneidung durch Spezialisten in einer "Einrichtung, von der sie kaum etwas wußten, nichts erfuhren und wenig profitierten" (1982, 289). Die LehrerInnen im Schulversuch bezweifeln die Effektivität der im "'Schonraum' Förderzentrum erzielten Erfolge" (1982, 289) und wünschen sich stattdessen "kleinere Lerngruppen" oder die "Zusammenarbeit mit einem zweiten Lehrer, die sich direkt auf ihren Unterricht auswirken sollte" (1982, 290).

SPRINGER plädiert statt der externen Förderung in speziellen sonderpädagogischen Räumen für eine "Förderung schulschwacher Kinder innerhalb des Unterrichts" (1982, 308) durch den Einsatz einer zweiten Person in der Klasse. Separierte Formen provozieren nach SPRINGER eher eine Kompetenzspaltung statt einer -erweiterung (1982, 309). Mit einer solchen Alternative wäre der Weg "von einer Schülerhilfe zu einer Lehrerhilfe" zu finden. "Es soll also nicht eine Veränderung erster Ordnung im Vordergrund stehen, die den Fall behandelt, ohne die Stabilität der Situation zu gefährden, sondern eine Veränderung zweiter Ordnung, die auf die Neustrukturierung des Systems hinzielt" (1982, 313).

In die gleiche Richtung weisen die Ergebnisse der bereits mehrfach zitierten, umfangreichen Untersuchung von HAEBERLIN U.A. (1990) in den Klassen 4, 5 und 6 in der deutschsprachigen Schweiz, die sich auf Effekte unterschiedlicher Beschulungsformen auf den soziometrischen Status, die Leistungsentwicklung, die Einschätzung der eigenen Fähigkeiten und die Selbsteinschätzung der emotionalen und sozialen Integration bei lernbehinderten Kindern beziehen. Dabei vergleichen HAEBERLIN U.A. solche in Klassen der Regelschule mit und ohne Heilpädagogischer SchülerInnenhilfe (HPSH) sowie in Hilfsschulklassen. Die HPSH ist in ihrer Aufgabenstellung deutschen PräventionslehrerInnen vergleichbar - bedauerlich ist, daß ihre konkrete Praxis in der Untersuchung nicht erfaßt wird.

HAEBERLINS Aussagen müssen demzufolge auf präventive Maßnahmen und können kaum auf integrative Erziehung bezogen werden. Dieses bestätigt auch SEITH, die in einer Umfrage zur HPSH darauf hinweist, daß mit dieser Einrichtung höchst unterschiedliche Vorstellungen verbunden werden: "Die einen hoffen, einen Schritt hin zur Integration zu machen, die anderen bewilligen und dulden das Modell aus 'pragmatischen' Erwägungen, die meist geographischer und verkehrstechnischer Art zu sein scheinen" (1991, 283). Die meisten Schulorte mit HPSH liegen denn auch "in ländlichen, geographisch abgelegenen und verkehrstechnisch nicht leicht erreichbaren Gebieten" (1991, 284). So scheint die HPSH - zumindest zum Teil - ein Entwicklungsvorhaben zu sein, das die organisatorischen Strukturen verändern und SchülerInnen mit Lernschwierigkeiten billiger und effektiver in der allgemeinen Schule statt in der weit entfernten und teuren Sonderschule fördern soll. Was dieses Modell von integrativen Ansätzen weiter unterscheidet, ist das Bestehenbleiben der Verpflichtung zum Erreichen gleicher Leistungsstände und der Ausschluß von Kindern mit anderen Behinderungen. SEITH warnt vor der "Gefahr, daß die HPSH zu einem Nachhilfe- oder Förderunterricht verkommt, dank dem die Regelschule reibungsloser funktioniert" (1991, 294). Es ist dies genau jene Gefahr, von der auch SPRINGER berichtet.

Im vorliegenden Zusammenhang sind vor allem die Ergebnisse zu den Wirkungen der HPSH interessant: Bei der soziometrischen Stellung lernbehinderter Kinder kann "nicht nachgewiesen werden, daß sich die soziometrische Stellung von schulleistungsschwachen Schülern durch Heilpädagogische Schülerhilfe wesentlich verändert" (HAEBERLIN U.A. 1990, 271).

Bezüglich der Einschätzung der eigenen Fähigkeiten stellen HAEBERLIN U.A. fest: "Am tiefsten wird die eigene Begabung von jenen schulleistungsschwachen Schülern eingeschätzt, welche innerhalb einer Regelklasse durch die Zuteilung zur Heilpädagogischen Schülerhilfe sichtbar dokumentiert erfahren, daß sie leistungsmäßig die schwächsten sind" (1990, 273). Das Fazit: "Heilpädagogische Schülerhilfe scheint somit auf die Selbsteinschätzung der eigenen Fähigkeiten eine eindeutig senkende Wirkung zu haben" (1990, 274).

Zu den Schulleistungen ergeben die Untersuchungen, "daß keine positiven Wirkungen der Heilpädagogischen Schülerhilfe auf die schulische Gesamtleistung von schulleistungsschwachen Schülern ausgehen" (1990, 275), jedenfalls im Vergleich mit schulleistungsschwachen SchülerInnen in Regelklassen ohne und mit HPSH, die nicht auf diese Kinder zielt. HAEBERLIN U.A. beziehen dieses Ergebnis ausdrücklich nur auf die untersuchte Praxis zum Untersuchungszeitraum und nicht auf präventive Maßnahmen schlechthin.

Auch zur Selbsteinschätzung der Beziehungen zu den Mitschülern sowie des subjektiven Befindens finden sich keine signifikanten Unterschiede zwischen lernbehinderten Kindern in Regelklassen mit und ohne HPSH. Damit gelingt auch in diesen Bereichen "kein Nachweis einer spezifischen Wirkung der Heilpädagogischen Schülerhilfe auf die emotionale (ebenso wie die soziale; A.H.) Integration von schulleistungsschwachen Schülern" (1990, 281).

HAEBERLIN U.A. warnen nach diesen Ergebnissen vor dem Schluß, präventive Maßnahmen nach Art der HPSH seien überflüssig und deshalb schlicht einzusparen. "Entscheidend sind aber Form und Intensität dieser Hilfe" (1990, 281). Vermutlich übt der Wirkungsbereich von HeilpädagogInnen - zwischen sechs und 25 Klassen - einen wichtigen Einfluß auf die Qualität präventiver Arbeit aus, können dies jedoch mit ihren Daten nicht nachweisen. Für die Arbeit in sechs Klassen stellen HAEBERLIN U.A. "nachweislich positive Wirkungen" fest (1990, 286).

Weitere Forschungsergebnisse von HAEBERLIN U.A. im Rahmen ihrer Vergleichsuntersuchung sind bereits dargestellt worden (vgl. Kap. 3.1.1 zur Leistungsentwicklung und Kap. 3.1.2 zur Selbstwahrnehmung). Interessant ist für diesen Abschnitt die Einordnung dieser Ergebnisse durch die Autoren und die vorgeschlagenen Konsequenzen. Die Kurzformel: "'Erfolg' bei der Leistungsförderung und 'Mißerfolg' bei der Bemühung um sozial-emotionale Integration von schulleistungsschwachen Schülern" (1990, 329) führen sie zurück auf ein "leistungsideologisch geprägtes schulisches Klima, an dessen Veränderung sich offenbar bisher in den Integrationsversuchen niemand gewagt hat" (1990, 329). Hier müßte allerdings der Begriff 'Integrationsversuche' durch 'Präventionsversuche' ersetzt werden. Sie ziehen als Konsequenz: "Solange in unseren Schulen die Leistungsfähigkeit die zentrale soziale Bewertungskategorie bleibt, können organisatorische Integrationsmaßnahmen (= Präventionsmaßnahmen; A.H.) die gruppeninterne Aussonderung von leistungsschwachen Schülern schwerlich verhindern" (1990, 330). Somit bleibt "der Selektions- und Zuweisungsapparat 'Schule' trotz der Integrationsversuche (s.o.; A.H.) voll erhalten" (1990, 331). HAEBERLIN U.A. weisen auf die Notwendigkeit der "Kritik an der negativen Bewertung von Leistungsschwäche" (1990, 331) und der "Hinwendung zum pädagogischen und gesellschaftlichen Ideal der personalen Gleichheit aller Menschen" (1990, 331) hin und gehen damit weit über den Rahmen der Organisation hinaus.

HAEBERLIN U.A. plädieren vor diesem Hintergrund für ein Konzept, das "sich räumlich und zeitlich innerhalb des Regelklassenunterrichts als Hilfe für den Regelklassenlehrer und für die gesamte Klasse versteht" (1990, 333). Im Hinblick auf zukünftige Versuche empfehlen sie u.a. das Aufgeben der Idee eines für alle Schüler einer Klassenstufe verbindlichen Lernzielkatalogs, die Einrichtung von Integrationsklassen mit dem Zwei-LehrerInnen-System und lernzieldifferentem Unterricht unter Verzicht auf den administrativen Zwang zu "typologisierende(n) Abklärungen" und ohne grundsätzlichen Ausschluß einer Behinderungsform (1990, 334f.). Die Autoren fordern die Weiterentwicklung vom präventiven Förderansatz zum Integrationsansatz, mit allen dort angestrebten normativen und institutionellen Veränderungen, ohne die präventive Ansätze ihr Anliegen, Aussonderung zu vermeiden, nicht erreichen können.

Diese Ergebnisse könnten in ihrer Gültigkeit angezweifelt werden, da es sich in dieser Untersuchung um eine relativ späte Phase innerhalb der Schulzeit handelt und die größten Effekte zu Beginn der Schulzeit zu erzielen sind. Hierzu kann ein weiterer Untersuchungsbericht Aussagen liefern. REISER U.A. (1984) haben im Frankfurter Präventionsversuch 1978 - 1983 den Zeitraum der beiden ersten Grundschulklassen und z.T. der bestehenden Eingangsstufe untersucht.

Die Aussagen zur Entwicklung von Schulleistungen und zum emotionalen Erleben von Unterricht werden folgendermaßen zusammengefaßt: "Wir können nicht davon ausgehen, daß die Arbeit des Sonderschullehrers einen generellen, auf das Jahrgangsniveau bezogenen Effekt hinsichtlich objektivierbarer Schulleistungen hat" (REISER U.A. 1984, 90). Dies schließt natürlich individuelle Hilfen und Erfolge nicht aus, ist jedoch strukturell ein Ergebnis, das nachdenklich macht. Gleiches gilt für die Untersuchungen zum subjektiven Erleben von Unterricht: "Unsere Annahme, daß die Kinder den Ko- und den Kleingruppenunterricht (durch SonderschullehrerInnen; A.H.) positiver einschätzen würden als den Klassenunterricht (durch GrundschullehrerInnen; A.H.), konnte also nicht bestätigt werden. Ein Einfluß des Schulversuchs auf die Selbsteinschätzung der Kinder konnte empirisch nicht nachgewiesen werden" (1984, 121). Auch hier zeigen sich in der insgesamt keine allgemeinen positiven Effekte eines Präventionsversuches, und dies in Hinblick auf die Leistungsförderung wie auf die emotionale Stabilisierung der Kinder. Gleichwohl werden individuelle Hilfen und Fortschritte gesehen (vgl. 1984, 316).

REISER U.A. ziehen aus dem Versuch die Konsequenz, daß "die Tätigkeit von Sonderschullehrern an Grundschulen solange keinen Fortschritt bringt, solange am Förderansatz festgehalten wird" (1984, 315) in dem Sinne, "daß das Kind 'normalisiert' werden muß, es werden besondere Anstrengungen unternommen, um seine Lerndefizite und unangemessenen Verhaltensweisen einem irgendwie gearteten Mindeststandard anzupassen" (1984, 315). Sie fordern stattdessen, "die Zielvorstellung des letztendlich doch 'erfolgreichen' Grundschulabschlusses fallen zu lassen" (1984, 316). Damit muß sich die Schule an die Bedürfnisse von Kindern anpassen und nicht umgekehrt, was u.a. ein konsequentes Aufgeben des Lernens im Gleichschritt bedeutet. Die Forschungsgruppe bezeichnet in einem Aufsatz die Veränderungen ihres Konzepts mit der Formulierung "vom Förderansatz zum Integrationskonzept" (AHLHEIM U.A. 1982). Damit verlagert sich der Schwerpunkt der Betrachtung weg von direkt auf die Anpassung einzelner Kinder gerichteten Maßnahmen und hin zu Interventionsstrategien innerhalb eines komplexen Bedingungsgefüges, in dem Kinder, LehrerInnen, die Schule als ganzes und das Umfeld mit verschiedenen Einflüssen aufeinander einwirken (vgl. 1984, 285ff.), innerhalb dessen eine möglichst große "integrative Wirksamkeit" erzielt werden soll (1984, 292). Damit unterstreichen REISER U.A. die Notwendigkeit der für Integrationsprojekte grundlegenden Prinzipien und Rahmenbedingungen (vgl. Kap. 3.4.2)

Wie sich die Entwicklung von einem defektorientierten Förderkonzept zu einem integrativen Ansatz vollziehen kann, zeigt FECHLER (1987b) in seinem Bericht über den Schulversuch mit einem "Kompagnon-Modell" in Hildesheim. Zunächst geht es gemäß dem Genehmigungsschreiben bei der Kooperation der LehrerInnen um die Abwendung von Schulversagen durch Beobachtung und nachgeordnete gezielte Förderung parallel und zusätzlich zum Unterricht in der Klasse. Später verlagert sich der Schwerpunkt jedoch auf das Kennenlernen der Lerngruppe, die Planung und Realisierung von Situationen im Klassenunterricht und die Verabredung und Einrichtung besonderer Fördermaßnahmen (vgl. 1987b, 46). Im Abschlußbericht des Schulleiters hat sich "der sonderpädagogische Charakter der

Versuchsintention" verloren: Die Heterogenität der Lerngruppe wird nicht als Indikator für drohende Lernbehinderung angesehen, sondern als grundlegende Bedingung des Unterrichts, der durch ein Zwei-LehrerInnen-Team, das seine Bemühungen auf grundlegende Hilfen für erfolgreiches Lernen richtet, besser entsprochen werden kann. Hier geht es mehr um "die Eröffnung individueller Lernwege" (1987b, 47) als um individuelle Förderpläne, denn "solche Pläne verhindern Prävention und verschärfen Selektion" (1987b, 47).

Bedeutsam sind vor allem anderen die Möglichkeiten der Zweierbesetzung im Erstunterricht, mit deren Hilfe es tatsächlich zu Binnendifferenzierung und individualisiertem Unterricht - und einer Reduzierung der vorhandenen Komplexität kommen kann (vgl. Kap. 3.3.1). FECHLER gibt die Erfahrung wieder, daß solcher Unterricht "eine Ausnahme bleibt, wenn sie **einem** Lehrer allein zugemutet wird" (1987b, 48), und folgert: "Individuelle Hilfe und Förderung wird u.a. erst dadurch als aussondernd und diskriminierend erlebbar, daß zuvor ein reduziertes Bild von 'normalem' schulischem Lernen in der Situation des von einem einzigen Lehrer zu bewältigenden Anfangsunterrichts erworben wurde" (1987b, 48).

Angesichts dieser Entlastung von der Rolle des Einzelkämpfers verwundert es nicht, daß sich nach Abschluß des Schulversuchs das Kollegium der Schule entschließt, den Versuch weiterzuführen. Grundlegend ist das Prinzip der Rotation, nach dem die Rolle des Kompagnon-Lehrers immer nur für zwei Jahre übernommen werden kann und dann wieder von der Klassenlehrerrolle abgelöst wird. Dieses Prinzip hält FECHLER für die wichtigste Bedingung für das Gelingen des Versuchs, weil es das Sich-Einrichten in einer Spezialistenrolle verhindert. Es handelt sich "bei den Anforderungen an die Rolle des Kompagnon-Lehrers eben nicht um hochspezialisierte Kompetenzen für besondere, im Hinblick auf die Norm 'Unterricht' eher unwahrscheinliche Lernkontexte ..., sondern um Ableitungen aus der überfordernden Situation Unterricht selbst" (1987b,53).

Zugleich macht FECHLER auch die Grenzen des Hildesheimer Versuchs deutlich. Er räumt ein, daß dem Kollegium LehrerInnen fehlen, die in der Lage sind, "Kinder mit speziellen Behinderungen zu betreuen" (1987b, 56). Weiter stellt sich auch in diesem Versuch das Festhalten an den Mindestzielen der Grundschule als Problem heraus, das einen normativen Druck zu einer individuellen Förderung auf jene Mindestziele zu und ohne direkten Bezug zum Klassenunterricht ausübt (1987b, 57).

Entscheidend für den sich entwickelnden Ansatz ist nach FECHLER (1990) eine sorgfältige Problembestimmung: Geht es um das Problem der "ProblemschülerInnen" oder geht es und das Problem des Unterrichts, einer heterogenen Lerngruppe als einzelne Lehrkraft nicht gerecht werden zu können? Mit Blick auf die Erfahrungen mit dem niedersächsischen Kooperationserlaß, der der Intention der ersten Problembestimmung folgt, stellt FECHLER die Frage, ob die von Grundschulen wahrgenommenen "positiven Ergebnisse dem 'Einsatz der SONDERschullehrerin in der Grundschule' zuzurechnen sind" (1990, 8). Wenn dem so sei, entstehe schnell der Eindruck, daß diese positiven Veränderungen von der Anwesenheit eben dieser SONDERpädagogInnen abhängig seien. Dies hält FECHLER "für unredlich und - strategisch gedacht - für gefährlich" (1990, 8), denn dann hätte eine Grundschule keine Chance, "aus eigenen Kräften diesen erstrebenswerten Entwicklungsprozeß für sich selbst einzuleiten" (1990, 8). Letztlich wäre dies bildlich gesprochen der drohende Herzinfarkt der Grundschulpädagogik, dem durch sonderpädagogische Notfallmedizin abgeholfen werden müßte.

FECHLER sieht im Gegensatz zu einer solchen Sichtweise die positiven Effekte der Kooperation primär begründet in der Anwesenheit von zwei LehrerInnen im Unterricht. "Die Begründung der Funktion einer Ko-Lehrerin muß zunächst auf die problematischen Eigenschaften von Unterricht, nicht primär auf die 'Schwäche des Schülers', die ja sozusagen nur eine abhängige Variable darstellt, bezogen bleiben" (1990, 10). Im Licht dieser Überlegungen wird um so klarer, daß es nicht um die 'Integration behinderter Kinder' gehen kann, für die 'der ganze Aufwand' betrieben wird, sondern daß es um die 'Integration von Kindern mit und ohne Behinderung' und um eine Veränderung und Weiterentwicklung von Schule gehen muß, die vor allem mit Hilfe der integrativen Möglichkeiten der Komplexitätsreduktion gelingen kann (vgl. Kap. 3.3.1).

Auch die Organisation als Zusammenarbeit zwischen einer Grundschule und einer benachbarten Schule für Lernbehinderte - über den Weg der Mitarbeit von SonderpädagogInnen im Unterricht der allgemeinen Schule - kann ein Weg zur Schule ohne Aussonderung sein. Dies gilt allerdings vermutlich nur dann, wenn diese als integrative Entwicklung vom Willen und der Zielperspektive der Beteiligten getragen und nicht administrativ behindert wird, wie Berichte aus Bremen zeigen (BLOCH U.A. 1984, 1986, SOCHUREK 1988).

Faßt man die dargestellten Untersuchungen zusammen, so wird die Problematik additiver präventiver Maßnahmen deutlich, die mit Blick auf die individuelle Förderung von Kindern mit Schwierigkeiten vor allem auf die separierte Fördersituation setzen. Bei ihnen verändert sich das System der Schule als ganzes nicht oder kaum, es bleibt also z.B. bei der Verpflichtung auf allgemein verbindliche Lernziele, aber auch bei dem herkömmlichen Unterricht der RegelschullehrerInnen:

- Für die SchülerInnen ziehen sie auf allgemeiner Ebene wenig positive Entwicklungsmöglichkeiten nach sich, sowohl in sozial-emotionaler als auch in schulleistungsbezogener Hinsicht; evtl. tragen sie zu stärkerer Stigmatisierung bei.
- Die RegelschullehrerInnen werwerben keinen Kompetenzzuwachs, sondern ggf. eine Beschneidung ihrer Kompetenzen und/oder ein Delegieren der Verantwortung und Zuständigkeit für aussondernde Entscheidungen an nun vorhandene ExpertInnen. So werden Anlässe zur Reflexion der bisherigen Unterrichtspraxis genommen, innovatives Potential wird eher vermindert.

- Im Hinblick auf die pädagogische Weiterentwicklung der allgemeinen Schule haben auf einzelne SchülerInnen zielende Präventionsversuche kaum oder keine Schubkraft, im Gegenteil drohen sie die Strategien schulischer Selektion zu verfestigen und zu verfeinern.

Als zusammenfassende Einschätzung additiver und auf den Förderansatz aufbauender Präventionsversuche kann FECHLERs Fazit angesehen werden: "Eine Sonderpädagogik, die allzu früh und bereitwillig ihre Dienste anbietet, reproduziert genau jene Verhältnisse, an denen Schüler schulschwach werden müssen. Ein Teufelskreis entsteht. Eine unbeweglich bleibende Grundschule lernt Hilflosigkeit aus der falsch plazierten Hilfsbereitschaft der Sonderpädagogik. Beide können einen moralischen Bonus für sich buchen, denn beide sorgen sich 'rechtzeitig' und 'gezielt' um das 'schulschwache Kind'. Daß die einen es mit Hilfe der anderen herstellen und die anderen es - wiederum mit der Hilfe der anderen - identifizieren und benennen, bleibt unerkannt und verschwiegen. Die Grundschule hat dann die Sonderpädagogik, die sie verdient (und umgekehrt)" (1987a, 53).

Demgegenüber müßte eine Weiterentwicklung angestrebt werden, die die Mitarbeit von SonderpädagogInnen in der allgemeinen Schule zu einer unterrichtlichen Teamarbeit mit gemeinsamer Reflexion und mit der Zielrichtung auf Veränderungen der Gesamtsituation in der Klasse werden läßt, die die Aussonderung von Kindern nicht mehr notwendig erscheinen lassen. Dieses wäre die konzeptionelle Entwicklung von "integrative(n) Förderversuchen, die grundsätzlich am Grundschulcurriculum festhalten", zu "Integrationsversuchen" (REISER 1988, 249). Diese Entwicklung müßte begleitet sein von vertretbaren Rahmenbedingungen, u.a. eine Beschränkung der Klassenzahl in der Zuständigkeit für PräventionslehrerInnen, aber auch das Entfallen der Verpflichtung zum Erreichen eines gleichen Niveaus bei den Lernzielen. Alle zitierten Berichte stimmen in dieser Richtung der Weiterentwicklung überein, wenn sie nicht gleich die Rahmenbedingungen und Arbeitsweisen von Integrationsklassen favorisieren.

In diesem Sinne erscheint der mit dem Referentenentwurf von 1989 eingeleitete Entwicklungsschritt der Hamburger Schulbehörde (BSJB 1989a, 1989b, BÜRGERSCHAFT 1990) konsequent und richtig, die bisherige Tätigkeit von PräventionslehrerInnen in eine integrative Arbeit mit heterogenen Lerngruppen im Sinne der Teamarbeit innerhalb einer insgesamt nichtaussondernden Grundschule fortzuentwickeln. Denn die Präventionsarbeit ist zwar vom Anspruch her integrativ, in der Aufgabenbeschreibung durch die Schulbehörde jedoch auf die Förderung einzelner SchülerInnen gerichtet (BSB 1988a). In der Praxis findet sie weitgehend getrennt im speziellen sonderpädagogischen Raum statt (vgl. z.B. MALCHAU U.A. 1984, NÖTZOLD 1989). Mit den eingeleiteten Veränderungen kann Schulreform möglich und einer Verfestigung und Verfeinerung schulischer Selektion durch die Hinzuziehung von SpezialistInnen strukturell entgegengewirkt werden. Die in Berichten betonten positiven individuellen Effekte präventiver Arbeit wären durch eine integrative Situation einer von den Fesseln einer Verpflichtung zum lernzielgleichen Lernen entbundenen Klasse zumindest nicht ausgeschlossen.

3.5.3 Kritik an der 'Therapiewut'

Die Notwendigkeit der Veränderung eigener Sichtweisen gilt nicht nur, wie in Kap. 3.5.1 deutlich wurde, für PädagogInnen, sondern ebenso für den Umgang mit Therapien und für die Arbeit von TherapeutInnen. Auch im Bereich der Therapie gilt es anzuerkennen, daß Kinder sich in einem aktiven Aneignungsprozeß entwikkeln. Darin sollen sie von TherapeutInnen unterstützt werden. Wenn demgegenüber die bisherige Praxis vorwiegend durch defekt- und defizitorientiertes Vorgehen und die aggressive Bekämpfung von falschen Bewegungsmustern und Lautbildungen u.ä. charakterisiert ist, so könnte dies u.a. auch ein Hinweis sein auf mögliche innerpsychische Abwehrstrategien gegenüber den zu therapierenden Kindern (vgl. ALY U.A. 1981, 77 zur BOBATH-Ausbildung).

Seit langer Zeit haben es sich TherapeutInnen zur Aufgabe gemacht, an Defekten und Defiziten von Kindern zu arbeiten. Falsche Bewegungsmuster sollten gehemmt und nicht etwa genutzt und richtige Muster sollten gebahnt werden, falsche Lautbildungen wurden bekämpft, richtige angebahnt etc.. Ein solches therapeutisches Selbstverständnis kommt der Situation von Eltern entgegen, die gerade die Erfahrung haben machen müssen, daß das Kind, das sie bekommen haben, nicht mit dem übereinstimmt, was sie haben wollten; wesentliche Qualitäten fehlen ihm ('Hauptsache gesund', 'alles dran'). In dieser Krisensituation der Eltern ist verständlich, "daß man durch Behandlung und Therapie das Kind anders haben möchte; das setzt voraus, daß es nicht einfach als Kind, sondern als krankes Kind erlebt wird und im Grunde unsere Erwartungen nie befriedigt" (ROSER 1981b, 44). Die Erwachsenen erleben "die Behinderung als eine Katastrophe, der Defekt steht im Vordergrund und im Mittelpunkt steht, wenn wir genauer hinschauen, nicht das Kind, sondern das Bedürfnis der Erwachsenen, von der Norm Abweichendes zurechtzubiegen, zu heilen oder zu vertuschen" (ROSER 1987b, 42) - auch durch Therapie. Sie "inszeniert dabei ein ideales Selbstbild mit der Behauptung, sie fördere die Integrationsfähigkeit, indem sie die Behinderten zum selbständigen Leben befähigen" würde (SIERCK 1987, 108, der Beispiele aus seiner eigenen Geschichte für 'therapeutische' Anpassungsversuche anführt). Im Gegenteil wird jedoch "mit der Perfektion therapeutischer Praktiken das eigentliche Ziel, nämlich das Leben in der sozialen Umwelt, abstrakt (...) und (...) unerreichbar" (ROSER 1981a, 17).

MILANI-COMPARETTI & ROSER prägen für diese Konstellation den Begriff der "perversen Allianz von Eltern und Ärzten" (1982, 79) gegen das behinderte Kind (vgl. auch MILANI-COMPARETTI 1987 sowie Kap. 3.1.3). Die gemeinsame Fixierung von ÄrztInnen, TherapeutInnen und Eltern auf das Abweichende, das Defizit und den Defekt wendet sich gegen das Kind, indem sie seine Individualität als ein "zur Form und zur Norm zu führendes, amorphes Etwas" (ROSER 1987b, 40) sieht und seine ganze Persönlichkeit aus dem Blick verliert. ROSER weist darauf hin, "daß schon die Therapie an sich eine absondernde Wirkung hat und in der defektbetonten Behandlung mehr Schaden anrichtet, als es der Defekt selbst ergeben hätte, vor allem im Selbstgefühl des Betroffenen" (1981b, 44). Dies ist u.a. schon deshalb der Fall, weil "das betroffene Kind in den ersten Lebensjahren gar nicht weiß, was der Erwachsene von ihm will" (1981b, 44) - und es weiß auch nicht, daß das Ringen um seine "bestmögliche Entwicklung" - was immer damit gemeint sein mag - Ausdruck von elterlicher Liebe sein soll (vgl. hierzu auch den Erfahrungsbericht der Krankengymnastin PREISSLER 1990). Die Entwicklung der Selbstwahrnehmung ist somit vorgezeichnet: "Harte Arbeit, viel Therapie, viel Freude um den kleinsten Erfolg führen das Kind zur Wahrnehmung des Hauptgegenstandes: seine Behinderung" (ROSER 1987b, 40), "es erlebt sich als minderwertig, so sehr es auch geliebt werden mag, denn durch die Arbeit an ihm intuiert es früh seine Fehlerhaftigkeit" (1987b, 42).

Die 'perverse Allianz' läßt sich in mehreren Facetten verdeutlichen: Es geht um die Frage, wie viel, wie lange Therapie gegeben werden soll, weiter um Prozesse der Exotisierung und Inflationierung, um die Rolle der Eltern und die Bedeutung der Diagnosestellung.

MILANI-COMPARETTI & ROSER sprechen bezüglich der **Menge an Therapie** davon, daß eine "totalitäre und betrügerische These entstanden (sei): mehr Therapie = mehr Resultate" (1982, 79), und das je früher, desto besser. HOEHNE weist auf die gängige und selbstverständliche Praxis hin, schon bei Neugeborenen und Säuglingen "bei irgendeiner Auffälligkeit" Krankengymnastik zu verordnen (1984, 1). Hier werden entsprechend einer 'Medizin der Krankheit' alle Hoffnungen auf eine frühe und effektive Bekämpfung der Pathologie, der Ausfälle etc. gesetzt. Stattdessen sollten die Beteiligten entsprechend einer 'Medizin der Gesundheit' versuchen, das Kind in seiner Gesamtheit wahrzunehmen und in seiner Handlungsfähigkeit zu unterstützen. Das Jagen nach therapeutischen Erfolgen ist zudem von zweifelhaftem Wert, haben doch PraktikerInnen selbst für eine relativ gut faßbare Therapie wie die Krankengymnastik festgestellt, daß bei einem angenommenen Erfolg von insgesamt 75 % etwa 60 % auf "persönliche Zuwendung, liebevolle Annahme und motivierende Art der Therapeutin, weitere 10 % auf die unspezifische Stimulation von Wahrnehmung und Bewegung und nur die letzten 5 % auf die spezielle Krankengymnastik" zurückgehen (HOEHNE 1984, 4). Die Effektivität und der "wirkliche Therapieerfolg" (ALY 1982, 95) krankengymnastischer Methoden sollte also nicht überbewertet werden; häufig wird von einem exotisierenden "Methodenzauber" (ALY U.A. 1981, 70) gesprochen, mit dem SpezialistInnen ihre berufliche Identität sichern und hinter dem sie sich und ihre Ängste ggf. auch verstecken können. So kommt es zur "Erstarrung der Angst zur Behandlungstechnologie"(NIEDECKEN 1989, 160).

Weiter wird die **Exotisierung und Inflationierung von Therapie** kritisiert. Es ist nach MILANI-COMPARETTI & ROSER "die Zwangsvorstellung aufgekommen, daß für den Behinderten alles besonders sein muß" (1982, 79). Mit der Inflationierung des Therapiebegriffs werden Kinder mit Behinderungen (und TherapeutInnen) zusätzlich exotisiert: "Der Alltag wird zur Therapie erklärt" (WUNDER 1982, 73); sie ersetzt vielfach das reale Leben in einer Gemeinschaft mit anderen Kindern und dient dazu, "ein künstlichen Lebens in den Institutionen aufrechtzuerhalten" (BUCH U.A. 1980, 144; vgl. auch FEUSER 1984a, 134-142). So wird dann aus Spielen Spieltherapie, aus Musik-Machen Musiktherapie, aus Schwimmen-Gehen Schwimmtherapie, aus Beschäftigung mit Dingen Beschäftigungstherapie, aus dem Miteinander-Sprechen Sprachtherapie, aus Reiten-Gehen Reittherapie, aus Turnen Physiotherapie, aus auf dem Spielplatz-Spielen Psychomotorik usw. usf. Eine Höchstform der Exotisierung bildet wohl eine "Waldtherapie für behinderte Jugendliche" (VANGEROW 1979), die in einem Drei-Stufen-Modell offensichtlich das Spazierengehen ersetzen soll. Und anstatt daß z.B. ein Kind das Parfüm hinter dem Ohr seiner Mutter, den Zwiebelgeruch in der Küche und den Tabakgeruch seines Vaters - oder des jeweils anderen Elternteils - erlebt, werden ihm diese Eindrücke, vom alltäglichen Kontext entfremdet, als "nackte Reize" im Sinne von Übungen fünfmal täglich offeriert (MILANI-COMPARETTI 1987, 232). Die Überspezialisierung und damit einhergehende Exotisierung Ende der 60er Jahre, die aber auch noch heute Gültigkeit haben dürfte, macht KOBI deutlich: Zu allein 14 SonderschullehrerInnenkategorien, weiter untergliedert nach Schulstufen und -fächern "gesellen sich in der Praxis die Heerscharen der Psycho-, Physio-, Ergo-, Moto-, Psychomoto-, Mal-, Atem-, Familien-, Gestalt-, Gestaltungs-, usw. Therapeuten, gefolgt von den '-iatern', den '-logen' und den '-agogen', die allesamt von Integration sprechen ..." (KOBI 1983, 202).

Weiter ist bezüglich der **Dauer von Therapien** kritisch zu hinterfragen, wie lange und bis zu welchem Alter Therapien durchgeführt werden sollen (vgl. HOEHNE 1984, 1987). Hier geht es um die mit zunehmendem Alter immer schwerwiegenderen Folgen psychischer und sozialer Stigmatisierung durch Therapie, die deren mögliche positive Effekte mehr und mehr überlagern. Da im Laufe des dritten Lebensjahres die Ausdifferenzierung motorischer Hirnfunktionen weitgehend abgeschlossen wird (1984, 2), sollten bereits im Kindergartenalter Therapien in der Form der Einzelmaßnahme kritisch überprüft und ggf. zurückgenommen werden; im Schulalter hält HOEHNE Bewegungstherapien "nur noch in ganz wenigen Fällen für sinnvoll" (1987, 65), und dies allenfalls dann, wenn Krankengymnastik in einer anderen Weise und mit anderem Selbstverständnis wirksam wird, indem "im Spiel des Kindes die therapeutischen Qualitäten entdeckt und diese ausgebaut werden" (1987, 65). Überaus problematisch sind für HOEHNE Therapien bei Kindern im Grenzbereich der Auffälligkeit, die mit - wenn auch richtigen, immer wieder wechselnden und nie das Kind als Ganzes beschreibenden, sondern nur stigmatisierenden - Diagnosen wie 'Minimale Cerebrale Dysfunktion' oder 'Sensorische Integrationsstörung' mit sechs oder sieben Jahren zur Therapie geschickt werden (1987, 69). Hier geht es häufig mehr um gesellschaftliche Normalitätsvorstellungen als um die Frage der Notwendigkeit - um eine Not zu wenden - von stigmatisierenden Therapien. Für Sonderschulen ergeben sich auch in diesem Bereich immer größere Legitimationsprobleme, denn einerseits konnten sie bislang ihre positiven Besonderheiten besonders durch Therapien und TherapeutInnen herausstellen, andererseits haben sie intern immer stärker mit Phänomenen der 'Therapiemüdigkeit' und 'Therapieresistenz' zu kämpfen - dies sollte Anlaß zur kritischen Reflexion der eigenen Praxis sein.

Auch die bezüglich der **Rolle der Eltern** in den 80er Jahren dominierende Auffassung, Eltern zu Co-Therapeuten zu machen, kann als Ausdruck der 'perversen Allianz' von ExpertInnen und Eltern gesehen werden. Diese Auffassung ist nur dort möglich, "wo den Eltern ihr Kind vom therapeutischen Apparat zuvor weggenommen worden ist" (ALY U.A. 1981, 31). Für das Kind birgt sie die Gefahr des Verlusts zweier existentiell wichtiger Dinge: Das Kind verliert "sein Kindsein und gleichzeitig seine Eltern. Das Kindsein wird zur Therapie. Die Eltern zu Therapeuten" (1981, 32). "Nichts ist gefährlicher für die Kind-Eltern-Beziehung, als Mutter und Vater zu Therapeuten zu machen" (MILANI-COMPARETTI & ROSER 1982, 85), auch deshalb, weil Eltern in eine Abhängigkeit von (früh-)fördernden ExpertInnen geraten können: Sie sind es, die den Eltern gleichsam eine Absolution erteilen können für ihre Tötungsphantasien dem Kind gegenüber und für die Schuldgefühle, wenn die Eltern folgsam all das tun, was die ExpertInnen im Sinne einer späteren gesellschaftlichen Nützlichkeit ihres Klientels für notwendig halten (vgl. NIEDECKEN 1989, 179-191).

Was Eltern demgegenüber primär bräuchten, sind anleitende BeraterInnen, denen es "in der frühen Krankengymnastik weniger um die Motorik und ihre Abweichungen (geht), sondern viel mehr um die Begleitung und Führung einer Familie bei ihrem Bejahungsprozeß" (HOEHNE 1984, 5) - und dies nicht etwa bezogen auf die Behinderung, sondern die Bejahung des Kindes, auch mit seinen Schwierigkeiten. Es ginge dann nicht mehr um das 'Behandeln' eines Kindes durch Therapie, sondern um die beobachtende Teilnahme und Unterstützung der Erfahrungen des Kindes und seiner Entwicklung in seiner alltäglichen Welt. Hinter dieser Auffassung steht die These, daß kindliche Entwicklung nicht im Sinne eines Reiz-Reaktions-Schemas gedacht werden kann, "sondern als eine Beziehung zwischen einer autonomen Haltung des Individuums, das sich aus eigener Aktivität seiner Umwelt anbietet, und dieser Umwelt" (MILANI-COMPARETTI 1987, 231). In diesem dialogischen Sinne sind die "Vorschläge" des Kindes (MILANI-COMPARETTI & ROSER 1982, 82) zu studieren und dementsprechende Gegenvorschläge zu machen. So kann ein kreativer "Dialog zwischen Vorschlägen und nicht ein Dialog zwischen Antworten" (MILANI-COMPARETTI 1987, 231) eingeleitet werden, der als offene Spirale denkbar ist. Leider sind bislang KrankengymnastInnen und andere TherapeutInnen für ein solches Arbeitsverständnis nicht ausgebildet und infolgedessen bei solcherlei Aufgaben leicht überfordert.

Eine besondere Wichtigkeit für die Entwicklung von Kindern hat die Stellung der **Diagnose**. In der 'Medizin der Krankheit' fügt sie den Eltern über schwer oder kaum verständliche Begriffe einen zusätzlichen Schock zu, auf den in der Regel verstärkte Tötungsphantasien und Schuldgefühle folgen. Damit fungiert sie "als Einbetonierung von Selbst- und Fremdwahrnehmung in der frühen Mutter-Kind-Beziehung" (NIEDECKEN 1989, 24) und sagt doch kaum etwas über konkrete Entwicklungsmöglichkeiten aus. Die Diagnose ist häufig die Grundlage für eine Endlos-Therapie mit unklaren Zielsetzungen, bei denen TherapeutInnen leicht "zu einer lebendigen Prothese für die Bewegungen eines Menschen werden" (ALY 1982, 96), anstatt seine Autonomie und Handlungsfähigkeit zu unterstützen und sich möglichst schnell überflüssig zu machen. Neben einer Diagnose, "der Feststellung einer bestehenden Wahrheit" (1987a, 99) fordert ROSER eine Prognose, also "die Erforschung einer möglichen Entwicklung, ... in der die Persönlichkeit der Eltern, ihre Wertwelt, die Gegebenheiten des Kindes und die fachlichen Kenntnisse eingebaut werden" (1987a, 99). Ausgehend von einer solchen Analyse (vgl. Kap. 3.4.3) kann dann für das Kind wie für die Eltern 'Normalität' im Sinne der Unterstützung von Autonomie und Handlungsfähigkeit im sozialen Umfeld erarbeitet werden.

Zusammenfassend kann für den Bereich der Therapie gesagt werden, daß es auch hier darum geht, eingeengte Normalitätsvorstellungen kritisch zu reflektieren und - entsprechend der bislang für LehrerInnen typischen pädagogischen Aggressivität - auch eine therapeutische Aggressivität abzulegen. Dementsprechend sind bei den ExpertInnen Veränderungsprozesse anzustreben, die sich vom Reiz-Reaktions-Schema einer therapeutischen Behandlung nach vorhandenen Methoden lösen und zu einem offenen Entwicklungsprozeß mit einem positiven Dialog zu gelangen versuchen. Dabei ginge es dann nicht mehr um die Bearbeitung von Defekten und Defiziten im Sinne einer aggressiven Verfolgung, sondern um die ganzheitliche Wahrnehmung der kindlichen Persönlichkeit mit ihren Möglichkeiten, Kompetenzen und Schwierigkeiten (vgl. auch Kap. 3.1.2).

Das Therapieverständnis einer 'Medizin der Gesundheit' ist bemüht (vgl. MILANI-COMPARETTI & ROSER 1982),

- primär die Kompetenzen und Schwierigkeiten eines Kindes zu sehen anstatt einen Behinderten zu behandeln und somit Normalität und Autonomie eines Kindes zu fördern anstatt einen Defekt heilen zu wollen,
- die Behandlung eines Kindes auf das "unbedingt Unerläßliche" (1982, 85) und den kleinstmöglichen Zeitraum zu beschränken,
- therapeutische Übungen und Sitzungen zu vermeiden und stattdessen die Erfahrungen im alltäglichen Leben zu beobachten, die darin enthaltenen therapeutischen Qualitäten wahrzunehmen und ihre Überleitung von Handlungen in Gewohnheiten zu unterstützen. Damit wird das Kind als "Hauptperson seiner eigenen Entwicklung" wahrgenommen (1982, 86).

Innerhalb der integrationspädagogischen Praxis sind aus dieser Kritik zwei Strategien des Umgangs hervorgegangen: In einigen Projekten arbeiten TherapeutInnen integriert im Unterricht mit, in anderen wird die Bedeutung der Therapie so relativiert, daß TherapeutInnen eher beratend mit den IntegrationspädagogInnen kooperieren. In solchen Projekten wird als Aufnahmevoraussetzungen festgelegt, daß eine separierte therapeutische Versorgung innerhalb der Grundschule entweder, was seltener der Fall ist, ermöglicht oder, was häufiger vorkommt, nicht erforderlich ist. Daß HOEHNEs Aussagen zur Notwendigkeit von Therapien im Schulalter einen hohen Realitätsgehalt haben, zeigen u.a. die Hamburger Erfahrungen, nach denen fehlende therapeutische Möglichkeiten als Grund für die Nichtaufnahme bislang nicht bedeutsam geworden sind (HINZ 1990a, 391).

Deutlich ist auch, daß - unabhängig von der organisatorischen Anbindung therapeutischer Fachkräfte innerhalb der Integration - letztendlich Pädagogik und Therapie "im Prinzip nicht voneinander unterschieden" sind (FEUSER 1984a, 134), wenn Therapie nicht mehr primär als Einzelbearbeitung von Defiziten und Defekten in einer Übungssituation definiert wird. Ein verändertes therapeutisches Selbstverständnis, das die bisherige Praxis und Theorie grundsätzlich hinterfragt, verspricht in der Entwicklung überdies weiterzuführen als Versuche, bisherige Ansätze nach Form und Systematik in die integrative Situation zu importieren, wie es z.B. RODUST (1988) in bezug auf die Sprachtherapie versucht. Anstatt defizitäre Abweichungen einzelner Kinder zu diagnostizieren und auf deren Abtrainieren zu zielen, gilt es vielmehr, die therapeutischen Qualitäten des gemeinsamen Lebens und Lernens verschiedener Kinder wahrzunehmen und auf dieser Basis Kinder in ihrer Entwicklung zu unterstützen. Hier erscheint es statt des Festhaltens am Begriff 'Therapie' und seinen häufigen heilenden bzw. aggressiven Implikationen sinnvoller, von pädagogischer Arbeit mit mehreren PädagogInnen in einer heterogenen Gruppe zu sprechen.

3.5.4 Kritik an medizinisch-gesellschaftlichen Uniformierungstendenzen

Im Zuge der Weiterentwicklung der Medizin sind Eingriffe möglich geworden, die Behinderungen teilweise zu verhindern vermögen. Diese Entwicklung wird getragen und vorangetrieben von Vorstellungen, möglichst viel Leid und Belastungen zu vermeiden und sie den Betroffenen und ihren Eltern zu ersparen. Dieses geschieht zum einen auf dem Wege humangenetischer Beratung und vorgeburtlicher Diagnostik, mit der bestimmte Schädigungsbilder tendenziell verhindert oder zumindest in ihrer Häufigkeit vermindert werden können, zum anderen im Zuge der medizinischen Entwicklung, wo gentechnologische Lösungen pädagogische und therapeutische Bemühungen teilweise ersetzen könnten. Es besteht schon die Vision eines gentechnologischen Zeitalters (vgl. BECK 1988). Weiter sind in den letzten Jahren verstärkte Diskussionen um die Sterilisation 'Einwilligungsunfähiger', also von Menschen mit geistiger Behinderung, und um die aktive Sterbehilfe bzw. um das Lebensrecht von alten Menschen mit schweren Krankheiten oder Behinderungen sowie schwerstbehinderten Neugeborenen zu beobachten.

Aus der Betroffenenperspektive stellt sich die Situation in Umkehrung eines verbreiteten und selbstverständlichen Satzes nicht nur dar als problematische Eltern-Kind-Beziehung und als "Risiko, nichtbehinderte Eltern zu bekommen" (SIERCK 1989). Sie erscheint auch als zunehmend existenzbedrohend, da innerhalb der sich vollziehenden gesellschaftspolitischen Entwicklungen - zentriert um die Stichwörter Humangenetik, Gentechnologie, Zwangssterilisation und aktive Sterbehilfe - im verbreiteten, 'normalen' Denken kein Platz für Leiden, Krankheit und Behinderung bleibt. Es geht in diesem Abschnitt also um Prozesse, die gesellschaftliche Normen in integrativer oder in aussondernder Richtung verändern und bei denen, wie die Charakterisierung der aktuellen Diskussionen bereits deutlich macht, eine bis zur Existenzbedrohnung für Menschen mit Behinderungen reichende aussondernde Grundtendenz vorhanden ist.

Eine solche Entwicklung weist also neben ihren gewollten positiven oder zumindest gut gemeinten Wirkungen Schattenseiten auf: Häufig wird das Ziel der Vermeidung von Schädigungen mit der Verachtung von Geschädigten kombiniert und Geschädigte werden zum Zwecke der Abschreckung instrumentalisiert. Daß dies beispielsweise auch innerhalb der Literatur - und selbst in der 'friedensbewegten' Kinder- und Jugendliteratur - geschieht, machen in erschreckender Weise die Bücher von Gudrun Pausewang deutlich, in denen ein ganzes "Menü der Behindertenfeindlichkeit" (BOBAN & HINZ 1990) aufgetischt wird. Hier muß Behinderung als Abschreckungsmittel, als schlimmere Alternative zum Strahlentod, als Aufforderung zur aktiven Sterbehilfe und als Rechtfertigung von Mord herhalten, um die Gefahren einer unbeschränktem Fortschrittsglauben entsprungenen Atompolitik deutlich zu machen (vgl. auch CHRISTOPH 1990, 92-97). Auch die Ökologiebewegung huldigt verstärkt einem "Gesundheits-Fetisch" (CHRISTOPH & MÜRNER 1990) und trägt indirekt zur wachsenden gesellschaftlichen Verachtung von Menschen mit Behinderungen bei, wenn sie auf einem Aufkleber einen verendeten, teilweise nur noch aus Gräten bestehenden Elbfisch an Krücken darstellt.

Im folgenden sollen die Diskussionsfelder im medizinischen Bereich betrachtet werden: die humangenetische Beratung, die Gentechnologie und ihre Perspektiven, die Sterilisation 'Einwilligungsunfähiger' und die sog. aktive Sterbehilfe.

Der **humangenetischen Beratung** und als einem ihrer Kernstücke der pränatalen Diagnostik liegen die einfache Gleichung "Behinderung = Leid" zugrunde. Leid gilt es zu verhindern, also sorgen wir für die Verhinderung des Leids und ggf. der Leidenden (SIERCK & RADTKE 1989). Es ist dies die Logik eines unbegrenzten medizinischen Fortschrittsmodells, das entsprechend dem Gotteskomplex (RICHTER 1986) Leid durch Technologie und technischen Aufwand zu verhindern und damit gleichzeitig abzuspalten versucht. Dabei wirken die gleichen Abspaltungsbedürfnisse und Normalitätsvorstellungen bei verschiedenen Menschen und Berufsgruppen zusammen (vgl. BOBAN & HINZ 1988b):

- Eltern wünschen sich selbstverständlich ein gesundes, nichtbehindertes Kind; sie hoffen, durch pränatale Diagnostik eine Sicherheit dafür zu bekommen.
- Ärzte sehen als ihre Aufgabe, Eltern und den zukünftigen Kindern selbst Leid zu ersparen; mit ihrem hippokratischen Eid haben sie sich dazu verpflichtet.
- Für Ökonomen und aus finanz- und sozialpolitischer Perspektive können humangenetische Maßnahmen zur Geburt von mehr nichtbehinderten Kindern beitragen, was angesichts der bestehenden Alterspyramide und der dadurch, aber auch durch hohe Betreuungskosten für behinderte Menschen bedingten gesellschaftlichen Kosten begrüßt wird.

Hier ist eine normenbezogene Kontinuität zwischen rassehygienischen bzw. sozialdarwinistischen Vorstellungen und humangenetischer Arbeit, eine kontinuierliche Entwicklung "vom Erbgesundheitsgericht zur humangenetischen Beratung" (SIERCK & RADTKE 1989) festzustellen, deren Wurzel u.a. in der durchgängigen Abspaltung von eigener Schwäche, Dysfunktionalität, Unfähigkeit, Ängstlichkeit etc. liegt, die um so heftiger - bis hin zu Asylierung, Existenzbedrohung und kollektiver Vernichtung - bei anderen verfolgt wird. In dieser psychologischen Wurzel gibt es keine Unterschiede zwischen der wilhelminischen Ära, dem Dritten Reich und der heutigen Zeit. Für Betroffene existentiell wichtige Unterschiede bestehen hingegen in den Formen und Ausprägungen der Abwehr, zunächst in damaliger Zeit als Anstaltsverwahrung, später als Massenvernichtung, heute hingegen (noch) sozial abgefedert teils als rehabilitative Abwehr (vgl. Kap. 3.5.3), teils als präventive, humangenetische und in Zukunft zumindest in der Zielperspektive als gentechnologische Verhinderung. Akzeptanz von Menschen mit Behinderung ist dagegen in keiner der angesprochenen Epochen anzutreffen.

Was für den Umgang mit dem Phänomen Behinderung bleibt, ist die Einsicht: Normalitätsvorstellungen und Kosten-Nutzen-Denken tragen nicht nur zur Ausbreitung humangenetischer Beratungsangebote bei, sondern entwickeln gleichzeitig einen sozialen Druck, der die freiwillige Beratung als Angebot zur Farce und deren Inanspruchnahme und die ggf. folgende Abtreibung selbstverständlich werden läßt. Wenn hiervor gewarnt und die Freiheit der individuellen Entscheidung der Eltern betont wird, zu der der Arzt nur durch Informationen beitragen könne (z.B. NEUHÄUSER 1986, 110), erscheint dies fast als naiv und realitätsfremd. Schädigungen und mit ihnen Geschädigte geraten mittlerweile immer stärker unter einen gesellschaftlichen Druck der Unnötigkeit und der Überflüssigkeit. Die Verantwortung für sie droht zunehmend individuellen Versäumnissen und individueller Schuld der Eltern zugerechnet zu werden. Entscheiden sie sich für ihr behindertes Kind, "dann ist dies nicht mehr unbedingt bewunderungswürdig, sondern möglicherweise Dummheit und Ängstlichkeit" (CHRISTOPH 1990, 52). "Ich mußte mich rechtfertigen, weil ich nicht traurig war", überschreibt JÖDICKE-RIEGER (1991) ihre Situation, nachdem sie unter Verzicht auf die Fruchtwasseranalyse ihr zweites Kind mit Down-Syndrom zur Welt gebracht hat. Ungeborene Kinder werden so einem "ersten Staatsexamen im Mutterleib" (BOBAN & HINZ 1988b, 465), einem Verfahren vorgeburtlicher Selektion unterworfen: "Die pränatale Diagnostik verwandelt das Auf-die-Welt-Kommen in einen embryonalen Hindernislauf. Jeder 'Fortschritt' läßt die Hindernisse anwachsen" (BECK 1988, 37). Wer ihn besteht, wird geboren, wer nicht, wird abgetrieben; so wächst der "leise Zwang zum perfekten Kind" (1988, 54). Dies hat auch Auswirkungen auf lebende Menschen mit Behinderungen: Wenn die Geburt eines behinderten Kindes unzumutbar ist, "müssen wir Krüppel als gleichsam bereits 'ausgewachsene Zumutungen' Schuldgefühle gegenüber unseren Müttern haben" (CHRISTOPH 1983, 35). Letztlich gilt die Botschaft: Behinderung ist ein angsterregendes, vermeidbares, abtreibungs- und damit tötungswürdiges Phänomen.

Weitergehende Perspektiven zur Verhinderung von Behinderung und Leid verspricht die **Gentechnologie**. Sie verlegt den Zeitpunkt möglicher Selektion von der Schwangerschaft in die Zeit noch davor. Die Hoffnungen in die Gentechnologie zielen darauf, daß "wir mit nie zuvor dagewesenen Möglichkeiten die Kernprobleme der Menschheit (Hunger, Umweltzerstörung, Energiemangel, Erbkrankheit, AIDS) lösen" (BECK 1988, 40). Die Schattenseiten einer solchen Gentechologie und Fortpflanzungsmedizin mit ihren euphorischen Fortschrittsperspektiven liegen in ihren gesellschaftlichen Auswirkungen, vor allem in der Gefahr einer "Ersetzung sozialer durch gentechnologische 'Lösungen'. Der gentechnische Text als Operationsgebiet ... verspricht leise, kostengünstige, umfassende und durchgreifende Präventiv'lösungen' für soziale Probleme und Konflikte" (1988, 43). Eines dieser sozialen Probleme ist das der oder genauer gesagt das mit den Menschen mit Behinderungen.

BECK faßt seine Überlegungen zur gentechnologischen Zukunft in der Formel "Modernisierung der Barbarei: das Zeitalter der Eugenik" (1988, 31) zusammen, in dem die Gaskammern des Dritten Reiches funktionell durch die sterilen "Labor-KZs" (1988, 53) der GentechnologInnen, zudem noch mit einer je nach Forschungsinteresse unterschiedlich definierbaren Grenze zwischen Tod und Leben, abgelöst werden. Zu befürchtende Konsequenzen sind: "statt Sozial-, Bildungs-, Familien-, Umweltpolitik: Genpolitik" (1988, 43). Verbesserungen der Lebensbedingungen, aber auch ökonomischer Bedingungen für Betriebe durch die Auswahl ihrer Mitarbeiter nach neuen Kriterien wie Persönlichkeitseigenschaften oder der Resistenz gegenüber Umweltstoffen werden so auf neue Weise denkbar.

Auf eine alte politische Eugenik, "direkt an Leib und Seele mit Gesetz und Gas" (1988, 53) folgt nun eine neue, technologische und industrielle, also profitable, "abstrakte Reagenzglas-Eugenik" (1988, 53), die "im Maßstab und nach den Prinzipien industrieller Massenproduktion auf den leisen Sohlen der Gesundheitsvorsorge und mit dem wissenschaftlichen Segen der Genberatung schon heute ihren Siegeszug" (1988, 53) antritt. Auch hier in diesem Zukunftsszenario ist kein Raum und keine Bearbeitungsmöglichkeit für Leid, Probleme, Krankheit oder Behinderung - außer einer präventiven gentechnologischen.

Die zunehmenden Diskussionen um einen juristischen Handlungsbedarf hinsichtlich der Möglichkeit zur legalen **Sterilisation** von 'einwilligungsunfähigen' Personen in den letzten Jahren und eine entsprechende Regelung im Rahmen eines neuen Betreuungsgesetzes werden von Betroffenen, aber auch von Betreuenden unterschiedlich wahrgenommen. Zum einen wird verlangt, daß eine in der juristischen Grauzone, wenn nicht gar in der Illegalität vollzogene Praxis der Sterilisation nun in engen, kontrollierten Grenzen legalisiert werden muß. Zum anderen Anknüpfungspunkte an historische Vorläufer gesehen, an Zwangssterilisationen des Dritten Reiches im Rahmen des "Gesetzes zur Verhütung erbkranken Nachwuchses" (vgl. SIERCK & RADTKE 1989, 147f.). Sie waren 1933 mit einer engen Indikation eingeführt und später immer weiter ausgeweitet worden. Ähnliches wird nun für die heutige Situation befürchtet. Insbesondere in bezug auf eine mögliche - als schlimmere Alternative diskutierte - Abtreibung wird der Wechsel der Argumentationsperspektive von der Zumutbarkeit für die einzelne Frau zu der Zumutbarkeit für die Gesellschaft (1989, 144) problematisiert.

Bezogen auf die Frage von Normalitätsvorstellungen geht es hier darum, unter welchen Bedingungen eine Sterilisation von Menschen, meist Frauen ohne Einwilligungsfähigkeit bzw. mit geistiger Behinderung legal sein und freigegeben werden soll. Dabei spielt z.T. auch die Frage einer vererbbaren Schädigung eine Rolle, jedoch auch die Frage der Zumutbarkeit der Elternschaft von Menschen mit geistiger Behinderung (vgl. PIXA-KETTNER 1991). Gerade die Perspektive der Zumutbarkeit für die Gesellschaft, die als Kriterium herangezogen zu werden droht, verweist auf normative Vorstellungen, die ein Leben als Kind eines Menschen mit geistiger Behinderung für ein nicht "qualitätsvolles oder zumutbares Leben" (SIERCK & RADTKE 1989, 144) halten. Damit geht wiederum eine Disqualifizierung von Menschen mit geistiger Behinderung einher: Das Augenmerk wird nicht z.B. auf mögliche Wohnformen gelenkt, in denen ein gedeihliches Aufwachsen der Kinder von Menschen mit geistiger Behinderung gelingen könnte, sondern auf das Ausschließen von Schwangerschaften entsprechender Menschen von vornherein. Dieses entspricht einer Dauerabtreibung mit eugenischer Indikation für die Eltern, mit der wiederum Kosten-Nutzen-Denken und Kategorien einer Zumutbarkeit im Umfeld von Behinderung zum Tragen kommen.

Ähnliche Grundstrukturen weist die verstärkte Diskussion um **aktive Sterbehilfe** auf, wobei es wieder direkt um das Lebensrecht von Menschen mit Behinderungen geht. Betroffene weisen bei dieser Diskussion darauf hin, daß mit publizistischem Eifer die Unzumutbarkeit eines Lebens mit Behinderung zur Schau gestellt und somit wiederum zu einem gesellschaftlichen Klima der Verachtung von Geschädigten und Kategorien eines "lebensunwerten Lebens" beigetragen wird. Bei solchen Bestrebungen taucht die alte Argumentation der Erlösung, die u.a. im Dritten Reich gepflegt und in Perfektion praktiziert wurde, in verschiedener Couleur verstärkt wieder auf: CHRISTOPH & MÜRNER (1990) berichten über die Gesellschaft für Humanes Sterben, die in jüngster Zeit mit einer 'Erlösungsphilosophie' für alte Menschen mit schweren Krankheiten und Behinderungen auftritt. Statt sich für eine Verbesserung der Situation dieser Menschen einzusetzen, soll die schnellere, 'menschenwürdige' Beendigung ihres Lebens ermöglicht werden.

CHRISTOPH nennt das, was unter dem Begriff der 'aktiven Sterbehilfe' diskutiert wird, eine Diskussion um "Hinrichtungen", und zwar in dem Sinne, daß um Sterbehilfe Bittende letztlich nicht sterben wollen, sondern sterben wollen sollen, denn die Umwelt meint, sie nicht mehr ertragen zu können. Auch hier gilt die Unzumutbarkeitsthese, die sich gegen das Lebensrecht und eine angemessene Betreuung älterer Menschen mit Behinderungen und/oder schweren Krankheiten wendet. Es ist jene Unzumutbarkeit, die CHRISTOPH im Zusammenhang mit der Ökologiebewegung in der Zeit nach Tschernobyl und deren These, daß die Lebenden die Toten beneiden werden, zu der Erkenntnis veranlaßt: "Es gibt Entsetzlicheres als den Atomtod. Nämlich mich" (CHRISTOPH & MÜRNER 1990, 10; vgl. hierzu auch SIERCK 1988). CHRISTOPH wendet sich auch bereits gegen Diskussionen über die Sterbehilfe. "Denn wenn Fragen wie 'Sterbehilfe statt Rehabilitation?' erst einmal tabubrecherisch in einem seriösen Rahmen gestellt werden, wird ja impliziert, daß die Antwort sowohl nein als auch ja lauten kann" (1990, 39). Insofern spricht sich CHRISTOPH für die Tabuisierung solcher Fragen aus.

Die Debatte um aktive Sterbehilfe kristallisiert sich jedoch nicht nur um das Ende des Lebens, sondern auch um dessen Anfang. Insbesondere im Zusammenhang mit einer Vortragsreise des australischen Bio-Ethikers SINGER 1989 durch Deutschland nahm die Diskussion um das Lebensrecht schwerstbehinderter Säuglinge einen ungeahnten Aufschwung (vgl. hierzu die intensive Diskussion in der Zeitschrift für Heilpädagogik und in der Behindertenpädagogik 1989/1990). SINGER fordert in seiner "praktischen Ethik" (1984) offen eine Unterteilung in lebenswertes und lebensunwertes Leben. Die entscheidende ethische Trennungslinie soll nicht mehr, wie durch das Christentum grundgelegt, zwischen dem Leben von Menschen und Tieren gezogen werden, sondern nach utilitaristischer Ethik zwischen dem Leben von Personen und Nicht-Personen. SINGER "scheint es, daß etwa die Tötung eines Schimpansen schlimmer ist als die Tötung eines schwer geistesgestörten Menschen, der keine Person ist" (1984, 135). "Sein Maßstab, nach dem er alles Leben bewertet wissen will, heißt Personalität, im wesentlichen verstanden als Bewußtsein von sich selbst, Vernunftbegabtheit und Kommunikationsfähigkeit" (ANTOR 1988b, 480). Solcherlei Gedankengänge haben fatalerweise Eingang in die bundesdeutsche Sonderpädagogik gefunden (z.B. ANSTÖTZ 1988). Zugunsten einer größeren Sicherheit in der Einschätzung und eines größeren Spektrums von erkennbaren Behinderungen hält SINGER es sogar im Sinne eines größtmöglichen Glücks für sinnvoller, ein Neugeborenes im Alter von etwa einer Woche zu töten als es vor der Geburt abzutreiben (1984, 186 f.). Als Beispiele für solcherart Überlegungen führt er nicht nur schwerste Behinderungen an, sondern z.B. das Down-Syndrom, Spina bifida ('offener Rücken') und Hämophilie ('Bluterkrankheit') - also auch Behinderungen, bei denen es keine Diskussion um den Status der Personalität gibt. Hier geht es um das Leiden, das sie vermeintlich verursachen - also wiederum offenbar um die Frage gesellschaftlicher Zumutbarkeit. Daß sich Betroffene gegen Diskussionen über solche Ethik massiv wehren und entsprechende Veranstaltungen verhindern wollen, kann nicht verwundern, denn ihr Lebensrecht droht zur Disposition gestellt zu werden.

Abschließend kann ein Zitat von CHRISTOPH den direkten Zusammenhang zwischen immer enger werdenden medizinisch-gesellschaftlichen Normalitätsvorstellungen und der Integration(spädagogik) deutlich machen: "Persönlich, so hört man durch Wohlfahrtssprüche, sind Behinderte Menschen wie Du und ich. Allgemein politisch müssen die Menschen wie Du und ich verhindert werden. Wie ist es zum Beispiel möglich, für die Integration von behinderten (und nichtbehinderten; A.H.) Kindern einzutreten, wenn sich zugleich das Bedauern aufdrängt, daß diese Kinder überhaupt geboren wurden und dieses Bedauern nicht zur kritischen Auseinandersetzung mit Normalitätsvorstellungen führt, sondern zur verstärkten Vermeidung von Wohlfahrtsschützlingen?" (CHRISTOPH & MÜRNER 1990, 140). Dies ist eine Mahnung an die Integrationspädagogik, in ihrer kritischen Distanz gegenüber dem "Wahnsinn der Normalität" (GRUEN 1989) und in ihrer eigenen Neuorientierung konsequent zu bleiben und nicht in die alte sonderpädagogische Ambivalenz von Fürsorge für und Bekämpfung von 'Krüppeln' und anderen Menschen mit Behinderungen zurückzuverfallen.

3.5.5 Kritik von Betroffenen

Zum Abschluß soll ein Aspekt angesprochen werden, der zwar über die professionelle Integrationspädagogik hinausgeht, für ihre Entwicklung jedoch von großer Wichtigkeit ist. Gerade Beispiele, in denen pädagogische Aggressivität deutlich wird (vgl. Kap. 3.5.1), erregen bei Betroffenen den Verdacht eines eines alten pädagogisch-aggressiven Weins in neuen integrativen Schläuchen. Sie befürchten, daß sich hier Modernisierungsprozesse vollziehen, bei denen sich zwar die Organisation schulischen Lernens, nicht jedoch das hierarchische Gefälle im Sinne eines Herrschaftsverhältnisses zwischen Betroffenen und Betreuenden ändert. Sie befürchten, daß auch bei der Integrationspädagogik "die Helferrolle als Herrschaftsinteresse nichtbehinderter 'Behinderten-(Be)-Arbeiter'" (FREHE 1982) weiterhin wirksam und die verbreitete fatale Verbindung von Hilfe und Herrschaftsausübung nicht reflektiert, geschweige denn aufgehoben wird. Konkret wird die Gefahr artikuliert, "daß wir 'Behinderten' von Objekten der Betreuung nun zu Objekten der 'Integration' werden" (DAOUD-HARMS 1988, 347). Insofern favorisieren sie eine emanzipatorische Entwicklung in autonomen Gruppen, anstatt sich weiter einem durch Herrschaft bestimmten 'Dialog' mit nichtbehinderten Helfern auszusetzen, in dem sie doch eine normenbezogene Minusvariante menschlichen Lebens bleiben (vgl. SIERCK 1982, CHRISTOPH 1983).

So beschreiben auch VertreterInnen der Anfang der 80er Jahre entstandenen Krüppelgruppen ihr Unbehagen bei Integrationstreffen, wo sie bei Eltern jene gesellschaftlichen ausgrenzenden Normen weiterwirken sehen: "Wer aber genau hinsieht, bemerkt, daß auch durch die Reihen der integrationswilligen Eltern (und ebenso durch die der PädagogInnen; A.H.) der flotte 'Marlboro-Cowboy' reitet und daß, mehr oder weniger sichtbar, die Tips zur Schönheitspflege von 'Brigitte' oder 'Für Sie' spazierengetragen werden" (SIERCK 1987, 105). Ein offensichtlicher Widerspruch: "Da die alte Weisheit, daß von Aussonderung bedroht ist, wer nicht in die Reklame-Welt paßt; dort die Mütter und Väter, die sich gegen den Wegschluß ihrer Kinder wehren, dabei jedoch die Ideale weitertragen, die der Integration im Wege stehen" (1987, 105).

Hier gibt es bei VertreterInnen der Krüppelgruppen (entsprechend auch in anderen autonomen Gruppierungen) die deutliche Befürchtung, daß über Veränderungen durch Integration gesprochen wird und dabei doch alte Normen der Anpassung unhinterfragt weiterbestehen. Die "gesellschaftliche Unterlegenheit" (DAOUD-HARMS 1986, 144) von Menschen mit Behinderung bleibt erhalten, ihr Selbstwertgefühl wird von Dankbarkeit gegenüber den 'Normalen' bestimmt.

Tendenzen in ähnlicher Richtung gibt es bei Gehörlosen (vgl. Kap. 3.1.4). In der Gehörlosengemeinschaft wird der Integrationsanspruch immer wieder als oralsprachliche Anpassungsleistung gegenüber einer Gesellschaft empfunden, die Gehörlose als minderwertig, als nicht im normalen Sinne kommunikationsfähig und als behindert ansieht. Demgegenüber kann in der Gemeinschaft der Gehörlosen eher gleichberechtigt kommuniziert werden und damit auch das Gefühl des Integriert-Seins entstehen (vgl. VOIT 1991, 190). Mit der zunehmenden Anerkennung der Gebärdensprache wächst auch das Selbstbewußtsein der Gehörlosengemeinschaft und ihr Selbstverständnis - "weg vom Behindertenstatus, hin zum Status der sprachlichen Minderheit" (VOIT 1991, 190; vgl. HOFMANN 1991).

Auch in der Bewertung von Integrationsmaßnahmen kann u.U. unhinterfragtes Normalitätsdenken wirksam sein. SIERCK (1989, 10) berichtet von einem italienischen Integrationsversuch, dessen - zunächst so empfundenes - Scheitern in der Hoffnung begründet war, daß das betreffende Mädchen sich mehr und mehr den Vorstellungen einer Normalität - mit zunehmenden Kontakten und sozialen Beziehungen und angemesseneren Verhaltensweisen - annähern sollte, was es jedoch nicht tat (vgl. RAITH & RAITH 1982, 75). Derartige Bewertungsmaßstäbe zeugen von harmoniebestimmten Vorstellungen eines gemeinsamen Lebens und Lernens in der Schule, die auch bei integrationsbewegten - nichtbehinderten - Eltern in Deutschland verbreitet sind (vgl. z.B. OLEJNIK & GÄBLER 1986). Was in der Perspektive Betroffener zu bleiben droht, ist der "Objektstatus der 'Behinderten' als Arbeitsgegenstand ihrer Betreuer und Erforscher" (DAOUD-HARMS 1988, 350), der durch eine "Integration" unverändert bleibt, die lediglich auf "'Akzeptanz' der 'Behinderten' durch die 'Nichtbehinderten'" zielt, auf die "Akzeptanz des 'Anders-Seins', der 'Schwäche' und des 'Übels' in den 'behinderten' Kindern" (1988, 350). Unter diesem Aspekt klingt auch die oft zu hörende Formel "In der Integrationsklasse lernen die nichtbehinderten Kinder, besser mit Behinderten umzugehen" eher so, als würden Kinder das Hantieren mit Objekten oder mit technischem Gerät erlernen, als daß sich etwas Gleichwertiges, Gleichberechtigtes ereignete. Als notwendig wird von Betroffenen vielmehr die Veränderung der Zuschreibungsattribute zur Behinderung herausgestellt, durch die der Objektstatus beendet und Menschen mit Behinderungen gleichwertige Möglichkeiten der Selbstentwicklung haben wie alle anderen.

Vor diesem Hintergrund ist es nur verständlich, wenn beispielsweise SIERCK sich zwar dafür ausspricht, daß "der Alltag auf dem Spielplatz, in der Schulklasse, in der S-Bahn oder im Büro nicht länger von dem Anblick der Auffallenden verschont bleiben darf" (1987, 110); für ihn "ist eine Integration aber nur dann wünschenswert, wenn ich das Recht habe, mich auszuschließen" (1987, 110).

3.6 Zusammenfassung wesentlicher Aussagen der Integrationspädagogik zur Bewältigung der Heterogenität

In diesem Zwischenfazit geht es um die Fragestellung, wie weit Theorie und Praxis der Integrationspädagogik das zugrundeliegende dialektische Verständnis von Gleichheit und Verschiedenheit einlösen können, das dieser Arbeit zugrunde liegt. Dabei wird der Systematik der Ebenen integrativer Prozesse gefolgt.

Zur **Person-Ebene** integrativer Prozesse können die folgenden Aussagen gemacht werden:

Bezüglich der kognitiven Entwicklung zeigen empirische Vergleichsuntersuchungen von Schulleistungen durchgängig, daß nichtbehinderte Kinder in Integrationsklassen im fachlichen Bereich (Rechnen, Lesen) mindestens ebenso gute Leistungen erbringen wie in Regelklassen. Kinder mit Lernbehinderungen zeigen in Klassen der allgemeinen Schule eine deutlich positivere Leistungsentwicklung, und dies sowohl unter den im Vergleich zu Integrationsklassen ungünstigeren Bedingungen einer ambulanten sonderpädagogischen Unterstützung eines Präventionsansatzes, als auch ohne jegliche sonderpädagogische Hilfestellung. Für Kinder mit anderen Behinderungen in Integrationsklassen ist eine überraschend deutlich positive Grundtendenz in kognitiver wie in sozialer Hinsicht festzustellen, die mit dem großen Anregungspotential der heterogenen Lerngruppe in Verbindung gebracht wird. Nach den vorliegenden Aussagen erweist sich die wesentlich größere Heterogenität der Lerngruppe in Integrationsklassen zumindest nicht als hinderlich, für einen Teil der Kinder als förderlich für die Leistungsentwicklung.

Auch bei der Persönlichkeitsentwicklung und Selbstwahrnehmung der nichtbehinderten SchülerInnen in Integrationsklassen zeigen sich im Vergleich mit anderen Klassen positive Effekte: Sie lassen in höherem Ausmaß die Nähe von Kindern mit Abweichungen zu, zeigen ein höheres Maß an sozialer Akzeptanz; im Bereich der sozialen Kognitionen weisen sie eine stärkere Fähigkeit zur Rollenübernahme auf und bilden ein komplexeres moralisches Urteil. Demgegenüber zeigt sich bei lernbehinderten SchülerInnen im Schweizer Präventionsprojekt eine negativere Einschätzung der eigenen Leistungen, der sozialen Beziehungen und des subjektiven Befindens als bei nichtbehinderten SchülerInnen und als in Sonderschulklassen. Hier schlagen die leistungsideologischen Normen der Gesellschaft auf das Selbstbild der SchülerInnen durch, während in Sonderschulen eine gewisse Abschottung gegenüber einer realistischen Selbsteinschätzung vorhanden ist. Gleichwohl zeigt eine Vielzahl von Berichten, daß sich insgesamt eine positive Tendenz bei behinderten Kindern zu einem größeren Selbstbewußtsein ergibt. Wichtig ist die offensive Bearbeitung des Themas Behinderung bei Eltern, PädagogInnen und im Rahmen der Klasse. Daß die Befindlichkeit von Kindern mit Behinderungen im Grundtenor positiv ist, zeigen auch Befragungen der Kinder.

Entscheidend für integrative Prozesse auf der Person-Ebene ist die Persönlichkeit der PädagogInnen. Je mehr sie in der Lage sind, ihre ungebliebten Anteile wahrzunehmen und die anderer nicht aussondernd oder rehabilitativ abwehren zu müssen, desto besser sind die Chancen für integrative Prozesse bei und mit KollegInnen, Eltern und Kindern. Deutlich ist auch die Bedeutung flankierender Maßnahmen wie kollegialer Praxisberatung oder Supervision, die Angebote für eine prozeßbezogene Begleitung für PädagogInnen bereithalten.

Der Streit in der Gehörlosenpädagogik macht eine falsche Alternativstellung zwischen einer oral- und einer gebärdensprachlich orientierten Sprachentwicklung deutlich: Während sich die erste integrativ gibt, faktisch aber als Anpassungsstrategie fungiert, gerät die zweite in den Verdacht des Separatismus und bildet doch die Basis für die integrative Anerkennung der sprachlichen Besonderheiten.

Zur **Interaktion-Ebene** integrativer Prozesse können die folgenden Aussagen gemacht werden:

Bei den emotionalen Beziehungen in Integrationsklassen ergibt sich eine alltägliche Bandbreite von Beziehungen. Die (hohe) Anforderung, daß die Behinderung bei den sozialen Beziehungen überhaupt keine Rolle spielen soll, wird weitgehend, aber nicht ganz erfüllt; die (kleinen) Unterschiede gehen vor allem auf Kinder mit Lern- und Verhaltensproblemen zurück. Insgesamt gibt es ein bemerkenswert dichtes soziales Netz, das Kinder mit Behinderungen einbezieht und im Laufe der Schulzeit eine gleichbleibend gute bis positiv steigende Tendenz zeigt. Angesichts der negativ besetzten gesellschaftlichen Einstellungen gegenüber Menschen mit Behinderungen erweisen sich die Integrationsklassen als bisher erfolgreichste Möglichkeit zur sozialen Integration. Die Freizeitkontakte der behinderten Kinder sind zwar etwas geringer als die der nichtbehinderten, zeigen jedoch im Laufe der Schulzeit zunehmende Tendenz. Hierbei ist die Wohnortnähe und die gegenseitige Erreichbarkeit ohne großen Organisationsaufwand besonders bedeutsam. Im Vergleich zu Schülern einer Schule für Lernbehinderte zeigt sich bei behinderten Kindern in Integrationsklassen ein stärkerer Bezug zu MitschülerInnen und weniger Zentrierung auf die Familie in den Freizeitkontakten.

Die Kontaktsituation in Integrationsklassen stellt sich dar als dichtes soziales Gefüge, das für behinderte wie nichtbehinderte SchülerInnen mehr soziale Kontakte und individuelle Zuwendung, mehr gegenseitige Hilfestellung, aber auch mehr Konflikte bereithält als in Regelklassen.

Erfahrungsberichte von PraktikerInnen machen ebenfalls deutlich, daß sich auch zwischen Kindern mit und ohne Behinderung intensive Beziehungen entwickeln, die nicht nur Harmonie und Faszination, sondern auch heftige Konflikte enthalten. Die Pflege solcher Beziehungen und des gegenseitigen Verständnisses (mit allen konflikthaften Anteilen) wird von PädagogInnen als wichtiger Teil ihrer Arbeit gesehen. In gemeinsamen Reflexionssituationen werden in der Sek I auch Verhaltensweisen von PädagogInnen und Konflikte mit ihnen bearbeitet, vor allem dann, wenn es Probleme mit Veränderungen der PädagogInnenrolle gibt.

Für die **Handlungsebene** können zusammenfassend folgende Aussagen gemacht werden:

In Klassen mit einer bewußt heterogenen Lerngruppe kann Unterricht nicht mehr von einem Lehrer allein bewältigt werden. Je nach Zusammensetzung der Klasse ist eine zumindest zeitweise, besser jedoch ständige Anwesenheit von zwei PädagogInnen als integrative Möglichkeit der Komplexitätsreduzierung für die Bewältigung des Unterrichts mit einer heterogenen Lerngruppe notwendig. Die kooperative Arbeit mehrerer PädagogInnen ist eine geeignete Problemlösung; sie stellt sich jedoch auch als zentrales Problem der Integrationspädagogik heraus.

Die Kooperation im Team läßt sich theoretisch in drei miteinander verwobene Bereiche untergliedern: Beim Persönlichkeitsproblem geht es um die Bewältigung von Offenheit der eigenen Rolle und Person, beim Sachproblem um die Bewältigung von Heterogenität bei Kindern und KollegInnen und damit verbundene Aufgabenzuweisung, beim Beziehungsproblem um die Bewältigung von Interdependenz mit der Teilung von Autonomie und Befriedigung, und schließlich beim Organisationsproblem um die Rahmenbedingungen des Umfeldes, die Kooperation erleichtern oder erschweren können. Besonders brisant ist hierbei die Frage der Rollendefinition und Aufgabenverteilung, hier stehen sich zwei Auffassungen gegenüber: die eine favorisiert das gleichberechtigte Zwei-LehrerInnen-Team mit Rollentausch, die andere sieht das Team aus GrundschullehrerIn und ErzieherIn mit stundenweiser Assistenz durch SonderpädagogInnen mit einer per se asymmetrischen, hierarchischen Struktur vor. Teamprobleme sind als notwendige Phasen der Arbeit zu betrachten, die keineswegs als Eingeständnis eines Scheiterns, sondern eher als Chancen zu produktiver Weiterentwicklung zu sehen sind.

Den Kern integrativer Pädagogik machen jene Strukturen aus, in denen verschiedene Kinder gemeinsam arbeiten und lernen. Welche Kriterien solche gemeinsamen Gegenstände oder gemeinsamen Lernsituationen erfüllen sollen, ist bislang noch nicht hinreichend präzise gefaßt. Für den Unterricht ist die Individualisierung von Zielen, Methoden und Bewertung notwendig. Zahlreiche Elemente eines schüler- und handlungs- und projektorientierten Unterrichts, wie sie z.T. schon aus reformpädagogischen Ansätzen bekannt sind, werden aufgenommen und weiterentwickelt. Integrative Pädagogik zeigt sich damit keineswegs als neue oder spezielle Pädagogik, die auf anderen Strukturen aufbauen würde als bisherige. Sie entwickelt aber aufgrund bewußt gewollter Heterogenität der Gruppe andere Qualitäten. Es sind teilweise jene Qualitäten, die endlich Ernst machen mit dem, was eine kindgerechte Schule schon immer wollte. Diese theoretische Analyse bestätigt sich in ersten Untersuchungen, die sich Akzentverschiebungen zu mehr Aktivität der SchülerInnen und weniger Lenkung durch LehrerInnen zeigen. In Integrationsklassen entwickeln sich nach je gegebenen Voraussetzungen durchaus unterschiedliche Unterrichtsstrukturen mit ihnen je innewohnenden Vor- und Nachteilen. In allen Strukturen gelingt es, durch die immer wieder hergestellte Verknüpfung von gemeinsamen und individuellen Vorhaben integrative Wirkung zu erzielen.

Für die integrationspädagogische Praxis als neues Arbeitsfeld sind PädagogInnen nicht ausgebildet. Insofern stellt sich verstärkt die Notwendigkeit vielfältiger Angebote der Aus- und Fortbildung für diesen Bereich, sowohl unter dem Sach- wie auch unter dem personenbezogenen Aspekt. Hier sind sowohl die kooperative Beratung im Team und Supervision, aber auch Kontakt- und Aufbaustudiengänge im Planungs- und im Realisierungsstadium. Als notwendig erweist sich auch eine strukturelle und inhaltliche Veränderung der ersten und zweiten Phase der LehrerInnenausbildung, die auf die Veränderungen des Praxisfeldes eingehen müssen, und die die bisherige Trennung von Ausbildungsgängen überwinden muß.

Als bisher nicht befriedigend gelöst muß die sonderpädagogische Unterstützung für Kinder mit Behinderungen gelten. Hier gilt es integrationsunterstützende Formen ambulanter sonderpädagogischer Arbeit zu entwickeln. Je nach Häufigkeit des Bedarfs können ExpertInnen an einzelnen Schulen oder in sog. Förderzentren angesiedelt werden. Kontrovers wird diskutiert, ob diese Entwicklungsarbeit durch neue Institutionen oder durch Sonderschulen geleistet werden soll. Den jeweiligen Perspektiven entspricht die Betonung der Veränderung oder der Ausweitung von Sonderpädagogik.

Für die **Institution-Ebene** können zusammenfassend folgende Aussagen gemacht werden:

Bei integrativer Erziehung kann Schule nicht mehr als spezialisierte, routinierte Unterrichtsveranstaltung aufgefaßt werden, sondern sie muß im Sinne der Organisationsentwicklung ihr Konzept und ihre Arbeitsformen reflektieren und sich in einem kreativen Prozeß um flexible, auch unkonventionelle Lösungen bemühen. Zielperspektive ist dabei die integrative Schule ohne Aussonderung, die alle Kinder des Umfeldes aufnimmt.

Vom rechtlichen Status her befindet sich die Integrationspädagogik auf dem Weg von vereinzelten Schulversuchen zu einer Verallgemeinerung als schulgesetzliches Regelangebot. In zumindest drei Bundesländern sind schulgesetzliche Änderungen erfolgt, die die Verantwortung und Zuständigkeit der allgemeinen Schule für alle Kinder, auch jene mit Behinderungen, festschreiben, Eltern schrittweise ein Wahlrecht zwischen integrativem oder getrenntem Schulbesuch ihres behinderten Kindes zugestehen und Sonderschulen zu Förderzentren umgestalten.

Integrative Erziehung ist auf eine Reihe von konzeptionellen, personellen, räumlichen und finanziellen Rahmenbedingungen angewiesen.

Konzeptionelle Rahmenbedingungen betreffen - teilweise potentiell widersprüchliche - tragende Grundprinzipien, an denen sich integrative Pädagogik orientiert: Integrationspädagogik setzt auf die Freiwilligkeit aller Beteiligten, schließt grundsätzlich kein Kind nach Art und Schwere der Behinderung aus, in ihr wirken PädagogInnen unterschiedlicher Profession zusammen, sie bemüht sich um Wohnortnähe, läßt das Lernen mit unterschiedlichen Lernzielniveaus zu und betrachtet diagnostisch Kinder in ihrer Einbindung in das Umfeld.

Personelle Rahmenbedingungen beziehen sich je nach Klassenzusammensetzung auf die Gewährleistung des Zwei-PädagogInnen-Systems und die Reduzierung der Klassenstärke (meist bis 20 Kinder). Dabei erweist sich die Koppelung personeller Ressourcen an einzelne Kinder mit Behinderungen als legitimatorisch sinnvoll, inhaltlich aber problematisch. Wo Integrationsprojekte Kinder mit Behinderungen aus einem größeren Einzugsbereich aufnehmen, ergeben sich bezüglich ihrer hohen Anzahl, aber auch in den Anteilen der Behinderungsarten Verzerrungen.

Finanzielle Rahmenbediungungen schaffen den Rahmen, innerhalb dessen integrative Erziehung möglich wird. Die Bedingung der Kostenneutralität hat im Saarland Umformungsprozesse in Gang gesetzt, die zu einer verstärkten Nicht-Aufnahme von Kindern mit umfänglicherem Betreuungsbedarf beizutragen und tendenziell von der Integration zur Prävention zu führen drohen. Zumindest solange ein Sonderschulsystem parallel zur integrativen Erziehung zu finanzieren ist, ist integrative Erziehung nur mit finanziellen Mehrbelastungen realisierbar.

Auch in Integrationsprojekten müssen Aufnahmeverfahren für Kinder mit Behinderungen durchgeführt werden, um ihre Bedürfnisse und Notwendigkeiten zu dokumentieren und - nach Möglichkeit - die Rahmenbedingungen dementsprechend herzustellen. Dazu taugen alte Verfahren der Sonderschulüberweisung mit ihrer Zuweisung von Schülern zu bestimmten Schularten jedoch nicht. Deshalb werden Förderausschüsse bzw. Aufnahme-/Übernahmekommissionen eingerichtet, die mit einem Team aus SpezialistInnen, inklusive der Eltern als ExpertInnen für ihr Kind, einen inhaltlich kind- und umfeldbezogenen Vorschlag für notwendige Veränderungen der Schulsituation erarbeiten und Hinweise für didaktische Planungen geben. In den unterschiedlichen Realisierungschancen wird jedoch die Zwiespältigkeit derartiger Gremien deutlich: Wo planerische Eckwerte Vorrang vor den Notwendigkeiten vor Ort gewinnen, drohen diese Gremien der Sicherstellung einer förderlichen Situation unter der Hand zu Selektionsinstrumenten behördlicher Entscheidungen zu werden. Dies gilt für den Schulanfang und für den Übergang in die Sekundarstufe.

Für die **Gesellschaft-Ebene** können zusammenfassend folgende Aussagen gemacht werden:

Die Integrationspädagogik ist in Veränderungen ihres theoretischen und ideologischen Überbaus begriffen. Alte sonderpädagogische Begriffe, die implizit einer

Theorie der Andersartigkeit von Menschen mit Behinderungen vertreten, sind für integrationspädagogische Praxis und Theorie nicht mehr tauglich. Dies beginnt mit dem Begriff der Behinderung, die nicht mehr als Zuschreibung zu einer Person, sondern als Einbindungsproblematik in das Umfeld aufzufassen ist. Gleiches gilt auch für Selbstverständnis und Rollendefinition der PädagogInnen, die sich zunehmend vom pädagogisch aggressiven Förderdenken zum Denken in Entwicklungsdimensionen hin verändern; es gilt auch für den Leistungsbegriff, der über kognitive Dimensionen hinaus erweitert und individualisiert verstanden wird.

Wichtig für die Integrationspädagogik ist die Auseinandersetzung mit ähnlichen Ansätzen, etwa der sonderpädagogischen Förderung von Kindern mit Lern- und Verhaltensproblemen durch SonderpädagogInnen an allgemeinen Schulen. Untersuchungen zeigen übereinstimmend die Problematik additiv angelegter sonderpädagogischer Förderung, die entgegen den ursprünglichen Erwartungen die Kompetenzen der allgemeinen PädagogInnen nicht erweitert, sondern zum Delegieren der Verantwortung für 'Problemfälle' an SpezialistInnen beiträgt. Bei diesen in einer Defizitorientierung verhaftet bleibenden Ansätzen sind keine generellen Effekte in Richtung auf ein höheres Wohlbefinden und eine kognitive Annäherung der speziell geförderten Kinder an den allgemeinen Standard nachzuweisen - bei Anerkennung aller individuellen Hilfen, die ermöglicht werden. Entwicklungskonzepte müssen primär am Problem der Unterrichtssituation und nicht an 'ProblemschülerInnen' ansetzen. In allen Untersuchungen wird empfohlen, den individuellen Förderansatz aufzugeben und durch ein Zwei-PädagogInnen-System zu ersetzen sowie die Verpflichtung, gleiche Ziele auf gleichem Niveau zu erreichen, aufzuheben. Oder es wird gleich ein Übergang zu Integrationsklassen favorisiert.

Weiter hat sich die Integrationspädagogik mit der Frage von Therapien auseinanderzusetzen. Hier kritisiert sie eine 'Therapiewut', die auf Defekt- und Defizitbearbeitung abzielt und die Wahrnehmung der Kinder auf ihre Besonderheiten fixiert. Einer solchen Haltung entsprechen Tendenzen zu einer Inflationierung von Therapie, zu einer Therapeutisierung und damit Verkünstlichung kindlicher Beschäftigungen und zu einer Heranziehung der Eltern zu Co-TherapeutInnen. So kann es zu einer 'perversen Allianz' beteiligter Erwachsener kommen, die mehr der Abwehr eigener Ängste gegenüber dem Phänomen Behinderung entspricht als daß sie dem Kind hilft. Oft wird sie vielmehr Schaden anrichten. Anpassung an die Normalität gewinnt so die Priorität vor der Handlungsfähigkeit des Kindes.

Die Integrationspädagogik setzt sich kritisch mit medizinisch-gesellschaftlichen Uniformierungsprozessen auseinander, die sich in vorgeburtlicher Diagnostik und Gentechnologie, in zunehmenden Diskussionen um die Sterilisation sog. einwilligungsunfähiger Personen und in der sog. aktive Sterbehilfe zeigen. Menschen mit Behinderungen werden dabei mehr und mehr zu einem vermeidbaren, ggf. den Eltern stärker individuell anzulastenden und abtreibungs- und damit tötungswürdigen Phänomen gemacht. So drohen sich gesellschaftliche Normen und Werte in existenzgefährdender Weise zuungunsten von Menschen mit Behinderungen zu verändern, nach der Grundthese: Behinderung ist eigentlich unzumutbar.

Darüberhinaus hat sich die Integrationspädagogik den unmittelbar Betroffenen und ihrer Kritik zu stellen, denn in ihrer Anwaltsfunktion für Kinder mit Behinderungen kann sie immer nur unvollkommen sein. Betroffene warnen vor der Gefahr, daß im Zeichen der Integration lediglich die Organisationsform sonderpädagogischer Betreuung verändert wird, daß Kinder mit Behinderung aber ebenso wie im System der separierten Beschulung wiederum nur Objekte pädagogischen Handelns Nichtbehinderter sein könnten. Angesichts dieser Gefahr eines 'alten Weins in neuen Schläuchen' mahnen sie vor allem das selbstkritische Überdenken von Normalitäts- und Hierarchievorstellungen an, betonen also die Bedeutung integrativer Prozesse auf der Person- und der Interaktion-Ebene. Gleichzeitig reklamieren sie für sich auch das Recht auf eine selbstbestimmte, emanzipatorische, kollektive Separierung in Gruppierungen Gleichbetroffener.

Zusammenfassend kann festgestellt werden: Wenn die aufgezeigten materielle, konzeptionelle und personelle Bedingungen gegeben sind, kann das gemeinsame Leben und Lernen von Kindern mit und ohne Behinderungen als pädagogisches Entwicklungsprojekt zu allseits positiver Anregung gelingen. Hierbei erscheint die Überwindung des Ein-LehrerInnen-Systems und seine Ersetzung durch ein zumindest partielles Zwei-PädagogInnen-System hilfreich und notwendig.

4. Aussagen der Interkulturellen Erziehung zur Bewältigung von Heterogenität

Mit der zunehmenden Anwerbung ausländischer Arbeitskräfte aus dem Mittelmeerraum und dem Nachzug der dazugehörigen Familien seit den 50er Jahren ergibt sich für das deutsche Bildungssystem eine neue, veränderte Situation: Es ist nun nicht mehr nur mit der Heterogenität von Lerngruppen mit deutschen Kindern konfrontiert, sondern steht vor der Aufgabe, eine noch größere Heterogenität zu bewältigen: Kinder mit anderem kulturellen Hintergrund sind seit den Beschlüssen der Kultusministerkonferenz (KMK) 1964 nicht nur zum Schulbesuch verpflichtet, sondern sie haben auch das Recht auf eine Bildung, die der deutscher Kinder gleichwertig ist.

Die Entstehungsgeschichte dieser Herausforderung durch kulturelle Heterogenität zeigt sehr deutlich, daß sich die pädagogische Fragestellung als Reflex auf politische und ökonomische Phänomene entwickelt hat: "Mehrere demographische Entwicklungen der letzten Jahrzehnte, zunächst vor allem die Arbeitsimmigration, dann aber auch das Asylbegehren vieler Menschen aus Spannungsgebieten oder aus Ländern mit einem autoritären Regime und schließlich auch die Zuwanderung sogenannter Aussiedler aus osteuropäischen Ländern haben den Anstoß gegeben für Entwürfe einer interkulturellen Erziehung. Dazu kommt die europäische Einigung mit der am Horizont sich abzeichnenden völligen wirtschaftlichen Integration neben der internationalen Verflechtung überhaupt" (AUERNHEIMER 1990, 36). Demnach ist kulturelle Heterogenität in deutschen Schulen letztlich nur auf der Grundlage internationaler ökonomischer und politischer Entwicklungen zu verstehen, denn die Arbeitsmigrationsbewegungen sind eine "Folge des wirtschaftlichen Ungleichgewichts im internationalen Maßstab. Dieses Ungleichgewicht hat eine lange Geschichte, es ist Ergebnis kolonialer Ausbeutung, teilweise auch der Ausbeutung peripherer Regionen durch die Zentren innerhalb nationaler Grenzen, und wird heute befestigt und verstärkt durch die Wettbewerbsverzerrungen auf dem internationalen Markt zugunsten der USA, Europas und Japans. Die wirtschaftliche Stärke der reichen Länder und Regionen bedingt ihre Anziehungskraft für die Menschen aus ärmeren Regionen" (1990, 36).

Mit dieser Feststellung kann auch der Stellenwert der pädagogischen Fragestellung im Gesamtzusammenhang deutlich gemacht werden: Pädagogik bewegt sich auch hier nicht im gesellschaftsleeren Raum, sondern ist - vielleicht noch stärker und direkter fühlbar als anderswo - eingebunden in gesellschaftliche und politische Rahmenbedingungen, die ihre Möglichkeiten und Unmöglichkeiten mitdefinieren. GAMM spricht in diesem Zusammenhang von einer "Konfrontation mit objektiven Verhältnissen, denen gegenüber die Begrenztheit pädagogischer Maßnahmen schmerzlich bewußt wird" (1981, 204). RADTKE warnt, Schulpolitik "darf nicht zum Ersatz von Gesellschaftspolitik werden" (1987, 50). "Die Schule ist oft genug dazu verurteilt, auf Dinge zu reagieren und Lösungen für sie zu versuchen, die nur durch Veränderungen etwa der Finanzpolitik, des Ausländerrechts, der Wohnungs- und Mietpolitik etc. zu verändern sind" (STEINMÜLLER 1989, 136), insofern haftet ihr leicht der "Stempel der Sisyphusarbeit" an (SAYLER 1991, 19). HAMBURGER schließlich bringt diese Problematik auf den polemischen Punkt, indem er davor warnt, Politik durch Pädagogik ersetzen zu wollen (1983; vgl. auch BORRELLI 1982).

Wenn jedoch Pädagogik völlig durch Politik determiniert würde, nähme dies nicht nur PädagogInnen jeglichen Handlungsspielraum, sondern machte Pädagogik letztlich überhaupt überflüssig. So wendet sich KRÜGER-POTRATZ gegen eine geforderte Priorität der Politik gegenüber der Pädagogik: Sie hält dies für "ein Argument, das sich auch so lesen ließe: daß mit ausländischen Kindern pädagogisch nicht erfolgreich gearbeitet werden könne, bevor sie nicht politisch zu 'Einheimischen' gemacht worden seien, und das vergißt, ... daß einheimisch zu sein noch keine Garantie für Chancengleichheit ist" (1983, 173). In die gleiche Richtung zielt auch HOHMANNs rhetorische Replik auf HAMBURGER: "Könnte man nicht ebenso gut fragen, ob denn Pädagogik durch Politik zu ersetzen sei?" (1989, 12). Natürlich können weder politische Probleme pädagogisch gelöst werden noch umgekehrt (RUHLOFF 1986, 187). Beide Stellungnahmen - von HAMBURGER wie von HOHMANN - scheinen allerdings von einer falschen Alternativvorstellung auszugehen, denn nicht Politik **oder** Pädagogik sind für MigrantInnen notwendig, sondern Politik **und** Pädagogik. Bei den folgenden Ausführungen zur Interkulturellen Erziehung ist die Abhängigkeit der Pädagogik von politischen Rahmenbedingungen jeweils mitzubedenken.

Die **quantitative Entwicklung** der Beschulung ausländischer Kinder in der deutschen Schule mögen einige Aussagen verdeutlichen:

- "Im Jahr 1965 wurden insgesamt 35.135 ausländische Schüler in der Bundesrepublik Deutschland einschließlich West-Berlin registriert. Das entsprach damals weniger als einem Prozent. 1970 waren es bereits knapp 160.000 Schüler oder 1,77 %. Zu Beginn des Schuljahres 1981/82 wurden demgegenüber 816.000 ausländische Schüler gezählt, was einem Anteil von 7,4 % entsprach. Innerhalb eines Zeitraums von knapp 10 Jahren, und zwar vor allem nach dem Anwerbestopp im Jahre 1973, hatte sich die Zahl der schulpflichtigen ausländischen Jugendlichen etwa vervierfacht" (KARGER & THOMAS 1986, 103). Zudem erhöht sich die Verschiedenartigkeit der schulischen Situation "durch die unterschiedliche Ballung von Migranten nach Nation, Bundesland, Region, Stadtteil bis hin zur Schulart" (1986, 103), was die AutorInnen am Beispiel von West-Berlin belegen.
- "Im Schuljahr 1985/86 betrug der Anteil ausländischer Schüler an allgemeinbildenden Schulen in Berlin 19,8 %, der türkischer Schüler betrug 12,6 %. Damit stieg der Anteil ausländischer Schüler seit 1972 von 4,2 % auf z.Zt. 19,8 %" (STEINMÜLLER 1989, 136).

"- Im Schuljahr 1985/86 besuchten etwa 780.000 ausländische Kinder allgemeinbildende Schulen.
- Nach einem Höchststand von 845.000 (im Schuljahr 1982/83) ist die Tendenz aufgrund der verstärkten Rückwanderung bis 1985 rückläufig, ab 1986 relativ konstant. ...
- Der Anteil an ausländischen Schülern an beruflichen Schulen betrug im Länderdurchschnitt 4,1 %" (POMMERIN 1988c, 20).

Diese quantitative Entwicklung macht deutlich: Die Anwesenheit von SchülerInnen unterschiedlicher Herkunft ist kein eingrenzbares und an SpezialistInnen delegierbares Faktum, sondern eine Herausforderung, auf die das deutsche Schulsystem, Pädagogik und PädagogInnen insgesamt reagieren müssen.

Die **qualitative Situation** für SchülerInnen anderer ethnischer und kultureller Herkunft Mitte der 70er Jahre faßt BOOS-NÜNNING wie folgt zusammen:

"a) Ein Teil der schulpflichtigen ausländischen Kinder besucht keine Schule.
b) Die meisten ausländischen Kinder gehen zur Grund- und Hauptschule, nur in selteneren Fällen wird eine höhere Schule erreicht.
c) Der größte Teil der in der Bundesrepublik lebenden ausländischen Kinder erreicht keinen Schulabschluß.
d) Es ist zu vermuten, daß ein Teil der sonderschulbedürftigen ausländischen Kinder nicht an Sonderschulen überwiesen wird.
e) Nur ein Bruchteil der berufsschulpflichtigen ausländischen Jugendlichen kommen der Berufsschulpflicht nach" (1982a, 58; zur Wahrnehmung beteiligter LehrerInnen vgl. auch BOOS-NÜNNING & HOHMANN 1982).

Die sozialen Konsequenzen verdeutlicht BOOS-NÜNNING am Beispiel von Untersuchungsergebnissen aus Köln: "Wenn nur etwa ein Viertel der ausländischen Schüler im Stadtbezirk Köln den Hauptschulabschluß erreicht, heißt das, daß dem weitaus größten Teil der Zugang zu einem qualifizierten Beruf versperrt ist, da ein Ausbildungsverhältnis nur eingegangen werden kann, wenn ein solcher Abschluß vorliegt. Deshalb sind über drei Viertel der ausländischen Schüler auf Hilfsarbeiter- und Anlernberufe verwiesen" (1982a, 59).

Auch wenn sich diese katastrophale Situation, dieses Versagen des deutschen Schulsystems nicht grundsätzlich geändert hat (vgl. TUMAT 1986b, 82), muß gleichwohl gesehen werden, daß sich positive wie negative Entwicklungen vollzogen haben (vgl. hierzu BOOS-NÜNNING & HENSCHEID 1987). Dazu haben u.a. zahlreiche Modellversuche beigetragen (vgl. BLK 1987), auch wenn für deren Einrichtung neben der problematischen Bildungssituation der MigrantInnenkinder auch Befürchtungen und Abwanderungsbewegungen von deutschen Eltern und Sorgen um den sozialen Frieden in Schulen und Stadtteilen bestimmend gewesen sind (BOOS-NÜNNING 1987, 253). Insgesamt können die Veränderungen der Bildungssituation von MigrantInnenkindern in den 80er Jahren mit den Stichwörtern

Normalisierung und Hierarchisierung gekennzeichnet werden, d.h. es gibt einerseits eine Annäherung an Bildungsverläufe deutscher Kinder, andererseits nimmt die Bandbreite der Bildungsverläufe zu (KLEMM 1987; vgl. hierzu Kap. 4.2.1).

Entscheidend für die Grundsituation in der Schule ist die schlichte Tatsache, daß die bundesrepublikanische Gesellschaft faktisch - entgegen allen regierungsamtlichen Beteuerungen - eine multikulturelle Gesellschaft ist und daß die Schule diese multikulturelle gesellschaftliche Situation nicht ignorieren kann, sondern auf sie angemessen reagieren muß: durch Interkulturelle Erziehung (so das Definitionsmoment Interkultureller Erziehung bei vielen AutorInnen, so NITZSCHKE 1982, 11, ESSINGER & GRAF 1984, 20, ESSINGER 1986b, 238, KLEMM 1985, 176f., HOHMANN 1989, 12, AUERNHEIMER 1990, 2).

Hiermit ist gleichzeitig der Kern der pädagogischen Fragestellung umrissen: Wie bewältigt das deutsche Schulsystem diese Dimension von Heterogenität? Wie GOGOLIN provokativ formuliert, stellt sich die Frage, "ob sprachliche und kulturelle Vielfalt Lust oder Last ist" (1989, 31).

Dieser Fragestellung soll nun im folgenden entsprechend der Systematik nachgegangen werden, wie sie in Kap. 2.1.3 vorgestellt und in Kap. 3 angewandt wurde. Davor soll allerdings das Umfeld, also die Frage nach der Entwicklung zur Interkulturellen Erziehung und ihrem Selbstverständnis behandelt werden. Damit können die referierten empirischen Ergebnisse und konzeptionellen Entwürfe in den Zusammenhang der jeweiligen Diskussion des Fachgebietes eingeordnet werden. Vor allem aber kann dort untersucht werden, ob und welche Parallelen es in der Fragestellung von Gleichheit und Verschiedenheit gibt.

Somit setzt sich das vierte Kapitel aus den folgenden Abschnitten zusammen: Zunächst wird die Entwicklung zur Interkulturellen Erziehung aufgezeichnet und es werden deren Grundlage und wesentliche Elemente beschrieben (Kap. 4.1). Daran anschließend werden unter der gleichen Fragestellung im Rahmen der bekannten Systematik Aussagen zu den Ebenen der Person (Kap. 4.2), der Interaktion (Kap. 4.3), der Handlung (Kap. 4.4), der Institution (Kap. 4.5) und der Gesellschaft (Kap. 4.6) aufgezeichnet. Wesentliche Aussagen faßt der Abschnitt am Schluß (Kap. 4.7) zusammen.

4.1 Zur Heterogenität der Kulturen

In Kapitel 2.2. ist als Vorverständnis dieser Arbeit formuliert worden, daß ein dialektisches Verständnis von Gleichheit und Verschiedenheit ebenso für die kulturelle Heterogenität maßgeblich sei. Dies gilt es zunächst anhand der Entwicklung zur Interkulturellen Erziehung zu überprüfen. Wenn es richtig ist, daß die Bedeutung des Konzepts einer Interkulturellen Erziehung "weniger Ergebnis seiner eigenen Kraft als des Scheiterns anderer bisher eingeschlagener Wege ist" (KLEMM 1985, 177), ist es notwendig, sich die Vorgeschichte dieses erziehungswissenschaftlichen Arbeitsbereichs bezüglich der Bildungskonzepte für ausländische Kinder und der Phasen der Theoriebildung zu vergegenwärtigen (Kap. 4.1.1).

Weiter ist - insbesondere im Vergleich mit integrationspädagogischen Ansätzen - der Verwendungszusammenhang des Integrationsbegriffs zu betrachten (Kap. 4.1.2). Schließlich soll das Konzept der interkulturellen Erziehung in seinen wesentlichen - übereinstimmend genannten - Zielsetzungen, Charakteristika und in seinem Problem- und Diskussionsgehalt dargestellt werden (Kap. 4.1.3).

4.1.1 Strategien zur Bewältigung kultureller Heterogenität - Bildungskonzepte für ausländische Kinder und Phasen der Theorieentwicklung

Die Zielsetzungen von Bildungskonzepten für ausländische Kinder bezeichnet KLEMM mit den Stichwörtern "Rotation", "Integration" und "Option für Integration oder Rückkehr" (1984, 95; vgl. analog dazu AUERNHEIMER 1984, 23). Nach dem Rotationskonzept kehren die ins Land geholten Arbeitskräfte nach einiger Zeit ins Heimatland zurück, ihre Kinder werden vor allem durch segregierten Unterricht in Nationalklassen auf ein zukünftiges Leben im Heimatland vorbereitet. Im Rahmen dieses Konzepts "hat der Begriff 'Wahrung der kulturellen Identität' den offenen Rückkehrgedanken abgelöst" (NEUMANN 1981b, 36). Das Integrationskonzept erwartet demgegenüber ein dauerhaftes Verbleiben in Deutschland und setzt auf eine schnelle Einschulung in Regelklassen. Die Optionsvariante will beide Perspektiven, eine Zukunft in der Bundesrepublik wie im Heimatland, offenhalten. Sie ist als 'Doppelstrategie' ab den 70er Jahren offizielle Ausländerbildungspolitik und wird in Beschlüssen der Kultusministerkonferenz - wenn auch mit unterschiedlichen Schwerpunktsetzungen und Prioritätsverlagerungen - deutlich (vgl. Kap. 4.5.1). Die Bedeutung dieser Prinzipien für die Bewältigung von Heterogenität wird im folgenden erörtert.

Beim **Rotationskonzept** wird die Frage der Bewältigung kultureller Heterogenität für die deutsche Schule nicht real: "Dieses Konzept, das vor allem die ersten Jahre der Ausländerbeschäftigung bestimmt hat, gründet auf die Vorstellung, daß ausländische Arbeitnehmer - und damit auch ihre Kinder - nur für einen eng begrenzten Zeitraum in der Bundesrepublik bleiben würden. ... Diesem Konzept entspricht eine Bildungspolitik, die in Anbetracht von kurzer Verweildauer und von Rückkehrperspektiven der Ausländer segregierende Schulmodelle und Unterrichtsformen fördert, zumindest aber duldet" (KLEMM 1985, 177). Die Logik ist deutlich: Ausländische Kinder kommen aus dem Heimatland, besuchen in Deutschland eigene Klassen oder Schulen und kehren nach einiger Zeit, in möglichst ungebrochener kultureller Kontinuität, in ihr Heimatland zurück. Kulturelle Heterogenität wird durch völlige Separierung bewältigt, der Pol kultureller Verschiedenheit dominiert so, daß ein gemeinsamer Schulbesuch nicht sinnvoll erscheint. Die schulische Separierung entspricht dabei der dominierenden Vorstellung von gesellschaftlicher Separierung: Es werden ausländische Arbeitskräfte gebraucht, importiert und wieder exportiert - mehr nicht. Für die betroffenen Kinder hat dies während der Migration äußerst problematische Folgen: "Ausländische Kinder können im nationalen Getto keine stabile Identität entwickeln. Was sie dann bestenfalls lernen, ist, sich in einer Scheinwelt einzurichten, die weder mit der Realität ihrer derzeitigen Umgebung übereinstimmt noch mit der Realität des Landes, das ihre Eltern einst verlassen haben. Trennende Maßnahmen - zumal wenn sie sich über einen längeren Zeitraum erstrecken - schützen das ausländische Kind nicht, sondern isolieren es; sie stabilisieren nicht seine Persönlichkeit, sondern verengen seinen Blickwinkel; sie bereiten es nicht auf ein Leben 'draußen' vor, sondern schränken seinen Kommunikationsradius ein und verzerren die Wirklichkeit" (POMMERIN 1988c, 21). Es braucht nicht extra betont zu werden, daß dieses Konzept schon angesichts der heutigen faktischen multikulturellen Realität als gescheitert angesehen werden muß.

Das **Integrationskonzept** geht in die entgegengesetzte Richtung, jedoch mit ebenso problematischen Folgen: "Durch die zu Beginn der 'Ausländerproblematik' jahrelang praktizierte 'direkte Integration' waren sowohl die ausländischen Kinder als auch die deutschen Mitschüler und nicht zuletzt die betroffenen Lehrer hoffnungslos überfordert. Wir haben inzwischen einsehen müssen, daß es nicht genügt, ausländische Kinder in das 'deutsche Sprachbad einzutauchen', in der Hoffnung, daß sich wie von selbst ein Kontakt zwischen ausländischen und deutschen Kindern ergibt, durch den das ausländische Kind beinahe naturwüchsig die deutsche Sprache schnell und sicher erwirbt" (POMMERIN 1982, 141). Allenfalls kann diese "beschleunigte Integration" (KLEMM 1985, 178) als Erfolg verbuchen, "aus der Gruppe der ausländischen Schüler die assimilationswilligsten herauszulösen und die Anderen, die die große Mehrheit darstellen, nicht zu integrieren, sondern zu marginalisieren" (1985, 178).

Dieser Versuch der Bewältigung kultureller Heterogenität setzt darauf, daß sich kulturelle Heterogenität durch die schlichte sprachliche Gemeinsamkeit ausländischer und deutscher Kinder in einer Schule und Klasse quasi von selbst erledigt. Diese Hoffnung auf die Lösung des Problems durch naturwüchsige Anpassung kann natürlich nicht aufgehen; damit wird kulturelle Heterogenität als pädagogische Herausforderung ausgeblendet und die Marginalisierung eines Großteils der ausländischen SchülerInnen in Kauf genommen. "Die 'direkte Integration' hat lediglich eines bewirkt: Sie hat dem ausländischen Kind die kulturellen Wurzeln entzogen, hat es heimatlos und sprachlos gemacht" (POMMERIN 1988c, 21).

Diese verleugnende Variante der Anpassungsstrategie wird abgelöst durch eine andere, die "in sprachlicher Inkompetenz ausländischer Kinder (in Mutter- und Zweitsprache) einen zentralen Erklärungsfaktor für Schulversagen sieht" (KLEMM 1985, 178). "Als Folge der gescheiterten 'direkten Integration' wurden Vorbereitungsklassen eingerichtet, in denen ausländische Kinder für ein bis zwei Jahre in nationale und internationale Vorbereitungsklassen zusammengefaßt wurden" (POMMERIN 1982, 142). Damit ist der Wandel von der ausblendenden zur kompensatorischen Anpassungsstrategie vollzogen.

Mit den beiden Varianten der Anpassungsstrategie ist gleichzeitig eine erste Phase der Theorieentwicklung innerhalb der Ausländerpädagogik gekennzeichnet, wie NIEKE sie charakterisiert: "Ausländerpädagogik als kompensatorische Erziehung und Assimilationspädagogik" (1986, 462). Diese Phase sieht er gekennzeichnet durch die Hinwendung zum "Problem kaum vorhandener Deutschkenntnisse bei den ausländischen Schülern" (1986, 462). "Es galt, den ausländischen Schülern möglichst schnell so viel Deutsch beizubringen, daß sie dem Unterricht überhaupt folgen konnten" (1986, 462). Zentrales Anliegen ist in dieser Phase also der Ausgleich von sprachlichen Defiziten. Unausgesprochen wird damit "faktisch eine Assimilation - eine Anpassung an die selbstverständlichen Deutungsmuster, Werte und Normen der deutschen Majorität - betrieben" (1986, 463). Der Sozialisationsprozeß ausländischer Kinder wird als reiner Anpassungsprozeß verstanden: "Völlige Anpassung wird mit erfolgreicher Sozialisation gleichgesetzt. Defizite würden nur da auftreten, wo diese Anpassung nicht vollständig erreicht wird" (NEUMANN 1981a, 17). Um diese Angleichung an deutsche Normen und Standards zu ermöglichen, werden spezielle Klassen und Kurse eingerichtet, die die SchülerInnen in möglichst kurzer Zeit befähigen sollten, dem Unterricht in Regelklassen zu folgen.

Dem separierenden Rotationskonzept wie den beiden Varianten der Anpassungsstrategien des Integrationskonzepts ist eines gemeinsam: Sie basieren auf einer monokulturellen Logik und "beschränken sich auf das Entweder-Oder zweier Kulturen" (PRENGEL 1989a, 76), die ein Miteinander unterschiedlicher Kulturen nicht vorsieht, ja nicht einmal zuläßt. Und sie "vernachlässigen damit allesamt die in den letzten Jahren immer stärker ins pädagogische Blickfeld geratene kulturelle Realität der Arbeitsmigration" und "die Bildung von Migrantenkulturen" (1989a, 76). In dieser Logik verfährt das Schulsystem zweigleisig, es "integrierte (...) die integrationswilligen und -fähigen Schüler und eröffnete ihnen, im Laufe der Zeit in immer stärkerem Maße, den Zugang zur Realschule und den Gymnasien, seltener zur beruflichen Ausbildung, kaum zu privilegierten beruflichen Positionen. Gleichzeitig wurden ausländische Schüler ausgesondert: in separate Klassen; in Fördergruppen, die vordringlich nicht Förderung der ausländischen Schüler, sondern Entlastung der Regelklassen zum Ziel haben; in Sonderschulen; in berufsvorbereitende Maßnahmen nur für Ausländer" (BOOS-NÜNNING & HENSCHEID 1987, 286; ähnlich auch schon AKPINAR 1979, 126). Für MigrantInnen bleiben unter diesen Umständen nur zwei Entwicklungsperspektiven: "Der Migrant muß erkennen, daß sein kulturelles Werte- und Normsystem, seine sozialisierten Verhaltensweisen in der neuen Umgebung nicht mehr tragen; er wird in seiner Identität verunsichert. Das hat eine Dichotomie zur Folge: Entweder schließt sich der Migrant einer gettoartigen Gruppe an, die ihn streng nationalistisch in seiner Tradition bestätigt; bekannt hierfür sind z.B. die Koranschulen. Oder er paßt sich so an deutsche Verhältnisse an, daß er sogar seine Herkunft verleugnet" (ESSINGER 1986b, 238). Es sind dies die beiden Seiten einer homogenisierenden Strukturierung innerhalb des Schulsystems: Anpassung oder Aussonderung.

Hier führt auch nicht das **Optionskonzept** weiter, das zumindest etwas wie kulturelle Pluralität verspricht. Es gibt in seiner Widersprüchlichkeit von Lebensperspektiven jedoch auch keine Orientierungshilfen. "Diese in der Zielsetzung zweigleisige, inhaltlich jedoch einseitig, weil monokulturell orientierte Erziehung war nicht in der Lage, zur Aufhebung der Ursachen bei der schulischen Misere von Migrantenkindern beizutragen" (KULA 1986, 247). So hält auch das Optionskonzept - wie Rotation und Integration - an der homogenisierenden Logik fest.

Das offensichtliche Scheitern dieser Ansätze - sowohl des Rotationskonzepts, das durch die gesellschaftliche Entwicklung faktisch widerlegt wird, als auch der Anpassungsstrategien in ihrer ausblendenden und kompensatorischen Variante - führt ab etwa 1980 zu einer zweiten Phase ausländerpädagogischer Theorieentwicklung. Sie wird von NIEKE als "Kritik der Ausländer-Sonderpädagogik und der Assimilationspädagogik" (1986, 463) bezeichnet. Die Bemühungen gehen nun dahin, "eine Alternative zur herkömmlichen auf Migrationsprobleme bezogenen Bildungspolitik und 'Ausländerpädagogik' zu finden" (HOHMANN 1989, 6). Dabei weitet sich der Blick von den pädagogischen Problemen "auf deren Ursachen im gesellschaftlichen, vor allem im politischen Bereich" (NIEKE 1986, 463) und von der schulischen Ebene zur außerschulischen Jugend- und Sozialarbeit. Es erfolgt auch eine Hinwendung zur beruflichen Bildung (AUERNHEIMER 1990, 7). In dieser Phase werden die Herkunftskulturen der MigrantInnen stärker betrachtet, um ein besseres Verständnis für die kulturellen Voraussetzungen und das Umfeld der Migrantenkinder zu gewinnen, statt von ihnen germanozentristisch jene Voraussetzungen zu fordern, die (eher) von deutschen Kindern erwartet werden können.

Aus der Kritik an den bisherigen konzeptionellen Ansätzen und dem Scheitern der praktischen Bemühungen gewinnt schließlich die Idee der Interkulturellen Erziehung ihre Dynamik (KLEMM 1985, 178). Sie wendet sich gegen zwei "Tendenzen: Einseitige Anpassungsforderungen der einheimischen Gesellschaft gegenüber den Migranten sowie segregationistische Tendenzen" (HOHMANN 1983, 6). So beginnt eine dritte, sich Mitte der 80er Jahre abzeichnende Phase der Theoriebildung: "Interkulturelle Erziehung für eine multikulturelle Gesellschaft" (NIEKE 1986, 464). Sie "versucht, nicht mehr sonder-, sondern allgemeinpädagogisch auf ein Strukturproblem der Schule im Verhältnis zu ihren heterogenen Klienten zu reagieren" (RADTKE 1987, 51). Auf der Grundlage der Anerkennung einer faktischen multikulturellen Gesellschaft wendet sich nun das Interesse stärker vom Studium der Herkunftskulturen der Betrachtung sich entwickelnder Migrantenkulturen zu. Hier kommt es schließlich zu einem dialektischen Verständnis kultureller Heterogenität: "Ausländische Kinder lassen sich weder als 'Defizit'-Wesen, die lebenslanger kompensatorischer Maßnahmen bedürfen, charakterisieren, noch als Individuen, die bis auf wenige Ausnahmen erfolgreich das deutsche Bildungssystem durchlaufen und keinerlei Fördermaßnahmen mehr in Anspruch nehmen müssen" (POMMERIN 1988c, 18). Weiter wird ein grundsätzlicher Perspektivenwechsel gefordert: Statt von den Anforderungen der Schule müsse man von den Bedürfnissen und Schwierigkeiten der ausländischen SchülerInnen mit der deutschen Schule ausgehen (BOOS-NÜNNING U.A. 1983, 344). Ebenso müsse auch von den Defiziten der einsprachigen, deutschen und von den besonderen Kompetenzen der ausländischen SchülerInnen gesprochen werden (GOGOLIN 1987, 26).

Zudem wendet sich die Diskussion um die Beschulung ausländischer Kinder und Jugendlicher einer grundsätzlichen Ebene zu. Es werden nun stärker theoretische Fragen des Multikulturalismus thematisiert, so z.B. die kontroverse Frage, ob es kulturuniversalistische Standpunkte zu vertreten gelte, die verbindliche Gemeinsamkeiten aller Kulturen oder zumindest die Gemeinsamkeit einer notwendigen Überwindung der Beschränktheit eigener Kulturen postulieren, oder eher kulturrelativistische Standpunkte, die die prinzipielle Gleichwertigkeit aller Kulturen in ihrer Verschiedenheit vertreten (vgl. Kap. 4.1.3).

In dieser Zeit entsteht auch der auf ELWERT zurückgehende Ansatz der Binnenintegration (ELWERT 1982, 1984, HANSEN 1984). ELWERT geht von folgender These aus: "Eine stärkere Integration der fremdkulturellen Einwanderer in ihre eigenen sozialen Zusammenhänge innerhalb der aufnehmenden Gesellschaft ... ist unter bestimmten Bedingungen ein positiver Faktor für ihre Integration in die aufnehmende Gesellschaft" (1984, 51f.). Er meint damit den "Zustand, in dem für das Mitglied einer Subkultur der Zugang zu einem Teil der gesellschaftlichen Güter einschließlich solcher Werte wie Vertrauen, Solidarität, Hilfe usw. über soziale Beziehungen zu anderen Mitgliedern dieser Subkultur vermittelt ist" (1984, 53). So können positive Möglichkeiten entstehen für die Entwicklung von Selbstvertrauen und Selbstbewußtsein, für die Vermittlung von Handlungswissen und die Etablierung als pressure-group (ELWERT 1984, 54; vgl. auch HANSEN 1984) als Voraussetzung für die Auseinandersetzung mit einer fremden Umwelt. In diesem Sinne kommentiert AUERNHEIMER die positiven Möglichkeiten des Ansatzes der Binnenintegration: "Wenn man die Eingliederung neuer ethnischer Minderheiten auch als kollektiven Prozeß der kulturellen Transformation betrachtet, der die Schaffung einer Migrantenkultur zum Ergebnis hat, die Voraussetzung für die produktive Auseinandersetzung mit den Migranten ist, so bekommt die Einwandererkolonie oder ethnische Gemeinde eine positive Bedeutung, nicht bloß eine Funktion als vorübergehender Schonraum" (1990, 101). Hiermit sind positive Möglichkeiten des Erlebens von Gleichheit innerhalb der Subkultur aufgezeigt, die für die Auseinandersetzung mit Verschiedenheit in der Gesellschaft insgesamt stabilisieren können. Sie können dem unmittelbaren Anpassungsdruck, in unserem Falle einer drohenden Germanisierung, entgegenwirken helfen.

In der Zusammenschau ergibt sich die folgende Struktur der Bewältigungsstrategien kultureller Heterogenität: In einer ersten Phase stehen idealtypisch mehrere Konzepte nebeneinander, die als Gemeinsamkeit eine monokulturelle Orientierung aufweisen und lediglich ein kulturelles Entweder-Oder zulassen.

- Das **Rotationskonzept** setzt auf Separierung in eigenen schulischen Systemen mit der Perspektive baldiger Rückkehr ins Heimatland,

- das **Integrationskonzept** setzt auf eine schnelle Eingliederung mittels quasi naturwüchsiger - vor allem sprachlicher - Assimilation,
- das **Kompensationskonzept** setzt auf positiv diskriminierende Verfahren besonderer Förderung, die die im Integrationskonzept geforderte Assimilation ermöglichen sollen.

Im Integrations- wie im Kompensationskonzept bilden deutsche Werte, Normen unhinterfragt die Standards schulischer Erziehung. Beide stellen damit Varianten einer Anpassungsstrategie an deutsche Verhältnisse dar. In einer zweiten Phase der Theoriebildung werden diese Konzepte und ihr (Miß-)Erfolg problematisiert und kritisiert, kulturelle Hintergründe der ausländischen SchülerInnen werden deutlicher herausgestellt, die Berechtigung von kultureller Verschiedenheit betont und die hierarchischen Tendenzen bisheriger Ansätze kritisiert. In der sich herausbildenden dritten Phase schließlich kommt es zu Versuchen einer Ergänzung unterschiedlicher kultureller Hintergründe, d.h. zum Versuch, kulturelle Heterogenität ohne Anpassungsdruck und Aussonderungsdrohung in einem Miteinander des Verschiedenen in Interkulturalität zu bewältigen. Die Notwendigkeit für interkulturelle Ansätze ergibt sich schon aus der Feststellung, "daß eine nur monokulturelle, monoethnische Pädagogik in der multikulturellen Situation unzureichend ist und insbesondere einer durch kulturelle Begegnung initiierten Entwicklung nicht gerecht wird" (KULA 1986, 4). Hierbei können auch Prozesse der Binnenintegration innerhalb einer MigrantInnensubkultur positive Wirkungen haben.

4.1.2 Exkurs: Zum Begriff der Integration in Ausländerpädagogik und Interkultureller Erziehung

Bereits in Kap. 4.1.1 ist mit der Behandlung des Integrationskonzeptes eine große Diskrepanz zwischen diesem und dem Selbstverständnis einer Integrationspädagogik, wie in Kap. 2 und 3 dargestellt, deutlich geworden. Deshalb soll hier in einem Exkurs auf die Verwendung des Integrationsbegriffs eingegangen werden.

Integration ist seit deren Beginn ein zentraler Begriff der ausländerpolitischen und damit auch -pädagogischen Diskussion. Häufig ist seine Unklarheit, seine "Vagheit und seine fehlende Eindeutigkeit" (HOHMANN 1989, 10; vgl. schon HOHMANN 1982b) beklagt worden. Er wurde als das unklare "bildungspolitische Lösungswort, die Beschwörungsformel, mittels derer das unabsehbar vielgestaltige Problem in einem Aufgabenzusammenhang gebannt zu werden scheint" (RUHLOFF 1982c, 6), bezeichnet. "Der Begriff der Integration ist so vielseitig wie die Zahl derer, die mit Integration 'von Amts wegen' befaßt sind" (REICHOW 1987, zit. in DJI 1988, 8). Unterschiedliche Zugänge von verschiedenen Wissenschaftsdisziplinen aus haben eine Vielzahl von Definitionen und Systematiken hervorgebracht (vgl. etwa BAYAZ & WEBER 1984, ARIN 1986, 145-150).

Als verkündetes Ziel der regierungsamtlichen Ausländerpolitik wurde und wird er gemeinhin als Forderung an die ausländische Bevölkerung verstanden. Dies gilt auch bei verbaler Distanzierung von assimilativen Forderungen; dann werden konkrete Forderungen an die ausländische Bevölkerung gestellt (Deutsch lernen, sich auf Arbeitsbedingungen einstellen etc.), die durch allgemeine Erwartungen an die Bereitschaft der deutschen Gesellschaft zur Aufnahme relativiert werden (z.B. SAUSEN 1987, 37). Häufig bedeutet der Integrationsbegriff nicht viel mehr als den "Wunsch nach möglichst unauffälliger Existenz von Minderheiten" (REICHOW 1987, zit. in DJI 1988, 8; vgl. auch KÖPCKE-DUTTLER 1982). So kritisiert z.B. ARIN nach Durchsicht offizieller Verlautbarungen in aller Schärfe, "daß im politisch-pragmatischen Sinne die 'Integration' den Umstand impliziert, in dem sich der/die Ausländer/Ausländerin an das herrschende Normative anpaßt, d.h. die Sprache beherrscht, die Anforderungen des Arbeitsmarktes erfüllt und sich möglichst 'unauffällig' verhält. Anders ausgedrückt: von ihm/ihr wird das 'sich-Einfügen' in vorhandene Herrschaftsstrukturen und -hierarchien, das 'Anerkennen' und 'Hinnehmen' des eigenen Platzes in der untersten Skala der gesellschaftlichen Macht- und Statushierarchie als 'Integrationsleistung' abverlangt" (1986, 145). Es wird ein "wirtschaftlich erzwungener Integrationswille" gegeißelt, der "an Zweideutigkeit und Heuchelei nicht mehr zu überbieten ist" (SCHMIDT 1981, 62).

Angesichts dieser verdeckten Anpassungsforderung kann es nicht verwundern, daß der Integrationsbegriff - zumal bei ausländischen AutorInnen - entsprechend kommentiert und kritisiert wird. Dies machen schon einige Buch- und Zeitschriftentitel deutlich: "Integration: Anpassung an die Deutschen?" (BAYAZ, DAMOLIN & ERNST 1984a), "Handlungsfähigkeit statt 'Integration'" (KALPAKA 1986), "Die Legende von der 'Ausländerintegration'" (ARIN 1986). Integration wird gar als "eines der beharrlichsten Begriffsgespenster unserer Zeit" bezeichnet (BAYAZ, DAMOLIN & ERNST 1984b, 7) und unter dem Titel "Abschaffung der Vorbereitungsklassen = Integration?" (MEYER-INGWERSEN & NEUMANN 1981) als ideologische Begleitmusik eines bildungspolitischen Sparkurses verdächtigt.

Mit dem Integrationsbegriff lassen sich ganz unterschiedliche, ja geradezu gegensätzliche Sachverhalte semantisch ummanteln: Bezeichnen die einen mit dem Integrationsproblem eine Frage der Gerechtigkeit, zielen andere auf Vergesellschaftung, während dritte ein Kulturproblem damit verbinden und vierte - wenn überhaupt - primär ein Ordnungs- und Verfassungsproblem sehen (BRUMLIK 1984, 80). So ist der Integrationsbegriff "je nach wissenschaftlicher und/oder politisch-ideologischer Zielsetzung, tausendfach definiert oder mißbraucht worden" (BAYAZ & WEBER 1984, 158f.). Damit ist er aussagemäßig praktisch entwertet worden.

Auf die Schule bezogen wird mit der Integration eine Haltung bezeichnet, die "mit der mehr verschleiernden als hilfreichen Forderung der 'Integration ausländischer Schüler in das deutsche Schulsystem'" darauf zielt, "daß die ausländischen Kinder, solange sie hier in unserem Land sind, auch das Unterrichtssystem unseres Landes übernehmen müßten" (ESSINGER 1986b, 237; ähnlich auch BOOS-NÜNNING & HENSCHEID 1987, 286). Hinter dieser bildungspolitischen Vorgabe wird langfristige Methode vermutet: "Integration bedeutet ... die Aufgabe, ausländische

Heranwachsende zwar nicht **zu** Deutschen werden zu lassen aber doch **wie** Deutsche. ... Die Förderung der Integration im Sinne einer Vorstufe zur völligen Angleichung, zum Deutschwerden ist das Ziel. Erst sollen junge Menschen so leben können 'wie ...', dann - vielleicht in der nächsten oder übernächsten Generation - werden sie, obgleich 'ungewollt', selbst Deutsche sein" (RUHLOFF 1982b, 6), "wie einst die Polen im Ruhrgebiet, so daß man sie nach einigen Generationen nur noch an den Namen erkennen kann" (KALPAKA 1986, 3).

Wohin ein solches Verständnis von Integration befürchtetermaßen führen kann, wird mehrfach karikierend beschrieben: "Das Endprodukt dieser Integration ist der 'weiße Neger', die vielfach gebrochene Persönlichkeit eines Individuums, das als Karikatur einer Figur mit typisierten Verhaltensweisen und Einstellungen herumläuft" (HOFF 1981, 63), "auf unsere Situation bezogen, ein türkischer Gastarbeiter, der perfekt deutsch spricht, Schweinswürstl mit Sauerkraut ißt, Bier trinkt und seine Kinder in die deutsche Regelklasse schickt" (SCHREINER 1983, 23, sowie 1986, 248). Zusammenfassend schreiben KALPAKA & RÄTZEL: "So bedeutet letztlich die Forderung nach Integration, was sie nicht sein will: Assimilation. In der Integrationsforderung konzentriert sich unserer Ansicht nach die ideologische Funktion von Ethnozentrismus und Rassismus" (1986b, 53; vgl. Kap. 4.6.4). BORRELLI bringt die Integrationskritik auf den Punkt: "Die pädagogische Bedeutung des Integrationsbegriffes ist in der Negation des gängigen Integrationsbegriffes zu suchen" (1984, 40).

Zu dieser Vielzahl von assimilationskritischen Stellungnahmen bildet es einen eigentümlichen Widerspruch, wenn innerhalb der interkulturellen Erziehung der Begriff einer Integrationsfähigkeit im Sinne einer (nicht vorhandenen) Fähigkeit ausländischer Kinder verwendet wird. So wird etwa geschrieben, daß die Einbeziehung in die Kindergartenerziehung ausländischen Kindern die Möglichkeit eröffnet hätte, "integrationsfähig zu werden" (DOMHOF 1984, 36). Oder PIROTH schreibt: "Nach wenigen Jahren intensiver Sprachförderung im Rahmen des regulären Unterrichts sind ... die meisten Schüler von den Sprachkenntnissen her integrationsfähig, während andere kaum Fortschritte gemacht haben" (1982, 17). Geradezu erschreckend erscheint ein weiteres Beispiel aus dem Modellversuch in Berliner Gesamtschulen (THOMAS 1987a): Dort wird zur Erfassung der Eingangsvoraussetzungen in die 7. Klasse eine Einschätzung der GrundschullehrerInnen erhoben, "ob der betreffende Schüler voll integriert, voll integrationsfähig, integrationsfähig unter der Bedingung von Fördermaßnahmen oder zur Zeit nicht integrationsfähig sei" (KARGER 1987, 130). Da nur die in die Sekundarstufe I der Gesamtschule aufgenommenen SchülerInnen untersucht werden, kann das Untersuchungsergebnis nicht überraschen: "Die Kategorie 'derzeit nicht integrationsfähig' war kein einziges Mal angegeben worden" (1987, 166). Eine Steigerung selektiven Denkens mit Hilfe des Integrationsfähigkeitsbegriffs ist schwerlich vorstellbar!

Die in der ausländerpädagogischen Debatte dominierende Abwehrhaltung einem assimilativ besetzten Begriff gegenüber kann allerdings nicht einfach als zufällig verstanden werden, da er nun einmal als bildungspolitisches Schlagwort dementsprechend eingeführt wurde und besetzt ist. Folgt man den immer wiederholten Definitionen, daß Integration die Wiederherstellung eines Ganzen (von lat. integratio) bezeichnet und sinngemäß sowohl auf die Einbeziehung eines Teils in ein Ganzes, als auch auf die Verbindung der Vielfalt von einzelnen Personen oder Gruppen zu einer gesellschaftlichen und kulturellen Einheit zielen kann (so z.B. SCHMIDT 1981, 49), so ist hier bereits die Problematik des Begriffs grundgelegt: Das Verbindungsverständnis meint die gemeinsame Weiterentwicklung der Einheit, bei der sich alle Teile verändern, das Eingliederungsverständnis dagegen legt eine einseitige Anpassungsleistung des einzubeziehenen Teils an ein im wesentlichen unverändertes Ganzes nahe. Dieses Eingliederungsverständnis scheint deutlich zu einem assimilativen Verständnis von Integration beizutragen, das besonders in der ausländerpädagogischen Diskussion sehr heftig diskutiert und von Betroffenen wie von Beobachtenden abgelehnt wird.

Mit diesem assimilativen Integrationsverständnis ist jedoch auch innerhalb der ausländerpädagogischen Debatte nur eine Seite charakterisiert. Es gibt einige Versuche, zu einem anderen Integrationsverständnis zu kommen: "Ich meine, wir müssen uns dazu durchringen, auch als Integration anzuerkennen, wenn ausländische Mitbürger in ihrem Sosein hier leben wollen, wenn sie in der Diasporasituation bewußt ihre Identität pflegen wollen, wenn sie nicht als deutscher Türke, sondern als Türke in Deutschland leben wollen" (SCHREINER 1983, 23). Es müsse "ein Integrationsbegriff angestrebt werden, unter dem abweichendes Verhalten toleriert wird, fremdartige Gewohnheiten anerkannt werden, Mehrsprachigkeit selbstverständlich ist, Religionsausübung Privatsache bleibt und die Begegnung mit Menschen anderen kulturellen Hintergrundes erstrebenswert wird" (HOFF 1981, 63). Auf die bildungspolitische und schulische Situation bezogen stellt BEERMANN fest, Integration müsse als dialogischer Prozeß (1987, 295) verstanden werden, der dazu beiträgt, "daß der ausländische Schüler nicht (mehr) als Objekt von Integrationsmaßnahmen, sondern als Subjekt von Integrationsprozessen zu sehen" sei (1987, 297). Und NAUMANN beschreibt als Integrationsziel nicht die kulturelle Homogenisierung, sondern eine "Identität auf der Grundlage ethnischer wie soziologischer wie kultureller Pluralität" (1990, 25). Diese Standpunkte versuchen sich gegen assimilative Momente abzugrenzen und die Berechtigung von Verschiedenheit und prinzipielle Gleichwertigkeit zu betonen.

SCHREINER und HOFF machen deutlich, daß Integration und Identität - wie in der Doppelstrategie und zahlreichen politischen Erklärungen behauptet - kein Gegensatzpaar sind. BEERMANN stellt hierzu fest, daß die Entwicklungsperspektive von Kindern "mit der Zielformulierung 'soziale Integration und Erhaltung der sprachlichen und kulturellen Identität' insofern mißverständlich ausgedrückt ist, als sie den Begriff Identität nur einseitig zuordnet. Die Frage der Erhaltung der sprachlichen und kulturellen Identität stellt sich für die Schule somit nicht nur - und nicht einmal primär - unter dem Aspekt einer möglichen Rückkehr dieser

Kinder in die Heimat ihrer Eltern, sondern zumindest ebenso sehr unter dem Aspekt ihrer weiteren Persönlichkeitsentwicklung auch für die Situation, daß sie hier sind und bleiben. Integration und Identität bilden einen Zusammenhang, eingeflochten in die Persönlichkeitsentwicklung des einzelnen Schülers" (1987, 296). Damit stellt Integration in der Debatte um kulturelle Heterogenität etwas dar, was nicht Identität zerstört, sondern Identitätsentwicklung beeinflußt und anregt.

Wie BEERMANN betonen auch andere AutorInnen den Prozeßcharakter der Integration (DJI 1988, FURTNER-KALLMÜNZER 1988). Diese Deutungen stellen den Integrationsbegriff nicht dem Begriff eines Erhalts der Identität gegenüber, sondern vertreten als komplementären Begriff den der Marginalisierung: Integration und Marginalisierung sind demnach als Begriffe zu verstehen, "die das Verhältnis von Mehrheit und Minderheit strukturell, sozial, kulturell und subjektbezogen kennzeichnen. Hauptkennzeichen von 'Integration' ist ein gleichberechtigtes Verhältnis zwischen Mehrheit und Minderheit. 'Marginalisierung' ist der Prozeß der Ausgrenzung der Minderheiten aus den Institutionen, aus den sozialen und kulturellen Bezügen der Mehrheit ohne gleichzeitige Einbindung in entsprechende Institutionen und Bezüge der Minderheiten selbst, verbunden mit der Entwicklung ethnisch definierter Unterschiede" (FURTNER-KALLMÜNZER 1988, 138).

Interessanterweise verschwindet der weithin mit dem Verständnis einer assimilatorischen oder kompensatorischen Ausländerpädagogik verbundene Begriff mit Beginn der Diskussion um Interkulturelle Erziehung nicht, sondern bleibt neben dem Begriff der interkulturellen Erziehung erhalten. Er geht sogar mit letzterer punktuell als "interkulturelle Integration" (vgl. HOHMANN 1989, 10) oder als "multikulturelles Integrationsverständnis" (DICKOPP 1982, 44) eine Symbiose ein.

Jüngst gibt es sogar einen Versuch, "die Bezeichnungen 'Ausländerpädagogik' und 'Interkulturelle Pädagogik' zunehmend abzulösen und zu ersetzen durch den Terminus 'Integrative Pädagogik'" (SAYLER 1991, 27). Begründet wird dies mit den definitorischen Problemen, die sowohl bei der Ausländerpädagogik als auch bei der Interkulturellen Pädagogik in übergroßer begrifflicher und konzeptioneller Heterogenität als nicht befriedigend lösbar angesehen werden. Eine 'integrative Pädagogik', die sich in bewußter Abgrenzung von allen assimilatorischen Tendenzen aus gestaltpädagogischen Ansätzen herleitet, scheint indessen wenig Klärungshilfe gegenüber bisherigen Begriffen bringen zu können. Begriffliche Generalisierung trägt nicht unbedingt zu größerer Konkretisierung von Begriffen und Konzepten bei.

4.1.3 Zum Konzept der Interkulturellen Erziehung

In diesem Abschnitt geht es zunächst um das Vorverständnis und gesellschaftliche Voraussetzungen der Interkulturellen Erziehung, anschließend werden Grundzüge und Prinzipien dargestellt und schließlich theoretisch nicht hinreichend geklärte Fragen des Kulturbegriffs und die kontrovers diskutierte Frage eines Kulturrelativismus und -universalismus angesprochen.

Vorverständnis und gesellschaftliche Voraussetzungen

Die Notwendigkeit Interkultureller Erziehung leitet sich aus jenen gesellschaftlichen Phänomenen ab, die durch die Migrationsbewegungen hervorgerufen worden sind (vgl. HOHMANN 1989, 6f. und REICH U.A. 1989, 130f.): Migration ist zu einem dauerhaften Merkmal der bundesrepublikanischen Gesellschaft geworden, so daß "Sprachen- und Kulturenvielfalt ... zu Bildungsvoraussetzungen aller, Einheimischer und Immigrierter, werden" (REICH U.A. 1989, 130). Der dauerhafte Status einer faktisch multikulturellen Gesellschaft zwingt dazu, "in den verschiedenen Bereichen, d.h. u.a. auf kulturellem, sozialem, wirtschaftlichem und politischem Gebiet Stellung zur Frage des Zusammenlebens mit ethnischen Minderheiten zu beziehen" (HOHMANN 1989, 6); denn "ein Handeln in den Grenzen nationaler Bildungssysteme (ist) rückständig geworden" (REICH U.A. 1989, 130). Verstärkt wird dieser "Prozeß zunehmender Internationalisierung" (NIEKE 1984, 87) und "kultureller und sprachlicher Pluralisierung" (REICH U.A. 1989, 130) im Zuge der europäischen Einigung und der Umstrukturierung in Osteuropa, die zu einer zunehmenden wirtschaftlichen und politischen Verflechtung beitragen.

Für die Schule hat dies unmittelbare Konsequenzen: "Problematisiert werden insbesondere die Institutionen, die auf einem national-kulturellen Selbstverständnis des Bildungssystems gründen: die Verpflichtung auf nationale Werte in den Lehrplänen, die Verbindung von Lehramt und Staatsangehörigkeit, die Einsprachigkeit der öffentlichen Bildungseinrichtungen, der ethnozentristische Geschichtsunterricht" (1989, 130). Dieses bedeutet "die Abkehr von Modellen kompensatorischer Erziehung" (HOHMANN 1989, 6) und macht "die Entdeckung des Bildungswertes von Sprache und Kultur der Herkunftsländer und der Migrantenkultur in den Aufnahmeländern" (1989, 6f.) notwendig.

Angesichts dieser Phänomene kommt es darauf an, "mittelfristige Integrationsstrategien zu entwickeln, die der kulturellen Pluralisierung der Gesellschaft Rechnung tragen, ohne Gleichheitsgrundsätze zu verletzen" (REICH U.A. 1989, 131f.). Diese programmatische - und damit immer auch tendenziell utopische und vergebliche (ZIMMER 1980) - Aussage umreißt das Anliegen Interkultureller Erziehung im Sinne einer ergänzenden Bewältigungsstrategie kultureller Heterogenität: Universale Gleichheitsrechte im Sinne einer "Bildung für alle" (HOHMANN 1989, 7) bilden die verbindliche Grundlage, gleichzeitig muß kulturelle Verschiedenheit zu ihrem Recht kommen können. Dies ist die Formel eines dialektischen Verständnisses von Gleichheit und Verschiedenheit der Kulturen. Sie steht neben anderen gesellschaftlich-politischen Möglichkeiten der Bewältigung von kultureller Heterogenität: "Multikulturalismus in seinen verschiedenen Varianten ist ... nur eine politische Möglichkeit neben zwei anderen Alternativen, nämlich der kulturellen Assimilation einerseits und der Separation von Minderheiten andererseits" (AUERNHEIMER 1990, 2). Damit sind die drei möglichen Bewältigungsstrategien kultureller Heterogenität genannt: Anpassung, Aussonderung und schließlich Interkulturelle Ergänzung, die sich "gegen Segregation und kulturelle Überformung zugleich" (ZIMMER 1987, 234) wendet.

Grundzüge und Prinzipien

Der unüberschaubaren Vielzahl von Definitionsversuchen Interkultureller Erziehung soll hier keine weitere hinzugefügt werden; Einigkeit besteht allenfalls darüber, daß es bisher keine eindeutige Definition gibt (vgl. z.B. HOHMANN 1983, 4f.). Von daher erscheint es sinnvoller, übereinstimmend als wesentlich angesehene Prinzipien und Essentials Interkultureller Erziehung anzuführen:

Wie bereits angedeutet, ist Interkulturelle Erziehung die pädagogische Reaktion auf die gesellschaftlich vorhandene kulturelle und sprachliche Vielfalt. Im Englischen wird durchgängig von "multicultural education", im Französischen von der "education interculturelle" gesprochen (AUERNHEIMER 1990, 3). Im deutschen Sprachgebrauch betont das "Inter"- mehr als das "Multi"kulturelle Verbindung und Begegnung unterschiedlicher Kulturen (HOHMANN 1989, 12). Interkulturelle Erziehung gilt "als allgemeines Bildungsziel für alle, auch für die Angehörigen der Majorität" (NIEKE 1984, 87) und richtet sich damit an "alle Menschen, die in einer als kulturell pluralistisch erfahrenen Gesellschaft zusammenleben: Ausländer und Einheimische, Majorität und Minorität, 'Schwarze' und 'Weiße'" (HOHMANN 1989, 13). Auf die Schule bezogen geht sie damit von heterogenen Klassen aus und sucht nicht nach Objekten einer mehr oder minder angleichenden Förderung. Das bedeutet jedoch nicht, daß einfach alle gleich behandelt werden, so daß sie - dem populären Leitwort entsprechend - miteinander leben und lernen. Interkulturelle Erziehung muß auch "Sorge dafür tragen, daß die minoritären Mitglieder auf dem Wege 'positiver Diskriminierung' in ihrer individuellen und sozialen Identität so weit gefestigt werden, daß sie sich auf den Prozeß des 'Inter' überhaupt erst einlassen können" (KLEMM 1985, 181). Hier wird das deutlich, was PRENGEL das Dilemma der Assimilationspädagogik genannt hat: Positive Diskriminierung, auch im Sinne kompensatorischer Förderung, ist "einerseits im Interesse der Überlebenschancen der Eingewanderten unverzichtbar" (1989a, 89), basiert aber zugleich auf einem monokulturellen Weltbild, "welches die Heimatkulturen ... ausblendet, ignoriert und damit auch entwertet" (1989a, 89). Deutlich wird diese Ambivalenz auch darin, daß KLEMM (1985) den Begriff der positiven Diskriminierung positiv sieht, KALPAKA (1986) und CZOCK (1986) ihn negativ besetzen.

Interkulturelle Erziehung bedingt eine Veränderung des Charakters von Erziehung und Schule im ganzen, und zwar in Richtung auf ein gemeinwesenorientiertes Selbstverständnis und damit in Richtung auf einen sich der Umwelt öffnenden Unterricht. Diese Notwendigkeit entspringt der "Idee, daß interkulturelle Erziehung ... die gesellschaftliche Realität, also die multikulturelle Gesellschaft, abzubilden habe, wenn sie die jungen Menschen auf ein Leben darin vorbereiten will" (HOHMANN 1989, 15). Hier gibt es deutliche Berührungspunkte mit Ansätzen einer Community Education (vgl. z.B. KLEMM 1985, 186, HOHMANN 1989,

14), auch wenn deren Praxis häufig nicht den theoretischen Postulaten zu entsprechen vermögen (AUERNHEIMER 1990, 233).

Interkulturelle Erziehung zielt auf drei Teilaspekte, die mit den Stichwörtern: "Begegnung mit anderen Kulturen - Beseitigung von Barrieren, die einer solchen Begegnung entgegenstehen - Herbeiführen von kulturellem Austausch und kultureller Bereicherung" (HOHMANN 1989, 16) umschrieben werden können. Sie versteht sich somit als Friedenserziehung und als "Erziehung zur internationalen Verständigung gleichsam vor der eigenen Haustür" (ZIMMER 1987, 233; vgl. ZIMMER 1986), die sich um den Abbau von Vorurteilen, um Empathie, Solidarität und Konfliktfähigkeit bemüht und gegen das Nationaldenken wendet (ESSINGER & GRAF 1984, ESSINGER 1986a, 1986b, ESSINGER & KULA 1987). Dies ist mehr, als mit der Forderung von AUERNHEIMER (1984, 23) und DIETRICH (1984, 27) nach friedlicher Koexistenz ausgedrückt wird. Interkulturelle Erziehung zielt damit darauf, "die Kinder der Minderheiten und der jeweiligen Mehrheit dazu zu befähigen, ihre eigene Kultur zu entwickeln, mit anderen Kulturen zu kommunizieren und in einer kulturell zunehmend differenzierten Lebenswelt selbstbestimmt zu handeln" (REICH U.A. 1989, 132). Jedoch darf interkulturelles Lernen nicht nur auf die Beschäftigung von InländerInnen mit fremden Kulturen beschränkt werden, es geht auch um die "Forderung an die Inländer, die Tiefenstrukturen ihrer eigenen Kultur, die sie verinnerlicht haben und in interkulturelle Kommunikation einbringen, genauer zu reflektieren" (NESTVOGEL 1987b, 39).

In diese Zielformulierungen gehen Anteile beider unterscheidbarer Richtungen interkultureller Erziehung ein, die idealtypisch - teils als sich ergänzende Dimensionen, teils als unversöhnliche Gegensätze verstanden - als Begegnungspädagogik und als Konfliktpädagogik bezeichnet werden (HOHMANN 1989, 15f.). Die eine setzt den Schwerpunkt auf den bereichernden interkulturellen Austausch durch Begegnung, dessen Realisierung durch zu beseitigende Barrieren erschwert wird. Die andere sieht die Notwendigkeit der bewußten Bewältigung von interkulturellen Konflikten in einer hierarchischen Situation und grenzt sich ab von allen "Vermeidungs- oder Neutralisierungstendenzen" (HOHMANN 1983, 7). Mit der Konfliktorientierung ist eine große Nähe zu Ansätzen antirassistischer Erziehung erreicht (vgl. hierzu Kap. 4.6.3).

Interkulturelle Erziehung vollzieht sich in der methodisch-didaktischen Gestaltung auf schul- und unterrichtsorganisatorischer, curricularer und interaktioneller Ebene. Sie wendet sich "gegen Maßnahmen der Segregation ausländischer Kinder" (ZIMMER 1987, 234). Es geht für alle Beteiligten darum, "vorzudringen zur Fähigkeit der interkulturellen Kommunikation, zur Achtung interkultureller Vielfalt und Einsicht in die eigene kulturelle Befangenheit, zur Fähigkeit der kategorischen Analyse von Kulturen und der Teilhabe an ihren Einrichtungen" (HOHMANN 1989, 16f.). Interkulturelle Erziehung wird demnach als fächerübergreifendes Prinzip verstanden, nicht als Fach, Lernbereich oder Maßnahme (z.B. NIEKE 1984, 89, ESSINGER 1986b, 244). Nicht eine einzelne Maßnahme oder Leistung an sich, sondern "die pädagogischen Entscheidungen und deren Zusammenhang (sind) als interkulturell zu qualifizieren, die den Maßnahmen und Leistungen vorausgehen" (HOHMANN 1989, 19). Damit droht die Interkulturelle Erziehung zwar in die gleiche Unverbindlichkeit zu geraten wie die Verkehrs- oder Gesundheitserziehung, jedoch ließen sich interkulturelle Ansätze in wenigen Bereichen nicht damit vereinbaren, daß in anderen weiterhin in gewohntem - und unreflektiertem - Germanozentrismus gelehrt und gelernt würde. Denn gleichzeitig ist sie auch "der Stachel im Fleische eines ethnozentristischen Bildungsbegriffs" (ZIMMER 1987, 235). "Um die monokulturelle Ausrichtung der Schule zu überwinden" (AUERNHEIMER 1990, 174), müssen Curricula und Schulbücher überarbeitet werden; so erst kann eine "multiperspektivische Allgemeinbildung" (1990, 174) zustandekommen.

Trotz aller Heterogenität interkultureller Ansätze lassen sich nach AUERNHEIMER deutlich Grenzen einerseits zum Konzept einer antirassistischen Erziehung wie andererseits zu dem einer bikulturellen Bildung ziehen, wenngleich auch Verbindungslinien und Gemeinsamkeiten vorhanden sind: "Bei dem einen Ansatz steht die sozialstrukturell und ideologisch bedingte Ungleichheit im Brennpunkt, bei dem anderen das Problem der Identitätsbildung im Spannungsfeld von Mehrheits- und Minderheitskultur. Die antirassistische Erziehung stützt sich daher auf gesellschaftstheoretische Analysen, das Programm einer bikulturellen Bildung vor allem auf Thesen über den Zusammenhang zwischen Sprache und Identitätsentwicklung. Die tendenzielle Einseitigkeit der ersteren liegt im Fokussieren der gesellschaftlichen Bedingungen, die der letzteren im Insistieren auf der Muttersprache und Herkunftskultur, während die interkulturelle Erziehung in der Gefahr ist, beides zu vernachlässigen" (1990, 173). Die Auseinandersetzung zwischen interkultureller und antirassistischen Erziehung wird in Kap. 4.6.3 aufgenommen, die zwischen interkultureller Erziehung und bikultureller Bildung in Kap. 4.6.2.

Zum Kulturbegriff

Ungeklärte theoretische Probleme beginnen im Bereich Interkultureller Erziehung bereits bei der Frage, was mit dem Begriff Kultur gemeint sei (KLEMM 1985, 181ff.). Konsens ist nach KLEMM dabei immerhin, daß Kultur sich nicht in enger Begriffsfassung nur auf menschliche 'Spitzenproduktionen', "die menschlichen Hervorbringungen also, die der Verschönerung des Alltags dienen" (1985, 182) beschränken darf. Dann wäre der Alltag von MigrantInnen ausgeblendet und sie wären doch auf Anpassung an deutsche Kultur oder an Rückbesinnung auf die Heimatkultur, die dann zur exportierten Folklore geriete, (beides in engem Begriffsverständnis) zurückverwiesen (vgl. GÖTZE & POMMERIN 1986, 124). Vielmehr bildet Kultur in erweiterter begrifflicher Fassung (horizontaler Aspekt; KLEMM 1985, 182) das ganze "Repertoire an Kommunikations- und Repräsentationsmitteln" einer Gesellschaft oder gesellschaftlichen Gruppe (AUERNHEIMER 1989, 386). Kultur ist damit nicht einfach mit Gesellschaft identisch, sondern bildet jenes Symbolsystem, das "Verständigung, Handlungsorientierung und

Selbstvergewisserung" ermöglicht (PRENGEL 1989a, 102). Bereits hier ist die wichtige Feststellung abzuleiten, daß Kultur nie statisch verstanden werden kann, sondern sich immer in prozeßhaften Veränderungen befindet. Neben diesem horizontalen Aspekt ist ein vertikaler Aspekt bedeutsam, nämlich die Überlegung, daß sich Kultur nie im herrschaftsfreien Raum bewegt, sondern "daß Kulturen (so wie verschiedene Gruppen oder Klassen) in einer Stufenfolge und in Opposition auf der Skala der kulturellen Macht zueinander stehen und daß den Machtverhältnissen, die zwischen den Klassen bestehen, die Machtverhältnisse zwischen den Kulturen entsprechen" (KLEMM 1985, 183). Damit lassen sich auch hierarchische Strukturen zwischen Stammkulturen und Subkulturen festhalten. Und es ist auch naheliegend, daß die Behauptung einer statischen und/oder homogenen "nationalen Kultur" eine Fiktion ist (GÖTZE & POMMERIN 1986, 123, SAKAR 1987), wie am Beispiel der kurdischen Bevölkerung in der Türkei augenfällig wird.

Diese Überlegungen haben unmittelbare Bedeutung für die Migrationssituation und für die Interkulturelle Erziehung: Die Migrantenkultur ist sowohl als Subkultur des Herkunftslandes als auch die des Ziellandes zu verstehen, und in dieser Situation ist gleichzeitig die Offenheit für die Dynamik ihrer Weiterentwicklung enthalten. Damit ist klar, daß "die Arbeit mit Kindern von Arbeitsimmigrantinnen nicht von zwei starren Kulturen ausgeht, sondern von Veränderungsprozessen in der Herkunftskultur und in der Aufnahmekultur sowie von der Entwicklung von Migrantenkulturen" (PRENGEL 1989a, 102). Letztere sind daher nicht als defizitär im Sinne von Kulturbruch und Kulturschock zu begreifen (so auch CZOCK 1986, 92), sondern als "kreative Leistungen der wandernden Menschen, welche die für ihr Überleben notwendigen Verständigungen miteinander und mit ihrer Umwelt hervorbringen" (PRENGEL 1989a, 102).

Weiter ist allerdings auch zu fragen, ob der Kulturbegriff tatsächlich das wesentliche der Migrantensituation kennzeichnet oder "ob statt des Begriffs der Kultur nicht der der Ethnie, der Rasse oder vielleicht sogar der Kaste (...) geeigneter ist, die tatsächlich bestehenden Unterschiede und Beziehungen zwischen den verschiedenen Gruppen zu charakterisieren" (HOHMANN 1989, 22; vgl. Kap. 4.6.4). Diese Frage bleibt in der Literatur weitgehend unbeantwortet; nicht zufällig ist immer wieder in Kombinationen von sprachlicher und kultureller, von kultureller und ethnischer Verschiedenheit die Rede. Für den Zweck dieser Arbeit erscheint jedoch ein - wie oben skizzierter - erweiterter Kulturbegriff vertretbar, der sich von Vorstellungen einer statischen (Hoch-)Kultur wie nationaler Kulturen absetzt und sprachliche wie ethnische Verschiedenheit einschließt.

Zur Diskussion um Kulturrelativismus und Kulturuniversalismus

Eine weitere Kontroverse schließt sich an die Frage des Kulturbegriffs an, nämlich die Diskussion darüber, ob Interkulturelle Erziehung eher kulturrelativistische oder kulturuniversalistische Standpunkte zu vertreten habe - eine international breit diskutierte Frage, die in der Bundesrepublik viel zu wenig aufgenommen worden ist (KLEMM 1985, 179; vgl. auch SAYLER 1991). Dies ist beileibe keine rein theoretische Diskussion, sind PädagogInnen doch ständig in der Situation, sich zu Konfliktlinien zwischen Beteiligten verhalten und damit zu kultureller Heterogenität Stellung nehmen zu müssen.

Kulturuniversalistische Positionen betonen die Notwendigkeit, über- oder transkulturelle Normen zu entwickeln, die für alle am Zusammenleben Beteiligten gelten müßten. Derartige Positionen gehen etwa von der "Vorstellung universeller Menschlichkeit" (PRENGEL 1989a, 92) aus und vertreten die Hypothese, kulturelle Entwicklung müsse "auf universalen für alle Menschen geltenden und quasi natürlichen Grundwerten, universalen und moralischen Prinzipien" basieren (DICKOPP 1986, 46). Interkulturell könne Pädagogik nur sein, "wenn sie ihre Begründungen und Ziele transkulturell verankert" (1986, 42). Die Hinwendung zu solchen Orientierungen geht einher mit der Herauslösung aus der irrationalen Befangenheit in der eigenen Kultur, die z.B. in der Religion deutlich werde (BORRELLI 1986b; vgl. RUHLOFF 1982b). Für die Interkulturelle Erziehung ist es unabdingbar notwendig, überkulturelle Orientierungen zu diskutieren, "denn die Lehrkräfte in einer Klasse, auch einer Schule mit Kindern unterschiedlicher kultureller Herkunft bewegen sich in einem Handlungsfeld, in dem Spielregeln gebraucht werden, die für alle gelten" (PRENGEL 1989a, 94). Doch gleichzeitig setzen sich universalistische Positionen immer der Gefahr aus, einem latenten Ethno- und Eurozentrismus (vgl. hierzu weiter Kap. 4.6.4) zu huldigen, indem sie einen Universalismus behaupten, der sich bei näherer Betrachtung als falscher Universalismus erweist, denn "es gibt keine Person und keine Instanzen, die in der Lage wären, wirklich für alle zu sprechen" (1989a, 97). PRENGEL verweist hier z.B. auf die Piaget-Kritik, die ihm ethnozentristische und androzentristische Gebundenheit vorwirft (1989a, 95), aber auch auf den partikularen Geltungsbereich der Menschenrechte (1989a, 97), die z.T. als gemeinsame Basis gesehen werden (vgl. GÖTZE & POMMERIN 1986, 124).

Kulturrelativistische Positionen betonen dagegen die Anerkennung der Verschiedenheit und Gleichwertigkeit aller Kulturen. Sie vertreten im Zuge der Kritik am Ethno- und Eurozentrismus das Anliegen, andere Kulturen nicht weiterhin als unterentwickelt, zurückgeblieben, minderwertiger zu betrachten und die euroamerikanische Kultur "im Sinne des ihr eigenen Fortschrittsglaubens als Spitze der Menschheitsentwicklung" (PRENGEL 1989a, 96) anzusehen. Diese Kritik an abendländischen Höherwertigkeitsvorstellungen ist integraler Bestandteil und Anspruch Interkultureller Erziehung. Und doch zieht sie sich leicht den Vorwurf der Beliebigkeit zu, die jede kulturelle Tradition - und stehe sie auch noch so der eigenen entgegen - als gleichwertig annimmt. Als Beispiel hierfür werden immer wieder die patriarchalischen Verhältnisse in türkischen Familien herangezogen, die besonders die Töchter unterdrücken: "Kulturrelativismus bedeute darum Gleichgültigkeit gegenüber den Unmenschlichkeiten fremder Kulturen" (PRENGEL 1989a, 105).

Als **dialektische Aufhebung dieses Gegensatzes** im Sinne einer Dialektik von Gleichheit und Verschiedenheit postuliert PRENGEL eine "interkulturelle Pluralität"

(1989a, 106). Sie dürfe "nicht in eins gesetzt werden mit moralischer Anerkennung, mit Für-Gut-und-Richtig-Halten alles dessen, was geschieht, aber auch nicht mit Kritikverboten. Verschiedenheit der Kulturen anerkennen heißt, grundsätzlich die Tatsache anerkennen, daß Menschen kulturell geprägt sind und daß solche Prägung spezifische Möglichkeiten und Grenzen - Kreativität und Einschränkung, Entfaltung von Lebensfreude und Leiden unter Ausbeutung und Unterdrückung, also kulturspezifische Formen von Hierarchiebildung, Herrschaft und Gewalt - mit sich bringt" (1989a, 110). PRENGEL zieht folgendes Fazit (1989a, 111): "Über gemeinsame Normen kann nicht einseitig entschieden werden, sie können sich immer nur herstellen - und oft stellen sie sich nicht her. Solcher Dissens ist nicht harmonistisch zu glätten, sondern auszuhalten!"

4.2 Aussagen zur Person-Ebene

In diesem Abschnitt geht es um jene empirischen und konzeptionellen Erkenntnisse, die sich mit der Person der SchülerInnen in der interkulturellen Situation befassen. Wie schon im dritten Kapitel, so ist dies der Bereich, der am schwierigsten zu untersuchen ist. Auch hier kann nur mit Hilfe unterschiedlicher Zugänge indirekt auf Prozesse der Persönlichkeitsentwicklung geschlossen werden:

Bildungsbeteiligung und Befunde von Leistungsuntersuchungen können helfen, Aufschluß über die kognitive Entwicklung von SchülerInnen zu gewinnen (Kap. 4.2.1), Aussagen zur Identitätsentwicklung können helfen, den Rahmen zu erhellen, innerhalb dessen sich die Entwicklung der SchülerInnen vollzieht (Kap. 4.2.2), die Beschäftigung mit Vorurteilen bzw. Selbst- und Fremdwahrnehmung der Beteiligten kann Hypothesen entwickeln über die subjektive Wahrnehmung der Beteiligten, und hier sowohl der beteiligten SchülerInnen wie der Erwachsenenwelt, insbesondere der PädagogInnen (Kap. 4.2.3), und Aussagen zur Sprachenproblematik können die Situation der SchülerInnen und konzeptionelle Überlegungen anhand dieses wichtigen Anteils der Persönlichkeitsentwicklung konkretisieren (Kap. 4.2.4). Damit ist das Vorgehen in diesem Abschnitt skizziert.

4.2.1 Bildungsbeteiligung und Bildungskarrieren

Die meisten Untersuchungen zu Bildungsbeteiligung und Schulleistungsentwicklung sind durch eine Orientierung am Vergleich zwischen ausländischen und deutschen SchülerInnen gekennzeichnet. Damit ergibt sich die Problematik, daß angesichts der ungleichen Voraussetzungen, die aber gleichen Anforderungen unterworfen werden, letztlich nicht mehr als das Ergebnis kompensatorischer Bemühungen erfaßt werden kann. Unter diesem Vorbehalt sind die beschriebenen Untersuchungsergebnisse zu sehen.

Bildungsbeteiligung an den Schultypen des Schulwesens

Die häufigste Hilfskonstruktion, die Bildungsbeteiligung von Migrantenkindern zu erfassen, ist die Zuordnung zu den Schulformen des gegliederten Schulwesens und die damit verbundenen (Un-)Möglichkeiten des Übergangs in das Berufsleben. Damit kann tendenziell eine leistungsmäßige Streuung im Vergleich zwischen deutschen und Migrantenkindern festgestellt werden.

Wie bereits in Kap. 4 dargestellt, gehören Migrantenkinder zu den benachteiligten Gruppen im Bildungswesen. Es heißt, "hinter das 'katholische Arbeitermädchen vom Lande' ... sei das 'muselmanische Türkenmädchen in der Großstadt' getreten" (KLEMM 1987, 19). Diese Feststellung kann für die zweite Hälfte der 70er Jahre mit folgenden Aussagen verdeutlicht werden: Ausländische SchülerInnen sind gegenüber ihren deutschen MitschülerInnen deutlich schlechtergestellt (86 bzw. 83 % in Grund- und Hauptschulen gegenüber 64 bzw. 55 %). Diese Tendenz verschärft sich noch dadurch, daß sie kaum der tendenziellen Abwanderung ihrer deutschen MitschülerInnen in höhere Bildungsgänge folgen können (in Realschulen von 11% auf 15%, in Gymnasien von 18% auf 23 %) . Bei ihnen erfolgen Wanderungsbewegungen zum einen allenfalls in Richtung auf die Realschule (3,3 % auf 4,4 %), nicht aber bis zum Gymnasium (6,6 % auf 6,5 %), zum anderen verstärkt in Richtung auf Sonderschulen (2,7 % auf 4,3 %). Ausländische Kinder können damit kaum von der allgemeinen Bildungsexpansion der 70er Jahre profitieren. Hier deuten sich bereits jene differenzierenden Tendenzen an, die KLEMM (1987) als Normalisierung und Hierarchisierung bezeichnet.

Normalisierung bedeutet, daß sich die Bildungsbeteiligung ausländischer Kinder und Jugendlicher insgesamt deutlich erhöht hat. Sie ist durch folgende Tendenzen gekennzeichnet (hierzu weitgehend übereinstimmend: KLEMM 1987, BOOS-NÜNNING & HENSCHEID 1987, 282ff.):

- Fast alle ausländischen Kinder und Jugendlichen kommen ihrer Schulpflicht nach.
- Die Quote der SchulabgängerInnen mit Abschlüssen hat sich deutlich erhöht (in NRW 1986: 23 % ohne Abschluß, 43 % mit Hauptschul-, 34 % mit höherem Abschluß; KLEMM 1987, 19).
- Der Anteil ausländischer SchülerInnen in weiterführenden Schultypen nimmt zu. Im Gymnasium haben ausländische SchülerInnen bereits mit deutschen Arbeiterkindern gleichgezogen (1987, 19).
- Der Anteil der 15 - 24jährigen ausländischen SchülerInnen in Schulen und Hochschulen hat sich von knapp 10 % 1972 auf ein Drittel 1985 erhöht und erreicht damit fast den Anteil deutscher SchülerInnen (KLEMM 1987, 19).

KLEMM interpretiert diese Entwicklung als "eine Anpassung an die qualitativen und quantitativen Grundmuster bei gleichaltrigen Deutschen", dies "unabhängig davon, ob diese Entwicklung als ein Bemühen um bessere Qualifikation oder als Verdrängung aus dem Beschäftigungssystem gedeutet wird" (1987, 19).

Die Bedeutung dieser Verbesserungen muß jedoch relativiert werden: "Zwar ist absolut gesehen der Besuch ausländischer Schüler an Realschulen und Gymnasien etwas gestiegen, ebenso die Quote der Hauptschulabschlüsse, jedoch fand in derselben Zeit eine mehr als 50%ige Steigerung der Rate deutscher Schüler an weiterführenden Schulen statt, so daß letztere sich immer mehr nach oben absetzen - man könnte von einer Unterschichtung sprechen. Die Wettbewerbschancen der jungen Ausländer auf dem Ausbildungs- und Arbeitsmarkt sind damit nochmals verschlechtert" (BERTRAM 1987, 90; so auch BOOS-NÜNNING & HENSCHEID 1987, 282f.). Bei dieser strukturellen Benachteiligung lassen sich mit NIEKE vier Stufen unterscheiden: Auf die Benachteiligung beim Schulerfolg folgen Diskriminierungen beim Eintritt in die Berufsausbildung, in deren Verlauf und schließlich beim Eintritt in die Berufstätigkeit (vgl. 1991). Doch auch darin, "daß eine benachteiligte Gruppe wie die der ausländischen Jugendlichen ihre Erfolge im allgemeinbildenden Schulsystem nicht in berufliche Chancen umsetzen kann, liegt wieder ein Stück 'Normalität' des deutschen Schulsystems" (KLEMM 1987, 21).

Hierarchisierung heißt, daß sich innerhalb der Normalisierungsprozesse eine hierarchische Struktur dergestalt verfestigt, daß einerseits Tendenzen zu stärkerer Beteiligung an höheren Bildungsgängen, andererseits eine Zunahme der Beteiligung an ausgegrenzten Bildungsgängen, so im Sonderschulbereich, zu verzeichnen ist. Zur Hierarchisierung gehören nach KLEMM Prozesse der Polarisierung, Segmentation und der Regionalisierung (1987, 20). Sie sind u.a. in folgenden Phänomenen sichtbar:

- Der Preis für den Zugang zu höheren Bildungsgängen scheinen stärkere Vereinzelung und ein verstärkter Anpassungsdruck an deutsche Verhältnisse zu sein. Dies zeigt sich auch in geringerer Teilnahme an Muttersprachlichem Unterricht. KLEMM spricht hier von "der beschleunigten Integration und der Preisgabe ihrer Herkunft ... als Tribut für den 'Aufstieg durch Bildung'" (1987, 20), ganz im Sinne einer assimilativ-integrativen Anpassungsstrategie (vgl. Kap. 4.1.2).
- Die Quote der Sonderschulüberweisungen und der SchülerInnen an Sonderschulen nimmt deutlich zu: von 1976 bis 1984 von 3,7 % auf 13,7 % (BOOS-NÜNNING 1990, 557). In Hessen befinden sich 1986/87 2,9 % aller deutschen, aber 5,2 % aller ausländischen Kinder in Sonderschulen (zit. in PORTMANN 1988, 77). Ungeachtet aller Unterschiede zwischen Herkunftsländern wie zwischen deutschen Bundesländern geht die Überrepräsentanz im Sonderschulbereich ausschließlich auf die Schule für Lernbehinderte zurück. In Hessen z.B. befinden sich 1983 innerhalb des Sonderschulwesens fast 80 % aller ausländischen, aber nur 63 % aller deutschen Schüler in Sonderschulen in diesem Schultyp (BOOS-NÜNNING 1990, 558). Die Schule für Lernbehinderte entwickelt sich mehr und mehr zu einer Gettoschule für ausländische SchülerInnen. Dies ist offensichtlich ein Ergebnis verstärkter ethnisch-kultureller Selektion (vgl. PREUSS-LAUSITZ 1986c, 93). Einen erfolgversprechenden Ansatz für individuelle Hilfen, insbesondere bei drohender schulischer Aussonderung, praktiziert das italienische Konsulat in Frankfurt (LIGUORI-PACE 1988).

- Weiter zeigen sich - neben regionalen - große ethnische Unterschiede in der Bildungsbeteiligung: Während türkische SchülerInnen weitgehend von höheren Bildungsgängen ausgeschlossen bleiben, haben jugoslawische und griechische SchülerInnen bereits deutsche Arbeiterkinder anteilig am Gymnasialbesuch überholt (KLEMM 1987, 20).

Beide Prozesse, Normalisierung und Hierarchisierung, greifen ineinander und lassen angesichts der Heterogenität von Entwicklungsverläufen deutlich werden, "wie fragwürdig der Anspruch des deutschen Schulsystems, 'leistungsgerecht' auszulesen, auch bei der Gruppe der ausländischen Schüler ist. Zugleich ermutigen diese Daten, denn sie verweisen darauf, daß trotz aller unverkennbaren Schwierigkeiten bei der Unterrichtung ausländischer Schüler pädagogische Anstrengungen Erfolg haben können" (KLEMM 1987, 21).

Ohnehin ist in vielen Untersuchungen deutlich, daß nicht allein schulische Einflußfaktoren die Schullaufbahn von Migrantenkindern bestimmen, sondern daß außerschulische Faktoren sie nachhaltig beeinflussen (vgl. z.B. GLUMPLER 1985, 34). Andererseits entfällt damit nicht die Verpflichtung des deutschen Schulwesens, wenn es schon keine gleichwertige Ausbildung für Migrantenkinder zu bieten vermag, ihnen zumindest keine zusätzlichen Steine in den Weg der Schullaufbahn zu werfen. Als problematisch erweisen sich für die Schullaufbahnverläufe von Migrantenkindern fehlende Schullaufbahnkontinuität, also häufige Wechsel zwischen Klassen, Schulen und Schultypen, mangelnde Passung zwischen Zweitspracherwerbsbedingungen und Leistungsanforderungen und eine geringe Differenziertheit des Angebots an weiterführenden Schulen (GLUMPLER 1988, 40ff.).

Dabei weist GLUMPLER darauf hin, daß die Schullaufbahn von türkischen SchülerInnen gegenüber türkischen Schülern durch Faktoren wie stärkere soziale Kontrolle und ein höheres Maß an Hausarbeit und Kinderbetreuung zusätzlich belastet ist (1987, 24). Auch wenn sich GLUMPLERs Analyse auf türkische SchülerInnen unter den Bedingungen des Bayrischen Modells (vgl. Kap. 4.5.1) bezieht, so ist sie in dem Sinne verallgemeinerbar, daß Brüche in der schulischen Anforderungs- und Fördersituation für Migrantenkinder unter jedweden schulorganisatorischen Vorgaben zu erwarten sind und sich in jedem Fall erschwerend auswirken.

Schulleistungsuntersuchungen

Mehr noch als für die generelle und damit unschärfere Gliederung in unterschiedliche Schultypen weist die direkte Untersuchung von Schulleistungen das Problem des germanozentristischen Blickwinkels auf, dem alle SchülerInnen trotz höchst unterschiedlicher Voraussetzungen unterworfen werden. Zudem beziehen sie immer nur jene SchülerInnen ein, die sich - in einem selektierenden Schulsystem - in den entsprechenden Schulen und Klassen befinden, erfassen also nicht die Gesamtbreite ausländischer bzw. deutscher SchülerInnen. Trotzdem sollen hier drei Untersuchungen wiedergegeben werden, die sich mit Schulleistungen im

Grundschulbereich und in der Sekundarstufe I beschäftigen. Dies geschieht nicht zuletzt deshalb, weil auch die ausländischen SchülerInnen im Hinblick auf nachschulische Möglichkeiten Anspruch auf eine schulische Forderung und Förderung haben, die sie deutschen SchülerInnen gleichzustellen erlaubt.

DICKOPP (1982) berichtet über Schulleistungsuntersuchungen im Rahmen des Krefelder Modells (zu den Bedingungen vgl. Kap. 4.5.2). Dabei vergleicht er die Schulleistungen der ausländischen SchülerInnen mit denen deutscher Arbeiterkinder. In den zu Schulbeginn durchgeführten Untersuchungen (Wortschatztest für Schulanfänger, Frankfurter Test für Fünfjährige - Wortschatz) wird deutlich, "daß deutsche Arbeiterkinder erheblich besser als ihre ausländischen Mitschüler abschneiden. Verfolgt man die sprachliche Entwicklung vom ersten zum zweiten Schuljahr, so zeichnet sich hier sogar eine Vergrößerung des Unterschieds ab. Benachteiligt sind die ausländischen Kinder nicht nur durch einen Mangel an deutschem Sprachschatz, sondern auch in der Beherrschung der im deutschen Kulturbereich verwendeten Begriffe" (1982, 102ff.). Diese Unterschiede in der Sprachentwicklung können nicht überraschen. Die grundlegende Bedeutung der Sprache wird auch in den allgemeineren Schulleistungstests deutlich: "Die im zweiten, dritten und vierten Schuljahr durchgeführten allgemeinen Schulleistungstests bestätigen die nicht ausgeglichenen begrifflichen und sprachlichen Defizite. In allen Bereichen, in denen die deutsche Sprache relevant wird: Wortschatz, Leseverständnis, Sprachverständnis sowie Rechtschreibung schnitten die ausländischen Kinder eindeutig schlechter ab. Die Abstände - wiederum bezogen auf die deutschen Arbeiterkinder - verminderten sich zwar, wurden jedoch nicht ausgeglichen" (1982, 105f.). Für die Verminderung der Leistungsunterschiede wird dem auf die Inhalte des Integrationsunterrichts zielenden Muttersprachlichen Unterricht des Krefelder Modells besondere Bedeutung beigemessen (zur Frage der Sprachentwicklung vgl. im einzelnen Kap. 4.2.4).

ROTH (1985b) berichtet von einer Examensarbeit von RIEGER aus dem Jahr 1980, in der der Notendurchschnitt 228 deutscher und 44 ausländischer Kinder in Grund- und Hauptschulen verglichen wird. Dabei ergibt sich das Ergebnis, daß in der Grundschule die Leistungen der ausländischen Kinder in Deutsch um 0,8 (3,1 gegenüber 2,3) und in Mathematik um 0,9 (3,1 gegenüber 2,2) Notenpunkte schlechter bewertet werden als die deutscher Kinder. In der Hauptschule liegen sie fast ebenso viel, auf verschobenem Niveau (Deutsch 3,8 gegenüber 3,2, Mathematik 4,1 gegenüber 3,2) niedriger. Das gleiche Bild, wenn auch abgeschwächt, zeigen die Zensuren in Betragen (2,6 gegenüber 2,1) und Mitarbeit (2,5 gegenüber 2,2). Lediglich in Sport ist das Verhältnis umgekehrt (2,2 gegenüber 2,5). ROTH schließt daraus, daß die ausländischen Kindern "vor allem in den Kernfächern" in Grund- zur Hauptschule ein "hohes Leistungsdefizit" (1985b, 16) aufweisen.

Diese Untersuchung ist mit mehreren Problemen behaftet: Zunächst sagt sie etwas über die subjektive Wahrnehmung der Schulleistungen durch die zensurengebenden PädagogInnen aus, was nicht unbedingt mit direkten Leistungsmessungen übereinstimmen muß. LUKESCH vermutet, daß in Untersuchungen, die Daten über die Einschätzungen von PädagogInnen erheben, "interaktionsbedingte Störfaktoren einfließen, die zu einer nicht leistungsgemäßen Beurteilung der Ausländerkinder führen" (1983, 267). Er zitiert eine Untersuchung mit objektiven Leistungstests, in der sich ergeben habe, daß die Unterschiede im Leistungsniveau zwischen deutschen und ausländischen SchülerInnen, "gemessen am Anteil der aufgeklärten Varianz" "relativ gering" (1983, 267) seien - besonders auffällig sei dies in Deutsch. In der Einschätzung der Leistungen durch deutsche PädagogInnen kann also ein erster Verzerrungsfaktor liegen. Besonders problematisch kann dieser Faktor in den Bereichen der Mitarbeit und des Betragens werden, denn hier ist nicht nur der Subjektivität der PädagogInnen Tür und Tor geöffnet, sondern hier wird u.U. auch germanozentristisch die kulturelle Verschiedenheit selbst mitbewertet; schließlich ergeben sich hier besonders schnell Bewertungen, die eher Aussagen über den Unterricht als über das Verhalten von SchülerInnen treffen.

Diese Bedenken gelten, was Verzerrungsfaktoren durch die subjektive Wahrnehmung von LehrerInnen angeht, auch für die Untersuchungen von SCHRADER, NIKLES & GRIESE zum Meldeverhalten und zu Schulleistungen ausländischer und deutscher Kinder, die sich vermutlich auf den Grundschulbereich beziehen. Sie stellen fest, daß sich ausländische Kinder weniger am Unterricht beteiligen als deutsche (von den ausländischen Kindern melden sich 51 % oft und 31 % manchmal, von den deutschen 56 % oft und 41 % manchmal; 1979, 153). Dies gilt jedenfalls für ausländische Kinder in Regelklassen. Hypothesen für eine Begründung liefern sie jedoch nicht. Auffällig ist der höchste Anteil von häufigen Meldungen bei ausländischen Kindern in Nationalklassen (62 % melden sich oft, 27 % manchmal). Bei der Frage, ob sie gleich drangenommen werden, wenn sie sich gemeldet haben, gibt es jedoch kaum Unterschiede.

Ein Vergleich zuungunsten ausländischer SchülerInnen ergibt sich auch beim Vergleich ihrer Schulnoten mit denen deutscher Kinder in Regelklassen in den Fächern Deutsch und Rechnen: "Im Durchschnitt (...) liegen die Zensuren der ausländischen Kinder in Deutsch und Rechnen/Mathematik um eine Stufe unter der der deutschen Kinder. In beiden Fächern erzielen die ausländischen Kinder im Durchschnitt die Note 'ausreichend', die deutschen Kinder 'befriedigend'" (1979, 155). Dies sagt nicht nur etwas über die Leistungsfähigkeit von ausländischen und deutschen SchülerInnen aus, sondern vermutlich auch über die Wahrnehmung ihrer LehrerInnen und damit über die durch Zensurengebung sich vollziehende ethnische Selektivität des deutschen Schulwesens.

GROTH U.A. berichten von Leistungsuntersuchungen in den Klassen 5 - 9 einer Integrierten Gesamtschule, die auf Zeugnisnoten und Kurszuweisungen basieren. Dabei sind "bei den Durchschnittsnoten - mit Ausnahme in Klassenstufe 6 - keine drastischen Leistungsdifferenzen zu beobachten. Es gab Jahrgangsstufen, in denen die ausländischen Schüler geringfügig bessere Notenschnitte und höhere A-Kursanteile (...) aufwiesen (...), aber auch solche, in denen sie etwas hinter dem Leistungsstand ihrer deutschen Mitschüler zurückblieben" (1986, 500). Die Unterschiede in der 6. Klasse sehen GROTH U.A. als Folge von thematisch bedingt höheren Sprachanforderungen, die in späteren Klassen aufgeholt werden können.

Für die Interpretation der letztgenannten Untersuchung muß allerdings berücksichtigt werden, daß in die Untersuchung wiederum nur ein bestimmter - selektierter - Teil ausländischer Kinder einbezogen werden kann: eben jene SchülerInnen, die überhaupt in die Gesamtschule aufgenommen worden sind und sich dort leistungsmäßig haben halten können.

Letztlich ergeben die angeführten Schulleistungsuntersuchungen, zumal angesichts ihrer punktuellen Ausschnitthaftigkeit, keine generell verallgemeinerbare Linie, daß etwa ausländische SchülerInnen generell schlechtere Leistungen erbringen als ihre deutschen MitschülerInnen. Zumindest gilt dies für jene Untersuchungen, die sich auf eine bestimmte Schülerpopulation innerhalb des hierarchisch aufgebauten Schulwesens beschränken - und dies trifft auch für die Grundschule und die Gesamtschule zu, solange sie SchülerInnen in Sonderschulen aussondert.

4.2.2 Zur Persönlichkeitsentwicklung

Häufig wird die Forderung erhoben, es müsse Migrantenkindern ermöglicht werden, ihre Identität zu wahren. Von dieser Forderung, die unterstellt, daß eine entsprechende Identität bereits entwickelt ist, wird jedoch die Notwendigkeit ganz unterschiedlicher Maßnahmen abgeleitet, sei es Muttersprachlicher Unterricht, sei es bikulturelle und zweisprachige Erziehung oder seien es separierte AusländerInnenklassen. Bei Aussagen zur Identitätsentwicklung wird - wie schon im 3. Kapitel - deutlich, daß es in diesem Bereich allenfalls Ansätze zu einer theoretischen Diskussion gibt, keineswegs jedoch gesicherte empirische Aussagen. Dies verwundert insofern nicht, als diese komplexen Prozesse wesentlich schwieriger zu untersuchen sind als andere, die etwa in Interaktionen konkret zu beobachten sind.

Viele Aussagen zur Identitätsentwicklung von Migrantenkindern basieren auf der Theorie des symbolischen Interaktionismus (vgl. z.B. BOOS-NÜNNING 1983, 4). Danach geht es mit Bezug auf GOFFMAN um die Entwicklung von Ich-Identität, d.h. die Leistung, Rollenerwartungen von außen mit der eigenen Persönlichkeit in Einklang zu bringen (vgl. SCHREINER 1983, 1986). Auf die vorliegende Arbeit bezogen formuliert hieße dies, eine innerpsychische Balance zwischen den individuellen Anteilen als Pol der Verschiedenheit und den gemeinsamen Anteilen als Pol der Gleichheit herzustellen, die weder in gesichtslosen Opportunismus, noch in unverständlichen Individualismus mündet.

Für ausländische Kinder stellt sich damit die Herausforderung, "das Wertesystem der Bundesrepublik und des Heimatlandes voneinander abzugrenzen und die entsprechenden Normen situationsspezifisch singgemäß und zweckmäßig anzuwenden" (BOOS-NÜNNING 1983, 5), wobei ein "Geflecht von Normen und Verhaltensorientierungen (entsteht), in das beide Kulturen und die Migrantensituation eingehen" (BOOS-NÜNNING 1983, 5). Damit bildet Identität keinen Gegensatz zum

Begriff der Integration (vgl. hierzu auch Kap. 4.1.2), denn beide Begriffe bezeichnen - im hier verwendeten Sinne - einen dialektisch verstandenen Prozeß zwischen den Polen der Gleichheit und der Verschiedenheit, der Einigungen anstrebt.

Identität kann auch nicht als nationale Identität verstanden werden, denn die Bevölkerung eines Landes ist nicht homogen, was allein schon die kulturelle, soziale, geographische und ökonomische Situation angeht. Es kann für die Sozialisation der MigrantInnen nicht gleichgültig sein, "ob sie aus ländlichen oder großfamiliären Verhältnissen kommen, ob sie akademische oder sonstige Ausbildung mitgebracht haben, oder ob sie Erfahrungen als Arbeitnehmer/innen im Arbeitsleben hatten oder nicht" (SAKAR 1987, 225; ähnlich auch z.B. NEUMANN 1982, 124, BOOS-NÜNNING 1983, 5, ARIN 1986, 149). Und über diese durch die unterschiedliche Situation im Herkunftsland bedingte Heterogenität hinaus müssen jene Aspekte und Prozesse betrachtet werden, die mit der Migrationssituation zusammenhängen. Einer solchen Sichtweise geht es darum herauszufinden, "welche für sie spezifischen Handlungsmuster relevant werden, um divergierende Situationen und unterschiedliche Handlungserwartungen auszuhalten und eine Handlungsfähigkeit zu entwickeln. Bei einer solchen Definition kommt es dann zwangsläufig darauf an zu versuchen, wie der ausländische Jugendliche seine Persönlichkeitsstruktur (Ich-Identität) im Kontext der unterschiedlichen Ansprüche entwickelt und wie von den verschiedenen Sozialisationsinstanzen die Entwicklung von Handlungsfähigkeit beeinflußt bzw. beeinträchtigt wird" (STÜWE 1987, 139).

Die in der Ausländerpädagogik weit verbreitete generelle These einer durch die Migrationssituation gestörten Identitätsentwicklung, die mit dem zentralen Begriff des 'Kulturschocks' verbunden ist, wird zunehmend kritisiert. In der Ausländerpädagogik, so CZOCK, "herrscht breite Einigkeit darüber, daß sie (die gestörte Identitätsentwicklung, A.H.) aus dem 'Zusammenprallen' verschiedener kultureller Bezugswelten resultieren. Im Topos vom 'Kulturkonflikt' hat der dabei unterstellte (Problem-)Zusammenhang zwischen Migration und Identitätsentwicklung eine eingängige Kurzfassung erhalten. Bei systematischer Umkehrung der Perspektive erweist sich dieser Topos jedoch als Beschwörungsformel für die fraglos problematische Situation der Migrantenkinder: Es ist dann nicht das Aufeinandertreffen verschiedener kultureller Bezugssysteme, das per se zu Problemen in der Identitätsentwicklung führt, es sind vielmehr die Bedingungen, denen die Aufnahmegesellschaft die Migranten und ihre Kinder unterwirft und die den Rahmen abgeben, in dem sich die Identitätsentwicklung vollziehen kann" (CZOCK 1986, 92).

Festzuhalten bleibt vorläufig, daß in diesem Bereich sichere, empirisch belegte Aussagen noch völlig fehlen. Selbst für Themen, die schon häufiger untersucht worden sind, ergibt sich kein klares Bild, so etwa für die Frage, ob ausländische Kinder in besonderem Maße psychische Störungen aufweisen und ob bzw. wie diese Störungen mit der Migrationssituation zusammenhängen. Hierzu führt BOOS-NÜNNING aus, daß Untersuchungen einen Anteil zwischen 10 bis 15 % psychisch kranker und 70 % verhaltensauffälliger Kinder benennen, andere Untersuchungen wiederum der These einer besonderen psychischen Belastung von Migrantenkindern widersprechen (1990, 559). Der deutlich höhere Anteil an ausländischen Kindern in Schulen für Lernbehinderte und deren Unterrepräsentanz in den anderen Sonderschulformen (1990, 560), aber auch die großen Unterschiede zwischen den Bundesländern bei der Sonderschulüberweisung scheinen eher für eine verstärkte ethnisch-kulturelle Selektion innerhalb des deutschen Schulsystems zu sprechen. Auch BOOS-NÜNNING hält hier das "Schulversagen (besser: das Versagen der Schule, mit ausländischen Kindern umzugehen), (...) nur (für) die manifesteste und statistisch nachweisbare Form" (1990, 561).

4.2.3 Zur Selbst- und Fremdwahrnehmung

Interaktion zwischen verschiedenen Menschen ist immer beeinflußt von inneren Bildern, die sich jeder der Beteiligten vom anderen und von sich selbst macht. Damit ergibt sich die Problematik von Vorurteilen und Stereotypenbildungen (vgl. hierzu auch die individuelle Ebene des Ethnozentrismus in Kap. 4.6.4). Vorurteile und Stereotypenbildungen sollen im folgenden auf zwei Ebenen betrachtet werden: zwischen ausländischen und deutschen Kindern sowie zwischen ausländischen Kindern und deutschen PädagogInnen.

Ausländische und deutsche Kinder

Hier geht es um die Frage, welches Bild sich ausländische und deutsche Kinder voneinander und von sich selbst machen. ROTH (1985b) gibt eine Befragung von 230 deutschen Grund- und HauptschülerInnen in der Examensarbeit von RIEGER aus dem Jahr 1980 wieder, in der gefragt wurde, "warum wohl manche deutschen Schüler nicht neben ausländischen sitzen wollten" (1985b, 61).

Demnach weisen zwei Drittel der Befragten den ausländischen SchülerInnen den Grund zu: 44 % sehen deutlich negative Eigenschaften und/oder Verhaltensweisen als ursächlich an, 19 % formulieren 'neutral' Fremdheit und Kontaktschwierigkeiten. Nur 14 % sehen den Grund bei den deutschen SchülerInnen und ihren Vorurteilen. Zumal angesichts eines zu vermutenden Anteils von im Sinne sozialer Erwünschtheit abgegebener Stellungnahmen ist dies ein erschreckendes Bild, demzufolge die Wahrnehmung von Migrantenkindern aus der Perspektive von deutschen Kindern und Jugendlichen vorwiegend negativ besetzt und von Vorurteilen bestimmt ist.

Mit einem anderen Zugang nähern sich FEIL & FURTNER-KALLMÜNZER diesem Thema. Sie beschäftigen sich mit solchen Phänomenen, bei denen kulturelle Heterogenität in der Selbst- und Fremdwahrnehmung eine Rolle spielt (vgl. auch FURTNER-KALLMÜNZER 1988). Im einzelnen stellen sie fest (FEIL & FURTNER-KALLMÜNZER 1987, 465),

"- daß deutsche und ausländische Kinder voneinander Bilder entwickeln, in denen das 'Deutsch-Sein' bzw. das 'Ausländersein' den Inhalt der Bilder bestimmt;

- daß deutsche und ausländische Kinder und Jugendliche voneinander Sichtweisen entwickeln, in denen die nationale Zugehörigkeit bzw. die Zugehörigkeit zu einer ethnisch definierten Minderheit der Ausgangspunkt jeweils negativer Stereotypisierung ist;
- daß soziale Verkehrskreise von deutschen und ausländischen Kindern und Jugendlichen sich ausschließen;
- daß Konflikte in Interaktionen nicht als Konflikte zwischen Personen, sondern als Konflikte zwischen national oder ethnisch definierten Gruppenmitgliedern ausgetragen werden."

Die Untersuchung hierzu von FEIL (1987) stützt sich auf Aufsätze von 310 Münchner GrundschülerInnen, die z.T. Regelklassen, z.T. italienisch- und türkisch-muttersprachliche Klassen besuchen. Zentrales Thema der Aufsätze - Phantasie-, Erlebnis-, Reizwort-, Bildergeschichten - sind Konflikte und ihre Lösung, so in 75 % der Geschichten der Kinder aus Regelklassen und in 25 % derer von Kindern aus muttersprachlichen Klassen (im folgenden nach FEIL 1987, 480ff.):

- Bei Kindern in Regelklassen geht es vor allem um Konflikte zwischen deutschen und ausländischen Kindern um das Mitspielen-Lassen ausländischer Kinder, die zu 64 % in ein 'Happy End' und zu 36 % im Ausschluß ausländischer Kinder münden. Wo der Ausgang des Konflikts negativ beurteilt wird (27 %), sieht FEIL bei entsprechenden Kommentaren Belehrungen von Erwachsenen durchscheinen ("auch Menschen", "nur anders als wir", "mehr Phantasie"; 1987, 481), so daß das Zusammenspielen mit ausländischen Kindern als 'gute' Tat erscheint.
- Bei Kindern in muttersprachlichen Klassen spielen relativ zu Konflikten die unmittelbare Ablehnung und die Frage, ob sie deutsche Freunde haben, eine größere Rolle (ca. 50 %; davon die Hälfte ohne deutsche Freunde; 1987, 481).

Für FEIL werden in den Aufsätzen eine Reihe von stereotypen Vorstellungen bei ausländischen und deutschen Kindern deutlich, die sich in verschiedene Dimensionen fassen lassen:

Ausländerstatus und Ausländerproblem: Der Begriff Ausländer findet sich in vielen Aufsätzen als negatives Stereotyp, das an sich schon als Begründung für Ablehnung und Abgrenzung ausreicht. Bei Kindern aus Regelklassen findet sich direkte Ablehnung bei ca. einem Drittel der Aufsätze, indirekte Ablehnung in Form von moralischen Appellen bei ca. 12 %. Bei Kindern aus muttersprachlichen Klassen taucht Ablehnung als eigene Erfahrung von Diskriminierung und Aussonderung auf. 25 % von ihnen schreiben, daß sie kaum oder keine deutschen FreundInnen haben, 20 % sehen dies "in Verbindung mit vorurteilsvollem Verhalten der deutschen Kinder ihnen gegenüber" (1987, 483).

Charaktereigenschaften und Mentalität: "Die Kinder hantieren ... mit der Zuschreibung der 'üblichen' Eigenschaften ebenso wie mit der einfachen Feststellung der 'Andersartigkeit', ohne dies näher zu beschreiben" (1987, 483). Gastarbeiter werden als nette, freundliche, hilfsbereite und arbeitsame Menschen dargestellt. Negativ tauchen Eigenschaften bei ausländischen wie bei deutschen Kindern auf (frech, grob, aggressiv).

Hygiene- und Sauberkeitsvorstellungen: "Das den deutschen Kindern geläufigste Stereotyp ist, daß Ausländer 'stinken'" (1987, 484), daß sie schmutzig und dreckig seien. Dies wird jedoch nie direkt oder in Ich-Form geäußert, allenfalls als positive Überraschung von Sauberkeit.

Sitten und Lebensgewohnheiten: Die häufigsten ethnischen Schimpfwörter beziehen sich auf türkische Kinder als 'Knoblauchfresser' und italienische als 'Spaghetti-' oder 'Makkaronifresser'. Gewohnheiten, die über Äußerlichkeiten hinausgehen, spielen bei deutschen Kindern keine Rolle. Solche Schimpfwörter über deutsche Kinder tauchen in den Aufsätzen ausländischer Kinder nicht auf.

Sprache: "Die Kinder aus Regelklassen beschreiben Sprachschwierigkeiten nicht als prinzipielles Kontakthindernis. Sie machen allerdings deutlich, daß man verstehen wollen muß bzw. die Sprache als Mittel des Ausschlusses von ausländischen Kindern benutzen kann" (1987, 485f.). Sprachprobleme tauchen ca. in einem Fünftel der Aufsätze aus Regelklassen auf. Aus muttersprachlichen Klassen erwähnen nur 12 Kinder die Sprache, davon vier im Sinne einer Kontaktschranke.

Die **Ablehnung ausländischer aus der Sicht deutscher Kinder** wird von dem Widerspruch gekennzeichnet "zwischen 'Ablehnung von ausländischen Kindern' und 'ein nettes Kind sein zu wollen'" (1987, 487), der sich durch die meisten Aufsätze zieht. FEIL interpretiert diese Widersprüchlichkeit jedoch nicht im Sinne des in der Erwachsenenwelt herrschenden 'Ich habe nichts gegen Ausländer, aber ... ', da sie nicht emotional untermauert sind. Vielmehr sieht sie sie als Teil eines ständigen Prozesses von Annäherung und Ablehnung: "Vorurteile können einem Kind in diesem Prozeß des Hin- und Hers von Zuneigung und Ablehnung eine 'Argumentationshilfe' sein" (1987, 487). Dieser Hypothese entspricht, daß sich in den Aufsätzen ErzählerInnen häufig gemeinsam mit den ausländischen Kindern gegen die bösen, gemeinen, weil ablehnenden deutschen Kinder wenden. Das Bedürfnis nach Harmonie sieht FEIL im Herstellen von Gemeinsamkeiten deutlich werden, und sei es in der problematischen Formel des 'Auch-Menschen'. Durch Perspektivenwechsel wird die emotionale Betroffenheit deutlich gemacht, die Kinder können jedoch die ablehnenden Verhaltensweisen nicht intellektuell kritisieren und verfallen deshalb auf aus der Erwachsenenwelt bekannte "Gefühle und Moralismus" (1987, 488).

Ablehnungserfahrungen und Reaktionsweisen ausländischer Kinder aus muttersprachlichen Klassen beschreibt FEIL wie folgt: Die türkischen Kinder beschreiben ihre Erfahrungen sehr drastisch: "Deutsche Kinder 'schlagen', 'raufen', 'jagen sie weg'" (1987, 489). Relativierung und Perspektivenwechsel liegen außerhalb der Möglichkeiten, eher ein Handeln nach der Devise 'wie du mir, so ich dir', das für FEIL die Ablehnung einer Opferrolle deutlich macht. Verstärkte Solidarität mit der eigenen und gegen die dominierende andere Nationalität ist die Folge dieser Reaktion. Bei den italienischen Kindern wird die Identifikation mit der eigenen Nationalität überdeutlich: Bei einem Drittel der Kinder kommt es in den Aufsätzen zu Distanzierungen vom Deutschen und zur Identifikation mit dem Italienischen. FEIL sieht dennoch eine Zwiespältigkeit: "Die Kinder erleben in muttersprachlichen Klassen die Ausgrenzung von deutschen Kindern institutionell und 'Italienisch-Sein' ist für sie erstens ein Merkmal, das sie durch die Schulzeit begleitet, und zweitens verbleibt im sozialen Vergleich der italienischen mit den deutschen Kindern letztendlich nur das Kriterium der Nationalität, das sie als Ausgrenzung und zugleich als Möglichkeit ihrer positiven Selbstdarstellung wahrnehmen" (1987, 490). Von Kindern in Regelklassen wird eine solche starke Identifikation mit der nationalen Gruppe nicht beschrieben, auch dann nicht, wenn das Verhältnis zwischen ausländischen und deutschen Kindern nicht gut ist und häufig mit Ausgrenzungen endet (1987, 491). FEIL interpretiert die Ergebnisse der Kinder aus muttersprachlichen Klassen in gewissem Sinne als deren 'Erfolg': "Das ursprüngliche pädagogische Anliegen, die Möglichkeit der Rückkehr für ausländische Kinder aufrechtzuerhalten, scheint in der Fremde mit der Stärkung eines nationalen Bewußtseins einherzugehen, das um so einfacher zu erreichen ist, je mehr man als 'nationale oder ethnische Gruppe' Ablehnung erfährt und auf die 'fremde' nationale Zugehörigkeit von außen festgelegt wird" (1987, 491).

FEIL leitet aus den Ergebnissen ihrer Untersuchung eine Forderung an die Erwachsenen ab: "Ihnen fällt die Aufgabe des Erklärens von Vorurteilen zu und das ist das Gegenteil davon, die Kinder auf 'Bravsein', 'Nichtstreiten' und 'soetwas tut man nicht' zu verpflichten. Sollte sich nämlich unsere These verfestigen lassen, daß Kinder im Alter bis zu zehn Jahren die Vorurteile der Erwachsenenwelt kennen bzw. gelernt haben, jedoch von deren emotionaler Verankerung noch nicht gesprochen werden kann, weil vorurteilsvolles Verhalten im Widerspruch zum kindlichen Gerechtigkeitssinn steht, so könnte sich die Widerlegung von Vorurteilen auf der kognitiven Ebene als wirksam erweisen" (1987, 491). Eltern, besonders aber "Pädagogen können verhindern, daß die vorläufigen Urteile der Kinder zu Vorurteilen pervertiert werden" (1987, 492). Damit ist PädagogInnen die gemeinsame Reflexion mit Kindern über Vorurteile aufgegeben - und zunächst einmal die Aufgabe, sich mit ihren eigenen Vorurteilen auseinanderzusetzen.

Ausländische Kinder und deutsche PädagogInnen

PädagogInnen, die mit ihrem Unterricht interkulturelles Lernen praktizieren und ethnozentristischen Vorurteilen entgegenwirken wollen, müssen zunächst ihre eigenen Vorurteile reflektieren, "denn eurozentristische und rassistische Einstellungen sind Bestandteil eines jeden: Großeltern, die rassistisch erzogen wurden, erzogen ihre Kinder; Eltern, die rassistisch erzogen wurden, erzogen ihre Kinder ... Es wird nötig sein, zunächst einmal diese Kette zu durchbrechen" (ESSINGER 1988, 61).

Daß die schulische und pädagogische Realität dieser Notwendigkeit weitgehend nicht entspricht, verdeutlicht FURTNER-KALLMÜNZER in ihrer Auswertung von Fallberichten über Freundschaften zwischen ausländischen und deutschen Kindern und Jugendlichen. Dort stellt sie fest, daß die erwachsene Umwelt solche Freundschaften erschwert, "daß die ... Freundschaften zum Teil gerade aufgrund der Widerstände aus der sozialen Umgebung besonders eng und bedingungslos sind" und "daß die Kinder und Jugendlichen zum Teil erstaunliche Widerstände überwinden, sich gegen die Erwachsenen durchsetzen, sich miteinander befreunden, obwohl die Familien und die weitere soziale Umgebung die Freundschaften nicht unterstützen" (1988, 145). Die Autorin weist auf die besondere Bedeutung von PädagogInnen und ihr - im Hinblick auf derartige Freundschaftsbildungen häufig problematisches - Berufsverständnis hin: "Lehrer haben primär die Aufgabe, 'Wissen zu vermitteln' und Kinder entsprechend ihrer Leistungen zu selegieren. Für soziale Lernprozesse und das soziale Klima in ihren Klassen fühlen sich viele Lehrer 'nicht zuständig', können sich zum Teil auch gar nicht zuständig fühlen, da sie oft in vielen wechselnden Klassen eingesetzt werden" (1988, 161). Das Selbstverständnis der PädagogInnen als Schlüsselfrage interkultureller Erziehung betont auch TREPPTE, wenn sie in ihrem Bericht über eine Gelsenkirchener Grundschule auf die Ausweitung pädagogischer Tätigkeiten über den unterrichtlichen Rahmen hinaus und in den sozialpädagogischen Bereich hinein hinweist (1987, 9).

PädagogInnen sind als Personen in ihrer Reflexionsfähigkeit gefordert; sie müssen sich "fragen:

- wie tolerant sie der mehrkulturellen Gesellschaft und Schule gegenüberstehen,
- wie tolerant sie den Migranten gegenüber auch privat wirklich sind,
- inwiefern sie selbst bestimmte Vorurteile haben und woher diese stammen (zum Beispiel in sogenannten Witzen und Sprüchen über Ausländer),
- inwiefern sie wirklich bereit sind, sich auf ihre Schüler und deren Familien einzulassen,
- ob sie Migrantenkindern genügend Chancen geben, mit ihren Erfahrungen und Ansichten zu Wort zu kommen" (BELKE U.A. 1986, 436).

So richtig die Folgerung: "Interkultureller Unterricht ohne interkulturell handelnde Lehrer ist unmöglich" (BELKE U.A. 1986, 436) ist, so konsequenzlos bleibt diese Feststellung in der Literatur meistens. Daß diese Anforderung der Selbstreflexion kaum in Arbeitszimmern von LehrerInnen zu Hause zu leisten sind und - auch institutionelle - Rahmenbedingungen für kollegiale Beratung oder Supervisionsangebote zu schaffen wären, wird selten angesprochen. Daß die Bedeutung dieses Aspekts in der Literatur nicht entsprechend wahrgenommen wird, zeigt sich auch in der geringen Anzahl von diesbezüglichen Untersuchungen.

FEIL & FURTNER-KALLMÜNZER (1987) zitieren eine Untersuchung von FEIL & SCHÖNHAMMER, die ein widersprüchliches Ergebnis bezüglich der Vorurteile von ErzieherInnen in Kindergärten ergeben hat, das auf PädagogInnen übertragbar sein dürfte. "Erstens: Im beruflichen Selbstverständnis ist die Vorurteilsfreiheit konstitutiv. Vorurteile kommen hier nur über einen Umweg ins Spiel, nämlich über den Mentalitätsbegriff. In der Feststellung, daß ausländische Kinder eine 'andere Mentalität' haben und in deren inhaltlichen Ausführungen lassen sich einige der gängigen Vorurteile wiederfinden. Zweitens: die Haltung der Erzieherinnen ist auch über ihr Selbstverständnis als 'Staatsbürger' bestimmt; auf dieser Ebene ist von Vorurteilsfreiheit wenig zu spüren" (1987, 463).

ROTH (1985b) wendet sich ebenfalls der Frage subjektiver Wahrnehmung von PädagogInnen, hier von LehrerInnen zu. Dabei stellt er Untersuchungen mit gegensätzlichen Ergebnissen gegenüber: MALHORTA hatte keine sonderlich negativen Beurteilungen ausländischer Kinder durch ihre LehrerInnen festgestellt (zit. in ROTH 1985b, 64). KRUMM ermittelt dagegen in einer nicht repräsentativen Untersuchung deutliche Unterschiede in der Wahrnehmung ausländischer und deutscher Kinder durch ihre 31 LehrerInnen (zit. in ROTH 1985b, 66): Demnach nehmen sie bei ausländischen Kindern tandenziell schlechtere Schulleistungen, eine spontanere und erregbarerer Emotionalität und eine geringere Lernmotivation wahr. Gleich oder problematischer werden eine Vielzahl von kognitiven, motorischen, sozialen und emotionalen Fähigkeiten und Fertigkeiten gesehen. Für ROTH zeigt dieses Ergebnis, "daß man ohne Übertreibung von zwei deutlich unterschiedlichen Schülergruppen sprechen kann - in der Wahrnehmung vieler Lehrer" (1985b, 67).

In einer Untersuchung wendet sich CZOCK (1986) auf der Grundlage von Unterrichtsbeobachtungen in Deutschstunden den subjektiven Problemdeutungen von LehrerInnen bezüglich der Förderung ausländischer Kinder zu. Sie kommt zu folgendem Ergebnis: "Die sprachlichen Schwierigkeiten der Migrantenkinder, die zu bearbeiten als originärer Teilbereich der pädagogischen Tätigkeit anzusehen wären, finden sich in den Deutungen der Lehrer wieder als 'Behinderungen' ihrer Tätigkeit" (1986, 99). Was Ziel des Unterrichts sein soll, wird zu seiner Voraussetzung umgedeutet: "Die Schüler scheitern nicht an einem ihren Lernbedürfnissen unangemessenen Unterricht, sondern sie scheitern, weil 'da einfach Lücken sind'. Daß das konkrete Unterrichtsgeschehen und das eigene Unterrichtshandeln aus den Problemdeutungen ausgespart bleibt, kann vor dem Hintergrund dieser 'Umdeutung' dann auch plausibel erscheinen" (1986, 100). An vorhandenen Problemen zu arbeiten wird dann vom eigenen Unterricht abgekoppelt und auf organisatorischer Ebene an ein Förder- und Therapieinstrumentarium delegiert.

Weiter "finden sich Problembegründungen, die an dem Sozialisationshintergrund der Migrantenkinder ansetzen" (1986, 100f.): das häusliche Bildunsgsmilieu, aber auch die Andersartigkeit der Sozialisation im Herkunftsland bedingen in den Deutungen der LehrerInnen Integrationsprobleme. "Mit der Integrationsproblematik erhalten die schulischen Probleme zwar eine soziale Dimension, indem die Ursache jedoch im außerschulischen Bereich verortet wird, entheben sich die Lehrer der Möglichkeit, hier strukturierend Einfluß zu nehmen. Die unterschiedlichen Sozialisationshintergründe, die doch gerade im Integrationsprozeß von den Migrantenkindern produktiv zu bearbeiten wären, stellen sich in den Deutungen der Lehrer als Störvariablen der Integration dar" (1986, 101).

Grundlage dieser Problemdeutungen ist nach CZOCKs Interpretation der Versuch, mit der Konstruktion der Defizit-These verlorene Handlungssicherheit herzustellen: "Sind die Probleme, die die Migrantenkinder im Unterricht haben, erst einmal auf deren Defizite zurückgeführt, läßt sich an bekannte Handlungsschemata anknüpfen. ... Die Plausibilisierungsanstrengung, die sie mit dem Verweis auf außerschulische Problemfaktoren und innerschulische Organisationsprobleme unternehmen, dient auch der Selbstüberzeugung, weil anders die eigenen Orientierungen in Frage zu stellen wären" (1986, 102).

Aus dieser Untersuchung ist abzuleiten, "daß es bei der Begegnung mit den fremden Kindern auch um die Balance der Identität der Migrationspädagogen geht. ... Erst die Reduktion des Migrationsproblems auf ein Sprachproblem und die Behandlung der Sprache als ein Objekt von Exerzitien eröffnet dem naiven Drang, im eigenen Sein zu beharren, ... in der Fördermaßnahmenpädagogik eine institutionalisierte Abwehr- und Verleugnungsmöglichkeit" (CZOCK & RADTKE 1985, 76). Basis dieser "Fördermaßnahmen-Pädagogik" (RADTKE 1985, 475), die einen Teil ihrer originären Aufgaben organisatorisch an SpezialistInnen delegiert, ist also nach CZOCK & RADTKE die Möglichkeit, sich der innerpsychischen Auseinandersetzung mit der Herausforderung interkulturellen Unterrichts entziehen und diese damit zurückweisen zu können.

RADTKE (1985) unterzieht diese Hypothese einer weitergehenden Analyse und interpretiert das Vorherrschen der Maßnahmenpädagogik als Abwehrmöglichkeit von Angst, letztlich "vor dem Fremden in uns selbst und die Unsicherheit vor dem Verlust der fraglosen Intersubjektivität und des Selbstverständlichen" (RADTKE 1985, 482). Abgewehrt wird nach RADTKE zum einen "der ethnozentristische Impuls, der als unerwünscht und unzulässig, zumal nach dem 'Rassismus'-Trauma des Dritten Reiches, nicht an die Oberfläche treten darf" (1985, 482), zum zweiten "gefährden die Fremden durch ihr Anderssein die in der eigenen Kultur mühsam erbrachten Verdrängungsleistungen" (1985, 482), und drittens droht Verunsicherung durch die in der interkulturellen Interaktion nicht mehr funktionierende "Unterstellung reziproken Verhaltens bei seinem Gegenüber" (1985, 483). Vermehrt auftretende Mißverständnisse und Konflikte legen es "nahe, die Interaktion mit dem Fremden, die man sozial nicht bewältigen kann, professionell oder methodisch zu kanalisieren in Maßnahmen, die die Unsicherheit im Handeln durch technische Operationen beheben sollen" (RADTKE 1985, 483). So kann die individuelle Dimension des Ethnozentrismus (vgl. Kap. 4.6.4) hinter einem Mantel organisatorischer Fördermaßnahmen verborgen werden. Und auch jene KollegInnen, denen "es nicht 'zumutbar' erscheint, ausländische Kinder zu unterrichten, auch wenn sie nicht so weit gehen und gegen diese 'Zumutung' beim Verwaltungsgericht klagen" (1985, 476), können sich hinter dem Delegieren dieser pädagogischen Aufgabe an SpezialistInnen und dem Abgeben eigener Verantwortlichkeit verstecken.

Weil zudem, so RADTKE, "die 'magischen' Diagnose-, Differenzierungs- und Förderungsmaßnahmen wie Riten bereitgestellt werden, werden die Kinder, vor jedem realen Kontakt, schon als problematische Interaktionspartner stigmatisiert, vor denen deshalb Grund zur Angst besteht, weil zu ihrer Behandlung aufwendige Maßnahmen vorgesehen sind und administrativ bereitgehalten werden" (1985, 483f.). So ergibt sich ein Teufelskreis exotisierender Abwehr, der als self fullfilling prophecy zum immer gleichen Ergebnis führt: Migrantenkinder werden den Hegemonialansprüchen der deutschen Gesellschaft unterworfen, ihre Verschiedenheit wird im Sinne einer innerpsychischen Stabilisierung von MigrationspädagogInnen abgewehrt. Dabei kanalisiert die Maßnahmenpädagogik deren Ängste, und "sie präsentiert sich, in der Abwehr des gewöhnlichen Ethnozentrismus, als engagierte, ausländerfreundliche Form der Bewältigung des Ausländerproblems" (1985, 484). Damit ist den Interessen der deutschen Gesellschaft wie denen der handelnden LehrerInnen gedient. Um so wichtiger erscheint eine - auch institutionelle - Unterstützung und Begleitung dieser Prozesse der Auseinandersetzung.

Im innerpsychischen Bereich sind denn wohl auch die größten Probleme zu erwarten, was eine sich als ergänzend verstehende Bewältigung von kultureller Heterogenität in der Schule angeht. Die innerpsychische Auseinandersetzung von PädagogInnen mit kultureller Heterogenität und den eigenen - ungeliebten - Anteilen vorurteilsbeladener Abgrenzung und deren bisher dominierender Verleugnung dürfte der Bereich sein, in dem sich die Weiterentwicklung der Schule zu einer demokratischen Schule für alle am problematischsten gestalten dürfte. Denn hier geht es nicht um Techniken oder Methodiken, sondern um die Persönlichkeit der einzelnen PädagogInnen, an deren Haltungen vorbei noch so gute konzeptionelle Entwürfe nur minimale Wirkung erzielen können.

4.2.4 Zur Sprachentwicklung

Eines der am breitesten diskutierten Themen auf der Person-Ebene ist die Frage der Sprachentwicklung. Insbesondere seit der Veröffentlichung des "Memorandums zum Muttersprachlichen Unterricht" der Bundesarbeitsgemeinschaft der Immigrantenverbände in der Bundesrepublik und Berlin-West (BAGIV) (BAGIV 1983, vgl. WINTERS-OHLE 1989) wird diese Frage verstärkt - und mehr im Sinne der Betroffenen - diskutiert. Gleichwohl liegt auch hier der Schwerpunkt stärker auf konzeptionellen Entwürfen als daß empirische Untersuchungen vorlägen. Trotzdem soll diese Diskussion hier aufgenommen werden. Dabei soll die Fragestellung leitend sein, inwieweit die Verschiedenheit der Sprachen als Ausdruck und Medium kultureller Heterogenität innerhalb der Schule wahrgenommen und pädagogisch berücksichtigt wird.

Untersuchungen aus den USA zeigen, daß das Vorhaben einer Sprachförderung in Erst- und Zweitsprache mit vielen Schwierigkeiten verbunden ist und ihre Effektivität von zahlreichen rahmenbildenden Faktoren abhängt, so z.B. der Vorbildung der LehrerInnen, der Gestaltung des Sprachunterrichts, dem Raum für praktische kommunikative Anwendung sowie flankierenden sozialpädagogischen Maßnahmen (GRAF 1987).

STEINMÜLLER untersucht in West-Berlin die Entwicklung des Zweitsprachererwerbs türkischer Jugendlicher unter den vorherrschenden deutschen Rahmenbedingungen, die im wesentlichen auf eine Nichtwahrnehmung der erstsprachlichen Bildungsbedürfnisse hinauslaufen. Er kommt in seiner siebenjährigen Verlaufsuntersuchung bei den Jugendlichen auf ihre deutsche Sprachentwicklung bezogen zu dem Ergebnis, "daß wesentliche Bereiche unterentwickelt sind" (1989, 142): Deklinationen, Satzbildungen und Satzgefüge und Flexion von Verben. Dies sind seiner Interpretation nach jene Bereiche, "die für die geistige Verarbeitung von Erfahrungen, von Erkenntnissen, für die Aneignung von Welt, für die Selbstpräsentation sowie für das Verständnis und die Verarbeitung abstrakten Wissens notwendig sind" (1989, 142). Ein ähnlich problematisches Ergebnis zeigt die Untersuchung der Türkischkenntnisse der gleichen SchülerInnen. Dort stellt STEINMÜLLER "Defizite im Türkischen" vor allem im Bereich von Wortschatz und Wortbedeutung und in der Ausdrucksfähigkeit fest (1989, 142). Als Fazit resümiert er, "daß die große Mehrzahl der türkischen Schüler - in einzelnen Bereichen sogar bis zu 70 % - in keiner der beiden Sprachen in der Lage ist, Sachverhalte, Zusammenhänge, Abläufe etc. inhaltsgerecht und altersadäquat zu formulieren" (1989, 142f.).

Weiter analysiert STEINMÜLLER anhand von Spracherwerbsbiographien den Zusammenhang der Entwicklung von Erst- und Zweitsprache. Dabei wird "deutlich, daß diejenigen türkischen Schüler die besten Kenntnisse der deutschen Sprache erworben haben, deren Erstspracherwerb etwa bis zum 10./11. Lebensjahr konsequent und ungestört verlaufen konnte, auch unter Verwendung der Hilfestellungen, die der muttersprachliche Unterricht einem Kind in diesem Prozeß bieten kann" (1989, 143). Von diesem Ergebnis leitet er die Forderung nach dem "Unterricht in der Erstsprache vom Beginn der Schulzeit im Rahmen der Regelschule" ab (1989, 143). Damit bestätigt STEINMÜLLER - wie schon andere Untersuchungen, die allerdings nur beschränkte Aussagekraft haben (BAUR & MEDER 1989, 121) - die 'Interdependenzhypothese'. Sie "geht davon aus, daß eine Wechselwirkung zwischen der Unterrichtssprache und der Kompetenz, die das Kind in seiner Muttersprache vor seiner Einschulung entwickelt hat, besteht" (CUMMINS 1982, 39). Das bedeutet, daß "bei ethnischen Minoritäten, die einer zweiten, dominanten Mehrheitssprache ausgesetzt sind, die Muttersprache eine nicht zu vernachlässigende Rolle spielt" (BAUR & MEDER 1989, 120).

BAUR & MEDER entwickeln darüberhinaus ein Testinstrument zur Erhebung sprachlicher Daten, mit dessen Hilfe sie die sprachlichen Fähigkeiten 72 jugoslawischer, 76 griechischer und 55 türkischer SchülerInnen in der deutschen und in der Muttersprache, differenziert nach Jahrgangsstufen (5/6, 7/8, 9/10), Unterrichtsform (vormittags integriert bzw. nachmittags) und Schulform (Haupt-, Real-, Gesamtschule und Gymnasium) vergleichen (1989, 125-129).

Für die jugoslawischen SchülerInnen stellen BAUR & MEDER fest, daß sich die Sprachfähigkeit in beiden Sprachen kontinuierlich verbessert, daß sie bei integriertem Muttersprachlichen Unterricht höher sind als bei nachmittäglichem und daß die serbokroatischen Fähigkeiten der HauptschülerInnen und die deutschsprachigen Fähigkeiten der GymnasiastInnen besonders hoch sind (1989, 125f.; bei den HauptschülerInnen liegt dies an ausschließlich vormittäglichem Muttersprachlichen Unterricht). Bei den türkischen SchülerInnen stellen sie fest, daß sich die Sprachfähigkeit in beiden Sprachen zwischen den Stufen 5/6 und 7/8 verbessern, danach jedoch nicht. Vor- bzw. nachmittäglicher Unterricht und die Schulformen sind nicht zu vergleichen, da alle SchülerInnen Gesamtschulen mit integriertem vormittäglichem Türkischunterricht besuchen (1989, 126f.). Die griechischen SchülerInnen zeigen ebenfalls einen kontinuierlichen Leistungsanstieg, allerdings liegt bei ihnen im Gegensatz zu den JugoslawInnen die Fehlerzahl bei integriertem vormittäglichem wesentlich höher als bei nachmittäglichem Griechischunterricht. Er wurde ausschließlich in 6. und 7. Stunden erteilt (1989, 127f.).

In ihrer summarischen Auswertung stellen BAUR & MEDER fest, daß alle ausländischen Schülergruppen, die am Muttersprachlichen Unterricht teilnehmen, ihre Sprachfähigkeiten in beiden Sprachen verbessern (1989, 128f.). Es fehlt allerdings der Vergleich mit den entsprechenden Gruppen ohne Teilnahme an diesem Unterricht, so daß letztlich nur die Überlegenheit eines in den Vormittag integrierten Muttersprachlichen Unterrichts festgehalten werden kann. Auch fehlt eine Erklärung für das unterschiedliche Niveau zwischen den Nationalitätengruppen (in beiden Sprachen hatten die JugoslawInnen die geringste Fehlerquote, in der Muttersprache gefolgt von TürkInnen und GriechInnen, in der Zweitsprache Deutsch dagegen gefolgt von GriechInnen und TürkInnen). Bezüglich des Verhältnisses der beiden Sprachen stellen BAUR & MEDER fest, "daß in allen drei Nationalitäten bessere Muttersprachenkenntnisse mit besseren Deutschkenntnissen einhergehen, was eindeutig für die Gültigkeit der Interdependenzhypothese spricht: Gute Muttersprachenkenntnisse werden demnach nicht **anstelle** oder **auf Kosten** des Deutschen als Zweitsprache erworben, sondern **unterstützen** dessen Erwerb" (1989, 130; Hervorh. i. O.). Daraus leiten sie klare schulpolitische Konsequenzen ab: "Wenn bei der angestrebten Sozialisation der Ausländerkinder in der deutschen Schule und Gesellschaft der Muttersprache eine wichtige und grundlegende Bedeutung zukommt, dann gehört auch der Muttersprachliche Unterricht als curricular und organisatorisch gleichwertiges Fach an die deutsche Schule" (1989, 134).

Die Effekte unterschiedlicher Beschulungsformen griechischer Jugendlicher für die Sprachkenntnisse in der Erst- und Zweitsprache untersucht KALPAKA in Hamburg anhand von Interviews mit Selbstaussagen der Betroffenen. Gruppe A besucht deutsche Regelklassen, Gruppe B nimmt deutsche und griechische Bildungsangebote wahr, Gruppe C besucht die griechische Sekundarschule, das Lykion.

Die Ergebnisse zeigt eine durchgängige Tendenz. Je stärker Griechisch bzw. Deutsch in der jeweiligen Beschulungsform eine Rolle spielen, desto besser sehen die Jugendlichen ihre Sprachkenntnisse: Sehr gut Griechisch sprechen 20 % in Gruppe A, 32 % in Gruppe B und 50 % in Gruppe C. Ihre Deutschkenntnisse sehen in Gruppe C 43 %, in Gruppe B 71 % und in Gruppe A 87 % als sehr gut an. Entsprechend erleben 37 % der Gruppe A, 15 % der Gruppe B und 3 % der Gruppe C Verständigungsschwierigkeiten im Griechischen, im Deutschen sind es 0 % der Gruppe A, 6 % der Gruppe B und 16 % der Gruppe C (1986, 181f.).

KALPAKA schließt aus diesen Ergebnissen, "daß der Verlust der gemeinsamen Muttersprache zwischen den heranwachsenden Kindern und Jugendlichen und ihren Eltern in der Emigration sich bei der Persönlichkeitsentwicklung der Kinder hinderlich auswirken kann und überhaupt bei ihrer Sozialisation, sei es in der Schule, in der Freizeit oder im Beruf usw., negative Auswirkungen im Hinblick auf ihre Handlungsfähigkeit haben kann" (1986, 186). Mit dieser Interpretation wird die Notwendigkeit der (Weiter-)Entwicklung der Erstsprache in den Vordergrund gestellt. Die vorstehende Tabelle macht aber ebenso deutlich, daß sich am ehesten die Gruppe B einer mehrsprachigen Situation entsprechend entwickeln konnte: Bei Gruppe A kann die Einschätzung der Griechisch-, bei Gruppe C die der eigenen Deutschfähigkeiten nicht befriedigen. Zudem kommt bei der Einschätzung der eigenen Griechischfähigkeiten nach KALPAKAs Interpretation ein negativer Verzerrungsfaktor hinzu, stellt man die Tatsache in Rechnung, daß wesentlich mehr Jugendliche einen deutschen Fragebogen benutzten als angaben, keine Schwierigkeiten im Griechischen zu haben oder sehr gut zu sprechen (1986, 185).

Wie sich auch in den dargestellten Untersuchungen gezeigt hat, ist die übereinstimmende Grundlage für die konzeptionelle Diskussion die Notwendigkeit, daß die Erstsprache der Migrantenkinder in schulische Bemühungen einbezogen werden muß. Denn "wenn man berücksichtigt, daß Zweisprachigkeit vor allem da zum Problem wird, wo Einsprachigkeit für das normale gehalten wird, ... und vor allem der Tatsache Rechnung trägt, daß Zweisprachigkeit für die ausländischen Kinder nicht wählbar, sondern durch ihre Lebenssituation auferlegt ist, muß man die Forderung vertreten, daß dieser natürlichen Zweisprachigkeit im Unterricht der deutschen Schule, aber auch im muttersprachlichen Unterricht Rechnung getragen werden muß" (BOOS-NÜNNING 1981c, 80). Dabei können jedoch mit dieser Forderung nach Muttersprachlichem Unterricht, wie schon bei der Forderung nach Bewahrung der eigenen Identität, wiederum sehr unterschiedliche Ziele verfolgt werden (vgl. Kap. 4.2.1). So ist es wichtig darauf hinzuweisen, daß nicht allein die Tatsache des (nicht) erteilten erstsprachlichen Unterrichts entscheidend ist, "sondern die bildungspolitischen Rahmenbedingungen, in die er eingebettet ist" (KULA 1986, 252), die dann nämlich auf ihre Funktion und Wirkung auf Möglichkeiten der sprachlichen Entwicklung zu befragen wären. Als zwei konzeptionelle Grundrichtungen können hier skizzenartig Ansätze mit einer bikulturellen und einer interkulturellen Orientierung unterschieden werden.

Ansätze einer bikulturellen und bilingualen Erziehung beabsichtigen, "den einzelnen Schüler mit dem nötigen Wissen, mit der nötigen psychischen Stabilität auszurüsten, damit er die mehrheitsgesellschaftliche Diskriminierung seiner sprachlichen Fähigkeiten, seiner kulturellen und sozialen Herkunft ertragen kann" (GOGOLIN 1988, 94). Sie wollen ausländische SchülerInnen so weit stabilisieren, daß sie sowohl in der Situation im Herkunftsland, als auch in der Situation in Deutschland handlungsfähig werden und bleiben. Jene sollen einen "Bilingualismus auf hohem Niveau" entwickeln, mit dessen Hilfe sie sich gegen Vorurteile wehren und sie widerlegen können sollen (vgl. FTHENAKIS U.A. 1985, 281f.). Kritisiert werden diese Ansätze aus interkultureller Perspektive - bei Anerkennung der Verdienste um die Durchsetzung der Notwendigkeit einer Berücksichtigung der Erstsprachen - , weil Probleme der Sprachentwicklung dem Migrantenkind zugeordnet werden und die monokulturelle Ausrichtung der deutschen Schule stabilisiert wird (vgl. KULA 1986, GOGOLIN 1988, GOGOLIN & NEUMANN 1988).

Interkulturelle Ansätze streben im Sinne einer Erweiterung des Zusammenhangs an, die gesellschaftlich vorhandene "'Muttersprache' Zweisprachigkeit" (GOGOLIN 1987) in der schulischen Bildung zu verankern. Diese Zielsetzung bezieht sich also sowohl auf die Erstsprache der ausländischen SchülerInnen, die nicht immer mit der dominierenden Sprache im Herkunftsland identisch sein muß, als auch auf eine sprachliche Entwicklung in der Zweitsprache Deutsch. Hinter diesem Ansatz steht die Überzeugung, daß die Schule, will sie auch Kindern von MigrantInnen eine umfassende Entwicklung ermöglichen, auf eine angemessene, gleichberechtigte Berücksichtigung der Erstsprachen nicht verzichten kann. Gibt die deutsche Schule die Pflege der Erstsprachen in die Verantwortung der jeweiligen Konsulate ab, so bedeutet dies, daß dieser wichtige Aspekt der kindlichen Entwicklung aus dem Bildungsauftrag der deutschen Schule ausgeblendet wird. Bedeutsam ist die Erstsprache nicht nur im Hinblick auf eine 'spätere Rückkehr in das Heimatland' oder in einer möglichen Funktion für den deutschen Spracherwerb, sondern "sie ist für das ausländische Kind die Sprache seiner Primärsozialisation und des Wissenserwerbs in den ersten Lebens-, ja meistens auch in den ersten Schuljahren. Und sie ist nicht zuletzt die Sprache des Elternhauses und die, mit der die Ausländerkinder in der Öffentlichkeit identifiziert werden und sich selbst identifizieren" (ORHAN 1984, 90). BOOS-NÜNNING weist auf die Notwendigkeit hin, beide Kulturen zu stützen, "Kompetenz in beiden Sprachen" zu fördern (1983, 8) und die Herkunftssprachen und -kulturen ausländischer SchülerInnen als Bildungspotential zu betrachten (1983, 12). Mit der Nichtberücksichtigung oder sogar Unterdrückung der Erstsprache werden die elementaren Bildungsbedürfnisse von Migrantenkindern vernachlässigt und letztere in ihrer Entwicklung behindert: "Eine - an welche Bedingungen auch immer geknüpfte - Verweigerung Erstsprachlichen Unterrichts ist einer aktiven personalen und sozialen Schädigung der Kinder durch die Schule gleichzusetzen" (GOGOLIN 1988, 100). Dieses wäre als quasi strafrechtsrelevante unterlassene pädagogische Hilfeleistung anzusehen.

Doch selbst wenn muttersprachlicher Unterricht innerhalb der deutschen Schule stattfindet, genügt dies noch nicht ausländerpädagogischen, geschweige denn interkulturellen Maßstäben. Gefordert wird von VertreterInnen der Interkulturellen Erziehung eine kontinuierliche, alle Schultypen umfassende muttersprachliche Versorgung, die Migrantenkindern die notwendige koordinierte zweisprachige Entwicklung ermöglicht (z.B. Boos-Nünning 1981c, 82, 1983, 10, BELKE U.A. 1986, 430) und die Gefahr einer 'doppelseitigen Halbsprachigkeit' vermeidet (z.B. HAAS 1984, 94, KALPAKA 1986, 189, BAUR & MEDER 1989, 120, STEINMÜLLER 1989, 142f.). Im Sinne einer solchen schulischen Versorgung dürfen die zweisprachigen Kenntnisse von Kindern mit nichtdeutscher Muttersprache nicht als Defizite und Lücken im deutschen Spracherwerb, als "'gestörte' sprachliche Entwicklung" (GOGOLIN 1987, 26), sondern müssen als besondere sprachliche Qualifikationen verstanden werden. Die zweisprachigen Kinder "haben dadurch ihren deutschen Mitschülern und Lehrern sprachliche Kenntnisse und Fähigkeiten uneinholbar voraus" (1987, 26). Stärken müssen auch als solche anerkannt und dürfen nicht als Schwächen definiert werden (ENDERS-DRAGÄSSER 1984, 59). GOGOLIN weist hier insbesondere auf den Bereich metasprachlicher Fähigkeiten hin (1987, 28), in dem Migrantenkinder einsprachigen Kindern weit überlegen seien. Sie entwickelt den Begriff einer "lebensweltlichen Zweisprachigkeit", die "eine Komposition aus emigrantensprachlichen Mitteln, zweitsprachlichen Mitteln und aus 'besonderen Fähigkeiten Zweisprachiger'" beinhaltet (1987, 28; vgl. hierzu auch den entsprechenden Begriff der "Migrationszweisprachigkeit" bei LUCHTENBERG 1991, 79). Diese zweisprachlichen Kenntnisse und Fähigkeiten sollten im Unterricht einer sprachlich gemischten Gruppe auch als solche deutlich und pädagogisch nutzbar werden. Die in vielen Klassen vorhandene, durch lebendige Kinder repräsentierte "Sprachenvielfalt im Unterricht" (REICH 1987) bietet damit einen "unvorstellbarer Reichtum an menschlichen Möglichkeiten" (GOGOLIN & NEUMANN 1988, 63). An diese Sichtweise einer Bereicherung durch die mehrsprachige Situation einer Klasse schließt sich die Forderung an, einsprachig aufgewachsenen deutschen Kindern nicht die Chance auf die Entwicklung von Zweisprachigkeit zu nehmen und die Förderung der Zweisprachigkeit als Auftrag für alle Kinder zu verstehen (GOGOLIN 1987, 29). Dies erscheint nicht nur angesichts der zunehmenden europäischen Einigung sinnvoll, sondern entspricht der Gegenwart und Zukunft einer mehrsprachigen Gesellschaft.

4.3 Aussagen zur Interaktion-Ebene

In diesem Abschnitt geht es um jene empirischen und konzeptionellen Erkenntnisse, die sich mit der Interaktion zwischen SchülerInnen sowie zwischen PädagogInnen und SchülerInnen hinsichtlich der interkulturellen Situation befassen.

Dabei werden zum einen soziometrische Untersuchungen herangezogen, die sich mit den Sympathiebeziehungen in gemischten Klassen beschäftigen (Kap. 4.3.1). Weiter werden Aussagen und Untersuchungen zu Freundschaftsbeziehungen ausgewertet (Kap. 4.3.2). Schließlich wird auf die Bedeutung des Verhaltens der PädagogInnen als wichtigem Faktor für das Unterrichtsgeschehen eingegangen

(Kap. 4.3.3). Auffällig ist, daß in der Literatur keine direkten Beobachtungen der Interaktion zwischen den SchülerInnen zu finden waren.

4.3.1 Sympathiebeziehungen in gemischten Klassen

GROTH U.A. untersuchen das "soziale Innenleben" (1986, 506) einer Integrierten Gesamtschule in Mannheim mit Hilfe soziometrischer Verfahren. Dabei stellen sie fest, daß gegenüber dem Anteil am Jahrgang "ein geringerer Anteil der insgesamt abgegebenen Nennungen auf ausländische Schüler entfiel" (1986, 506). Demnach werden ausländische SchülerInnen insgesamt etwas weniger wahrgenommen als deutsche SchülerInnen. Weiter ist der Anteil der negativen Wahlen aller SchülerInnen für ausländische höher (ca. 55 %) als für deutsche (49 %) SchülerInnen, d.h., "daß ausländische Schüler etwas stärker mit Ablehnungen bedacht wurden" (1986, 506). Die stärkere negative Bewertung stammt von deutschen MitschülerInnen (58, 5 % negativ, 41,5 % positiv). Die höheren Werte bei negativen Wahlen sind wechselseitig; auch ausländische SchülerInnen stehen ihren deutschen MitschülerInnen eher kritisch gegenüber (52, 5 % negativ, 47,8 % positiv). Demgegenüber sind positive und negative Wahlen zwischen den ausländischen SchülerInnen ausgeglichen. Wie GROTH U.A. feststellen, ist hierbei die Streuung zwischen den Klassen größer als der Gesamtunterschied: In drei Klassen finden sich "deutliche Anzeichen für ein Konfliktpotential innerhalb und zwischen beiden Schülergruppen" (1986, 506), in den anderen fünf Klassen kommt es zu einer "weitgehenden Ausgewogenheit der gegenseitigen Wahrnehmung" (1986, 506). Insgesamt schließen GROTH U.A. aus ihren Ergebnissen auf eine positive Grundtendenz, zumal im Vergleich mit früheren Untersuchungen wie der von BOOS-NÜNNING (1982a).

BOOS-NÜNNING referiert die zu jener Zeit vorliegenden Ergebnisse zur "sozialen Integration ausländischer Kinder" und führt gegensätzliche Ergebnisse an: Während bei Lehrerbefragungen kaum Unterschiede in der sozialen Situation ausländischer und deutscher Kinder wahrgenommen werden, ergibt der größere Teil soziometrischer Untersuchungen, "daß sich die ausländischen Kinder als soziale Randgruppe darstellen, die von den Klassenkameraden entweder abgelehnt oder zumindest nicht positiv gewählt wird" (1982a, 69). Auf diesen Widerspruch weist auch LUKESCH hin: Einerseits zeigen soziometrische Untersuchungen die "marginale Stellung der Ausländerkinder im Klassenverband" (1983, 267), "d.h. sie werden zwar nicht akzentuiert abgelehnt, gehen aber auch bei den Sympathiewahlen häufig leer aus" (1983, 267), andererseits ergeben sich in der Eigenwahrnehmung der Schüler-Schüler- wie in der Lehrer-Schüler-Beziehung durch Ausländerkinder keine oder kaum Unterschiede (vgl. auch GLUMPLER 1985).

Differenzierend vermutet schon BOOS-NÜNNING (1982a), daß je nach der Anzahl ausländischer Kinder in einer Klasse entweder bei mehreren ausländischen Kindern eine Tendenz zur Innengruppenbildung oder bei einzelnen ausländischen Kindern eine Tendenz zu notwendigen Kontaktbemühungen deutlich werden würde. Diese Aussage bestätigt GLUMPLER: "In deutschen Regelklassen, in die mindestens zwei türkische Schüler gleichen Geschlechts aufgenommen worden waren, bildeten sich vorwiegend Banknachbarschaften türkischer Schüler" (1985, 227).

BOOS-NÜNNING referiert zur sozialen Situation auch eigene Untersuchungsergebnisse: Bei einem durchschnittlichen Anteil von 19 % entfallen nur 4 - 5 % der Wahlen deutscher auf ausländische SchülerInnen; ausländische SchülerInnen werden von deutschen mit 9 % ebenfalls unterdurchschnittlich abgelehnt. Umgekehrt richten ausländische Kinder weniger Aufmerksamkeit auf deutsche, als es deren Anteil von 80 % entsprechen würde: ca. 40 % positive und ca. 33 % negative Wahlen. Dies bestätigt die von BOOS-NÜNNING vertretene "These von der Isolation ausländischer Kinder in den deutschen Klassengemeinschaften" (1982a, 70).

Ähnlich negative Ergebnisse referiert auch ROTH, der Ergebnisse einer Untersuchung in 18 Grund- und Hauptschulklassen aus der Examensarbeit von RIEGER aus dem Jahr 1980 zitiert:

"(1) Deutsche Schüler wurden etwa doppelt so oft gewählt wie ausländische Mitschüler.
(2) Ausländische Schüler vereinigen mehr als das Doppelte an negativen Wahlen (Ablehnungen) auf sich.
(3) Dieser Trend ist in der Hauptschule stärker als in der Grundschule, was mit dem Alter, aber auch mit der Selektion zu tun haben dürfte. Untersuchungen zeigen, daß eine Korrelation zwischen Vorurteilshaftigkeit und intellektueller Aufgeklärtheit besteht.
(4) Sowohl in den Wahlen als auch in den Ablehnungen bleiben die Ethnien bevorzugt unter sich, allerdings ist dieser Ethnien-Effekt nicht so stark wie die Geschlechtertrennung.
(5) Die Ablehnung zeigt sich um so deutlicher, je größer die physische Nähe wird: Einen Ausländer als Tischnachbarn zu akzeptieren und damit ständig neben sich zu haben, wird offensichtlich eher abgelehnt als mit ihm auf Reisen zu gehen oder ihn zu einem Fest einzuladen, beides Ereignisse von kurzer Dauer. In allen Fällen aber überwiegt die Ablehnung bzw. die niedrigere Rangposition der Ausländerkinder" (in ROTH 1985b, 61).

Ob sich im Verlauf der 80er Jahre die soziale Situation von Migrantenkindern gebessert hat oder ob die Ergebnisse von GROTH U.A. keinen generellen Trend andeuten, kann hier nicht geklärt werden. Im Zuge der Prozesse von Normalisierung und Hierarchisierung (KLEMM 1987) wären auch zwei gegenläufige Tendenzen denkbar (vgl. Kap. 4.2.1).

4.3.2 Freundschaften und Kontakte

GAMM macht 1981 die pauschale Aussage, daß ausländische Kinder "in dauerhafte Freundschaftsbeziehungen kaum einbezogen" werden (1981, 205). Dieses gilt es im folgenden genauer zu betrachten.

Freundschaften

DAMANAKIS untersucht die sozialen Beziehungen ausländischer und deutscher HauptschülerInnen. Alle griechischen (201), italienischen (74) und türkischen (96) HauptschülerInnen im siebten, achten und neunten Schuljahr sowie 150 deutsche SchülerInnen aus den gleichen Klassen Ludwigshafens werden befragt. Bedeutsam ist dabei, daß 229 der 371 ausländischen SchülerInnen (= 62 %) nationalhomogene Klassen (90 % der GriechInnen, 48 % der TürkInnen, 0 % der ItalienerInnen) und 142 (= 38 %) deutsche Regelklassen besuchen (10 % der GriechInnen, 52 % der TürkInnen, 100 % der ItalienerInnen) (1984, 78).

Dementsprechend zeigen sich bei den befragten ausländischen SchülerInnen unterschiedliche Situationen: Während griechische SchülerInnen zu 97 % griechische FreundInnen und zu 64 % deutsche FreundInnen und türkische SchülerInnen zu 93 % türkische und zu 73 % deutsche FreundInnen angeben und damit quantitativ FreundInnen aus dem Herkunftsland vor deutsche FreundInnen liegen, stehen bei den italienischen SchülerInnen deutsche FreundInnen mit 90 % an erster und italienische FreundInnen mit 75 % an zweiter Stelle. FreundInnen anderer Nationalitäten stehen bei allen befragten Gruppen an dritter Stelle. Hier spiegeln sich die Kontaktmöglichkeiten in den unterschiedlichen Klassen deutlich wider.

Dementsprechend gestalten sich auch die Aussagen über Freundschaften und Sympathien der befragten deutschen HauptschülerInnen. Demnach haben 99 % der deutschen SchülerInnen deutsche und 67 % ausländischen FreundInnen; nach Nationalitäten differenziert ergibt sich das entsprechende Bild: Italienische SchülerInnen sind die gefragtesten ausländischen FreundInnen (48 %), mit größerem Abstand gefolgt von griechischen (24,7 %) und türkischen (18 %) FreundInnen. Verstärkt werden die ohnehin schon deutlichen Unterschiede zwischen den Nationalitäten durch eine unterschiedliche Intensität der Freundschaften: DAMANAKIS stellt bei der Häufigkeit gegenseitiger Besuche zu Hause fest, daß ein höherer Anteil der italienischen ihre deutschen FreundInnen zu Hause besuchen (48,6 %) als bei den griechischen (13 %) und türkischen (9,3 %) (1984, 79). Er schließt daraus, "daß in den Angaben von Griechen und Türken in bezug auf ihre Freundschaften mit Deutschen gewisse Wunschvorstellungen enthalten sind" (1984, 79).

In seiner weiteren Analyse stellt DAMANAKIS heraus, daß für die Entwicklung sozialer Beziehungen folgende Faktoren wesentlich sind: Sympathie oder Antipathie zu der jeweiligen Nationalität, also das Bild, das die deutsche Majorität von der jeweiligen Gruppe - auch ohne Kontakterfahrungen - hat. Vorhandene Stereotypen werden durch soziale Beziehungen lediglich bestätigt oder modifiziert. Der Besuch eines deutschen Kindergartens trägt offensichtlich dazu bei, daß ausländische Kinder mehr Kontakte und Freundschaften zu deutschen Kindern aufbauen (1984, 80). Das jeweilige Wohnviertel und sein Anteil ausländischer EinwohnerInnen hat auch einen großen Einfluß. Je höher ihr Anteil ist, desto quantitativ und qualitativ höher sind soziale Beziehungen zu Landsleuten und anderen ausländischen SchülerInnen und desto geringer sind sie zu deutschen SchülerInnen. Weitere Faktoren sind die Familie und ihre Kontaktsituation sowie der Faktor Zeit im Hinblick darauf, wieviel Zeit die SchülerInnen bisher im Herkunftsland und in Deutschland verbracht haben und wie ihre Zukunftsperspektiven aussehen.

Schließlich - für die vorliegende Fragestellung besonders interessant - hat die Form der Beschulung, in gemischten Regelklassen oder in homogenisierten Nationalklassen, einen wesentlichen Einfluß auf die sozialen Beziehungen. Hierzu vergleicht DAMANAKIS die Freundschaften der ausländischen mit deutschen SchülerInnen in den beiden Schulformen (DAMANAKIS 1984, 80): Die griechischen SchülerInnen in Regelklassen stehen hier mit 94,4 % an der Spitze, gefolgt von den italienischen SchülerInnen in Regelklassen (90,5 %). Am Schluß der Skala stehen die griechischen NationalklassenschülerInnen mit 61 %. Warum die türkischen SchülerInnen in Nationalklassen (80 %) mehr Freundschaften mit deutschen SchülerInnen haben als die in Regelklassen (65,2 %), erklärt DAMANAKIS nicht. Deutlich wird jedoch bei den griechischen SchülerInnen, daß "der besuchte Klassentyp schwerwiegender als der 'Nationalstatus' ist" (1984, 80).

Kontakte in der Schule

KALPAKA (1986) untersucht in ihrer Arbeit ebenfalls die Kontakte griechischer Jugendlicher in der Schule. Dabei vergleicht sie wie schon bei den Sprachkenntnissen (Kap. 4.2.4) Gruppe A (deutsche Regelklasse), Gruppe B (deutsche und griechische Angebote) und Gruppe C (griechische Sekundarschule).

Wie vorherzusehen war, bestehen graduelle Unterschiede zwischen den Gruppen: Während Gruppe A in deutschen Regelklassen fast zu gleichen Teilen eher mit deutschen MitschülerInnen bzw. mit deutschen und griechischen MitschülerInnen Kontakt haben (43 % bzw. 47 %), zeigt sich bei Gruppe C im griechischen Lykion ein problematischer Anteil von SchülerInnen, die nur Kontakte zu Landsleuten pflegen (27 %) - 40 % der Gruppe C pflegen nur oder eher Kontakte mit Landsleuten. Im Sinne des Miteinander des Verschiedenen zeigt Gruppe B (deutsche und griechische Angebote) das ausgewogenste Bild von Kontakten, die deutsche und griechische MitschülerInnen umfassen (56 %; KALPAKA 1986, 243).

Außerschulische Kontakte

Zum außerschulischen Bereich führt ROTH (1985b) wiederum die Examensarbeit von RIEGER von 1980 an (vgl. Kap. 4.3.1), in der deutsche SchülerInnen nach der Häufigkeit außerschulischer Kontakte mit ausländischen SchülerInnen gefragt werden. Danach ergibt sich folgendes Bild: Fast die Hälfte der Befragten (47 %) haben keinerlei außerschulische Kontakte mit ausländischen SchülerInnen. ROTH interpretiert dieses Ergebnis wie folgt: "Wenn auch die Ablehnungen im außerschulischen Bereich nicht so hoch erscheinen wie in der Schule, so bleibt das Verhältnis von eindeutigen Ablehnungen zu eindeutigen Akzeptierungen doch gleichermaßen ungünstig" (1985b, 62).

Im Unterschied zur von ROTH zitierten Untersuchung wendet sich KALPAKA der Häufigkeit der Kontakte griechischer Jugendlicher mit deutschen Freunden und Bekannten zu, nimmt also die Perspektive der MigrantInnen ein. Dabei zeigt sich wiederum die bekannte Grundtendenz. Je mehr Kontakte durch die gemeinsame Schule möglich sind, desto mehr Chancen auf Kontakte mit deutschen Jugendlichen ergeben sich auch außerhalb der Schule: Häufige Kontakte geben 60 % der Gruppe A, 32 % der Gruppe B und 27 % der Gruppe C an. Weiter lassen die Angaben der Gruppe B vermuten, daß sie über das größte Spektrum an Freizeitkontakten verfügt - mit griechischen und deutschen Jugendlichen, in großer Streuung von Häufigkeiten: 32 % haben oft, 26 % manchmal, 32 % selten, 6 % nie Kontakte mit deutschen Jugendlichen (KALPAKA 1986, 244). Bei der Frage nach dem Zusammenhang der Kontakte wird deutlich, daß die Befragten der Gruppen A (63 %) und B (64 %) vorwiegend mit KollegInnen bzw. MitschülerInnen, die der Gruppe C dagegen eher im Bereich der Nachbarschaft (39 %) oder einer Clique (39 %) Kontakte mit deutschen Freunden pflegen (KALPAKA 1986, 245).

KALPAKA kommentiert: "Daß die ausländischen Jugendlichen aus den deutschen Regelklassen eher Kontakt zu deutschen Mitschülern finden werden ... , wird auch hier für die griechischen Jugendlichen bestätigt. Es ist aber noch lange kein Beweis dafür, daß die anderen Jugendlichen, die keine Regelklassen besuchen, isoliert sind, wie sehr oft angenommen wird; denn ... sind es über die Hälfte (57 %) der Befragten aus der Gruppe C (vom Lykion), die Kontakte zu deutschen Jugendlichen pflegen und in ihrer Freizeit etwas mit ihnen unternehmen, und zwar oft bzw. manchmal" (1986, 245). Dennoch kommt KALPAKA nicht umhin festzustellen: Es "sind bei Gruppe C nur 17 % der Freunde Schulkameraden, während es bei den anderen Gruppen 63 % bzw. 64 % sind" (1986, 245). Sie führt dies auf das Fehlen deutscher KlassenkameradInnen, aber auch auf lange Anfahrtswege zur einzigen griechischen Schule Hamburgs zurück.

4.3.3 Die Bedeutung des PädagogInnenverhaltens

In der Literatur wird immer wieder hingewiesen auf die Schlüsselstellung, die Selbstverständnis und Verhalten der PädagogInnen in der Erziehung einnehmen (vgl. auch Kap. 4.2.3). So schreibt etwa TREPPTE über die Entwicklung einer Gelsenkirchener Grundschule hin zu einer gemeinwesenorientierten, interkulturellen Schule: "Ausgangspunkt ist jeweils das eigene Selbstverständnis als Lehrer, das einer Revision und des Umdenkens bedarf: Eine Kollegin beschafft einem bedürftigen Kind, das keine anderen Möglichkeiten hat, Winterschuhe; eine andere reklamiert im Geschäft eine Rechnung, die offensichtlich zu Ungunsten eines Vaters ausgestellt wurde, der sich nicht zu wehren wußte. Mütter, die sich spontan zu einem Unterrichtsbesuch entschließen, werden herzlich aufgenommen; auf Elternsprechtagen wird so anschaulich gesprochen, daß auch bildungsferne Eltern nachvollziehen können, was gemeint ist" (1987, 9). Ein - hier etwas idealisiert dargestelltes und in seinen massiven sozialarbeiterischen Hilfsmaßnahmen schon fast wieder problematisches - verändertes Selbstverständnis der PädagogInnen hat enorme Auswirkungen auch auf die Interaktion mit den Kindern. Kinder mit anderer Erstsprache müssen nicht mehr als 'Defizitwesen' wahrgenommen werden.

ROTH zitiert zu diesem Punkt eine Untersuchung von HAUSCH & HAUSCH aus dem Jahr 1977, bei der 14 LehrerInnen in 36 Deutsch- und Sportstunden in ihrem Zu- und Abwendungsverhalten jeweils drei deutschen und ausländischen Arbeiterkindern gegenüber beobachtet wurden. Dabei zeigt sich nach ROTH,

"(1) daß die verbale Interaktion in den Deutschstunden stärker war als in den Sportstunden,
(2) daß den ausländischen Schülern insgesamt signifikant weniger Beachtung geschenkt wird als den deutschen.
(3) Dieser Unterschied ist in den Deutschstunden wesentlich größer als in den Sportstunden.
(4) Bei den 'Anweisungen' (...) sind die Unterschiede vor allem in den Deutschstunden besonders gravierend.
(5) In den Sportstunden, in denen die Beachtung von deutschen und ausländischen Schülern sich insgesamt weniger stark unterscheidet, sind die ablehnenden Reaktionen der Lehrer gegenüber den Ausländern besonders hoch.
(6) Die weitere Analyse dieser Ergebnisse hat gezeigt, daß zwischen den Lehrern erhebliche Unterschiede bestehen.
(7) Erhebliche Unterschiede bestehen auch zwischen Grund- und Hauptschule: Ausländische Hauptschüler werden stärker benachteiligt als solche in der Grundschule" (1985b, 68f.)

CZOCK & RADTKE (1984; vgl. auch CZOCK 1986) wenden sich diesem Thema, dem Verhalten von LehrerInnen, auf anderem methodischen Wege mit qualitativen Unterrichtsbeobachtungen zu. Dabei erkennen sie im Unterricht von Regelklassen, vor allem im Fach Deutsch, zwei generalisierte Verhaltensweisen der LehrerInnen, die sie als 'ignorierende Toleranz' und als 'positive Diskriminierung' bezeichnen. CZOCK & RADTKE charakterisieren diese beiden Grundstrategien folgendermaßen: "'Ignorierende Toleranz' unterstellt die Gleichheit aller Schüler unter Ausklammerung der ethnischen und kulturellen Besonderheiten. 'Positive Diskriminierung' dagegen zeigt sich als engagierte Form der Förderung ausländischer Kinder durch Sonderbehandlung" (1984, 34). Beidem ist gemeinsam: "Beide Verhaltensstrategien, die die Pole eines Kontinuums von Verhaltensweisen ausmachen, ziehen dem Unterricht eine Struktur ein, in der ein geheimer Lehrplan der Diskriminierung sichtbar wird" (CZOCK 1986, 96). Es geht also um die Auseinandersetzung mit Gleichheit und Verschiedenheit und um eine dialektische Aufhebung ohne Anpassung oder Separierung - auf der Ebene des Verhaltens von LehrerInnen.

Die **ignorierende Toleranz** beschreibt CZOCK folgendermaßen: "Solange die ausländischen Schüler im Unterricht nicht durch Mängel auffallen, werden sie wie deutsche Schüler behandelt. In den Unterrichtsstunden bleiben etwaige ethnische, kulturelle oder sprachliche Besonderheiten der Kinder ausgespart. Der Themenkanon ist auf die deutschen Kinder ausgerichtet, ob ihre Lebenshintergründe und -erfahrungen darin aufgehen, ist schon fragwürdig. Die Erfahrungen der Migrantenkinder bleiben jedoch auf jeden Fall ausgeklammert. Wieviel sie vom jeweils verhandelten Unterrichtsstoff verstehen und zu welchen Interpretationen sie kommen, bleibt unthematisiert. Sie sitzen still, zum Teil beschäftigungslos, weil sie die gestellte Aufgabe nicht verstanden haben, auf ihren Plätzen, während das Unterrichtsgeschehen weiterläuft. Auch wenn der Unterricht so angelegt ist, daß die Möglichkeit zu einer gleichberechtigten Teilnahme aus Unachtsamkeit vergeben wird, ... geht von der wiederum zugrunde gelegten impliziten Gleichheitsannahme eine Benachteiligung aus: Die türkischen Kinder können ihre besonderen Kenntnisse als 'Kulturexpertise' im Unterricht nicht zur Geltung bringen und bleiben stumm. Daß sie (auch) von den deutschen Mitschülern nicht einbezogen werden, wenn es beispielsweise darum geht, sich gegenseitig aufzurufen, bleibt im Unterricht unthematisiert" (1986, 97). CZOCK ordnet diese Verhaltensstrategie in das Spektrum des Umgangs mit Gleichheit und Verschiedenheit ein: "Auf dem Wege dieser ignorierenden Toleranz (...) stellt sich unversehens die 'Normalsituation' der Nichtbeachtung, des Übergehens und des Nicht-zur-Kenntnisnehmens ein, die auch den außerschulischen Alltag der Migranten prägt. Die Unterstellung einer prinzipiellen Gleichheit aller Schüler erscheint als Toleranz gegenüber den 'fremden' Kindern. Diese Toleranz ist jedoch vordergründig: Weil sie kulturelle Unterschiede ignoriert, sie zugunsten einer imaginären Gleichheit tabuisiert, setzt sie die ethnozentristische Praxis, die die ganze Gesellschaft bestimmt, wohlmeinend fort" (1986, 97).

Zur **positiven Diskriminierung** führt CZOCK aus: "Werden die Unterschiede zu den deutschen Schülern zur Kenntnis genommen, sind es die Defizite oder Mängel, die sie gegenüber ihren deutschen Mitschülern haben. Dann kann nicht mehr weiter von Gleichberechtigung ausgegangen werden. Die Defizite fordern eine Sonderbehandlung heraus. Entweder wird die Bearbeitung in der jeweiligen Stunde angegangen, oder sie wird an Sondermaßnahmen delegiert. Hervorgebracht wird in diesem vermeintlichen Engagement für Migrantenkinder jedoch nur, was sie (noch) nicht können. Sie sind die, die nicht mithalten können, die letztlich den Unterricht verzögern, und wenn sie dafür auch noch ein ungerügtes Aufheulen ihrer deutschen Mitschüler ernten, weil 'sie es immer noch nicht kapiert haben', dann wird deutlich, daß auch diese Strategie die soziale Integration nicht unmittelbar fördert. Kulturelle und ethnische Besonderheiten assoziieren sich in diesem Arrangement - nicht zuletzt als Lehrstück für die deutschen Mitschüler - mit sprachlichen und fachlichen Defiziten. Unter der Hand verkehrt sich das, was als Förderung ausgegeben wird, in sein Gegenteil und wird zur psychischen Dauerbelastung der Kinder" (1986, 97f.).

So wird der heimliche Lehrplan der sprachlichen, ethnischen und kulturellen Anpassung an das Deutsche unhinterfragt durch das Verhalten von PädagogInnen an alle SchülerInnen, deutsche wie ausländische, weitervermittelt, wo er Selbst- und Fremdwahrnehmung nachhaltig beeinflußt (vgl. Kap. 4.2.3). Hier gibt es offensichtlich eine übereinstimmende Grundlinie von bisherigen Ergebnissen, seien sie methodisch auf quantitativem oder qualitativem Wege ermittelt. Erfahrungsberichte wie der von TREPPTE (1987) können hier einen noch weitgehend entfernten Horizont der Entwicklung angeben, in dessen Richtung sich Schule und konkret auch das Selbstverständnis von PädagogInnen entwickeln sollte.

4.4 Aussagen zur Handlungsebene

Die Herausforderung der Handlungsebene läßt sich schlicht mit folgendem Satz umreißen: Die vorhandene kulturelle und sprachliche Heterogenität von Lerngruppen muß unterrichtlich bewältigt werden. Dies sollte interkulturellen Vorstellungen nach nicht in der traditionellen, selektiven Weise geschehen, sondern ohne Anpassungsdruck und ohne Aussonderungsdrohung aufgrund vorhandener kultureller und sprachlicher Verschiedenheit. Hierzu erscheint die Behandlung folgender Aspekte wesentlich:

Zunächst wird die Berücksichtigung der Zweisprachigkeit bei Migrantenkindern betrachtet und die Notwendigkeit von zweisprachigen LehrerInnen festgestellt. Hierzu erscheint eine gleichberechtigte Kooperation zwischen ausländischen und deutschen LehrerInnen eine wichtige Bedingung (Kap. 4.4.1). Weiter geht es um die Frage der didaktischen Grundlage eines interkulturellen Unterrichts und um seine Elemente. Hierbei stellt sich die Frage, ob es einer besonderen Didaktik der Interkulturellen Erziehung bedarf (Kap. 4.4.2). Schließlich wird die Frage der Aus- und Fortbildung für interkulturelle Praxis und die Frage der Beratung und Begleitung dieser innovativen Arbeit angesprochen (Kap. 4.4.3).

Notwendig erscheint hier die Feststellung, daß es auch im Bereich der didaktischen Fragen wenig empirische Untersuchungen und damit auch nur wenig gesicherte Erkenntnisse gibt. Wurden in den 70er Jahren - entsprechend kompensatorisch ausgerichtet - viele Untersuchungen innerhalb der Schule und des Unterrichts durchgeführt, so scheint es in den 80er Jahren nur noch wenig Untersuchungen eines - sich nun interkulturell verstehenden - Unterrichts zu geben. Lediglich Erfahrungsberichte über die interkulturelle Arbeit liegen vor. Sie können tendenziell eine Richtung angeben, in der die Einlösung einer Dialektik von Gleichheit und Verschiedenheit auf der Handlungsebene am ehesten zu erwarten ist.

4.4.1 Erziehung zur Zweisprachigkeit - notwendige Kooperation zwischen PädagogInnen

Wie in Kap. 4.2.4 deutlich geworden ist, ist die Einbeziehung der Erstsprache der Migrantenkinder eine notwendige Bedingung im Hinblick auf die Persönlichkeitsentwicklung. Erst durch sie kann die Schule der Gleichheit und Verschiedenheit von Kindern mit unterschiedlicher Erstsprache gerecht werden und die gesellschaftlich vorhandene Mehrsprachigkeit abbilden.

In der Literatur wird immer wieder darauf hingewiesen, daß die Berücksichtigung der Erstsprache aller Kinder nur gelingen kann, wenn es einen Anteil kontinuierlichen erstsprachlichen Unterrichts gibt. Der kann wiederum nur von LehrerInnen gestaltet werden, die dafür ausgebildet sind (vgl. Kap. 4.4.3) oder - noch besser - 'native speakers' der betreffenden Erstsprache sind (z.B. GRIESE 1985, 304, BELKE U.A. 1986, 426). Denn "in der realen historischen Begegnung von Kulturen bedeutet die Angehörigkeit zu einer Community eine nicht austauschbare Qualifikation" (HOHMANN 1989, 20). Die durch Zugehörigkeit zu einer Minderheitskultur - wenn damit auch nicht hinreichend - qualifizierten LehrerInnen können nicht einfach durch solche aus der Mehrheitskultur ersetzt werden, und seien letztere noch so gut ausgebildet.

In ihrer Auswertung mehrerer Modellprojekte in verschiedenen europäischen Ländern kennzeichnet GOGOLIN als zentrales Problem wie als entscheidenden Parameter für die Innovationskraft der Modellversuche die persönliche Situation der LehrerInnen, denn "der Unterricht mit Kindern ethnischer Minderheiten stellt die Lehrer der multikulturellen Schule vor eine Vielfalt ungewohnter, ungewöhnlicher Aufgaben" (1988, 197). Auch aus dieser Perspektive - und nicht nur aus der Notwendigkeit der Berücksichtigung der Erstsprachen heraus - stellt sich die Notwendigkeit der Kooperation zwischen zwei LehrerInnen, von denen eine(r) ein(e) zweisprachige(r) LehrerIn ist. Dabei sieht GOGOLIN eine direkte Verbindung zwischen der Qualität der Kooperation und der Innovationskraft der Versuche: So "kam es überall da zu weitreichenden innovativen Unterrichtsversuchen, wo zweisprachige Lehrer am pädagogischen Handeln gleichberechtigt beteiligt waren und wo sie ihre Stimme laut machten. In den Modellversuchen, in denen zweisprachige Lehrer der Erwartung kultureller Fügsamkeit entsprachen, in denen sie nicht in gemeinsamen Unterricht einbezogen wurden oder darin nur Helferfunktion besaßen, drangen die Sprachen der Minderheiten in Herzstücke der Inländerschule (...) nur in ihrer schulisch kodifizierten Form ein" (1988, 197f.). Eine innovative Qualität des mehrsprachigen Unterrichts für alle Kinder wurde erreicht, wo zwei LehrerInnen gleichberechtigt unterrichteten. Dort "kamen Augenblicke 'symmetrischer und inhaltsreicher Kommunikation' zustande - Augenblicke, in denen die Äußerungen der zweisprachigen Kinder den Status gleichberechtigt legitimen Wissens besaßen. ... Sie (diese Kinder; A.H.) setzen damit Signale dafür, daß sie ihren einsprachigen Lehrern Kompetenzen voraus haben, und sie entziehen sich in diesen Momenten der Kontrolle und Zensur durch den Inländerlehrer" (1988, 198).

Mit dieser Aussage ist auch gleichzeitig das subjektive Bedrohungspotential für einsprachige LehrerInnen beschrieben: Das Erleben der überlegenen Sprachkompetenz zweisprachiger Kinder "setzt Lehrer der Gefahr aus, sich als Professionsinhaber in Frage gestellt zu sehen" (1988, 198). GOGOLINs Konsequenz ist daher folgerichtig: "In der gegenwärtigen Bildungswirklichkeit bedarf es der Anwesenheit zweisprachiger Lehrer im Unterricht mit dem Erziehungsziel Zweisprachigkeit, da die Einforderung und Durchsetzung von Autonomie und Legitimität für die Sprachen der Minderheiten von einsprachigen Lehrern offenbar als existenzielle Bedrohung ihrer persönlichen professionellen Autonomie und Kompetenz wahrgenommen wird" (1988, 198f.). Auf entsprechende Erfahrungen in den USA weist auch KLEIMANN (1987) hin, der die Notwendigkeit des Team-Teaching auch auf bessere Möglichkeiten des sozialen Lernens bezieht.

GOGOLIN kennzeichnet die Anwesenheit zweisprachiger LehrerInnen als "eine Bedingung für das Gelingen" innovativer Versuche, gleichzeitig aber auch als "eine Quelle für Verunsicherungen" (1988, 199), und zeigt ihre Ambivalenz auf: Die "verunsichernde, konfliktbelastete wie als befriedigend erlebte Kooperation mit Lehrern, denen die Inländerseite ihre Anerkennung professioneller Kompetenz nicht verweigern konnte, barg in sich die Chance zu pädagogischer Neuorientierung, zum Perspektivenwechsel in der Wahrnehmung und Bewertung der spezifischen Fähigkeiten und Bedürfnisse zweisprachiger Kinder" und "zur Überwindung der ethnozentristischen monolingualen Perspektive" (1988, 200).

Die Notwendigkeit gleichberechtigter Kooperation wird auch in einem Erfahrungsbericht über Kooperationsunterricht in türkischen Klassen in Berlin betont (KOLBECK & WENNEKES 1981). Dort werden dem Bericht zufolge türkische LehrerInnen als Übersetzungshilfen und in unterrichtsunterstützender Funktion eingesetzt. So positiv auch die vermehrt mögliche Zuwendung und gezielte individuelle Hilfe für einzelne SchülerInnen gesehen wird, so sehr werden gleichzeitig auch die türkischen LehrerInnen abgewertet, denn sie stellen lediglich Hilfskräfte in einem von deutschen LehrerInnen geplanten und gestalteten Unterricht dar: "Der türkische Lehrer ist kein richtiger Lehrer, denn er erklärt ja nur noch einmal das Vorgegebene in der Muttersprache" (1981, 56). Daß er (oder sie) in der türkischen Klasse in allen sozialen Belangen den deutschen KollegInnen überlegen ist, dringt dagegen weniger in das Bewußtsein aller Beteiligten. Angesichts dieser Situation treten KOLBECK & WENNEKES für "einen zweisprachigen Klassenlehrer" ein (1981, 58), der als einzige Möglichkeit erscheint, "die Aufspaltung der Kinder in zwei Sprachbereiche - konkrete türkische Umgangssprache und abstrakte deutsche Schulsprache" - zu entschärfen (1981, 58). Weiter plädieren sie u.a. dafür, daß die türkischen KollegInnen eigenständigen Unterricht erteilen sollen. Türkische und deutsche KollegInnen "müßten gleichberechtigt in der Unterrichtsdurchführung sein. Dies beinhaltet eine gemeinsame Planung und eine sich ergänzende Interaktion im Unterricht" (1981, 59). Damit erscheint der gemeinsame Unterricht als anspruchsvolle, richtige und notwendige Perspektive.

4.4.2 Grundlagen und Elemente eines interkulturellen Unterrichts

Die Herausforderung eines interkulturellen Unterrichts besteht darin, daß die Heterogenität der SchülerInnen aus verschiedenen Kulturen und Sprachen unterrichtlich bewältigt werden muß, ohne einerseits in Muster offener sozialer Isolation in nationalen Klassen oder verdeckte soziale Isolation innerhalb gemischter Klassen zu verfallen und andererseits einen germanozentristischen, Anpassung fordernden

Unterricht zu praktizieren. Diese Herausforderung ist dadurch charakterisiert, "daß das Ausmaß ihrer (der SchülerInnen; A.H.) Lernvoraussetzungen, Lernfähigkeiten und Lernformen außerordentlich groß ist. ... Aber auch ohne gleichzeitigen Besuch muttersprachlicher Klassen in Deutschland sind - selbst wenn man sich auf die Betrachtung zweier Nationen beschränkt - die Verschiedenartigkeiten der Schüler einer gemischten Klasse so groß, daß weder der Lehrer ihnen mit den herkömmlichen Mitteln und Methoden gerecht werden kann noch die Schüler - die ausländischen wie die deutschen - in ähnlicher Weise gefördert werden können, wie es in national homogenen Klassen möglich wäre. Schier unüberschaubar wird die Situation, wenn man sich vergegenwärtigt, daß normalerweise ja nicht nur Angehörige zweier Nationen am Unterricht teilnehmen, sondern drei oder mehr Nationen vertreten sind, für die eine entsprechende Analyse der Schule und des Unterrichts im Herkunftsland ergeben würde, daß diese sich in ähnlich ausgeprägter Weise von der Situation sowohl in Deutschland als auch in den anderen Herkunftsländern unterscheiden. Die Multinationalität aber ist in deutschen Klassen mit Ausländerkindern die Regel und nicht die Ausnahme" (HOPF 1984, 49f.).

Während HOPF vor allem die problematische Seite der Heterogenität herausstellt und sich auf die Förderung von Kindern bezieht, zeigt POMMERIN Chancen und Möglichkeiten von Entwicklungsanreizen durch Heterogenität auf: "Wenn es ... gelingt, in einer multinationalen Lerngruppe durch wiederholte positive Kontakte zwischen den Kindern verschiedener Nationen Aufgeschlossenheit gegenüber Fremdartigem zu wecken - und hier liegt die Initiative sicherlich beim Lehrer - und wenn die Heterogenität eingebrachter Wirklichkeitsaspekte als legitime Lebenswelten zugelassen wird, ist es nicht länger unverbindlicher Liberalismus, wenn wir sagen, daß ausländische und deutsche Kinder voneinander lernen können. Bisher hat wohl niemand bestritten, daß ausländische Kinder von ihren deutschen Mitschülern profitieren; ungewöhnlich mutet eher der Hinweis auf einen gegenseitigen Informationszuwachs an" (1977, 121).

Wie POMMERIN (1977, 121 und 1982, 143f.) machen auch andere AutorInnen deutlich, daß für sie Interkulturalität etwas Dialogisches ist, das ebenso die deutschen Kinder betrifft: Ziel kann nicht nur sein, "die ausländischen Kinder zur Bewältigung der durch Migration entstandenen Situation zu befähigen, vielmehr müssen auch den einheimischen Kindern entsprechende Fähigkeiten vermittelt werden" (HOHMANN 1982c, 174).

Für die didaktische Einlösung dieser interkulturellen Vorsätze wird auf jene Orientierungen und Elemente verwiesen, die schon seit reformpädagogischer Zeit wie im Zuge der Grundschulreform den Zielhorizont einer kindgemäßeren schulischen Arbeit ausmachen (sie brauchen deshalb auch nicht näher ausgeführt zu werden):

- Orientierung an der Lebenswelt und den Erfahrungen der Kinder bzw. Situationsorientierung (POMMERIN 1982, 147, BAYER 1984, 113, RÖBER-SIEKMEYER

1983, 37f., SCHMITT 1985a, 74, BELKE U.A. 1986, 435, TREPPTE 1987, 10, ZIMMER 1987, 236, HOHMANN 1989, 18, BAYAM U.A. 1990);
- Notwendigkeit innerer Differenzierung und Individualisierung (BUNK 1982, 237, GÖBEL 1981, 89ff., BAYER 1984, 113, GLUMPLER 1985, 409, SCHMITT 1985a, 80, STRÜFING 1985, 9, ZIMMER 1987, 242, für die Sek I: THOMAS 1987b, 42f.);
- Öffnung des Unterrichts mit Formen Freier Arbeit, Wochenplanarbeit und Projektorientierung (HOPF 1984, 71, TOMSCHIK 1983, BAYER 1984, GLUMPLER 1985, 409, BELKE U.A. 1986, 435, HOHMANN 1989, 19);
- Öffnung der Schule zum Gemeinwesen hin (z.B. TREPPTE 1987, 10, ZIMMER 1987, 244, ESSINGER 1988).

Ergänzt werden diese Prinzipien in der Literatur häufig durch ein HelferInnen- und TutorInnenprinzip, das vor allem in Erfahrungsberichten immer wieder betont wird (vgl. POMMERIN 1977, 121, SCHMINCK-GUSTAVUS 1981, TOMSCHICK 1983, 28f., SCHMITT 1985a, 80, STRÜFING 1985, 9). Die offensichtliche Verschiedenheit von Kindern aus unterschiedlichen Kulturen läßt dieses Prinzip hier wohl naheliegender erscheinen als in der allgemeinpädagogischen Literatur.

Besonders im Bericht von SCHMINCK-GUSTAVUS wird das Prinzip einer positiven Nutzung der Verschiedenheit von SchülerInnen deutlich, das sie zur tragenden Leitidee "Schüler als Lehrer" in ihrem Unterricht mit türkischen und deutschen Kindern macht. Durch sie wird großes emotionale und kognitive Potential freigesetzt: Bei den türkischen Kindern vollziehen sich auf sozialer, kognitiver und auf der Persönlichkeitsebene deutliche Entwicklungen (1981, 141), bei den deutschen Kindern ergeben sich neben einer grundsätzlichen Solidarität ebenfalls kognitive Entwicklungen durch die intensive Reflexion über die eigene Sprache (1981, 143).

Gleichwohl zeigt SCHMINCK-GUSTAVUS auch die Problematik einer von vornherein eingeplanten Asymmetrie der Beziehungen auf, nach der die deutschen Kinder eher die helfenden und die türkischen eher diejenigen sind, denen geholfen wird: Die türkischen SchülerInnen trugen deutlich "ihre Freude über die Errungenschaft deutlich zur Schau, indem sie sich förmlich an ihren 'Lehrer' klammerten. Auch die 'Lehrer' erfuhren durch diese Anhänglichkeit ihrer türkischen 'Kinder' eine gewisse Aufwertung" (1981, 137). So kommen einige Mädchen einer Parallelklasse zur Lehrerin, "weil sie auch 'die niedlichen kleinen Türken' unterrichten wollten" (1981, 137). Dieses - wohl entwicklungsgemäße - symbiotisch geprägte Stadium wird jedoch zunehmend abgelöst von einem Verhalten, in dem neben Annäherung auch Abgrenzung möglich ist: Die türkischen Kinder verweigern sich zunehmend ihren deutschen 'LehrerInnen', begehren gegen Strenge auf, beschweren sich über Lärm und Unruhe in der deutschen Klasse, finden zu gemeinsamem Klassenbewußtsein (vgl. 1981, 138f.).

In diesem Sinne betonen andere AutorInnen die Wichtigkeit gegenseitiger Hilfestellungen, und dieses, ohne daß festlegende Stereotypen entstehen etwa in der Art, "daß ausländische Arbeiterkinder von ihren deutschen Klassenkameraden alle lebensnotwendigen Kenntnisse, Fähigkeiten und Instrumentarien erwerben, die durch Schule vermittelt werden, und daß deutsche Kinder von ihren ausländischen Mitschülern Höflichkeit, Liebenswürdigkeit, südländisches Temperament, Achtung vor Respektspersonen, und was sonst noch am ausländischen Kind ... gelobt wird, lernen können" (POMMERIN 1977, 121).

Letztlich sind alle vorgestellten Orientierungen und Elemente keine spezifischen, sondern die jeden Unterrichts, der eine möglichst gute Entwicklung der SchülerInnen in allen Bereichen ermöglichen will, ohne einen Teil von ihnen zu über- und einen anderen Teil zu unterfordern. Die didaktische Grundlage der Interkulturellen Erziehung ist also durchaus keine spezielle, die von der allgemeinen schulpädagogischen abzugrenzen wäre.

Daß es jedoch nicht einfach nur um eine 'gute' Allgemeinpädagogik geht, zeigen z.B. die kritischen Äußerungen von GOGOLIN zur Praxis der Projektpädagogik, der sie vorwirft, "daß bis heute der Gesichtspunkt spezifischer Erfordernisse, die durch die multikulturelle Gesellschaft für die multikulturelle Schule entstehen, weitgehend unberücksichtigt blieb" (1988, 122f.). Prinzipien wie Kindgemäßheit und Erfahrungsorientierung müssen sich der interkulturellen Herausforderung entsprechend auch um die Situation von Kindern anderer Herkunft kümmern und ihre Situation in der Migration berücksichtigen.

Dies gilt natürlich zu allererst für den Bereich der **Spracherziehung**, in dem eine koordinierte zweisprachige Alphabetisierung mit dem Ziel einer bewußten Zweisprachigkeit favorisiert wird (NEHR U.A. 1988, 7f.) und Vorteile von Eigenfibeln herausgestellt werden (KOTTMANN-MENTZ 1984, 88f.). Im Vordergrund soll die kommunikative Funktion der Sprache stehen und nicht etwa der grammatikalisch richtige Sprachdrill mit seinen kontraproduktiven Folgen (RADTKE 1985, 476f., SCHMITT 1985b, 82, GRAF 1987, 300f., PUHAN-SCHULZ 1989, 5f.). Dafür sind projektartige Vorhaben, die sich z.B. an FREIRE und FREINET orientieren, gut geeignet (z.B. SCHMITT 1985a, KINKEL 1988, POMMERIN 1988d, PUHAN-SCHULZ 1989), aber auch Kommunikationsspiele am Schulanfang (NAEGELE & HAARMANN 1986) oder Vorhaben im Bereich des Darstellenden Spiels (MERLIN 1986).

Gleiches gilt auch für den Bereich des **Sachunterricht**s: Auch dort geht es darum, "allen Kindern der Klasse gemeinsame Erlebnisse, Erfahrungen, Kenntnisse durch Anschauung zu vermitteln. ... In aller Regel steht ein Ereignis, ein Vorhaben, eine Unternehmung mit realem Anlaß am Beginn oder am Ende der schulischen Arbeit" (RÖBER-SIEKMEYER 1983, 42). Anregend erscheint auch der Ansatz einer "interkulturellen Heimatkunde" (BERGER & ZIMMERMANN 1989), der dazu ermuntert, "allen Kindern unterschiedliche Lebensformen 'vor Ort' sichtbar zu machen. (...) Daß verschiedene Lebensformen gleichzeitig und nebeneinander existieren, miteinander verflochten sind - das fällt leicht durch das Netz der Fächertrennung" (1989, 6). "Eine 'interkulturelle Heimatkunde' macht so die soziale Realität der Kinder in und außerhalb der Schule zum Thema" (1989, 7).

Interkulturelle Ansprüche erfordern auch für alle anderen Lernbereiche und Fächer zu Reflexion, z.B. über die Relativität üblicher Vorgehensweisen, heraus, so z.B. im Bereich Mathematik (LÖRCHER 1985, 107, HOHMANN 1989, 17).

Leider liegen bisher nur wenig Untersuchungen über Prozesse und Effekte eines interkulturellen Unterrichts vor, der bewußt zur Zweisprachigkeit erziehen will. Bislang gibt es eher eine stillschweigende, quasi private Praxis und von der Basis her wachsende Erfahrungen, die in Erfahrungsberichten (z.B. KINKEL 1988) und in Zeitungsmeldungen (z.B. SCHMITT 1991) deutlich werden. Immerhin gibt es aber inzwischen eine Reihe von Materialien, die bisherige Erfahrungen von LehrerInnen aufnehmen und sich als orientierende und anregende Hilfen verstehen, so z.B. innerhalb des Fernstudiums Erziehungswissenschaft das Projekt "Ausländerkinder in der Schule", das auch auf das gemeinsame Lernen mit ausländischen und deutschen SchülerInnen eingeht (vgl. GONDOLF U.A. 1983) und als Fortbildungsmaterial gedacht ist.

Auf **curricularer Ebene** besteht Konsens darüber, daß die Inhalte zu 'internationalisieren' sind und ihre monokulturelle Ausrichtung verändert werden muß, auch wenn "es mit einer Bereinigung der Lehr- und Lernmittel von Ethnozentrismen nicht getan" ist (HOHMANN 1989, 17; vgl. hierzu Kap. 4.6.4). Immerhin ist es ein wichtiger Schritt, die Perspektive der Unterrichtsinhalte auf Interkulturalität hin zu öffnen. "Soll interkulturelle Erziehung nicht zu einem isolierten Unternehmen werden, so ist eine Neuorientierung des gesamten Curriculums mit einer Konzentration auf 'Schlüsselprobleme unserer individuellen und gesellschaftlichen Existenz' ... erforderlich" (AUERNHEIMER 1990, 223). AUERNHEIMERS Bezug auf KLAFKI muß mit der Kritik verbunden werden, daß in dessen "Konturen eines neuen Allgemeinbildungskonzepts" (KLAFKI 1985) wie auch in anderen Entwürfen zur Allgemeinbildung unausgesprochen eine "monokulturelle Perspektive" (GOGOLIN & NEUMANN 1988, 62) deutlich wird und internationalisiert werden müßte.

In diesem Sinne fordern BELKE U.A. einen "mehrkulturellen Unterricht", d.h. besonders "in den kultursensitiven Fächern Geschichte, Geographie, Religion, Sozialkunde jede Gelegenheit zu ergreifen, verschiedene Sichtweisen zu erarbeiten, auch dort, wo sie sich nicht harmonisieren lassen. Mehrkultureller Unterricht muß gerade im Aufzeigen solcher Konflikte bestehen, trotz derer Menschen zusammenleben müssen" (1986, 434). Einige plastische Beispiele mögen dies verdeutlichen. So fragen BELKE U.A. zum Geschichtsunterricht: "Könnte man die Belagerung Wiens durch die Türken 1529 auch anders sehen als eine Bedrohung des christlichen Abendlandes durch fanatische Heiden? Etwa als europäisches Machtvakuum mit zerbröckelndem ideologischen Überbau, das Kräfte von außen anzog? Bedeutete dies das Ende der gemeinsamen europäischen Tradition und Kultur, zumal Franz I. von Frankreich mit den Heiden paktierte?" (1986, 434) In Mathematik sollten in einer multinationalen Klasse neben den inländischen Maßen auch die Bezeichnungen in anderen Sprachen der Kinder der Klasse benutzt werden (vgl. REICH 1987, 32f.).

Daß dies nicht nur für stärker wissenschaftsorientierte Fächer in der Sekundarstufe gilt, machen BELKE U.A. am Beispiel des Sachunterrichts deutlich: Die Themen "Familie, Brotbacken, Wohnen, Kleidung, Wasser, Wetter, Feuerwehr, Berufe, aber auch Licht und Schatten (Tradition des Schattenspiels) usw." (1986, 435) können und sollen internationalisiert angegangen werden (vgl. hierzu auch die Aufstellung bei SCHREINER 1983, 25f.). Schon ein Haus zu zeichnen, bietet sich für die Verdeutlichung kultureller Heterogenität an (STEFFEN 1981, 56).

So kann als vorläufiges Fazit festgehalten werden, daß interkulturelle Erziehung nach den vorliegenden Erkenntnissen und Erfahrungen nicht einer speziellen Didaktik bedarf. In sie gehen keine anderen Elemente ein als in Vorstellungen der allgemeinen Didaktik. Erfahrungsberichte verweisen auf die schulreformerischen Prinzipien und Elemente der allgemeinen Pädagogik. Dennoch ist für bewußte Interkulturelle Erziehung eine besondere Qualität vonnöten, die Bedürfnisse und Hintergründe von Migrantenkindern berücksichtigt. So wird denn auch meist "darauf verwiesen, daß eine Verfeinerung und situative Anpassung der herkömmlichen Didaktik ausreicht, um den Ansprüchen der Adressaten der interkulturellen Erziehung gerecht zu werden" (HOHMANN 1989, 18). Die Gültigkeit dieser Aussage hängt allerdings "davon ab, wie spezifisch die allgemeine Didaktik auf die Ansprüche der Adressaten einzugehen vermag" (1989, 18).

4.4.3 Fragen der Aus- und Weiterbildung, Beratung und Begleitung

Zum Themenbereich der Aus- und Fortbildung finden sich in der Literatur nur wenig Aussagen, zumal was konkrete Erkenntnisse und Erfahrungen betrifft.

Konsens besteht über die Notwendigkeit der Fortbildung für PädagogInnen angesichts einer Aufgabe, für die sie weithin nicht angemessen ausgebildet sind. Insbesondere eine dezentrale, praxisnahe Fortbildung wird gefordert, die neben fachlichen auch persönlichkeitsbezogene Anteile enthält, auf eigene Einstellungen und Werthaltungen eingeht (so z.B. GLUMPLER 1985, 408, GOGOLIN 1988, 201). Daß Angebote wie z.B. Supervision wichtig sind, macht GOGOLIN in der Auswertung von Modellversuchen klar, denn "der Versuch, in intensiven Lehrerfortbildungsmaßnahmen Veränderungen von Wahrnehmungen und impliziten Theorien durch die Vermittlung von Kenntnissen hervorzurufen, mißlang" (1988, 201).

Daß Fortbildungsangebote den großen Bedarf für eine angemessene(re) Unterrichtung ausländischer und deutscher Kinder nicht decken würden, war früh abzusehen. Schon die KMK hatte 1971 darauf hingewiesen, daß "die Lehrerausbildung (...) in Zukunft durch entsprechende Angebote die besonderen Aufgaben des Unterrichts für ausländische Schüler berücksichtigen" solle (zit. in SCHERON & SCHERON 1984c, 122). Auch die Forschungsgruppe ALFA (Ausbildung von Lehrern für Ausländerkinder) wies nach ihrer Gründung 1973 auf "die Unmöglichkeit der Bewältigung der schulischen Aufgaben zur Unterrichtung von Ausländerkindern allein durch Fortbildung" hin (SCHERON & SCHERON 1984c, 123) und forderte Studienangebote. Diese Forderung findet sich in vielen Publikationen, sowohl in bezug auf die grundständige Lehrerausbildung als auch in bezug auf spezielle Aufbaustudiengänge (z.B. PIROTH 1982, 84, GLUMPLER 1985, 408, TUMAT 1986c, 296). Dennoch kann nach SCHERON & SCHERON auch für den Beginn der 80er Jahre von einer generellen Institutionalisierung spezifischer Angebote nicht die Rede sein. Immerhin werden jedoch an vielen Universitäten und Pädagogischen Hochschulen spezifische Angebote eingerichtet, sei es als Aufbau-, Kontakt-, Zusatz-, Fern-, Ergänzungsstudium, Studienschwerpunkt, Wahlpflichtfach oder Diplomstudiengang (vgl. hierzu die Übersicht in SCHERON & SCHERON 1984c, 133-173).

Doch selbst die bestehenden Studienangebote finden nicht uneingeschränkte Zustimmung. AUERNHEIMER problematisiert die eingerichteten Studiengänge in dreifacher Hinsicht: "Erstens steht die Aufteilung der Studienganganteile (der sprachwissenschaftlichen, erziehungs- und sozialwissenschaftlichen Anteile) auf verschiedene Fachbereiche und Fächer einer integrierten Sicht der Problematik im Wege. ... Zweitens entspricht das starke Gewicht der Sprachförderung in den Studienangeboten, so wichtig diese auch sein mag, noch immer dem kompensatorischen Ansatz in der Ausländerpädagogik. ... Da drittens Ausländer, und zwar gerade ausländische Fachkräfte aus Schule und Sozialarbeit, in der Regel nicht die formellen Zugangsvoraussetzungen für die Hochschulen mitbringen und die Behörden auch kein Entgegenkommen zeigen, ist ihre Beteiligung an den einschlägigen Studiengängen gering" (1990, 10).

Zur Frage der obligatorischen Einführung in Fragen der Interkulturellen Erziehung im Rahmen des grundständigen Pädagogikstudiums zieht AUERNHEIMER darüberhinaus ein eher ernüchterndes Fazit: "Die Ansätze zur geforderten Verankerung der interkulturellen Erziehung im normalen erziehungswissenschaftlichen Studienangebot für künftige Pädagogen sind bisher bescheiden geblieben" (1990, 12). So bleiben entsprechende alte Forderungen erschreckend aktuell.

Über die Bedarfe der Aus- und Fortbildung hinaus zeigt GOGOLIN weiteren Beratungsbedarf für interkulturell arbeitende PädagogInnen auf: "Das pädagogische Personal der multikulturellen Schule hat für den nötigen Perspektivenwechsel so viel zu lernen und zu leisten, daß es der Institutionalisierung von Instanzen pädagogischer Beratung und Begleitung bedarf, die dauerhaft Hilfe leisten und die pädagogischen Prozesse in den Schulen kontinuierlich unterstützen können" (1988, 201f.). Wie solche unterstützenden Systeme - zumal über Modellversuche hinaus - aussehen und funktionieren können, ist anhand der vorhandenen Literatur nur schwer abzulesen. Lediglich über die 1981 in sieben Städten des Ruhrgebietes eingerichteten Regionalen Arbeitsstellen zur Förderung ausländischer Kinder und Jugendlicher (RAA), die ab 1986 Regelangebot in 11 Städten sind, gibt es Informationen in der Literatur (vgl. HOHMANN 1989, 8, BARTNITZKY & SCHLOTMANN 1988, 50-57). Die Aktivitäten "umgreifen Schule, Familie, Freizeit und Beruf der jungen Ausländer und verbinden sie im Sinne von Community Education" (HOHMANN 1989, 8). Inzwischen wird das Arbeitsfeld so erweitert, daß es sich "vom

Elementarbereich bis zur Weiterbildung mit ausländischen Familien" (BARTNITZKY & SCHLOTMANN 1988, 50) erstreckt. HOHMANNs Einschätzung zufolge wird dieser Versuch sehr gut angenommen, "vor allem auch die Herstellung und Verbreitung pädagogischer Medien sorgten für eine ungemein hohe Fruchtbarkeit des Versuchs" (1989, 8) - so wird dieser Versuch ausgeweitet und als Regelangebot trotz hoher Personalkosten weitergeführt.

4.5 Aussagen zur Institution-Ebene

Die Institution-Ebene ist jene Ebene, in der der Zusammenhang von Ausländerbildungspolitik und Ausländerpolitik am unmittelbarsten deutlich wird (vgl. Kap. 4). Wie weit institutionelle Bedingungen Interkulturelle Erziehung unterstützen oder hemmen bzw. wie weit sie die Forderung eines dialektischen Verhältnisses von kultureller Gleichheit und Verschiedenheit zulassen, ist Gegenstand dieses Abschnittes. Dabei sind drei Problemaspekte zu berücksichtigen.

Zunächst werden die gesetzlichen Festlegungen betrachtet, die den Rahmen für die Beschulung ausländischer Kinder bilden: auf Bundesebene die (nicht verbindlichen) Beschlüsse der Kultusministerkonferenz sowie auf Länderebene die (verbindlichen) administrativen Richtlinien und Hinweise der Kultusministerien (Kap. 4.5.1). Weiter geht es um jene Rahmenbedingungen, mit denen in interkulturellen Schulversuchen Erfahrungen gemacht worden sind. Wegen deren begrenzter Zahl werden auch entsprechende Forderungen für interkulturelle Versuche berücksichtigt (Kap. 4.5.2). Einen speziellen Problemaspekt bildet die Frage einer Diagnostik für ausländische SchülerInnen. Auch hier gilt es, die Einlösung eines dialektischen Verständnisses von Gleichheit und Verschiedenheit zu prüfen.

4.5.1 Rechtliche und administrative Grundlagen

Wie die deutschen Kinder unterliegen auch Kinder aus anderen Kulturen ab dem sechsten Lebensjahr bzw. ab dem Zeitpunkt ihrer Einreise nach Deutschland der Schulpflicht (BOOS-NÜNNING 1981a, 27). Eine Ausnahme machen deutsche Behörden bei Kindern von AsylbewerberInnen: "Lediglich die Bundesländer Bayern, Hessen und Niedersachsen bejahen die Schulpflicht für diese Kinder, d.h. sie sehen sich ihrerseits verpflichtet, schulische Angebote bereitzustellen. ... Hamburg, Baden-Württemberg und Berlin räumen immerhin eine schulische Betreuung auf Wunsch oder Antrag der Erziehungsberechtigten ein" (AUERNHEIMER 1990, 54).

Grundlage der Beschulung ausländischer Kinder sind die Empfehlungen der Kultusministerkonferenz (KMK), auf die sich die Richtlinien und Erlässe der Kultusministerien in den Bundesländern stützen, wenngleich die KMK-Empfehlungen nicht verbindlichen Charakter haben und weite Interpretationsräume bieten (BOOS-NÜNNING 1981a, 27). Die Empfehlungen der KMK schreiben in der Regel den am wenigsten einschränkenden Kompromiß fest, der von allen - mit der Kulturhoheit ausgestatteten - Bundesländern mitgetragen werden kann. Diese Empfehlungen sind gleichzeitig auch das Abbild der Interessenlage in der Ausländerpolitik und spiegeln auch deren Veränderungen wieder. Dabei sind im Rückblick eher die Interessen der Mehrheit als die der Minderheiten maßgeblich (vgl. BOOS-NÜNNING & HENSCHEID 1987, 277).

BOOS-NÜNNING & HENSCHEID (1987) zeigen diese ausländerpolitischen Veränderungen und zunehmende Erfahrungen mit der Realisierung in deren Rahmen in ihrem Rückblick auf die Geschichte der KMK-Empfehlungen auf (vgl. BOOS-NÜNNING 1981a, tabellarische Übersichten bei JACOBS 1982 und Kap. 4.1.1):

Der erste **Beschluß der KMK von 1964** legt die Schulpflicht fest und enthält schon die später deutlicher werdende Doppelstrategie: "Der Eintritt in die deutsche Schule ... sollte durch 'geeignete Maßnahmen' ... ermöglicht und erleichtert werden; der Förderung in ihrer Muttersprache wurde 'eine besondere Bedeutung zugemessen'" (BOOS-NÜNNING & HENSCHEID 1987, 278).

Die Mißstände in vielen Vorbereitungsklassen und eine verstärkte 'Ausländerdiskussion' führen zum **KMK-Beschluß von 1971**: Danach sollen ausländische Kinder "ohne erhebliche Sprachschwierigkeiten" gleich, sonst nach in der Regel einjährigem Besuch einer Vorbereitungsklasse "in die ihrem Alter oder ihren Leistungen entsprechende Regelklasse eingeschult werden" (1987, 278) Die Teilnahme am Muttersprachlichen Unterricht wird zur Kann-Bestimmung, wobei den Ländern überlassen bleibt, ob sie selbst die Verantwortung dafür übernehmen oder sie den Konsulaten überlassen wollen. "Das Schwergewicht der 71er Empfehlungen lag deutlich auf dem Pol 'Integration'. Damit standen sie durchaus im Widerspruch zur damaligen Ausländerpolitik, die noch von einer 'naturwüchsigen' Rotation ausging" (1987, 278).

Die Entwicklung mit dem starken Ansteigen ausländischer Kinder in der deutschen Schule führt "unter der Prämisse einer 'beschränkten Belastbarkeit' der deutschen Klasse zu segregativen Maßnahmen" (1987, 279). Mehrer Bundesländer (Baden-Württemberg, Bayern, Berlin) schaffen separierte Organisationsformen, die mit der **KMK-Empfehlung 1976** legalisiert werden. Dort wird - zeitgleich mit dem allgemeinen Anwerbestop - die Doppelstrategie mit den beiden Perspektiven, der Integration in das Aufnahmeland und der Reintegration in das Heimatland, als offizielle Doktrin verkündet, die dem Sinne nach bis heute gilt. Für BOOS-NÜNNING & HENSCHEID liegt die Bedeutung dieser Empfehlung "in der faktischen Rücknahme des Integrationskonzeptes. Daß an seine Stelle nun gleichrangig die Ziele 'Integration' und 'Offenhalten der Möglichkeit zur Reintegration' getreten sind, steht zwar in der Präambel ..., die vorgeschlagenen Maßnahmen entsprechen jedoch beiden Zielvorstellungen nicht" (1987, 280). Dieses begründen sie damit, daß dem Ziel der Integration gleich drei vorgeschlagene segregative Beschulungsformen (nationale Ersatzschulen, besondere Klassen, zweisprachige Klassen) zuwiderlaufen und dem Ziel der Reintegration im Bereich des Muttersprachlichen Unterrichts klare Bemühungen hätten folgen müssen, was nicht der Fall ist.

Deutlich wird anhand dieses Rückblicks auf die staatliche Ausländerbildungspolitik zweierlei: Zum einen zeigt er, daß - zunächst noch verdeckt, später dann als offizielle Richtschnur - die Doppelstrategie "Integration und Reintegration" ihre Grundlage bildet (vgl. Kap. 4.1.1). Diese Doppelstrategie ist nicht nur gescheitert, wie übereinstimmend festgestellt wird (GRIESE 1985, 299, KULA 1986, 247, BOOS-NÜNNING & HENSCHEID 1987). Sie greift auch zu kurz, weil für die schulische Situation nicht allein die Zukunftsorientierung bedeutsam ist, sondern auch die Gegenwart selbst: So stehen "auf der einen Seite (...) die Befürworter der 'Integration ausländischer Kinder in den deutschen Regelklassen', auf der anderen die Befürworter einer 'auf der Muttersprache basierenden schulischen Erziehung'" (KALPAKA 1986, 48). Stattdessen müsse es um "die Möglichkeit (gehen,) selbstbewußt aufzuwachsen, sich in seiner Persönlichkeit zu entwickeln und zu entfalten und als vollkommener und gleichberechtigter Mensch leben zu können - unabhängig davon, ob es nun in der Bundesrepublik Deutschland bleibt, oder in die Heimat zurückkehrt, oder auch in einem dritten Land leben soll" (1986, 48).

Zum zweiten zeigt sich in diesem Rückblick ein administratives Hin- und Herpendeln zwischen verschiedenen Bewältigungsstrategien von Heterogenität, bei dem einmal der Akzent mehr auf 'Integrationsorientierung' (= Anpassungsstrategie), das andere Mal mehr auf 'Reintegrationsorientierung' (= Separierungsstrategie) gelegt wird. Im Sinne der in Kap. 4.1.1 beschriebenen Bearbeitungsstrategien zeigt sich, daß nach einer stillschweigenden Separierungsstrategie der Rotation 1971 das Pendel zur Anpassungsstrategie der 'Integration' in ihrer ausblendenden Variante ausschlägt, während es 1976 aufgrund der offensichtlichen Erfolgslosigkeit von der ausblendenden Variante der Anpassungsstrategie zu deren positiv diskriminierender Variante wechselt. Es bleibt jedoch durchweg bei einer homogenisierenden Bewältigungsstrategie; ein interkultureller Ansatz läßt sich in der regierungsamtlichen Rahmensetzung - und dies bis heute - nicht finden.

Was die Empfehlungen der Kultusministerkonferenz auf einem kleinsten gemeinsamen Nenner als Rahmen festlegen, formt sich - nach spezifischen Interessen und Werthaltungen - in den einzelnen Bundesländern unterschiedlich aus. In der Literatur werden meist zwei Bundesländer betrachtet, die Extremvarianten innerhalb des Spektrums der Konkretisierung deutlich machen: Bayern und Berlin (vgl. BOOS-NÜNNING 1981a, 1981b, 1982b, BOOS-NÜNNING & HENSCHEID 1987).

Bayern hat seine Priorität auf das Offenhalten der Zukunft ausländischer Kinder gesetzt und daraus folgernd ein Primat Muttersprachlicher Angebote aufgebaut (BOOS-NÜNNING 1981a, 30, 1981c, 73, 1982b, 120). Dabei wird argumentiert, "daß erst, wenn sich die Schüler Lerninhalte über die Muttersprache angeeignet haben und außerdem die Zweitsprache Deutsch im begleitenden systematischen Unterricht verfügbar gemacht worden sei, ein Übertritt von ausländischen Kindern in Klassen mit deutscher Sprache sinnvoll sei" (1981a, 30). Bei ungenügenden deutschen Sprachkenntnissen werden die SchülerInnen in Muttersprachliche Klassen oder Klassen mit muttersprachlichem und deutschem Unterricht aufgenommen. Dort werden sie nach eigenen Lehrplänen, die die Schuljahre 1 - 9 umfassen, unterrichtet, Deutsch als Unterrichtssprache beginnt ab der 5. Klasse.

Als wesentliches Merkmal des Bayerischen Modells sieht BOOS-NÜNNING die zweisprachigen Klassen, in denen ausländische LehrerInnen nach gesonderten Lehrplänen unterrichten und in denen ausländische Kinder ihre neunjährige Schulzeit in einer national homogenen Klasse absolvieren können (1982b, 120) - die also "ihrem Inhalt nach als Nationalklassen bezeichnet werden können" (1981a, 31). Auch GRIESE kritisiert "das sog. 'Bayerische Modell' mit seiner stark an Rückkehr orientierten Betonung des muttersprachlichen Unterrichts, die an der gegenwärtigen und wohl auch zukünftigen Lebens- und Arbeitssituation der Kinder und Jugendlichen vorbeigeht" (1985, 301). KULA zufolge können "Bilingualität und Bikulturalität ... nicht durch Auseinanderdividierung von deutschen und Migrantenkindern erreicht werden. ... Das Bayrische Modell dient zur Konservierung ethnischer Traditionen und schränkt somit die Möglichkeiten der wechselseitigen Einflußnahme von beteiligten Kulturen ein, da es im wesentlichen auf die Vermittlung einer monokognitiven Denkerfahrung ausgerichtet ist" (1986, 251). Somit kann der Bayerische Weg der Beschulung ausländischer Kinder als im wesentlichen durch das Primat einer Separierungsstrategie geprägt angesehen werden; gleiches gilt auch für Baden-Württemberg (BATSALIAS-KONTÉS 1987, 4).

Berlin verfolgt mit seinen administrativen Bestimmungen als anderen Weg ein 'Integrationsmodell' (BOOS-NÜNNING 1981a, 32) und hat sich auf die "Priorität der deutschen Sprache" (1981c, 76) festgelegt. Politische Vorgabe ist, "daß es eine Segregation von Schülern unter Gesichtspunkten der Nationalität nicht geben soll" (STEINMÜLLER 1989, 138). Dementsprechend sollen ausländische SchülerInnen möglichst schnell in deutsche Regelklassen eingegliedert werden. Sofern sie nicht ohne Hilfen dem deutschsprachigen Unterricht in der Regelklasse folgen können, bekommen sie entweder fünf bis zehn Förderstunden. Andernfalls werden sie in Vorbereitungsklassen zusammengefaßt, die durch intensives Deutschlernen einen möglichst schnellen Übergang in deutsche Regelklassen ermöglichen sollen. Muttersprachlicher Unterricht wird in die Zuständigkeit und unter Aufsicht der Konsulate gegeben, die diesen bis zu fünf Stunden wöchentlich an zwei Nachmittagen anbieten (BOOS-NÜNNING 1981a, 33). Widersprüchlich, wohl der 'begrenzten Belastbarkeit' geschuldet, wie politischerseits argumentiert wird, erscheint dagegen die Regelung, daß ab einem bestimmten Prozentsatz ausländischer SchülerInnen entweder diese auf umliegende Schulen verteilt werden sollen oder, wenn dies nicht zumutbar erscheint, besondere Klassen ("Ausländer-Regelklassen"; vgl. STEINMÜLLER 1989, 139) für sie einzurichten sind, die aber in deutscher Sprache und nach deutschen Lehrplänen unterrichtet werden (BOOS-NÜNNING 1981a, 33).

Auch dieser integrationsorientierte Kurs wird wegen seiner problematischen Entwicklungen kritisch kommentiert: "Es gab aber nicht nur die forcierte Überleitung in Regelklassen, die dann, wenn sie die Kinder unvorbereitet mit nicht zu bewältigenden Anforderungen konfrontiert, dem Integrationskonzept geradezu widerspricht, es wurde auch eine Vielzahl von inner- und außerschulischen begleitenden Maßnahmen in die Wege geleitet. Entsprechend dem Verständnis von

Integration als Anpassung an 'unsere' Gesellschaft und der Einschätzung der ausländischen Kinder und ihrer Eltern als defizitär in nahezu jeder Hinsicht, handelt es sich dabei um im weitesten Sinne kompensatorische Programme" (BOOS-NÜNNING & HENSCHEID 1987, 281f.). Auch GRIESE kritisiert "das sog. 'Berliner Modell', das auch von großen Teilen der Gewerkschaften und Kirchen vertreten wird und ganz auf die 'Karte der Integration' setzt - jedoch mehr im Sinne von Assimilation, von Ein- oder Unterordnung, wodurch die Betroffenen 'deutsch werden ohne Deutsche zu sein'" (1985, 301; vgl. Kap. 4.1.2). KULA merkt zum Berliner Modell an, daß "die Multikulturalität nur in ihren Problemstellungen wahrgenommen" wird; "die Chancen, die aus ihr für eine Erziehungspraxis erwachsen, werden nicht zur Kenntnis genommen" (1986, 254). Struktur der Unterrichtsangebote und Kritik machen deutlich, daß das Berliner Modell auf eine Strategie möglichst schneller Anpassung an deutschsprachigen Unterricht setzt; Bezüge zur Erstsprache und bisherigen Kultur werden auf den Status einer privaten Nachmittagsbeschäftigung reduziert und damit abgewertet.

Wie in Berlin, so wird auch in **Hamburg** ein "strenges Integrationskonzept" verfolgt (NEUMANN 1986, 65). Nach den "Richtlinien und Hinweise für die Erziehung und den Unterricht ausländischer Kinder und Jugendlicher in Hamburger Schulen" (BSB 1986) gilt in Hamburg "das Ziel, ausländischen Kindern und Jugendlichen so schnell wie möglich dieselben Bildungschancen einzuräumen, die Deutschen offenstehen und sie in das deutsche Schulsystem und die Gesellschaft zu integrieren. Gleichzeitig soll aber auch erreicht werden, daß ausländische Kinder und Jugendliche ihre nationale und kulturelle Identität bewahren und entfalten können" (1986, 1). Die Priorität liegt also auf der schnellstmöglichen 'Integration'. Gemäß diesem Ziel sieht die BSB eine Vielzahl vor von "Fördermaßnahmen für ausländische Kinder und Jugendliche in Hamburger Schulen, die keine oder sehr geringe Deutschkenntnisse haben" (1986, 1; vgl. BSB 1986). Neben vielen 'integrationsfördernden' sind lediglich zwei Maßnahmen vorgesehen, "die prinzipiell einem interkulturellen Bildungskonzept zuzurechnen sind" (NEUMANN 1986, 65): die Erteilung von islamischem Religionsunterricht in Verbindung mit Muttersprachlichem Unterricht und die Möglichkeit für ausländische - in der Praxis jedoch nur für türkische - SchülerInnen, in der 5. Klasse statt Englisch Türkisch zu wählen (vgl. BSB 1986, 28-32). Sie gehören zu jenen von der Behörde vorgesehenen "Maßnahmen zur Wahrung der sprachlichen und kulturellen Identität" (1986, 32), durch die "zugleich bei deutschen Kindern und Jugendlichen mehr Verständnis für die Eigenarten und die Mentalität ihrer ausländischen Mitschüler" (BSB 1986, 1) geweckt werden sollen. Daß "dadurch ... die Voraussetzungen für interkulturellen Unterricht und gegenseitige Toleranz geschaffen" (1986, 1) werden, erscheint allerdings fraglich: Wichtige Voraussetzungen für interkulturellen Unterricht scheinen weniger spezielle - und damit immer zugleich stigmatisierende - Fördermaßnahmen zu sein als vielmehr u.a. die Wahrnehmung und Akzeptanz der gegebenen multikulturellen Situation, die Kenntnisnahme entsprechender Forschungsergebnisse und eine ausreichende materielle Versorgung, und an beidem scheint es, wie die heftige Kritik von Wissenschaftlerinnen zeigt, zu mangeln (vgl. NEUMANN 1986, GOGOLIN 1989). Als deutlichstes Zeichen für beide Kritikpunkte wird die - wie in Berlin praktizierte - Verweisung des Muttersprachlichen Unterrichts in die Zuständigkeit der Konsulate angeführt, indem statt geschätzter erforderlicher 8 - 9 Mill. DM ein Zuschuß an die Konsulate von 500.000 DM gezahlt werde und so die Erstsprachen abgewertet würden (GOGOLIN 1989).

Geradezu verräterisch im Sinne einer assimilativen Fördermaßnahmenpädagogik (vgl. Kap. 4.2.3 sowie RADTKE 1985 und CZOCK & RADTKE 1986) und einer germanozentristischer Betrachtung (vgl. Kap. 4.6.4) erscheint schon die Bezeichnung der für die schulische Eingliederung ausländischer Kinder und Jugendlicher zuständige Stelle der Hamburger Schulbehörde als Abteilung "Sondermaßnahmen für Schüler aus dem Ausland" (BL-INFO 1991, 3) und die dementsprechende Bezeichnung der Eingliederungsmaßnahmen als "Sondermaßnahmen", die in "Sonderklassen" (BL-INFO 1991) durchgeführt werden; hier wird auch begrifflich-institutionell ein problematisches 'sonderpädagogisches' Verständnis der interkulturellen Aufgabe im Sinne kompensatorischer Maßnahmen überdeutlich.

So kann auch Hamburg als ein Bundesland angesehen werden, das mit seinen Maßnahmen für ausländische SchülerInnen im wesentlichen eine assimilative 'Integrationsstrategie' verfolgt, auch wenn in den Richtlinien interkulturelle Gedanken im Sinne des gegenseitigen Verständnisses proklamiert werden.

Als gemeinsames Fazit für die durch die Kulturhoheit der Bundesländer entstandene Vielfalt unterschiedlicher Modelle der Beschulung ausländischer SchülerInnen kann gelten:

1. Gemeinsam ist allen Regelungen, daß ein gestuftes System mit unterschiedlichen Klassen und Maßnahmen vorgehalten wird.
2. In das gestufte System wird das jeweilige Kind seinen Fähigkeiten entsprechend - und in möglichst homogener Gruppierung - eingeordnet.
3. Entscheidendes Kriterium ist dabei die Fähigkeit der SchülerInnen, wie weit sie sprachlich einem deutschsprachigen Unterricht folgen können.
4. Der Muttersprachliche Unterricht ist ein "absolutes Stiefkind" (MEYER-INGWERSEN 1981, 49) des deutschen Schulsystems; entweder wird er in die Zuständigkeit der Konsulate abgeschoben oder er läuft unkoordiniert mit dem sonstigen Unterricht als "fünftes Rad am Wagen" (1981, 49) mit. Lediglich in Bayern und Baden-Württemberg wird auf Muttersprachlichen Unterricht Wert gelegt - wenn auch weniger aus persönlichkeitsbezogenen, sondern eher aus ausländerpolitischen Gründen.
5. Trotz unterschiedlicher Akzente fällt überall der Effekt auf, daß die deutsche Schule von ausländischen SchülerInnen und ihren Problemen entlastet wird, und dies mit der Legitimation einer besonderen Förderung dieser SchülerInnen: "Muttersprachliche Klassen ..., Vorbereitungsklassen in Langform ... und be-

sondere Klassen machen es möglich, die deutschen Klassen von den ausländischen Kindern zu entlasten, indem sie die Schüler in Ballungsräumen während der gesamten Pflichtschulzeit in eigenen Klassen separieren" (BOOS-NÜNNING 1982b, 122) - und solche Klassen werden als "behördlich organisierte Abstellgleise für ausländische Kinder" (AKPINAR 1979, 110) und "die deutlichste Form von 'Apartheid' in der Schule" (KALPAKA 1986, 54) scharf attackiert.
6. Schließlich ist für die administrativen Regelungen festzustellen: "Sie veränderten nichts an der Benachteiligung dieser Gruppe" (BOOS-NÜNNING & HENSCHEID 1987, 281).

Damit zeichnen sich die administrativ gesetzten Bedingungen für die Beschulung ausländischer Kinder und Jugendlicher nicht gerade dadurch aus, daß sie zu interkulturellen Momenten im Sinne eines Miteinander des Verschiedenen beitragen und sie unterstützen. Im Gegenteil ist ihre Logik zum einen die einer möglichst homogenen Gruppenbildung und zum zweiten die einer Entlastung der deutschen Schule von ausländischen Kindern und Jugendlichen - zumal dort, wo Kinder von MigrantInnen einen hohen Prozentsatz der Schülerschaft bilden.

4.5.2 Rahmenbedingungen

Angesichts der in Kap. 4.5.1 dargestellten institutionellen Situation ist zu fragen, unter welchen Bedingungen (die wenigen) interkulturelle Schulversuche begonnen haben bzw. welche Rahmenbedingungen für derartige Versuche gefordert werden.

Konzeptionelle Rahmenbedingungen in Schulversuchen

Bei der Beschreibung von Praxiserfahrungen wird immer wieder auf die Versuche in Krefeld (DICKOPP 1982, BEERMANN 1987) und in Mainz (PIROTH 1982) hingewiesen. Ergänzend können die Berichte über einen Versuch in Hannover herangezogen werden (GRONEMEYER U.A. 1981, GRIESE 1985).

Der **Krefelder Modellversuch** basiert auf einer städtischen Entscheidung "für eine gemäßigte bikulturelle Integration" (DICKOPP 1982, 64). Seine Grundstruktur wird durch die Zielbegriffe "Chancengleichheit, Integration und Identität" beschrieben, sie "halten gleichzeitig die ... Strukturelemente des Krefelder Modells zusammen" (BEERMANN 1987, 298). Dieser Struktur entspricht das Primat des gemeinsamen Unterrichts, dem zufolge "in allen Jahrgangsstufen deutsche und ausländische Schüler integriert unterrichtet werden" (1987, 299). Gleichwohl besteht ein "pädagogisches und didaktisches Spannungsverhältnis" (1987, 300), denn "auch unter der Voraussetzung, daß für die ausländischen Schüler die Teilnahme am Unterricht der Regelklasse eine wichtige Bedingung für erfolgreiches Lernen darstellt, ist vor allem aufgrund ihres sprachlichen Entwicklungs- und Leistungsstandes eine weitere spezifische Förderung notwendig" (1987, 300f.).

Im Krefelder Modell wird dementsprechend eine Kombination aus innerer und äußerer Differenzierung praktiziert: "Innere Differenzierung heißt hier der gemeinsame Unterricht von deutschen und ausländischen Schülern in den integrierten Stammklassen; äußere Differenzierung bedeutet nationalitäten-orientierte Aufteilung von Stammklassen zu Lerngruppen in einzelnen Fächern bzw. Lernbereichen, z.B. in den Sprachen, in Religion und Sachkunde" (1987, 75f.).

Die Krefelder Stammklassen bestehen aus ca. 28, davon bis zu 1/3 ausländische SchülerInnen, die - bei drei Parallelklassen - in einer nationalitätenorientierten Lerngruppe mit ca. 20 SchülerInnen zusammengefaßt werden können. Die Stundenanteile des Unterrichts in der gemischten Stammgruppe und in den nationalitätenhomogenen Lerngruppen verändern sich im Lauf der Grundschulzeit: Der Anteil des Integrationsunterrichtes in der gemischten Gruppierung steigt von 10 auf 22 Wochenstunden an, während der getrennte Unterrichts in nationalitätenorientierten, homogeneren Lerngruppen von 13 auf 8 Wochenstunden abnimmt. In der gemischten Gruppe wird im 1. Schuljahr Mathematik, Kunst, Musik, Sport und z.T. Sachkunde, im 2. Schuljahr zusätzlich größere Anteile des Sachunterrichts und im 4. Schuljahr dazu Deutsch unterrichtet. In der nationalitätenspezifischen Gruppe, zu der aus drei Parallelklassen die ausländischen Kinder zusammengefaßt werden, wird die jeweilige Muttersprache, ein Teil des Sachunterrichts "als nationale Sachkunde" (DICKOPP 1982, 77) und Religion, bis zur Klasse 4 auch Deutsch als Fremdsprache bzw. Zweitsprache unterrichtet (1982, 77). In der - dann rein deutschen - Gruppe wird ebenfalls Sprache, teils Sachkunde und Religion erteilt. So kann durchgängig in der Grundschule - und auch in der Sekundarstufe I - muttersprachlicher Unterricht in nationalitätenorientierten Lerngruppen erteilt werden, wenn auch zusätzlich zur normalen Stundentafel (BEERMANN 1987, 302). Diese Zusatzbelastung für ausländische SchülerInnen erscheint BEERMANN jedoch vertretbar, es stellt sich als Alternative die "Frage, ob der einzelne Schüler mit den Problemen seiner Zweisprachigkeit ohne Hilfe allein bleiben soll oder ob er sie mit Hilfe durch Schule und Unterricht lösen, ja sogar produktiv umsetzen kann" (1987, 303).

Schulorganisatorisch wird das Anliegen des nationalitätenbezogenen muttersprachlichen Unterrichts durch die Konzentration der Schüler mit jeweils einer Muttersprache an einer Schule gelöst. Dadurch wird es jedoch "in begrenztem Umfang notwendig, ausländische Schüler gezielt zu verteilen und insbesondere die Schulen in den starken Ausländerwohnbereichen zu entlasten" (1987, 303). Ein solches Bussingsystem kann jedoch noch nicht per se dazu führen, den interkulturellen Anspruch des Versuchs zu verneinen. Unklar bleibt allerdings, wie mit kulturellen und sprachlichen Minderheiten aus den entsprechenden Ländern verfahren wird, etwa mit KurdInnen und MazedonierInnen.

AUERNHEIMER hält am Krefelder Versuch "die Einsicht in die Bedeutung der Muttersprache der Migrantenkinder ungeachtet der ansonsten integrativen Zielsetzung" (1990, 227) und "die Bedeutung des kommunalen Umfeldes" (1990, 228), also die Einbindung der schulischen Aktivitäten in außerschulische Strukturen, für besonders hervortretend.

Der **Mainzer Modellversuch** arbeit ebenfalls nach dem Prinzip einer Kombination von innerer und äußerer Differenzierung bzw. von heterogenen Stammgruppen und sprachenhomogeneren Lerngruppen sowie mit Stammschulen für einzelne kulturelle Minderheiten (vgl. PIROTH 1982, 21). Im Unterschied zum Krefelder Modell soll der vollständige "Übergang der ausländischen Schüler in die 'deutsche' Bezugsklasse (...) sich nach ihrem Sprachstand richten" (AUERNHEIMER 1990, 229). Es wird hier also nicht auf schrittweise Annäherung von Gruppen, sondern auf schrittweise Überführung einzelner Kinder gesetzt, gepaart allerdings mit einem problematischen Integrationsverständnis, dessen Anforderungen einseitig auf die SchülerInnen gerichtet werden (vgl. PIROTH 1982, 17 sowie Kap. 4.1.2). Durch die enge inhaltliche Verknüpfung des Unterrichts in den homogenisierten Gruppen sollen jeweils auch kulturelle Anteile bearbeitet werden. "Wichtig ist dabei der Gedanke, daß mit den ausländischen Schülern quasi Experten zur Verfügung stehen, die im Unterricht herangezogen werden können, was deren Bewußtsein stärken soll" (AUERNHEIMER 1990, 230).

Das Modell der **Egestorff-Schule in Hannover-Linden** (GRONEMEIER, HORSTMANN & WOTH 1981, GRIESE 1985), eine typische "Schule mit hohem Ausländeranteil in städtischen Ballungsgebieten" (GRONEMEIER U.A. 1981, 137), kann als Beispiel einer vom Kollegium getragenen Konzeptentwicklung aufgrund der vorhandenen Probleme (Schwierigkeiten beim Übergang von Sonderformen in Regelklassen etc.; letztliches Versagen von Maßnahmenkatalogen; vgl. 1981, 138) gelten. Hier wird versucht, in eine Klasse nur Kinder zweier Nationalitäten aufzunehmen, d.h. eine ausländische und die deutsche Nationalität (GRIESE 1985, 302). Während dies bei deutsch-türkischen und spanisch-deutschen Klassen gelingt, werden italienische, griechische und jugoslawische Kinder in gemischten Klassen unterrichtet oder anderen binationalen Klassen zugeordnet (GRONEMEIER U.A. 1981, 139).

Aufgrund der bisherigen "Negativbilanz" (GRONEMEIER U.A. 1981, 139) wird für die 1. Klasse ein Integrationsunterricht in der Regelklasse ohne eine auf die Integration vorbereitende "vorgeschaltete Isolation" (1981, 139) für ausländische Kinder beschlossen. Erteilt wird er von zwei Lehrkräften (einer deutschen und einer ausländischen), die als gleichberechtigtes Team mit gemeinsamer Planung etc. in etwa fünf Wochenstunden im Parallelunterricht arbeiten. Dies kann im Klassenverband zu zweit oder in zwei Gruppen geschehen. Als Anschlußmodell wurde eine integrale Unterrichtsorganisation im 2. bis 4. Schuljahr entwickelt, in der der Muttersprachliche Unterricht zeitlich und inhaltlich in den vormittäglichen Regelunterricht integriert wird (zwei Wochenstunden im Sach-, eine im Deutsch- und eine im Religionsunterricht; 1981, 142). Die enge Kooperation und Koordination der beiden Lehrkräfte für die beiden Nationalitäten ist auch hier gleichzeitig Voraussetzung und Quelle von Problemen (vgl. Kap. 4.4.1).

Forderungen für konzeptionelle Rahmenbedingungen

Diese praktisch erprobten Rahmenbedingungen für interkulturelle Erziehung weisen eine Reihe von Gemeinsamkeiten auf, die auch in der Literatur für offizielle Schulversuche mit Interkultureller Erziehung immer wieder gefordert werden:

- das Primat des gemeinsamen Unterrichts vom Schulbeginn an, ohne die Einrichtung von Vorbereitungsklassen (z.B. GRIESE 1985, 304, BELKE U.A. 1986, 425)
- eine Kombination von innerer und äußerer Differenzierung und deren flexibler Einsatz (z.B. GLUMPLER 1985, 404, PRENGEL 1989a, 103),
- das Bekenntnis zum Auftrag der Schule zur Zweisprachigkeit und zum Recht auf Muttersprachlichen Unterricht sowie dessen inhaltliche und zeitliche Einbeziehung in den allgemeinen Unterrichtsvormittag (z.B. BOOS-NÜNNING, HOHMANN, REICH & WITTEK 1983, 352, BELKE U.A. 1986, 426, BATSALIAS-KONTÉS 1987, 6, GOGOLIN 1987, 28f., 1988, 98-105, 1989, 30, NIEKE 1991, 19; vgl. Kap. 4.2.4); die Verbindung von Elementen der interkulturellen und bilingualen Erziehung (z.B. POMMERIN 1988c, 22, AUERNHEIMER 1990, 230),
- die Öffnung der Schule nach innen und außen zum Stadtteil sowie schulbegleitende Zusammenarbeit mit Eltern (z.B. TREPPTE 1987, BEERMANN 1987, 293; vgl. kritisch AUERNHEIMER 1990, 233, der bei dieser Forderung vor euphorischen Erwartungen warnt).

BELKE U.A. schließen ihre schulorganisatorischen Vorschläge ab mit der Empfehlung, es sei "wünschenswert, daß ein solcher Versuch mit gemischten Klassen und Muttersprachstunden bei lokalen Entscheidungsspielräumen anstelle oder neben den bisher laufenden Modellversuchen in den Bundesländern eingerichtet und angemessen wissenschaftlich begleitet wird" (1986, 427). Derartige Rahmenbedingungen gibt es wohl mittlerweile lediglich in einem Schulversuch in Bayern, von dessen positivem Verlauf SCHMITT (1991) in einem kurzen Zeitungsartikel berichtet. Unterrichtsorganisatorisch scheint jedoch nicht geklärt zu sein, ob erstsprachlicher Unterricht zeitlich additiv zu gestalten sei - dabei wird eine Überforderung der betreffenden Kinder befürchtet - oder ob er substitutiv, also ersetzend erteilt werden soll. Dann würden nicht nur die in dieser Zeit vermittelten Inhalte als für Migrantenkinder unwichtiger diffamiert, sondern diese selbst auch segregiert (vgl. NIEKE 1991, 20).

Personelle Rahmenbedingungen

Ergänzend sollen zwei Punkte zur Sprache kommen, die unmittelbare Auswirkungen auf personelle - und damit auch finanzielle - Planungen haben: Zum einen die bereits in Kap. 4.4.1 betonte Notwendigkeit der Kooperation von ausländischen und deutschen LehrerInnen, und zum anderen die Notwendigkeit unterstützender sozialpädagogischer Dienste.

Die Kooperation von deutschen und ausländischen PädagogInnen als Team macht zunächst einmal die verstärkte Einstellung von ausländischen LehrerInnen notwendig. Deren Bedeutung belegt z.B. die Hamburger Schulbehörde, wenn sie eine Kombination aus LehrerInnentätigkeit und Tätigkeit als Schul-SozialbetreuerInnen für sinnvoll hält: "Sie sollen dann neben ihrer Lehrtätigkeit

- eine Verbindung zwischen der deutschen Schule und den Eltern der Ausländerkinder herstellen,
- die ausländischen Eltern mit der Struktur, den Aufgaben, Erziehungszielen, Lehrplänen und Einrichtungen der deutschen Schule vertraut machen,
- den deutschen Lehrkräften behilflich sein, den kulturellen Hintergrund und das Erziehungsverhalten der ausländischen Eltern zu verstehen (...).
- Kontakt zur Schülerhilfe pflegen" (BSB 1986, 35).

Wie weit allerdings ein solcher Rahmen von Tätigkeiten realistisch zu bewältigen ist, muß dahingestellt bleiben.

Die große Bedeutung ausländischer LehrerInnen hebt auch ZIMMER hervor: "Sie bilden die Brückenschläge, bringen die Kompetenz ein, Elemente aus der Überlieferung ihres Landes, Entwicklung ihres gesellschaftlichen Lebens nicht nur türkischen, sondern auch deutschen Kindern zu übermitteln" (1987, 240). Die Tatsache, daß sie häufig fachlich schlechter ausgebildet sind als deutsche KollegInnen - dieses wird von der Hamburger Behörde als Problem gesehen und es wird auf die Notwendigkeit einer fachlichen Qualifikation hingewiesen (BSB 1986, 35) - , wird für ZIMMER mehr als kompensiert durch die vielen realen gesellschaftlichen Erfahrungen, die sie vielen deutschen PädagogInnen voraus haben, "die aus dem Marsch durch die pädagogischen Institutionen nie ausbrechen konnten" (1987, 240). Ausländische LehrerInnen "können vielfach Qualifikationen anbieten, die man sonst eher im Stellenmarkt einer Regionalzeitung wiederentdecken würde. Sie können alles, was Kinder und Jugendliche gern **tun** wollen, wenn sie sich Welt aneignen, und was sie doch nicht allein können" (1987, 241; Hervorh. i. O.).

Allerdings ist ein eigentümlicher Widerspruch festzustellen zwischen der bedeutungsvollen Funktion ausländischer LehrerInnen und ihrer gesetzlichen Schlechterstellung gegenüber deutschen KollegInnen, denn für sie gelten "die allgemein gültigen Gesetze, wie das Ausländergesetz, ... natürlich vorrangig (gegenüber Tarif- und Arbeitsrecht, bei denen ausländische LehrerInnen ebenso gestellt sind wie angestellte deutsche; A.H.) und machen die rechtliche Lage der ausländischen Lehrer genauso unsicher wie die der ausländischen Arbeiter und ihrer Kinder" (ORHAN 1984, 93). Vor diesem Hintergrund ist es nicht verwunderlich, wenn ORHAN als ausländischer Lehrer in Deutschland seine Situation mit dem Gefühl beschreibt, "auf einem Schleudersitz zu sitzen" (1984, 89), denn ausländische KollegInnen "müssen sich ... in den Spannungsfeldern zwischen deutscher Schulaufsicht und ausländischen Kindern einerseits, deutschen Kollegen und ausländischen Eltern andererseits erfolgreich bewähren und dabei nicht nur ihrem pädagogischen Auftrag, sondern auch ihrer Vermittler- und vielerorts schlicht Dolmetscherrolle gerecht werden" (1984, 89). Hinzu kommen große Isolationsprobleme innerhalb der Kollegien, zumal dann, "wenn die ausländischen Kollegen fast ausschließlich auf den nachmittäglichen Ergänzungsunterricht verbannt werden und noch dazu an mehreren Schulen arbeiten müssen" (1984, 96).

Festzuhalten bleibt, daß die bisherige Praxis der Bildungsbehörden eher im Sinne einer Reduzierung gestaltet worden ist, nicht zuletzt mit Blick auf die zunehmende Arbeitslosigkeit von deutschen LehrerInnen (vgl. MEYER-INGWERSEN & NEUMANN 1981, 27). Wie weit sich diese Praxis angesichts des nun heraufziehenden LehrerInnenmangels ändern wird, bleibt abzuwarten.

In den Praxisberichten wird ein zweiter Punkt personeller Rahmenbedingungen als wichtig herausgestellt: die Unterstützung über den unterrichtlichen Bereich hinaus durch SozialpädagogInnen. Insbesondere BEERMANN stellt die Bedeutung dieser sozialpädagogischen Unterstützung heraus, die "als unterrichts- und schulbegleitende Hilfen mit dem Ziel einer integrierten Schulsozialarbeit angelegt" sein soll (1987, 304). Wesentliche Zielrichtungen sind neben den schulinternen Schwerpunkten - soziale Beziehungen zwischen den SchülerInnen und Fragen der Leistungsanforderungen - die Kooperation mit den Eltern und gemeinwesenbezogene Aktivitäten, die in außerschulischen Bereichen Eingliederung erleichtern sollen (vgl. 1987, 304); sinngemäß spricht sich auch GRIESE für die Beschäftigung von SozialpädagogInnen und eine schulbegleitende Elternarbeit aus (1985, 304).

Über die zusätzlichen personellen Ressourcen hinaus verdeutlicht BEERMANN, daß die Wirksamkeit des Krefelder Modells nicht in zusätzlichen Maßnahmen an sich begründet ist, sondern erst durch die Verzahnung und Koordination aller schulischen Angebote. "Dieses Beziehungsgeflecht aber ist nicht einfach gegeben oder durch Verordnung herstellbar, es ist nur durch Kooperation mit innerer Dynamik zu füllen" (1987, 306). Der zentrale Stellenwert der Kooperation zeigt sich in der Vielfalt kooperativer Notwendigkeiten: Fach-, kind-, jahrgangs-, fachdidaktik-, fachwissenschaftsspezifische Fragen, aber auch Absprachen der LehrerInnen mit SozialpädagogInnen, Eltern sowie sämtlichen kommunalen Beratungsdiensten und AngebotsträgerInnen (Vereine etc.) - und auch mit der Schulverwaltung - gehören dazu (1987, 306f.). Insofern sind nicht nur einfach zusätzliche personelle Ressourcen einzuplanen, sondern auch jene Kooperationsstrukturen zu entwickeln, die mit der Vernetzung erst die volle Wirksamkeit des Systems entstehen lassen.

Auch in diesem Punkt bleibt angesichts der bisherigen Praxis festzuhalten, daß die Realisierung solcher Vorstellungen bislang auf wenige Modellversuche beschränkt geblieben ist. Für die Situation in Hamburg sind zweierlei Aspekte zu betrachten: Zum einen besteht in allen Gesamtschulen ein sozialpädagogischer Beratungsdienst; wie weit dort im interkulturellen Sinne gearbeitet wird, ist noch nicht belegt. Zum zweiten sind in der Zeit verstärkter Arbeitslosigkeit von LehrerInnen eine Vielzahl von Arbeitsbeschaffungsmaßnahmen zur Förderung ausländischer SchülerInnen eingerichtet worden; wie weit sie im Sinne interkultureller

Erziehung und zum Zwecke der Kooperation mit allen Beteiligten eingesetzt - oder eher zum nachmittäglichen Nachhilfeunterricht in Kleingruppen genutzt - worden sind, darüber kann nur spekuliert werden.

4.5.3 Aufnahmeverfahren und Diagnostik

In diesem Abschnitt ist die Frage zu stellen, mit welchen diagnostischen Verfahren ausländische Kinder den unterschiedlichen vorgehaltenen Beschulungsformen zugeordnet und mit welchem Verständnis diese Verfahren eingesetzt werden. Diese Fragestellung bezieht sich in der Literatur weitgehend auf die Problematik der Sprachdiagnostik. Weiter ist insbesondere zu hinterfragen, wie sich die Praxis der Überweisungsverfahren für ausländische Kinder in Sonderschulen vollzieht.

Zunächst zum allgemeinen Problem der Diagnostik bei ausländischen Kindern und Jugendlichen. In ihrer Kritik an der Hamburger Beschulungspraxis von Migrantenkindern weist GOGOLIN auf das inhaltlich ungelöste Problem hin, festzustellen, welche Förderung sie benötigen und wie viele Stunden für Deutschintensivkurse und Förderunterricht zuzuweisen sind. Dieses werde dadurch kostensparend und mechanisch gelöst, daß man "nach der Dauer ihres Schulbesuchs in der Bundesrepublik" geht - "dies erspart jeden förderdiagnostischen Aufwand und damit Lehrerstunden" (1982, 30).

Ob Verfahren der Diagnostik, insbesondere Sprachtests, eine begründetere Zuordnung von SchülerInnen zu bestimmten Klassentypen erlauben, erscheint BELKE U.A. fraglich, denn sie heben hervor, "daß Diagnoseverfahren nicht ohne weiteres als Tests zur Einstufung der Schüler benutzt werden können" (1986, 427). Statt einer solchen Selektions- und Plazierungsfunktion sehen BELKE U.A. einen sinnvollen Einsatz diagnostischer Verfahren im Verständnis der Prozeßbegleitung: "Diagnoseverfahren wollen den Sprachstand der Schüler zu einem bestimmten Zeitpunkt festhalten, das heißt sowohl Fähigkeiten als auch Defizite und Schwierigkeiten. Ihre Auswertung sollte zur Überprüfung der Unterrichtskonzeption und zu individuellen Lernhilfen führen" (1986, 427). Zielperspektive ist bei BELKE U.A. nicht der selektionsorientierte Blickwinkel, der Eigenschaften und Defizite von Kindern festellt, um sie dann entsprechenden Gruppierungen zuzuweisen, sondern der prozeßbegleitende Blickwinkel, der die Situation des Kindes innerhalb seines Umfeldes, also auch unter Berücksichtigung des genossenen - oder erlittenen - Unterrichts reflektiert, um dann Konsequenzen für Unterricht und individuelle Entwicklungsanreize zu ziehen.

Die bisher praktizierten sprachdiagnostischen Verfahren untergliedern BELKE U.A. in "grammatisch orientierte", "textproduktionsorientierte Verfahren" und in "Sprachbeobachtung mit den Ebenen Grammatik, Lexik und kommunikatives Verhalten" (1986, 428). Bei allen Verfahren kommen mündliche und schriftliche Anteile zum Zuge. Alle stehen auch vor dem Problem der Bewertung, da sie immer nur einen Ausschnitt sprachlicher Fähigkeiten erfassen, der im Rahmen der Sprachentwicklung erst noch zu interpretieren wäre. Weiter erschwert wird diese

Bewertungsproblematik dadurch, daß Zweisprachigkeit und soziales Umfeld mit einbezogen werden müssen. Erst dann können sprachdiagnostische Verfahren einen - wichtigen - Beitrag für eine Begründung des Sprachunterrichts leisten.

BELKE U.A. stellen darum die Notwendigkeit sprachdiagnostischer Weiterentwicklungen heraus, die neben anderen die beiden folgenden Punkte umfaßt (1986, 429): Es müssen beide Sprachen des Kindes erfaßt werden - möglichst in Kooperation zweier für beide Sprachen kompetenter LehrerInnen. Weiter müßte die Prozeßorientierung im Vordergrund stehen, d.h. Diagnostik müßte als begleitendes, immer wieder Momentaufnahmen der Entwicklung festhaltendes Medium begriffen werden. Letztlich ist eine qualitative Analyse der Sprachentwicklung anzustreben, für die quantitative Messungen hilfreich sein können, die aber nicht durch sie ersetzt werden können.

Zusammenfassend erscheint also statt einer mechanistischen Praxis von Stundenzuweisungen eine begleitende Prozeßdiagnostik notwendig, die nicht nur die Möglichkeiten und Schwierigkeiten des einzelnen ausländischen Kindes, sondern auch die Möglichkeiten und Probleme des umgebenden Umfeldes, also der Familie, der Schule, des Unterrichts, des Wohnumfeldes etc. in die Betrachtung einbezieht. Hier bleibt ein gewichtiges Stück Entwicklungsarbeit zu leisten. Die Untersuchungen von BAUR & MEDER (1989) können als ein erster Schritt in diese Richtung angesehen werden (vgl. Kap. 4.2.4).

Als besonderes Problem wird in der Literatur die Überweisung ausländischer Kinder und Jugendlicher in Sonderschulen angesehen (vgl. hierzu Kap. 4.2.1). So äußert schon AKPINAR starke Bedenken bezüglich dieser Verfahren: Nicht nur die Fragwürdigkeit der verwendeten Tests, sondern auch die mangelnden sprachlichen Verständigungsmöglichkeiten und nicht zuletzt die Überbelastung deutscher LehrerInnen bergen die Gefahr, "verhaltensauffällige ausländische Schüler einfach in die Sonderschule 'abzuschieben'" (1979, 121).

Kritisiert wird an den verwendeten Verfahren, daß Tests, die für deutsche Kinder entwickelt wurden, in der Regel ohne Modifikationen auf ausländische Kinder übertragen werden (MEYER-INGWERSEN 1981, 33, BOOS-NÜNNING 1990, 564). So bestehe die Gefahr, daß Spezifika oder Erscheinungsformen in der Entwicklung ausländischer Kinder als Defizit gedeutet werden, aber auch die, daß sie aufgrund unzureichender diagnostischer Mittel in Regelklassen bleiben. Freiräume für GrundschullehrerInnen, Kinder für das Überweisungsverfahren zu melden oder auch nicht, können so in eine Beliebigkeit zuungunsten des betreffenden Kindes umschlagen (1990, 565; vgl. NARZI 1981 zur Situation Anfang der 80er Jahre).

Auffällig an der Diskussion innerhalb der Interkulturellen Erziehung ist, daß z.B. als schwierig dargestellt wird, daß "originäre Lernbehinderung nicht von anderen Faktoren des Schulversagens abgrenzbar ist" (BOOS-NÜNNING 1990, 565), oder daß von einem "tatsächlichen Vorliegen einer Sonderschulbedürftigkeit" (1990, 562) gesprochen wird. Hier wird mit Kategorien argumentiert, die aus der traditionellen Sonderpädagogik übernommen worden sind, deren dortige zwischenzeitliche Problematisierung jedoch offensichtlich nicht wahrgenommen wird. Die Kategorie der Sonderschulbedürftigkeit quasi als Eigenschaft von Kindern wird innerhalb der Sonderpädagogik mittlerweile als wissenschaftlich nicht haltbar angesehen. Die Kritik am Sonderschulüberweisungsverfahren für ausländische Kinder greift zu kurz, wenn sie sich nur auf die Anwendung für ausländische Kinder bezieht und nicht dessen grundsätzliche Problematik in den Blick nimmt.

So bleibt es bislang bei solchen selektionsorientierten diagnostischen Verfahren, die Ausdruck eines hierarchischen Schulsystems wie auch Ausdruck jener Hierarchisierungsprozesse sind, die anscheinend als Preis für den Aufstieg durch Bildung für ausländische Kinder und Jugendliche gezahlt werden müssen.

4.6 Aussagen zur Gesellschaft-Ebene

Auf der Gesellschaft-Ebene kommen jene gesellschaftlich-normativen Orientierungen zur Sprache, die die Möglichkeiten zum Miteinander der kulturell und sprachlich Verschiedenen begünstigen oder hemmen können. Das Selbstverständnis von Ansätzen der Interkulturellen Erziehung mit den eigenen Anliegen und Forderungen wie mit der Kritik an bestehenden gesellschaftlichen Zuständen und Sichtweisen ist davon ein zentraler Bestandteil. Da das Selbstverständnis der Interkulturellen Erziehung - oder zumindest dessen wichtige Essentials - bereits in Kap. 4.1 ausführlich dargestellt und von anderen Bewältigungsstrategien der Heterogenität der Kulturen abgegrenzt worden ist, kann hier auf eine weitere Darstellung verzichtet werden. Auf einzelne Aspekte soll jedoch eingegangen werden. Zunächst werden begriffliche Fragen sowie der Bezug zwischen Ausländerpädagogik bzw. Interkultureller Erziehung und der Allgemeinen Pädagogik betrachtet (Kap. 4.6.1). Daran anknüpfend wird die Kritik der Interkulturellen Erziehung an gesellschaftlichen Werthaltungen wiedergegeben, die vor allem auf verengte kulturelle Normalitätsvorstellungen zurückgehen: Kritik am Förderansatz, der seine Aufmerksamkeit vor allem an den Defiziten von Kindern orientiert sowie an der Bikulturellen Bildung (Kap. 4.6.2), Kritik an den verwandten Ansätzen der Antirassistischen Erziehung (Kap. 4.6.3), Kritik an Ethno- und Eurozentrismus sowie Rassismus, die sich auf Vorstellungen der Höherwertigkeit der eigenen Kultur gründen (Kap. 4.6.4). Schließlich soll auch die Kritik der Betroffenen zu Wort kommen - jener Menschen also, deren Situation durch Veränderungen auf verschiedenen Ebenen verbessert werden soll (Kap. 4.6.5).

4.6.1 Zur begrifflichen Bestimmung von Ausländerpädagogik und Interkultureller Erziehung im Verhältnis zur Allgemeinen Pädagogik

Innerhalb der Diskussion um Ausländerpädagogik und Interkulturelle Erziehung wird immer wieder darum gerungen, wie ihr Status und ihr Verhältnis zur allgemeinen Pädagogik zu definieren sei. So befaßt sich NIEKE mit der Frage, "warum sich die besonderen praktisch-pädagogischen und erziehungswissenschaftlichen Bemühungen um Erziehung und Bildung der Kinder ausländischer Arbeitnehmer

... als 'Ausländerpädagogik' und als faktisch so etwas wie eine neue Teildisziplin der Erziehungswissenschaft konstituieren" (1984, 83).

Bei dieser Frage sind nach NIEKE (1984) drei Momente in der Entwicklung der Ausländerpädagogik zu berücksichtigen: Zum einen ist sie nicht in zunehmender Spezialisierung durch Ausdifferenzierung entstanden, sondern durch Entwicklungen im ökonomischen und damit auch im schulpraktischen Bereich. Zum zweiten zwang die Praxisbezogenheit der Pädagogik geradezu dazu, auf diese Veränderung der Praxis zu reagieren, was die Pädagogik allerdings "nicht innovatorisch, sondern adaptiv" (REUTER & DODENHOEFT 1988, 15) getan hat. Und drittens stellt der Begriff der Ausländerpädagogik einen Reflex auf die politische Grundsituation mit dem Glaubenssatz 'Die Bundesrepublik ist kein Einwanderungsland' dar (NIEKE 1984, 83f.). Damit weist die Ausländerpädagogik spezifische Voraussetzungen für ihre Entwicklung auf. Und die Diskussion ist nicht nur bestimmt von wissenschaftlichen Fragestellungen und Sichtweisen, sondern von (bildungs-)politischen und schulpraktischen Gegebenheiten - auch von solchen, mit denen sich die Ausländerpädagogik nicht in jedem Fall einverstanden erklären dürfte. Sie droht gerade in solchen problematischen Bereichen als pädagogisches Instrument auf dem Hintergrund nicht von ihr zu verantwortender bildungspolitischer Entscheidungen und damit als Alibi mißbraucht zu werden.

Die Diskussion um das Verhältnis zur allgemeinen Pädagogik spielt sich im Spannungsfeld zweier - hier idealtypisch dargestellter - Positionen ab, die sich je auf zwei Argumentationsebenen bewegen: zum einen auf der Ebene von Allgemeinheit und Spezialisierung, zum anderen auf der Ebene des Adressatenkreises.

Auf der einen Seite wird argumentiert, für die Arbeit mit Kindern in der Migrationssituation sei nichts prinzipiell anderes vorzusehen als für die Arbeit mit anderen Kindern; auch hier müsse - wie sonst auch - schülerInnenzentriert agiert werden, gemäß dem allgemeinen pädagogischen Grundsatz, "einen Adressaten dort abzuholen, wo er steht" (NIEKE 1984, 90). Weiter müsse sich Interkulturelle Erziehung darauf beziehen, daß in nahezu jeder Klasse eine multikulturelle Situation vorzufinden sei und jegliche Kinder - und nicht nur ausländische - auf eine multikulturelle Gegenwart und Zukunft vorzubereiten seien. Die Entwicklung einer Ausländerpädagogik sei die wissenschaftliche Widerspiegelung einer Aussonderungssituation, der ausländische Kinder (und Familien) ausgesetzt seien.

Umgekehrt wird auf der anderen Seite argumentiert, ausländische Kinder stünden in einer besonderen Entwicklung, wiesen spezielle Defizite und Bildungsbedürfnisse auf, denen eine allgemeine Pädagogik nicht gerecht würde. Deshalb müsse es SpezialistInnen geben, die sich auf die Förderung dieser speziellen Gruppe von Kindern verstünden und dafür ausgebildet würden. Also sei, um pädagogische Fahrlässigkeit gegenüber diesen Kindern zu vermeiden, eine Ausländerpädagogik als Spezialpädagogik notwendig und hilfreich.

Auch diese Diskussion spiegelt damit das Thema der Gleichheit und Verschiedenheit kulturell unterschiedlicher Kinder wieder: Die eine, 'generalistische' Position droht mit dem Blick auf den Gleichheitsaspekt die Vielfalt kultureller Heterogenität auf Gleichheit zu stutzen und so die höchst unzulängliche Bildungssituation für Kinder in der Migrationssituation unabsehbar zu verlängern. Die andere, 'spezialistische' Position gerät demgegenüber in die Gefahr, mit dem Blick auf den Verschiedenheitsaspekt kulturelle Gleichheit aus dem Auge zu verlieren, sich als Sonderpädagogik mit einer impliziten 'Theorie der Andersartigkeit' ihres Klientels abzusondern und durch eigenes ExpertInnentum eine dauerhafte Existenzberechtigung zu verschaffen. So drohen die allgemeine Pädagogik von der speziellen Problematik freigehalten, die politischen Anteile der Problematik als ihre Defizite gegen die Kinder gewendet und unzulässig pädagogisiert zu werden (vgl. Kap. 4).

In der Literatur findet sich diese Diskussion facettenreich und in großer Breite, allerdings mit zwei Erschwernissen: AutorInnen kritisieren häufig die Gefahren der Standpunkte anderer, ohne jedoch die eigene Position kritisch zu hinterfragen. So kommt es zu jener Diskussionsdynamik, in der die Gefahren der einen Sichtweise denen der anderen gegenüberstehen. Abgrenzung vom Primat 'der anderen Seite' - jeweils das der Gleichheit oder der Verschiedenheit - ist die häufigste Argumentationsfigur. Weiter ergibt sich die Schwierigkeit, daß z.T. gegen Begriffe polemisiert wird, die von den kritisierten AutorInnen anders definiert werden. So wird der Begriff 'Ausländerpädagogik' gerne im Sinne einer Sonderpädagogik für ausländische Kinder kritisiert, von seinen VertreterInnen jedoch in bewußter Abgrenzung von solchen Tendenzen verwandt (vgl. z.B. BOOS-NÜNNING u.a. 1984). Es müßte im einzelnen Falle zunächst geklärt werden, mit welcher Bedeutung dieser Begriff belegt wird.

Als einer der vehementesten Vertreter einer Position des Gleichheitsprimats kann HAMBURGER gelten, für den es keine hinreichenden Gründe gibt, daß "die Ausländerpädagogik eine pädagogische Spezialdisziplin sei oder sein solle" (1986, 142). Weil im Gegenteil "eine Ausländerpädagogik vielmehr vorhandene Probleme perpetuiert und neue generiert" (1986, 142), befürwortet HAMBURGER eine "Pädagogik des Ausgleichs von Benachteiligungen" (1986, 142). Die Aufgabe Interkultureller Erziehung kann für ihn "bestimmt werden als reflexive Wendung der in der multikulturellen Erziehungswirklichkeit gegebenen Fremdheitserfahrungen bei den Mitgliedern der Mehrheitsgesellschaft und als methodisch angeleitetes Vorbringen von Gemeinsamkeiten. ... Einer besonderen Pädagogik bedarf es dazu nicht" (1988, 10). Auch MERKENS (1983) sieht in ihr nur einen Anwendungsfall bestehender (schul)-pädagogischer Theorien und Handlungskonzeptionen.

Andere AutorInnen wenden sich zumindest gegen das Primat der Verschiedenheit: So schlägt GRAF (1987) vor, statt von ausländischen SchülerInnen von Minderheiten zu sprechen. Ein formal trennender Begriff, der sich, je länger der Aufenthalt dauert, um so schwerer aufrechterhalten lasse, würde durch einen anderen ersetzt, der die Zusammengehörigkeit mit der Mehrheit unterstreicht. BORRELLI wendet sich in seinen Thesen gegen den Begriff der Ausländerpädagogik an sich: Für die Pädagogik gebe es "weder 'Inländer' noch 'Ausländer', für sie gibt es Menschen" (1982, 28, 1986b, 24), deshalb ist für ihn Interkulturelle Pädagogik mit Pädagogik identisch (1986b, 24), neben ihr könne es keine "'Sonderpädagogik', eine 'spezielle' Pädagogik" geben (1986b, 24; ähnlich auch BELKE U.A. 1986, 425, GÖTZE & POMMERIN 1986, 111, TUMAT 1986c, 295).

Besonders wird vor einer Parzellierung und Spezialisierung gewart, die "nur Pseudoproblemlösungen begünstigen" (LUKESCH 1983, 268) könne und nicht die Erziehungswissenschaft davon entbinden dürfe, "sich mit den Folgen der internationalen (Arbeits-)Migration im Bereich von Bildung und Erziehung auseinanderzusetzen" (KRÜGER-POTRATZ 1983, 173). Weiter sieht RUHLOFF die Gefahr eines instrumentalisierenden mehrfachen "Vorbereitungsdenken(s)" (1982b, 181): Wenn schon die Schule realistisch nicht auf das nachfolgende Leben vorbereiten könne, und Ausländerpädagogik sich weitgehend als Vorbereitung auf die deutsche Schule und Klasse verstehe, wenn also "schon die einfache Vorbereitung den jungen Menschen um seine Bildungsaufgabe betrügt, dann gilt das für die Vorbereitungsvorbereitung erst recht" (1982b, 182).

Einen gedanklichen Schritt weiter geht HOHMANN : Er faßt zunächst seine Bedenken bezüglich einer Überspezialisierung und Abkoppelung von der allgemeinen Pädagogik in zwei Punkten zusammen:

"1. Die allgemeinen Ziele für die Erziehung und Bildung der Nachwachsenden sind von ihrem Begründungszusammenhang her für alle gleichermaßen gültig.
2. Jede Besonderung in den pädagogischen Bemühungen stigmatisiert die Adressatengruppe mittels desjenigen Merkmals, an dem die besonderen Bemühungen ansetzen" (zit. in NIEKE 1984, 83).

Für HOHMANN kann es dann "nicht mehr darum gehen, auf der Suche nach Lösungsmöglichkeiten für die Defizite eine Sonderpädagogik für ausländische Kinder zu schaffen, vielmehr ist zu fragen, wie gegebene Pädagogik theoretisch und praktisch verändert werden muß, damit sie adäquate Antworten auf die durch die Migration bestimmte gesellschaftliche Situation zu geben vermag" (1983, 6).

Solchen 'generalistischen' Stellungnahmen stehen 'spezialistisch 'orientierte gegenüber, in letzter Zeit am deutlichsten vertreten von der Sonderpädagogin SCHIRMACHER (1990). Sie legt die Priorität auf den Verschiedenheitsaspekt und argumentiert mit Hilfe anderer AutorInnen im Sinne einer Ausländersonderpädagogik. Dabei verweist sie "auf das spezifische Bildungsgeflecht ausländischer Schüler, das eine besondere Pädagogik erfordere" (1990, 18). Mit Bezug auf BOOS-NÜNNING, NEUMANN, REICH & WITTEK (1984) betont sie, "daß die Besonderheiten der Migrantensituation von der übrigen Pädagogik nicht im notwendigen Maße mitreflektiert werde" (1990, 18).

Eine eher 'spezialistische' Sichtweise wird auch durch die reale Entwicklung nahegelegt: "Nach Jahren des Ignorierens wurde mit einer Sonderpädagogik für Ausländer begonnen" (RADTKE 1987, 51). Die dementsprechende Institutionalisierung von speziellen Studienangeboten kommentiert AUERNHEIMER dergestalt, daß "sich in der Institutionalisierung der Ausbildung die Orientierung an Sprachdefiziten und an der schulischen Integration bei einer fragwürdigen pädagogischen Aufgabenverteilung wider(spiegelt). - Die speziell ausgebildeten Lehrer sollen sich vorrangig der Förderung der ausländischen Schüler widmen" (1990, 11). Hier wird für AUERNHEIMER "die problematische Abwälzung der Aufgaben an 'Ausländerexperten'" deutlich (1990, 11).

HOHMANN schließlich kann als Vertreter einer Position angesehen werden, die am ehesten eine dialektischen Sichtweise in dieser Frage einnimmt. Dies ist keine einfache Sowohl-Als-Auch-Position, sondern eine Betrachtung der spannungsgeladenen und widersprüchlichen Situation: "Pädagogik für Migranten ... wird in der Migrationssituation theoretisch und praktisch gesehen nur legitimiert sein, wenn sie selbst um ihre Abhängigkeit von allgemeineren Fragestellungen, Theorien und Methoden weiß und dieses entsprechend bei ihren Arbeiten berücksichtigt. Andererseits muß sie von einer allgemeinen Erziehungswissenschaft als Pädagogik in einer besonderen Situation, als Herausforderung für die traditionelle pädagogische Theorie und Praxis verstanden werden. ... Traditionelle Pädagogik findet hier ihre eigenen Probleme in zugespitzter Form wieder" (1989, 11). Er plädiert gegen eine spezielle Didaktik und Pädagogik, fragt aber gleichzeitig kritisch zurück, wie weit die allgemeine Pädagogik, in deren Rahmen die Ausländerpädagogik gehört, in der Lage sei, auf die spezifischen Bedürfnisse von Kindern in der Migrationssituation einzugehen (vgl. Kap. 4.4.2).

Bezüglich des Adressatenkreises herrscht innerhalb der Interkulturellen Erziehung weitgehend Einigkeit: "An die Stelle der Zielgruppenorientierung müsse die Orientierung an allgemeinen pädagogischen Zielsetzungen treten" (AUERNHEIMER 1990, 31). VertreterInnen der Interkulturellen Erziehung kritisierten, "daß die Bezeichnung 'Ausländerpädagogik' den Ausländer von vornherein als solchen abstempele, ja dadurch den defizitären Status dieser Personengruppe perpetuiere, daß sie sich selbst die Existenzberechtigung liefere" (HOHMANN 1989, 11). Alternative Begriffe wie eine 'Migrantenpädagogik' oder eine 'Minderheitenpädagogik' weisen indessen die gleichen begrifflich diskriminierenden Probleme auf.

"Der Versuch, statt eine wie auch immer zu bestimmende Besonderheit der Adressatengruppe zum Ausgang für die Bezeichnung der besonderen pädagogischen Bemühungen zu nehmen, vielmehr die pädagogische Aufgabe selbst zu benennen, hat zu den Bezeichnungen 'interkulturelle Erziehung (und/oder Bildung') und 'interkulturelle Pädagogik' geführt. ... Der Charakter dieser durch die Migrationssituation entstandenen pädagogischen Aufgabe wird zunächst als Bewältigung des Wechsels von einer Kultur in eine andere aus der Sicht der Migranten selbst gesehen und in fortschreitender Differenzierung als Meisterung des Lebens im Wechsel zwischen Herkunftskultur, Kultur des Aufenthaltslandes und der neu entstehenden Migrantensubkultur sowie auch als Aufgabe für die Majorität, sich auf ein Leben in einer dauerhaft multikulturellen Gesellschaft einzustellen" (NIEKE 1984, 86). Wenn die Aufgabe darin gesehen wird, allen Kindern Handlungsfähigkeit in einer internationalisierten, multikulturellen Situation zu ermöglichen, besteht "die Möglichkeit, der an der 'Ausländerpädagogik' verschiedentlich kritisierten Gefahr zu entgehen, auf wissenschaftlicher Ebene die politisch und gesellschaftlich drohende Aussonderung und Stigmatisierung dieses Problemfeldes und dieser Zielgruppe zu reproduzieren und damit zu legitimieren, sowie einer falschen Expertisierung ('Sonder'schullehrer für Ausländerkinder) Vorschub zu leisten" (KRÜGER-POTRATZ 1983, 175).

Somit kann als - wenngleich vereinfachendes und Nuancierungen ignorierendes - Fazit festgehalten werden: Im Gegensatz zur Ausländerpädagogik, die auf die Förderung von Kindern mit besonderen Problemen und Defiziten zielt, formuliert die Interkulturelle Erziehung eine gemeinsame, dialogische Entwicklungsaufgabe für alle Kinder (sowie PädagogInnen und WissenschaftlerInnen).

Was jedoch tendenziell offen bleibt, ist die Frage, "woher eine interkulturelle Pädagogik dann noch ihre Legitimation als eigenes Fachgebiet nehmen soll" (AUERNHEIMER 1990, 31). Am ehesten scheint hier NIEKEs - ebenfalls dialektische - Argumentation stichhaltig zu sein: "Eine solche Konzeptualisierung der Ausländerpädagogik als Theorie interkultureller Erziehung ist eine konzeptuelle Variante bisheriger erziehungswissenschaftlicher Theorien. Dies meint einerseits, daß hier nicht ein neues wissenschaftliches Spezialgebiet entsteht, das eine Theoriebildung hervorbringt, die sich von den bestehenden Paradigmen der Wissenschaftsdisziplin grundsätzlich unterscheidet. Andererseits ist diese Konzeptualisierung nicht einfach ein Anwendungsfall der bestehenden (schul-)pädagogischen Theorien und Handlungskonzeptionen ... . Auch kann eine solche interkulturelle Erziehung nicht einfach in einer 'Pädagogik für Benachteiligte' aufgehen, ... weil die Bewältigung mehrerer, stark differenter Kulturen ein Spezifikum für die Kinder und Jugendlichen ausländischer Herkunft ist, das so nicht für die üblicherweise als benachteiligt begriffenen sozialen Gruppen gilt und auch spezielle pädagogische Handlungskonzeptionen erfordert, die sich nicht aus einer Situation der Benachteiligung begründen lassen (z.B. Unterricht in der Muttersprache ihrer Eltern)" (NIEKE 1984, 87). Diese Aussagen können als Versuch verstanden werden, spezifische Aspekte mit allgemeinen auf einen Nenner zu bringen und sowohl den Aspekt der Gleichheit als auch den der Verschiedenheit dieses Wissenschaftsgebietes innerhalb der Allgemeinen Pädagogik deutlich zu machen.

4.6.2 Kritik an Förderansatz und Bikultureller Bildung

Im gesellschaftlichen Verständnis gegenüber ausländischen SchülerInnen wie auch in der traditionellen Ausländerpädagogik herrscht - wie schon an einigen Stellen dieses Kapitels deutlich geworden ist - eine Sicht vor, die sich am Defizitären orientiert: Ausländische SchülerInnen sind primär definiert durch das, was sie nicht können, durch Defizite und Lücken. Deshalb müssen sie besonders, schwerpunktmäßig sprachlich, gefördert werden, so daß sie sich in der deutschen Gesellschaft behaupten können und für gegenwärtige und zukünftige Situationen gerüstet und handlungsfähig sind. Die unhinterfragte Norm dabei bildet die des Deutschen, mit dem ausländische Kinder verglichen und an dem sie gemessen werden (vgl. STÜWE 1991). So ergeben sich Klischeevorstellungen mit einem schwarz-weiß-Bild, das z.B. in der Gegenüberstellung folgender Begriffe deutlich wird: deutsche Kultur - alte Heimatkultur, Christentum - Islam, modern - traditionell, flexibles Normverständnis - rituelles Normenverständnis, fortschrittlich - rückschrittlich, weltoffen - provinziell, gleichberechtigt - patriarchalisch, demokratische (Erziehung) - autoritäre (Erziehung) (STÜWE 1991, 111). Letztlich wird hier implizit eine gut-schlecht-Wertung deutlich, die ihre Basis in abendländischen Höherwertigkeitsvorstellungen hat (vgl. Kap. 4.6.4). Das Defizitäre ist immer eine Frage herrschender Normvorstellungen, die es so definieren: "Bevor der Missionar zum Heiden kam, wußte er nicht, daß er in der Sünde lebte - und es hat ihm wenig geschadet. Der Missionar lehrte ihn die Verwerfung seines bisherigen Lebens, er lehrte ihn die Selbstverachtung" (SCHWEITZER 1983, 4). Dieses gilt überdies auch dann, so RADTKE, "wenn an die Stelle der 'Defizit-These' allmählich die 'Differenz-These' mit der Anerkennung einer interkulturellen Situation im Klassenzimmer tritt" (1985, 473) - denn damit ist keineswegs schon die latente kompensatorische Ausrichtung der Arbeit mit Migrantenkindern überwunden.

Wozu eine solche defizitorientierte Sichtweise führt, zeigt BEERMANN auf: "Der ausländische, besonders der türkische Schüler ist bisher ... infolge von Feststellung dessen, was er im Vergleich zum deutschen Schüler alles (noch) nicht kann, eher negativ definiert. Wer er aber eigentlich ist, welche Persönlichkeit eigenen Gepräges sich in ihm bildet, ist noch ziemlich unbekannt" (1987, 297). Die psychohygienische Funktion der Defizithypothese ist in Kap. 4.2.3 verdeutlicht worden; CZOCK zieht diesbezüglich ein schon fast entlarvendes Fazit: "Was so wohlmeinend als Förderung der Migrantenkinder daherkommt, scheint ... viel mehr ein Produkt aus den Erfordernissen der Organisation Schule und der subjektiven Notwendigkeit auf seiten der Lehrer, diskrepante Situationen durchzuhalten und in ihnen handlungsfähig bleiben zu können. ... Die Einrichtung von Sondermaßnahmen eignet sich aus dieser Perspektive, weil diese Formen des Unterrichts sich am ehesten quantifizieren und organisieren lassen" (1986, 101). SCHERON & SCHERON fordern dementsprechend eine pädagogische "Perspektivendiskussion, die sich nicht auf eine Defizithypothese gründet (...), jedoch die spezifische Situation der jeweils zu erreichenden Schüler einbezieht, die Chancengleichheit nicht bei formalen Schulabschlüssen enden läßt" (1984b, 32). Sie stellen fest: "Ausländerkinder nicht als Belastung, sondern als Innovationspotential und Bereicherung des Unterrichts zu betrachten, ist ein erster Schritt" (1984b, 33).

Daß defizitorientierte Sichtweisen VertreterInnen der regierungsamtlichen Politik eigen sind, ist weniger verwunderlich. So spricht PIAZOLO in einer Stellungnahme des Bundesministeriums für Bildung und Wissenschaft (BMBW) von zwei Zielgruppen, denen besonders geholfen werden müsse: "Junge Ausländer ohne -

im Vergleich zu deutschen Jugendlichen ins Gewicht fallende - Sprach- und Bildungsdefizite" und "junge Ausländer mit unterschiedlichen Sprach- und Bildungsdefiziten" (1987, 77). Augenscheinlich fällt es leichter, von 'Defizitwesen' ohne Defizite zu sprechen, als von kompetenten Menschen mit Problemen!

Doch auch in der pädagogischen Literatur sehen REUTER & DODENHOEFT ein "bis heute auch bei Lehrern nicht grundsätzlich modifizierte(s) Bild vom sprachlich, kognitiv, psychisch und sozialisatorisch rückständigen oder zumindest benachteiligten ausländischen Schüler"; "eine Sichtweise, die gesellschaftlich bedingte, so auch bildungssystemimmanente gegenüber individuell und familiär angelegten Ursachen zurücktreten läßt" (1988, 15). So sprechen z.B. SCHRADER, NIKLES & GRIESE vom "Manko ihrer ethnischen Zugehörigkeit" (1979, 154f.).

Insbesondere den Ansätzen mit kompensatorischem Charakter ist eine Fördermentalität gegenüber diesem defizitär und daher förderungsbedürftig empfundenen Klientel eigen: "Kompensatorische schulische und außerschulische Hilfsmaßnahmen zielten (und zielen) auf die Anpassung der ausländischen Schüler an die Bedingungen der deutschen Schule, deren Organisations- und Lehrplanstruktur im Kern nicht angetastet worden sind" (REUTER & DODENHOEFT 1988, 15; zur Widersprüchlichkeit kompensatorischer Bemühungen PRENGEL in Kap. 4.1.3).

Auch Ansätze einer Bilingualen Bildung basieren primär auf einem Bild der als besonders förderbedürftig erkannten ausländischen SchülerInnen, für die und auf die bezogen besondere Anstrengungen unternommen werden müssen. Die Brisanz dieser Sichtweise liegt dabei weniger allein in dieser Tatsache begründet; daß für diese SchülerInnen mehr und z.T. anderes getan werden muß, ist unbestritten. Doch gleichzeitig die bei ausländischen SchülerInnen vorhandenen Kompetenzen nicht als solche wahrzunehmen und als Bildungsvoraussetzungen anzuerkennen, sondern als defizitär zu bewerten, wie GOGOLIN (1987, 26, 1988, 93) kritisiert, erscheint problematisch. Ihre volle Brisanz gewinnt diese Problematik jedoch erst durch die Ausschließlichkeit und Beschränktheit dieser ihr eigenen Blickrichtung, die GOGOLIN treffend zusammenfaßt: "Lebensweltliche Zweisprachigkeit als Bildungsvoraussetzung der Kinder ethnischer Minderheiten wird in ihnen ignoriert; die Lösungsvorschläge drehen sich unverändert um das Versagen individueller Schüler im Inländerbildungssystem statt um das Versagen des Inländerbildungssystems gegenüber den Schülern; Zweisprachigkeit und ihre schulische Förderung bleiben unverändert separate Angelegenheiten marginalisierter Minderheiten, statt daß sie angesichts der gesellschaftlichen Mehrsprachigkeit, die sich infolge internationaler Migrationsbewegungen herausbildete, als legitimes und autonomes Ziel der Bildung im Inländerbildungssystem gedacht würden" (1988, 96). Dieser Kritik entsprechend ist es dann auch "nicht einzusehen, daß die Schule den Inländerkindern die Möglichkeit vorenthält, über ihre auf Einsprachigkeit beschränkten Kompetenzen hinauszugelangen" (1987, 29). So sehr es nach GOGOLIN das Verdienst von Ansätzen bilingualer Bildung ist, "daß sie die legitimen Ansprüche der Kinder ethnischer Minderheiten auf Erhaltung ihrer Erstsprache untermauert haben" (1987, 29), so bleiben sie in einer individuumszentrierten Sichtweise verhaftet und ignorieren die Notwendigkeit einer der gesellschaftlichen Mehrsprachigkeit und Multikulturalität entsprechenden Veränderung der Schule (vgl. Kap. 4.2.4).

Die Begrenzungen bisheriger rein bilingualer Ansätze werden z.B. bei HAAS (1984) deutlich, der von einem Berliner Modellversuch mit Türkisch als erster Fremdsprache ab der 5. Klasse berichtet: "Geht man von der Zielvorstellung bilingualer Entwicklung aus, so heißt das, ein solches Fach müßte bereits ab dem Kindergarten eingerichtet werden ... Bei der Einführung des Faches in der 5. Grundschulklasse entsteht eine große Belastung von Anfang an durch die schon beschriebene Heterogenität der Schüler, die auch für die Entwicklung der Lehrmaterialien Konsequenzen hat: Eine Art Pufferzone muß eingebaut werden, um die notwendige 'Nachalphabetisierung' einer Gruppe von Kindern zu leisten" (1984, 96f.). Hier wird wiederum deutlich: Priorität hat die durch Förderung zu bewerkstelligende Anpassung von ausländischen Kindern an schulische Gegebenheiten bzw. hier an eine möglichst homogene Lerngruppe. So wird im Rahmen der bilingualen Bildung kompensatorisches Denken mit der unhinterfragten Vorstellung eines Unterrichts in einer möglichst homogenen Lerngruppe kombiniert. Und gleichzeitig entsteht bei derartigen Versuchen die Gefahr daß "so etwas wie Sackgassen in der Bildungslaufbahn erzeugt werden" (NIEKE 1991, 29), wenn etwa beim Übergang in die Sekundarstufe II doch die erste Fremdsprache gefordert wird, die durch Türkisch ersetzt worden war.

Gleichwohl werden auch - bei aller Gegensätzlichkeit - Möglichkeiten gesehen, Elemente einer bilingualen mit solchen einer Interkulturellen Erziehung im Sinne einer weiterführenden Synthese zu verbinden. "Die Stärken der Bilingualen Erziehung (stärkere Berücksichtigung der Herkunftssprachen, systematischer Sprachvergleich zwischen Herkunfts- und Zielsprache, Forderung nach rechtlicher Gleichstellung ausländischer Kollgen/innen, Einsatz bilingualer Materialien etc.) und die Stärken der Interkulturellen Erziehung (Berücksichtigung des jeweiligen Erfahrungshintergrundes beim einzelnen Kind, handlungs- bzw. projektorientierte Formen des Lernens, Öffnung des Unterrichts nach 'außen', vielfältige Kulturkontakte zwischen verschiedenen Nationalitätengruppen von klein auf, spielerische Formen des Sprachenlernens etc.) könnten in Zukunft besser genutzt werden, wenn es gelingt, eine Synthese zwischen diesen einzelnen Prinzipien unter dem generellen Anspruch einer antirassistischen mehrsprachigen Erziehung in einer multikulturellen Gesellschaft herzustellen" (POMMERIN 1988b, 11 f.). Das Primat solcher Synthesen scheint eher bei interkulturellen Ansprüchen zu liegen; so könnte die individualistische Sichtweise bilingualer Ansätze überwunden werden.

Gleichwohl ist kritisch festzustellen, daß individualistisch-defizitorientierte Sichtweisen nicht nur von Ansätzen der Interkulturellen Erziehung kritisiert werden, sondern daß sie ihnen z.T. auch eigen sind. Dies können Beispiele belegen:

Bis in Überschriften hinein werden Defizite ausländischer Kinder beschrieben, so z.B. bei ZITZKE (1983, 47) in der Kapitelüberschrift: "Worin bestehen die

Defizite der Migrantenkinder?" oder bei MEYER-INGWERSEN (1981, 31): "Defizite der ausländischen Arbeiterkinder und die Reaktion unserer Schulen darauf". Ganz in diesem Sinne preist GÄRTNER die Möglichkeiten separierter Kleingruppenarbeit gegenüber der Binnendifferenzierung in der Klasse mit den Worten an, sie könne "die üblichen großen Defizite erfolgreich angehen. Sie ist für alle Lehrer ... unstrittig das Optimum, damit ihre Schüler möglichst früh von Hilfen unabhängig werden" (1988, 85). Daß dieses "ausgewiesen optimalste (= besteste?; A.H.) Förderangebot" (1988, 85) an Grundschulen so wenig entwickelt sei, führt GÄRTNER auf folgendes Faktum zurück: "Die zusätzliche Hilfe offenbart nämlich zunächst Defizite und solche lassen sich Schüler nur ungern zuschreiben" (1988, 87). Wie wahr! Und doch hält GÄRTNER an einer homogenisierten Kleingruppenförderung mit fast schon traditionell-sonderpädagogischer Sicherheit und den von CZOCK beschriebenen positiven psychohygienischen Wirkungen für PädagogInnen fest.

In gleichem Sinne kritisiert beispielsweise KULA BOOS-NÜNNING, die die Notwendigkeit "eines speziellen Sozialisationsprozesses, der vorhandene Defizite ausgleicht" (1983, 6) betont, hinsichtlich der Zuweisung der Defizite an die betroffenen Kinder: "Nicht Migrantenkinder weisen Spezifisches in defizitärer Ausprägung auf, sondern das Bildungssystem, das sie aufzunehmen hat, indem es sich den veränderten Strukturen anpaßt" (KULA 1986, 282).

Integrationsfähigkeit wird häufig als eine vor allem von den SchülerInnen zu erbringende Leistung verstanden (vgl. Kap. 4.1.2), die sie (vielleicht) erreichen (so DOMHOF 1984, 36, PIROTH 1982, 17) und die sogar an ihnen zu diagnostizieren ist (KARGER 1987, 130). Auch wird Heterogenität immer wieder nur in ihrem Problemgehalt wahrgenommen, Homogenisierung als Ziel schulischer Förderung vorausgesetzt: Wie auch HAAS (1984) im obigen Beispiel beschreibt z.B. HOPF (vgl. auch Kap. 4.4.2) die Situation zunehmender Heterogenität in den Klassen folgendermaßen: "Die Anwesenheit von Ausländerkindern und die durch sie erzeugten zusätzlichen bzw. andersartigen Probleme überdecken allzu leicht die ohnehin schon bestehenden Schwierigkeiten, auch nur den deutschen Kindern einen Unterricht anzubieten, der ihrer Verschiedenheit gerecht wird und sie in individuell bestmöglicher Weise in ihrer Entwicklung unterstützt" (1984, 14). So wird hier nur die Problemverschärfung, nicht aber die Gemeinsamkeit der Problematik und die Perspektive positiver Herausforderung herausgestellt.

4.6.3 Auseinandersetzung mit Antirassistischer Erziehung

In jüngerer Zeit sieht sich die Interkulturelle Erziehung einer Kritik ausgesetzt, die von Ansätzen einer Antirassistischen Erziehung geübt wird.

So plädieren z.B. KALPAKA & RÄTZEL in dem Band "Die Schwierigkeit, nicht rassistisch zu sein" (1986a) dafür, statt des Begriffs der Ausländerfeindlichkeit den des Rassismus zum zentralen gesellschaftlichen Kritikpunkt zu machen. Damit verbinden sie sich mit entsprechenden Bewegungen und Ansätzen in anderen europäischen Ländern, die sich als antirassistisch verstehen. Dieses vor allem in

Großbritannien vertretene Konzept unterzieht die Interkulturelle Erziehung, wie AUERNHEIMER darstellt, der radikalen Kritik, "sie individualisiere das Problem des Rassismus und nehme eine advokatorische, paternalistische Position gegenüber der schwarzen Bevölkerung ein" (1990, 195). Weiter wird kritisiert, "man setze ein unangemessenes Vertrauen in das Kennenlernen anderer Kulturen" (1990, 195). Die Antirassistische Erziehung hält es für ein "absurdes Unterfangen", "daß 'weiße' Lehrer die Mitglieder der Minoritäten über ihre Kultur belehren. ... Auch wenn weiße Lehrer durch Informationen über Minderheitenkulturen auf diese Aufgabe vorbereitet würden, kämen bestenfalls Platitüden, schlimmstenfalls rassistische Stereotypen dabei heraus" (1990, 195). "Kurz zusammengefaßt, bleibt MCE (Multicultural Education; A.H.) ... in einer kulturalistischen Interpretation der Probleme befangen und damit unpolitisch, sie ist im Hinblick auf ihre beiden Hauptziele zum Scheitern verurteilt, nämlich sowohl im Hinblick auf den Abbau von Vorurteilen bei den Weißen wie im Hinblick auf die Verbesserung des Selbstbildes bei den schwarzen Schülern" (1990, 196). Demgegenüber zielt die ARE (Antiracist Education) darauf ab "sicherzustellen, daß die Schüler nicht nur die spezifische Natur der Ungleichheit, die sie selbst erfahren und gemeinsam mit den Schwarzen als Mädchen, Schüler, Jugendliche oder als Mitglieder der Arbeiterklasse teilen" (1990, 198). Weiter "müsse aufgezeigt werden, daß die Geschichte eine Geschichte der Klassenkämpfe und des Geschlechter- und Rassenkonflikts sei und daß die Mehrheit ein Interesse daran haben müsse, alle Formen der Ausbeutung und Unterdrückung zu bekämpfen. ... Den Beziehungen zwischen wirtschaftlichen Krisen, der Frauenunterdrückung und dem Anwachsen rassistischer Konflikte beispielsweise sei nachzugehen" (1990, 198).

Eine Übersicht zu dieser Kontroverse geben TWITCHIN & DEMUTH (1989) mit ihrem Vergleich zwischen einer assimilatorischen (A), einer Interkulturellen (B) und einer Antirassistischen Erziehung (C), der im Zuge der Erwachsenenbildung in Großbritannien entstand. Als antirassistisch bezeichnen sie "eine Erziehung, die zum Ziel hat, die strukturelle Ungerechtigkeit der Gesellschaft zu bekämpfen - eine Gesellschaft, die durch zwei Tatsachen gekennzeichnet wird, gegen die entschieden vorgegangen werden muß: Viele Weiße denken Schwarzen gegenüber in Stereotypen, durch die die eigene Überlegenheit rationalisiert wird; diese Stereotypen beruhen auf falschen Vorstellungen und Unwissenheit. Und solche Einstellungen dienen dazu, die verschiedenen Formen der Benachteiligung der Schwarzen (die in den offiziellen Dokumenten als 'Rassen'-Benachteiligung bezeichnet wird) in den Herrschaftsstrukturen zu verewigen bzw. sie (vielleicht unbewußt) zu rationalisieren" (1989, 242).

Auch in dieser Gegenüberstellung (Tab. 4.1) wird wie bei der Darstellung von AUERNHEIMER deutlich, daß die Antirassistische Erziehung versucht, gesellschaftliche Herrschaftsstrukturen in die Erziehungsvorstellungen einzubeziehen. Sie wirft der Interkulturellen Erziehung vor, lediglich auf Verständnis durch Begegnung zu bauen und die gesellschaftlichen Grundlagen von Diskriminierung zu ignorieren. Während also die Antirassistische Erziehung Herrschaftsstrukturen u.a. dadurch verändern will, daß sie eine emanzipatorisch angelegte Konflikterziehung und die Aufklärung der Betroffenen über ihre Situation anstrebt, wirft sie der Interkulturellen Erziehung vor, lediglich harmonistisch auf naive Verständigung durch Begegnung zu bauen.

A	B	C
Assimilation	Respekt vor kultureller Diversität und Toleranz, 'multikulturelle Erziehung'	Machtausgleich, 'antirassistische Erziehung'
Die Immigranten kamen in den 50er und 60er Jahren nach Großbritannien, weil die Einwanderungsgesetze nicht streng genug waren.	Die ethnischen Minderheiten kamen nach Großbritannien, weil sie ein Recht dazu hatten und ein besseres Leben führen wollten.	Die Schwarzen kamen nach Großbritannien und auch in andere Länder, weil die Wirtschaft dieser Länder ihre Arbeitskraft benötigte.
Die Immigranten sollten sich so schnell wie möglich an die englische Lebensweise anpassen.	Die ethnischen Minderheiten sollten in der Lage sein, ihr sprachliches und kulturelles Erbe zu erhalten.	Die Schwarzen müssen sich gegen rassistische Gesetze und Praktiken zur Wehr setzen und für eine gerechte Behandlung der verschiedenen Rassen kämpfen.
In Großbritannien gibt es in gewissem Maße Rassenvorurteile, aber das ist nur menschlich, und England ist sehr viel toleranter als andere Länder.	Es gibt einzelne irregeleitete Einzelpersonen und extremistische Gruppen in Großbritannien, aber im wesentlichen ist unsere Gesellschaft gerecht und demokratisch und bietet allen die gleichen Rechte.	Großbritannien ist bereits seit mehreren Jahrhunderten eine rassistische Gesellschaft. Rassismus hat mehr mit Herrschaftsstrukturen als mit der Haltung einzelner zu tun.
Wenn man versucht, Vorurteile abzubauen, erreicht man das Gegenteil von dem, was man erreichen wollte. Man kann die Menschen nicht dazu zwingen, sich gegenseitig zu mögen, indem man Gesetze und Bestimmungen erläßt.	Vorurteile beruhen auf Unwissen und Mißverständnissen. Die Vorurteile können durch persönliche Kontakte und die Vermittlung von Wissen abgebaut werden.	Vorurteile werden durch ungerechte Strukturen und Verfahren verursacht und sind nicht deren Ursache. Durch Beseitigung dieser Strukturen und Verfahren können Vorurteile abgebaut werden.

Englisch sollte in den Schulen als Zweitsprache angeboten werden. Ansonsten gilt jedoch: 'Wenn wir von den Kindern sprechen, sprechen wir von allen Kindern. Wir sollten daher alle Kinder gleich behandeln'. Es ist falsch, kulturelle und ethnische Unterschiede festzustellen oder hervorzuheben.	Die Schule sollte Herkunft, Kultur und Sprache der ethnischen Minderheiten anerkennen und bestärken. Sie sollte Feste und internationale Abende veranstalten, die Sprache dieser Minderheiten und Communities unterrichten und sprechen, Unterricht über Geschichte, Kunst, Musik, Religion und Literatur der ethnischen Minderheiten anbieten.	Das Ziel des Erziehungssystems besteht hauptsächlich darin, daß mehr einflußreiche Machtpositionen an Schwarze vergeben werden: d.h. Posten als Schulleiter und Lehrer in leitenden Funktionen, als Mitglieder der Schulvorstände, Schulverwaltungsbeamte und gewählte Mitglieder von Verwaltungsausschüssen. Diskriminierung durch Lehrplan, Unterrichtsmethoden und Schulorganisation sollten abgebaut werden. Der Unterricht über Gleichberechtigung und Gerechtigkeit und gegen den Rassismus sollte direkt geführt werden.

Tab. 4.1: Spannungen und Kontroversen zwischen assimilativer, Interkultureller und Antirassistischer Erziehung (TWITCHIN & DEMUTH 1989, 243f.)

Bezieht man diese drei Positionen auf die Fragestellung der Gleichheit und Verschiedenheit, so stellt sich die Situation folgendermaßen dar: Die assimilative Erziehung strebt Gleichheit durch Unterwerfung der Subkultur an. Die Interkulturelle Erziehung versucht einen dialektischen Weg von Gleichheit und Verschiedenheit zu gehen, der ein Miteinander der Verschiedenen ermöglichen soll. Die Antirassistische Erziehung schließlich setzt auf formale Gleichheit und inhaltliche Verschiedenheit durch konflikthafte Emanzipation. Ihr wohnt - jedenfalls in dieser Darstellung - gleichzeitig etwas Separierendes inne: Die eigene Ethnie soll mehr Einfluß, mehr gehobene Positionen und damit mehr gesellschaftliche, ökonomische und politische Macht erringen und so die bestehende Diskriminierung abbauen. Die bei AUERNHEIMER zitierte Ablehnung einer als absurd empfundenen Situation der Unterrichtung schwarzer SchülerInnen durch weiße LehrerInnen im Sinne ihrer Emanzipation läßt ebenso eine separierende Tendenz durchscheinen: Wer, wenn nicht schwarze LehrerInnen, sollte schwarzen SchülerInnen zum 'richtigen Bewußtsein' über ihre Situation verhelfen? Und wozu soll gemeinsamer Unterricht schwarzer und weißer LehrerInnen und SchülerInnen noch gut sein?

Zudem muß zur Darstellung von TWITCHIN & DEMUTH gefragt werden, ob die Darstellung der Interkulturellen Erziehung deren eigenem Selbstverständnis entspricht - eine derartig unpolitische und naive Kontakthoffnung scheint übertrieben. Mitleid und schlichtes gegenseitiges Kennenlernen in der Schule ohne eine kritische Reflexion und Revision ethnozentristisch und monokulturell ausgerichteter

Curricula kann das Anliegen der Interkulturellen Erziehung nicht angemessen wiedergeben. Gleichwohl macht die antirassistische Kritik eine mögliche problematische Tendenz deutlich, daß innerhalb der Interkulturellen Erziehung zu sehr auf den schulischen Rahmen gerichtet agiert und zu wenig Aufmerksamkeit auf politische und gesellschaftliche Rahmenbedingungen verwendet werden könnte.

Kritische Auseinandersetzungen zwischen Interkultureller und Antirassistischer Erziehung müssen nicht zwangsläufig in Polarisierung und Abgrenzung führen, sondern können im Gegenteil gegenseitig anregend wirken, indem sie auf mögliche Gefahren und noch nicht in dieser Klarheit gesehene Problemstellungen hinweisen. In diesem Sinne ist AUERNHEIMERS Einschätzung zu dieser Frage zu teilen: "Elemente der antirassistischen Erziehung ließen sich durchaus in eine interkulturelle Pädagogik einfügen, die sich in einem politischen und gesellschaftlichen Kontext begreift" (1990, 201). Auch HOHMANN nimmt eine vermittelnde Position zwischen Interkulturalismus und Antirassismus ein. Er betont gegenüber dem Kulturellen eher das Ethnische, wobei er eine "Option auf den Begriff 'antirassistisch' erhalten" (1989, 25) wissen will: Die Pädagogik hat nicht nur mit verschiedene Kulturen zu tun, sondern "auch mit unterschiedlichen ethnischen Gruppen in charakteristischer Machtarmut und sozialer Niedrigkeit" (1989, 25).

Dies soll jedoch nicht als Plädoyer für ein unverbindliches und harmonisierendes Sowohl-Als-Auch verstanden werden. Die Berücksichtigung gesellschaftlicher, ökonomischer und politischer Rahmenbedingungen, unter denen Schule stattfindet, und ebenso die kritische Selbstreflexion, nicht in eine paternalistische Haltung gegenüber MigrantInnen zu verfallen, muß für die Interkulturelle Erziehung ein wichtiger Bestandteil der Konzept- und Praxisentwicklung sein. Sonst könnte sie der Gefahr erliegen, als gut mißbrauchbares Konzept zu fungieren, das mit Hilfe eines harmonisierenden, auf Gemeinsamkeit zwischen Kulturen und Ethnien zielenden Ansatzes lediglich alte gesellschaftliche Hierarchien ideologisch modernisiert und so zu ihrer Zementierung beiträgt. Dann wäre nur alter diskriminierender und assimilierender Wein in neue interkulturelle Schläuche gegossen. Die Diskussion um das Verhältnis von Pädagogik und Politik für MigrantInnen (vgl. Kap. 4) würde damit ohne inhaltliche Entwicklung weitergeführt.

4.6.4 Kritik an Ethno- und Eurozentrismus sowie Rassismus

Vielfach ist in diesem Kapitel davon die Rede gewesen, daß ausländische SchülerInnen vor allem in ihren Problemanteilen und als besonders förderungsbedürftig wahrgenommen worden sind und werden (vgl. Kap. 4.6.2). Dieses ist seit jeher ein zentraler Kritikpunkt der Interkulturellen Erziehung an gesellschaftlichen Normen wie auch an deren mehr oder minder deutlichen Übernahme durch die Ausländerpädagogik. Hier spiegeln sich auf individueller, aber auch auf gesellschaftlicher Ebene Bewertungsmomente wider, die letztlich - wenn auch individuell häufig unbewußt - auf Denktraditionen des Ethnozentrismus, Eurozentrismus und Rassismus zurückgehen. Zentraler Punkt aller dieser Denktraditionen ist die Vorstellung einer Höherwertigkeit der eigenen gegenüber fremden Kulturen und damit auch gegenüber deren Angehörigen, also eine "Ethnohierarchie" (RADTKE 1987, 51). Wurde deren Minderwertigkeit früher mit biologistischen Begründungen behauptet und bildeten somit u.a. die Grundlage faschistischer Ideologien, so wird sie heute mehr im Sinne eines "Kultur-Rassismus" mit soziokulturellen Bedingungen zu begründen versucht (vgl. PRENGEL 1989a, 85). Besonders deutlich wird dieses Grundmuster eigener Höherwertigkeit z.B. "in der Vorstellung der Evolution der Gesellschaften von der Natur- zur Kulturstufe (analog dazu die Einteilung in Natur- und Kulturvölker) und in einer Linearität des Entwicklungsprozesses, mit den Industriegesellschaften (d.h. 'uns') als dem krönenden Höhepunkt. Viele andere Länder sind gemessen an 'unserem' Fortschritt noch unter- oder unentwikkelt oder schlichtweg rückständig" (NESTVOGEL 1987b, 42).

Auf der **individuellen Ebene** kommt es immer wieder zu kulturell unterschiedlichen Wahrnehmungen von Situationen und Sachverhalten, bei denen es im harmloseren Fall dazu kommen kann, daß "man aneinander vorbei 'geredet'" hat (BUDDE 1987, 14). In anderen Fällen kann dies zum Beginn eines Beziehungskonfliktes führen: "Der andere benimmt sich 'falsch' und muß daher - da der Logik zu Folge kein sachlicher Grund dafür gegeben ist - unhöflich, betrügerisch, dumm oder verrückt sein" (1987, 14). So kommt es zu Vorurteilen und negativ besetzten Stereotypen. Besonders fatal ist dabei, daß es meist zu keinerlei selbstkritischer Reflexion der eigenen 'Wahrheiten' kommt, denn die eigenen 'Wahr-Nehmungen' und Maßstäbe werden unhinterfragt für die richtigen und gültigen gehalten. Die "ethnozentristisch geprägten Sicht- und Denkweisen halten gleichsam überall verborgene Fettnäpfchen bereit, in die hineinzutreten fast unvermeidbar ist" (1987, 15), und bei jedem dieser Erlebnisse geht man auseinander mit dem Gefühl: "man weiß Bescheid" (1987, 14) - vor allem über die/den andere(n) (vgl. die anregenden Geschichten über derartige Situationen bei KUGELMANN & LÖW-BEER 1984).

Häufig wird in der pädagogischen Literatur betont, daß LehrerInnen sich - z.B. auch im Rahmen der Fortbildung - ihres eigenen, persönlichen Rassismus und Ethnozentrismus (ESSINGER 1988) bewußt werden müßten, es notwendig sei, "'stolpern' zu lernen: aufmerksam zu werden für Momente im eigenen und fremden Denken, in denen sich Relatives für Objektives ausgibt" (BUDDE 1987, 17). Erst durch Sensibilisierung und kritische Selbstreflexion könne der heimliche Lehrplan des Germanozentrismus überwunden werden (vgl. Kap. 4.2.3, 4.3.3).

Ethnozentristische Diskriminierung beginnt, so BUDDE (1987), schon bei Formulierungen, weil Begriffe und Situationen unterschiedlich 'be-deutet' werden (vgl. z.B. die widersprüchliche Bewertung des Kopftuchs bei SAKAR 1987, 225f.). Dabei spielen neben bewußten auch Formen unbewußter Diskriminierung eine große Rolle. Deren Spektrum zieht sich vom 'Foreigner Talk' bis zur Verwendung abkürzender und damit andere ausschließender Redewendungen (vgl. LUCHTENBERG 1985, 90-93, 1991, 72-74). Daraus muß nach LUCHTENBERG gefolgert werden, "das Bewußtsein für die eigene Sprache zu verstärken und so die Schwierigkeiten von ausländischen Gesprächsteilnehmern überhaupt zu kennen" (1985, 94).

Neben der individuellen Ebene ist die **strukturelle Ebene** des Ethnozentrismus, gleichsam seine globale Dimension, von Bedeutung. Hierbei wird die eigene Kultur zum Maßstab der Beurteilung anderer Kulturen gemacht. So grenzt sich etwa die Kultur der inuit (= Menschen), die von anderen als Eskimos bezeichnet werden, zur kollektiven Identitätssicherung ethnozentristisch von anderen Kulturen ab. Für die Fragestellung innerhalb einer Interkulturellen Erziehung ist jedoch nicht einfach die Abgrenzungsfunktion des Ethnozentrismus entscheidend, sondern die Abwertung anderer Kulturen durch die europäisch-abendländische im Sinne des Eurozentrismus. Sie empfindet sich selbst als den Maßstab aller Kulturen und hilft durch Entwicklunghilfe anderen Kulturen und Gesellschaften, ihre Entwicklungsrückstände aufzuholen. Hier bekommt der Ethnozentrismus eine ideologische, also die Interessen verschleiernde Funktion, indem mit seiner Hilfe ökonomische und politische Herrschaft und Machterhaltung legitimiert wird.

Nach NESTVOGEL sind seit Jahrhunderten fünf Varianten der Einschätzung fremder Kulturen nachweisbar, die ein je spezifisches Verhältnis von Gleichheit und Verschiedenheit von Kulturen repräsentieren (1987a, 66; vgl. 1987b, 43):

- "In der ersten Variante gibt es fremde Kulturen nicht oder sie sind es nicht wert, als Kultur bezeichnet zu werden (rassistische, sozialdarwinistische, kolonialistische und faschistische Varianten)."
- "In der zweiten Variante sind fremde Kulturen ein Hindernis für Zivilisierung (Kolonialzeit), Entwicklung (nachkoloniale Periode, Entwicklungshilfe der 60er Jahre) oder der Integration (z.B. Konzepte der 'Zwangsgermanisierung' von Migranten)."
- "In der dritten Variante sind fremde Kulturen vorhanden und müssen bei Modernisierungs- oder Integrationsmaßnahmen eingeplant werden; z.B. um effektiver modernisieren (derzeitige Entwicklungshilfekonzepte) oder 'integrieren' zu können (einige Konzepte multikultureller Erziehung)."
- "Für die vierte Variante sind fremde Kulturen in ihrer Gesamtheit zu erhalten bzw. wiederzubeleben: Hierbei handelt es sich um eine sozialromantische Variante, bei der oft Wünsche und Sehnsüchte, die in der eigenen Gesellschaft nicht erfüllbar erscheinen, in andere Kulturen projiziert werden."
- "In der fünften Variante schließlich sind fremde Kulturen so 'gut' oder 'schlecht' wie die Gesellschaft, in der sie bestimmte Funktionen wahrnehmen, und wie die gesellschaftlichen Zielsetzungen, zu deren Erreichung sie beitragen sollen."

NESTVOGEL bewertet die Varianten 1 - 4 als ethnozentristisch. Sie entsprechen auch einer weit verbreiteten Problemfixierung, nach der "in äußerst selektiver Wahrnehmung sämtliche Probleme in die Fremden projiziert (werden): In Bezug auf Ausländer ist oft die Rede von Entfremdung, Deprivation, Identitätsstörungen,

Orientierungslosigkeit, Anomie, Marginalität, Neigung zu psychosomatischen Beschwerden, zu Schizophrenie, Kriminalität etc." (1987a, 67). Wenn diese Wahrnehmungswelt mit der realen Welt von MigrantInnen übereinstimmte, dürften nach TSIAKALOS "nur wenige noch am Leben sein" (NESTVOGEL 1987a, 67). Lediglich Variante 5 zeigt für NESTVOGEL "einen Weg auf, sich mit fremder und eigener Kultur auseinanderzusetzen, ohne in die Extreme einer vorschnellen Abwertung oder Romantisierung zu verfallen" (1987a, 67).

Bezogen auf die Bewältigung kultureller Heterogenität läßt sich zu dieser Auflistung feststellen: Variante 1 blendet fremde Kulturen völlig aus und beschreitet damit ebenso eine assimilative Strategie wie die Varianten 2 und 3, die über positive Diskriminierung und kompensatorische Förderung assimilativ wirken. Variante 4 scheint dies ebenfalls, wenn auch unter umgekehrten Vorzeichen, zu tun, nach dem Motto: In der fremden Kultur ist alles viel besser. Variante 5 schließlich versucht den Weg einer prinzipiellen Gleichwertigkeit bei akzeptierender Verschiedenheit zu gehen - und somit einen interkulturellen Weg, mit all seinen kulturrelativistischen Problemen (vgl. Kap. 4.1.3). Bezogen auf die deutsche Schule muß festgestellt werden, daß sie in weiten Bereichen Variante 1 vertritt, wenn sie die Herkunftssprachen und -kulturen von Migrantenkindern ausblendet, sie damit abwertet und augenscheinlich nicht als Bildungspotential wahrnimmt (BOOS-NÜNNING 1983, 12).

Diese Varianten finden sich auch ähnlich in Grundhaltungen gegenüber MigrantInnen wieder, wie sie BARKOWSKI (1984, 171f.) beschreibt als Fürsorge- und koloniale Haltung und Haltungen des Ausländerdenkens, bei dem vieles auf das Ausländer-Sein zurückgeführt und damit zur Abweichung erklärt wird, und des Distanzverlustes, bei dem Ansprüche gegenüber der deutschen Gesellschaft zugunsten der Chancengleichheit für MigrantInnen unbewußt aufgegeben werden.

Um den Unterschied der weltweite Herrschaftsverhältnisse legitimierenden Funktion zur schlichten Abgrenzung von anderen Kulturen deutlich zu machen, schlägt der Geographie-Didaktiker SCHMIDT-WULFFEN eine begriffliche **Trennung zwischen Ethnozentrismus und Eurozentrismus** vor. Ethnozentrismus bezeichnet demnach unter ethnologischem Aspekt "die Selektivität, mit der real existierende Erscheinungen im Leben fremder Völker und Gesellschaften wahrgenommen bzw. ausgeblendet werden. Es gerät nur das ins Blickfeld, was im Widerspruch zu 'unseren' Einstellungen und Wertschätzungen steht" (1982a, 55). Unter sozialwissenschaftlichem Aspekt bezeichnet Ethnozentrismus die "Vorstellung evolutionärer Gesellschaftsentwicklung", die versucht, "universal gültige Gesetze aufzustellen, die schließlich auch auf die Industriegesellschaften anwendbar wären. ... Abstrahiert wird z.B. von den zugrundeliegenden Strukturen wie Ungleichheit, Dominanz und Abhängigkeit, Fremdbestimmung und Ausbeutung" (1982a, 56). Dies hat fatale Folgen: "Die behauptete Universalität menschlicher Entwicklung macht Ausmaß und Funktion ethnozentristischer Denkmuster in der 'modernen Industriegesellschaft' ununterscheidbar von jenem weit verbreitetem Verhalten isoliert lebender Gesellschaften, die sich selbst im und als Mittelpunkt der Welt empfinden, andere jedoch als Barbaren oder Wilde" (1982a, 56; ähnlich auch die Definition des Ethnozentrismus von KALPAKA & RÄTZEL 1986b, 37). Von ihm unterscheidet sich der Begriffsgehalt des Eurozentrismus deutlich: "Mit der Bezeichnung 'Eurozentrismus' soll ausgedrückt werden, daß die 'schiefe' Beurteilung fremder Völker und Gesellschaften auf jene spezifische gesellschaftliche, zeitlich-historisch eingrenzbare Situation bezogen werden muß, in der sich die Entwicklung der Beurteilenden zur Metropole, die der Beurteilten zur Peripherie vollzog (16. - 20. Jahrhundert). Eurozentrismus setzt voraus und spiegelt zugleich ein einseitiges, strukturell verankertes Herrschafts-Abhängigkeitsverhältnis, das als Ergebnis des kapitalistischen Entwicklungsprozesses Europas zur Metropole begriffen werden muß" (SCHMIDT-WULFFEN 1982a, 56; vgl. auch NESTVOGEL 1987b, 42; zu dieser grundsätzlichen ethno- und eurozentristischen Schieflage in der Geographie-Didaktik vgl. SCHMIDT-WULFFEN 1982a, 1982b).

KALPAKA & RÄTZEL schlagen eine **Trennung zwischen Ethnozentrismus und Rassismus** als zentralen Begriffen vor. Damit wollen sie sich mit der internationalen antirassistischen Bewegung verbinden (vgl. Kap. 4.6.3). "Hier werden bestimmte Gruppen aufgrund ihrer Kultur, ihrer Religion, ihrer Verhaltensweisen, ihrer Klassenlage als 'Rasse' bezeichnet. 'Rasse' wird sozial konstruiert: Indem eine Menschengruppe aufgrund z.B. ihrer Religion als 'Rasse' definiert wird, wird der religiöse Glaube als etwas genetisch Vererbbares gedacht, weil 'Rasse' die Assoziation von 'Vererbung' aus der Biologie mitbringt. ... Jede Verknüpfung solcher Merkmale (Verhaltensweisen, Religion etc.; A.H.) mit dem 'Rasse'-Begriff ist also rassistisch in dem Sinne, daß sie Soziales in Natürliches verwandelt, Soziales naturalisiert wird" (1986b, 33). In diesen Zusammenhang gehören für KALPAKA & RÄTZEL auch Phänomene eines 'linken Ethnozentrismus' im Sinne von Distanzverlusten: "In aufgeklärten Kreisen schlägt die Mißachtung anderer Gruppen um in die Bewunderung für die Fähigkeiten, die zum Beispiel Südländer noch besitzen und die Menschen aus dem Norden abhanden gekommen sind. Man sieht keine dunklen Augen, sondern 'feurige dunkle Augen', Bewegungen sind 'temperamentvoll'. In solchen Formulierungen sind äußere Merkmale Ausdruck innerer Eigenschaften" (1986b, 34).

KALPAKA & RÄTZEL halten den Rassismusbegriff auch für angemessener als etwa den Begriff der Ausländerfeindlichkeit, denn "der Begriff 'Ausländerfeindlichkeit' unterstellt, daß alle 'Ausländer' diskriminiert werden. Es gibt aber nicht die gleichen Vorbehalte und nicht die gleiche Ablehnung gegen Engländer, Amerikaner, Schweden usw. wie gegen Afrikaner, Türken, Spanier, Griechen usw.. Wie soll man zudem Beziehungen nennen, in denen 'Ausländer' nicht aus Feindlichkeit, sondern aus 'Freundlichkeit' unterdrückt werden (paternalistische Verhaltensweisen in Arbeiter- und Frauenbewegung z.B.)?" (1986b, 32). Ähnlich argumentieren auch ESSINGER & KULA, die den Begriff der Ausländerfeindlichkeit als "Verharmlosung des faktisch vorhandenen Rassismus" (1987, 68) sehen, "dessen Wurzeln u.a. im Kolonialismus bzw. Faschismus der europäischen Vergangenheit zu suchen sind" (1987, 67). Damit sind die beiden Ebenen der Unterdrückung nach außen (im Weltmaßstab) und nach innen (gegen Minderheiten) bezeichnet.

Unabhängig davon, ob man den Begriff des Eurozentrismus oder den des Rassismus von Phänomenen des Ethnozentrismus abheben will, gemeinsam bleibt die gesellschaftliche Legitimation von Über- und Unterordnung, von Herrschaft und Unterdrückung, und dieses sowohl im globalen Maßstab als auch gegenüber Angehörigen anderer Kulturen, quasi bei uns vor der Haustür. Wichtig scheint dabei die Überlegung von NESTVOGEL zu sein, es sei eine falsche - und wiederum selbst ethnozentristische - Vorstellung, daß es eine universal gültige, von Ethnozentrismen freie Umgangsweise mit sich und der Umwelt geben könne (1987a, 68; vgl. hierzu die Diskussionen um Kulturrelativismus vs. Kulturuniversalismus in Kap. 4.1.3). Deshalb könne nicht die Befreiung von Ethnozentrismus Aufgabe der Interkulturellen Erziehung sein, sondern die "Einsicht in die eigene ethnozentristische Beschränktheit, die die Vorstellung einer kulturellen Höherwertigkeit aufgibt" (1987a, 68; vgl. auch 1987b). Hiermit ist eine wesentliche Aufgabe Interkultureller Erziehung beschrieben.

Wiederum ist festzustellen, daß auch die interkulturelle Literatur selbst - so zentral die Kritik am Ethnozentrismus ist - nicht frei von Ethnozentrismen ist.

REISER wendet sich gegen ethnozentristische Tendenzen einer assimilativen Integration, verfällt in ihren kontrastiven Überlegungen selbst in jene Muster, wenn sie - mit deutlicher Distanz und mit Anflügen eines paternalistischen oder besser maternalistischen Untertons - feststellt: "Nie habe ich danach fragen gehört, ob sich die Gastarbeiter nicht subjektiv in ihrem gewählten, für uns gettohaften Leben wohlfühlen und für eine vielleicht - für sie so erlebten - Übergangszeit, für sich das Beste daraus gemacht haben" (1981b, 8) und danach - in fast sonderpädagogischer Manier - fragt: "Werten wir damit nicht sogar eine unter Anstrengungen oder gar Entsagungen erbrachte Leistung unberechtigterweise ab?"

Und GÄRTNER, der schon wegen einer sonderpädagogisierenden Förderideologie für ausländische SchülerInnen kritisiert wurde (vgl. Kap. 4.6.2), empfiehlt für eine interkulturelle Förderung der Kinder "Inhalte wie z.B. Moralvorstellungen aus einigen Entsendeländern oder Entwicklungsrückstände in der Produktion" (1988, 88). SCHMITT spricht vom "Ausgleich zwischen den hochindustrialisierten Metropolen und den wirtschaftlich zurückgebliebenen Peripherien" (1985a, 73). Da tritt die ethno- und eurozentristische, angeblich global gültige Weltsicht deutlich hervor, die modernisierungstheoretisch ausgerichtet Probleme der Unterentwicklung ausschließlich als Modernitätsrückstand auffaßt (vgl. SCHMIDT-WULFFEN 1982b).

Nahezu einheitlich werden innerhalb der Interkulturellen Erziehung lediglich punktuell stattfindende interkulturelle Aktivitäten wie internationale Feste oder Folkloreveranstaltungen abgelehnt, also "das Erleben von Exotik beim Essen und Trinken, emphatische Verbrüderungsaktionen und idealisierende Heimat-Bilder" (HOHMANN 1989, 16). Derlei Aktionen können im Gegenteil eher ethnozentristische Vorstellungen zementieren: "Eben weil sie außerordentliche Unternehmungen sind, verdeutlichen sie, daß im normalen Alltag kein Platz für die Sprache und Kulturen der anderen ist" (BUDDE 1987, 16). Gerade solche Aktionen sitzen schnell der Gefahr einer "Mitleidpädagogik" (AUERNHEIMER 1990, 179) auf, bei der Mitleid und Mildtätigkeit "als eine Form moralisch verfeinerter Diskriminierung" wirken (1990, 179) und bei der in einem moralisierenden Unterricht "nur ein äußerlich aufgesetztes Verhalten erreicht wird und mit dem sich der Pädagoge/die Pädagogin in die Tasche lügt" (1990, 181). Es geht also nicht "um eine karitative, von Schuldgefühlen getragene Geste Fremden gegenüber" (NESTVOGEL 1987b, 41). Zudem besteht die Gefahr "daß eine in der Heimat bereits veränderte Kultur nostalgisch verklärt wird und die Ausländer, als exotisch interessant dargestellt, erst recht ihren Sonderstatus stabilisieren" (SCHREINER 1986, 255).

Im Gegensatz zu solchen punktuellen Aktivitäten muß Interkulturelles Lernen als Daueraufgabe im Sinne einer kontinuierlichen Auseinandersetzung begriffen werden: "Kultur ist etwas, das im Kinderalltag in der deutschen Bildungseinrichtung greifbar sein muß. In einem Bilderbuch z.B. kann immer wieder geblättert, gelesen, vorgelesen werden. Es genügt nicht, wenn einmal im Jahr 'Reise in die Türkei' gespielt wird und die Kinder Fotos und Landkarten oder Postkarten mitbringen. Hier geht es mehr um die selbstverständliche Präsenz anderer Kulturen und Sprachen rund ums Jahr" (ULICH 1987, 213).

Ein Feld, in dem ethno-, eurozentristischer und rassistischer Verzerrungen deutlich werden können, sind die von den Kultusministerien erlassenen **Richtlinien und Lehrpläne** sowie die von ihnen genehmigten **Schulbücher**. Dominierend ist dort nach wie vor - entgegen allen interkulturellen Forderungen nach Internationalisierung der Curricula (z.B. AUERNHEIMER 1990, 174) - eine monokulturelle und auf die Richtigkeit der eigenen kulturellen Werthaltungen zielende Ausrichtung, oder, wie es AUERNHEIMER formuliert, das "Problem des europäischen Universalismus und der evolutionistischen Geschichtsbetrachtung" (1990, 191). So sind nach KULA Lehrbücher "durch eine monokulturelle-monoethnische Orientierung geprägt und aus interkultureller, pädagogischer Sicht erweisen sie sich als ungeeignet, interkulturelle Kommunikation und Interaktion zwischen deutschen und ausländischen Schülern positiv zu beeinflussen" (1986, 384). Dort - wie auch in der wissenschaftlichen Literatur - kommt es nahezu durchgängig zu teilweise schon fast kuriosen Formulierungen, so z.B. über den "Seiteneinsteiger, der im Heimatland mehrere Jahre die Schule besucht hat und ohne oder mit minimalen Sprachkenntnissen in die Bundesrepublik eingereist ist" (zit. bei BUDDE 1987, 16; vgl. dort weitere Beispiele). Auch tauchen in den Deutschbüchern der Berliner Grundschule Anfang der 80er Jahre nur wenige Texte auf, in denen es um MigrantInnen geht (ESSINGER & HELLMICH 1981, 102).

GÖPFERT zeigt anhand der Bayerischen **Geschichtslehrpläne**, vor allem an denen für die Hauptschule, eine starke nationale Orientierung auf. "Dabei werden andere Staaten und ihre Geschichte entweder übergangen, dienen zur Bestätigung des eigenen Nationalgedankens oder werden gar zur Abgrenzung mit negativen Vorzeichen der eigenen Geschichte zugeordnet" (1985, 22). Über die Mittelmeerländer erfahren bayerische SchülerInnen während des 5. und 6. Schuljahres etwa Folgendes: "Zwar hatten die Mittelmeerländer wie Griechenland und Italien einmal hochentwickelte Kulturen, diese verfielen jedoch schon in weit zurückliegender Zeit; Erben ihrer Kultur sind nicht die nachfolgenden Gesellschaften dieser Nationen, sondern vielmehr wir Deutsche" (1985, 14). Da nur bestimmte Zeiträume betrachtet werden, nicht hingegen die Weiterentwicklung, müssen die SchülerInnen den Eindruck bekommen, "die Mittelmeerländer haben ihre Kultur verloren oder sind kulturlos geblieben, sie haben es zu nichts gebracht. Wenn ihre Bewohner etwas zuwege bringen wollen, müssen sie nach Deutschland als Gastarbeiter kommen" (1985, 20). So wird auf versteckte Art deutscher oder mitteleuropäischer Hochmut erzeugt. Am Thema 'Kreuzzüge' wird im 7. Schuljahr die einseitige Behandlung geschichtlicher Auseinandersetzungen deutlich, z.B. schon in der Rede von der 'Befreiung der Heiligen Stätten' und in Begriffen wie 'christliche Mission', 'Erfüllung christlicher Ritterschaft' (1985, 23).AUERNHEIMER kommentiert treffend, "die Schüler nehmen gleichsam noch einmal an der Verteidigung des 'Christlichen Abendlandes' teil" (1990, 187). Was GÖPFERT vor allem kritisiert, ist "das Fehlen einer eindeutigen Absage an Feindbilder und Gewalt" (1985, 33; vgl. auch FISCHER 1986 über das Türkei-Bild).

Zum Bayerischen **Sozialkundelehrplan** an Hauptschulen stellt GÖPFERT fest: Das Thema Arbeitsmigration brauchen LehrerInnen nach den Lehrplänen "kein einziges Mal aufzugreifen" (1985, 127). AusländerInnen kommen bestenfalls unter dem Stichwort 'benachteiligte Gruppen' als Alternative zu Alten, Behinderten, psychisch Kranken, Armen, Nichtseßhaften oder Vorbestraften vor (1985, 127). GÖPFERT resümiert, der Bayerische Sozialkundelehrplan "weist vor allem einen affirmativen Charakter auf, er dient der Anpassung an Institutionen und das politische System der Bundesrepublik. In dieser seiner 'Positivität' hat er Feindbildwirkung: Antikommunismus und Ausländerfeindlichkeit sind die Folgen" (1985, 135). Antikommunismus wird durch ausschließliche Schwarz-Weiß-Malerei in der Gegenüberstellung von DDR und BRD erzeugt, Ausländerfeindlichkeit dadurch, daß das (West-)Deutsche unhinterfragt als das Normale und Positive, alles andere als nicht existent und damit implizit als Abweichung dargestellt wird.

Die Bayerischen **Religionslehrpläne** tragen zu einem Unterricht bei, der auf dem Grundproblem "dogmatische(r) 'Wahrheiten'" (GÖPFERT 1985, 157) aufbaut. Vor allem im Grundschulbereich wird weitgehend "von der 'wahren' Lehre der jeweiligen Religion ausgegangen" (1985, 162), andere Religionen werden lediglich im Sinne eines 'Auch-religiös-Seins', kaum dagegen als Alternative zum Christentum dargestellt. Ein Verständnis für sie kann so nicht entstehen - noch viel weniger gilt dies für den Atheismus, der nur als Alternative zum Christentum verstanden werden könnte (1985, 163f.). Eine "Öffnung für weltanschauliche Pluralität", wie GÖPFERT sie fordert (1985, 172) findet nicht statt.

GÖPFERTS Fazit zum Geschichtslehrplan kann so zur generellen Aussage erweitert werden: "Ziel ist - weitgehend unausgesprochen, aber aus der Konzeption der Lehrpläne ablesbar - eine positive eindimensionale Identifizierung des Schülers mit der 'eigenen' Geschichte und Kultur" (1985, 105). PRENGEL kommentiert: "Die Zerstörungen, die ausgehend von der westlichen Zivilisation in vielen Teilen der Welt stattfanden (und stattfinden; A.H.), bleiben weitgehend ungenannt, die Eigenart und Leistungen anderer Kulturen werden nicht gewürdigt" (1989a, 87).

Tendenziell positiver scheint die Situation in Hamburg auszusehen, betrachtet man die Richtlinien und Hinweise für die Erziehung und den Unterricht ausländischer Kinder und Jugendlicher in Hamburger Schulen (BSB 1986). Ihnen zufolge soll im allgemeinen Unterricht die 'Ausländerproblematik' verstärkt behandelt werden (1986, 34), so z.B. in den Fächern

- Religion: fremde Religionen, insbesondere Islam,
- Erdkunde: Gastarbeiter und ihre Herkunftsländer,
- Politik und Geschichte: Minderheiten/Vorurteile,
- Gemeinschaftskunde: Entwicklungsregionen in Europa,
- Geschichte: Entstehen und Verbreitung des Islam,
- Sachunterricht: Probleme unserer Stadt.

Schon die Formulierung 'Ausländerproblematik' verweist jedoch wiederum auf eine Fixierung auf die Problemaspekte des Themas. Weiterhin sagt die Auflistung der Themen an sich noch nichts über eine ethnozentrismuskritische Perspektive aus, und die Fortschreibung dieser Vorsätze in den Richtlinien und Lehrplänen für die Schulstufen und einzelne Fächer lassen diesen Fortschritt als eher semantisch und nicht substantiell erscheinen (vgl. NEUMANN 1986 zu den Hamburger Lehrplänen der Sekundarstufe I).

Hilfreich bei der reflektierenden Arbeit in der Schule zum Thema ethno- und eurozentristischer Tendenzen können u.a. solche Materialien sein, die die Erlebnisperspektive umkehren, etwa die Forschungsreise des Afrikaners Lukanga Mukara ins Innerste Deutschlands (PAASCHE o.J., zuerst 1912/13) oder der Bericht des Papalagi (DER PAPALANGI 1980, zuerst 1920). Hilfreich sind auch kontrastierende Kulturvergleiche zwischen der sog. Dritten Welt und der westlich-abendländischen Zivilisation (vgl. z.B. FOHRBECK & WIESAND 1981). Dort werden etwa in Abbildungen und Texten die Mythen der "heiligen Kühe" in Indien und die Mythen der "heiligen Hunde" bei uns gegenübergestellt (1981, 15-24). In derartigen Materialien wird den SchülerInnen ermöglicht, kulturelle Verschiedenheit aus der Perspektive der sonst Fremden zu erleben und die eigene Kultur aus einer distanzierten Perspektive und mit anderen Maßstäben gemessen wahrzunehmen und zu reflektieren. So wird kulturrelativierendes Lernen angestoßen. Dies ist ein Beispiel für ideologiekritische Anteile der Interkulturellen Erziehung, denn "ihre Kraft besteht nicht im 'Dozieren', in 'Vermittlung' und 'Übernahme', vielmehr im Versuch, den Zu-Erziehenden einzubeziehen in diesen Denk-Prozeß des Fragens, des Dialogischen, der Suche nach Antworten, der Reflexion und der Revision der dem Gedanken vorausgehenden Normatik" (BORRELLI 1986b, 30).

4.6.5 Kritik von Betroffenen

Im Rahmen dieser Arbeit würde es zu weit führen, die Stellungnahmen von Betroffenen, insbesondere über ihre Organisationen und Interessenvertretungen analysieren zu wollen. Immerhin soll jedoch an wenigen Beispielen schlaglichtartig deutlich gemacht werden, daß und in welcher Richtung sie bzw. ihre Verbände, Gemeinden und Vereine sich äußern. Eines der deutlichsten Zeichen von Betroffenen war die Verabschiedung des Memorandums zum Muttersprachlichen Unterricht 1983. In ihm wird artikuliert, was an Mißtrauen gegenüber einem deutschen Schulwesen besteht, das u.a. den Erstsprachen und den Kulturen wenig oder keine Beachtung beimißt und es so nicht als Bildungspotential wahrnimmt. Auch wenn die griechischen MigrantInnen in gewisser Weise eine Sonderposition einnehmen, etwa hinsichtlich des Anteils der Unterrichtung in rein griechischen Klassen (vgl. ZOGRAFOU 1982, 107), kann an ihrem Beispiel verdeutlicht werden, in welche Richtung sich ihre Aussagen bewegen. Auch für MigrantInnen anderer Nationalität haben diese Grundtendenzen Gültigkeit, wenn auch evtl. abgeschwächt.

DAMANAKIS z.B. geht der Frage nach, warum "die Griechen, die ja Christen und Europäer sind und darüberhinaus demnächst (Stand 1982; A.H.) volles EG-Mitglied werden, so integrationsscheu sind und an ihren nationalen Bildungsinhalten fanatisch festhalten" (1982, 55). Neben den hohen Bildungserwartungen griechischer Eltern sieht DAMANAKIS als vielleicht wichtigsten Grund die "bisherigen mißglückten Integrationsmaßnahmen der verschiedenen deutschen Institutionen" (1982, 70), die zum Beharren auf nationale Klassen beitragen. "Die griechischen Arbeitnehmer (...) haben für sich selbst jahrelang die Erfahrung gemacht, daß sie verurteilt sind, ihr Leben lang Gastarbeiter zu sein, d.h. diejenigen, die die schweren gesundheitsschädlichen und doch unterbezahlten Arbeitsplätze in der deutschen Industrie besetzen müssen und kaum eine Berufsaufstiegschance haben" (1982, 70). Deshalb haben sie ein gewisses Maß an Mißtrauen gegenüber einer Gesellschaft und ihren Institutionen, die ihnen nicht nur eine derartige berufliche Situation zumuten, sondern auch ihre Kinder schulisch schlecht versorgen: "Die jahrelangen schulischen und beruflichen Mißerfolge haben dazu geführt, daß die Gastarbeitereltern dem deutschen Schulsystem sehr kritisch und distanziert gegenüberstehen" (1982, 72).

Auch KALPAKA beschreibt diese Haltung griechischer Eltern: "Die offizielle Politik der Einweisung in die Regelklassen sehen viele Griechen und ihre Vereine als eine Bewertung, und zwar eine Abwertung ihrer Sprache und somit auch ihrer Kultur und weisen auf die Zeiten des Kolonialismus hin, wo die Kolonialherren sich nicht vorstellen konnten, daß die unter ihnen versklavten Völker jemals eine andere Sprache sprechen würden als die der Metropole" (1986, 191; dieses war allerdings weniger eine Frage der Vorstellungskraft, sondern mehr der - mitunter brutalen - administrativen und ökonomischen Durchsetzung). KALPAKA zeichnet die Unzufriedenheit griechischer Eltern darüber nach, daß Nationale Übergangsklassen in Hamburg nur im Grundschulbereich geführt werden: "Worüber sich griechische Eltern und Lehrer beklagen, ... ist die Tatsache, daß dieses Angebot nur auf die Klassen 1 bis 4 beschränkt ist, und daß die einzige Möglichkeit, die dann ihren Kindern geboten wird, die Eingliederung in die Regelklasse ist, die 'Zwangsintegration', wie sie diesen Zustand nennen" (1986, 90). Weiter ist häufig von "Enthellenisierung" und "Germanisierung" die Rede (ZOGRAFOU 1982, 106).

So stehen vor allem Ängste vor kultureller Entwurzelung und solche vor einem Druck zur Germanisierung, also der Anpassung an die deutsche Sprache und Kultur, im Vordergrund von Stellungnahmen. Und wenn es - was bisher augenscheinlich der Fall ist - im wesentlichen nur die Alternative zwischen assimilativer Integration und isolierender Segregation gibt, dann wählen viele Betroffene aus Befürchtung über die drohende Entfremdung und Entwurzelung ihrer Kinder die segregativere Form als kleineres Übel.

4.7 Zusammenfassung wesentlicher Aussagen der Interkulturellen Erziehung zur Bewältigung der Heterogenität der Kulturen

In diesem Abschnitt gilt es nun die wesentlichen Aussagen der Theorie und Praxis Interkulturellen Erziehung zur Bewältigung von Heterogenität zu beleuchten. Dies geschieht unter der Fragestellung, ob ein dialektisches Verständnis von Gleichheit und Verschiedenheit als Grundlage der Interkulturellen Erziehung angenommen werden kann und wie diese Grundlage theoretisch und praktisch eingelöst wird. Betrachtungsebenen sind dabei wiederum die von der Frankfurter Arbeitsgruppe um REISER herausgearbeiteten und für diese Arbeit modifizierten Ebenen der Theorie integrativer Prozesse.

Bei der Betrachtung der Entwicklung von Bildungskonzepten für ausländische Kinder werden drei Konzepte deutlich, die mit den Begriffen 'Rotation', 'Integration' und 'Option für beides' beschrieben werden können. Hier fällt bereits auf den ersten Blick eine Entsprechung der Rotation zur Separierung und der Integration - im ausländerpädagogischen Sinne einer Eingliederung und Einpassung in etwas Bestehendes verstanden - zur Assimilation auf. Der Integrationsbegriff wird innerhalb der Diskussion um die Interkulturelle Erziehung sehr unterschiedlich verwendet, das Spektrum reicht von der unverblümten Anpassungs- und Unterwerfungsforderung bis zur synonymen Verwendung und Verschmelzung mit der Interkulturellen Erziehung. Das Optionskonzept stellt hier einen politisch gewollten, aber untauglichen Kompromiß des Offenhaltens dar, nicht aber eine dialektische Herangehensweise an kulturelle Heterogenität. Sie wird erst erreicht mit dem Verständnis Interkultureller Erziehung, die sich gegen Anpassungsforderungen und gegen Separierungstendenzen wendet. Interkulturelle Erziehung ist der pädagogische Reflex auf die Realität einer einer faktisch multikulturellen Gesellschaft. Anders als die Ausländerpädagogik bezieht sie sich nicht nur auf Migrantenkinder, sondern auf alle, ausländische und inländische Kinder und auf die Beziehungen zwischen ihnen. Indem die Interkulturelle Erziehung das Miteinander verschiedener Kulturen, damit die Gemeinsamkeit Unterschiedlicher anstrebt - und dabei Konflikte einschließt - und sich gegen alle monistischen Uniformierungstendenzen wendet, macht sie ein dialektisches Verständnis von universeller Gleichheit und partikularer Verschiedenheit der Menschen zu ihrer Grundlage.

Zur Einlösung dieses Postulats auf der **Person-Ebene** lassen sich folgende Aussagen treffen:

Bei der Bildungsbeteiligung von Migrantenkindern werden zwei Tendenzen deutlich: Während in den 70er Jahren insgesamt eine klare Schlechterstellung gegenüber deutschen Kindern dominierte, zeigt sich in den 80er Jahren einerseits eine stärkere Normalisierung, also eine Annäherung an die Standards der Bildungskarrieren deutscher Kinder, andererseits eine stärkere Hierarchisierung mit verstärktem Anpassungsdruck zur deutschen Sprache, weg von der Erstsprache und mit einer verstärkten ethnisch-kulturellen Selektion mit zunehmender Aussonderung in Sonderschulen. Bedeutsam ist dabei, daß Migrantenkinder ihre schulischen Erfolge nicht in entsprechende Berufschancen umsetzen können.

Bei Schulleistungsuntersuchungen zeigen sich Unterschiede zwischen ausländischen und deutschen Kindern. Dies kann nicht überraschen, haben Kinder mit nichtdeutscher Erstsprache andere Ausgangsvoraussetzungen für einen rein deutschsprachigen Unterricht als Kinder, die mit der deutschen Sprache aufgewachsen sind. Nach einer Untersuchung verringern sich zwar die Leistungsunterschiede zu deutschen Arbeiterkindern, werden jedoch nicht ganz ausgeglichen. Hier zeigen sich die positivsten Tendenzen, was auf den kooperierenden muttersprachlichen Unterricht zurückgeführt wird. Andere Untersuchungen zeigen Leistungsunterschiede zwischen ausländischen und deutschen SchülerInnen anhand ihrer Zensuren, wobei sich eine ungünstigere Situation für die Migrantenkinder ergibt. Diese Untersuchungen sind insofern problematisch, als auch mögliche Wahrnehmungsverzerrungen und subjektive Wertungen der LehrerInnen mit eingehen. Gleichwohl weisen sie eine gewisse Plausibilität auf, denn sie korrespondieren mit Beobachtungen zum Meldeverhalten, bei denen sich ebenfalls eine ungünstigere Situation für Migrantenkinder zeigt.

Was die Identitätsentwicklung von Migrantenkindern angeht, so findet sich eine kontroverse Diskussion mit allenfalls unsicheren Tendenzmeldungen. Der frühere Konsens, ausländische Kinder litten unter dem Zusammenprallen zweier Kulturen, unter einem Kulturschock, und durchliefen generell eine gestörte Identitätsentwicklung, wird heute eher in Frage gestellt. Selbst die Hypothese möglicher höherer Häufigkeiten von psychischen Störungen wird kontrovers beantwortet.

Zur Frage der Selbst- und Fremdwahrnehmung zeigt sich zwischen ausländischen und deutschen Kindern, daß eher negativ besetzte Eigenschaften gesehen werden. Vorurteile und Stereotype werden von deutschen wie ausländischen Kindern formuliert; häufig scheinen bei deutschen Kindern Aussagen sozialer Erwünschtheit durch, die die Wahrnehmung insgesamt als widersprüchlich erscheinen lassen: Einerseits lehnen sie Migrantenkinder ab, andererseits solidarisieren sie sich als 'nette deutsche Kinder' emotional mit ihnen gegen Diskriminierung. Migrantenkinder in nationalen Klassen bewerten ihre Nationalität als weitaus wichtiger als jene aus gemischten Klassen; SchülerInnen nationaler Klassen führen Ablehnungserfahrungen eher auf ihre Nationalität zurück und empfinden das Deutsche als fremder. Der gleiche Widerspruch zwischen eigenen Vorurteilen und Abgrenzungsbedürfnissen und sozial erwünschter Solidarität zeigt sich auch bei PädagogInnen. Diese Widersprüchlichkeit kann zu Wahrnehmungsverzerrungen führen, die Migrantenkinder von vornherein einem negativ besetzten Klischee zuordnen. Die Wahrnehmung von Migrantenkindern und ihrer Besonderheiten, meist in Form von Problemen und Defiziten, weist auf die Bedeutung der Identitätsbalance auch auf seiten der PädagogInnen: Mit Hilfe von Defizitbeschreibungen und einer entsprechenden Fördermaßnahmenpädagogik stellen sie eigene Handlungssicherheit her und wehren Verunsicherung ab.

Hinsichtlich der Sprachentwicklung wird in der Literatur einmütig die Notwendigkeit der Einbeziehung der Erstsprache in schulisches Lernen für die Sprach- und Persönlichkeitsentwicklung betont. Die Berücksichtigung dieses Postulates zeigt in Untersuchungen nicht nur eine bessere Entwicklung in der Zweitsprache Deutsch, sondern im Sinne der Interdependenzthese auch eine positivere Entwicklung in der Erstsprache. Hieraus ist die Aussage abzuleiten, daß sich Migrantenkinder am ehesten im Sinne einer mehrsprachigen Situation entwickeln können, wenn sie in der allgemeinen deutschen Schule unterrichtet werden und dort erstsprachliche Angebote bereitgehalten werden. Die Forderung nach der Berücksichtigung der jeweiligen Erstsprache und ihrer Koordination mit deutschsprachigem Unterricht bildet die konsensuelle Basis innerhalb der Interkulturellen Erziehung. Sie wird bisher jedoch allenfalls in Modellversuchen eingelöst. Sonst dominiert eine einsprachig deutsche schulische Erziehung in der faktischen Situation der multikulturellen Gesellschaft.

Für die **Interaktion-Ebene** lassen sich die folgenden Aussagen treffen:

Untersuchungen über Sympathiebeziehungen in gemischten Klassen zeigen eine geringere Berücksichtigung ausländischer SchülerInnen bei Wahlen und Ablehnungen sowie eine kritischere Distanz zwischen ausländischen und deutschen SchülerInnen. Dabei ergibt sich ein eigentümlicher Widerspruch zwischen diesen soziometrischen Ergebnissen, die Migrantenkinder eher als Randgruppe, in geringerer Wahrnehmung und größerer Ablehnung deutscher SchülerInnen zeigen, und den subjektiven Wahrnehmungen von SchülerInnen und LehrerInnen, die solche Tendenzen nicht sehen.

Freundschaften zwischen ausländischen und deutschen SchülerInnen gestalten sich je nach Nationalität, stärker aber noch je nach besuchtem Klassentyp höchst unterschiedlich. Migrantenkinder in Regelklassen gehen wesentlich mehr und tendenziell intensivere Freundschaften ein als jene in Nationalklassen. Dabei sind jedoch nationale Unterschiede zu berücksichtigen. Schulische Kontakte von Migrantenkindern bestehen je nach schulischer Situation mehr zu deutschen oder zu ausländischen SchülerInnen, wobei der größte Anteil jeweils auf die Kontakte sowohl mit deutschen als auch mit ausländischen SchülerInnen entfällt. Auffällig ist der relativ große Anteil ausschließlicher Kontakte zu Landsleuten bei SchülerInnen an einer nationalen Schule.

Als zentral wird die Bedeutung der Verhaltensweisen von PädagogInnen angesehen. Eine ältere Untersuchung zeigt eine deutliche Benachteiligung ausländischer gegenüber deutschen SchülerInnen durch Ab- und Zuwendung von LehrerInnen. Weiter scheinen zwei Verhaltensstrategien deutscher LehrerInnen gegenüber ausländischen SchülerInnen typisch zu sein: 'Ignorierende Toleranz' unterstellt kulturelle Gleichheit und blendet Unterschiedlichkeit aus, solange ausländische SchülerInnen nicht durch Defizite und Probleme auffallen. 'Positive Diskriminierung' nimmt kulturelle Unterschiedlichkeit als Defizit und Defekt ausländischer SchülerInnen wahr und engagiert sich in einer Sonderbehandlung mittels besonderer Förderung, am besten durch SpezialistInnen. Beiden Strategien gemeinsam ist neben der Abwehr von interkultureller Verunsicherung die Abwertung kultureller Heterogenität durch den Versuch einer sprachlichen, ethnischen und kulturellen Diskriminierung und einer Anpassung an das Deutsche im Sinne eines heimlichen Lehrplans.

Auf der **Handlungsebene** können folgende Aussagen gemacht werden:

In der Literatur wird häufig die Kooperation in einem deutsch- und muttersprachlichen Zwei-LehrerInnen-Teams gefordert, das der zweisprachigen Situation von Migrantenkindern entsprechen könne. Erst diese Konstruktion ermöglicht die gleichberechtigte Anerkennung der Erstsprache von Migrantenkindern.

Grundlage des interkulturellen Unterrichts ist die größere kulturelle Heterogenität der Lerngruppe. Dieses wird sowohl als Problem als auch als Chance für gegenseitige Anregung gesehen. Als didaktische Elemente wird auf jene verwiesen, die den Zielhorizont einer kindgerechteren Schule ausmachen: Lebensweltorientierung, Binnendifferenzierung und Individualisierung, Öffnung des Unterrichts, Gemeinwesenorientierung, HelferInnensysteme. Diese Elemente sind nicht spezifisch interkulturell. Gleichwohl reichen diese allgemeinen Prinzipien nicht aus, sie müssen auf spezifische Erfordernisse kultureller Heterogenität bezogen und konkretisiert werden. Interkulturelle Didaktik ist damit keine spezielle Didaktik, sondern eine allgemeine Didaktik mit speziellen Qualitäten. Dieses schließt z.B. für die Spracherziehung eine parallele Alphabetisierung in der Erst- und Zweitsprache mit dem Ziel einer bewußten Zweisprachigkeit ein, die sich mehr auf kommunikative Situationen und Funktionen als auf systematisches Lernen von Formeln stützt. Insgesamt zeigt sich bezüglich eines interkulturellen Unterrichts ein großer Mangel an empirischen Untersuchungen, eher ist eine vielfältige, stillschweigende Praxis anzutreffen, die jedoch wenig erforscht ist. Auf curricularer Ebene wird eine Internationalisierung gefordert, eine Überarbeitung bestehender

Lehrpläne und Lehrbücher, die Ergänzungen von unterschiedlichen Perspektiven und Korrekturen von germanozentristischen Tendenzen einschließt.

Im Bereich der Aus- und Weiterbildung von PädagogInnen besteht Konsens über die Notwendigkeit einer pragmatischen Weiterqualifikation für tätige PädagogInnen, aber auch über eine verpflichtende Einbindung in die Ausbildung zukünftiger PädagogInnen. Deren Realisierung läßt jedoch Probleme deutlich werden: Zwar gibt es mittlerweile eine Reihe spezieller Aufbau-, Fern- und Kontaktstudiengänge, jedoch entsprechen diese teilweise mit der starken Betonung der Sprachförderung früheren kompensatorischen Ansätzen. Eine allgemeine Verankerung in der LehrerInnenausbildung läßt noch weitgehend auf sich warten. Positiv wird die Arbeit bestehender Regionaler Arbeitsstellen gesehen, die die interkulturelle Arbeit auch über den unterrichtlichen Rahmen hinaus unterstützen.

Auf der **Institution-Ebene** lassen sich folgende Feststellungen treffen:

Die rechtlichen und administrativen Grundlagen begünstigen interkulturelle Erziehung nicht, sondern erschweren sie. Die staatliche Ausländerbildungspolitik in Gestalt der Beschlüsse der Kultusministerkonferenz basiert auf der politisch grundgelegten Doppelstrategie von Integration und Reintegration bzw. auf Anpassung und Rückkehr, zwischen deren Polen sich mehrmals Akzentverschiebungen ergeben. Auf dieser bundeseinheitlichen Basis entwickeln sich länderspezifisch unterschiedliche Regelungen, die nach je politischer Orientierung mehr Gewicht auf Eingliederung oder auf Rückkehr legen. Gemeinsam ist ihnen jedoch ein gestuftes System von Angeboten und Maßnahmen, in das Migrantenkinder nach je vorhandenen sprachlichen Fähigkeiten eingruppiert werden. Homogenisierung ist hier das grundlegende Prinzip, die allgemeine Schule wird von schwierigeren Problemfällen entlastet. Kulturelle Heterogenität wird nicht begünstigt, sondern erschwert. Muttersprachlicher Unterricht wird in vielen Bundesländern in die Obhut der Konsulate gegeben; damit wird die Erstsprache von Migrantenkindern diskriminiert und viel Geld gespart.

Während also die generellen Rahmenbedingungen für Interkulturelle Erziehung wenig Unterstützung verheißen, zeigen Modellversuche veränderte und hilfreiche Rahmenbedingungen auf. Sie basieren meist auf einer Kombination von innerer und äußerer Differenzierung bzw. von heterogener und homogenisierter Lerngruppenbildung, die mit sich verändernden zeitlichen Anteilen schulische Gemeinsamkeit und spezifische sprachliche Förderung ermöglicht. Der Preis für eine solche Struktur besteht in der wohnortferneren Zuordnung von Migrantenkindern an Schulen mit je vorhandenen Sprachen. In einem Versuch wird der Unterricht teilweise im Zwei-LehrerInnen-Team zweisprachig oder parallel erteilt. Gemeinsam ist interkulturellen Versuchen also das Primat des gemeinsamen Unterrichts, eine flexible Kombination aus innerer und äußerer Differenzierung und die Berücksichtigung der Erstsprachen im Sinne einer Erziehung zur Zweisprachigkeit sowie darüberhinaus die Öffnung zum Stadtteil und die Einbeziehung sozialpädagogischer Dienste. Dieses sind gleichzeitig die Forderungen, die auch außerhalb von zeitlich begrenzten Modellversuchen für Interkulturelle Erziehung erhoben werden. Personell wird die gleichberechtigte Kooperation deutscher und ausländischer LehrerInnen für notwendig und erfolgversprechend gehalten.

Bei Migrantenkindern erweist sich die Problematik von diagnostischen Verfahren für die Aufnahme in bestimmte Klassen als problematischer als bei deutschen Kindern. Bisher werden deutsche Tests unmodifiziert bei ausländischen Kindern eingesetzt und für die Begründung von Plazierungs- und ggf. Selektionsentscheidungen benutzt. Demgegenüber ist eine begleitende Diagnostik notwendig, die kindliche Entwicklung und unterrichtliche Praxis reflektiert und dabei beide Sprachen des Kindes einbezieht. Noch problematischer wird die Frage der Diagnostik bei der Überweisung von Migrantenkindern in Sonderschulen. Hier sind Entscheidungen aufgrund verwendeter deutscher Tests und vielfach bestehender Verständigungsprobleme noch schwieriger zu begründen. Dabei fällt auf, daß in der Sonderpädagogik kontrovers diskutierte - oder im Verschwinden begriffene - Verfahren innerhalb der Interkulturellen Erziehung wenig problematisiert verwendet werden, beginnend z.B. mit dem Begriff der Sonderschulbedürftigkeit. Auch in diagnostischen Verfahren liegt das Primat - dem hierarchischen Schulsystem entsprechend - eher bei selektionsorientierten Fragen als bei interkultureller Gemeinsamkeit in heterogenen Lerngruppen.

Auf der **Gesellschaft-Ebene** schließlich erscheinen die folgenden Aussagen über kulturelle Heterogenität möglich:

Das Verhältnis von Ausländerpädagogik bzw. Interkultureller Erziehung und allgemeiner Pädagogik wird kontrovers diskutiert. (Viele) VertreterInnen einer 'generalistischen Position' betonen die Gemeinsamkeit ausländischer und deutscher Kinder und damit auch die Gemeinsamkeiten zwischen Interkultureller Erziehung und Allgemeiner Pädagogik. Sie grenzen sich scharf gegen die Gefahr einer Sonderpädagogik für AusländerInnen ab. (Wenige) VertreterInnen einer 'spezialistischen Position' betonen demgegenüber die Unterschiede zwischen den o.g. Kindergruppen, die besonderen Bedürfnisse von Migrantenkindern und fordern demzufolge eine spezielle Pädagogik, die auf deren speziellen Bedürfnisse eingeht. Während sich die Interkulturelle Erziehung nach Lesart generalistischer Positionen auf ausländische und deutsche Kinder in einer gesellschaftlichen Situation der Vielsprachigkeit und Multikulturalität bezieht und eine gemeinsame Entwicklungsaufgabe formuliert, sieht die Ausländerpädagogik unter spezialistischen Gesichtspunkten Migrantenkinder als ihr Klientel und deren spezielle Förderung als primäre Aufgabe an. Ebenso wie beim interkulturellen Unterricht deutet sich auch hier ein dialektisches Verständnis an: Interkulturelle Erziehung wäre demnach nicht als spezielle Pädagogik zu qualifizieren, sondern als Allgemeine Pädagogik mit spezifischen Qualitäten.

Kritik an Förderansätzen und Bikultureller Bildung übt die Interkulturelle Erziehung vor allem hinsichtlich deren Defizitorientierung und hinsichtlich der individuellen Bewältigung von Mehrsprachigkeit. Förderansätze gehen primär von der

Förderbedürftigkeit ihres Klientels, seinen Defiziten, Problemen und Schwierigkeiten aus, anstatt auch vorhandene Kompetenzen als Bildungsvoraussetzungen anzuerkennen. Dieses gilt auch für Ansätze einer Bikulturellen Bildung. Derartige Ansätze fragen nach dem Versagen von Kindern im Inländerbildungssystem, nicht aber nach dem Versagen des Bildungssystems gegenüber diesen Kindern.

Mit Antirassistischer Erziehung ergeben sich für Interkulturelle Erziehung in einigen Bereichen Überschneidungen und kritische Anregungen, in anderen Bereichen gegenseitige Kritik. Antirassistische Ansätze bemühen sich darum, gesellschaftspolitische Machtstrukturen in die Pädagogik einzubringen und werfen interkulturellen Ansätzen gesellschaftliche Naivität und unrealistische Begegnungseuphorie vor.

Zentrale Kritikpunkte Interkultureller Erziehung sind die gesellschaftlich vorherrschenden Traditionen von Ethno-, Eurozentrismus und nicht mehr biologisch, sondern soziokulturell begründetem Rassismus. Gemeinsam ist ihnen die Vorstellung einer europäisch-abendländischen Höherwertigkeit gegenüber anderen Kulturen und Gesellschaften. Während die Kritik am Ethnozentrismus sich eher auf gegenseitige Vorurteile und Abgrenzung von anderen Gesellschaften und ihren Angehörigen bezieht, spitzt sich die Kritik am Eurozentrismus unter stärkerer Betonung ökonomischer Ausbeutung auf die Herrschaft der westeuropäisch-abendländischen Zivilisation gegenüber dem 'Rest der Welt' zu. Sie bezieht sich auch auf die dazugehörigen Entwicklungsmodelle, die Unterentwicklung als Modernitätsrückstand auffassen. Der Begriff des Rassismus betont im Unterschied zu dem der Ausländerfeindlichkeit, daß die Abwertung sich nicht auf alle, sondern auf bestimmte Gruppen von AusländerInnen bezieht, vor allem ArbeitsmigrantInnen und Armutsflüchtlinge. Weiter umfaßt Rassismus auch paternalistische Variationen von Diskriminierung. Als Ausdruck derartiger Diskriminierungen werden auch punktuelle, folkloristische Aktivitäten in der Schule angesehen; sie bestätigen geradezu die Ausnahme und Abweichung vom Normalen. Ethno-, eurozentristische und rassistische Diskriminierung des Fremden findet sich den allgemeinen gesellschaftlichen Normen entsprechend auch in Lehrplänen und Schulbüchern. Beginnend mit einer diskriminierenden Sprache, über direkte Abwertung anderer Völker bis hin zum Ignorieren ihrer Leistungen erstreckt sich die Palette vorzufindender Diskriminierungen. Hier wird offensichtlich eher Identifikation mit dem Eigenen und Abwehr des Fremden als die Gemeinsamkeit der Verschiedenen angestrebt.

Bedeutsam für die Interkulturelle Erziehung ist auch die Kritik von Betroffenen. Sie machen immer wieder deutlich, daß sie eine schleichende Germanisierung befürchten und suchen sich von allen germanozentristischen Tendenzen zu distanzieren. Ein deutliches Beispiel hierfür ist die Veröffentlichung des Memorandums zum Muttersprachlichen Unterricht 1983. In ihm wird u.a. das vorhandene Mißtrauen gegenüber dem deutschen Schulwesen und dessen Umgang mit den Erstsprachen von Migrantenkindern, die anscheinend vom deutschen

Schulsystem nicht als wichtige Bildungsgüter wahrgenommen werden. Andere Stellungnahmen machen darüberhinaus deutlich, daß griechische MigrantInnen für ihre Kinder eher isolierende Separierung wählen, wenn als andere Alternative lediglich assimilierende Integration besteht.

5. Aussagen der Feministischen Pädagogik zur Bewältigung von Heterogenität

In den letzten 20 Jahren ist es eine Selbstverständlichkeit geworden, daß Mädchen und Jungen in gemeinsamen Schulen lernen und gemeinsam unterrichtet werden. Mit der Bildungsreform war die allgemeine Überzeugung gewachsen, "der koedukative Unterricht sei Inbegriff eines emanzipatorischen Ansatzes, der Schülerinnen und Schüler im Schul- und Bildungswesen der Bundesrepublik Deutschland (endlich) gleichberechtigt, der Mädchen und Jungen gleichartige (nicht nur gleichwertige) Bildungsangebote eröffnet und der Schülerinnen prinzipiell den Zugang zu allen Ausbildungsstätten und beruflichen Bereichen ermöglicht" (DICK 1988, 6).

Erst in den letzten Jahren ist diese Sichtweise als "formal, oberflächlich und naiv" (ENDERS-DRAGÄSSER 1990a, 9) bezeichnet und das gemeinsame Lernen von Mädchen und Jungen im koedukativen Unterricht kritisch hinterfragt worden. Dieses geschah zunächst im (engeren, fast subkulturellen) Rahmen 'frauenbewegter' Diskussionen, z.B. in der AG Frauen und Schule, inzwischen aber auch innerhalb der erziehungswissenschaftlichen Diskussion, bis hin zur Einrichtung der Arbeitsgruppe Frauenforschung und zu Tagungen der Deutschen Gesellschaft für Erziehungswissenschaft (FAULSTICH-WIELAND 1988b, 1991a). Inzwischen hat diese Diskussion auch die Zeitungen erreicht; die ZEIT z.B. widmete ihr ein ganzes Dossier (R. SCHOLZ 1990).

Damit hat sich die Koedukation vom "erledigten Thema" (FAULSTICH-WIELAND 1987b) zum heiß diskutierten gewandelt. In Zeitschriften werden Artikel veröffentlicht wie: "Licht und Schatten der Koedukation" (METZ-GÖCKEL 1987), "Ausstieg aus der Koedukation?" (THIES 1987), "Kommen Mädchenschulen wieder?" (SCHULTE 1988), "Schulforscherinnen fordern: Reform die Koedukation" (FRAUEN + SCHULE 1988) und "Vom Ende der koedukativen Erziehung?" (DICK 1988). Es erscheinen erste Monographien wie "Abschied von der Koedukation?" (FAULSTICH-WIELAND 1987a), "Zurück zur Mädchenschule?" (PFISTER 1988) und "Koedukation - enttäuschte Hoffnungen?" (FAULSTICH-WIELAND 1991a). Und es stellt sich die Frage, wie die Koedukation einzuschätzen sei: "Ist sie als zu bewahrende Errungenschaft oder eher als Phyrrus-Sieg im Bestreben um gleiche Bildungschancen für beide Geschlechter zu bewerten?" (HORSTKEMPER 1990b, 97)

Die Kritik an der bisher praktizierten Koedukation zielt im Kern darauf, daß gemeinsamer Unterricht und formale Gleichheit von Mädchen und Jungen keineswegs schon die Gleichberechtigung der Geschlechter bedeutet. "Formale Gleichheit und diskrete Diskriminierung" überschreiben beispielsweise KAUERMANN-WALTER, KREIENBAUM & METZ-GÖCKEL (1988) ihren Beitrag im Jahrbuch der Schulentwicklung. Die wesentliche Botschaft der Koedukations-Kritik lautet: "Unter der Decke formaler Gleichheit finden im koedukativen Unterricht unserer gegenwärtigen Schulen Sozialisationsprozesse statt, die Mädchen klar benachteiligen" (HORSTKEMPER 1990b, 97). Die feministische Kritik stellt fest, "daß mit der koedukativen Organisation des Schulwesens keine inhaltlichen Veränderungen einhergegangen sind, mit denen der Anwesenheit von Mädchen und dem Gleichheitspostulat der Verfassung Rechnung getragen worden wäre" (ENDERS-DRAGÄSSER 1988, 48). So vollziehen sich - z.T. unbewußt und latent - ähnliche Diskriminierungen von Mädchen wie die, die es traditionell in der Geschichte gegeben hat, denen aber Frauen auch heute gesellschaftlich ausgesetzt sind. Der Feministischen Schulkritik nach führt diese Situation zu dem Ergebnis, "daß die Mädchen im koedukativen Unterricht nicht den gleichen Unterricht erhalten wie die Jungen und daß sie nicht in der gleichen Weise wie die Jungen intellektuell gefördert werden" (FUCHS 1989, 91). Oder, wie STALMANN (1991a) es im Titel ihres Buches provokativ und verkürzt formuliert: "Die Schule macht die Mädchen dumm."

Gleichwohl werden bei aller Kritik an der aktuellen Praxis und auch bei allen Utopien und Gedankenspielen über die Aufhebung der koedukativen zugunsten einer autonomen feministischen Erziehung (vgl. DICK 1988, 6) die positiven Aspekte nicht negiert, die die Einführung der Koedukation in den 60er und 70er Jahren mit sich gebracht hat: "Ohne Zweifel gehört die gemeinsame Unterrichtung von Mädchen und Jungen zu den erfolgreichsten Maßnahmen der Bildungsreform der letzten Jahrzehnte" (KAUERMANN-WALTER U.A. 1988, 157). Immer wieder wird darauf hingewiesen, daß Mädchen in Gymnasien und Realschulen einen größeren Anteil der Schülerschaft stellen als Jungen, Mädchen während der Sekundarstufe I in den Schulleistungen Jungen zumindest ebenbürtig, wenn nicht z.T. überlegen sind, daß Mädchen wesentlich seltener Klassenwiederholungen und Abschulungen hinnehmen müssen als Jungen und Mädchen wesentlich seltener als Jungen in Sonderschulen ausgesondert werden (vgl. Kap. 5.2.1). Insofern ergibt sich eine recht widersprüchliche Situation: Die Einführung der Koedukation und ihre praktischen Konsequenzen werden als positive Entwicklung begrüßt, gleichwohl wird eine nach wie vor bestehende Benachteiligung von Mädchen kritisiert.

Unter **geschichtlichem Aspekt** kritisiert die Feministische Pädagogik eine durchgängige strukturelle Diskriminierung weiblicher Bildung. Seit der Einführung der allgemeinen Schulpflicht bekamen zwar die Kinder der niederen sozialen Schichten eine gemeinsame Elementarbildung; dieses geschah jedoch nicht, "weil man von den Segnungen der Koedukation überzeugt gewesen wäre, sondern weil eine getrennte Elementarbildung in den ländlichen und kleinstädtischen Verhältnissen unwirtschaftlich gewesen wäre. ... Für Jungen gab es nach der Elementarbildung weiterführende Einrichtungen auf verschiedenen Ebenen, die selbstverständlich nicht mehr koedukativ waren" (VON DER LIETH 1989, 12).

Im höheren Schulwesen gab es eine strikte Geschlechtertrennung, die dem Bild bürgerlicher 'Geschlechtscharaktere' entsprach und die gesellschaftliche Geschlechterhierarchie widerspiegelte (vgl. Kap. 5.1.1). Dem herrschenden Bild der bürgerlichen Frau gemäß gestaltete sich die curriculare Orientierung innerhalb des Mädchenschulwesens: "Ihr Unterrichtskonzept war ganz und gar auf die 'weibliche Bestimmung' ausgerichtet, daher kommt dem Handarbeitsunterricht ein hoher

Stellenwert zu. Er nimmt bis zur Hälfte der gesamten Unterrichtszeit in Anspruch und soll 'nützliche Geschäftigkeit, häuslichen Fleiß, weibliche Demut und Bescheidenheit, Ordnungsliebe, Reinlichkeit, Schicklichkeit, Anständigkeit und einfachen und guten Geschmack' befördern. Der übrige Unterricht umfaßt Deutsch, Französisch, zuweilen auch Englisch, Geschichte, Naturkunde, Singen und natürlich Religion" (VON DER LIETH 1989, 13; vgl. auch BREHMER 1987a, 1987b). Besonders deutlich wird die geschlechtsspezifische Ausrichtung der Curricula später im Turnunterricht des deutschen Faschismus: "Für Rasse, Volk und Führer galt der Körper jetzt als wichtiger als der Intellekt, was u.a. zu einer ungeheuren Aufwertung des Turnunterrichts führte, der die geschlechtsspezifische Funktionalisierung des Körpers vorbereiten sollte. Jungen sollten u.a. zu Kämpfern, Mädchen zu Müttern erzogen werden" (PFISTER 1985a, 28).

Über reduktionistische Curricula hinaus war die höhere Mädchenbildung in zweierlei Hinsicht diskriminiert: Zum ersten wurden die Abschlüsse niedriger bewertet, sie eröffneten wesentlich weniger Möglichkeiten der Weiterqualifizierung. So konnten Frauen erst 1908 in öffentlichen Schulen das Abitur ablegen und damit Zugang zur Universität erhalten (PRENGEL 1989a, 141f.); dieses waren 1908 in ganz Deutschland nur 120 Frauen (JACOBI-DITTRICH 1989). Zum zweiten wurden wesentlich weniger Lehrerinnen ausgebildet als Lehrer, zudem schlechter bezahlt (vgl. BREHMER 1985, 35) und rechtlich diskriminiert (vgl. SCHMITTER 1990, 52). Damit war der Kampf um die Gleichberechtigung auch ein Kampf um die Gleichheit der Standesinteressen (Faulstich-Wieland 1988b, 38, FAULSTICH-WIELAND & SCHEFER-VIETOR 1988, 170, SCHULTE 1988, 41).

Mit der Herausbildung des Mädchenschulwesens wurde also - und dieses auch von der frühen bürgerlichen Frauenbewegung - nicht etwa die Gleichheit der Ausbildungen im Sinne einer Gleichheit der Geschlechter angestrebt, sondern die Pflege der "'Andersartigkeit des Weiblichen', die es herauszubilden und zu bewahren galt" (THIES 1987, 22). So hielt z.B. auch Helene Lange an der Geschlechterpolarität fest: "Die Verschieden**artigkeit** der Geschlechter war für sie keine Frage, die daraus abgeleitete Verschieden**wertigkeit** hat sie vehement bekämpft" (VON DER LIETH 1989, 15; Hervorh. i. O.).

So wurde auf der Basis gesellschaftlicher Diskriminierung der Mädchenbildung und ihrer Lehrerinnen die Norm formaler Gleichheit (WILDT & NAUNDORF 1986, 91) zur Forderung der Frauenbewegung. "Die Geschichte der Mädchenbildung hat seit der Aufklärung immer zwei Aspekte: Sie ist geprägt durch die Forderung nach gleichwertiger Bildung ... und parallel dazu auch durch wiederum zunächst zaghafte Ansätze, den Erwerb dieser Bildung zu ermöglichen. Zugleich gab es aber auch immer schon die Erkenntnis ... , daß die Bildung, auf die sie setzten, eine geschlechtsspezifisch männlich geprägte war" (JACOBI-DITTRICH 1989, 59).

Die vorher durchgängige Geschlechtertrennung im höheren Schulwesen endet in Deutschland erst in den 50er und 60er Jahren (vgl. STALMANN 1991b, 8). Die reibungslose und widerstandslose Durchsetzung der Koedukation in den 70er

Jahren sollte "eigentlich zum Wundern Anlaß geben" (KAUERMANN-WALTER U.A. 1988, 172). Offensichtlich saß der Sputnik-Schock so tief, daß auch "das 'unausgeschöpfte' Begabungspotential der Mädchen" (FAULSTICH-WIELAND U.A. 1984, 117, SCHULTE 1988, 41) genutzt werden mußte.

Der auf institutioneller wie auf curricularer und gesellschaftlich-normativer Ebene feststellbaren Diskriminierung der Mädchenbildung entsprechend faßt die Feministische Pädagogik ihre Kritik an der historischen Entwicklung der Schule zusammen in der These: Die Geschichte des Schulsystems ist eine Geschichte des Schulsystems von Männern. Es wurde "von Männern gegründet, lange bevor Frauen der Zugang dazu gestattet wurde. Es ist wichtig, darauf hinzuweisen, daß viele der Forderungen für weibliche Gleichberechtigung Forderungen nach gleichem Zugang zu dem von Männern geschaffenen Bildungswesen waren" (SPENDER 1985, 70). Damit ist bereits die gesellschaftliche Dimension angesprochen.

Unter **gesellschaftlichem Aspekt** kritisiert die Feministische Pädagogik, daß mit der Einführung der formalen Gleichheit bzw. Koedukation nicht schon Gleichberechtigung realisiert ist, sondern sich vielmehr weiterhin das traditionelle hierarchische Geschlechterverhältnis in der koedukativen Schule relativ ungestört reproduzieren kann. Denn "das Bildungssystem tradiert in all seinen Arbeitsfeldern eine geschlechtsspezifische Sozialisation, diese ist so sehr zugleich eine geschlechtshierarchische, daß die Unterdrückung der Frau auch durch die verschiedenen Bildungsinstitutionen reproduziert wird" (PRENGEL 1986a, 417). Da von diesen Mechanismen die Koedukation nicht ausgenommen sein kann, wird sie kritisiert als "dürres Prinzip, mit dem sogar auf neue Weise patriarchalisch-männliche Werte vermittelt werden können" (THIES 1987, 22). Zusammenfassend formulieren KAUERMANN-WALTER & KREIENBAUM: "Zentrale Erkenntnis (der Feministischen Pädagogik; A.H.) ist die Existenz eines heimlichen Lehrplans der Geschlechtererziehung, der die Anpassung der Mädchen und der Jungen an die herrschenden Geschlechterstereotypen befördert. Damit trägt er zur Zementierung der Geschlechterhierarchie bei, die den Frauen einen geringeren Stellenwert beimißt als den Männern" (1989, 29). Die geschlechtsspezifische Sozialisation wird dementsprechend als "Deformationsmaschinerie" (FICHERA 1990a, 272) gegeißelt, der alle Menschen von der Geburt an ausgesetzt seien. Durch sie werde aus dem biologischen Geschlecht das soziale Geschlecht konstruiert, indem "bei den Mädchen Selbständigkeit, Bewegungsdrang und Aktivität so lange unterdrückt, verformt, ausgegrenzt und abgewertet werden, bis sie das 'schwache' Geschlecht sind. Bei Jungen werden so lange Aktivität, Unabhängigkeit, Durchsetzungsvermögen und Bewegungsdrang gefördert und ermutigt, aufgewertet, auch überfordert, bis sie das 'starke' Geschlecht zu sein scheinen" (1990a, 272). Wenngleich diese Gegenüberstellung selbst etwas schematisch-stereotypisierend erscheint und individuelle Unterschiede wegsuggeriert, so kennzeichnet sie doch die deutlich unterschiedlichen Tendenzen der geschlechtsspezifischen Sozialisation (vgl. auch BECK-GERNSHEIM 1987).

Jedoch werden Mädchen und Jungen durch geschlechtsspezifische Sozialisation in gesellschaftliche Rollenerwartungen gedrängt - mit Möglichkeiten und Nöten für beide Geschlechter. Die Betrachtung der Mädchensozialisation muß ergänzt werden durch die Betrachtung der Jungensozialisation (vgl. SCHNACK & NEUTZLING 1990). Dabei kann das Geschlecht nicht im biologischen Sinne verstanden werden, sondern als soziale Kategorie, denn "Weiblichkeit wie Männlichkeit sind kulturell vermittelte Verhaltensmuster" (FAULSTICH-WIELAND 1991a, 156).

Auch HURRELMANN U.A. weisen darauf hin, daß "Schule als gesellschaftliche Institution nicht geschlechtsspezifische Benachteiligungen ursächlich induziert, wohl aber im allgemeinen verstärkend auf sie wirkt" (1986, 12). Wenn also die Schule bzw. die Koedukation "nicht 'Verursacherin' der Ungleichheit zwischen den Geschlechtern, sondern nur ein Reflex der gesellschaftlichen Bedingungen" (KAUERMANN-WALTER U.A. 1988, 160) ist, dann ist ihr Stellenwert bei der Bekämpfung geschlechtsspezifischer Diskriminierung eher gering einzuschätzen: Schule kann nicht jene gesellschaftlichen Normen und Orientierungen außer Kraft setzen, in die die Beteiligten - SchülerInnen wie LehrerInnen - eingewoben sind. Entsprechend formuliert SPENDER: "Schulen können nicht lehren, was die Gesellschaft nicht weiß" (1985, 20).

GRABRUCKER (1985, 1990) hat für den Bereich der **primären Sozialisation** eindrucksvoll beschrieben, wie Kinder schon in den ersten Lebensjahren - auch entgegen allen Hoffnungen und Bestrebungen ihrer feministischen Mütter - geschlechtsspezifische Normen und Orientierungen zu übernehmen lernen. Für Mädchen dominiert dabei immer noch die Sozialisation "eher auf eine spätere Mutterrolle als auf eine lebenslange Berufsrolle hin" (FAULSTICH-WIELAND U.A. 1987, 154). Bereits 1977 haben diese Prozesse SCHEU zu ihrem provozierenden Titel "Wir werden nicht als Mädchen geboren, wir werden dazu gemacht" veranlaßt.

Im **Kindergarten** setzt sich die geschlechtsspezifische Orientierung fort, denn es "zeichnet sich (...) ab, daß Kindergartenkinder entsprechend ihrem Geschlecht in verschiedenen Entwicklungsbereichen in unterschiedlichem Maße gefördert werden" (FRIED 1989, 488). Dies gilt zumindest nach FRIEDS Untersuchung für die sprachliche Förderung, bei der ErzieherInnen Jungen mit einer entwicklungsanregenden "Sprache konfrontieren, die minimal über ihrem eigenen Komplexitätsniveau liegt" (1989, 481), während sie Mädchen mit einer Sprache begegnen, "die um einiges unter ihrem Fähigkeitsniveau ansetzt" (1989, 481; vgl. auch FRIED 1990). Weiter arbeiten im Kindergarten meist fast ausschließlich Frauen, und die so bestehenden Modelle weiblicher Arbeit geben wahrscheinlich entsprechend der eigenen Einstellung kaum dem Interesse von Mädchen an Technik Raum (FAULSTICH-WIELAND U.A. 1987, 157).

Der Beginn der **Schule** "trifft also bei Mädchen und bei Jungen auf bereits zum großen Teil gefestigte Sozialisationsergebnisse bezüglich geschlechtsspezifischen Verhaltens und geschlechtsspezifischer Interessen. Schule müßte beides aufgreifen, wollte sie dem gezielt entgegenwirken" (FAULSTICH-WIELAND U.A.

1987, 157). Demgegenüber wird in der Schulpraxis - für den Bereich der Grundschule - nach wie vor von der Behauptung einer Geschlechtsneutralität ausgegangen, und erst mit der Pubertät scheint die Kategorie Geschlecht zu einer bedeutsamen Kategorie zu werden, die Verhalten, Interessen und Interaktion maßgeblich beeinflußt (vgl. ENGEL U.A. 1985b). Untersuchungsergebnisse aus der Grundschule zeigen, daß dies der Realität nicht standhält (vgl. Kap. 5.2.2 und Kap. 5.3.1).

Die unterstellte Geschlechtsneutralität im Grundschulalter spiegelt die bisherige - auch wissenschaftliche - pädagogische Diskussion wieder, die ebenfalls die Kategorie des Geschlechts in Untersuchungen und Theorien häufig vernachlässigt hat. Die feministische Kritik richtet sich gegen einen "falschen Universalismus" (PRENGEL 1987a) in der Wissenschaft, insbesondere der Erziehungswissenschaft, der die männliche Norm zur allgemeinen erklärt und die weibliche, soweit er sie überhaupt wahrnimmt, als Abweichung definiert (vgl. hierzu Kap. 5.6.1).

Zusammengefaßt besteht die Herausforderung für die Feministische Pädagogik darin, "Koedukation von einem formalen Prinzip, das sie bisher darstellte, zu einem inhaltlichen zu qualifizieren" (KAUERMANN-WALTER U.A. 1988, 162) bzw. dem "Vorgriff auf die Einlösung eines Versprechens zu mehr Gleichheit" (1988, 162) zur Realisierung zu verhelfen. Das bisherige formale Verständnis von koedukativem Unterricht, "der bloße parallele Unterricht von Jungen und von Mädchen zum selben Zeitpunkt im selben Raum mit derselben Lehrperson" (BIERHOFF-ALFERMANN 1988, 76), wird als nicht inhaltlich koedukativ kritisiert und ist nach feministischem Verständnis nicht mehr als "Koinstruktion" (1988, 76; entsprechend KAISER 1988b). Insofern ist die Forderung von HORSTKEMPER logisch, nicht mit der Koedukation aufzuhören, sondern mit ihr tatsächlich zu beginnen.

Für diese Arbeit stellt sich die Frage, wie - mit deutlichen Bezügen auf die feministischen Schulkritik - das Verhältnis der Geschlechter in der Pädagogik wahrgenommen und wie mit ihm umgegangen wird. Während rückblickend in der pädagogischen Diskussion die Frage der Geschlechterunterschiede entweder gar nicht beachtet oder dualistisch im Sinne einer biologischen Determinierung beantwortet wurde (KAISER 1987b, 231), stellte sich die Frauenbewegung schon früh einer solchen biologistisch-hierarchischen Verschiedenheitsideologie mit Gleichheitspostulaten entgegen (1987b, 231). Mit dieser Polarität ist wiederum deutlich, daß das Verhältnis von Gleichheit und Verschiedenheit, hier der Geschlechter, eine zentrale pädagogische Frage darstellt. Aufgabe dieses Kapitels ist es also, die Bewältigung der Heterogenität der Geschlechter zu betrachten. Dabei ist zunächst zu klären, welche Aussagen zur Gleichheit und/oder Verschiedenheit der Geschlechter in der Diskussion um die Koedukation gemacht werden. Zum einen sind hierbei traditionelle Ansätze und Praxis, zum anderen aber auch die bisherige Praxis kritisierende feministische Ansätze zu betrachten (Kap. 5.1).

Weiter wird der schon bei der Integrations- und bei der interkulturellen Diskussion und Praxis angewandten Systematik folgend nach der Einlösung der Bewältigung von geschlechtlicher Heterogenität gefragt, aufgegliedert nach Aussagen zur

Person (Kap. 5.2), zur Interaktion (Kap. 5.3), zur Handlung (Kap. 5.4), zur Institution (Kap. 5.5) und zur Gesellschaft (Kap. 5.6). Wiederum steht eine Zusammenfassung der wesentlichen Ergebnisse am Ende des Kapitels (Kap. 5.7).

5.1 Zur Heterogenität der Geschlechter

Bei der Betrachtung der Heterogenität der Geschlechter kommt die gesamte Geschichte der Schule und ihre Gestaltung des Geschlechterverhältnisses in den Blick. Sie soll hier nicht aufgeblättert werden, erhält jedoch insofern den ihr zustehenden Raum, indem sie in die Diskussion um die Bewältigung geschlechtlicher Heterogenität einbezogen wird. Zunächst geht es in diesem Abschnitt darum, wie in Vergangenheit und Gegenwart das Verhältnis der Geschlechter definiert und praktiziert worden ist und wird (Kap. 5.1.1). Die Definition dieses Verhältnisses ist letztlich die Grundlage dafür, wie Gleichheit und Verschiedenheit der Geschlechter in der Schule bewältigt werden kann. Darauf aufbauend und um das Umfeld der feministischen Diskussion zu erhellen, soll aufgezeigt werden, wie die Bildungskonzeptionen für Jungen und Mädchen diskutiert und welche Forderungen und Perspektiven abgeleitet werden (Kap. 5.1.2).

5.1.1 Zum Geschlechterverhältnis

Hier geht es um die alte Frage, ob Frauen und Männer gleich sind oder ob sie - und wenn ja, warum - verschieden sind. Aus der Gleichheit bzw. Ungleichheit der Geschlechter leitet sich die gesellschaftliche Definition des Geschlechterverhältnisses ab. Dabei kann es nicht um die Frage der biologischen Gleichheit, sondern um die soziale und damit gesellschaftliche Dimension des Geschlechts und die damit einhergehende Konstruktion des Geschlechterverhältnisses gehen. Die Antworten auf diese Frage stellen sich als außerordentlich unterschiedlich dar. In der feministischen Literatur lassen sich mehrere Versuche einer Systematisierung finden: BECK-GERNSHEIM teilt die Antworten auf die Frage, ob Frauen anders seien als Männer, in drei Kategorien: "Unterlegenheit - Gleichheit - weibliches Arbeitsvermögen" (1987, 21). PRENGEL analysiert ausgehend von der Betrachtung der Geschlechterdifferenz zwei Variationen eines falschen Universalismus, der die Differenz hierarchisch faßt oder übergeht, und stellt ihm drei Stränge der Diskussion innerhalb der Frauenbewegung gegenüber, die sich zwischen Gleichheit, Aufwertung des Weiblichen und Offenheit für vielfältige Heterogenität bewegen (1987a, 222-227). BAST betrachtet Strömungen innerhalb der Frauenbewegung und ihre jeweiligen Definitionen des Geschlechterverhältnisses, die sie als radikalreformerisch, radikalfeministisch, revolutionärfeministisch, lesbisch und als 'neue Mütterlichkeit, Weiblichkeit' bezeichnet (1988, 198).

Ohne die unterschiedlichen Systematiken mit ihren je spezifischen Betrachtungsschwerpunkten einer Homogenisierung unterwerfen zu wollen, sind Gemeinsamkeiten zu finden, die sich unter der Polarität von Gleichheit und Verschiedenheit subsumieren lassen.

Die Betonung der Verschiedenheit taucht bei den Systematiken dort auf, wo es um Alternativen gegenüber herrschender Männlichkeit geht: Das weibliche Arbeitsvermögen (BECK-GERNSHEIM) spricht dies ebenso an wie die neue Weiblichkeit, neue Mütterlichkeit, aber auch die lesbische und revolutionärfeministische Strömung (BAST) und die Aufwertung des Weiblichen (PRENGEL). Die Betonung der Gleichheit taucht hier in zwei Varianten auf: Wo es um Anerkennung männlicher, als universal ausgegebener Normalität und somit eine monistische Theorie des implizit männlichen Menschseins geht, sind die Gleichheit von Frauen (BECK-GERNSHEIM) und die hierarchische, aber auch übergangene Geschlechterdifferenz (PRENGEL) zu finden. Unter der Anpassung an den implizit männlichen Maßstab lassen sich die Unterlegenheit von Frauen (BECK-GERNSHEIM), die sozialreformerische Strömung der Frauenbewegung (BAST) und die aufgehobene Geschlechterdifferenz (PRENGEL) subsumieren.

Es fällt auf, daß bei BAST wie bei BECK-GERNSHEIM keine Position vorkommt, die eine dialektische Verknüpfung von Gleichheit und Verschiedenheit vertritt, wie sie als Offenheit für eine vielfältige und heterogene Geschlechterdifferenz (PRENGEL) gefordert wird. Besonders BAST bleibt in der Frage des Geschlechterverhältnisses in der Alternativvorstellung Gleichheit **oder** Verschiedenheit gefangen, die die Diskussionen innerhalb der Frauenbewegung lange Zeit dominiert und in der letzten Zeit aufgeweicht zu werden beginnt. Eine sich verbreitende dialektische Sichtweise wird z.B. im Titel des Tagungsberichtes "Differenz und Gleichheit. Menschenrechte haben (k)ein Geschlecht" (GERHARD U.A. 1990) deutlich.

Im Unterschied zur integrativen und interkulturellen Erziehung läßt sich die Feministische Pädagogik nicht als ganzes der dialektischen Position zuordnen, sondern sie bildet mit ihren unterschiedlichen Strömungen ein breites Spektrum, das höchst unterschiedliche Analysen und Strategien umfaßt. Diese Heterogenität der Ansätze feministischer Pädagogik wird in Kap. 5.1.2 wieder aufgenommen. Wichtig erscheint jedoch, daß wesentliche Vertreterinnen der feministischen Pädagogik sehr klar dialektische Positionen einnehmen. Diese Ansätze bilden auch insofern eine allgemeine Grundlage Feministischer Pädagogik, als feministische Mädchenschulen weithin als impulsgebende, anregende Gedankenexperimente und als in Versuchen anwendbare Vorstellung, nicht aber als allgemeine feministisch-pädagogische Zielsetzung angesehen werden. Insofern scheint es angesichts der innerhalb der feministischen Pädagogik entwickelten Aussagen gerechtfertigt, von der Gültigkeit des Vorverständnisses eines dialektischen Verhältnisses von Gleichheit und Verschiedenheit auszugehen.

Allen feministischen Strömungen und Positionen ist gemeinsam, daß sie die gesellschaftliche Grundlage für die Verschiedenheit der Geschlechter in der historisch entstandenen geschlechtsspezifischen Arbeitsteilung begründet sehen: "Mit der Industrialisierung und der Auflösung des generationenübergreifenden Familienverbandes hat sich das Muster der Mann im Beruf, die Frau in Haushalt und Familie herausgebildet, das den Lebenslauf, die Alltagserfahrung und die Handlungsmöglichkeiten beider Geschlechter bestimmt. Die im Zuge der gesellschaftlichen Umstrukturierung erfolgende Zuweisung zu Beruf/Hausarbeit ist die soziale Grundlage der Geschlechtsrollen, wie wir sie heute kennen. Sie bestimmt das, was als männliche/weibliche Normalbiographie uns vertraut ist; sie ist das wesentliche Unterscheidungsmoment zwischen männlichem und weiblichem Lebenszusammenhang" (BECK-GERNSHEIM 1987, 23).

Bei der Trennung in männliche bzw. weibliche Lebenszusammenhänge handelt es sich jedoch nicht um eine schlichte Trennung der Bereiche von Beruf und Haushalt bzw. Produktionssphäre und Reproduktionssphäre, "die Reproduktionssphäre war vielmehr klar der Produktionssphäre unterstellt" (PRENGEL 1989a, 128). Damit bedingt die geschlechtliche Arbeitsteilung "ein Ungleichheitsverhältnis zwischen den Geschlechtern, dem der Schein der 'Natürlichkeit' verliehen wird" (KAUERMANN-WALTER U.A. 1988, 163). Mit Hilfe der 'Geschlechtscharaktere' wird sie im Sinne einer traditionellen Geschlechterhierarchie ideologisch abgesichert: Diese 'Geschlechtscharaktere' polarisieren "die Frauen und Männern zukommenden Eigenschaften und Tätigkeiten durch Komplementbildungen. Aktivität wird polarisierend ergänzt durch Passivität, Rationalität durch Emotionalität, Geist durch Natur, Vernunft durch Sinnlichkeit, Stärke durch Schwäche, Kreativität durch Plastizität, Form durch Materie etc." (PRENGEL 1989a, 122). So wird biologistisch etwa "die Aggressivität dem männlichen Geschlecht und die Friedfertigkeit dem weiblichen" (BARZ 1985a, 89) zugeordnet. Frauen wurden (und werden oft im Alltagsverständnis) als "weniger intelligent, weniger schöpferisch, weniger aktiv als Männer, physisch schwächer und psychisch labiler - kurz, eine 'Mängelausgabe' der Gattung Mensch" (BECK-GERNSHEIM 1987, 17) angesehen. Dementsprechend "kommt ein gesellschaftlicher Doppelstandard von 'Arbeit' und 'Liebe' zum Zug, demzufolge als 'Arbeit' nur gelten soll, was bezahlte, zeitlich begrenzte Tätigkeit ist, angeblich überwiegend Männersache, während die Tätigkeiten von Frauen, die nicht Erwerbstätigkeit sind, als 'Liebe' abverlangt werden, und ohne Gegenleistung, beispielsweise in Form von Bezahlung oder sozialer Absicherung vereinnahmt werden" (ENDERS-DRAGÄSSER 1984, 57).

Für Frauen zeigt sich dieses hierarchisches Geschlechterverhältnis auf unterschiedlichen Ebenen (PRENGEL 1986b): Ökonomisch sind sie dem Doppelstandard von 'Arbeit' und 'Liebe' entsprechend schlechter gestellt als Männer, "dabei leisten sie, in großen Teilen unbezahlt, 2/3 aller gesellschaftlich notwendigen Arbeit" (1986b, 5). Politisch ist ihr Einfluß um so geringer, je mächtiger eine politische Instanz ist. Ideell und sprachlich sind sie Entwertung und Diskriminierung, Verschweigen und Verdrängung sowie Idealisierung ausgesetzt. In der Interaktion stoßen sie auf Ignoranz, Einschränkung, Einengung bis hin zu Gewalt gegen Frauen, Vergewaltigung und Mißbrauch von Mädchen. Auf der Ebene der psychosozialen Entwicklungen dominiert die tiefe Verinnerlichung der Entwertung und als Folge davon Selbstentwertung und Sich-selbst-unterordnen in Hierarchien, "so daß die weibliche Identität mehr durch Selbstverleugnung als durch Selbstverwirklichung geprägt ist" (1986b, 5). Juristisch haben Frauen einen "Mangel an gleichen Rechten, oder auch den Mangel an Möglichkeiten, formal vorhandene gleiche Rechte zu nutzen" (1986b, 5).

Gleichzeitig wird jedoch auch deutlich, "daß die dualistisch-hierarchische Geschlechterkonzeption für Frauen und Männer sowohl Gewinn- als auch Verlustseiten mit sich brachte. Den Mangel an Mitmenschlichkeit kompensierte in der männlichen Lebenswelt der Macht- und Freiheitsgewinn. Für den Mangel an Selbstverwirklichung und öffentlicher Wirksamkeit bot die bürgerliche Gesellschaft den Frauen moralische Überlegenheit" (PRENGEL 1989a, 132). Zusammenfassend sagt PRENGEL über die pädagogische Position der bürgerlichen Gesellschaft, "daß sie beide Geschlechter streng trennte. Die universell formulierten Standards der Aufklärungspädagogik, vor allem die Erziehung zur Selbständigkeit im Denken und Handeln, galten nur für Jungen, für Mädchen galt eine restriktive Erziehung, in deren Zentrum die Fähigkeit zur Selbst-Verleugnung stand. Dabei wird das, was Mädchen werden sollen, ausschließlich von außen bestimmt" (1989a, 132f.). "Planvoll wurde in der 'Sonder-Pädagogik' für Mädchen, die der Sonder-Anthropologie der Frau folgte, die Fähigkeit zur Selbstaufgabe anerzogen, so daß lebensweltlich nachvollzogen werden konnte, was theoretisch vorgegeben worden war" (1989a, 133).

Dieses historisch entstandene hierarchische Geschlechterverhältnis wirkt bis in die heutige Zeit hinein. Die feministischen Schulkritik geht auch heute davon aus, daß "die Realität des gesellschaftlichen Geschlechterverhältnisses ... trotz grundsätzlich verankerter Gleichberechtigung in Politik, Ökonomie, Kultur und Privatleben nach wie vor hierarchisch strukturiert" (PRENGEL 1986a, 25). Es ist also ein Über- und Unterordnungsverhältnis, bestimmt von "oben und unten, besser und schlechter, wertvoll und wertlos, mehr Geld und weniger Geld, bestimmen und bestimmt werden, Macht ausüben und Macht abgeben" (1986a, 25). Während früher die Hierarchie in offensichtlichen, ungleichen Rechten bestand, sich also "über formale institutionalisierte Regelungen" reproduzierte, geschieht dies heute informell: "Es gibt keine Vorschrift, daß eine Mehrheit der Schulleiter Männer sein müssen - dennoch handeln die beteiligten Personen so, daß die Hierarchie sich permanent reproduziert" (1986a, 25).

Dem koedukativen Unterricht in seiner bisherigen Form wird die feministische Kritik entgegengebracht, er sei "geeignet, die gesellschaftlich hoch bewertete männliche Rolle zu stärken, den Dominanzanspruch als selbstverständlich hinzunehmen und komplementär dazu weibliche Nachrangigkeit als 'Normalzustand' festzuschreiben" (HORSTKEMPER 1990b, 98; ebenso KAUERMANN-WALTER U.A. 1988, 159). So spiegelt der formal koedukative Unterricht das wieder, was sich in der Gesellschaft als normativer Standard entwickelt hat.

Gleichwohl - und dieses bildet die Grundlage für pädagogische Einwirkungsmöglichkeiten - wird auch innerhalb der feministischen Schulkritik festgestellt, "daß weibliche Sozialisation im Kontext der Orientierung an Reproduktionsarbeit mehr die Herausbildung 'typisch weiblicher' Merkmale befördert, aber sich nicht naturnotwendig darin erschöpfen muß" (KAISER 1987b, 233). Geschlechtsspezifische Sozialisation ist somit nicht determiniert, sondern entwickelt sich als sozialer Prozeß mit einer gewissen Offenheit in der konkreten Ausformung und ist somit auch prinzipiell wie konkret veränderbar (vgl. auch BILDEN 1991, 280).

5.1.2 Strategien zur Bewältigung geschlechtlicher Heterogenität in der Schule

BREHMER faßt die gängigen Argumentationen in der Diskussion um die Koedukation, genauer gesagt, um die bisher praktizierte Form der Koedukation, zusammen:

	Pro Koedukation	**Contra Koedukation**
Unterrichtsstoff	Beide Geschlechter bekommen das gleiche Wissen vermittelt (keine Fächer des 'Frauenschaffens', kein 'Puddingabitur').	Der Stoff ist überwiegend an männlichen Interessen ausgerichtet und bildet nur geringe Identifikationsmöglichkeiten für Mädchen.
Interaktion	Mädchen und Knaben lernen, Kameradschaft miteinander zu halten, den gleichberechtigten Umgang miteinander. Dies ist wichtig für den späteren Beruf und das Familienleben.	Jungen werden mehr beachtet, gelobt, getadelt. Die Mädchen erhalten nur geringe Aufmerksamkeit und müssen unter der Dominanz der Jungen (Disziplinprobleme) leiden.
Sexualität	Die sexuellen Spannungen, insbesondere in der Pubertät, werden normalisiert. Übertriebene erotische Phantasien werden vermieden auch in bezug auf Schwärmereien für Lehrerinnen und Lehrer.	Insbesondere die Mädchen geraten unter einen verstärkten sexuellen Leistungs- und sozialen Anerkennungsdruck - insbesondere von seiten der Jungen, aber auch von Mädchen. Die sexuelle Liberalisierung und die allgemeine Verfügbarkeit von Verhütungsmitteln (insbesondere der Pille) begünstigen zudem den Geschlechtsverkehr.
Lehrpersonen	Die Orientierung an weiblichen und männlichen Lehrpersonen bietet für beide Geschlechter vielfältige Erfahrungen und Identifikationsmöglichkeiten.	Lehrerinnen und Lehrer urteilen und beurteilen gemäß gängigen Geschlechtsstereotypen (interessanter, kluger Junge; fleißige, angepaßte Schülerin) und bestätigen durch ihr Verhalten, ihre Äußerungen und ihre Stellung diese Stereotypen in der schulischen Hierarchie (Frauen überwiegend auf dem unteren Level).

Folgen/ Effekte	Mädchen erzielen bessere Noten und ansteigend bessere Schulabschlüsse. Mädchen und Jungen lernen, konkurrenzfähiger und auch selbständiger im Umgang miteinander zu werden.	Jungen reagieren ihre Unterlegenheitsgefühle durch erhöhte Aggressionsäußerungen gegenüber Schülerinnen und Lehrerinnen ab. Mädchen können ihr geringeres Aspirationsniveau und ihre eingeschränkteren Berufswünsche (Frauenberufe) besser in geschlechtshomogenen Gruppen aufarbeiten sowie ungestörter ihre Interessen und eic gesundes Selbstvertrauen entwiceln.

Tab. 5.1: Pro und Contra zur Koedukation (BREHMER 1987a, 103f.)

Auch in dieser Aufstellung dominiert wiederum die Auseinandersetzung mit dem Grundthema der Gleichheit und Verschiedenheit der Geschlechter. Bei den Pro-Argumenten wird die Gleichheit betont: die Gleichheit der Inhalte, des Umgangs miteinander, der Orientierung an Erwachsenen, der Konkurrenzfähigkeit und Selbständigkeit. Demgegenüber weisen die Contra-Argumente auf die Verschiedenheit hin: die Verschiedenheit in der curricularen Ausrichtung, in der Beachtung der LehrerInnen, des sexuellen Leistungs- und des sozialen Anerkennungsdrucks, der LehrerInnenbeurteilung und der Folgen. Die Polarität von Gleichheit und Verschiedenheit, wie sie auch in der feministische Diskussion dominiert (vgl. Kap. 5.1.1), bestimmt auch hier die Argumentationen.

Eine direkte Vergleichsuntersuchung zwischen gemeinsamem und getrenntem Unterricht liegt von HEPTING (1978) vor. Sie zeigt, daß der feministisch-emanzipatorische Beitrag der bisher existierenden Mädchenschulen gering zu veranschlagen ist, da bei den Wahlgründen für die Eltern vor allem konservative Orientierungen, besonders in bezug auf den Lehrkörper und der Status der Privatschule im Vordergrund steht (1978, 288). Der Ertrag der Arbeit von HEPTING ist jedoch für die Diskussion um die Koedukation insofern gering, als er staatliche, koedukative Schulen mit konfessionellen privaten Mädchenschulen vergleicht und insofern den Faktor der Geschlechtertrennung nicht von den anderen Ebenen trennen kann.

Betrachtet man die feministischen Argumentationen zur Erziehung von Mädchen und Jungen genauer, so zeigen sich unterschiedliche Ansätze, die gleichzeitig - sich teils überschneidend und zunehmend entfaltend - die Entwicklung der Diskussion nachzeichnen.

Zunächst steht, wie in Kap. 5.1.1 deutlich wurde, die unverzichtbare Forderung nach gleichem Zugang zu Bildungsgängen, -inhalten und -abschlüssen im Vordergrund. Mittels einer **Pädagogik der Gleichheit** soll die auch institutionell sichtbare geschlechtsspezifische Hierarchie abgebaut werden. Da Unterschiede von Menschen auf biologistischem Hintergrund leicht "zur Begründung von Herrschaft benutzt" (PRENGEL 1987b, 80) werden, fordert die Frauenbewegung (wie andere Emanzipationsbewegungen) das 'Recht' auf Gleichheit. "Gleichheitsrechte sind notwendige Bedingungen der Befreiung: Ohne gleiches Recht auf gleiche Verfügung über alle materiellen Ressourcen, gleiches Recht auf Bildung, gleiches Recht auf gesellschaftliche Macht ist Emanzipation gar nicht denkbar" (1987b, 80).

Relativ schnell zeigen sich jedoch die Schattenseiten dieser Gleichheitsphilosophie: So notwendig als Basis die prinzipielle Gleichheit und Gleichwertigkeit für eine gleichberechtigte Erziehung für Mädchen und Jungen ist, so sehr droht sie in den bestehenden herrschenden Normen befangen zu bleiben: Der allgemeine, implizit männliche Maßstab bleibt erhalten, Gleichheit gerät schnell zur Angleichung, zum Ausgleich von Benachteiligungen im Sinne einer Vereinheitlichung. Mädchen, so der Ansatz der Gleichheitspädagogik, sollen "genauso selbstsicher, aggressiv und technikinteressiert" (PRENGEL 1986a, 418) werden wie Jungen. Es bleibt bei der schulischen "Gewöhnung an Normalitätskonzepte von 'Weiblichkeit' und 'Männlichkeit', die einseitig von männlichen Erfahrungen und Interessen abgeleitet sind" (ENDERS 1987, 22). So wird diese Pädagogik der Gleichheit auch in kritischer Würdigung als "hierarchisches Anpassungmodell" (KAISER 1987b, 234) und "kompensatorische Emanzipationserziehung" (PRENGEL 1986a, 418) bezeichnet. So notwendig dieser erste Schritt ist, so wenig ausreichend ist er.

Aus der Kritik am Konzept der Gleichheitspädagogik entwickeln sich innerhalb der feministischen Diskussion mehrere Entwürfe, die von dem hierarchischen Geschlechterverhältnis wegzuführen versuchen:

Der Ansatz der **Aufwertung des Weiblichen** stellt den Stärken des Männlichen und der Betrachtung des Weiblichen als dessen abgeleiteten, defizitären Sonderfall die Betrachtung der Stärken des Weiblichen gegenüber. Durch eine "Umwertung der Werte" (BECK-GERNSHEIM 1987, 22) wird die negative Betrachtung des Weiblichen in die "Stärke weiblicher Schwäche" (1987, 22), in ihr positives Gegenteil verkehrt. Hier werden die besonderen Stärken des Weiblichen herausgestellt: "Frauen sind im allgemeinen offener in der Wahrnehmung eigener und der Gefühle anderer, haben mehr Gespür für zwischenmenschliche Beziehungen, für deren Nuancen und leise Signale; sie können oft besser zuhören, auf andere Menschen eingehen, helfen und trösten; sie können meist eher Schwächen und Probleme der eigenen Person zugeben, verstecken sich weniger hinter einer Mauer der Unnahbarkeit" (1987, 22). Als eines der seltenen Beispiele offizieller Veröffentlichungen, die den Blick auf weibliche Stärken richten, wird der 6. Jugendbericht der Bundesregierung genannt (vgl. z.B. METZ-GÖCKEL 1987, 470); Einzug haben diese Gedanken auch in die Bildungspolitik der GRÜNEN gefunden (vgl. OUBAID 1986, 50f.). Vertreterinnen der Aufwertung des Weiblichen verweisen auf amerikanische und deutsche Untersuchungen, nach denen ein hoher Anteil beruflich und gesellschaftlich erfolgreicher Frauen, besonders im Bereich naturwissenschaftlicher und technischer Bereiche, Mädchenschulen und Frauen-Colleges besucht haben (vgl. DICK 1988, 6, KAUERMANN-WALTER U.A. 1988, 176-180).

Bei dieser Umwertung besteht jedoch die Gefahr, daß nun unter umgekehrten Vorzeichen wiederum eine Geschlechterhierarchie propagiert wird, wenn "dem 'schlechten' männlichen Prinzip ein 'gutes' weibliches Prinzip gegenübergestellt wird" (PRENGEL 1987a, 225). Das reale hierarchische Geschlechterverhältnis wird dann quasi in der normativen Bestimmung der Geschlechterrollen revidiert, bleibt aber in seiner Struktur als hierarchisches Geschlechterverhältnis erhalten. Überaus problematisch wird dieser Ansatz zumal dann, wenn Vorstellungen dieser Umkehr in die Nähe sozialdarwinistischer Tendenzen einer Verherrlichung der starken Frau geraten, wie dies bei STROBL geschieht: "Selbstbewußte, kluge, starke und anmutige Frauen würden aus ihr (der feministischen Mädchenschule; A.H.) hervorgehen, Guerillas, geübt, mathematische Berechnungen ebenso graziös auszuführen wie subversive Aktionen" (1981, 13). So wichtig und produktiv die Reflexion über weibliche Stärke (und männliche Schwäche!) ist, so wenig kann sie den Anspruch an eine Pädagogik befriedigen, bei der Mädchen und Jungen je zu ihrem Recht und zur Gleichberechtigung kommen. Dieser Ansatz wird in seiner Blickrichtung und in seinen pädagogischen Konsequenzen als "Separierungsmodell" (KAISER 1991, 41) kritisiert, weil mit der Weiterentwicklung weiblicher Zugangsweisen ohne die Störungen von Jungen eine Trennung der Geschlechter in der Schule einhergeht (KAISER 1987b, 234).

Das Konzept der **Androgynitätspädagogik** sucht sich ebenfalls von den bisher herrschenden Geschlechtsrollen zu distanzieren. Dort "wird davon ausgegangen, daß zumindest für das einzelne Individuum mehr Freiraum, mehr Entfaltungsmöglichkeiten, mehr Entwicklungschancen erreicht werden, wenn sowohl feminine wie maskuline Charakteristika übernommen und mit dem biologischen Geschlecht nur noch solche Merkmale verbunden werden, die biologischer Natur sind" (BIERHOFF-ALFERMANN 1989, 179). Dieses Konzept soll dazu verhelfen, die nicht eigengeschlechtlichen Anteile nicht mehr abspalten zu müssen, sondern sie für sich auch als Anteile der eigenen Persönlichkeit akzeptieren zu können. Es sollen sich neue Maßstäbe von Normalität konstituieren, jenseits "pathologisch verzerrter Halbmenschen ..., die ihre weiblichen und männlichen Anteile bejahend leben können und wollen" (KRÖNER 1988, 105). Wie PRENGEL schreibt, werden bei der Androgynitätspädagogik die bürgerlichen Geschlechtscharaktere gleichsam in die einzelne Person hineinverlagert: "Frauen entwickeln ihre 'männlichen Anteile', d.h. sie werden auch aktiv, durchsetzungsfähig, aggressiv. Männer entwickeln ihre 'weiblichen Anteile', werden also auch passiv, emotional und fürsorglich" (1989a, 159). Die positive Bedeutung dieses Konzeptes liegt in der radikalen Auflösung der bisherigen Geschlechterrollen und deren Grundlage, der geschlechtsspezifischen Arbeitsteilung in der Gesellschaft.

Insbesondere in der Diskussion um koedukativen Sportunterricht spielt dieses Konzept eine Rolle: "Bei Frauen ist häufig zu beobachten, daß sie ihren Körper im Bewegungsvollzug eher wahrnehmen und spüren, Körper und Bewegungen ganzheitlich erfahren, d.h. u.a. ihre soziale Sensibilität einbringen, Bewegungsleistungen spielerisch vollbringen. Männer kräftigen ihren Körper, wollen leisten und ihre körperlichen Leistungsgrenzen erfahren, zeigen Risiko- und Konfliktbereitschaft" (KRÖNER 1985, 44). Mit diesen positiven, aber einseitigen Möglichkeiten im Umgang mit dem eigenen Körper favorisiert das Konzept einer sportlichen Androgynität "die konkrete Utopie eines ganzheitlichen Bewegungskonzeptes, das die versöhnten weiblichen und männlichen Bewegungsmöglichkeiten mit herrschaftsfreien Beziehungsstrukturen vereint" (1985, 44). So sollen die Begrenzungen männlicher Aggression und weiblicher Regression überwunden werden.

Die beschriebenen Probleme dieses Konzeptes beginnen indessen schon bei den Realisierungschancen: Zwar ist männliche Androgynität gefragt - "der 'Softy' ist 'in'" (KRÖNER 1988, 107) - , jedoch findet die weibliche Androgyne "keinen Beifall - sie erhält das abwertende Etikett des 'Mann-Weibes'" (1988, 107). So wirken hierarchisierende Mechanismen bestehender Normen in die angestrebten Veränderungsprozesse hinein. Ein zweites Problem ist jedoch grundsätzlicherer Natur: Auch bei dem Konzept der Androgynität bleibt ein einheitlicher Maßstab erhalten, der **einen** Typus von Mensch mit bestimmten Eigenschaften favorisiert: den Androgynen. Dieses Problem wird auch von Vertreterinnen dieses Konzeptes gesehen: "Die Tatsache aber, daß Androgynie eine Kombination typisch weiblicher und typisch männlicher Eigenschaften bedeutet, wird nach Ansicht einiger Autoren die bisherige Geschlechterrollenforschung lediglich um einen neuen Typ erweitert, aber nicht grundsätzlich verändert" (BIERHOFF-ALFERMANN 1989, 184). So kritisiert auch PRENGEL, "das Eintreten für das Androgynitätsleitbild (komme) dem Propagieren eines monistischen Einheitsbildes gleich" (1989a, 161). KAISER bezeichnet diesen Ansatz als "Muster der Androgynität als Geschlechterangleichung" (1991, 41). Verschiedenheit hat in diesem Konzept wenig Platz. "Wenn aber die Identität der Geschlechter in einer Art 'Unisex' als einziger Weg der Emanzipation phantasiert werden kann, und die zugehörigen pädagogischen Mittel Rollentauschspiele und Eliminierung aller geschlechtsspezifischen Darstellungen aus den Schulbüchern sind, so erscheint dies kurzschlüssig und verarmend" (PRENGEL 1986a, 420). Weiterhin wird als schwer begründbar angesehen, warum die nun nicht mehr abgespaltenen 'männlichen Anteile' bei Frauen als 'männliche' Anteile zu definieren seien - warum soll eine öffentlich auftretende Frau also 'männlich' und ein weinender Mann also 'weiblich' sein? "In solchem Verständnis setzen sich die alte Polarisierung und die damit einhergehenden Enteignungen nur fort" (PRENGEL 1989a, 162), und es erscheint um so fraglicher, ob mit diesem Ansatz die geschlechtsspezifische Arbeitsteilung aufgebrochen werden kann. Überdies hält PRENGEL es für äußerst wichtig, daß Äußerungen von Kindern als authentisch wahrgenommen und widergespiegelt werden und nicht als eigentlich 'weiblich' oder 'männlich' (1989a, 162f.).

Angesichts dieser Kritik wird das Androgynitätskonzept von seinen VertreterInnen in Richtung auf mehr individuelle Offenheit weiterentwickelt: Wenn "Androgynie dahingehend erweitert wird, daß es nicht darum geht, die Vorteile eines bestimmten Typs, nämlich von Androgynie herauszustellen, sondern die Vorteile der individuellen Entfaltung, unabhängig von sozialen Erwartungen an das biologische Geschlecht, dann mündet das Androgyniekonzept in einen Ansatz, der darauf hinausläuft, daß Geschlechterrollen unbedeutend werden und das biologische Geschlecht nur noch dort eine Determinante der Entwicklung darstellt, wo biologische Vorgaben existieren. Darüber hinausgehende soziale Vorgaben sollten hingegen verschwinden" (BIERHOFF-ALFERMANN 1989, 209).

Ein dritter Ansatz setzt auf jene sich im Androgynitätskonzept stärker andeutende Offenheit für vielfältige individuelle Heterogenität im Sinne einer **Pädagogik der Pluralität**. Dazu muß nach PRENGEL die Feministische Pädagogik "die Dialektik von Gleichheit und Differenz reflektieren, das heißt: auf die noch immer uneingelöste Forderung nach gleichen Rechten nicht verzichten und damit die Freiheit zur Entfaltung von Vielfalt und Individualität verknüpfen. ... Durch die Aufgabe hierarchiebildender Denkgewohnheiten wird die Wertschätzung des Reichtums von Vielfalt und Individualität möglich" (1987b, 81; vgl. 1987c). Die Pädagogik der Pluralität richtet sich gegen alle Vereinheitlichungstendenzen und propagiert einen "demokratischen Differenzbegriff" (PRENGEL 1990d), der Verschiedenheit nicht hierarchisch definiert und als Herrschaftsmöglichkeit nutzt, sondern Verschiedenheit mit Gleichwertigkeit zusammenzudenken wagt: "Gleichheit eröffnet damit Freiräume, in denen Differenz sich entfalten kann" (1990d, 41). Die bisherige Kontroverse um Gleichheit **oder** Differenz lehnt die Pädagogik der Vielfalt als falsche Alternative ab (PRENGEL 1990g) und will sie durch die dialektische Vermittlung im Sinne von Gleichheit **und** Differenz ablösen.

Mit dieser Pädagogik einer demokratischen Differenz wird eine konsequente Distanzierung von allen monistischen Tendenzen möglich. Mädchen und Jungen sollen nach diesem Konzept Freiräume erhalten für eine je individuelle Entwicklung, die auch traditionell 'weiblich' bzw. 'männlich' genannte Anteile mit einschließt. So ist es für PRENGEL z.B. zunächst als Ausdruck einer momentanen Notwendigkeit zu akzeptieren, wenn Mädchen mit Puppen und Jungen mit He-Man-Figuren spielen wollen (1990d, 44), denn es müssen im schulischen Raum "Freiräume auch für die traditionellen Klischees von Weiblichkeit und Männlichkeit gelassen werden, die mitgeteilt werden dürfen und so der bewußten Bearbeitung zugänglich werden" (PRENGEL 1986a, 423; vgl. hierzu auch Kap. 5.3.3).

Kriterien für den von PRENGEL propagierten Begriff der demokratischen Differenz sind (1990d, 41-43): Er wendet sich gegen Hierarchien und damit gegen die Begründung von Unterdrückung, bezieht sich auf kulturelle Verschiedenheit, die sich im gesellschaftlichen Prozeß ständig verändert; nach ihm sind differente Lebensweisen immer neu zu entdecken und aus dem Status der Verdrängung und Unterdrückung zu befreien; er mißt unterschiedlichen Lebensweisen gleiches Recht auf gesellschaftliche Anerkennung zu; er nimmt gegen jegliche hegemonialen, ausbeuterischen, monistischen Tendenzen Stellung und ist damit nicht beliebig, sondern ethisch motiviert und parteilich (vgl. auch THIES 1987, 25).

Die "Offenheit für Heterogenität auf der Basis gleicher Rechte" (PRENGEL 1987d, 31) mit einer "Balance zwischen Selbstverwirklichung und Anerkennung des Anderen" (1986c, 7) würde einen ersten Schritt bedeuten auf dem Weg zur Utopie einer "Erziehung zur Gleichberechtigung" (1986c, 1987d). Deren drei Elemente sind die Einbeziehung neuen Wissens über Frauen, über Männer und über die Beziehungen zwischen ihnen, weiter die reflexive Bearbeitung "wechselseitiger Projektions- und Delegationsmechanismen" (1986c, 7) bei Jungen und Mädchen mit der Zielperspektive, auch eine innerpsychische Heterogenität zuzulassen, und der Verzicht auf Leitbilder, an deren Stelle der Respekt vor der je individuellen Entscheidung der Mädchen und Jungen treten soll (1986c, 7f.).

Diesem wesentlich von PRENGEL vertretenen, aber auch von anderen Autorinnen aufgenommenen dialektischen Ansatz (vgl. z.B. SCHIERSMANN & SCHMIDT 1990, 46, KRAUL 1990, 53, STAUDTE 1991) entspricht das "Kompensationsmodell" von KAISER (1987b, 235), bei dem es trotz seines mißverständlichen und ambivalenten Begriffs (vgl. Kap. 4.1.3 und 4.6.2) und trotz leichter Anklänge an das Androgynitätskonzept um die gleichzeitige Anerkennung von Verschiedenheiten der Geschlechter, aber auch um das Erweitern der geschlechtsspezifischen Fähigkeiten geht. Pädagogische Folge dieser Sichtweise ist eine flexible didaktische Differenzierung (KAISER 1987a), die Gemeinsamkeit und Verschiedenheit, Anregung und Abgrenzung, sowohl Verstärkung der spezifischen Schwerpunkte als auch kompensatorische Angebote zum Ausgleich geschlechtsspezifischer Einseitigkeiten bei Mädchen und Jungen kultivieren helfen soll (KAISER 1988b, 159f.). Bildungsziel dieser Pädagogik ist die "Aufhebung der geschlechtlichen Arbeitsteilung in ihrer bisherigen rigiden Form der Hausarbeitsnähe der Frauen und Mädchen und der Hausarbeitsferne bei Männern und Jungen" (1988a, 373).

Es bleibt nun zu fragen, welche Konsequenzen die einzelnen Strömungen innerhalb der feministischen Diskussion in bezug auf die Koedukation ziehen. Der **Pädagogik der Gleichheit** muß es um eine gemeinsame, nicht-hierarchische Erziehung von Mädchen und Jungen gehen, denn wenn die Gleichheit dominiert bzw. angestrebt werden soll, wäre es ein völliger Widerspruch, die Gleichen trennen zu wollen. Der Ansatz der **Aufwertung des Weiblichen** favorisiert demgegenüber die Strategie, Mädchen ohne die störenden Einflüsse von Jungen sich entwickeln zu lassen, um sie dann, mit einem stabilen feministischen Selbstbewußtsein ausgestattet, in die gesellschaftliche Konfrontation mit androzentristischen Normen und Verhaltensweisen zu entlassen. Die **Androgynitätspädagogik** wiederum dürfte keine Trennung der Geschlechter fordern, geht es doch gerade darum, beiden Geschlechtern die Integration je beider Anteile zu ermöglichen. Die **Pädagogik der Pluralität** vertritt gemäß ihrer dialektischen Grundhaltung auch in der Frage der Koedukation eine flexible Haltung: Prinzipiell gemeinsamer Unterricht als Basis gleicher Rechte und Ansprüche, aber auch die Möglichkeit zu zeitweiser Trennung, wobei die Dimension des Geschlechts neben anderen ein Kriterium sein kann.

Weithin kann jedoch in der Literatur als gemeinsame Perspektive gesehen werden, daß es in der Frage der Koedukation nicht um ihre Abschaffung geht, sondern daß über Koedukation diskutiert wird, "um Reformen weiterzutreiben als anzuhalten und dies mit dem Argument, daß die Koedukation den Schülerinnen nicht das gebracht hat, was sie hätte bringen können und sollen" (KAUERMANN-WALTER U.A. 1988, 175; sinngemäß z.B. auch HORSTKEMPER 1990b, 107). Gedankenspiele zu feministischen, zumindest aber 'frauenbewegten' Mädchenschulen und zu einer "autonomen Mädchenbildung" (DICK 1988, 6; vgl. hierzu z.B. VON LENGERKE U.A. 1980, STROBL 1981, SCHNORRENBERG & VÖLKEL 1988) sind demgegenüber weniger als generelle Zukunftshoffnung zu betrachten, sondern mehr als anregende Überlegungen, die in einzelnen Versuchen erprobt werden sollten. Bei einer generellen schulischen Trennung der Geschlechter werden Konsequenzen befürchtet, die wohl kaum mit feministischen Vorstellungen vereinbar wären (FAULSTICH-WIELAND 1989a, 576f., 1991a, 159f.): Es bestünde die Gefahr eines Rückfalls in verstärkte konservative Wertevermittlung, in eine Mädchenbildung zweiter Klasse, in verstärkte Vorurteile und Diskriminierungen durch Jungen und Männer und in ein verkrampfteres Umgehen der Geschlechter miteinander. Konservative Kräften könnten sich bestärkt fühlen, die mit biologistischen Argumentationen wie dem Hinweis auf "geschlechtsspezifische Anlagen" (VON MARTIAL 1988, 59) eine generelle schulische Geschlechtertrennung befürworten.

So ergibt sich innerhalb der feministischen Diskussion insgesamt eine deutliche Tendenz zur Vorstellung einer differenzierten (FAULSTICH-WIELAND 1989a, 576), einer "reflexiven Koedukation" (1991a, 163), die sich somit vom rein formalen Prinzip zum inhaltlichen Ansatz weiterentwickeln soll. Dabei wird für wichtig gehalten, "daß eine veränderte koedukative Erziehung nur praktikabel erscheint, wenn neben engagierten Frauen auch engagierte Männer bereit sind, ihre Privilegien und ihre Benachteiligungen, ihre Stärken und ihre Schwächen gemeinsam in Frage zu stellen" (BREHMER 1987a, 107). Und, so wäre zu ergänzen, es muß eine problemorientierte Betrachtung nicht nur der Situation der Mädchen, sondern auch der Situation der Jungen stattfinden. Geschlechtsdifferente Forschung tut nicht nur für das weibliche, sondern auch für das männliche Geschlecht not (SCHNACK & NEUTZLING 1990, 128). Das Ziel wäre, wie SCHULTE (1988, 43) es formuliert, "eine angemessene, Eigenheiten berücksichtigende Bildung für alle!"

5.2 Aussagen zur Person-Ebene

In diesem Abschnitt kommen empirische und theoretische Aussagen zur Person der SchülerInnen zur Sprache. Wie schon in den vorherigen Kapiteln ist dies auch hier der Bereich, der am schwierigsten zu untersuchen ist; hier kann nur über indirekte Verfahren auf Prozesse der Persönlichkeitsentwicklung geschlossen werden. Folgende Zugänge bilden die Gliederung dieses Teils: Bildungsbeteiligung und Leistungsentwicklung vermögen einen Einblick in die kognitive Entwicklung von SchülerInnen zu geben (Kap. 5.2.1). Aussagen zur Identitätsentwicklung öffnen den Blick über den Rahmen der kognitive Dimension hinaus zu Einstellungen und Zugängen zu schulischen Inhalten (Kap. 5.2.2). Einen Schwerpunkt der Koedukationsdiskussion bildet die geschlechtsspezifische Orientierung auf bestimmte inhaltliche Bereiche und die Abwendung von anderen (Kap. 5.2.3). Besondere Bedeutung für die SchülerInnen hat die subjektive Wahrnehmung und Interpretation eigener Fähigkeiten und der Fähigkeiten von anderen, hier des anderen Geschlechts (Kap. 5.2.4). Einen Schlüssel zur Bearbeitung der schulischen Geschlechterproblematik bildet die Wahrnehmung und Reflexion der PädagogInnen (Kap. 5.2.5).

5.2.1 Bildungsbeteiligung und Leistungsentwicklung

Eine Annäherung an die personbezogene Bewältigung von geschlechtlicher Heterogenität ermöglicht die Betrachtung der Bildungsbeteiligung in den verschiedenen Schulformen. Die Bildungsbeteiligung von Mädchen seit 1950 haben HURRELMANN, RODAX & SPITZ (1986) untersucht. Den kontinuierlichen Anteil der Mädchen von 48,7 % an der 10- bis 20-jährigen Bevölkerung in den 70er/80er Jahren setzen sie als Erwartungswert für alle Schulformen (1986, 15). Bei den einzelnen Schulformen zeigen sich unterschiedlich starke Abweichungen von diesem Erwartungswert (1986, 15): In der Volksschule bzw. Grund- und Hauptschule liegt der Mädchenanteil in den 50er und 60er Jahren leicht über 50 %, seit 1973 hingegen knapp unter dem Erwartungswert. In der Realschule sind Mädchen durchgängig mit deutlich über 50 % vertreten. In Gesamtschulen sind Mädchen leicht unterrepräsentiert, wenn auch mit zunehmender Tendenz. Für Gymnasien ergibt sich ab Mitte der 60er Jahre aus einer Unterrepräsentanz heraus ein Anstieg des Mädchenanteils, bis er 1977 den Erwartungswert übersteigt (HURRELMANN U.A. 1986, 16).

Weiter betrachten HURRELMANN U.A. den Übergang in die 5. Klasse und den Erfolg bzw. Übergang am Ende der Sekundarstufe I am Beispiel von Baden-Württemberg und Nordrhein-Westfalen (1986, 17-31): In die Hauptschule wechseln Mädchen wie Jungen nach Abschluß der Grundschule immer seltener, wobei der Anteil der Mädchen durchgängig niedriger liegt (Mädchen 1970 zu 57,6 %, 1983 zu 35,1 %; Jungen 1970 58,3 %, 1983 39,2 %). Ebenso durchgängig erreichen Mädchen zu höheren Anteilen einen Hauptschulabschluß als Jungen (Mädchenanteil 1972 48,1 %, Anteil an Hauptschulabschlüssen 50,3 %; 1982/83 Hauptschulabschlüsse für 81,3 % der Mädchen, 76,2 % der Jungen). Beim Übergang in die Realschule sind Mädchen durchweg überrepräsentiert. Sie erreichen auch einen höheren Anteil der Realschulabschlüsse (1957: 61,5 %, 1982: 54,8 %). Beim Übergang auf die Gymnasien sind Mädchen in den 50er und 60er Jahren deutlich - mit fast 10 % Unterschied - unterrepräsentiert; diesen Rückstand holen sie jedoch in den 70er Jahren auf und überholen den Jungenanteil 1975. Allerdings beenden wesentlich mehr Mädchen als Jungen die Schule mit der 10. Gymnasialklasse; in der 11. Klasse zeigt sich daher eine - wenn auch tendenziell abnehmende - Unterrepräsentanz der Mädchen (1955 8 % Unterschied, 1981 fast kein Unterschied). Bei den auf die Gesamtschule übergehenden SchülerInnen zeigt sich bei starkem absoluten Anstieg in den 70er und der ersten Hälfte der 80er Jahre eine leichte Unterrepräsentanz von Mädchen, die sich im Laufe der Sekundarstufe I bis zur 10. Klasse in eine leichte Überrepräsentanz wandelt, beim Übergang in die Sekundarstufe II aber abbricht. In der Sekundarstufe II finden HURRELMANN U.A. in Klasse 11 von Gesamtschulen und Gymnasien einen erwartungsgemäßen Anteil von Mädchen, während sie bei den AbiturientInnen, wenn auch bei relativem Anstieg, unter dem Erwartungswert bleiben.

Zusammenfassend ist nach diesen Ergebnissen festzustellen, daß im Zuge der Bildungsreformbestrebungen die quantitative Benachteiligung von Mädchen in bezug auf die Inanspruchnahme höherer Bildungsgänge weitgehend aufgehoben worden ist; Mädchen sind also als Gewinnerinnen der Bildungsreform anzusehen.

Weitere Daten, die sich auch auf den Grundschulbereich beziehen, legt SCHÜMER aus Berliner Schulen vor. Sie stellt bei ihrer Auswertung statistischer Untersuchungen über den Schulerfolg von Jungen und Mädchen (Stand 1985) ebenfalls fest, "daß die Mädchen hier formal keineswegs diskriminiert werden" (1985, 95): Mädchen werden seltener vom Schulbesuch zurückgestellt als Jungen (1983/84: Mädchen 8 %, Jungen 11 %). Mädchen bleiben während der Grundschulzeit seltener sitzen als Jungen (1981/82: Mädchen 1,9 %, Jungen 2,7 %). Mädchen gehen seltener auf Sonderschulen als Jungen (vom Jahrgang 1970 im Schuljahr 1983/84: Mädchen 4,4 %, Jungen 6 %; vgl. Kap. 5.5). Da Mädchen weniger unter die Selektion fallen, sind sie beim Übergang von der Grund- zur Sekundarschule (in Berlin Klasse 6 - 7) durchschnittlich jünger (1983/84 bis 12 Jahre alt: Mädchen 43 %, Jungen 36 %). Mädchen gehen häufiger als Jungen auf Gymnasien (36,5 % vs. 32,7 %) und Realschulen (23,6 % vs. 20,5 %) und seltener auf Haupt- (14,5 % vs. 18,5 %) und Gesamtschulen (25,3 % vs. 28,3 %; Angaben für 1983/84; SCHÜMER 1985, 98). Sie bleiben in Sekundarschulen seltener (bis 1,7 %) sitzen als Jungen (1981/82; 1985, 99) und beenden die allgemeinbildenden Schulen mit höheren Abschlüssen (Berlin 1982/83): 26,4 % mit Abitur (vs. 25,6 %), 43,2 % mit Realschulabschluß (vs. 37,9 %), 21 % mit Hauptschulabschluß (vs. 25 %) und 9,4 % ohne Abschluß (vs. 11,5 % der Jungen; SCHÜMER 1985, 100)

SCHNACK & NEUTZLING (1990) ergänzen diese Aussagen mit weiteren Ergebnissen: Jungen sind häufiger krank als Mädchen (1990, 103), sie weisen eine höhere Sterblichkeit auf als Mädchen (1990, 105). Jungen stellen etwa zwei Drittel der in Erziehungsberatungsstellen und schulpsychologischen Dienste geschickten Kinder (1990, 107). Sie begehen häufiger Straftaten und werden erheblich häufiger inhaftiert als Mädchen (1990, 107). SCHNACK & NEUTZLING warnen denn auch davor, "die Jungen für bevorzugt zu halten, wenn vor allem ihre Störungen auffallen und behandelt werden sollen" (1990, 110).

In hartem Kontrast zu diesen 'schulinternen' Ergebnissen stehen die Möglichkeiten von Mädchen im berufsbildenden Bereich: Sie haben "größere Schwierigkeiten, einen betrieblichen Ausbildungsplatz zu finden, sie verzichten häufiger darauf zu studieren, brechen ein Studium vergleichsweise oft ab und erreichen weniger hohe Studienabschlüsse" (SCHÜMER 1985, 100). Hier bestätigt sich das bereits in Kap. 5 dargestellte Bild, nach dem die Bildungsexpansion in rein formal-quantitativer Hinsicht zu mehr Gleichheit der Geschlechter beigetragen hat. Was im Sinne einer Benachteiligung von Mädchen und Frauen bleibt, sind die deutlich unterschiedlichen Abbruchsquoten beim Übergang in die Sekundarstufe II und die Benachteiligung des weiblichen Geschlechts bei Berufsausbildung, Studium und Studienabschlüssen.

Warum jedoch insgesamt weiterhin von einer Benachteiligung von Mädchen gesprochen werden muß, verdeutlichen FAULSTICH-WIELAND U.A.: "Produziert wird die Benachteiligung ... nicht in den Vollzeitschulen (weder in den allgemeinen noch in den beruflichen), sondern vor allem im dualen Ausbildungssystem. Hier sind die Abstände am deutlichsten, von einer Einebnung von Unterschieden in den letzten 20 Jahren kann keine Rede sein" (1984, 127). Der Eintritt in die berufliche Ausbildung im dualen System zeigt sich als geschlechtsspezifisches Nadelöhr: "Im dualen Ausbildungssystem finden wir somit relativ konstant (seit den 60er Jahren; A.H.) etwa ein Drittel Mädchen und etwa zwei Drittel Jungen" (1984, 127; vgl. HORSTKEMPER 1989a, 1989b).

Genauer als die Bildungsbeteiligung vermögen Schulleistungsuntersuchungen mögliche Unterschiede der Geschlechter abzubilden. Gleichwohl ist dabei zweierlei zu bedenken: Zum einen erreichen Leistungsuntersuchungen nur eine bestimmte Gruppe von SchülerInnen, die sich in der entsprechenden Schulform befinden; zum zweiten sind Unterschiede eher als 'Tendenzmeldungen' aufzufassen, da häufig mit Durchschnittswerten gearbeitet wird und die Streuung innerhalb eines Geschlechts die Unterschiede zwischen den Geschlechtern mitunter übertrifft. Soweit bei Leistungsuntersuchungen das Geschlecht als Kategorie nicht 'vergessen' wird, zeigt sich bei den Mädchen eine generell günstigere Leistungsentwicklung als bei Jungen (vgl. u.a. GRÄF 1986, 28, HORSTKEMPER 1987, 1989b, 99, WEYERHÄUSER 1990, 280). Von anderen wird ein unterschiedliches Leistungsprofil der Geschlechter festgestellt: "In Mathematik, Physik und Chemie erbringen die Jungen ... bessere Leistungen als Mädchen. In der Muttersprache, in Literatur, in den neuen Sprachen und in Kunst erweisen sich die Mädchen als leistungsstärker" (VON MARTIAL 1988, 58).

Eine weitere Dimension bildet der Vergleich zwischen gemeinsamer und getrennter schulischer Erziehung von Mädchen und Jungen. Immer wieder werden englische, insbesondere die grundlegende Untersuchung von DALE zitiert, die zeigen, "daß Jungen in koedukativen Schulen mehr leisten und Mädchen weniger" (SPENDER 1985, 178) als in getrennten Schulen. "Mädchen erbringen in den meisten Fächern in Mädchenschulen die besseren Leistungen. Jungen sind überwiegend in koedukativen Schulen besser" (VON MARTIAL 1988, 58). Eine englische Studie über Mathematikleistungen kommt darüberhinaus zu dem Ergebnis, daß die durchschnittlichen Mathematikleistungen von Mädchen in gemischten Klassen im Vergleich zu denen der Jungen deutlich absinken, während die Mathematikleistungen von Mädchen in reinen Mädchenklassen nur geringfügig hinter denen der

Jungen zurückbleiben (SPENDER 1985, 188). Nach SPENDER wiegt offensichtlich die Benachteiligung der Mädchen jedoch geringer als die Vorteile für Jungen und Mädchen in sozialer Hinsicht (1985, 188). Feministischen KritikerInnen der Koedukation drängt sich allerdings auch ein anderer Verdacht auf: "Daß aber Jungen in koedukativen Klassen mehr und Mädchen weniger leisten, werde deshalb nicht problematisiert, weil das 'Mehr' auf der Seite des statusüberlegenen Geschlechts zu verbuchen ist" (METZ-GÖCKEL 1987, 466). Demnach scheinen Leistungsminderungen der Mädchen der Preis für eine sozial vorteilhaftere Gruppierung innerhalb der Schule zu sein. Und es drängt sich die Überlegung auf, ob nicht die Schulleistungen der Mädchen eher trotz der praktizierten koedukativen Schule erreicht werden anstatt auf ihrer förderlichen Grundlage, wie die quantitative Auswertung zu unterstellen nahelegt. Gleichwohl gibt es auch widersprechende Untersuchungsergebnisse: HAGEMEISTER (1991, 474) zitiert eine Untersuchung von HUSEN, die im Gegensatz zur viel zitierten Untersuchung von DALE zu dem Ergebnis kommt, daß Mädchen in Koedukationsschulen am Ende ihrer Schulzeit bessere Mathematikleistungen aufweisen als in Mädchenschulen. Hier ist mit HORSTKEMPER (1991, 498) vor leichtfertigen Interpretationen und monokausalen Schlüssen zu warnen.

5.2.2 Persönlichkeitsentwicklung

In Kap. 5 wurde festgestellt, daß die bisher weitgehend herrschende Annahme, es gebe im Grundschulbereich noch keine deutliche Geschlechtsrollenorientierung, die im Unterricht berücksichtigt werden müßte, eine Fiktion ist. Wie stark die Orientierungen bereits bei SchulanfängerInnen und GrundschülerInnen sind, mögen drei Beispiele aus den Bereichen Sachunterricht, Kunst und Sport belegen.

Für den Sachunterricht hat KAISER (1985, 1987a) am Beispiel des Themas 'Fabrik' herausgearbeitet, wie unterschiedlich die "Schülervoraussetzungen für sozioökonomischen Sachunterricht" (KAISER 1987a, 115) bei Mädchen und Jungen sind und wie wenig ein uniformistischer Sachunterricht dieser Heterogenität gerecht zu werden vermag. Bei ihrer Untersuchung zeichnen die Kinder in Gruppen Fabriken nach ihren eigenen Vorstellungen. Dabei bilden sich viele geschlechtshomogene Gruppen und es entstehen quasi Mädchen- und Jungenfabrikbilder. Zusätzlich werden die Gespräche während des Zeichnens und während der Besprechungen der Bilder erfaßt.

Schon beim ersten Anblick der entstandenen Bilder wird deutlich: "Mädchen und Jungen denken an ganz unterschiedliche Inhalte, wenn sie eine Fabrik von innen zeichnen sollen" (KAISER 1985, 175). Es stellt sich durchgängig eine geschlechtsspezifische Polarität in der Wichtigkeit verschiedener Anteile der Fabrik ein: "Die Arbeitenden und das Produkt haben im Mädchenbild einen zentralen Stellenwert, während sie im Jungenbild von der differenzierten funktionellen Apparatur fast verdeckt werden" (KAISER 1987a, 118).

KAISER leitet aus ihren detaillierten Beobachtungen (1985, 179f.) das Fazit ab: "Die Mädchen gehen in ihrer Aufmerksamkeit mehr in die 'Tiefe' sozialer Prozesse und auf das Produkt selbst ein, während die Jungen ihre Aufmerksamkeit auf die 'Breite' der Produktionsschritte und die 'Höhe' der Fabrik - in räumlicher und sozial hierarchischer Hinsicht - richten. Beide Perspektiven reflektieren einen Teil der Wirklichkeit, bleiben aber in ihrer Einseitigkeit der Ausrichtung - entweder tendenziell auf den Innenbereich oder den Außenbereich orientiert - defizitär" (1985, 178f.). Die Schattenseite der Perspektive der Mädchen "ist zuweilen eine Verniedlichung und Harmonisierung der Situation im Arbeitsleben, die gerade nicht der Wirklichkeit entspricht, aber kennzeichnend ist für die in der weiblichen Sozialisation vermittelten Bedürfnisse nach Nähe, Anlehnung und Gemeinsamkeit" (1985, 181), bei den Jungen geht das vorhandene technische Verständnis einher "mit einer Verarmung in emotionaler und sozialer Dimension. Dies entspricht, mit der instrumentellen, anonym-sachvermittelten Herangehensweise verbunden, dem Typus männlicher Arbeitserfahrungen" (1985, 182). So entstehen am ehesten in gemischten Gruppen Fabrikbilder, "die nicht die Defizite etwa totaler Technikfixierung oder harmonisierend vermenschlichender Art" (1985, 183) enthalten.

Die deutlichen geschlechtsspezifischen Unterschiede schwächen sich bei einer weiteren Teilaufgabe ab, wenn in einem nächsten Schritt die SchülerInnen ihre Fabrik im Jahr 2000 zeichnen (KAISER 1987a, 132). Sie vermutet, "daß Mädchen und Jungen sich durch ihre Produkte und Gespräche zur 'Fabrik heute' gegenseitig angeregt haben. Wenn diese Vermutung zutrifft ... , dann wäre dies ein Beleg für die Wirkungsmöglichkeiten koedukativer Erziehung" (1987a, 132f.).

KAISERs Untersuchung verdeutlicht die von LehrerInnen für ihren Grundschulunterricht häufig nicht als relevant wahrgenommene unterschiedliche Orientierung der Geschlechter, die, den traditionellen gesellschaftlichen Rollen entsprechend, stark Gefahr läuft, mit einer verzerrten Wahrnehmung potentiell aller Inhalte diese Rollen zu reproduzieren. Sie macht ebenso deutlich, daß bei Aufmerksamkeit der LehrerInnen diese vereinseitigte Wahrnehmung aufgebrochen werden kann (vgl. hierzu Kap. 5.4.1). Zu ähnlichen Ergebnissen kommen auch FAULSTICH-WIELAND U.A. in ihrer Untersuchung in Grundschulen zum Thema "Menschen und Computer" (1987). Auch dort zeigen sich die Tendenzen unreflektierter Technikfaszination und dekorativer Betonung sozialer Aspekte (1987, 158; vgl. Kap. 5.2.3).

STAUDTE berichtet von einer eigenen Untersuchung zum ästhetischen Verhalten, bei der sich zwar nicht die erwarteten schichtsspezifischen, jedoch deutliche geschlechtsspezifische Unterschiede fanden: "Mädchen zeichneten tatsächlich 'anders' als Jungen" (1991, 34), sie zeichneten den dominierenden geschlechtsspezifischen Interessen entsprechend anderes, nach Ergebnissen einer Elternbefragung Jungen mehr Autos, Mädchen mehr Häuser und Menschen. Eine Untersuchung von Zeichnungen über Zukunftsvorstellungen von Viertkläßlern unterstreicht diese Tendenz: Mädchen malen mehr Naturdarstellungen, Jungen mehr technische Objekte.

ENGEL U.A. wenden sich geschlechtsspezifischen Einstellungen, Kenntnissen und Vorlieben von SchulanfängerInnen im Sportunterricht zu. Bei ihrer Befragung stellen sie u.a. fest, daß die Lieblingssportarten von Mädchen und Jungen sich deutlich unterscheiden (1985b, 74): Während das Interessenspektrum bei Mädchen wesentlich vielfältiger ausgebildet ist (Schwimmen, Turnen, Gymnastik, Rollkunstlauf, Leichtathletik etc.), zeigt sich bei den Jungen eine starke Fixierung des Interesses auf Fußball und Schwimmen. ENGEL U.A. gruppieren die Sportarten in männliche, neutrale und weibliche und gewinnen so folgendes Bild: Während die Jungen 69,5 % männliche, 22,5 % neutrale und nur 8 % weibliche Sportarten angeben, werden von den Mädchen 55 % weibliche, 35,1 % neutrale und 9,9 % männliche Sportarten genannt (1985b, 75). Hier zeigen sich wiederum die Unterschiede im Interessenspektrum der SchulanfängerInnen, wobei die Mädchen sich flexibler zeigen als die Jungen, deren Interessenprofil deutlich geschlechtsspezifisch ausgeprägter ist. ENGEL U.A. halten zusammenfassend fest, "daß die Sportinteressen von Jungen und Mädchen sowohl bezüglich des Sportkonsums als auch bezüglich der Spiele am Nachmittag, insbesondere aber hinsichtlich der Wahl der liebsten Sportart so deutliche Unterschiede aufweisen, daß für ein Gelingen von Interaktion zwischen den Geschlechtern auch in dieser Altersstufe größere Schwierigkeiten zu erwarten sind. Diese These erhält besonderes Gewicht auf dem Hintergrund der Tatsache, daß Mädchen und Jungen bis zum Schuleintritt größtenteils nur mit gleichgeschlechtlichen Freunden gespielt haben" (1985b, 76).

Zur geschlechtsspezifischen Einstellung zum Sport fragen ENGEL U.A., ob die SchulanfängerInnen Fußball spielen bzw. Seilchen springen würden - beides wesentliche Tätigkeiten für rollenkonformes Verhalten. Diese Erwartungen erfüllen fast alle Kinder (Mädchen: 94,4 %, Jungen: 93,5 %); allerdings wollen nur 37,9 % der Mädchen nicht Fußball spielen, während 58,8 % der Jungen nicht Seilchen springen wollen. Beide Aspekte fassen ENGEL U.A. zu unterschiedlichen Orientierungen der SchulanfängerInnen zusammen (1985b, 77): Insgesamt ergibt sich eine stärkere Fixierung der Jungen (55,8 % männliche, 41,2 % offene, 3 % weibliche Orientierung) und eine größere Offenheit der Mädchen (38,7 % weibliche, 57,7 % offene, 3,8 % männliche Orientierung). Diese in einer Befragung der Kinder gewonnen Tendenzen zeigen sich auch im konkreten Verhalten, wenn es in offenen Situationen um die Auswahl von unterschiedlichen Geräten geht (ENGEL U.A. 1985b, 80f.). Insofern gehen ENGEL U.A. davon aus, daß es sich bei diesen Phänomenen nicht nur um Einstellungen und Verhaltensweisen handelt, sondern führen diese auf eine "latent vorhandene, handlungsbeeinflussende Grundposition" (1985a, 60), auf eine allgemeine - wenn auch nicht einheitliche und widerspruchsfreie - Geschlechtsrollenorientierung zurück, die auch für die weitere Entwicklung handlungsleitend sein wird. Konflikten, die mit der Geschlechtsrollenorientierung zusammenhängen, schreiben ENGEL U.A. (1985a) eine besondere Bedeutung für die Identitätsentwicklung zu.

Für die vorliegende Fragestellung zeigen die Beispiele aus den drei Bereichen, daß SchülerInnen schon in der Phase der Primarerziehung unterschiedliche, aber veränderbare Wahrnehmungsbereitschaften und Interessenausrichtungen besitzen.

Sie haben also bereits die gesellschaftliche Verschiedenheit der Geschlechter verinnerlicht. Auf diese Verschiedenheit muß ein bewußt koedukativer Unterricht entsprechend reagieren.

Diese Berücksichtigung muß, wie z.B. PRENGEL betont, bereits bei der sprachlich bewußten Ansprache der SchülerInnen beginnen: "Wenn ... in mündlichen Äußerungen und in Unterrichtsmaterialien Mädchen in der männlichen Form angesprochen werden und selten von ihnen als Schülerinnen die Rede ist, so entsteht eine grundsätzliche Verunsicherung. Sie müssen permanent, ohne darüber zu sprechen, für sich klären, daß sie 'mitgemeint' sind; ... Sie müssen ebenso aus dem Kontext erspüren, ob sie vielleicht nicht mitgemeint sind, nämlich dann, wenn die sonst neutral verwendete männliche Form nicht neutral, sondern tatsächlich in bezug auf Männer verwendet wird" (1989a, 139).

Daß der in der Grundschule erteile Unterricht weithin nicht eben dazu geeignet ist, diese frühen Fixierungen aufzubrechen, machen einige zusammenfassenden Einschätzungen von SPENDER deutlich, die von FAULSTICH-WIELAND wiedergegeben werden, nach denen "auch in der Grundschule der Unterricht schon auf die Interessen der Jungen zugeschnitten ist, Lehrkräfte glauben, daß Jungen intelligenter als Mädchen sind, Lehrerinnen und Lehrer mehr über Jungen wissen als über Mädchen" (1989a, 561).

Für den Bereich der Sekundarstufe I besteht nicht mehr - wie für den Primarbereich - die Illusion einer gleichen Entwicklung von Mädchen und Jungen, die weitgehend eine Berücksichtigung der Kategorie des Geschlechts überflüssig erscheinen ließe. Der wichtigste Befund für den Bereich der Sekundarstufe I im vorliegenden Zusammenhang liegt in der eigentümlichen Dynamik, daß das Selbstbewußtsein der Mädchen nicht im entsprechenden Maße mitwächst, wie die positive Leistungsentwicklung erwarten lassen würde. Vor allem die Untersuchung von HORSTKEMPER (1987) hat hierzu wesentliche Erkenntnisse beigetragen.

HORSTKEMPER untersucht die Entwicklung des Selbstvertrauens von SchülerInnen von der 5. bis zur 9. Klasse in Hessischen Gesamtschulen. Das Selbstvertrauen umfaßt nach HORSTKEMPER "folgende Aspekte: das Bewußtsein, als Person liebenswert und akzeptiert zu sein (hohes Selbstwertgefühl), die Einschätzung, Leistungsanforderungen durch eigene Aktivitäten zufriedenstellend bewältigen zu können (positives Selbstbild), solche Situationen relativ angstfrei und ohne hinderliche Selbstzweifel zu erleben (wenig Schul- bzw. Prüfungsangst)" (1989b, 98; vgl. auch 1987, 95f. und 214).

Zunächst stellt HORSTKEMPER anhand ihrer Ergebnisse fest, "daß die Entwicklungslinien vom 5. zum 9. Jahrgang kontinuierlich einen günstigen Verlauf nehmen" (1987, 136), also ein kontinuierlicher Zuwachs an Selbstvertrauen bei den SchülerInnen zustandekommt. Bei geschlechtsspezifischer Differenzierung ist allerdings deutlich zu sehen, daß diese Entwicklung bei Jungen und Mädchen auf unterschiedlichem Niveau stattfindet und sich die Unterschiede zwischen Mädchen und Jungen vergrößern: "Ist die Ausgangslage im 5. Schuljahr noch gleich, so verzeichnen die Jungen danach wesentlich höhere Zugewinne, während bei den Mädchen die Entwicklung deutlich verlangsamt und mit geringerer Intensität erfolgt" (HORSTKEMPER 1987, 136; vgl. 1989b, 99). Die Entwicklung in der Sekundarstufe I zeigt somit, "daß die Erfahrungen im Laufe der Schulzeit nicht etwa zu einer Angleichung des Selbstvertrauens zwischen den Geschlechtern führen, sondern im Gegenteil auf eine Auseinanderentwicklung hinauslaufen, bei der die Mädchen schlechter abschneiden" (1987, 214).

HORSTKEMPER folgert angesichts des allgemeinen Leistungsvorsprungs der Mädchen, daß die Jungen offensichtlich gute Leistungsbewertungen eher "selbstwertdienlich" "verwerten" (1990b, 100) als Mädchen: "Guten Schulerfolg können sie besser in ein positives Selbstbild umsetzen, gegenüber schulischen Mißerfolgen ist ihr Selbstvertrauen weniger anfällig" (1987, 168). Sie faßt dieses Ergebnis in der Formel zusammen: "Trotz Leistungserfolg und Leistungsorientierung können Mädchen ihre Selbstvertrauens-Nachteile nicht wettmachen" (1987, 216).

Die nachschulischen Lebensentwürfe und Orientierungen sollen einen letzten Punkt der Betrachtung zur Persönlichkeitsentwicklung bilden. Der Übergang von der Schule zum Ausbildungs- und Arbeitsmarkt bringt ohnehin eine neue Qualität der Konfrontation mit gesellschaftlichen Normen und ein größeres Ausgeliefert-Sein gegenüber gesellschaftlichen Machtstrukturen mit sich; hier zeigen sich denn auch wesentlich deutlichere Benachteiligungen und Diskriminierungen von Frauen (vgl. FAULSTICH-WIELAND U.A. 1984, HORSTKEMPER 1990a, 25ff.).

An dieser Nahtstelle geraten Frauen in spezifische, auch innerpsychische Widersprüche, wenn sie die gesellschaftlich geforderten und/oder privat gewünschten Perspektiven für Familie und Beruf in anderer Weise miteinander zu vereinbaren versuchen müssen als Männer. FAULSTICH-WIELAND & HORSTKEMPER befragen SchülerInnen am Ende der Sekundarstufe I zu ihren Zukunftsvorstellungen. Dabei erweisen sich die Zukunftsvorstellungen bezüglich der Familienorientierung im allgemeinen als lediglich graduell unterschiedlich und die konkreten Vorstellungen der Schülerinnen und Schüler in hohem Maße als komplementär: "Die Verbindung von Familie und Beruf führt ... nicht etwa zu einer gleichgewichtigen Aufteilung der Familienarbeit zwischen beiden Partnern" (1985, 479), sondern dazu, "daß ein Partner beruflich kürzer treten soll - daß dies die Frau sein wird, ist für die Jungen noch klarer als für die Mädchen" (1985, 479). Die Autorinnen stellen als Fazit fest: "Die klassische Rollenverteilung zwischen Männern und Frauen wird weder von den Jungen noch gar von den Mädchen vertreten" (1985, 480).

Bei den Fragen zu männlichen und weiblichen Rollenbildern finden FAULSTICH-WIELAND & HORSTKEMPER wiederum graduelle Unterschiede zwischen Schülerinnen und Schülern. Besonders betonen sie die "deutlichere Tendenz der Mädchen, mehr Egalität zu fordern und zu befürworten" (1985, 482). Weiter weisen sie auf das Phänomen hin, "daß bei Mädchen die Zurückweisung der Beschränkung auf reine Hausfrauentätigkeit viel stärker verbunden ist mit der Forderung nach Gleichbehandlung und ebenso mit der positiven Bewertung weiblicher

Berufstätigkeit" (1985, 482) als bei Jungen, wobei Töchter berufstätiger Mütter die positive Bedeutung weiblicher Berufstätigkeit noch stärker betonen. Bei Mädchen sehen sie einen "Konflikt zwischen eigenen Neigungen - eben dem 'Anspruch auf ein Stück eigenes Leben' - und dem Gefühl der Verpflichtung, vor allem den Kindern gegenüber - dem 'Dasein für andere'" (1985, 483). Subjektiv wird dieser Konflikt für die Mädchen in der Ambivalenz deutlich, "daß man zwar das Neue - Beruf, Selbständigkeit, eigenes Leben - haben, aber auch das Alte - Familie, Mütterlichkeit, harmonische Beziehungen - nicht lassen will" (1985, 483). In gesellschaftlichen Erwartungen entsteht für Frauen ein Widerspruch zwischen berufsbezogenen Verhaltensweisen der Durchsetzungsfähigkeit und familienbezogenen Verhaltensweisen der Einfühlsamkeit (vgl. HORSTKEMPER 1990a, 21).

Was zu bleiben droht, ist ein Abwälzen des Problems der Vereinbarkeit von Familie und Beruf als "individuelles Problem der Frauen - wie es von den Mädchen ja auch antizipiert wird" (FAULSTICH-WIELAND & HORSTKEMPER 1985, 490). Die Einbeziehung der Väter in die Familienarbeit ist in den Köpfen der SchülerInnen nicht mehr als eine vage Hoffnung, die an gesellschaftlichen Widersprüchen, an Widerständen des Arbeitsmarktes und denen der Männer scheitern wird (vgl. HORSTKEMPER 1990a, 20; vgl. HEINRICHS & SCHULZ 1989b, 31ff.).

So ist aus den Ergebnissen dieser Untersuchung abzuleiten, daß die gesellschaftliche Verschiedenheit der Geschlechter in den Köpfen von SchülerInnen am Ende der Sekundarstufe I wahr- und aufgenommen worden ist, wenn auch mit klaren Veränderungswünschen auf seiten der Mädchen. Die Erziehung zur Zweigeschlechtlichkeit (HAGEMANN-WHITE 1984) hat ihre Wirkung nicht verfehlt.

5.2.3 Geschlechtsspezifische Orientierung auf inhaltliche Bereiche

In den letzten Abschnitten ist bereits deutlich geworden, daß SchulanfängerInnen und GrundschülerInnen beileibe nicht als 'gleich' in die Schule kommen und daß die Kategorie des Geschlechts eine auch in der Grundschule nicht zu vernachlässigende Größe darstellt. Weiter ist von den geschlechtsspezifischen Rollenerwartungen die Rede gewesen, die - wenn auch abgeschwächt und nicht mehr in der klassischen Dualität: Männer im Beruf und Frauen in Haushalt und Familie - für die SchülerInnen im Laufe ihres Schullebens und verstärkt ab der Pubertät eine wichtige Rolle spielen. Insofern ist zu erwarten, daß sich die Orientierung auf die gesellschaftlichen Rollenerwartungen in der Wahl von inhaltlichen Schwerpunkten in der Schule wie innerhalb von fachlichen Einheiten auswirkt. Zu fragen ist, welche Rolle die gemeinsame Erziehung dabei spielt. Die ursprüngliche Hoffnung in der Reformphase der 70er Jahre war, daß sich das Profil inhaltlicher Interessen von Mädchen und Jungen in der Schule - auch im Hinblick auf spätere Berufsperspektiven - angleichen sollte, so daß für beide Geschlechter weniger geschlechtsspezifische Einschränkungen und damit größere Freiräume entstehen.

Die unterschiedlichen Interessenprofile von Jungen und Mädchen für verschiedene fachliche Bereiche sind häufig benannt worden: Mädchen bevorzugen eher den sprachlichen und künstlerischen, Jungen eher den mathematischen, naturwissenschaftlichen und technischen Bereich, sie erreichen dort tendenziell auch bessere Leistungen (vgl. Kap. 5.2.1 sowie VON MARTIAL 1988). Bezeichnenderweise wird oft die Problematik der 'Technikdistanz' von Mädchen und Frauen (vgl. ENDERS 1987, 31, FAULSTICH-WIELAND 1988a, 1990) angesprochen, während von der 'Sprachdistanz' der Jungen kaum die Rede ist.

Manche bildungspolitische Werbeaktion für Mädchen in Männerberufen und ihren Zugang zur naturwissenschaftlich-technischen Welt erscheint eher als zweifelhaftes Unterfangen, wenn bei einem unhinterfragten Umgang mit Natur und Technik in Gesellschaft und Unterricht Mädchen vermehrt auf diesen Bereich orientiert werden und "mit Biß an die Bits" (so die frühere Bildungsministerin Willms, zit. in FAULSTICH-WIELAND 1990, 110) gehen sollen. Hier werden Anpassungsprozesse an eine männlich geprägte Technikwelt propagiert.

HEINRICHS & SCHULZ (1989b) untersuchen in 9. Klassen das Interesse von SchülerInnen für Schulfächer. Abgesehen von dem gemeinsamen Spitzenreiter Sport zeigen sich hier die bekannten Unterschiede: Bei den Mädchen rangieren die sprachlich-künstlerischen Fächer Kunst, Englisch und Deutsch vor den mathematisch-naturwissenschaftlichen Biologie und Mathematik sowie Chemie und Physik. Bei den Jungen liegen die mathematisch-naturwissenschaftlichen Fächer Mathematik und Physik (jedoch nicht Chemie) vor den sprachlich-künstlerischen Fächern Deutsch und Englisch, am Ende der Interessenskala finden sich Kunst und Musik. Diese Ergebnisse entsprechen anderen Untersuchungen (vgl. entsprechende Ergebnisse bei HOFFMANN & LEHRKE 1985).

Daß sich die Entwicklungstendenzen der Interessenprofile von Mädchen und Jungen im Verlauf der Sekundarstufe I auseinanderentwickeln, zeigt eine Untersuchung von HOFFMANN (1990, 59): Bei den Mädchen sind die Fremdsprachen und Biologie die beliebtesten Fächer, Kunst, Geschichte und Mathematik zeigen bei hohem Anfangsniveau abnehmendes Interesse. Während die Beliebtheit von Deutsch steigt, fällt sie bei Physik und Religion ab. Bei den Jungen zeigt sich bis auf Religion ein anderes Interessenprofil: Physik und Mathematik sind die beliebtesten Fächer, während Biologie und die Fremdsprachen in der Beliebtheit absinken. Kunst und Deutsch rangieren von vornherein auf einem niedrigeren Beliebtheitsniveau. Entsprechend gestalten sich die Wahlen im Wahlpflichtbereich der Sekundarstufe I in Realschulen (vgl. FAULSTICH-WIELAND 1991a, 76f.).

Ihrem unterschiedlichen Interesse entsprechen auch die Meinungen der SchülerInnen darüber, ob Mädchen oder Jungen in einzelnen Fächern erfolgreicher sind. Von über 60 % der Befragten werden Kunst und Musik als Mädchenfächer und Physik als Jungenfach angesehen (HEINRICHS & SCHULZ 1989b, 6). In Physik halten die SchülerInnen außerdem mehrheitlich Jungen für begabter (1989b, 7).

Diese Polarisierung von Interessen und damit auch im Sinne einer gesellschaftlich-normativen self-fullfilling prophecy sich ergebende Einengung der Entwicklungsmöglichkeiten setzt sich in der gymnasialen Sekundarstufe II fort. In den

60er und 70er Jahren wird dies im Besuch der unterschiedlichen Gymnasialzweige deutlich, wo Abiturientinnen im mathematisch-naturwissenschaftlichen und noch stärker im altsprachlichen Zweig unterrepräsentiert sind und sich auf den neusprachlichen Zweig konzentrieren (HURRELMANN U.A. 1986, 38). Diese Tendenzen setzen sich über das Abitur in entsprechende Studienbereiche fort (1986, 42). So liegt 1977 und 1983 der Anteil von Physikstudentinnen bei 7,7 bzw. 8,6 %, in Chemie bei 22,5 bzw. 27,2 %, im Maschinenbau bei 3,6 bzw. 2,5 %, in der Elektrotechnik bei 1,3 bzw. 2,5 % und im Bauingenieurswesen bei 6,0 bzw. 9,9 % (FAULSTICH-WIELAND U.A. 1987, 145; vgl. FAULSTICH-WIELAND 1991a, 80).

Doch auch nach der Oberstufenreform, die eine größere Flexibilität und Durchlässigkeit ermöglichen sollte, gelten Leistungskurse im mathematisch-naturwissenschaftlich-technischen Bereich als "Jungendomäne" (DICK 1988, 6), diese Fächer werden als "Jungenfächer" (HORSTKEMPER 1990b) empfunden (vgl. auch FAULSTICH-WIELAND U.A. 1987, 144). HEINRICHS & SCHULZ (1989a) untersuchen die Leistungskurswahlen in Hamburger Gymnasien und vergleichen sie mit einer Untersuchung aus Nordrhein-Westfalen von 1979. Dabei bestätigt sich nicht nur die geschlechtsspezifisch unterschiedliche Leistungskurswahl (Jungen wählen zu 60 - 90 % Physik, Chemie und Mathematik, Mädchen zu 10 - 40 %), sondern es wird darüberhinaus deutlich, daß sich die unterschiedliche Orientierung in den 10 Jahren trotz aller Sensibilisierung in der Öffentlichkeit zwischen den beiden Untersuchungen nicht verringert, teilweise sich sogar verstärkt hat (HEINRICHS & SCHULZ 1989a, 37). Auch zeigt sich hier die Sonderstellung des Faches Biologie, das nahezu ausgeglichen von Mädchen und Jungen gewählt wird und als "weibliche Naturwissenschaft" (1989a, 38) gilt, weil es eher als die anderen Naturwissenschaften mit dem Menschen und mit sozialen Aspekten zu tun hat (vgl. auch GRÄF 1986, 28).

Bezüglich der Frage, wie weit der gemeinsame Unterricht von Mädchen und Jungen die verengte Wahl von Fächern beeinflußt, berichten KAUERMANN-WALTER U.A. von englischen Beobachtungen, nach denen sich das Interesse der Mädchen an Naturwissenschaften drastisch verringert, als vom getrennten auf koedukativen Unterricht umgestellt wird, und nach denen die naturwissenschaftlichen Leistungen der Mädchen sich dramatisch steigern, als sie in getrennten Gruppen unterrichtet werden (1988, 166f.). KAUERMANN-WALTER U.A. leiten daraus ab: "Offensichtlich verengt sich die Wahl der Mädchen auf bestimmte Fächer, und sie lassen in bestimmten (als männlich charakterisierten) Fächern in ihren Leistungen nach, wenn sie mit Jungen zusammen unterrichtet werden" (1988, 167). In dieser Perspektive zeigt sich die Anwesenheit von Jungen "nicht als Ansporn, sondern als Behinderung der Mädchen" (1988, 167). Diese - wenn auch nicht sicher belegten - Aussagen legen die Vermutung nahe, daß die Mischung der Geschlechter bei der bisherigen Form der Koedukation zu einer verstärkten Reproduktion der Geschlechterrollen führen, und das im wesentlichen auf Kosten der Mädchen.

Diese Hypothese wird auch durch amerikanische Untersuchungen gestützt, die bei den Studentinnen der Naturwissenschaften einen überrepräsentativen Anteil von Absolventinnen reiner Frauen-Colleges feststellen (vgl. DICK 1988, 6). Auch in einer deutschen Untersuchung (vgl. ROLOFF U.A. 1987) wird dies bestätigt: Die Forscherinnen stoßen "auf einen Anteil von Mädchenschulabsolventinnen unter den Studentinnen der Diplom-Studiengänge Chemie und Informatik von jeweils 36 %" (KAUERMANN-WALTER U.A. 1988, 176) bei einem Anteil von 14 % der Abiturientinnen aus Mädchenschulen. In einer weiteren, größer angelegten Untersuchung ergibt sich sogar für die Mädchenschulabsolventinnen ein Anteil von 47 % bei den Informatikstudentinnen (1988, 178). So zeigen sich auch für Deutschland erste Indizien dafür, "daß Mädchenschulen ihre Schülerinnen (eher) veranlassen, ein natur- oder ingenieurwissenschaftliches Studium aufzunehmen" (1988, 180).

Eine weitere Ebene unterschiedlicher Orientierung von Mädchen und Jungen bezieht sich auf inhaltliche Schwerpunkte und Zugänge innerhalb der Fächer. Dabei deutet sich eine durchgängige Tendenz an: DICK berichtet von getrennten Kursen im **Computerunterricht** im 8. Schuljahr, bei dem sich inhaltlich unterschiedlich gelagerte Interessen zeigen (vgl. die Untersuchung in der Grundschule von FAULSTICH-WIELAND U.A. 1987 in Kap. 5.2.2): Ein Großteil der Jungen "meldete ein Interesse an, die Handhabung des technischen Geräts zu erlernen" (DICK 1988, 7) und zeigt für gesellschaftliche Bezüge und historische Aspekte Desinteresse. Dagegen ist das Interesse der Mädchen umfassender, bezieht soziale Folgen und gesellschaftliche wie historische Aspekte ein und richtet sich nicht in erster Linie auf das handling, also den Umgang mit der Technik selbst (1988, 7).

KAUERMANN-WALTER & METZ-GÖCKEL berichten von außerschulischen Computerkursen mit 8- bis 14-jährigen Kindern: Während in den Produkten der Jungen spektakuläre Effekte auf der Grundlage einfacher Programme dominieren, überwiegen bei den Mädchen geometrische Figuren und Formen auf der Grundlage anspruchsvollerer Programmierversuche (1989, 176, 1991, 44). Besonders auffällig ist die kooperative Atmosphäre in den Mädchenkursen: "Die Produktivität wie die Qualität der erstellten Arbeiten übertraf die durchschnittlichen Jungenprodukte und die Ergebnisse der koedukativen Gruppen" (1989, 173).

Für den **Physikunterricht** berichtet HOFFMANN von deutlich unterschiedlichen Interessen, so z.B., daß sich Mädchen mehr von Naturphänomenen, Jungen dagegen mehr von technischen Geräten faszinieren lassen (1989, 203, 1990, 6). Während Schülerinnen eher Zugang zu physikalischen Inhalten im Zusammenhang mit gesellschaftlichen Aspekten, Alltagsbezügen und Erlebnisorientierung finden, baut der Unterricht stärker auf Konzepten auf, die sich am Denkgebäude der Physik, ihren Methoden und an beruflichen Grundqualifikationen orientieren (vgl. HÄUSSLER & HOFFMANN 1990). So laufen unterrichtliches Angebot und SchülerInneninteressen tendenziell aneinander vorbei. Statt aber fachdidaktische Fragen zu reflektieren, führt man das weibliche Desinteresse "an naturwissenschaftlichen Fragen allein auf die psychologische Entwicklung in der Pubertät zurück, in der die Mädchen auf der Suche nach einer (gesellschaftlich anerkannten) weiblichen Identität sind; somit entfällt ein Infragestellen traditioneller fachdidaktischer Ansätze" (FAULSTICH-WIELAND U.A. 1987, 165).

HEINRICHS & SCHULZ stellen fest, daß im **Geschichtsunterricht** die Interessen von Mädchen und Jungen an Themen für die Behandlung der Zeit 1933 - 1945 auseinandergehen: Bei den Jungen entfallen "33 % auf den Bereich Kriegsstrategie, Kriegsführung und Militärtechnik" (1989b, 37); bei den Mädchen stehen "Fragen der Lebensbedingungen während des Dritten Reiches" mit 27 % im Vordergrund (1989b, 37). Diese Ergebnisse schließen an frühere Untersuchungen an, nach denen "Mädchen eher 'Kulturgeschichte', und 'einfache Leute', Jungen eher 'Kriegsgeschichte' und 'berühmte Männer' bevorzugen" (1989b, 38).

Für den **Mathematikunterricht** finden sich bei SROCKE (1989) Hinweise auf unterschiedliche Lernstile: "Jungen gingen Aufgabenstellungen danach eher analytisch an, während Mädchen globale Lösungsversuche bevorzugen" (HORSTKEMPER 1990b, 101). Und nach SARGES (1984, 207) halten 9 % der befragten Mädchen und 27 % der befragten Jungen Mathematik im Hinblick auf den späteren Beruf für sehr wichtig, 32 % der befragten Mädchen und 18 % der befragten Jungen halten sie für nicht wichtig. Dieser wichtige Indikator für die Motivation dürfte sich auch als Leistungsfaktor auswirken.

Im **Sportunterricht** finden sich schon bei SchulanfängerInnen deutlich unterschiedliche Interessenprofile (vgl. Kap. 5.2.2), die auch zu unterschiedlichen Betätigungsformen führen. ENGEL U.A. finden eine charakteristische Aufteilung von Tätigkeiten, die der gesellschaftlichen Rollenerwartung entsprechen: Männlich orientierte Aktivitäten (Fummeln mit dem Ball, Torwürfe, -schüsse, Korbwürfe etc.) werden von Jungen zu 66 % und von Mädchen zu 20 % gewählt, neutrale (Ball hochwerfen, Prellen, Passen und Fangen etc.) von Jungen zu 26 % und von Mädchen zu 31 % sowie weiblich orientierte Aktivitäten (Hula hoop, Reifen kreiseln, Seilchen springen etc.) von Jungen zu 8 % und von Mädchen zu 49 % gewählt (1985b, 81, 90). Zwar bevorzugen Jungen und Mädchen die dem eigenen Geschlecht zugeordneten Tätigkeiten; Mädchen beteiligen sich jedoch mehr an männlich orientierten als Jungen an weiblich orientierten Tätigkeiten. Dies sehen ENGEL U.A. als Ausdruck gesellschaftlicher Diskriminierung des Weiblichen: "Ein Grund hierfür ist sicherlich darin zu sehen, daß derzeit im Bereich des Sports die sog. männlich orientierten Verhaltensmuster überwiegen und auch einen höheren gesellschaftlichen Status symbolisieren. Mädchen erhalten dadurch die 'Chance', den Erfahrungsbereich der Jungen kennenzulernen, während umgekehrt Jungen dies nicht 'nötig' haben, sie haben genug Auswahlmöglichkeiten" (1985b, 82).

Nach vierjähriger Erfahrung mit koedukativem Unterricht malt bei elf- und zwölfjährigen SchülerInnen "die Mehrheit der Jungen (48 % der Darstellungen) bei allen Disziplinen getrennte Gruppierungen (...), während die meisten Schülerinnen (55,3 % der Darstellungen) bei allen Sportarten Jungen und Mädchen malten" (PFISTER 1985b, 46). Die beliebteste Disziplin der Mädchen ist Turnen (49 %

der Darstellungen), die der Jungen Fußball (25 % der Darstellungen), der zu 50 % als Kampf Jungen gegen Mädchen, zu 27 % nur mit Jungen und zu 23 % mit gemischten Teams dargestellt wird (1985b, 46).

SCHNACK & NEUTZLING sehen die Bedeutung des Sports für Jungen als "zweischneidig: Sport verschafft Zugang zum Körper, aber der muß gestählt werden. Jungen sollen ihren Körper weniger entdecken als ihn durch Leistungen unter Beweis stellen" (1990, 186). Die problematischen Folgen beschreiben sie sehr drastisch: "Allen Jungen täte es gut, wenn es ihnen möglich wäre, sich den anderen auf sinnlichere Weise zu nähern, als ihnen in die Eier zu hauen" (1990, 214) - damit sind die geschlechtsspezifischen Einschränkungen von Jungen in der Beziehung zu ihrem Körper und dem anderer in hinreichender Deutlichkeit dargestellt. PFISTER bringt die Geschlechtsspezifik im Sport auf den Punkt: "Abenteuer, Kampf, Kameradschaft und Leistung sowie die damit verbundenen sportlichen Aktivitäten gehören in die Lebenswelt der Männer, während Grazie, Harmonie, Rhythmus und Kreativität als typisch für die weibliche Bewegungskultur gelten. Diese Polarisierung in männliche und weibliche Sportaktivitäten und die damit zusammenhängenden Mythen und Klischees führen dazu, daß beiden Geschlechtern der Zugang zu vielen Bewegungs- und Freizeitmöglichkeiten erschwert wird" (1985b, 42; vgl. 1982).

FAULSTICH-WIELAND U.A. (1987) fassen ihre Überlegungen und Untersuchungen in zwei Hypothesen zum Zugang für Mädchen und Jungen zu Naturwissenschaft und Technik zusammen:

- "Jungen und Männer folgen eher einer linearen Logik, identifizieren sich mit 'rationalen' - im Sinne von eindeutigen, klaren - Strukturen, die im Dienste der Beherrschbarkeit stehen. Sie lassen sich davon faszinieren und z.T. in fanatischer Weise 'gefangennehmen'" (1987, 170).
- "Mädchen und Frauen folgen eher einer zirkularen Logik, lassen Widersprüche und Umwege zu und neigen mehr 'einbeziehenden' als ausgrenzenden Strukturen zu, deren Ziel Gemeinsamkeit und Gewährenlassen ist. Sie befragen Theorie und Technik mehr auf Sinnhaftigkeit, naturwissenschaftliche Wirkungszusammenhänge und Auswirkungen in anderen (gesellschaftlichen) Bereichen.

Diesen Zugangsweisen von Mädchen und ihrer Lebensrealität insgesamt wird offensichtlich durch den Unterricht und die Art der Vermittlung seiner Inhalte noch weniger entsprochen als bei Jungen" (1987, 171).

Was FAULSTICH-WIELAND U.A. für den Bereich Naturwissenschaft und Technik vermuten, kann wohl auch als generelle Tendenz für alle Fächer gelten. Demnach wäre jeder Unterricht daraufhin zu hinterfragen, wie weit er unterschiedliche Zugangsweisen ermöglicht oder ausschließt.

5.2.4 Selbst- und Fremdwahrnehmung der SchülerInnen

Mit der Selbst- und Fremdwahrnehmung sind zweierlei Aspekte angesprochen: Zum einen die Frage, wie Mädchen und Jungen ihre eigene und die andere Geschlechtsgruppe einschätzen, zum anderen aber auch die Frage, welche pädagogischen Herausforderungen und Einwirkungsmöglichkeiten mit diesen Wahrnehmungen und Einschätzungen verbunden sind.

In der Selbst- wie Fremdeinschätzung der Geschlechterrollen spiegeln sich die gesellschaftlichen Rollenerwartungen auf der innerpsychischen Ebene der Individuen wieder. So zeigt sich auch hier der gesellschaftliche männliche "Überlegenheitsimperativ" (vgl. WAGNER U.A. 1984), der in Übereinstimmung mit den gesellschaftlichen Erwartungen der männlichen Rolle Dominanz und Durchsetzungsvermögen, der weiblichen Rolle Einfühlungsvermögen und soziales Verständnis zuweist. PRENGEL beschreibt die Folgen dieser Rollenerwartungen für Mädchen und Jungen: "In der Mädchensozialisation heißt das, daß die Machtorientierung im weiblichen Leben sich meist als Bewunderung und Förderung männlicher Macht zeigt und eigene Machtwünsche verdrängt werden und indirekt z.T. auch autoaggressiv wirken. ... In der Jungensozialisation heißt das, daß Jungen ihre Schwächen, Ängste, Schmerzen und Liebenswünsche verdrängen lernen und sie ans Weibliche delegieren" (1986a, 423). Durchgängig findet sich in Untersuchungen wie in Erfahrungsberichten der Hinweis auf die schon von GrundschülerInnen wahrgenommene Rolle der Jungen gegenüber den Mädchen: Jungen sind stark und überlegen, Mädchen sind schwach und bedroht (vgl. z.B. RÖHNER 1985, 1986).

Dieses Selbstbild der Überlegenheit von Jungen wird jedoch - u.a. durch nicht vorhandene Leistungsvorsprünge - immer wieder in Frage gestellt. So ergibt sich für Jungen die subjektive psychische Notwendigkeit, Unterlegenheitsgefühle durch Abwertung der Mädchen abzuwehren; diese Überkompensation von Schwächegefühlen, von Angst, Hilflosigkeit und Klein-Sein wird von der Erwachsenenwelt wie von Jungen selbst als normales männliches Verhalten dargestellt (SCHNACK & NEUTZLING 1990, 36f., 47). Der "Mythos des angstfreien Helden" (1990, 46) verpflichtet Jungen auf verlogene und realitätsferne Großartigkeit und Angstvermeidung und läßt sie zu Identifikationsobjekten ihrer Allmachtsphantasien wie HeMan greifen (vgl. die Analyse über HeMan bei SCHNACK & NEUTZLING 1990, 54-59).

So ist auch erklärlich, daß es eine spezifische psychische Funktion gewalttätigen Verhaltens von Jungen gegenüber Mädchen gibt, mit der Jungen versuchen, ihr positives Selbstbild der Überlegenheit aufrechtzuerhalten (vgl. Kap. 5.3.2). Und es könnte u.a. auch dadurch zu erklären sein, daß Mädchen, wie FUCHS bereits in einer ersten Klasse beobachtet, das Verhalten der Jungen untereinander wie ihnen gegenüber als macht- und wettbewerbsorientiert empfinden (1990a, 89).

Die geschlechtsspezifische Selbst- und Fremdwahrnehmung untersuchen VALTIN & KOPFFLEISCH (1985) anhand von SchülerInnenaufsätzen. Obwohl sie nicht repräsentativ ist, kann diese Untersuchung Tendenzen deutlich machen. 160 Aufsätze mit dem Thema: "Warum ich kein Mädchen/Junge sein möchte" bzw. "Warum ich gern ein Mädchen/Junge sein möchte" von deutschen SchülerInnen (85 Mädchen und 75 Jungen) in 4. und 5. Klassen sowie 21 türkischen SchülerInnen aus einem 5. Schuljahr werten sie unter den drei Fragestellungen aus, was Jungen/Mädchen an sich selbst gut finden, was Mädchen/Jungen an sich selbst nicht gut finden und was Mädchen/Jungen am anderen Geschlecht loben/kritisieren.

Zunächst fällt bei den **positiven Selbstaussagen** auf, daß Jungen mehr an sich selbst gut finden als Mädchen. Doch über die quantitativen Unterschiede hinaus finden sich auch qualitative, denn auch die Bereiche der Stärken differieren stark: Jungen schreiben sich vor allem körperliche Stärke und Sportlichkeit zu (48 %), aber auch technisch-praktisches Verständnis (20 %) und soziales Draufgängertum (16 %). Äußeres und Kleidung (6 %) und intellektuelle Leistungsfähigkeit (3 %) werden weniger genannt. Demgegenüber rangieren bei Mädchen mit nahezu gleicher Häufigkeit praktische Fähigkeiten und Hausarbeit (25 %), Äußeres und Kleidung (22 %), sowie soziale Bravheit und körperliche Stärke und Sportlichkeit (je 20 %) vor intellektueller Leistungsfähigkeit (6 %). Für VALTIN & KOPFFLEISCH ist auffallend, "daß die etwa 10jährigen Jungen dieser Stichprobe sich in ihrem Selbstbild durchaus schon als das starke Geschlecht empfinden, das sich im körperlichen Bereich durch Stärke, im technischen Bereich durch größeres Geschick und im sozialen Bereich durch Dominanz (Mut, Wildheit) auszeichnet" (1985, 103 ff.). "Bei den Mädchen unserer Stichprobe deuten sich ... schon die Faktoren an, die bei Frauen als zentrale Bestandteile des Geschlechtsrollenstereotyps zu finden sind: Attraktivität und Fürsorglichkeit" (1985, 105). Auch hier findet sich eine klare Bestätigung der gesellschaftlichen Rollendefinitionen männlicher Überlegenheit und weiblicher Unterlegenheit.

Bei den **negativen Selbstaussagen** finden sich 30 Äußerungen von Mädchen und nur eine von einem Jungen. Während der Junge moniert, "daß Jungen ungeschickter im Haushalt sind" (1985, 105), beziehen sich die Kritikpunkte der Mädchen auf den sozialen und häuslichen Bereich, "wo die Mädchen am häufigsten Beschränkungen erleben" (1985, 105). Demnach sind Mädchen mit der von ihnen erwarteten Rolle weniger zufrieden, schließen die AutorInnen.

Bei der **Fremdwahrnehmung** überwiegen in den Aufsätzen deutlich die kritischen Äußerungen gegenüber den lobenden, bei den Mädchen 6 : 1 (352 kritische, 55 lobende), bei den Jungen sogar 9 : 1 (242 kritische, 26 lobende). Die Jungen kritisieren an den Mädchen am häufigsten, daß sie mit Puppen spielen, nicht Fußball spielen mögen und daß sie 'gleich heulen' bzw. ihr Sozialverhalten (petzen, kratzen, beißen, sauber, ordentlich sein etc.). Weiter erscheinen ihnen Mädchen als sportlich schwächer, technisch unbegabter und aufs Äußere bedacht. Positiv sehen Jungen an Mädchen, daß sie in der Schule besser sind, mehr anziehen und besser kochen können. Die Mädchen kritisieren an den Jungen am häufigsten deren Sozialverhalten, vor allem aggressive Verhaltensweisen (prügeln, ärgern, angeben, frech und brutal), aber auch mangelnde Ordnung (schlampig, dreckig, unordentlich, faul). Seltener erscheinen Jungen als unpraktisch (Haushalt, Handarbeiten). Positiv sehen Mädchen an Jungen deren Größe, Stärke, Schnelligkeit, Sportlichkeit, technisches Verständnis und soziale Durchsetzungsfähigkeit.

Die AutorInnen folgern zusammenfassend, "daß Jungen mit ihrem eigenen Geschlecht offenbar zufriedener sind. Sie finden mehr lobenswerte und keinerlei negative Aspekte an sich selbst, während Mädchen weniger Positives und mehr Negatives über sich berichten. ... Mädchen dieser Altersstufe schätzen an Jungen, was diese auch an sich mögen. Jungen dieses Alters fällt kaum etwas Positives zu Mädchen ein. Die massiv geäußerte Kritik am anderen Geschlecht bezieht sich vor allem auf das Sozialverhalten. Mädchen rügen das aggressiv-dominante Verhalten der Jungen, Jungen tadeln das aggressiv-defensive Verhalten der Mädchen" (1985, 107). Dabei sehen Mädchen auch Vorteile des Jungenverhaltens (Durchsetzungsfähigkeit), während die Jungen das Mädchenverhalten ausschließlich ablehnen.

Die Ablehnung des Mädchenverhaltens, das somit eine negative Bezugsgruppe für Jungen in der Klasse bildet, kann jedoch nicht nur als eine ohne innerpsychische Konflikte sich vollziehende Abgrenzung verstanden werden. RÖHNER (1985) zeigt in mehreren Beispielen aus einer 2. Klasse, daß die Auseinandersetzung mit den Geschlechterrollen gleichzeitig auch die Hinwendung zu eigenen ungeliebten Anteilen bedeutet: Im Rollenspiel mit Bumfidel, der sich eine Puppe wünscht, wird die Ambivalenz der Jungenrolle deutlich: Einerseits lehnen die Jungen die Mutterrolle Bumfidels verbal stark ab, andererseits wiegen sie fast ungläubig die Puppe und strahlen sie an, "um dieses Bedürfnis im anschließenden Gespräch wiederum genauso heftig abzuwehren" (1985, 32). Hier zeigen sich auch in der Selbstwahrnehmung die typischen Geschlechterrollen. Zum Aha-Erlebnis, zur "Sensation" (1985, 33) kommt es, als in einem Interaktionsspiel ein 'starker Junge' nicht schafft, aus einem Kreis von untergehakten Mädchen auszubrechen. So wird auf konkret-sinnlicher Ebene das allseits vorhandene Etikett problematisiert.

Besonders deutlich wird die Selbst- und Fremdwahrnehmung der Geschlechtsrollen in Bereichen sogenannter Jungendomänen (vgl. auch Kap. 5.2.3): Starkes Interesse von Mädchen für Mathematik beispielsweise "und die damit verbundene Demonstration ihrer Leistungsfähigkeit stimmt mit den Erwartungen und Vorstellungen, die Lehrende (und auch andere Personen) an sie richten, nicht überein" (HORSTKEMPER 1990b, 102). "Sowohl Furcht vor Mißerfolg (der von der Fremdeinschätzung als wahrscheinlich nahegelegt wird) als aber auch Furcht vor (zu großem) Erfolg setzen Schranken - eine relativ aussichtslose Perspektive. Es ist nicht verwunderlich, daß viele Mädchen etwa von der Pubertät ab diese aufzulösen versuchen, indem sie auf Kenntnisse und Kompetenzen in der Mathematik 'verzichten', um dadurch an 'Weiblichkeit' zu gewinnen" (1990b, 103). "Es wird ihnen vermittelt, daß ihr Aussehen und gute Manieren wichtiger und 'sozialer' sind als ihre Intelligenz, ihr Selbstbewußtsein, ihre Eigenständigkeit, Initiative und Kompetenz. Wenn 'Weiblich-Sein' und 'Kompetent-Sein' nicht zusammenpassen, heißt das für Mädchen und Frauen, vorhandenes Talent verstecken und Kompetenz herunterspielen zu müssen" (ENDERS-DRAGÄSSER, FUCHS & SCHMIDT 1986, 9). Mädchen geraten damit in "einen Sog hin zum Verzicht auf Eigenes und zur Orientierung an männlichen Maßstäben für weibliche Attraktivität" (FLAAKE 1988, 10), der dadurch verstärkt wird, daß "intellektuelle Selbstdarstellung, Konkurrenz, Rivalität, Ehrgeiz, aktive und aggressive Interessendurchsetzung (...) auch für Mädchen oft nicht in das Bild einer positiv besetzten Weiblichkeit" (1988, 10) gehören. Und es kommt häufig zu einer "Selbstverkleinerung, die zur Aufrechterhaltung des traditionellen Arrangements der Geschlechter beiträgt: zur Höherbewertung des Männlichen und Entwertung des Weiblichen, zur männlichen Dominanz und weiblichen Unterordnung" (FLAAKE 1988, 10, vgl. FLAAKE 1991). "'Learning to loose' lautet für die Mädchen die Formel für den 'heimlichen Lehrplan'", schließen ENDERS-DRAGÄSSER U.A. (1986, 9).

HEINRICHS & SCHULZ (1989b) lassen sich von SchülerInnen am Ende der Sekundarstufe I in Aufsätzen u.a. deren Vorstellungen über Susanne und Sven beschreiben, beide SchülerInnen mit guten Physiknoten, die in diese männliche Berufsdomäne einzusteigen vorhaben. So kommen die AutorInnen zu Aussagen über die Wahrnehmung der SchülerInnen von Jungen und Mädchen, die eine männliche Berufsdomäne zum Schwerpunkt zukünftiger Lebensplanung gemacht haben.

Die Realschülerinnen lassen Susanne nicht Physik studieren, sondern äußern Zweifel an ihrer Kompetenz, die sie für Glück halten oder auf ein gutes Verhältnis zum Lehrer zurückführen (1989b, 28). Sie halten sie für strebermäßig, intelligent, zielbewußt, autoritär und ordnen ihr eher männliche Attribute zu (1989b, 29). Die Gymnasiastinnen setzen in den meisten Fällen voraus, daß kein ernsthaftes Interesse an Physik vorhanden ist (1989b, 29), lassen Susanne aber studieren. Sie ordnen ihr positive Attribute zu wie sozial engagiert, aufgeschlossen, intelligent, nachdenklich und selbstbewußt (1989b, 29).

Die Realschüler lassen Susanne fast alle physikalische Berufe studieren, hochwertige Berufsabschlüsse erreichen und zweimal sogar Nobelpreisträgerin werden (1989b, 29) - dies ist eher ein Zeichen dafür, daß sie diese Geschichte für unrealistisch halten und dementsprechend 'weiter' überzeichnen. Die Gymnasiasten lassen Susanne fast alle Physiklehrerin oder Forscherin werden, konfrontieren sie aber mit vielfältigen Alternativen (1989b, 30). Gemeinsam ist den Jungen, daß sie ihr ein negatives Erscheinungsbild geben: streng, sehr ruhig, brav, verklemmt, strebsam - Physikerinnen werden offenbar wenig weibliche Eigenschaften zugetraut, eher männliche Eigenschaften wie Durchsetzungsfähigkeit (1989b, 30f.). Susanne führt in den Vorstellungen der SchülerInnen weitgehend kein Privatleben.

Dem fiktiven Sven hingegen trauen die SchülerInnen einmütig ein Physikstudium und den dementsprechenden Beruf zu. Seine gute Zensur entspricht in der Wahrnehmung der SchülerInnen ohne jeden Zweifel seinem Interesse (1989b, 31).

In diesen fiktiven Geschichten wird in weitgehender Übereinstimmung deutlich: Ein Mädchen verdankt seine gute Physiknote nicht unbedingt eigenen Leistungen und hat noch lange nicht ein echtes Interesse am Fach; für einen Jungen ist eine gute Physiknote unhinterfragt ein Ergebnis eigenen Interesses und eigener Leistung. Diese Untersuchung kann als gutes Beispiel dienen für die übereinstimmend unterschiedliche Wahrnehmung von Leistungsrückmeldungen bei Mädchen und Jungen (vgl. hierzu weiter Kap. 5.2.5).

Zur Frage der Konsequenzen einer solchen Selbst- und Fremdwahrnehmung äußert sich PRENGEL innerhalb ihres Konzeptes einer Erziehung zur Gleichberechtigung. Sie stellt die Notwendigkeit von Selbstreflexion und Selbsterfahrung im Raum der Schule als Voraussetzung für Veränderung vor dem Hintergrund der Unterschiedlichkeit geschlechtsspezifischer Sozialisation heraus: Vor dem Hintergrund des bisher vorherrschenden Delegierens von Machtwünschen an das männliche Geschlecht geht es für Mädchen "darum auch um das Annehmen ihrer eigenen Machtpotentiale, damit sie den Mut zu einem gleichberechtigten Leben im Bewußtsein ihrer Fähigkeiten und Wünsche finden" (1986a, 423). Vor dem Hintergrund der bisher dominierenden Projektion von Schwäche, Ängsten und Beziehungswünschen an das weibliche Geschlecht fördert die Erziehung zur Gleichberechtigung bei den Jungen die "Akzeptanz dieser abgespaltenen Anteile, damit sie sie nicht mehr durch Ausagieren von Größenvorstellungen überspielen müssen" (1986a, 423). So soll den SchülerInnen ermöglicht werden, "Bekanntschaft zu machen mit verdrängten Anteilen ihrer Persönlichkeit" (1986a, 423); "sie lernen einander projektionsfreier zu sehen, sind nicht mehr so darauf angewiesen, sich auf Kosten anderer zu stabilisieren oder durch Idealisierung anderer sich selbst eine Bedeutung zu geben" (1986a, 423). Zusammengefaßt bedeutet damit Offenheit für Heterogenität (vgl. Kap. 5.1.1) "auf der innerpsychischen Ebene ... auch Offenheit für die heterogenen Anteile in den einzelnen" (PRENGEL 1986a, 423). Sie sollen in einer bewußt koedukativen Schule zum Tragen kommen können.

In RÖHNERS Beispiel der Interaktionsspiele ist ein Ansatzpunkt für die bewußte Bearbeitung der geschlechtsspezifischen Rollen genannt worden. Darüberhinaus kann, so SCHIERSMANN & SCHMIDT (1990), gerade ein bewußt koedukativer Unterricht bei der Relativierung der Geschlechtsrollenorientierung hilfreich sein. In ihren Computerkursen gingen Mädchen wie Jungen zunächst von der selbstverständlichen Überlegenheit der Jungen in Wissen und Handhabung von Computern aus. Dieses Bild wurde bald so modifiziert, daß nicht alle, sondern jene als besonders kompetent angesehen werden, "die einen Computer zu Hause haben und sich intensiver damit beschäftigen" (1990, 46). Die weitere Entwicklung führt allerdings nicht zu einer völligen Revision der ursprünglichen Erwartung. Dafür sehen die Autorinnen zwei Gründe: "Zum einen enthalten solche Bilder vor- und unbewußte Anteile. Sie können sich durch Zuschreibungen verdichten und erhalten im Zuge dieses Prozesses den Charakter natürlicher Eigenschaften. Zum zweiten haben sie auch einen realen Kern: Viele Jungen, das belegt auch unsere Untersuchung, haben mehr praktische Erfahrung mit Computern als Mädchen" (1990, 47).

SCHIERSMANN & SCHMIDT ziehen das Fazit, es sei "davon auszugehen, daß für beide Geschlechter, Mädchen wie Jungen, Erfahrungsprozesse mit der Realität

Einengungen und Möglichkeiten beinhalten. In individuell unterschiedlichem Umfang werden bei Mädchen und Jungen Potentiale und Wünsche teilweise verschüttet und verdrängt, teilweise unterstützt und gefördert" (1990, 49). Die Aufgabe der Schule, so wäre hinzuzufügen, besteht darin, den Umfang der Unterstützung und Förderung von Potentialen und Wünschen möglichst groß zu halten und den der Verschüttung und Verdrängung möglichst klein.

5.2.5 Wahrnehmung und Reflexion der PädagogInnen

Ein zentraler Stellenwert bei der Persönlichkeitsentwicklung der Kinder und Jugendlichen kommt in der Schule den PädagogInnen zu. Sie sind Identifikationsfiguren, die gleichzeitig die Institution und gesellschaftlichen Normen verkörpern und die mit ihren Inhalten, Sichtweisen und Botschaften den SchülerInnen direkte und indirekte Rückmeldungen und Botschaften geben (vgl. FAULSTICH-WIELAND 1991, 167). Die Beziehungen zwischen SchülerInnen und PädagogInnen bilden eine tragende Säule des pädagogischen Prozesses, sie wirken mit der Interaktion und den Handlungsmöglichkeiten im Unterricht wechselseitig zusammen.

PädagogInnen in der Schule sind natürlich genauso wenig frei von gesellschaftlichen Wertorientierungen wie ihre SchülerInnen. Sie stehen - vielleicht auch entgegen allen intentionalen Zielsetzungen und trotz aller Aus- und Fortbildung - auch in der Gefahr, die tradierten Geschlechtsrollen un- oder wenig hinterfragt für sich und andere zu reproduzieren, zum Maßstab zu machen und damit dem "Phänomen der sexistisch verzerrten Wahrnehmung" (FUCHS 1989, 92) aufzusitzen (zum Sexismus vgl. Kap. 5.6.2). Insofern leisten die PädagogInnen ihren Beitrag zu einer schulischen Atmosphäre, die entweder SchülerInnen auf die traditionellen gesellschaftlichen Rollen hinführt oder Freiräume für individuelle Entwicklungen im Sinne innerpsychischer Heterogenität zu ermöglichen helfen kann.

Ein zentrales Feld von Untersuchungen bildet in diesem Zusammenhang die Aufmerksamkeitsverteilung von LehrerInnen in koedukativen Klassen. SPENDER stellt in England fest, daß sich in koedukativen Klassen immer wieder - trotz aller Bemühungen 'frauenbewegter' Lehrerinnen um mehr Gerechtigkeit - eine Aufteilung der Aufmerksamkeit von etwa einem Drittel für die Mädchen und etwa zwei Dritteln für Jungen einstellt. Selbst in solchen Stunden, in denen die Lehrerinnen ganz bewußt versuchen, die Mädchen stärker zu beteiligen und zu fördern, ist diese Aufteilung nur graduell verändert, nicht aber die Benachteiligung selbst aufgehoben (1985, 95). SPENDERs Selbsterfahrungswerte sind in einer bundesdeutschen Untersuchung von FRASCH & WAGNER (1982) bestätigt worden (vgl. hierzu Kap. 5.3.3 zum LehrerInnenverhalten). Für SPENDER drängt sich der Eindruck auf, "daß Jungen in einer sexistischen Gesellschaft annehmen, es sei nur fair, wenn sie zwei Drittel der Aufmerksamkeit der Lehrperson für sich beanspruchen, und wenn dieses Verhältnis geändert wird, so daß sie weniger als zwei Drittel der Aufmerksamkeit erhalten, dann haben sie schon das Gefühl, diskriminiert zu werden"

(1985, 95). So muß "das Benachteiligungsproblem in erster Linie als ein Wahrnehmungsproblem behandelt werden" (FUCHS 1989, 92).

Die ungleiche Aufmerksamkeitsverteilung für Mädchen und Jungen im Unterricht schlägt sich längerfristig auch in unterschiedlichen Kenntnissen der PädagogInnen über die SchülerInnen nieder. "Lehrer wissen mehr über männliche Schüler, sie beziehen sich eher namentlich auf sie und nehmen ihre Anregungen und Interessen häufiger auf" (HORSTKEMPER 1990b, 98; vgl. auch KAUERMANN-WALTER U.A. 1988, 168, FAULSTICH-WIELAND 1989a, 561). Sie können die Interessen der Jungen besser als die der Mädchen im Unterricht berücksichtigen.

Gleichwohl befinden sich Jungen keineswegs in einer konflikt- und widerspruchsfreien Situation, sondern erleben, daß - zumindest im Elternhaus - von ihnen durchaus unterschiedliche Fähigkeiten erwartet werden: Einerseits müssen sie "überlegen sein und sich durchsetzen können. Sie dürfen keine Angst zeigen, nicht zaghaft oder vorsichtig sein. Ihre Körper sollen supergut funktionieren und ständig über sich hinauswachsen" (SCHNACK & NEUTZLING 1990, 64). Andererseits sollen viele Jungen zusätzlich "heute auch noch sensibel, konfliktfähig und sozial sein" (1990, 65). Wie SCHNACK & NEUTZLING schreiben, haben sie "nicht nur den Marschallstab im Tornister, der sie für den Aufstieg im preußischen Heer prädestiniert, sondern auch eine kindgerecht abgefaßte Biographie von Mahatma Ghandi" (1990, 65). Verhaltensweisen von Jungen im Unterricht entsprechen also durchaus einer innerpsychischen Logik, die u.U. von Erfolgsdruck und kompensierten Versagensängsten bestimmt ist.

Doch selbst Rückmeldungen über Erfolge können ambivalente Wirkungen entfalten (HORSTKEMPER 1990b, 100). Für Mädchen und Jungen hat diese "Doppelbödigkeit der Belohnung sozialer Tugenden wie Fleiß, Höflichkeit, Ordnungsliebe und Gehorsam" (1990b, 103) unterschiedliche Bedeutung: "Das Fehlen solcher Eigenschaften gerät Mädchen mit großer Sicherheit zum Nachteil, aus ihrem Vorhandensein ist jedoch kaum Kapital zu schlagen. Keinesfalls reichen sie jedenfalls aus, um Leistungsversagen zu kompensieren. ... Jungen ist es dagegen gestattet, ja es verschafft ihnen sogar informell ein gewisses Ansehen, vorlaut und undiszipliniert zu sein, sich auf Konflikte mit Autoritäten einzulassen, ist durchaus nicht unangemessen für einen 'richtigen Jungen'. Vereinfacht kann man sagen, daß die Jungen gleichzeitig unter der Anforderung stehen, 'fähig' und 'frech' zu sein, während man von den Mädchen vor allem erwartet, sie mögen 'nett' sein. Diesen Erwartungen kommen sie offensichtlich auch nach" (HORSTKEMPER 1990b, 103; vgl. HAGEMANN-WHITE 1984, 69f.).

Diese Mechanismen können dann auch zur Erklärung der unterschiedlichen Entwicklung des Selbstbewußtseins von Mädchen und Jungen in der Sekundarstufe I beitragen (vgl. Kap. 5.2.2), indem sich geschlechtsspezifische Verarbeitungsmuster von Erfolg und Mißerfolg herausbilden, und dies nicht nur bei SchülerInnen, sondern auch bei LehrerInnen und Eltern (vgl. HORSTKEMPER 1989b, 100): Wer immer wieder für Fleiß und Sauberkeit gelobt wird - nur beim intellektuellen

Potential scheint es zu hapern - , wird schwerlich ein ähnlich gutes Selbstbewußtsein aufbauen können wie jemand, der/die auf geniale Ideen und kreative Problemlösungen kommt, nur leider unordentlich und faul zu sein scheint. Die Folgen einer solchen Entwicklung sind vorhersehbar: "Jungen werden sich mehr anstrengen, da sie dies nicht genug getan haben, aber eigentlich könnten, Mädchen trauen sich weniger zu, ihr positives Verhalten nützt ihnen wenig, weil sie nicht viel leisten können. Dementsprechend ist auch das Verhaltensmuster der 'erlernten Hilflosigkeit' ein weibliches" (HAGEMANN-WHITE 1984, 71f.). Denn Mädchen nehmen "nicht nur die unterschiedlichen Verhaltensweisen und Einstellungen von Mädchen und Jungen zur Schule wahr - was wahrscheinlich nicht besonders schlimm wäre - , sondern auch die Ambivalenzen und die unterschiedlichen Wertschätzungen durch die LehrerInnen und die Schule. Sie erleben damit den Doppelstandard, der aus Gleichem Verschiedenes machen kann" (MÜHLEN-ACHS 1987b, 77). Vor diesem Hintergrund ist erklärlich, daß nach Untersuchungen aus den USA Mädchen Erfolge eher auf Glück, Mißerfolge auf eine realistische Einschätzung ihrer Fähigkeiten zurückführen und Jungen Mißerfolge eher eigenem Pech, Erfolge jedoch ihren Fähigkeiten zuschreiben (vgl. SPENDER 1985, 128).

MÜHLEN-ACHS folgert aus ihrer Zweitauswertung einer Untersuchung über die Wahrnehmung von SchülerInnen durch LehrerInnen (1987b), daß tendenziell Mädchen durch ihr Verhalten im Sinne der 'introvertierten Schülerin' für den Unterricht eine wichtige soziale Funktion haben, jedoch gerade aufgrund dieser Rolle kaum als Individuen und eher durch Anstrengung als durch Begabung erfolgreich wahrgenommen werden (1987b, 74 f.). "Mädchen werden zwar für ihr rollenkonformes Verhalten gelobt, dann aber, da es ja eben nicht stört, links liegengelassen" (1987b, 75). Demgegenüber verhalten sich Jungen weniger rollenkonform und erregen mehr Aufmerksamkeit. Angesichts dieser Dominanz von Jungen im Unterrichtsgeschehen nehmen PädagogInnen "zu wenig wahr, daß die 'passiven' Schülerinnen mit ihrer Selbstdisziplin und ihrer 'ruhigen' Mitarbeit den Unterricht tragen und erleichtern, weil sie das notwendige Gegengewicht zu den Disziplinlosigkeiten der Jungen darstellen" (ENDERS-DRAGÄSSER 1988, 50; vgl. hierzu auch den Erfahrungsbericht von WESCHKE-MEISSNER 1990). So leisten die 'stillen' Mädchen einen wichtigen Anteil zum Gelingen des Unterrichts, der jedoch primär wiederum nicht ihnen, sondern den Jungen zugutekommt.

Von feministischen KritikerInnen wird hervorgehoben, daß die einzelnen LehrerInnen nicht als die individuell Schuldigen an sexistischen Wahrnehmungsverzerrungen und darin begründeten Benachteiligungen von Mädchen angesehen werden können. Es wäre grenzenlose pädagogische Selbstüberschätzung, die herrschenden gesellschaftlichen Normen in der Schule wie auf einer isolierten Insel gleichsam außer Kraft setzen zu wollen. So kommen SCHEFFEL & THIES zu der Erkenntnis, "daß das gesellschaftlich Unmögliche nicht individuell möglich gemacht werden kann, daß die Unfähigkeit, Mädchen und Jungen gleichzubehandeln, nicht individuell pädagogisches Versagen ist" (1990, 356). Dieser Erkenntnis ist zuzustimmen, wenngleich es wünschenswert gewesen wäre, nicht Gleichbehandlung zu fordern, sondern eine dialektische, quasi gleichwertige Ungleichbehandlung von Mädchen und Jungen.

Die Verlagerung der Verantwortung auf die gesellschaftliche Ebene kann andererseits bei LehrerInnen nicht Anlaß zu Reinwaschung und Untätigkeit sein. Weil "Reflexion ... zum Bewußtsein über das eigene Handeln" führt (1985, 37), hält BIERMANN gegenseitige Hospitationen von KollegInnen innerhalb der Schule für unerläßlich. Sie können eine gute Reflexionshilfe für das eigene Verhalten sein, gerade um die unbewußten Anteile des eigenen Handelns und Widersprüche im eigenen Verhalten zu bearbeiten (vgl. 1985, 37), und können so reflexive Formen der Fortbildung ergänzen (vgl. Kap. 5.4.3).

5.3 Aussagen zur Interaktion-Ebene

In diesem Kapitel geht es um Ergebnisse und Aussagen zur Ebene der Interaktion zwischen Mädchen und Jungen in der Schule. Wie bereits bei der Vorstellung der Theorie integrativer Prozesse in Kap. 2.1.3 und auch in Kap. 5.2 mehrfach deutlich geworden ist, gibt es direkte Wechselwirkungen zwischen der Person-Ebene und der Interaktion-Ebene, die u.a. der Person Rückmeldungen geben darüber, wie sie von anderen wahrgenommen wird und so auf sie zurückwirkt. Dabei gehen gesellschaftliche Normen mit ein.

Innerhalb des vorliegenden Abschnitts scheinen folgende Aspekte bedeutsam: Zum einen liegen zahlreiche Aussagen zur Interaktion zwischen Mädchen und Jungen aufgrund direkter Beobachtungen vor (Kap. 5.3.1), zum zweiten ergibt sich aus ihnen eine spezielle Fragestellung, nämlich wie die von Mädchen subjektiv als sehr wichtig wahrgenommenen Gewaltaktionen von Jungen gegen sie zu interpretieren sind (Kap. 5.3.2), zum dritten ist auch hier - wie auf der Person-Ebene - das Verhalten von PädagogInnen gegenüber Mädchen und Jungen eine wichtige Variable (Kap. 5.3.3), und schließlich ist als letzter Aspekt die Rollenverteilung und das Verhalten der Erwachsenen im Rahmen der Schule untereinander zu betrachten, das für die SchülerInnen eine Orientierungs- und Modellfunktion bildet und mit der Formel: weibliche Lehrerinnen - männliche Schulleitung umschrieben werden kann (Kap. 5.3.4).

5.3.1 Zur Interaktion zwischen Mädchen und Jungen

Im Überblick über empirische Untersuchungen zur Interaktion zwischen Mädchen und Jungen stellen OSWALD U.A. als übereinstimmendes Ergebnis fest, "daß Kinder im Grundschulalter fast ausschließlich geschlechtshomogene Gruppen und Beziehungen bilden" (1988, 174). Diese vornehmliche Orientierung an Angehörigen des eigenen Geschlechts wird in der Literatur häufig in Untersuchungen und Erfahrungsberichten bestätigt.

KAUERMANN-WALTER & METZ-GÖCKEL kommen in ihren vergleichenden Beobachtungen zwischen koedukativen und getrennten außerschulischen Computer-Kursen zu der Feststellung: "Im koedukativen Kontext spaltete sich ... die Gesamtgruppe in geschlechtshomogene Teilgruppen: Konnten die KursusteilnehmerInnen selbst entscheiden, so bildeten sich spontan ausschließlich Mädchen- und Jungengruppen. Ein gemischtes Paar fand sich nur unfreiwillig aufgrund der ungeraden TeilnehmerInnenzahl zusammen. Taten sich die Mädchen und Jungen in unseren Kursen schon nicht freiwillig zusammen, so kooperierten schließlich auch die Gruppen nicht miteinander. Wir konnten kaum soziale Kontakte zwischen der Mädchen- und Jungengruppe beobachten, ebensowenig einen Austausch von Wissen. Auch die sozialen Verhaltensweisen glichen sich nicht an" (1989, 171). Die Autorinnen leiten davon die These ab: "Mädchen und Jungen lernen in koedukativen Zusammenhängen selten gemeinsam, sondern vielmehr getrennt voneinander" (1989, 171).

Die starke Orientierung an Angehörigen des eigenen Geschlechts wird auch bei der Untersuchung von ENGEL U.A. (1985b) bezüglich des Partnerwahlverhaltens von SchulanfängerInnen im Sportunterricht deutlich. Bei der Analyse von Partnerwahlen bei einfachen Bewegungsaufgaben (drei Aufgaben mit je einer Wiederholung, so daß sechs Wahlen je eines/einer PartnerIn erfaßt werden) zeigt sich, "daß fast 50 % der Mädchen nur Mädchen als Partner wählen; 36,1 % der Jungen nur Jungen. Gemäß einer zufälligen Verteilung der Partnerwahlen müßten die größten Häufigkeiten in der Mitte (3:3) liegen" (1985b, 79). Hier scheint der soziale Aktionsradius von Mädchen eingeschränkter zu sein als der von Jungen. Für beide Geschlechter gilt indessen folgendes: "In sportmotorischen Interaktionen wählen Schulneulinge nicht zufällig, sondern Jungen und Mädchen bevorzugen den gleichgeschlechtlichen Partner" (1985b, 79). Bei einer anderen Aufgabe, bei der in Gruppen Geräte ausgewählt werden sollen, befinden sich denn auch der größte Teil der Kinder in geschlechtshomogenen Gruppen (79 Jungen und 83 Mädchen) und nur 37 Jungen und Mädchen in gemischten Gruppen (1985b, 81).

Daß die Orientierung an Angehörigen des eigenen Geschlechts für die Ebene der alltäglichen Interaktion nicht ausschließlich und nicht für den ganzen Verlauf der Grundschulzeit gilt, belegen OSWALD U.A. mit Ergebnissen, die sie aus Interaktionsbeobachtungen in vierten und sechsten Klassen in Berliner Grundschulen mit anschließenden Interviews der SchülerInnen gewinnen. Auch sie stellen zwar fest, "daß sowohl in der vierten als auch in der sechsten Klasse nur gleichgeschlechtliche Gruppen und fast nur Freundschaften unter Kindern des gleichen Geschlechts bestanden" (1988, 177) und daß "der koedukative Unterricht im Grundschulalter die Trennung von sozialen Mädchen- und Jungenwelten nicht aufgehoben" hat (1988, 187). Es findet sich jedoch auch eine Vielzahl gemischtgeschlechtlicher Interaktionen zwischen dem 4. und 6. Schuljahr: "Die Drangsaliererereien einiger Jungen gegen einige Mädchen in der Altersgruppe der Zehnjährigen unterblieben zunehmend, und zwar nicht nur aufgrund erwachsener Intervention, sondern auch, weil die Mädchen sich auf ihre Stärke besannen. ... Die zwölfjährigen Mädchen wußten ganz überwiegend Grenzen zu ziehen und zu verteidigen und erwiesen sich in Auseinandersetzungen keineswegs als unterlegen" (1988, 187). Auch die Interaktionskategorien Hilfe und Kooperation entwickeln sich in eine egalitäre Richtung: Das Bild der Zehnjährigen, nach dem ordentliche Mädchen die Jungen ermahnen, weicht einem gleichwertigen Hilfe- und Kooperationsverhalten der Zwölfjährigen. Bei den unerbeteten Hilfen der Jungen und dem Necken entwickeln sich jedoch problematische Verhaltensmuster, die traditionelle Muster widerspiegeln: aktive, 'nette' Jungen gehen auf passive, gleichzeitig abgrenzende und aufstachelnde Mädchen zu; im Notfall können Mädchen sich nur in die Solidarität ihrer Geschlechtsgruppe retten.

Dieses Ergebnis mit einer unterschiedlichen "Schutzfunktion der Eigengruppe" (1988, 175) halten FAULSTICH-WIELAND & SCHEFER-VIETOR für bedeutsam: "Brauchen die Jungen ihresgleichen, um Abgewiesenwerden aushaltbarer zu machen, so Mädchen den Schutz der Gruppe, um Grenzziehungen durchsetzbarer zu machen, d.h. sie benutzen Koalitionen, um die Annäherung von Jungen gefahrloser akzeptieren zu können" (1988, 175). Die kollektiven Strategien von Jungen sehen die Autorinnen als "eher traditionell und frauenfeindlich" an, da sie abwertend wirken, die Strategien der Mädchen als "projektive Solidarität", die später in der Kleinfamilie jedoch nicht beibehalten werden kann (1988, 175).

Zwischengeschlechtliche Interaktionen verteilen sich nicht gleichmäßig auf alle SchülerInnen. OSWALD U.A. unterscheiden idealtypisch sechs Typen (1988, 189): Typ I sind die "Abstinenten", die keinen Kontakt mit dem anderen Geschlecht haben; bei ansteigendem Anteil gehören in der 6. Klasse die Hälfte aller Jungen und Mädchen diesem Typ an. Typ II bilden die "Guten Partner/innen", die ohne Ärgerei und Flirt sachlich interagieren; bei fallendem Anteil gehören nur noch wenige SchülerInnen der 6. Klasse zu diesem Typ. Typ III wird von "Piesackern" gebildet, Jungen, die Mädchen stören und ärgern; in der 4. Klasse waren dies einige wenige Jungen, die in der 6. Klasse schwer von den Neckern zu unterscheiden sind. Typ IV, die "Geärgerten", Mädchen ohne positive Kontakte mit Jungen, war in der 4. Klasse wenig vertreten und tritt in der 6. Klasse nicht mehr auf. Typ V, die "Kämpferinnen", setzt sich aus solchen Mädchen zusammen, die auf die Einhaltung der Grenzen und die weibliche Solidarität im Auge haben; dieser Typ trat nur in der 4. Klasse auf. Typ VI "Necker/innen" interagieren mit dem Angehörigen des anderen Geschlechts und zielen dabei auf deren Geschlechtszugehörigkeit und mehr auf Beziehungspflege als einen Sachzusammenhang; dieses Verhalten von Mädchen und Jungen nimmt deutlich von der 4. zur 6. Klasse zu und prägt dann das Geschehen in der Klasse.

OSWALD U.A. sehen die Dominanz des Neckens in der 6. Klasse als Momentaufnahme, die eine weitere Entwicklung der noch abstinenten SchülerInnen in dieser Richtung, aber auch eine Abwendung der neckenden SchülerInnen von diesem Interaktionsstil einschließen: "Von seiten der zwölfjährigen Mädchen außerhalb des Flirtzirkels mehr als noch von seiten der bislang noch unbeteiligten Jungen sahen wir Bemühungen, wenn überhaupt, dann auf eine sachorientierte

Weise mit Kindern des anderen Geschlechts interagieren zu wollen. Da die koedukative Schule die gemeinsame Auseinandersetzung mit Aufgaben fördern könnte, hätte sie gerade in diesem Bereich gute Möglichkeiten, ein kooperatives Verhältnis der Geschlechter zu unterstützen" (1988, 190).

PFISTER & KLEIN untersuchen Konflikte im koedukativen Sportunterricht von 7. und 8. Hauptschulklassen in Berlin. Dabei stellen sie fest, daß sich 53,8 % der Konflikte zwischen Jungen, 5,1 % zwischen Mädchen und 45,1 % in gemischten Konstellationen ereignen. Ausgelöst werden sie zu 61,4 % durch Jungen und zu 9,8 % durch Mädchen (Rest unklar; 1985, 183). Der größte Teil der aufgetretenen Konflikten vollzieht sich damit zwischen Jungen bzw. unter Beteiligung von Jungen. Bei Konflikten zwischen Jungen und Mädchen liegt die Urheberschaft in der Mehrzahl bei Jungen. Bei den Reaktionen von Mädchen stellen PFISTER & KLEIN fest, sie sich in 29,0 % der Konflikte nicht wehren, sich zurückziehen oder den Lehrer um Hilfe rufen. Bei Gegenwehr haben sie in 25,2 % der Konflikte Erfolg, in 22,1 % unklare Ergebnisse und in 11,5 % keinen Erfolg. Bei 6,9 % der Konflikte greifen LehrerInnen ein und nur bei 5,3 % finden Mädchen und Jungen gemeinsam eine Lösung (1985, 183). Der geringe Anteil gemeinsamer Lösungen weist darauf hin, daß kooperative Konfliktregelung die Ausnahme darstellt und konfrontative Konfliktregelung durch Widerstand von Mädchen gegenüber Jungen - und das nur teilweise erfolgreich - die Regel ist. Wie diese Ergebnisse in Relation zu denen von OSWALD U.A. einzuordnen sind, muß hier offen bleiben.

Über die dominierende getrenntgeschlechtliche Interaktion - zumindest in bezug auf intensive Beziehungen und Freundschaften - hinaus werden auch Unterschiede zwischen Mädchen und Jungen im Interaktionsstil festgestellt. Häufig wird eine Untersuchung von SKINNINGSRUD (1984) zitiert, in der sie in norwegischen Sekundarschulklassen mit unterschiedlich hohem Mädchenanteil Unterrichtsgespräche analysiert. Dabei stellt sie typische Unterschiede fest, die sie mit den Begriffen 'Mädchenöffentlichkeit' und 'Jungenöffentlichkeit' umschreibt: "Der vielleicht auffälligste Unterschied zwischen Mädchen- und Jungen-Gesprächsstil war die Art, wie über Können/Nicht-Können geredet wurde. Eine oft vorkommende Art der Mädchen, die Aufmerksamkeit der Lehrkraft auf sich zu lenken, war: 'Ich verstehe dies überhaupt nicht' oder 'Sie müssen mir helfen!' Nie haben wir Jungen beobachtet, die in der Klassenöffentlichkeit einen Mangel an Beherrschung des Unterrichtsstoffes mitteilen" (SKINNINGSRUD 1984, 22).

Ein von Jungen bestimmter Interaktionsstil orientiert sich vornehmlich an Standards der Konkurrenz und des Wettkampfes, untereinander und zu den Mädchen, und an Standards des Kampfes mit der Lehrkraft. "Es geht darum, wer stärker ist, wer andere dominieren kann, wenn nötig mit Gewalt" (FUCHS 1990a, 89). Bei diesem Interaktionsstil ziehen sich Mädchen häufig in Schweigen zurück. Ein von Mädchen bestimmter Interaktionsstil orientiert sich demgegenüber eher an Standards der Kooperation und gegenseitigen Hilfe. In ihm sind weniger Konkurrenz, eine diszipliniertere Orientierung am Unterrichtsgegenstand und die innere Freiheit zum Stellen von Verständnisfragen zu finden (vgl. ENDERS-DRAGÄSSER 1988, 50).

"Der eher integrative Stil der 'Mädchenöffentlichkeit' konnte sich nur durchsetzen, wenn die Jungen zahlenmäßig deutlich in der Minderheit (etwa 1/3) waren. An dieser Stelle liegt nun die Vermutung nahe, daß 'Mädchenöffentlichkeit' dazu führt, daß beide Geschlechter sich in der Schule wohler fühlen" (HORSTKEMPER 1987, 70). In koedukativen Klassen mit einer 'Jungenöffentlichkeit' dagegen sind nach SKINNINGSRUD Mädchen einer paradoxen Situation ausgeliefert, die ihnen nur die Wahl zwischen zwei Übeln läßt: Konkurrieren sie mit Jungen, zeigen sie sich als unweiblich, fallen aus der Rolle und werden sanktioniert, tun sie dies nicht, beschränken sie sich in ihren intellektuellen Möglichkeiten, werden nicht ernstgenommen und drohen zu verstummen (vgl. ENDERS-DRAGÄSSER 1988, 51).

ENDERS-DRAGÄSSER schließt aus den Ergebnissen der Hessischen Interaktionsstudie (vgl. ENDERS-DRAGÄSSER 1989a und ENDERS-DRAGÄSSER & FUCHS 1989), "daß die Jungen als Gruppe mit diesen Verhaltensweisen in einem bisher nicht vermuteten Umfang in negativer Weise auf das Lernklima Einfluß nehmen können" (ENDERS-DRAGÄSSER 1989b, 6). Mädchen werden in die Passivität gedrängt, so daß ein Bild der Normalität mit den Polen männlicher Aktivität und männlichen Wissens und weiblicher Passivität und weiblicher Unwissenheit entsteht.

Gleichwohl muß auf der Seite der Jungen gesehen werden, daß sich "hinter ihren Disziplinverstößen, Dominanzansprüchen und Störungen (...) eine große Bedürftigkeit" verbirgt (SCHNACK & NEUTZLING 1990, 137). Die Frage, "wieviel Selbstzweifel verbirgt sich dahinter, wenn ein Kind wenigstens einmal am Tag absolut im Mittelpunkt stehen muß, und sei es durch einen ausgekippten Tornister oder eine rüde Zankerei" (1990, 137), deutet die Problematik an, die hinter solchen Verhaltensweisen steht. SCHNACK & NEUTZLING vermuten, daß Jungen angesichts ihrer mit den Mädchen gleich hohen Angstwerte mit angstbesetzten Situationen kaum anders umgehen können als mit Angstabwehr: "Sie werden nicht mutiger, sondern in Wirklichkeit immer ängstlicher, auch wenn die Angst im Laufe der Jahre bis zur Unkenntlichkeit hinter Machtstreben, Unruhe, Rationalisierung usw. versteckt werden wird" (1990, 145).

Die unterschiedlichen, weiblich oder männlich geprägten Interaktionsstile können in ihren Ausdrucksformen und Auswirkungen im Hinblick auf unterschiedliche Bereiche beschrieben werden. Dieses geschieht nun an den Beispielen des Computer-Unterrichts, am Zuwendungsverhalten in Integrationsklassen zu Kindern mit Behinderungen und an einer Diskussion über ein geschichtliches Rollenspiel.

KAUERMANN-WALTER & METZ-GÖCKEL (1989, 1991; ähnlich auch DICK 1988, 7) beschreiben aus ihren **Computer-Kursen** die Kooperation zwischen Mädchen und Jungen folgendermaßen: In der unmittelbaren Interaktion "drückten die Jungen der gemeinsamen Arbeit ihren Stempel auf. Sie waren die Regisseure, die die Mädchen zur Assistentin machten. Diese konnten ihre Wünsche und Vorstellungen erst dann realisieren, wenn sie alleine am Computer saßen" (1989, 171f.). In koedukativen Situationen fügen sich die Mädchen weitgehend in das Experten-Assistentinnen-Muster ein, ihr Verhalten engt sich "auf ein stilles, anpassungsbereites, aber kooperativ-kompromißbereites" (1989, 172) ein. "Die größere Kooperationsbereitschaft der Mädchen äußerte sich als Nachgiebigkeit im Sinne einer (passiven) Anpassung oder gar Unterordnung an die Jungen" (1989, 172). Weiter fallen "zwei Verhaltensweisen von Jungen auf, die es ihnen ermöglichen, ihre Überlegenheit zu stabilisieren und zu sichern: die Monopolisierung von Wissen über die Strategie der Geheimhaltung und der Aufbau bzw. die Verteidigung des Expertenstatus" (1989, 174). Die Geheimhaltung vollzieht sich über Verhaltensweisen wie das Ignorieren von Anfragen oder das Exklusivität sichernde, viel zu schnelle Erklären von Sachverhalten, das eher verwirrt als klärt (1989, 174). Mit solchen Verhaltensweisen sind nicht nur "echte Experten" in der Lage, ihren Status als solche aufrechtzuerhalten, sondern auch "verblaßte Experten", deren Wissensvorsprung schnell aufgeholt ist, und "Quasi-Experten", deren 'Fachwissen' lediglich aus wenigen eingebrachten Fachbegriffen besteht (1989, 175, 1991, 45).

In den Mädchenkursen dagegen haben die Autorinnen im Gegensatz zum Assistentinnen-Muster in gemischten Gruppen "ein breites Spektrum von Verhaltensweisen in der Paarzusammenarbeit ausmachen können. So halfen sich die Mädchen untereinander und teilten Begeisterung und Freude über geglückte Lernschritte. Die einzelnen Arbeitsschritte wurden erst nach vorheriger Absprache ausgeführt, wobei sich diese Verständigung nicht nur auf die Verteilung der Tippzeiten, sondern auch auf die inhaltlichen Arbeiten bezog. Dabei bildete Kooperation zwar nicht die durchgängige Praxis, insgesamt gesehen überwog sie aber" (1989, 172f.).

Für KAUERMANN-WALTER & METZ-GÖCKEL macht "gerade der Vergleich des Mädchenverhaltens in Mädchen- und koedukativen Kursen (...) die Kontextabhängigkeit des 'mädchenhaften' Sozialverhaltens deutlich" (1989, 173). Sie folgern aus ihrer Untersuchung, "daß das, was wir üblicherweise als geschlechtsspezifisches Verhalten definieren, kontext- und gegenstandsabhängig ist und nicht per se mit dem Geschlecht kovariiert" (1991, 45).

Daß die typischen Rollen von Mädchen und Jungen auch in integrative Projekte hineinwirken, kann nicht verwundern. PRENGEL zeigt deutliche Unterschiede zwischen Mädchen und Jungen in der Interaktion mit Kindern mit Behinderungen auf: Mädchen "sind es vor allem, die kooperative Beziehungen zu Kindern mit Behinderungen aufbauen, während Jungen meist Distanz halten bzw. ihre Kontakte distanziert oder aggressiv gestalten" (1990f, 41). Entsprechend gestalten sich die möglichen Schattenseiten: "Typisches problematisches Verhalten von Mädchen ist die Überbehütung von Behinderten in Verbindung mit Selbstaufgabe. Typisches problematisches Verhalten von Jungen ist Kontaktvermeidung oder Aggressivität gegenüber Behinderten in Verbindung mit Selbstbehauptung" (1990f, 41).

Besonders aufschlußreich sind Rollenspiel-Situationen, in denen sich eine Konfrontation zwischen Geschlechterrollen und Spielrollen ergibt. Hier wird die oben aufgezeigte Problematik für Mädchen, nur zwischen zwei Übeln wählen zu können, in ihrer Ausweglosigkeit deutlich. FUCHS berichtet von einer Geschichtsstunde in einer 6. Klasse, in der ein Rollenspiel diskutiert wird, bei dem Römer und Karthager im Altertum quasi eine Stammtischdiskussion führen. Problematisiert wird in der nachfolgenden Diskussion die Rolle von Andrea, die einen reichen Römer, und die eines Jungen, der einen römischen Sklaven dargestellt hat. Im Rollenspiel ist das nicht rollengerechte dominante Gesprächsverhalten des Jungen akzeptiert worden, während der rollengerechte Versuch zu dominantem Verhalten von Andrea nicht zum Erfolg kam (1989, 95). FUCHS zieht aus diesen Beobachtungen folgendes Fazit: Andrea "hat sich als Rollenspielerin, als reicher Römer, nicht genügend durchgesetzt, und sie hat sich als Mädchen zu vorlaut verhalten, hat zu sehr versucht zu dominieren. Sie hatte keine Chance, sich richtig zu verhalten" (1989, 95f.). Daß Andrea "es nicht geschafft hat, angemessen zu Wort zu kommen, und andererseits ihre Versuche, die Jungen zu übertönen, als 'vorlaut' und 'so laut' kritisiert" (FUCHS & SCHMIDT 1987, 95) werden, zeigt die "definitorische Zwickmühle" (1987, 95) auf, die zwischen angemessenem Verhalten im Rollenspiel und als Mädchen besteht. Treffend bringt dieses Dilemma ein Satz zum Ausdruck, mit dem Andrea kritisiert wird: "Wenn sie etwas mehr und net ganz so laut gebrüllt hätte ..." (ENDERS-DRAGÄSSER & FUCHS 1989, 137).

Bei solchen Rollenspielerfahrungen können Mädchen erleben, "daß sie auch in der männlichen Rolle als Mädchen wahrgenommen und behandelt wurden. Die Maske saß schief, ihr Geschlecht bestimmte das Interaktionsverhalten, und ihre Versuche, das Spiel nach denselben Spielregeln zu spielen wie die Jungen, sind fehlgeschlagen" (FUCHS 1989, 96). Hier werden die "doppelten Standards in den Köpfen von Jungen und Mädchen" (FUCHS & SCHMIDT 1987, 95) deutlich, die Mädchen immer wieder in Double-bind-Situationen bringen.

Mit dem letzten Beispiel ist der Schritt getan von der Betrachtung von unterschiedlichen Interaktionsstilen zum Gesprächsverhalten. Die Diskussion über das Rollenspiel mit Römern und Karthagern liefert auch für diese Betrachtung Material. In einer quantitativen Analyse der Diskussion kommen FUCHS & SCHMIDT zu folgenden Aussagen (1987, 89f.): Von 28 Redebeiträgen kommen 10 von Mädchen und 18 von Jungen (die SchülerInnen rufen sich gegenseitig auf), die durchschnittliche Länge eines Beitrags ist bei Mädchen (insgesamt 2 Minuten und zwei Sekunden) und Jungen (insgesamt 3 Minuten und 39 Sekunden) jeweils annähernd gleich. Von 10 Jungen sprechen sieben, von zehn Mädchen nur vier einmal oder mehrmals, von den häufigen Zwischenrufen kommen dreimal so viele von Jungen wie von Mädchen (soweit eindeutig identifizierbar). Während eines Redebeitrags der Schülerin, die am häufigsten redet und das Gespräch begonnen hat, steigt der Lärm so an, daß sie nicht mehr zu verstehen ist. Dies kann als niedriger Gesprächsstatus interpretiert werden.

Die Quintessenz ist für FUCHS & SCHMIDT: Es sprechen mehr Jungen, sie sprechen länger und häufiger und unterbrechen häufiger. So ist eine deutliche quantitative Benachteiligung der Mädchen festzustellen. Ihr Ergebnis entspricht allgemeinen Aussagen wie etwa der von ENDERS-DRAGÄSSER, die internationale Untersuchungsergebnisse in dem kurzen Satz zusammenfaßt: "In gemischten Klassen dominieren die Jungen das Unterrichtsgeschehen. Sie reden öfter und länger als Mädchen, sie unterbrechen häufiger" (1988, 49). Für FUCHS & SCHMIDT ergibt sich "ein Bild, nach dem die Jungen das Rederecht ganz selbstverständlich haben, während die Mädchen das Rederecht gelegentlich bekommen" (1987, 91f.).

Das allgemeine Phänomen, daß SchülerInnen in Gesprächen eher Angehörige des eigenen Geschlechts aufrufen, muß nach der Analyse dieses Gesprächs modifiziert werden: Für FUCHS & SCHMIDT ergibt sich "ein Muster konversationeller Ungleichheit" (1987, 92): "Die Jungen tendierten dazu, bevorzugt Jungen aufzurufen und nur selten Mädchen, während die Mädchen dazu tendierten, etwa gleich viele Mädchen und Jungen aufzurufen" (ENDERS-DRAGÄSSER & FUCHS 1989, 130). Die Diskriminierung von Mädchen auf der Gesprächsebene wird indessen nicht von den Jungen bewußt gewollt, sondern, um so subtil wirksamer, vor-bewußt als nicht wahrgenommenes "kulturelles Muster der Zweitrangigkeit des Weiblichen" praktiziert (1989, 131).

Was auch hier wiederum als Herausforderung für eine bewußt koedukative Erziehung entsteht, ist die Reflexion der eigenen Verhaltensweisen - und der anderer - , deren Notwendigkeit etwa PRENGEL (1986a, 423) deutlich formuliert (vgl. Kap. 5.2.4). Dabei muß es für LehrerInnen darum gehen, "den geschlechtsspezifischen Erwartungen ihre heimliche Wirksamkeit zu nehmen, indem wir Interaktionszusammenhänge durchschaubar machen und den Jungen und Mädchen aufzeigen, inwieweit ihr Verhalten davon bestimmt sein kann, diesen Ansprüchen gerecht zu werden" (BARZ 1990, 114).

5.3.2 Gewalt gegen Mädchen

In Kap. 5.2.4 sind bereits die unterschiedlichen Selbst- und Fremdwahrnehmungen von Mädchen und Jungen thematisiert worden. Dort wurde auf den männlichen Überlegenheitsimperativ eingegangen, der in der schulischen Realität von den durchschnittlich besseren Schulleistungen der Mädchen immer wieder in Frage gestellt wird.

Bei der Beschäftigung mit der Frage, was LehrerInnen und SchülerInnen während des Unterrichts durch den Kopf geht (vgl. WAGNER U.A. 1984), stößt die Arbeitsgruppe um WAGNER im Rahmen der Thematisierung unbewußter Imperative auf die Fragestellung der Gewalt von Jungen gegenüber Mädchen und auf deren innerpsychische Funktion. Diesem Punkt soll nun nachgegangen werden.

Ausgangspunkt der Überlegungen ist das Ergebnis der Frage nach der "Beziehung zwischen Jungen und Mädchen" innerhalb einer SchülerInnenbefragung in sechsten Klassen (BARZ 1984b, 106, 1990, 96). Dabei stellt sich heraus, daß 65 % aller Äußerungen zur Beziehung zwischen Mädchen und Jungen aggressive Verhaltensweisen und negative Bewertungen aufweisen (26 % körperliche Gewalt, 16 % gegenseitiges Ärgern, 23 % negative Äußerungen). Damit ist zwar nicht die reale Situation erfaßt, aber die subjektive Wahrnehmung der SchülerInnen und die Häufigkeit ihrer Beschäftigung mit diesem Thema (BARZ 1990, 97). Aus Sicht der Mädchen ergibt sich ein noch bedrückenderes Bild: Fast jede zweite Äußerung von ihnen handelt von aggressiven Aktionen von Jungen gegen sie (Schlagen 26 % und Ärgern 22 %), und das, obwohl nicht explizit danach gefragt wurde.

Daß tätliche und verbale Gewalt ein durchaus geschlechtsspezifisches Phänomen ist, zeigt eine Gegenüberstellung der Wahrnehmung von weiblichen (8 %) und männlichen Attacken (34 %). Weiter wird deutlich, daß Jungen das Ausmaß ihrer Gewalt gegenüber Mädchen wesentlich geringer einschätzen (22 %) als Mädchen dies tun (48 %). Zudem entstehen für Mädchen Gewaltaktion von Jungen "aus heiterem Himmel", während Jungen sie eher im Zusammenhang mit Auseinandersetzungen schildern (1990, 98). Andererseits meinen Jungen häufiger (20 %), daß Mädchen von den LehrerInnen bevorzugt würden als Mädchen dieses von Jungen glauben (2 %) - ein Ergebnis, das im Widerspruch zu direkten Untersuchungen steht (vgl. Kap. 5.3.4). Ebenso scheinen die Jungen Mädchen stärker als negative Bezugsgruppe wahrzunehmen (26 %) als umgekehrt (19 %).

BARZ sucht eine Erklärung für diese Ergebnisse: Wenn richtig ist, "daß die Leidtragenden dieser Gewalt hauptsächlich Mädchen und die 'Verursacher' meist Jungen sind" (1985a, 88), so handelt es sich um ein klar geschlechtsspezifisches Phänomen. Dies ist jedoch mit "biologistische(n) Ansätze(n), die die Aggressivität dem männlichen Geschlecht und die Friedfertigkeit dem weiblichen zuordnen" (1985a, 89), nicht zu erklären. Solche Erklärungsversuche "verunmöglichen es uns, die Wechselbeziehungen zwischen patriarchalischen Strukturen und geschlechtsspezifischem Verhalten zu erkennen" (1985a, 89). BARZ vermutet vielmehr einen Zusammenhang zwischen diesem Verhalten und geschlechtsspezifischen Rollenerwartungen (vgl. auch BARZ & MAIER-STÖRMER 1984, BARZ 1985b). Als zwei Begründungszusammenhänge nennt sie "das In-Schutz-Nehmen der Mädchen" durch Erwachsene und den "Überlegenheitsanspruch der Jungen" (BARZ 1990, 101). Dementsprechend formuliert sie, wie bei Jungen in verhängnisvoller Weise psychologische Denkknoten im Sinne von Teufelskreisen zusammenwirken (vgl. 1984a, 1984b, 1990).

Der Imperativ 'Jungen dürfen nicht schlagen' bringt Jungen immer wieder in Konflikt, weil sie sich damit in der Realität nicht auf ebenbürtige Weise mit Mädchen auseinandersetzen dürfen, die auch mitunter schlagen, ärgern etc.. Da sie aber immer wieder die Erfahrung machen, daß LehrerInnen Mädchen in Schutz nehmen, weil sic ihnen diese Form der Auseinandersetzung nicht zutrauen, erscheint es den Jungen so, als würden die Mädchen bevorzugt. Da aber LehrerInnen gerecht sein müssen, bleibt den Jungen subjektiv kaum etwas anderes übrig, als ihre Wut statt gegen die LehrerInnen gegen die Mädchen zu richten. Somit 'können' die Jungen nur noch 'zurück'schlagen (1984a, 56), setzen sich aber wiederum dem Konflikt mit dem anfangs geschilderten Imperativ und der negativen Sanktion von LehrerInnen und ihrer Parteinahme für die Mädchen aus. "Gerade die Sonderstellung aber macht sie (die Mädchen, A.H.) zum Objekt der Aggression seitens der Jungen, erzeugt also geradezu ihre Schutzbedürftigkeit" (1984b, 116). Und für die Jungen bleibt angesichts der inneren Widersprüche nur die subjektive Möglichkeit, ihre Gewalt gegen Mädchen zu verharmlosen und als Jux darzustellen. So ist der Teufelskreis perfekt.

Zu diesem ersten Denkknoten gesellt sich ein zweiter. BARZ formuliert, "daß die Aussagen der Jungen darauf hindeuten, daß für sie die spezifischen Erwartungen von Stärke, Macht und Überlegenheit subjektiv Muß-Charakter erhalten haben und in Form des Imperativs: 'Jungen müssen besser als Mädchen sein!' wirksam werden" (1984b, 107). Da dieser Imperativ jedoch nicht der Realität standhält und Mädchen häufig bessere Leistungen zeigen, muß eine subjektive Theorie als Erklärung gefunden werden: Mädchen sind nicht tatsächlich besser, sondern sie werden von LehrerInnen bevorzugt (20 % der Jungen-Äußerungen). Diese Erklärung, gleichzeitig Wahrnehmungsverzerrung und Problemumdeutung, kollidiert aber mit dem Imperativ, daß LehrerInnen gerecht sein müssen. Die entstehende Wut über diese Ungerechtigkeit wenden die Jungen gegen die Mädchen selbst - sie 'müssen' nun geärgert und geschlagen werden: "Das Gefühl, einem Mädchen unterlegen zu sein, wird weggeschoben und notfalls mit Gewalt die Überlegenheit demonstriert" (1984b, 113; siehe Denkknoten 1). Die Wut kann sich aber auch gegen die LehrerInnen richten und sich u.a. in Undiszipliniertheit und provokativen Aktionen zeigen. Da dies jedoch neue Versagenserlebnisse hervorbringt, gerät der Imperativ in Gefahr, daß Jungen besser sein müssen als Mädchen. So schließt sich der zweite Teufelskreis.

In dieser Sicht erklären sich manche der oben aufgezeigten Ergebnisse: die größere von Jungen ausgehende Gewalt, die vermeintliche Bevorzugung der Mädchen durch die LehrerInnen und in deren Folge die stärker negativ gefärbten Aussagen der Jungen über die Mädchen. So gesehen fungiert Gewalt von Jungen gegen Mädchen zum einen als Ventil, das ihre gesellschaftlich geforderte Vormachtstellung sichern zu helfen verspricht, zum zweiten als Ventil gegen die vermeintliche Ungerechtigkeit von LehrerInnen, die immer wieder - aus der Sicht von Jungen ungerechtfertigt - die Mädchen in Schutz nehmen.

Bezüglich pädagogischer Schlußfolgerungen spricht sich BARZ pointiert dagegen aus, daß LehrerInnen Mädchen weiterhin in Schutz nehmen. Dadurch würde nur der Teufelskreis der Aggressionen von Jungen gegen die Ungerechtigkeit von LehrerInnen bestärkt und die Wut gegen den Imperativ geschürt, Mädchen nicht schlagen zu dürfen, dies aber doch zu 'müssen', um die eigene Überlegenheit zu dokumentieren. Bei Standpauken von LehrerInnen "würden 'Schwäche' und 'Stärke' wieder eindeutig auf die Geschlechter verteilt und Klischees verfestigt, anstatt Machtverhältnisse aufgebrochen" (1990, 110). BARZ vertritt, daß LehrerInnen vielmehr die Mädchen darin unterstützen sollten, "daß die Mädchen konsequent auf sich selbst vertrauen, und sie ermutigen, sich selbst zu wehren" (1984b, 122). So könnte für die Mädchen auch die Strategie der 'erlernten Hilflosigkeit' angegangen werden, die der Gewalt von Jungen nicht entgegentritt, sondern ihr zum Erfolg verhilft. Erst diese auf den ersten Blick das Faustrecht unterstützende Strategie ermöglicht für BARZ, daß Auseinandersetzungen zwischen Mädchen und Jungen zukünftig auf anderen Ebenen ausgetragen werden könnten. Weiterhin sollten Interaktionssituationen und Mechanismen zur Sprache gebracht und durchschaubar gemacht werden - hier bestünde für Jungen die Chance, ihren Wahrnehmungsverzerrungen auf die Spur zu kommen und nicht mehr dem Phantom gesellschaftlich geforderter männlicher Überlegenheit hinterherjagen zu müssen, die "mehr Wunsch als Wirklichkeit ist" (BARZ 1990, 114).

Mit ihren Vorschlägen liegt BARZ auf einer Linie mit PRENGELS Überlegungen, die vor allem in zwei Faktoren der männlichen Sozialisation für die Schule besondere Probleme sieht: "Die Verdrängung eigenen Schmerzes und eigener Bedürftigkeit und die Tendenz zum unbegrenzten Ausagieren, das andere überrennt" (1986c, 7). In der bisherigen Praxis der Schule erfahren Jungen durch Mädchen "zu wenig Begrenzungen ihrer ausagierenden Allmachtstendenzen" (1986c, 7), eine bewußt koedukative Erziehung müßte Jungen die Chance bieten, "endlich an der Grenze eines anderen Halt gegen die eigene Wut zu finden" (1986c, 7).

5.3.3 Geschlechtsspezifisches Verhalten von PädagogInnen gegenüber SchülerInnen

Wie bereits in Kap. 5.2.5 deutlich geworden ist, haben die PädagogInnen eine Schlüsselstellung bei der Aufrechterhaltung der bisherigen Praxis des Unterrichts mit seiner geschlechtsspezifischen Benachteiligung der Mädchen bzw. bei dessen Veränderung inne. Die in Kap. 5.2.5 beschriebenen Wahrnehmungsverzerrungen zeigen sich dementsprechend in der konkreten Interaktion zwischen PädagogInnen und SchülerInnen. Dieses soll in drei Abschnitten aufgezeigt werden: Zunächst geht es um quantitative Aspekte der Aufmerksamkeitsverteilung von LehrerInnen, dann um qualitative Aspekte der Leistungsrückmeldung und schließlich um ein Beispiel, das einen Horizont abstecken kann, wie das Thema geschlechtsspezifischer Verhaltensweisen auf nichtsexistische Art und Weise pädagogisch angegangen werden kann.

SPENDER berichtet aus der Untersuchung eigener Praxiserfahrung, wie schwer es LehrerInnen fällt, ihre Aufmerksamkeit gleichmäßig auf Mädchen und Jungen zu verteilen: "Von zehn aufgenommenen Stunden (an Oberschulen und am College) brachte ich mit den Mädchen maximal 42 % und im Schnitt 38 % der Zeit zu, mit den Jungen nie weniger als 58 %" (1985, 94). Da die Jungen trotzdem wegen einer vermeintlichen Bevorzugung der Mädchen protestieren, vermutet sie: "Das erweckt den Anschein, als ob Jungen in einer sexistischen Gesellschaft annehmen, es sei nur fair, wenn sie zwei Drittel der Aufmerksamkeit für sich beanspruchen, und wenn dieses Verhältnis geändert wird, so daß sie weniger als zwei Drittel der Aufmerksamkeit erhalten, dann haben sie schon das Gefühl, diskriminiert zu werden" (1985, 95).

FRASCH & WAGNER (1982) untersuchen im Rahmen des Reutlinger DFG-Projektes das Verhalten von zunächst 15, später von 35 LehrerInnen in vierten Klassen in den Fächern Deutsch, Mathematik und Sachunterricht. Der Fragestellung, wie LehrerInnen mit Mädchen und Jungen im Unterricht interagieren, wird anhand der Kategorien Melden, Aufrufen (mit oder ohne vorherigem Melden), Lob, Tadel, Disziplintadel, schülerinitiierter und lehrerinitiierter Interaktion nachgegangen. Ihre Ergebnisse fassen sie in neun Aspekten geschlechtsspezifischer Behandlung von Mädchen und Jungen zusammen (1982, 272-274):

1) Jungen werden häufiger aufgerufen, auch dann, wenn sie sich nicht von sich aus melden. Mädchen haben demnach nur knapp 85 % der Chancen der Jungen dranzukommen, wenn sie sich melden.
2) Jungen werden häufiger gelobt. Mädchen werden relativ zu Jungen nur 62 % so häufig gelobt.
3) Jungen werden häufiger getadelt. Mädchen werden weniger als halb so oft getadelt wie Jungen.
4) Jungen werden mehr als doppelt so oft wie Mädchen zur Disziplin aufgerufen.
5) Jungen werden häufiger bei Einzel- und Gruppenarbeit, besonders in Mathematik und Sachunterricht angesprochen.
6) Jungen stellen tendenziell häufiger Kontakt zur Lehrperson her als Mädchen.
7) Jungen und Mädchen werden im Prinzip gleich häufig mit Leseaufgaben befaßt, allerdings besteht eine Tendenz, besonders bei Lehrern, z.B. im Mathematikunterricht eher Jungen zum Lesen aufzufordern als Mädchen.
8) Lehrer neigen etwas stärker als Lehrerinnen dazu, die Jungen mehr als die Mädchen zu beachten, hingegen rufen Lehrerinnen häufiger als Lehrer eher Jungen als Mädchen auf, wenn sie sich nicht von sich aus melden.
9) Insbesondere in den Fächern Mathematik und Sachunterricht existiert eine unterschiedliche Behandlung von Jungen und Mädchen, die im Fach Deutsch nicht so deutlich wird.

Ergänzend weisen die Autorinnen darauf hin, daß die festgestellten Unterschiede nicht in einer unterschiedlichen Beteiligung von Mädchen und Jungen begründet, sondern auch in Relation zur Häufigkeit des Meldens vorhanden sind. Die Unterschiede zwischen den Fächern Mathematik und Sachunterricht einerseits und Deutsch andererseits lassen den Schluß zu, daß sich hier Geschlechtsrollenerwartungen auswirken, denn die beiden ersten Fächer werden eher männlichen Domänen zugeordnet, Deutsch hingegen weiblichen Fähigkeiten. Dieses ist als "Produkt selektiver geschlechtsspezifischer Wahrnehmungen" (FRASCH & WAGNER 1982, 274) anzusehen; Einstellungen bezüglich der Geschlechtsrollen und selektive Wahrnehmung im Unterricht münden so in eine Bevorzugung von Jungen, die aus größerer Zuwendung in Ansporn, Lob, Tadel und Disziplintadel gespeist wird.

Auch bei FRASCH & WAGNER zeigt sich eine deutlich unterschiedliche Zuwendung der LehrerInnen zu Mädchen und Jungen, wenngleich nicht im Sinne von

SPENDERS ein Drittel/zwei Drittel-Regel. Dies gilt auch für den Sportunterricht (KRÖNER 1988, 115f.): Auch Sportlehrkräfte widmen Jungen mehr Aufmerksamkeit und kommunizieren mit Mädchen weniger. Jungen werden mehr leistungsbezogen und zielgerichtet gelobt, Mädchen eher allgemeiner und undifferenzierter für korrekte Ausführungen. Die Benachteiligungsfrage in ihrer quantitativen Dimension fassen SCHEFFEL & THIES kurz und bündig zusammen: "Die Jungen fühlen sich benachteiligt, de facto kommen die Mädchen zu kurz" (1990, 353).

In der zweiten Feststellung ist bereits die qualitative Seite des Problems angesprochen, die die Benachteiligung von Mädchen noch verschärft. Bereits in Kap. 5.2.4 ist darauf eingegangen worden, daß Mädchen und Jungen Schulerfolge und -mißerfolge unterschiedlich interpretieren und für sich verwerten. Dazu tragen die Rückmeldungen von LehrerInnen maßgeblich bei: Zwar werden Jungen, wie auch FRASCH & WAGNER zeigen, häufiger kritisiert, "sie erhalten jedoch kaum Rückmeldungen, die Informationen über mangelnde Fähigkeiten transportieren, sondern beanstandet werden eher nicht-intellektuelle Aspekte (zu unordentlich, unaufmerksam, zu wenig motiviert). Bei den Mädchen hingegen werden vor allem Mißerfolgs-Rückmeldungen in einer Weise übermittelt, die sehr leicht mangelnde intellektuelle Kompetenz als Ursache nahelegen. Bei Erfolg von Mädchen wird häufig auf Ordnung, Sauberkeit und Fleiß verwiesen, was eher Wohlwollen der Beurteilenden als eigene Kompetenz signalisiert" (HORSTKEMPER 1989b, 99f.; ähnlich auch DICK 1988). Somit wirkt die - von den gesellschaftlichen Rollenerwartungen mehr oder minder deutlich geprägte - Wahrnehmung der LehrerInnen über ihre Interaktion auf die Selbst- und Fremdwahrnehmung der SchülerInnen zurück.

Die gesellschaftlichen Rollenerwartungen - und damit auch die von LehrerInnen - wirken hier in verhängnisvoller Weise mit dem in Kap. 5.3.2 beschriebenen kooperativen Interaktionsstil von Mädchen zusammen. Er wird "im Unterricht nur von den Mädchen erwartet, und zwar als rollenkonformes 'Mädchenverhalten'. Lehrpersonen fordern Jungen nicht in der gleichen Weise. Die Wahrnehmungsverzerrungen, die Fixierung auf geschlechtsrollenstereotypes 'weibliches' beziehungsweise 'männliches' Verhalten führt bei den Lehrpersonen dazu, daß sie die Selbstdisziplin und die 'ruhige' fachliche Mitarbeit der Schülerinnen nicht als Lernleistungen und als soziales Gegengewicht zu dem Dominanzverhalten und den Disziplinlosigkeiten der Jungen wahrnehmen, sondern als nahezu selbstverständliches, 'normales' Verhalten von Mädchen" (ENDERS-DRAGÄSSER 1989b, 7). Damit bekommen Mädchen auch nicht "die gleichen Möglichkeiten wie die Jungen zugestanden, sich 'streitbar' Verhaltensmöglichkeiten anzueignen, mit denen sie ihr Darstellungsvermögen in der Gruppe, ihre Durchsetzungsfähigkeit und damit auch ihr Selbstvertrauen und ihre Konfliktfähigkeit stärken können" (1988, 50).

Wie ambivalent das Verhältnis von LehrerInnen zu diesem den Unterricht tragenden, aber als typisches 'Mädchenverhalten' empfundenen kooperativen Interaktionsstil von Mädchen sein kann, schildern ALTERMANN-KÖSTER & DE WITT in ihrem Bericht vom Modellversuch mit Computer-Unterricht in Nordrhein-

Westfalen: "Besonders in Computeranwendungsphasen fiel uns auf, daß die Mädchen in der Regel genau das machten, was von ihnen verlangt wurde. ... Die Jungen dagegen probierten oft den Computer aus, schon bevor irgendwelche Anweisungen gegeben wurden. Sie ... versuchten den Computer auszutricksen oder 'abstürzen zu lassen', d.h. sie versuchten seine Grenzen auszuloten, oder sie spielten einfach herum und machten Unsinn. ... Die dominante und experimentierfreudige Herangehensweise der Jungen ermöglichte ihnen ein größeres Maß an Kreativität. ... Die Mädchen, die vorsichtig und disziplinierter an die Geräte herangingen, wurden von den Lehrenden z.T. als langweilig empfunden. Dies erklärt vielleicht, warum trotz des Anspruchs, die Mädchen besonders zu fördern, anfangs doch den Jungen mehr Aufmerksamkeit geschenkt wurde" (1989, 165). Diese Wahrnehmung ändert sich erst nach einigen reflektierenden Gesprächen.

Umgekehrt ist allerdings auch die Interaktionsproblematik zu beobachten, daß Jungen die fachliche Kompetenz ihrer Lehrerinnen anzweifeln. Dies beruht der Hypothese von FUCHS nach auf dem "in unserer Kultur üblichen doppelten Standard der Wahrnehmung von Frauen: Ihr Geschlecht wird als unvereinbar mit den Anforderungen ihrer Berufsrolle wahrgenommen" (1990b, 373), der zum Muster der "inkompetenten Lehrerin" (1990b, 373) führt.

Ein weiterer Gesichtspunkt erscheint wichtig: Man könnte vermuten, daß sich die Problematik einer gerechten Aufmerksamkeitsverteilung in einem Unterricht entschärft, in dem nicht mehr der oder die LehrerIn vor der Klasse steht und einen frontalen Klassenunterricht praktiziert. Bei einer offenen Gestaltung, die mehr auf das Miteinander der SchülerInnen als auf die monopolartige Wissensvermittlung durch LehrerInnen setzt, könnte der Anspruch der Jungen auf größere Aufmerksamkeit der LehrerInnen relativiert werden. Nach Beobachtungen von ENDERS-DRAGÄSSER & FUCHS scheint sich jedoch diese Problematik im Gegenteil zu verschärfen: Am Beispiel eines binnendifferenzierten Mathematikunterrichts in einer 1. Klasse machen sie deutlich, daß Wochenplanunterricht noch stärker als herkömmlicher Frontalunterricht in der Gefahr einseitiger Aufmerksamkeitsverteilung steht. Eine Tischgruppe von "lauten Jungen" (1989, 108) bindet noch ungebremster die Aufmerksamkeit der Lehrerin durch zahlreiche Nachfragen. Auch andere "aufmerksamkeitsheischende Sprechakte" (1989, 109) wie "das geht doch gar nicht" bewirken Bindung: "Die Jungen disziplinieren so ihre Lehrerin" (1989, 109). Zwar wenden auch Mädchen ähnliche Sprechakte an, jedoch mit der Funktion, die Aufmerksamkeit der Lehrerin zu erringen und sie gegen die Ansinnen der 'lauten Jungen' zu sichern. Auch hier sehen ENDERS-DRAGÄSSER & FUCHS die geschlechtsspezifischen Mechanismen, nach denen Mädchen in der Interaktion mit der Lehrerin die unter den gegebenen Umständen mögliche und für sie notwendige Aufmerksamkeit zu erringen versuchen, während Jungen eine ungeteilte Aufmarksamkeitsforderung an die Lehrerin richten und sie durch Lautstärke immer wieder dazu zu zwingen versuchen, sich von anderen weg und sich zu ihnen hin zu orientieren (1989, 110). Auch wenn hier nicht die Zielsetzung sein kann, alle Kinder genau gleich zu behandeln, und gleichsam eine Balance gerechter Ungleichbehandlung anzustreben wäre, so drohen Mädchen auch im offenen Unterricht - unter Umständen noch verstärkt - zu lernen, "ihre eigene Marginalisierung als Normalität zu begreifen" (1989, 111).

In welche Richtung eine angemessene pädagogische Bearbeitung geschlechtsspezifischer Verengungen gehen könnte, macht PRENGEL anhand eines Beispiels von RÖHNER (1987) klar. Dort wird berichtet, daß die Spiele der Jungen sich auf He-Man-Figuren und die der Mädchen auf Barbie-Puppen konzentrieren. Im Sinne einer Pädagogik der egalitären Differenz läßt die Lehrerin "unzensiert, aber nicht unbegrenzt und nicht unbeteiligt, die eigenständige Auseinandersetzung der Mädchen und Jungen mit ihren, in diesen Spielen sich artikulierenden Gefühlen zu. Sie begleitete und förderte diesen Prozeß, der schließlich dazu führte, daß beide, Mädchen und Jungen, von sich aus diese Spiele aufgaben. Die Lösung aus der Bindung an die phantastischen Figuren wurde möglich, nachdem die damit verbundenen existentiellen Themen bewußt und damit der Veränderung zugänglich wurden: Bei den Mädchen war es das Thema Liebe, verbunden mit ästhetischer und lustvoller Lebensgestaltung, das sie im Barbie-Puppen-Spiel zum Ausdruck brachten; bei den Jungen war es das Thema Kampf um Überlegenheit und Unterlegenheit, verbunden mit körperlich ausgetragenen Konkurrenzen zwischen männlichen Figuren" (1990d, 44). PRENGEL verdeutlicht hier, daß nicht die feministische Stellvertretung der Lehrerin für die Mädchen gefordert ist: "Diese Lehrerin stülpt den Mädchen und Jungen nicht ihre politische Option über, sondern läßt eine Auseinandersetzung mit den real vorhandenen Gefühlen, Wünschen und Erfahrungen zu, sie eröffnet damit die einzige Chance zu wirklich selbstbestimmten Lernprozessen und zum Erlernen von Selbständigkeit" (1990d, 44).

5.3.4 Modelle der Erwachsenen: weibliche Lehrerinnen - männliche Schulleitung

Wie an vielen Stellen dieses Kapitels deutlich wird, stellt die gesellschaftliche Höherbewertung des Männlichen und die Abwertung des Weiblichen einen der zentralen Kritikpunkte der feministischen Schulkritik dar. Dieses wird, so ein Teilaspekt dieser Kritik, auch bei der schulinternen Interaktion auf der Ebene der Erwachsenen deutlich. Sie hat auch eine wichtige Funktion für die SchülerInnen, denn sie können anhand der vorgelebten Interaktionsstrukturen Modelle für eigenes Verhalten und Selbstverständnis betrachten. Im folgenden geht es also zum einen um die Betrachtung der Strukturen auf der Ebene der Erwachsenen, zum zweiten um deren Folgen für das Modellernen bei den SchülerInnen.

KRÜGER & RÖHNER fassen den Kritikpunkt einer geschlechtsspezifischen Ungleichheit auf der Kollegiums- und Schulleitungsebene in dem Untertitel ihres Aufsatzes zusammen: "Frauen unterrichten in der Grundschule. Männer leiten sie" (1985, 116). Diese oft vertretene These, die für das ganze Schulsystem gültig sein dürfte, wird durch statistische Daten gestützt (vgl. Kap. 5.5.1).

Dieses Abbild der gesellschaftlich unterschiedlichen Bewertung der Geschlechter zeigt sich nicht nur in der institutionellen Ungleichheit von Frauen und Männern, sondern wird darüberhinaus häufig in der alltäglichen Interaktion innerhalb des Kollegiums deutlich. FICHERA (1990b) schildert Situationen, in denen Schulleiter so mit Lehrerinnen und Referendarinnen umgehen, daß für alle Beteiligten deutlich wird, daß sie eigentlich die 'richtigen, wahren Pädagogen' sind, sei es durch ungefragte Richtigstellung subjektiv nicht ausreichender Erklärung von Pädagoginnen, sei es durch die selbstverständliche Inanspruchnahme von sozialen Dienstleistungen wie Kaffeekochen, Lehrerzimmer aufräumen, sei es durch aufgedrängte, entmündigende Hilfestellungen bei technischen Fragen wie Film einlegen oder anderes. Daß also gesellschaftliche geschlechtsspezifische Rollenzuweisungen auch Schulleiter, Schulverwalter, aber auch Hausmeister in Schulen nicht unberührt lassen, macht die Vielzahl der Beispiele bei FICHERA deutlich. Dies gilt auch - wahrscheinlich verstärkt - für Referendarinnen (vgl. N.N. 1990).

Doch es sind auch Lehrerinnen, die diese Rollenzuweisungen für sich zu nutzen glauben und sich so selbst schaden, indem sie SchülerInnen 'beim nächsten Mal' zum Schulleiter zu schicken drohen oder der Meinung sind, in eine besonders schwierige Klasse gehöre ein Lehrer hinein (FICHERA 1990b, 416). FICHERA & STORK machen klar, daß "die Verhaltensweisen unserer männlichen Vorgesetzten und die der Kolleginnen oft nur im gemeinsamen Zusammenhang zu verstehen sind: Wenn ein Rektor ein spezifisch patriarchal-männliches Gebaren zeigt, findet sich meist als Gegenstück, daß die Kolleginnen durch spezifisch weibliches Agieren dieses Verhalten zulassen. So korrespondiert mit dem offen sexistischen Verhalten von Rektoren das kokettierende Verhalten von Lehrerinnen" (1986, 35).

Weiter wird darauf hingewiesen, daß neben allen Formen der Diskriminierung von Frauen "anscheinend der Wille der Frauen selbst, solche Funktionsstellen zu bekleiden, nur in äußerst geringem Maße vorhanden ist. ... Rektoren- und Schulaufsichtsämter sind nach Auffassung der meisten Lehrerinnen so stark von Verwaltungsarbeit und bürokratischen Vorschriften geprägt, daß sie befürchten, über die Ausübung eines solchen Amtes die für die wichtige Beziehungsebene zu den Schülern zu verlieren" (BAST 1988, 61). Auch spielt eine wichtige Rolle, daß Frauen gegenüber herausgehobenen Positionen Probleme haben und Vorbehalte entwickeln, "wenn sie sich nicht mehr nur über Verbundenheit mit anderen definieren, sondern auch von anderen Trennendes - wie die Durchsetzung von Interessen in einflußreichen Positionen - in ihr Selbstverständnis und ihren Lebensentwurf einbeziehen" (FLAAKE 1990, 170). Dabei könnte gerade die bei weiblicher Identität stärker vorhandene Tendenz zu einem kooperativen Interaktionsstil (vgl. Kap. 5.3.1) Impulse für die Gestaltung von Leitungsfunktionen mit sich bringen.

So sehr einerseits individuell zu verstehen und zu akzeptieren ist, daß Lehrerinnen in weit geringerem Maße im Bildungsbereich Karriere machen wollen, so problematisch werden andererseits die Auswirkungen auf die 'heimlichen' Lernerfolge der SchülerInnen gesehen. Die geschlechtsspezifische Arbeitsteilung in der

LehrerInnenschaft spiegelt "die allgemeine gesellschaftliche Hierarchie der Bedeutsamkeit und Entscheidungskompetenz zwischen den Geschlechtern wider und hat damit implizite Vorbildwirkungen" (METZ-GÖCKEL 1987, 466). So wird im Bewußtsein der SchülerInnen auch hier das Bild bestätigt, "in dem sich Macht mit Männlichkeit verbindet" (MÜHLEN-ACHS 1987b, 65). "Jederzeit kann höhere männliche 'Gewalt' herbeigerufen werden, um Verhalten zu disziplinieren und Ordnung in die Klasse zu bringen" (KAUERMANN-WALTER U.A. 1988, 170).

So erfahren Mädchen und Jungen im Zuge des heimlichen Lehrplans, "daß auch dann, wenn sie vorwiegend von Lehrerinnen unterrichtet werden, die Leitung der Schule nicht in weiblichen Händen liegt. In ihren Erfahrungen kann sich so das Erfahrungsmuster herausbilden, daß auch professionell tätige Frauen wie ihre Lehrerinnen Anordnungen von Männern entgegenzunehmen und sich ihnen gegenüber keinesfalls konkurrent zu verhalten haben" (ENDERS-DRAGÄSSER U.A. 1986, 9). Das eigene Erleben weiblicher Unterordnung und männlicher Überlegenheit bzw. weiblicher Verbundenheit und männlicher Durchsetzung in der Interaktion mit MitschülerInnen wird so unterstützt durch das Erleben in der Interaktion mit LehrerInnen und deren Vorgesetzten; Modelle, die dieser Tendenz etwas entgegenzusetzen hätten, sind im Bereich der Grundschule nicht häufig anzutreffen.

5.4 Aussagen zur Handlungsebene

In diesem Abschnitt geht es um die Herausforderung, der Heterogenität der Geschlechter unterrichtlich so zu entsprechen, daß Mädchen wie Jungen weder zur unterordnenden Anpassung genötigt werden noch unter die Drohung einer exotisierenden Ausgrenzung geraten. In diesem Feld sollen nun folgende Aspekte zum Tragen kommen: Zunächst ist zu untersuchen, auf welcher pädagogischen Grundlage die Ansätze Feministischer Pädagogik basieren, ob bestimmte - vielleicht besondere - Unterrichtselemente, also didaktische Grundsätze und Methoden von der Feministischen Pädagogik favorisiert werden (Kap. 5.4.1). Weiter sollen die gemachten und untersuchten Erfahrungen mit Versuchen eines geschlechtsspezifisch getrennten Unterrichts betrachtet werden - Ansätze, die zum großen Teil für notwendig, aber auch problematisch gehalten werden (Kap. 5.4.2). Schließlich wird ausgelotet, welcher Bedarf an Aus- und Fortbildung im Rahmen von feministischen Ansätzen formuliert wird (Kap. 5.4.3).

5.4.1 Grundlagen und Elemente der Feministischen Pädagogik

Die Kritik der Feministischen Pädagogik betrifft schwerpunktmäßig die Ebene der Interaktion zwischen SchülerInnen und PädagogInnen und zwischen den SchülerInnen (Kap. 5.3) und die innerpsychische Ebene, besonders bezogen auf die unbewußten Wahrnehmungsanteile bei Schülerinnen und PädagogInnen (Kap. 5.2). Daraus folgen für die Handlungsebene der unterrichtlichen Bewältigung zum einen die Kritik an der impliziten Ausrichtung des Unterrichts in seiner bisherigen Planung und Praxis an den Bedürfnissen und Interessen der Jungen und zum anderen

Forderungen und Vorschläge, wie weibliche Zugänge, Interessen und Kompetenzen stärker in den Unterricht eingebracht werden können. Hierbei stehen curriculare, didaktische und methodische Aspekte in einem engen Wechselverhältnis.

So wird kritisiert, "in welchem Ausmaß Lernsituationen jungenorientiert geplant und durchgeführt werden, (sie) damit die Anwesenheit von Mädchen ignorieren und ihnen Lernangebote vorenthalten, an die sie in der gleichen Weise wie die Jungen anknüpfen könnten" (ENDERS-DRAGÄSSER 1988, 51). Die bisher praktizierte koedukative Schule ist für sie dem dominierenden Unterrichtsanssatz folgend eine Jungenschule mit Mädchen, die sich nach wie vor "an den Erfahrungen und Erfordernissen der männlichen Normalbiographie orientiert" (1988, 52) und dementsprechend "gesellschaftliche Grundfragen wie die der Doppelverantwortung der Frauen für die wirtschaftliche Absicherung der Familie durch ihre Erwerbstätigkeit und ihre Erziehungs- und Familienarbeit, ihre dadurch bedingten Belastungen und Leistungen nicht thematisiert" (1988, 52). "Wissen über Frauen wird ausgegrenzt", dargebotene Inhalte "vermitteln unreflektiert Wissen über Männer" (PRENGEL 1986a, 417). Weiter wird kritisiert, "welche Vorstellungen über Geschlechterrollen offen und/oder verdeckt etwa im Geschichts- und Politikunterricht transportiert werden, in welcher Weise der Beitrag von Frauen zur Entwicklung der Naturwissenschaften übergangen wird" (HORSTKEMPER 1990b, 104). SPENDER faßt diesen curricularen Aspekt einer männlich-universalistischen Orientierung im Titel ihrer Publikation (1985) zusammen: "Frauen kommen nicht vor".

Besonders deutlich wird diese Ausgrenzung des Weiblichen in jenen Gebieten, die als Jungendomänen bewertet werden. FAULSTICH-WIELAND U.A. stellen die Frage, wie ein veränderter Naturwissenschafts- und Technikunterricht andere Zugänge für Mädchen (aber gleichermaßen auch für Jungen!) ermöglichen könnte: Wesentliche Veränderungstendenzen führen von einer mechanistischen und Zusammenhänge ausblendenden Naturwissenschaft zu einer ganzheitlichen Sicht für naturwissenschaftliche Fragen und von einer quasi naturgesetzlichen, wissenschaftlich abgehobenen Weltsicht, zu einer auf die Kinder selbst bezogenen, sinnlich erfahrbaren Betrachtung der Umgebung (1987, 176). Weiter ist von Bedeutung, daß bisher von der Naturwissenschaft implizit ein Lebensstil gefördert wird, der auf "die Faszination am 'Beherrschen, Zerlegen und Zerstören'" (1987, 169) setzt und diesem das "Bedürfnis nach Sinninterpretation und Einbindung der Forschung in sozial-kommunikative Zusammenhänge" (1987, 169) unterordnet.

Bei der kritischen Analyse beziehen sich FAULSTICH-WIELAND U.A. auf BRÄMERs Bericht über eine nicht repräsentative, aber trotzdem aufschlußreiche Befragung von GesamtschülerInnen, StudentInnen und LehrerInnen über ihre Erinnerungen an den naturwissenschaftlichen Unterricht (1985). Die befragten SchülerInnen erinnern sich vor allem an Experimente, wobei mit zunehmendem Alter die Inhalte hinter der Methode verschwinden. Bedeutsam erscheint ein beobachteter Unterschied zwischen Mädchen und Jungen: "Die naive Freude am Experimentieren ist bei Jungen (fast ist man versucht zu sagen 'natürlich') wesentlich ausgeprägter als bei Mädchen. Letztere waren in ihren positiven Reminiszenzen nicht nur rein quantitativ zurückhaltender, sondern übten sogar unaufgefordert Kritik, von der nicht zuletzt auch die Experimente (insbesondere wegen der damit verbundenen Versuchsprotokolle) betroffen waren" (1985, 49). BRÄMER beschreibt die Erinnerungen von SchülerInnen wie StudentInnen an Inhalte des naturwissenschaftlichen Unterrichts "als Ansammlung von 'Formelfragmenten' und 'Satztrümmern' ... , die, da lediglich auswendig gelernt, nur noch mechanisch wiedergegeben werden können" (1985, 50). Alltägliche Gebrauchsflüssigkeiten wie Essigsäure oder Seifenlauge kommen nicht vor. Von StudentInnen werden neben den Experimenten ("lustig", "klappten nie") Abstraktheit des Unterrichts, gähnende Langeweile, dominierender Frontalunterricht und allgemeiner Paukbetrieb sowie didaktisch-methodische Unfähigkeit der LehrerInnen beklagt (1985, 50).

Bei den LehrerInnen zeigen sich Unterschiede zwischen NaturwissenschaftlerInnen, die sich eher in Details verlieren, und Nicht-NaturwissenschaftlerInnen, die nach Schwierigkeiten, sich überhaupt dem Thema anzunähern, auffällig klischeehafte "atmosphärische Reminiszenzen" beschreiben: Die Tafel ist "über und über mit Zahlen und unverständlichen Zeichen und komplizierten Formeln bedeckt", der Demonstrationstisch "mit Batterien von Reagenzgläsern und undurchschaubaren Apparaten vollgestellt, die Gestank und Lärm verbreiten und überdies ständig in Explosionsgefahr schweben", "der Lehrer im weißen Kittel zieht einen unverständlichen Versuch nach dem anderen ab" (1985, 51). Er erscheint als "harter, unerbittlicher, notenfixierter, ja sogar dummer, schlechter und unqualifizierter Lehrer," ohne die Fähigkeit, "den schwierigen und trockenen Stoff auch nur einigermaßen ansprechend, logisch und verständlich zu vermitteln" (1985, 52).

Für BRÄMER stellen seine Ergebnisse die Fähigkeiten von NaturwissenschaftslehrerInnen in Frage, ihre didaktischen Ideen in die Praxis umzusetzen. "Wenn der naturwissenschaftliche Unterricht langfristig überhaupt einen nennenswerten Effekt hat, dann ist dies jedenfalls kaum ein inhaltlicher. Eher muß man wohl vermuten, daß die schulischen Naturwissenschaften in ihrer traditionellen Form wesentlich für jene gefährliche Verbindung von Abwehr und Respekt, von Angst und Gläubigkeit (mit)verantwortlich sind" (1985, 52).

Auf der gleichen Linie liegt auch die Kritik der SchülerInnen am Physikunterricht, die HEINRICHS & SCHULZ erheben. Vor allem die Mädchen äußern "massive Kritik an den Unterrichtsinhalten" (1989b, 24), der Unterricht sei zu wenig anschaulich und zu wenig lebensnah. Von der Behandlung des sehr interessierenden Themas Atomphysik in 10. Klasse sind die Schülerinnen enttäuscht, weil lediglich technische Aspekte und keine sozialen und politischen Implikationen des Themas behandelt werden (1989b, 25). Weiter wünschen die Mädchen Themen, die mit dem täglichen Leben zusammenhängen, "wie Waschmaschine, Backofen, Stereoanlage oder auch Dynamo und Kurzschluß" (1989b, 25) sowie Naturphänomene. Die Jungen fordern ebenfalls einen größeren Realitätsbezug für schulische Themen. Inhalte mit lokalem oder aktuellem Bezug und mit sozialen und politischen

Anteilen halten sie für interessant, ganz im Gegensatz dazu, "wenn einfach so 'Elektrizität' gemacht wird, ohne aktuelle Bezüge" (1989b, 25). Auch die Unterrichtsmethoden werden kritisiert: PhysiklehrerInnen machen 'vorne' ihre Versuche, führen darüber ein Gespräch 'streng nach Schema F' und fragen die Inhalte in der folgenden Stunde ab. Eigene Experimente sähen die SchülerInnen als lerneffektiver an, halten ihre Ausweitung aber wegen entstehender Gefahren, Kosten und Zeitnot für wenig realistisch (1989b, 25).

Faßt man die Kritik zusammen, so ergibt sich etwa folgendes Bild: Didaktisch wird vor allem die ausschließliche Orientierung am Wissenschaftskanon kritisiert, mit der sowohl die Alltagsbezüge der SchülerInnen als auch größere Zusammenhänge, etwa sozialer, gesellschaftlicher und politischer Art, ausgeblendet werden. In diesem abstrahierten Wissenschaftskanon kommen zudem Frauen - Madame Curie vielleicht ausgenommen - so gut wie nicht vor. So gerät hier Didaktik zum reinen Wiederkäuen wissenschaftlicher Inhalte. Methodisch wird vor allem die Uniformität des Unterrichts kritisiert, der vornehmlich im konkretisierten Vormachen und im abstrahierenden Nachvollziehen von naturwissenschaftlichen Gesetzen besteht. Weder werden alltägliche Erfahrungen der SchülerInnen einbezogen, noch wird thematisiert, in welchen Bereichen die behandelten naturwissenschaftlichen Gesetze und Formeln Anwendung finden. So gerät Methodik zur Monokultur. Naturwissenschaftliche LehrerInnen werden von (früheren) SchülerInnen nicht als PädagogInnen wahrgenommen, die an ihnen interessiert sind, sondern als lediglich an der Sache orientierte ExpertInnen für Wissensvermittlung.

Was dieses problematische Bild im Zusammenhang der Heterogenität der Geschlechter noch bedrückender erscheinen läßt, ist die bei BRÄMER und HEINRICHS & SCHULZ angedeutete Tendenz, daß Jungen sich eher von einer solchen abgehobenen, abstrakten, wissenschaftsorientierten Inhaltsvermittlung faszinieren lassen als Mädchen, die mehr nach der Alltagsrelevanz fragen und angesichts der häufigen Ausblendung solcher Fragen in Planung und Praxis des Unterrichts in Rückzug und sprachlose Distanzierung ausweichen. Noch verhängnisvoller als für Jungen scheint die Ausblendung der Alltagsbezüge für Mädchen zu sein, da sie eher über soziale Bezüge Zugänge zu naturwissenschaftlichen Fragen gewinnen.

Mit diesen Aussagen sind bereits Tendenzen angedeutet, in welche Richtung sich ein bewußt koedukativer, also auf die Heterogenität der Geschlechter eingehender Unterricht entwickeln müßte. In der Literatur werden hierzu für alle inhaltlichen Bereiche übereinstimmend jene Elemente benannt, die auch in der Diskussion um die Grundschulreform dominieren:

Am Beispiel der Mathematik zeigt WEYERHÄUSER auf, daß im Unterricht die Erfahrungen der Kinder aufgegriffen werden müssen (1990, 286); es geht um Erfahrungs- und Anwendungsorientierung und um Lebensnähe (1990, 287), die besonders im Sachrechnen zum Tragen kommen und so die engen Fachgrenzen überwinden können. Erfahrungsgemäß schneiden Mädchen bei Aufgaben, die Gelegenheit zu offenen Antworten bieten, besser ab als Jungen (1990, 288).

Weiter spricht sich WEYERHÄUSER (1990, 288) für PartnerInnen- und Gruppenarbeit sowie für einen "Unterricht nach Tages- und Wochenplan" aus mit seinen guten Möglichkeiten für individualisiertes pädagogisches Handeln. Insbesondere die "Arbeit mit der Lehrerin" im Plan ermöglicht, sich eine kleine Gruppe von SchülerInnen für gezieltes Üben oder die Einführung von Neuem zusammenzustellen, während alle anderen selbständig arbeiten. Bei dieser dezentralisierten Unterrichtsform ist für WEYERHÄUSER das positive Selbsterleben der SchülerInnen sehr wichtig: "Kein Kind arbeitet, ohne in dieser Stunde zu richtigen Ergebnissen gekommen zu sein. So erfährt auch jedes Mädchen: Ich kann das leisten" (1990, 289). Für Mädchen sieht sie insofern Vorteile, als sie sich in kleineren Gruppen besser einbringen können, weil der zu befürchtende Gesichtsverlust vor den Jungen nicht so angsterregend wirkt. Die Gefahr der Dominanz und des Dazwischenredens der Jungen und des Übersehen-Werdens der Mädchen ist bei der Arbeit in kleineren Gruppen "viel geringer" (1990, 289). Mit dieser Hypothese steht WEYERHÄUSER im Widerspruch zu ENDERS-DRAGÄSSER & FUCHS, die im dezentralisierten Unterricht diese Problematik verstärkt wahrnehmen (vgl. Kap. 5.3.3).

Für FAULSTICH-WIELAND (1989b) sind bei der Herausforderung im naturwissenschaftlich-technischen Bereich "die Behandlung folgender drei Aspekte zentral:

- der Stellung des Menschen im Produktionsprozeß, d.h. die Frage nach dem Mensch-Maschine-Verhältnis bzw. noch allgemeiner der Frage nach dem Menschenbild;
- des Verhältnisses von fachlichen Kenntnissen einerseits und sozialer Kompetenz andererseits;
- des Verhältnisses der historischen Gewordenheit von Technik" (1989b, 84).

Dieses Konzept einer neuen polytechnischen Bildung wäre "ein tragfähiger Versuch der Realisierung. Eine solche Bildungskonzeption wäre zwar 'frauenfreundlicher', bezöge jedoch ihre Berechtigung vor allem aus einer insgesamt humanen Perspektive" (1989b, 84f.).

Über diese eher schulreformerischen Postulate hinaus geht es der Feministischen Pädagogik jedoch auch um die bewußte Wahrnehmung der Tatsache, daß sich in jeder Schule und in jeder Klasse Angehörige unterschiedlichen Geschlechts befinden, und um die Wahrnehmung dieser Tatsache als pädagogischen Auftrag. So fordert FAULSTICH-WIELAND, daß auf didaktisch-methodischer Ebene auf unterschiedliche geschlechtsspezifische Zugänge zu naturwissenschaftlich-technischen Inhalten eingegangen wird: "Die Einbindung von Naturwissenschaft und Technik in größere Zusammenhänge, der Aufweis ihrer Beteiligung an der Lösung realer Probleme, erfordert es auch, für die Schüler/innen verständliche Alltagsbezüge herzustellen. Alltag ist jedoch nicht geschlechtsneutral. Wenn Unterrichtsbeispiele anknüpfen an der Erfahrung mit der elektrischen Eisenbahn, wenn Bezüge hergestellt werden zu typischerweise männlichen Beschäftigungen, dann wird der Alltag von Mädchen und Frauen ausgeblendet. Das bewirkt bei diesen nicht nur die Erfahrung von Nachrangigkeit eigener Erfahrungen, sondern verhindert auch die Entwicklung von Interessen und letztlich Kompetenz" (1989b, 85).

BIERMANN beschreibt aus ihren Erfahrungen in der Laborschule Bielefeld heraus die pädagogische Aufgabe, bewußt zu Gemeinsamkeiten zwischen Mädchen und Jungen ihrer Klasse beizutragen. Diese Bemühungen beziehen sich zum einen auf die bewußte Gestaltung von Sozialformen wie die paritätische Zusammensetzung der Tischgruppen, die Mädchensolidarität ermöglichen und Jungendominanz verhindern soll (1985, 34) oder die gemischte Sitzordnung im Versammlungskreis, die das bei getrennter Sitzordnung häufige "Konkurrenz- und Balzverhalten fast aller Jungen" (1985, 35) vermindern, wenn nicht verhindern soll. Nach BIERMANN hat sich durch gemeinsame Reflexion, durch das direkte Gegensteuern gegen die Dominanz der Jungen und die Unterstützung der Mädchen die Situation entschärft. Hier zeigt sich allerdings ein Gegensatz zu BARZ, die gerade nicht die Unterstützung der Mädchen durch Erwachsene favorisiert, weil damit der Teufelskreis der Gewalt von Jungen aufrechterhalten würde (vgl. Kap. 5.3.2).

Zum zweiten beziehen sich die Bemühungen um Gemeinsamkeit von Mädchen und Jungen auf Unterrichtsansätze, bei denen die SchülerInnen ihre Kompetenzen für die Gruppe einbringen können. BIERMANN nennt als Beispiele den Sportunterricht, in dem sie angesichts der permanenten Forderung von Jungen nach Fußball ein Gruppentrainer-System einführt, nach dem einige Jungen ihre gemischtgeschlechtlichen Gruppen in die technischen Grundlagen des Fußballspiels einführen. Erfolg dieses Ansatzes ist, daß die Trainer innerhalb ihrer Gruppen darauf achten, daß alle, Mädchen wie Jungen, in das Spiel einbezogen werden (1985, 36). Weiter nennt sie positive Erfahrungen mit dem Projektunterricht, bei dem Mädchen und Jungen "ihre recht geschlechtsspezifischen Kenntnisse und Fähigkeiten" (1985, 36) zusammentragen. "So ergänzen sich alle, lernen die jeweiligen Fähig- und Fertigkeiten des anderen schätzen bzw. nehmen sie zum Vorbild für die eigene Arbeit" (1985, 36).

Wichtig ist bei all diesen bewußt eingesetzten Sozial- und Arbeitsformen, daß BIERMANN immer wieder reflektierende Gespräche mit der ganzen Klasse anregt und führt, die einen Bewußtmachungsprozeß ermöglichen. Grundlage ihrer Arbeit ist dabei ein kooperatives Selbstverständnis, das gemeinsame Entschlüsse favorisiert und nicht Entscheidungen von LehrerInnen im Sinne von Vorgesetzten verkündet. Diese gemeinsamen Reflexionsprozesse von SchülerInnen und PädagogInnen schließen selbstverständlich ein, "daß Sexismus und Rassismus im schulischen Alltag keine Tabuthemen" (FICHERA 1990a, 265) sein dürfen.

Positive Effekte gemeinsamer Reflexionsprozesse berichten MILHOFFER (1989) und STANZEL (1986): Beide beschäftigen sich gemeinsam mit ihren 2. bzw. 4. Klassen mit Spielzeug für Mädchen und Jungen; im einen Fall wird die sinnliche Erfahrung ermöglicht, daß sich auch gut mit dem Spielzeug 'für das andere Geschlecht' spielen läßt, im anderen Fall geht es weiter um geschlechtsspezifische

Spielstile, das äußere Erscheinungsbild von Mädchen und Jungen, Eigenschaften und Verhaltensweisen und Konsequenzen im Erwachsenendasein.

Die Forderung nach bewußter Wahrnehmung der geschlechtlichen Heterogenität führt zu weiteren Forderungen und Vorschlägen. Wenn Mädchen und Frauen nicht weiterhin curricular ausgegrenzt werden sollen, muß die koedukative Schule auch für sie "positive, der Wirklichkeit entsprechende Identifikationsmöglichkeiten" (FICHERA 1990a, 266) bereithalten, und es wird gefordert, "die Kinder und Jugendlichen mit Wissen über das gegenwärtige Leben von Frauen und Männern und seine Geschichte vertraut zu machen, was eine Revision des tradierten Wissenskanons in allen Fachgebieten erforderlich macht" (PRENGEL 1986a, 422). So erscheint es notwendig, daß die Schule als Gegenkraft zu altruistischen Mütterlichkeitsideologien Kindern Einsichten vermittelt "z.B. darüber,

- daß die Familiensituation, wie sie heute als normal angesehen wird, erst vor gut hundert Jahren mit der Industrialisierung erzwungen wurde; also keineswegs Frauen 'schon immer' Hausfrauen waren
- daß Mütterlichkeit keineswegs etwas biologisch Vorgegebenes ist, sondern in seiner Bedeutung jeweils gesellschaftlich bestimmt und geformt wurde
- daß Kleinkinder entgegen vulgarisierter psychologischer Erkenntnisse keineswegs in den ersten drei Lebensjahren vor allem die Mutter brauchen" (FAULSTICH-WIELAND & HORSTKEMPER 1985, 490).

Den konsequentesten Vorschlag für einen curricular veränderten koedukativen Unterricht macht für den Grundschulbereich KAISER. Aus ihren Forschungsergebnissen über den Sachunterricht folgert sie, "daß Elemente privat-häuslicher Erfahrung - keineswegs nur konfliktfreier Art - für Mädchen erforderlich sind, damit sie sich von Sachunterrichtsthemen persönlich stärker angesprochen fühlen" (1987c, 122). Mädchengerechte Inhalte im Sachunterricht sieht KAISER als "fachübergreifend, situationsorientiert und personennah" an, "sie erfordern eher induktive, entdeckende und mehrperspektivische Lernprozesse, damit die Mädchen Gelegenheit haben, sich gemeinsam aktiv die Dinge und Probleme der Welt anzueignen" (1987c, 124). Als Beispiele im Sachunterricht nennt sie (1987c, 122f.): "naturwissenschaftlich-technische Probleme in ihrem historisch-sozialen Kontext", "eigene Beziehungsprobleme als Gegenstand von unterrichtlicher Bearbeitung und Reflexion" und "gesellschaftliche Probleme in konkreten sozialen Zusammenhängen". Schließlich schätzt KAISER einen solchen Ansatz als generell kindgerecht ein: "Sachunterricht für Jungen war nur Sachunterricht für einen Teil der Kinder; Sachunterricht für Mädchen ist gleichzeitig Sachunterricht für alle" (1987c, 124).

Auf dieser Grundlage fordert KAISER, weibliche Lebenszusammenhänge in den Mittelpunkt der schulischen Arbeit zu stellen (1991, 42). Im Kontrast zur sonst üblichen Fragestellung, wie Mädchen und Frauen sich verändern sollten, stellt sie die Frage, "was denn an der männlichen Sozialisation mit ihrer Hausarbeitsferne defizitär ist und ob es nicht zumindest eine Verringerung der mit der Hausarbeitsfrage verknüpften Probleme von Mädchen und Frauen bedeutet, wenn auch Jungen und Männer stärker und anders als bisher in diesen zentralen gesellschaftlichen Arbeitsbereich einbezogen würden" (1991, 42).

Ihr Vorschlag, der auf "Hausarbeit als neues Paradigma einer zweigeschlechtlichen Didaktik" (1991, 41) zielt, umfaßt u.a. folgende hausarbeitsbezogene Bildungsschritte (1991, 42): "Praktische Fähigkeiten im Umgang mit Paradoxien" müßten z.B. im Hinblick auf situatives (Re-)Agieren und auf das Primat sozialer Belange gegenüber individuellen Bedürfnissen entwickelt werden; "personenbezogene Orientierungen in Wahrnehmung, Denken und Handeln", etwa die Auseinandersetzung mit eigener Abhängigkeit und die Gleichwertigkeit von Inhalts- und Beziehungsaspekt, aber auch Beziehungs- und Konfliktfähigkeit sind zu erwerben; "Fähigkeiten, verschiedene Seiten zu integrieren", wie zwischen Subjekt- und Objektwelt zu vermitteln, die materielle und immaterielle Seite von Arbeit aufeinander zu beziehen und widersprüchliche innere Strukturen, Beziehung und Interessen wahrzunehmen, sind auszubilden; schließlich sind auch "konkrete Hausarbeitsqualifikationen wie Umgang mit Menschen, Pflege von Kleidung und Wohnkultur, private Versorgung und Entsorgung" zu vermitteln.

KAISER sieht diese in der Schule bisher wenig beachteten Fähigkeiten als "lebens- und überlebensnotwendig" an (1991, 42). Eine hausarbeitsbezogene didaktische Grundorientierung "würde zu einer lebendigen Schule führen, die nicht in berufsarbeitsgemäße Fächer-Kästchen eingeteilt ist, sondern Leben und Lernen aufeinander bezieht" (1991, 42). Sie lehnt sich damit an die allgemeineren grundschuldidaktischen Postulate eines lebensnahen, handlungsorientierten Lernens an, konkretisiert sie in der Dimension der zu überwindenden Einengung auf männliche Erfahrungsräume und strebt damit bewußt keine 'Spezialdidaktik' an.

Auch an diesem Konzept scheint sich eine Dialektik von Allgemeinheit und Spezifität zu zeigen: Mädchengerechte Inhalte und Methoden, hier am Beispiel des Sachunterrichts, reihen sich ein in die allgemeine Schulreformdiskussion, es wird keine besondere Didaktik formuliert oder gefordert; gleichzeitig ist jedoch eine bewußte Konkretisierung allgemeiner (grund-)schulpädagogischer Postulate gefordert im Sinne der geschlechtlichen Heterogenität, denn 'nur' allgemein gehaltene (grund-)schulpädagogische Postulate bekommen die unterschiedliche Wahrnehmung und Interaktion bezüglich der Geschlechter nicht in den Blick und drohen so die traditionellen Diskriminierungen weiter zu verfestigen. Es muß sich auch hier erweisen, wie weit die allgemeinen Postulate im Hinblick auf die Dimension geschlechtlicher Heterogenität tragfähig sind.

Als weiteres Beispiel für angestrebte Veränderungen im Rahmen eines bewußt koedukativen Unterrichts können Aussagen zum Sportunterricht herangezogen werden. KRÖNER fordert für den Sportunterricht ein breites Angebot, das eine bewußte Annäherungen an das Leitbild der Androgynität (1988, 110-115) erlaubt (zur Kritik an der Androgynität vgl. Kap. 5.1.2). Sowohl der Bereich der Körperkraft als wesentliches Element männlichen Umgangs mit dem Körper als auch der

der Körpersensibilität und sozialen Sensibilität als wesentliche weibliche Qualität des Umgangs mit dem Körper sollen für Mädchen wie für Jungen zum Tragen kommen können. Ihnen müssen Selbsterfahrungsmöglichkeiten auch jenseits der "Rolle als 'Kraftmeier' oder als 'Grazie'" geboten werden (KUGELMANN 1991, 23). Weiter hält KRÖNER ein bewußtes Eingehen auf Konfliktbereitschaft und -fähigkeit für notwendig; sie könnten einen Beitrag leisten zur Überwindung von männlicher Aggression und weiblicher Regression im Unterricht, die häufig in beiderseitiger Sprachlosigkeit vereint sind.

ENGEL U.A. stellen entsprechend folgende Forderungen für einen koedukativen Grundschulunterricht auf: "Über ein breites und ausgewogenes Inhaltsangebot, durch das persönliche Vorbild des/der Lehrers/in und entsprechende gruppendynamische Prozesse sollten entgegen eingeschränkten Schülerinteressen von Beginn der Schulzeit an der Eindruck und fortschreitend auch die Erkenntnis erweckt werden, daß Mädchenspiele, Gymnastik und Tanz ebenso 'wertvoll' und 'sportlich' sind wie Jungenspiele, Ringkämpfe und Fußball" (1985b, 86). Hierbei wird wiederum die zentrale Stellung der Wahrnehmung von PädagogInnen deutlich: Sie müssen selbst von der Gleichwertigkeit der Sportbereiche überzeugt sein, sonst geraten solche Ansätze zum kompensatorischen 'sonderpädagogischen Krampf'.

Das Ziel koedukativen Grundschulunterrichts ist demnach, "die bereits vorhandene Scheu beider Geschlechter vor gegenseitiger Kontaktnahme und soziomotorischer Kooperation im Grundschulalter zu überwinden. Eine so verstandene Konfliktbewältigung erfordert eine Ausbildung jener allgemeinen Fähigkeiten, wie sie KRAPPMANN U.A. als Empathie, Rollendistanz und Ambiguitätstoleranz definiert haben, um in Interaktionen eine gelungene Balance zwischen persönlicher und sozialer Identität zu wahren und präsentieren zu können" (ENGEL U.A. 1985b, 87). In einem konkreten Beispiel wird dies gezeigt (1985b, 87f.): Während eines Minibasketballturniers mit vier gemischten Mannschaften aus je drei Jungen und Mädchen haben die nicht beteiligten Mannschaften die Aufgabe, die Spielanteile der einzelnen SpielerInnen zu protokollieren. Die Beobachtung zeigt eine deutliche niedrigere Akzeptanz der Mädchen durch die Jungen. Im folgenden Sachunterricht wird in einem Kreisgespräch festgestellt, daß die Interessen der Mädchen durch das Verhalten der Jungen beeinträchtigt wird, daß die Jungen nur durch ihre Fähigkeiten siegen zu können glauben und daß nach Erklärungen des Lehrers das Siegen nicht der einzig wichtige Aspekt des Spiels ist und Mädchen nicht durch das Mädchensein per se schlechter spielen. Schließlich wird vereinbart, eine Übungsstunde zum Passen und Fangen durchzuführen und für das nächste Spiel eine Regeländerung einzuführen, durch die alle Spieler am Geschehen beteiligt werden. Über die praktische Anschaulichkeit hinaus verdeutlicht dieses Beispiel, daß die bewußte Wahrnehmung der Heterogenität der Geschlechter nicht ein auf bestimmte Fächer eingrenzbares Vorhaben sein kann, sondern sich auf den ganzen Unterricht und das gesamte Schulleben beziehen muß.

5.4.2 Versuche getrennten Unterrichts - ambivalente Ansätze

Eine weit verbreitete Forderung der Feministischen Pädagogik ist die Möglichkeit zu einem zeitweise getrennten Unterricht von Mädchen und Jungen. Insbesondere die Forschungsergebnisse aus getrenntgeschlechtlichen Klassen haben Anregungen für diese Forderung gegeben. So zitiert z.B. SPENDER Untersuchungen, nach denen an einer englischen Gesamtschule das für koedukative Klassen typische Absinken der Durchschnittsleistungen von Mädchen in Mathematik in getrennten Kursen fast unterbleibt (1985, 188). Auch beteiligen sich die Mädchen stärker am Unterricht. SPENDER hält dies für die bessere Alternative gegenüber einer völligen Trennung in verschiedene Schulen, denn "reine Mädchenschulen sind nicht nur oft dazu benutzt worden, eine 'weibliche' Rolle zu vermitteln, sie sind auch oft Zentren gewesen, an denen männliche Maßstäbe vorherrschten" (1985, 189). Auch in einigen Unterrichtsstunden in reinen Mädchengruppen sei die Männerherrschaft als Diskussionsthema möglich (1985, 190).

FAULSTICH-WIELAND berichtet von einem beantragten Modellversuch in München zur "differenzierten Koedukation" "bei bestimmten Themen und Fächern, damit Buben und Mädchen eigene Arbeitsweisen entwickeln können" (1989a, 577). Ziel dabei "ist,

- daß die geschlechtsrollenspezifische Vorgehensweise von Mädchen und Buben, die jeweilige Identifikationsfindung erleichtert, aber auch als solche erkennbar wird und dadurch in gemeinsamer Auseinandersetzung gegenseitig vermittelt werden kann,
- daß die Buben in Bubengruppen soziale Fähigkeiten jenseits von Konkurrenz- und Hierarchieverhalten erlernen können (für die in gemischten Gruppen eher die Mädchen zuständig sind),
- daß die gesellschaftliche Erwartungshaltung auf rollenspezifische Fähigkeiten bzw. Defizite der SchülerInnen, vermittelt durch die LehrerInnen, nicht zu Benachteiligungen der Mädchen in 'männlichen' Wissenszweigen, aber genauso der Buben bei den angeblich 'weiblichen' Begabungen führt" (1989a, 577).

Besonders zugespitzt wird die Diskussion um die zeitweilige Trennung von Mädchen und Jungen in jenen Bereichen, die als Jungendomänen gelten wie der naturwissenschaftlich-mathematisch-technische Bereich. HORSTKEMPER weist mit Bezug auf die Erfahrungen mit Computer-Unterricht in gemischten und getrennten Gruppen den Interaktionen einen zentralen Stellenwert zu. "Nicht das fehlende eigene Interesse behinderte die Mädchen, sondern konkret ablaufende Prozesse im Unterricht: Zugespitzte Konkurrenzsituation zwischen Jungen und Mädchen, unterschiedliche Lernstile und Herangehensweisen an das Thema führten häufig dazu, daß Mädchen sich resigniert zurückzogen. Dagegen entwickelten sie ein großes Engagement, wenn sie 'unter sich' blieben, etwa in spezifischen Mädchen-Kursen die Gelegenheit bekamen, sich mit Funktionsweise, Anwendung und Auswirkung der neuen Technik vertraut zu machen" (1990b, 106; vgl. hierzu Kap. 5.3.1). Offensichtlich können sich Mädchen also in diesen Bereichen besser und ungestörter entwickeln, wenn sie nicht dem Konkurrenzdruck der Jungen ausgesetzt sind. Diese Hypothese bestätigen auch ALTERMANN-KÖSTER & DE WITT anhand ihrer Erfahrungen innerhalb des Modellversuchs zum Computer-Unterricht in Nordrhein-Westfalen: Die Trennung in geschlechtshomogene Gruppen in der Anfangsphase hilft, bei den Mädchen Ängste abzubauen - "die Angst, von einem Jungen ausgelacht zu werden oder nicht ernstgenommen zu werden, wurde dadurch ausgeschlossen und der Konkurrenzdruck gemindert. Die kleine Gruppengröße erleichterte besonders in der Computer-Anwendungsphase das Lernen, da die unterrichtende Lehrerin besser auf die einzelnen Jugendlichen eingehen konnte" (1989, 164; vgl. ALTERMANN-KÖSTER U.A. 1990, 155).

Es werden jedoch auch die Schattenseiten der Geschlechtertrennung deutlich: Sie "bewirkte aber auch, daß eine Wettbewerbssituation zwischen der Mädchen- und Jungengruppe entstand (welche Gruppe kommt schneller mit dem Stoff durch). Es bestand aber auch die Gefahr der Verfestigung des Vorurteils, Mädchen bräuchten 'Nachhilfe', weil sie nicht so gut mit neuen Technologien zurechtkommen" (1989, 164; vgl. ALTERMANN-KÖSTER U.A. 1990, 155, FAULSTICH-WIELAND 1991b, 13). Auch für SCHULZ-ZANDER "hat sich gezeigt, daß Jungen die Existenz von Mädchengruppen zur weiteren Diskriminierung von Mädchen benutzen und Schülerinnen in Mädchengruppen mindere Qualität vermuten" (1990, 162). ALTERMANN-KÖSTER & DE WITT sprechen sich deshalb nur für eine getrennte Anfangsphase aus, nach der den SchülerInnen die Möglichkeit erhalten müssen, "mit dem anderen Geschlecht positive Erfahrungen zu machen, um eventuell vorhandene Vorurteile abzubauen. Es ist wichtig, daß die vorgenommene Trennung sowie die Reaktionen der SchülerInnen im folgenden Unterricht thematisiert und aufgearbeitet werden" (1989, 164f.).

Auch FAULSTICH-WIELAND U.A. favorisieren nur eine partielle, nicht aber eine generelle Aufhebung der Koedukation. "Zur Erreichung bestimmter Ziele - insbesondere hinsichtlich des naturwissenschaftlich-technischen Bereiches - kann eine Arbeit in reinen Mädchen- bzw. Jungengruppen sicherlich zeitweilig notwendig und erfolgreich sein" (1987, 178). Sie halten indessen andere Kategorien für wichtiger als die schulorganisatorische: "Grundsätzlich ist wohl ein starkes weibliches Selbstbewußtsein und ein Sichtbarmachen von männlich-dominantem Verhalten auf seiten der Lehrkräfte wie der Kinder notwendig, um koedukativen Unterricht und komplementäre Erziehung so gestalten zu können, daß beiden Geschlechtern eine wirkliche Chancengleichheit ermöglicht wird" (1987, 178).

SCHULZ-ZANDER folgert aus den vorliegenden Erfahrungen, daß die Frage, ob Mädchen und Jungen gemeinsam oder getrennt unterrichtet werden sollen, zu kurz greift: "Es gilt vielmehr, neue, flexiblere Formen der Unterrichtsorganisation zu erproben, die Rücksicht nehmen auf die verschiedenen Zugangsweisen und Arbeitsformen der Geschlechter" (1990, 162). Bei der Vorbereitung des Unterrichts soll für jede Phase reflektiert werden, "ob

- die spezifisch weiblichen bzw. männlichen Interessen, Arbeitsweisen oder Rollen unterstützt und in getrennten Gruppierungen bearbeitet werden sollen;
- übliche Frauen- bzw. Männerthemen vom anderen Geschlecht bearbeitet werden sollen;
- ein Thema in gemischten Gruppen in gleicher Weise behandelt wird" (1990, 162).

Für sie sollen binnendifferenzierter Unterricht und paralleler Unterricht als gleichwertige, flexibel einzusetzende Möglichkeiten zur Verfügung stehen (1990, 163).

Praxiserfahrungen außerhalb von begleiteten Modellversuchen weisen weiter darauf hin, daß mit der räumlichen Trennung von Mädchen und Jungen pädagogisch nicht automatisch viel gewonnen ist. Das pädagogische Anliegen droht dann auf der Strecke zu bleiben, wenn es lediglich zu einer rein formalen, schulorganisatorischen Maßnahme kommt und sich in didaktischer und methodischer Hinsicht nichts ändert. Im Gegenteil drohen die von Mädchen wie Jungen wahrgenommenen Effekte der Abwertung von Mädchenkursen zu einer 'Sonderpädagogisierung' der Koedukationsfrage beizutragen, nach der Mädchen spezielle, kompensatorische, quasi sonderpädagogische Hilfsmaßnahmen zu brauchen scheinen, um zu gleichwertigen Ergebnissen mit den Jungen zu kommen (vgl. hierzu Kap. 5.6.4)

Ein zweiter Bedeutungsaspekt zeitweise getrennten Unterrichts ist noch anzusprechen. Ziel hierbei ist - in bewußter sarkastischer Zuspitzung formuliert - nicht der zeitweilige Schonraum für Mädchen ohne Konkurrenz der Jungen mit dem Schwerpunkt im mathematisch-naturwissenschaftlich-technischen Bereich, sondern die pädagogische Unterstützung von SchülerInnen bei der Bearbeitung ihrer existentiellen Fragen und Probleme, im Bereich der Persönlichkeitsentwicklung.

WARZECHA zeigt am Beispiel ihrer Klasse in einer Schule für Verhaltensgestörte eindrucksvoll die Möglichkeiten auf, die mit einer stundenweisen Trennung der Geschlechter verbunden sein können. In je einer separaten Gruppenstunde für die vier Mädchen und die vier Jungen der Klasse werden jene Themen in Wort und Tat bearbeitet, die von den SchülerInnen in ihren 'Verhaltensstörungen' immer wieder inszeniert werden und die für sie offensichtlich die je zentralen Themen darstellen (1987, 13): So können beispielsweise anhand der Thematik "sich richtig kämmen und schminken" Probleme eigener weiblicher Identitätsentwicklung, aber auch der Situation in der Familie aufgearbeitet werden. Gerade bei diesem Freiraum, "in dem Ängste, Konflikte, Identitätsprobleme thematisiert werden können" (1987, 16), erscheint die Intimität einer reinen Mädchengruppe besonders wichtig. Fragen der eigenen und der Sexualität anderer, aber auch allgemeinere Fragen von Beziehungsgestaltung, von Abgrenzung und Annäherung im Bereich der Familie und unter Gleichaltrigen können in all ihrer Problemhaftigkeit offensichtlich besser in einer geschlechtshomogenen Gruppe angegangen werden.

5.4.3 Zur Aus- und Fortbildung

Nahezu überall in der Literatur wird darauf hingewiesen, wie wichtig und notwendig die Einbeziehung der Frage der Gemeinsamkeiten und Unterschiede von Mädchen und Jungen in die schulische Arbeit ist. Dieses gilt sowohl für die LehrerInnenausbildung, als auch für die Fort- und Weiterbildung (vgl. z.B. WAGNER 1988, 60f.). Dabei sollen Angebote nach feministischen Vorstellungen nicht den Status von "'Sonderseminare(n)' etwa zur 'geschlechtsspezifischen Sozialisation'" bekommen, "sie müssen vielmehr integrierter Bestandteil aller Bildungsmaßnahmen werden" (FAULSTICH-WIELAND 1989a, 577). Erst so könne eine Sensibilisierung von LehrerInnen erreicht werden, die zur Veränderung der bisherigen Situation führt. Dazu wird z.B. als notwendig angesehen, daß im Rahmen einer kontinuierlichen, praxisbezogenen und dezentralen Fortbildung LehrerInnen "eigene Erfahrungen mit einem Unterrichtsansatz, der neue und unterschiedliche Lernformen und Zugangsweisen berücksichtigt, sammeln" (SCHULZ-ZANDER 1990, 164) können. Ein Moment dieses Prozesses bildet die stärkere Verknüpfung inhaltlicher mit didaktischen und methodischen Fragestellungen in Fortbildungsangeboten.

Auch KAUERMANN-WALTER U.A. fordern, "die feministische Perspektive und Forschungsergebnisse in die LehrerInnenausbildung und Weiterbildung sowie in die Schulpraxis zu integrieren" (1988, 188). Diesem Anliegen soll u.a. dadurch strukturell entsprochen werden, daß z.B. für den Bereich der informationstechnischen Grundbildung mehr Lehrerinnen qualifiziert und auch mehr Fortbildnerinnen eingesetzt werden (1990, 163).

Über die Notwendigkeit von Aus- und Fortbildungsmöglichkeiten hinaus wird als eine weitere, weithin übereinstimmende Linie der Aufmerksamkeit die Person der PädagogInnen (vgl. STROBL 1981, 12) benannt. So bemerkt THIES, es müsse in der Fortbildung weniger um Wissensvermittlung über strukturelle Ungleichheiten und moralische Betrachtungen der Gleichberechtigung gehen, sondern um "das Zulassen eines offenen Prozesses, in dem Lehrende sich als Mit-Lernende zu begreifen lernen, und die ständige Reflexion des eigenen Verhaltens im Prozeß des mädchenparteilichen Unterrichts selbst" (1987, 25). Für KAISER liegt die entscheidende Dimension für einen angemessenen Sachunterricht ebenfalls "in der Person der Lehrer/innen und ihrer Bereitschaft, die geschlechtsspezifischen Vereinseitigungen von Jungen und Mädchen abbauen zu wollen" (1987a, 140). Sie fordert "breite Diskussionen und vielfältige Fortbildungsaktivitäten zur Frage weiblicher Unterprivilegierung in Schule und Gesellschaft und zum Preis männlicher Vereinseitigung" (1987a, 140). Auf die Bewußtseinsebene von LehrerInnen zielt auch der Vorschlag von KAUERMANN-WALTER & KREIENBAUM, mit Hilfe eines "Sensibilisierungstrainings" (1989, 41) insbesondere im Rahmen von Fortbildungsmaßnahmen "Selbsterfahrung in einer Lehrerinnengruppe oder Supervision" (1989, 42) zu ermöglichen. Dies seien "zwar aufwendige, aber lohnenswerte Möglichkeiten, vor allem für diejenigen, die die Ursachen ihrer Schulprobleme aufspüren und daran arbeiten möchten" (1989, 42). Dabei wird auch die Bedeutung der "Rückerinnerung an die eigene Schulbiographie und damit eine Auseinandersetzung mit der eigenen Lernvergangenheit" (WEYERHÄUSER 1990, 285) betont. Bezogen auf den Mathematikunterricht formuliert WEYERHÄUSER dies in der Formel: "Wer Mathematik nicht als wesentlichen Bestandteil seines Lebens erkennt, wer dieses leidvoll verdrängen muß, kann Mathematik nicht von den Kindern her, sondern nur von der Fachsystematik her vermitteln" (1990, 285f.) - und dies mit allen problematischen Konsequenzen lebensfernen Lernens.

In umfassender Perspektive fordert PRENGEL für alle Bereiche der Aus- und Fortbildung, die drei Elemente der von ihr skizzierten Erziehung zur Gleichberechtigung - Wissensvermittlung, Selbstreflexion und der offene Prozeß der Entscheidungsfindung - im Sinne der Offenheit für Heterogenität zu Bestandteilen der Aus- und Fortbildung von PädagogInnen zu machen: "Soll die Sensibilisierung für Fragen der Gleichberechtigung gelingen, so geht es auch für die Studentinnen und Studenten, die Lehrerinnen und Lehrer um Offenheit für Heterogenität, um Respekt vor den jeweils zu wählenden unterschiedlichen persönlichen Lebensentwürfen, Arbeitsschwerpunkten und pädagogischen Konzepten, nicht um moralisches Einklagen eines festgelegten Emanzipations-Leitbildes. Ziel der Bildungsarbeit mit Lehrkräften im Sinne der Gleichberechtigung ist also, daß sie ihre Position gegenüber den Schülerinnen und Schülern klar und reflektiert vertreten und sich abgrenzen lernen, aber nicht erwarten, daß die kommende Generation die Ideen der jetzt erwachsenen Generation übernimmt" (1986b, 8).

Einen ebenfalls die Lehrerpersönlichkeit betreffenden Vorschlag präsentieren KAUERMANN-WALTER & KREIENBAUM: Sie plädieren "für privates Engagement auf vielfältigen Gebieten, für das Erkennen eigener ungeahnter Fähigkeiten, für sinnliche und sportliche Körpererfahrung, Gestaltübungen, lustvolles Lernen, bereichernde Hobbies und befriedigende Liebeserfahrungen. All dies hilft, Leben in seiner Fülle kennenzulernen und in den Schulalltag einfließen zu lassen" (1989, 42). Dies ist eine fast antipädagogische Empfehlung, so originell wie richtig!

5.5 Aussagen zur Institution-Ebene

In diesem Abschnitt geht es um die Frage, welche Aussagen die Feministische Pädagogik zur Ebene der institutionellen Bedingungen macht. Dabei ist zu erörtern, ob die vorhandenen Bedingungen bildungspolitischer, juristischer und administrativer Art einen bewußt koedukativen, also die Heterogenität der Geschlechter bewußt wahrnehmenden Unterricht eher begünstigen oder, wenn sie ihn eher erschweren, welche Bedingungen für notwendig gehalten werden (Kap. 5.5.1). Ein zweiter, spezieller Punkt steht hier zur Bearbeitung an, und zwar die Fragen der Diagnostik und der Sonderschulüberweisungen, die angesichts der ungleichen Anteile von Mädchen und Jungen, die von solchen Maßnahmen betroffen sind, offensichtlich eine geschlechtsspezifische Komponente enthalten (Kap. 5.5.2).

5.5.1 Rechtliche, administrative Grundlagen und Rahmenbedingungen

Mädchen und Jungen haben selbstverständlich die gleichen Rechte und Pflichten bezüglich der Schule. Seit den 50er Jahren gibt es so gut wie keine schulrechtlichen Unterschiede mehr zwischen Mädchen und Jungen im Hinblick auf Inhalte, Zugangsberechtigungen und Abschlüsse. Ein Relikt aus dieser Zeit, das direkte Diskriminierungen enthält, ist gerichtlich beendet worden: Bis 1987 fand sich in der Bayrischen Verfassung in Artikel 131, Abs. 4 der Auftrag an die Schule, "Mädchen in Säuglingspflege, Kindererziehung und Hauswirtschaft besonders zu unterweisen" (zit. in SLUPIK 1990, 42). Wie SLUPIK kommentiert, ist dies eine direkte Diskriminierung sowohl von Mädchen wie von Jungen: Mädchen werden per Definition einem besonderen Unterricht zugewiesen, Jungen per Definition von ihm ausgeschlossen. Diesen Artikel abzuschaffen hatte bereits 1976 die Humanistische Union gefordert, war darin jedoch von keiner der im Landtag vertretenen Parteien unterstützt worden (vgl. GLÖTZNER 1982a). Formal ist mit durchgängiger Koedukation und Gleichwertigkeit von Abschlüssen und Zugangsberechtigungen die Gleichheit der Geschlechter verwirklicht. Getrennte Schulen werden fast ausschließlich in privater, meist kirchlicher Trägerschaft geführt.

Dennoch wird von feministischen Kritikerinnen beklagt, daß bis heute eine Reihe von indirekten Diskriminierungen existieren. Dies beginnt mit der Tatsache, daß das Verhältnis der Geschlechter nicht zum Thema gemacht wird. Während beispielsweise im Katalog von allgemeinen Erziehungszielen zur "Aufgeschlossenheit für alles Gute, Wahre und Schöne" (Bayern) oder die "Brüderlichkeit aller Menschen" (Baden-Württemberg) beigetragen werden soll, fehlt die Gleichberechtigung der Geschlechter als Erziehungsziel bis Ende der 80er Jahre völlig (SLUPIK 1990, 39). Selbst für die Gesetze über die Einrichtung von Gesamtschulen - deren Auftrag als einen Schwerpunkt den Abbau gesellschaftlicher Diskriminierung und die Herstellung größerer Chancengleichheit vorsieht - ist festzustellen, "daß als Ziel im Rahmen der Kataloge von Zwecken, die solche Schulen zu erfüllen haben, die Herstellung von Gleichberechtigung oder ein Abbau von geschlechtsspezifischer Diskriminierung von Mädchen gänzlich fehlt" (1990, 42).

Wie ENDERS-DRAGÄSSER kritisiert, "fehlen kompensatorische Normierungen zur Herstellung von Gleichberechtigung oder zum Abbau geschlechtsspezifischer Diskriminierungen von Frauen" (1988, 47). Der feministische Vorwurf an die administrative Seite der Schule zielt somit im wesentlichen darauf, daß die Schule durch eine angebliche Geschlechterneutralität bestehende Diskriminierungen ignoriert und damit reproduziert und verfestigt. Damit entspricht sie dem in der geschichtlichen Betrachtung dominierenden wie in der Erziehungswissenschaft weithin vertretenen falschen männlichen Universalismus (vgl. Kap. 5 sowie 5.6.1).

Dieser falsche männliche Universalismus spiegelt sich auch institutionell wider in der Anteilen von Frauen und Männern auf den unterschiedlichen Ebenen von Schulleitung und Schulverwaltung. WARM (1985, 21; Stand 1982/83/84) zeigt anhand der Erhebungen jener Bundesländer, die Daten nur auf Grundschulen bezogen erheben, eben dieses Bild auf, das früheren Erhebungen entspricht (vgl. BREHMER 1982b, 21): Während etwa 80 % der LehrerInnen (zwischen 72,7 und 84,2 %) weiblich sind, sieht das Verhältnis zwischen den Geschlechtern bei Funktionsstellen umgekehrt aus: Schulleiterinnen an Grundschulen und kombinierten Grund-, Haupt- und Realschulen sind mit einem Anteil von 15 - 20 % vertreten; bei SchulrätInnen liegt ihr Anteil unter 10 % (1985, 20).

Die niedrigen Frauenanteile bei SchulleiterInnen bestätigt auch LÜHRING für Nordrhein-Westfalen (Stand Juni 1988): Es drängt sich der Eindruck auf, daß der Anteil von Schulleiterinnen sinkt, je höher die in der jeweiligen Schulart zu erreichenden Bildungsabschlüsse sind (Gymnasium 10,4 %, Berufsschule 11 %, Realschule 10,3 %, Hauptschule 7,6 %, Gesamtschule 18,4 %). Lediglich in Grund- (29,2 %) und Sonderschulen (22,3 %) kommt es zu einem Anteil von über 20 %. In Nordrhein-Westfalen sinkt der Anteil der Schulleiterinnen sogar von 1968 (176 = 30 %) bis 1986 (90 = 15 %) analog zur Abnahme der Mädchenschulen (von 168 auf 21; RAUCH 1989, 20). Mit der Umstellung auf die Koedukation zieht offensichtlich die männliche Dominanz auch auf der Schulleitungsebene ein. Die Gesamtschulen machen hier keine positive Ausnahme, wenngleich die Zahl der Schulleiterinnen von 1988 bis 1989 von neun auf 17 wuchs (LÜHRING 1990, 174). Wie LÜHRING kommentiert, veranschaulicht "das Mißverhältnis (...) die krasse Benachteiligung von Lehrerinnen in schulischen Führungspositionen und demonstriert - wie der Verfassungsrechtler Ernst BENDA in seinem vielbeachteten Gutachten dargelegt hat - den Tatbestand der 'strukturellen Diskriminierung' einer ganzen Gruppe" (1989, 28). Wie sie stellt auch MÜHLEN-ACHS eine institutionelle Benachteiligung von Frauen fest: "In der hierarchisch aufgebauten Schulorganisation finden wir Frauen pyramidenförmig verteilt - die meisten arbeiten auf der untersten Ebene, als Lehrerinnen im Grundschulbereich. Je mehr organisatorische Macht mit einer Stelle verbunden ist, desto geringer die Wahrscheinlichkeit, daß sie von einer Frau ausgefüllt wird" (1987b, 65).

Gleichwohl sind in den letzten Jahren auch administrative Bemühungen zu sehen, durch behördliche Vorgaben eine zeitweilige Trennung der Geschlechter im Unterricht im Sinne einer differenzierten Koedukation zu ermöglichen. Der rotgrüne Senat von Berlin änderte 1989 das Schulgesetz, so daß die Schule nach dessen § 1 nun auch für die "Gleichberechtigung der Geschlechter" eintreten soll (vgl. FAULSTICH-WIELAND 1991a, 8). Im Schleswig-Holsteinischen Schulgesetz von 1990 ist eine diesbezügliche Öffnungsklausel enthalten. In § 5 (Formen des Unterrichts) heißt es unter (1): "In den öffentlichen Schulen werden Schülerinnen und Schüler im Regelfall gemeinsam erzogen und unterrichtet. Aus pädagogischen Gründen kann in einzelnen Fächern zeitweise getrennter Unterricht stattfinden" (SCHLESWIG-HOLSTEINISCHES SCHULGESETZ 1990, 16). Mit dieser Öffnung administrativer Regelungen wird jener Forderung entsprochen, die durch eine flexible Handhabung gemeinsamen wie getrennten Unterrichts bei Priorität des gemeinsamen Unterrichts bessere Möglichkeiten für Mädchen und Jungen sieht (vgl. Kap. 5.4.2). "Ziel dieser organisatorischen Flexibilität ist bei beiden Geschlechtern die Entwicklung der Fähigkeit der Balance zwischen Selbstbehauptung und Berücksichtigung der Interessen anderer" (PRENGEL 1986a, 422). So sieht PRENGEL in dieser Öffnung des Schleswig-Holsteinischen Schulgesetzes "einen unerläßlichen Schritt zur pädagogisch-praktischen Realisierung egalitärer Differenz in der Erziehung von Mädchen und Jungen" (1990d, 44).

5.5.2 Geschlechtsspezifika bei Diagnostik und Sonderschulüberweisungen

Bereits in Kap. 5 wurde ausgeführt, daß Mädchen in geringerem Maße zu Klassenwiederholungen gezwungen sind und seltener als Jungen in Sonderschulen überwiesen werden. Wie z.B. EPPLE deutlich macht, ist der Anteil von Jungen in Sonderschulen durchgängig höher als der von Mädchen: "Die (gerundeten) Zahlenverhältnisse der Jungen und Mädchen an Sonderschulen liegen bei 3 : 2, wenn nicht gar bei 2 : 1. Bei den Schulen für Verhaltensgestörte sind es 8 oder 9 Jungen zu 1 Mädchen" (1987, 20). SCHNACK & NEUTZLING (1990, 109) geben Daten des Statistischen Bundesamtes wider: Demnach machen Jungen in den Sonderschulen für Lernbehinderte 60 %, geistig Behinderte 57 %, Verhaltensgestörte 79 %, Körperbehinderte 59 %, Sprachbehinderte 71 %, Hörgeschädigte 57 %, Sehgeschädigte 58 % und für sonstige Behinderungen 59 % der SchülerInnen aus. Der durchschnittliche Anteil liegt bei 60 %; in allen Sonderschularten liegt er über 50 %. Je weniger die Zugehörigkeit zur jeweiligen Sonderschule mit medizinischen Schädigungen zu erklären ist, desto größer ist der Anteil der Jungen.

Auch PRENGEL sieht Jungen als typische Schulversager (1984b, 77; vgl. auch 1984a), die auch in Sonderschulen überrepräsentiert seien. Sie untermauert diese Hypothese mit der Erklärung, daß Mädchen eher den (niedrigeren) Erwartungen von LehrerInnen entsprächen. Schulversagerinnen spielen in pädagogischen Überlegungen - besonders für die Primarstufe - kaum eine Rolle, später tauchen sie unter dem Begriff 'Verwahrlosung' auf (1984b, 79). Vermutlich fällt ins Gewicht, "daß bei Jungen oft rascher diagnostiziert wird und daß bei Mädchen sowohl Behinderungen als auch besondere Befähigungen eher bagatellisiert oder auch von vornherein weniger wahrgenommen werden" (EPPLE 1987, 20).

PRENGEL vertritt die Auffassung, daß die Unterschiede in der Sozialisation von Mädchen und Jungen entscheidend zu verschiedenen Ausdrucksformen bei SchulversagerInnen beitragen: "Die weibliche Sozialisation produziert selten burschikose und aggressive, häufig autoaggressive und kompensatorische Formen von kindlichem Widerstand bei Schulversagerinnen" (1990e, 202). Während Jungen tendenziell aggressiv, mit Wut, Lautstärke und Schnelligkeit auf die erlebte Brechung ihres Eigenwillens reagieren, zeigen Mädchen eher autoaggressive und übersteigert weibliche Verhaltensweisen. Einem Erfahrungsbericht zufolge übernehmen Mädchen in Schulen für Lernbehinderte "soziale Aufgaben zusätzlich zu ihren eigenen Problemen" (GÜNTHER 1989, 10) und wirken dort ausgleichend und beruhigend auf die Klassensituation. Selbst diese Mädchen erbringen bei all ihren Schwierigkeiten soziale Leistungen für die Unterrichtssituation, die anscheinend auch in Sonderschulen wenig wahrgenommen werden und primär Jungen zugute kommen.

Als generelle Tendenz läßt sich festhalten, daß Mädchen ihre Aggressionen eher gegen die eigene Person, Jungen eher gegen die Umwelt richten (vgl. SCHNACK & NEUTZLING 1990, 111). Deshalb wird auf die aggressiven Symptome bei Jungen von der Umwelt schneller und stärker reagiert als auf die autoaggressiven Symptome von Mädchen - und subjektiv muß zur Aufrechterhaltung des Unterrichts auch stärker reagiert werden. So ließe sich das extreme Zahlenverhältnis von Mädchen und Jungen in Schulen für Verhaltensgestörte erklären: Wenn Jungen eher aggressiv mit Wutausbrüchen, körperlicher und verbaler Gewalt agieren, gerät die allgemeine Schule schneller an ihre Grenzen, als wenn Mädchen sich autoaggressiv in Magersucht, Drogenkonsum und Schwänzen zurückziehen. Zusätzlich zum unterschiedlichen Aufmerksamkeitsdruck werden magersüchtige und/oder sexuell 'verwahrloste' Mädchen eher in jugendpsychiatrische Einrichtungen eingewiesen als in Sonderschulen ausgesondert (vgl. PRENGEL 1990e).

5.6 Aussagen zur Gesellschaft-Ebene

In diesem Abschnitt geht es um die gesellschaftliche Ebene der Bewältigung von geschlechtlicher Heterogenität. Wie in den vorigen Kapiteln bildet den Schwerpunkt dieses Abschnittes die Kritik an gesellschaftlichen Normen und Normalitätskonzepten. Zum Selbstverständnis der Feministischen Pädagogik sind in Kap. 5 und 5.1 Aussagen über die feministische Kritik am bestehenden Schulsystem und seinen expliziten wie impliziten Normen gemacht worden. Darüberhinaus soll es nun ergänzend um folgende Aspekte gehen: Zunächst steht das Verhältnis von Feministischer und Allgemeiner Pädagogik mit der feministischen Kritik am falschen androzentrischen Universalismus im Mittelpunkt (Kap. 5.6.1). Weiter geht es um die Kritik am Sexismus und den Teilaspekten der Kritik am heimlichen Lehrplan der Geschlechtererziehung und der Diskriminierung durch Sprache (Kap. 5.6.2) sowie um deren Widerspiegelung in Schulbüchern und Richtlinien (Kap. 5.6.3). Es folgt die Betrachtung der Ambivalenz von kompensatorischen Ansätzen der - u.U. zeitweiligen - Geschlechtertrennung (Kap. 5.6.4). Dieser Abschnitt wird abgeschlossen mit der Kritik von Betroffenen an der sich rasant entwickelnden Reproduktionstechnologie, von der Frauen nach feministischer Einschätzung in besonderer Weise betroffen sind (Kap. 5.6.5).

5.6.1 Feministische und allgemeine Pädagogik - Kritik am androzentristischen Universalismus

Bereits in Kap. 5 war vom androzentristischen, d.h. 'männlich' zentrierten Universalismus die Rede, "der auch Pädagogik, Erziehungswissenschaften und Bildungstheorien prägt" (PRENGEL 1986b, 5). Er blendet nicht nur weibliche Lebenszusammenhänge aus, sondern wird auch weder der besonderen männlichen Lebenswelt noch den Beziehungen zwischen den Geschlechtern gerecht: "Die Erziehungswissenschaft praktiziert diese dreifache Verdrängung nach wie vor, von wenigen Ausnahmen abgesehen, sehr ungebrochen. Aus der feministischen Kritik an der Schulforschung läßt sich ableiten, wie in Diskursen über 'den Schüler' die Situation der Mädchen unbewußt bleibt, wie die Situation der Jungen nur als allgemeine thematisiert wird und so die realen Probleme, die Jungen aufgrund der männlichen Sozialisation haben, unbewußt und wie die Beziehungen zwischen den Geschlechtern unreflektiert bleiben" (1986b, 5; ähnlich MÜHLEN-ACHS 1987a, 354). Die Tradition der Ausblendung der weiblichen Perspektive wird weder durch die 'alte' Frauenbewegung, noch durch die Reformpädagogik überwunden und kommt erst mit der 'neuen' Frauenbewegung mit Beginn der 80er Jahre in die Diskussion. So leitet KAISER ihre zentrale These aus der Geschichte ab, es werde "weiterhin als Allgemeinbildung bezeichnet und belassen, was ursprünglich aus einer monogeschlechtlichen Pädagogik erwachsen ist" (KAISER 1991, 41).

Als Grundlage für die historische Tradition des androzentristischen Universalismus führt PRENGEL an: "Während das große Thema von den frühbürgerlichen Vertragstheorien über die Französische Revolution bis hin zum deutschen Vormärz die Gleichheit - allerdings Gleichheit zwischen Männern, meist sogar nur aus oberen Gesellschaftsschichten - ist, wird Ungleichheit der Geschlechter mit einer dualistischen Rangordnung höchst erfolgreich" (1989a, 128). Die traditionell vorherrschende Gestaltung des Geschlechterverhältnisses ist damit die "Hierarchisierung, d.h. Entwertung und Diskriminierung der Frauen auf der ideologischen Ebene, und ihre Ausbeutung auf der ökonomischen Ebene" (PRENGEL 1987a, 221). Der falsche androzentristische Universalismus kann somit als Teil dieser traditionellen Geschlechterhierarchie verstanden werden.

Daraus abgeleitet wird die Notwendigkeit, "bisher weitgehend geschlechtsunspezifisch formulierte Modelle vom Menschen durch die Kategorie Geschlecht zu ergänzen und so eine mögliche Ausweitung theoretischer Zugangsweisen in der Erziehungswissenschaft zu skizzieren" (KRAUL 1990, 52). Es geht darum, "daß der scheinbar banalen Selbstverständlichkeit, daß in den Institutionen der Erziehung Mädchen und Jungen lernen und Pädagoginnen und Pädagogen lehren, ... Aufmerksamkeit geschenkt wird" (PRENGEL 1989a, 118).

Für KAISER muß Bildung sich der Perspektive der weiblichen Sozialisation annähern und sich "auch auf privates soziales Bezogensein und persönliche soziale Verantwortung erstrecken" (1989, 369). Um die geschlechtsspezifische Arbeitsteilung zugunsten eines demokratischen, gleichberechtigten Nebeneinander der Geschlechter verändern zu können, erscheint es ihr notwendig, daß der Bereich der Hausarbeit "zum zentralen inhaltlichen Bezugsfeld für konkrete bildungstheoretische Entscheidungen" (1989, 372) wird. Dieser Überlegung entspringt ihr Vorschlag einer hausarbeitsnahen, zweigeschlechtlichen Didaktik (vgl. Kap. 5.4.1). Dabei hält sie es für notwendig, jeweils zu differenzieren, welche Inhalte für welches Geschlecht welchen Stellenwert haben sollen: "So ist beispielsweise Konfliktfähigkeit, um eine veränderte Arbeitsteilung durchzusetzen, für Mädchen von besonderer Relevanz, während die Herausbildung empathischer Fähigkeiten bei Jungen spezifischer organisierter Bildungsbemühungen bedarf" (1989, 372).

Hier besteht für KAISER die Alternative zwischen zwei konzeptionellen Ansätzen: Zum einen wäre es möglich, "die Mädchen und Jungen in ihrer Verschiedenheit zu sehen, zu akzeptieren und zu unterstützen" (1989, 373). Dieses wäre eine Pädagogik formaler Gleichheit, die sich allerdings auf die inhaltlich unterschiedlichen Schwerpunkte einstellen würde. Die zweite Alternative zielt auf eine "hohe Norm menschlicher Entfaltung" (1989, 373), nach der Mädchen wie Jungen unterschiedlich sind in defizitären Orientierungen, sei es in Richtung beziehungsloser Technikfaszination oder in romantisierender Technikdistanz (vgl. Kap. 5.2.2). Gemeinsam ist ihnen die Notwendigkeit, ihre Orientierungen zugunsten einer weniger defizitären menschlichen Lebensbewältigung zu überwinden. Trotz der problematischen Besetzungen aus der Gesamtschuldebatte benutzt KAISER hierfür den Begriff der pädagogischen Kompensation, den sie jedoch immerhin auf Mädchen und Jungen bezieht (vgl. Kap. 5.1.2). Bildungsziel bei dieser zweiten Alternative wäre "die Aufhebung der geschlechtlichen Arbeitsteilung in ihrer bisherigen rigiden Form" (1989, 373). Dem zweiten Ansatz entsprechend müßte sich Bildung "auf eine dialektische Erweiterung der bisher durch dominierende Ausgrenzung der weiblichen Sozialwelt begrenzten Bildungsdimensionen erstrecken" (1989, 374), z.B. "Berufsarbeit **und** Hausarbeit, äußere Sachenwelt **und** innere Gefühlswelt, öffentliches Leben **und** private Existenz, individuelle Autonomie **und** soziales Bezogensein, expansive Weltaneignung **und** Natur-Sein, Rationalität **und** introspektive oder empathische Emotionalität" (1989, 374; Hervorh. i. O.).

Es handelt sich bei diesen bildungstheoretischen Überlegungen nicht etwa um die Entwicklung einer feministischen Spezialbildung oder Spezialdidaktik. So betont auch HORSTKEMPER, bei allen Bemühungen Feministischer Pädagogik könne es nicht das Ziel sein, "so etwas wie eine kompensatorische Erziehung speziell für Mädchen zu etablieren" (1990b, 107). Anspruch ist gerade die Erweiterung der bisher auf Männliches eingeengte und Männliches als allgemeine Norm setzende Bildung, die um die Perspektive des Weiblichen ergänzt und damit insgesamt verändert werden soll. Ebenso wie KAISER versteht auch PRENGEL die von ihr vertretene Erziehung zur Gleichberechtigung als "allgemeines Bildungskonzept, sie betrifft die Verhältnisse zwischen Mädchen und Jungen" (1986b, 5).

Ein weiterer Punkt, der ebenfalls das Selbstverständnis Feministischer Pädagogik betrifft, ist hier interessant zu erwähnen. In einem Aufsatz weist SCHULTZ auf die Gefahren hin, hinter der möglichen Eindimensionalität der Betrachtung der Geschlechter andere Dimensionen zu vernachlässigen. Im Anschluß an RICH bezeichnet sie diese Gefahr als 'Tunnelblick', der erweitert werden müsse: "Wir ignorieren die kulturellen und historischen Lebensumstände von sogenannten anderen Frauen und beziehen unsere Erlebniswelt und deren theoretische Erklärungsmuster auf alle Frauen" (1990, 61).

Hiermit zeigt SCHULTZ die Gefahr eines feministischen Ethno- und Eurozentrismus auf. Sie nennt folgende Beispiele (1990, 61ff.): Für weiße Frauen gilt der Familienbereich primär als Lebensbereich, aus dem es sich zu lösen gilt; gleiches gilt nicht für schwarze Frauen und Immigrantinnen in Europa und Nordamerika. Das Konzept einer Dualität von Familien- und Erwerbsarbeit spiegelt die Situation weißer Mittelschichtsfrauen wider, nicht aber die schwarzer Frauen, die beides verbinden mußten und müssen und zudem noch als schlechte Mütter stigmatisiert werden. Ein falscher Universalismus droht z.B. dann, wenn undifferenziert von 'Frauen' gesprochen wird, aber eigentlich westliche mittelständische Frauen gemeint sind. Mit europäisch-universalistischem Blick drohen Phänomene wie die Bedeutung des Schleiers vorschnell als Zeichen größerer Frauenunterdrückung in der islamischen Welt interpretiert zu werden, Phänomene wie etwa Polygamie stehen in der Gefahr, auf 'Relikte feudaler Ordnungen' und generelle Rückständigkeit reduziert zu werden - ganz in der Tradition eines evolutionistischen Weltbildes, dessen Entwicklungshöhepunkt unhinterfragt die abendländische, westeuropäisch-nordamerikanische Zivilisation bildet. Auch viele Distanzierungsbedürfnisse deutscher von türkischen Frauen, "die mit Kopftuch hinter ihrem Mann herlaufen" (1990, 63), zeugen von Ignoranz gegenüber anderen gesellschaftlichen und kulturellen Formen weiblicher Autonomie (vgl. ENDERS-DRAGÄSSER 1986, 81).

SCHULTZ führt ihre Beobachtungen auf das dahinterstehende Motiv eines Selbstinteresses zurück, "denn ebenso wie Männer etwas zu verlieren haben, wenn sie ihre privilegierte Position Frauen gegenüber aufgeben, haben westliche Frauen etwas zu verlieren, wenn sie ihre privilegierte Position nicht-westlichen Frauen gegenüber aufgeben. ... Schwarze Frauen, Frauen aus der sogenannten Dritten Welt in ihrer Stärke zu sehen ist bedrohlich" (1990, 63f.). Feministische Pädagogik tut also gut daran, andere Dimensionen von Heterogenität - auch im Bereich der Schule - nicht zu ignorieren und nicht in einer monolinearen Betrachtung nur die Geschlechterfrage zu thematisieren. Bisher ist diesen Zusammenhängen in der feministischen Diskussion nur wenig Aufmerksamkeit gewidmet worden (vgl. ENDERS-DRAGÄSSER 1984, 1986 sowie vor allem PRENGEL 1988b, 1989a).

5.6.2 Kritik am Sexismus

Nach ENDERS-DRAGÄSSER wurde der Begriff Sexismus in den USA in Analogie zum Begriff des Rassismus geprägt (1986, 81). Er bezieht sich auf die Diskriminierung und Unterdrückung aufgrund des Geschlechts. Die Feministische Pädagogik reagiert "mit dem scharf kritisierenden Begriff des 'Sexismus' auf die in heimlichen Lehrplänen unter der Oberfläche der Koedukation fortlebenden Strukturen des patriarchalischen hierarchischen Geschlechterverhältnisses" (PRENGEL 1989a, 118) einschließlich des androzentristischen Universalismus (vgl. Kap. 5.6.1). "Mit dem 'aggressiven' Begriff Sexismus, nämlich der Unterstellung, in der Schule würde aufgrund des Geschlechts offen bzw. mehr noch diskret diskriminiert, und zwar in der Regel im Interesse und zugunsten des herrschenden

Geschlechts, (ist) eine neue Sichtweise in die Auseinandersetzung um die Koedukation gekommen" (METZ-GÖCKEL 1987, 467). Sexismus "bezeichnet Diskriminierung eines Geschlechts durch das andere und zugleich die ungleichen Chancen der Lebensentfaltung für die beiden Geschlechter. Die Unterdrückung aufgrund des Geschlechts wird im Begriff Sexismus als gegeben oder möglich vorausgesetzt, aber als 'unberechtigt' und 'unzulässig' bzw. als etwas, was es abzuschaffen gilt, zurückgewiesen" (1987, 467). Dabei handelt es sich "nicht um eine biologistische Interpretation einer Variante natürlicher Unterschiede zwischen den Geschlechtern (...), sondern um eine bildungspolitische Perspektive" (1987, 467). Es geht also nicht um biologische Differenzen der Geschlechter, sondern um ihre soziale Konstruktion. Für den Bereich der Schule beschreibt ENDERS-DRAGÄSSER die Situation von Mädchen und Lehrerinnen wie folgt: "Sie sind in der koedukativen Schule nur scheinbar 'gleichberechtigt', in Wirklichkeit aber im günstigsten Falle 'mitgemeint': immer steht das 'Weibliche' für das 'Besondere', das bestenfalls zu 'berücksichtigen' ist. In der Regel aber wird es vernachlässigt oder sogar negativ besetzt. Als Norm gilt das Männliche, das für das 'Allgemeine' steht. Mädchen und Frauen werden aber nicht nur mit dieser Ausgrenzung des Weiblichen konfrontiert, sondern darüber hinaus auch noch mit frauenfeindlichen Inhalten, Bildern und Handlungsweisen. Mit ihnen bestätigen Jungen und Männer sich in sozial akzeptierter Weise in ihrer männlichen Identität, während dies Mädchen und Frauen wichtige Möglichkeiten zu positiver Selbstbestätigung kostet und zu Lasten ihres Selbstwertgefühls und ihrer Identitätsfindung geht" (1990a, 11).

Eine - wenn auch heute weniger vertretene - sexistische Argumentationsfigur ist der Biologismus. Da noch heute in Untersuchungen mitunter zu stark die Verschiedenheit der Geschlechter betont wird und deren Gemeinsamkeiten bei Interpretationen empirischer Untersuchungen eher als methodische Mängel o.ä. unter den Tisch zu fallen drohen, wird ein latenter aktueller Biologismus deutlich: "Die unverdrossene Betonung der grundsätzlichen (also unveränderbaren) Unterschiedlichkeit der Geschlechter in der Literatur erweckt den falschen Eindruck, daß Unterschiede häufiger und bedeutungsvoller seien als Gemeinsamkeiten zwischen den Geschlechtern, und befestigt gleichzeitig die Vorstellung von ihrer biologischen Verankerung" (MÜHLEN-ACHS 1987a, 354f.) - und damit die Begründung für eine unveränderbare, weil biologisch begründete ungleiche Machtverteilung zwischen den Geschlechtern zugunsten männlicher Herrschaft. Ein solches Beispiel zeigt VON MARTIAL, wenn er voraussetzt, daß sich nicht nur "geschlechtsspezifische Leistungsmuster und Schwerpunkte des Interesses an Fachinhalten sowie ein geschlechtsspezifisches Selbstkonzept" (1988, 59) entwickeln, sondern man bei Jungen und Mädchen "auch unterschiedliche Schwerpunkte der Fähigkeiten und Verhaltensweisen (finde), die zumindest zum Teil auf Unterschiede in den Anlagen zurückzuführen sein dürften" (1988, 59).

Die Sexismuskritik betrifft insbesondere die Ebene des unbewußten Handelns, das in der Schule als 'heimlicher Lehrplan' um so wirkungsvoller zum Tragen kommt und mit dem "Mädchen und Jungen kognitiv, aber vor allem auch emotional und physisch durch die realen Prägungen gelebten Schullebens (lernen), daß Frauen und Männer nicht gleichberechtigt, nicht gleichwertig sind, sondern daß ihr Verhältnis ein von Über- und Unterordnung geprägtes, ein hierarchisches Verhältnis ist" (PRENGEL 1986b, 26). Entsprechend kritisieren ENDERS-DRAGÄSSER U.A., "daß in den Schulen nicht nur ein 'blindes' Arbeiten mit sexistischen Schulbüchern und Materialien stattfindet, sondern auch ein 'blindes' Interagieren; beides läßt als 'heimlicher Lehrplan' den beteiligten Personen die gesellschaftlich bedingte Geschlechtsrollenidentität als 'natürlich' und schicksalhaft gegeben erscheinen" (1986, 7). Wie die Autorinnen zusammenfassen, haben Mädchen und Frauen "zu lernen, talentvoll Verliererinnen zu sein, ohne dabei als Spielverderberinnen zu 'stören'. 'Learning to loose' lautet für die Mädchen die Formel für den 'heimlichen Lehrplan'" (1986, 9; vgl. entsprechend auch FUCHS 1989, 91).

KAUERMANN-WALTER U.A. fassen die Interpretationen englischer Untersuchungen zur Koedukation zusammen in der Aussage, Mädchen "fungieren als negative Bezugsgruppe und Bühne für die Selbstdarstellung der Jungen. Koedukation biete daher ein vorzügliches Trainingsfeld zur subtilen Einübung männlicher Überlegenheit und weiblicher Minderwertigkeit" (1988, 164). In diesem Sinne sind Mädchen wie Jungen dem heimlichen Lehrplan der Geschlechtererziehung ausgesetzt, und das Ziel des 'Learning to loose' für Mädchen müßte ergänzt werden durch das Ziel des 'Learning to win' für Jungen. In diesem Sinne ist zwar von einem offiziellen gemeinsamen Curriculum für alle auszugehen, jedoch droht sich gleichzeitig "ein getrenntes Curriculum für die Geschlechter womöglich als 'heimlicher' Lehrplan" durchzusetzen (1988, 167; vgl. auch MÜHLEN-ACHS 1987a, 356).

Wie WEYERHÄUSER an der Mathematik zeigt, gibt es ergänzende, konkretere Botschaften des heimlichen Lehrplans - hier stellvertretend für alle Jungendomänen zu interpretieren - wie etwa das Lernziel "Mathematik ist nichts für Mädchen" (1990, 282), das sich nicht nur in Schulbüchern widerspiegelt (vgl. Kap. 5.6.3), sondern auch in entsprechenden Erwartungen der LehrerInnen (vgl. Kap. 5.2.5).

Als letzter Aspekt soll die Diskriminierung des Weiblichen durch einen männlich geprägten, sich als universell ausgebenden und damit sexistischen Sprachgebrauch betrachtet werden. Nach TRÖMEL-PLÖTZ ist Sprache dann "sexistisch, wenn sie Frauen und ihre Leistung ignoriert, wenn sie Frauen nur in Abhängigkeit von und Unterordnung zu Männern beschreibt, wenn sie Frauen nur in stereotypen Rollen zeigt und ihnen so über das Stereotyp hinausgehende Interessen und Fähigkeiten abspricht, und wenn sie Frauen durch herablassende Sprache demütigt und lächerlich macht" (1982, 199; vgl. TRÖMEL-PLÖTZ 1984).

Wie ENDERS-DRAGÄSSER verdeutlicht, trägt der männlich geprägte Sprachgebrauch erheblich "zu den paradoxen Situationen und Rollenkonflikten, zu denen die Mädchen sich verhalten zu haben" bei (1988, 51). In Kap. 5.2.2 ist auf das Problem für Mädchen hingewiesen worden, daß sie sich fragen müssen, wann sie implizit 'mitgemeint', wann nur die Jungen gemeint und wann nur sie angesprochen sind. Diese Problematik gilt für Jungen nicht in gleicher Weise.

Der Aspekt der sprachlichen Diskriminierung geht jedoch über die männlich-universale Anrede hinaus. Wie TRÖMEL-PLÖTZ deutlich macht, gehen mit sprachlicher Formulierungen Wertungen einher. Wurde früher die Abwertung von Menschen in Beschimpfungen als "Saujud" oder "fauler Nigger" (1982, 189) deutlich, so geschieht dies heute subtiler in Fremdzuschreibungen von Eigenschaften und damit einhergehender Diskriminierung. Sagte man früher: "Dienen lernte beizeiten das Weib", so heißt es heute: "Mädchen sind nachgiebig, anspruchslos und gütig" (1982, 190). Für diese Mechanismen bringt TRÖMEL-PLÖTZ die folgenden plakativen Beispiele: Alle Menschen werden Brüder. Denn ich bin ein Mensch gewesen und das heißt, ein Kämpfer zu sein (Schiller). Innerschweizer und Frauen benachteiligt (Tagesanzeiger). Ein gebrechlich Wesen ist das Weib (Bibel). Sind Frauen im ersten Fall keine Menschen, ist also der Mensch eigentlich ein Mann, gehören sie im zweiten Fall nicht zur Bevölkerung. Im dritten Beispiel gehören sie zu den Nicht-Vollwertigen, den Nicht-Gleichberechtigten, den Nicht-Einsatzfähigen. Die Bewertung des Weiblichen geht durchweg in die gleiche, abwertende Richtung.

Demzufolge regt die Feministische Pädagogik an zu einem bewußteren Umgang mit der Sprache und fordert die Einführung der Kategorie Geschlecht nicht nur in die erziehungswissenschaftliche Diskussion und in entsprechende Untersuchungen, sondern auch in die wissenschaftliche und alltägliche Sprache. Dies könnte ein erster Schritt auf dem Weg zur Bearbeitung des heimlichen Lehrplans der Geschlechterdiskriminierung sein.

5.6.3 Kritik an sexistischen Darstellungen in Schulbüchern und Richtlinien

HURRELMANN U.A. (1986, 51-56) verweisen auf 'heimliche', curricular bestimmte Benachteiligungen von Mädchen, die insbesondere über Lehrpläne und Lehrmittel wirken (vgl. auch WAGNER U.A. 1978). Sie bieten insofern eine Möglichkeit zu untersuchen, welche geschlechtsspezifischen Stereotypen auftauchen und ermöglichen so eine "kritische Analyse des Curriculums" (HORSTKEMPER 1990b, 104). Die Betrachtung kann sich jedoch nicht nur auf Schulbücher und Richtlinien beschränken, denn sie sind häufig nur der Spiegel, in dem sich geschlechtsspezifische Klischees innerhalb der Wissenschaften zeigen. Was als 'heimlicher' Mythos innerhalb der Wissenschaft existiert, zeigt sich dann auch in fachdidaktischen Aussagen und kehrt auf der Ebene von Lehrplänen und Schulbüchern wieder.

Zu den **Lehrplänen** verweisen HURRELMANN U.A. auf eine Untersuchung von SCHULTZ, nach der die Lehrpläne unterschiedliche geschlechtsspezifische Erfahrungshintergründe und Berufsperspektiven ignorieren. Die nach Klasse 7 gegebene Wahlfreiheit für verschiedene Bereiche der Arbeitslehre verstärkt die geschlechtsspezifische Polarisierung, indem auf der einen Seite Mädchen sich auf die Bereiche Kochen, Hauswirtschaft, Säuglingspflege und Textil, auf der anderen Seite Jungen auf die Bereiche Technik, Berufskunde, Metall/Elektro und Holz/Plastik orientieren (vgl. hierzu auch Kap. 5.2.3). Die Hintergründe für diese geschlechtsspezifischen Profile werden jedoch in den Lehrplänen ignoriert; die Doppelbelastung von Frauen mit Familien- und Berufsarbeit wird allenfalls gestreift.

Über die **Lehrmittel** kommt es zu einer weiteren Verfestigung stereotyper Darstellung von Geschlechterrollen. HURRELMANN U.A. verweisen hierzu auf eine Untersuchung von NAVE-HERZ von 33 Lehrbüchern in Klasse 9 und 10 aller Schulformen. Sie stellte u.a. fest, daß der Anteil weiblicher Handlungsträger mit zunehmendem Alter abnimmt, und daß die dargestellten Frauen nur zu 7 % verheiratet und berufstätig sind und Kinder haben. Mädchen fänden in den Darstellungen keine Modelle, die dem gewandelten Selbstverständnis von Frauen entsprechen würden. In ihrer Zusammenfassung (1986, 68ff.) weisen HURRELMANN U.A. darauf hin, daß Lehrpläne und Lehrmittel immer noch geschlechtsspezifische Rollenklischees vermitteln und formal neutrale Wahlangebote das geschlechtsspezifische Wahlverhalten verstärken anstatt es abzubauen.

ENDERS-DRAGÄSSER thematisiert die Bedeutung von Schulbüchern: Sie sind "speziell für den Gebrauch in der Institution Schule hergestellte Texte, damit besonders 'amtliche' Texte. Sie sind deshalb auch 'wichtig'. Nach der erforderlichen Genehmigung durch die Kultusverwaltung stellen sie das 'offizielle Wissen' dar, und dies konkurrenz- und alternativlos. ... Das gilt nicht nur für die Schülerinnen und Schüler, sondern auch für die Lehrerinnen und Lehrer und aufgrund unserer Hausaufgaben mit gewissen Einschränkungen auch für die Mütter der Schulkinder" (1986, 82; vgl. hierzu auch 1990b). ENDERS-DRAGÄSSER vermutet, "Schulbücher werden gewöhnlich in ihren Wirkungsmöglichkeiten unterschätzt", in der Regel auch "nicht gemocht und nicht geschätzt", häufig werden sie als nicht realistisch wahrgenommen. Dagegen vertritt sie die Hypothese, "die Schulbücher schaffen die 'Normalität', die sie darstellen, am Ort Schule" (1986, 84). Selbst wenn wenig mit Schulbüchern gearbeitet wird, bleibt es bei der spezifischen Wirkung eines sich besonders 'amtlichen' und 'wichtigen' darstellenden Wissens, das sich als self-fullfilling prophecy auch bewahrheitet.

Zur Darstellung in Schulbüchern unter geschlechtsspezifischen Gesichtspunkten merkt MÜHLEN-ACHS an: "Schon seit 40 Jahren werden in verschiedenen Ländern Schulbücher ideologiekritisch untersucht, wobei sich zeigt, daß die soziale Welt der Schulbücher deutlich in eine dominierende männliche und eine untergeordnete weibliche zerfällt. Darstellungen von Frauen beschränken sich auf wenige, stark stereotypisierte Rollen" (1987b, 65). "Die feministische Schulforschung zeigt, daß es sich um eine enge, bürgerliche Männer-Welt handelt, die durchgängig aus androzentristrischer Perspektive dargestellt wird. ... Die Welt der weißen deutschen Mittelschichtsfamilie ist die Norm und der Kosmos für alle zwischenmenschlich-verwandtschaftlichen Beziehungen. Diese 'Welt' ist meist reduziert auf Papa, Mama, Uli und Renate, oder wie immer die Kinder in der Kleinfamilie heißen" (ENDERS-DRAGÄSSER 1986, 83) Damit bleibt ENDERS-DRAGÄSSER nicht bei der Betrachtung der Ebene der Geschlechter stehen, sondern bezieht die Ebene unterschiedlicher Kulturen mit in ihre Kritik ein: "Bei genauerem Hinsehen ist es die Welt des weißen deutschen Mannes der Mittelschicht und die Perspektive zugleich androzentristisch und eurozentristisch" (1986, 83); "zweidrittel der Personen in den Schulbüchern sind männlich und weiß. Die größere weibliche Hälfte der Menschheit ist nur mit einem Drittel der Personen vertreten" (1986, 83).

Wichtiger noch als die Quantität erscheint ENDERS-DRAGÄSSER die Qualität der Darstellung (1986, 83): "Mädchen und Frauen werden oft nicht einmal benannt, sondern 'mitgemeint'. Ihre Gegenwart und Geschichte, ihre Leistungen, ihre Erfahrungen werden ignoriert, sind zum Verschwinden gebracht. ... Mädchen und Frauen werden in Abhängigkeit vom weißen Mann dargestellt. Das heißt, sie werden über den Mann definiert und ihm als unterlegen und zweitrangig zugeordnet. ... Frauen werden in den Schulbüchern in den Rollen beschrieben, die wir 'traditionell' nennen: als angeblich 'nichtarbeitende' Hausfrauen, Ehefrauen, Mütter, in dienenden, helfenden, unterstützenden Funktionen." Demgegenüber fehlt in Schulbüchern z.B., "welche zentralen Rollen Frauen in der Geschichte und Vorgeschichte gespielt haben, als hätte es keinen bedeutenden kulturellen, sozialen, religiösen, wissenschaftlichen, künstlerischen, politischen Leistungen von Frauen gegeben" (1986, 83) - was im übrigen auch für die Leistungen nichtweißer Menschen und Völker gilt.

Die feministische Schulforschung verkennt bei ihrer Kritik nicht die - wenn auch kleinen - Fortschritte, die in den letzten Jahren bei der Revision sexistischer Darstellungen gemacht worden sind. FICHERA etwa bescheinigt den hessischen Richtlinien für die Begutachtung von Lehrbüchern von 1986, daß dort "den Schülerinnen neue Identifikationsangebote gemacht werden sollen" (1990a, 261). Kritisch merkt sie jedoch an, daß die Richtlinien insofern zu kurz greifen, als sie nicht berücksichtigen, "daß die bestehenden Schulbücher auch den Jungen ein einseitiges, defizitäres Bild von Männlichkeit vermitteln, nämlich das des 'Nur-Berufstätigen'" (1990a, 261). Im Gegensatz dazu soll Weiblichkeit in modernisiertem Gewand als Bild der "Hausfrau, Mutter, Gattin und Berufstätigen" vermittelt wird (1989, 214). Rhetorisch fragt FICHERA (1989, 214): "Heißt das nicht Festschreibung von Vielfachbelastung für Frauen, aber Einfachschicht für Männer?" Somit sind diese 'Fortschritte' nicht ausreichend für die Veränderung der Geschlechterrollen, "weil sie dem 'Gleichheitsdiskurs' verhaftet bleiben und von einem Defizitansatz für Frauen ausgehen" (1990a, 261). Frauen müssen sich verändern, müssen gleichwertig mit Männern werden - diese Botschaft steht hinter den Richtlinien. FICHERA befürchtet, daß derartige Ansätze "das Bild der 'neuen, modernen, emanzipierten Frau' entwerfen und das des 'alten, unemanzipierten Mannes' unangetastet lassen" (1989, 213; vgl. auch STROBL 1981, 12).

Im folgenden sollen stichpunktartig die Inhalte der Kritik an sexistischen Darstellungen in Schulbüchern wiedergegeben werden. Einen ersten Überblick über verschiedene Lernbereiche und Fächer gibt Tornieporth in ihrer Darstellung von Weiblichkeit und Männlichkeit in Schulbüchern (1980):

- In Geschichtsbüchern tauchen in 1 - 3 % der Texte Frauen auf.
- In Englischbüchern liegt ihr Anteil höher, sie vertreten jedoch die herkömmlichen Bereiche (Haushalt, Familie, untergeordnete Berufe).
- In Politik- und Gemeinschaftskundebüchern gibt es kaum Frauen als Handlungsträger; die alten Rollenbilder werden abgebildet (Männer im Beruf, Frauen in Haushalt und Familie).
- Für Mathematikbücher zum Erstrechnen gilt gleiches.
- In Lesebüchern für die Sekundarstufe I kommen Frauen immerhin zu 12,5 % vor, wenn auch auf die gängigen "Frauenberufe" beschränkt. Mütter sind Hausfrauen; berufstätige Frauen sind fast immer ledig.

Ähnliche Ergebisse finden sich auch bei OHLMS (1984). Für Mädchen werden in Schulbüchern kaum realitätsgerechte Identifikationsmodelle bereitgehalten.

Das Saarländische Kultusministerium geht hier einen Schritt weiter, indem es eine Kommission "Rollenklischees in Schulbüchern" eingerichtet hat (BACKES 1989). Hiermit ist erstmalig eine Institution geschaffen worden, die auch die institutionelle Macht zur Durchsetzung ihrer Empfehlungen für die (Nicht-)Zulassung von Schulbüchern hat. Die Kommission kommt für den Grundschulbereich zu folgenden Stellungnahmen (nach BACKES 1989, 225f.): Von fünf geprüften Deutsch-Fibeln empfiehlt sie lediglich "Die Fibel", alle acht Lesebücher lehnt sie ab. Von vier Mathematikbüchern hält sie zwei für eingeschränkt empfehlenswert, ebenso eines von drei Sachkundebüchern. Dieses Ergebnis bestätigt das generelle Bild bisheriger - auch älterer - Befunde (vgl. BARZ 1982, SCHWEITZER 1985): Es dominieren Darstellungen mit sexistischen Tendenzen, die den gesellschaftlichen Rollenerwartungen an die Geschlechter entsprechen. Die empfohlene Fibel ist auch die einzige der von SCHWEITZER untersuchten Fibeln aus den Jahren 1984 - 1987, bei der sie "positive Ansatzpunkte bei der Aufhebung geschlechtsspezifischer Stereotypisierung" (1991, 20) findet. Zu einem ähnlichen Ergebnis kommt KAISER für die Sachkundebücher: Lediglich eines enthält mit 30 % mehr mädchenbezogene Inhalte als sonst mit ca. 20 % üblich (1987c, 120).

Daß sich in der Sekundarstufe dieses Ungleichgewicht in der Darstellung in Schulbüchern fortsetzt, zeigen Aussagen zu verschiedenen Fächern: ZUMBÜHL (1982) weist in ihrer linguistischen Analyse nach, daß SchülerInnen beim Englisch-Lehrbuch nicht nur Englisch lernen, sondern they are "Learning English and Sexism", indem dort Frauen in Relation zu Männern unterrepräsentiert, namenlos, dumm und schwach sind, keinen Beruf haben, leise sprechen und sich ohne technische Hilfsmittel kleinräumig im Haus bewegen. VON BORRIES (1982b) zeigt den falschen androzentristischen Universalismus in Geschichtsbüchern auf, bei dem Aussagen über Männer als universell dargestellt (z.B. 'allgemeines' Wahlrecht bei Bismarck) und Leistungen von Frauen unterschlagen werden (z.B. Jungsteinzeit). Dieses Phänomen läßt sich auch in wissenschaftlichen Geschichtsbüchern finden

(VON BORRIES 1989). DEMES (1989) führt für die in Nordrhein-Westfalen verwendeten Biologiebücher der Sek I und II aus, daß menschliches Verhalten naturhaft dargestellt und sein sozialer Entstehungszusammenhang ausgeblendet wird. PITTNER stellt in Sexualkundebüchern sexistische Darstellungen fest: So wird z.B. in typischer "patriarchale(r) Loch-Perspektive" (1990, 293) die Klitoris nicht erwähnt, während der männliche Körper detailliert dargestellt wird. Insgesamt entsprechen die Darstellungen in der Aufklärungsliteratur nach Meinung von PITTNER einer patriarchalischen "Penetrationsideologie mit ihrer Höhepunktfixierung" (1990, 295; vgl. hierzu auch MILHOFFER 1990). Auch in Mathematikbüchern finden sich in ungebrochener Kontinuität Frauen selten bis gar nicht, und wenn sie eine Rolle spielen, dann in traditionellem Terrain: "Wie gehabt: Die Buben/Männer sind aktiv, berufstätig, wissenschaftlich und technisch interessiert und versiert. Die Mädchen/Frauen sind für Küche, Einkauf, Wäsche, Kinder und überhaupt für untergeordnete Dienste zuständig, ansonsten passiv und generell in der Minderzahl" (GLÖTZNER 1987, 20; vgl. auch 1982b, 1982c, LANGNER 1987). Ein Beispiel einer sexistischen Textaufgabe kommentiert WEYERHÄUSER: "Frau Müller bringt vom Kaufmann (!) (na klar!) für ihre drei Kinder Bernd, Nina und Katrin (wohl keine alphabetisch bedingte Reihenfolge!) Mandarinen mit. Es sind 14 Stück. Nina (wieso nicht Bernd?) soll sie gerecht verteilen" (1990, 281).

Auch für den Sonderschulbereich werden sexistische Darstellungen festgestellt: MÄVERS findet in Lesebüchern für die Klassen 8 und 9 in Schulen für Lernbehinderte Frauen unterrepräsentiert und in traditionellen Rollen - mit zwei Ausnahmen, die sich auf die UdSSR und China beziehen (PRENGEL 1982). Ebenso zieht SELBMANN aus der Analyse der Lese- und Arbeitsbuchreihe "Wir und unsere Welt" das Fazit: "Die untersuchten Texte ... scheinen wenig dazu geeignet, die Entwicklung personaler Autonomie und mündiger Staatsbürgerschaft bei lernbehinderten Schülerinnen zu fördern" (1988, 31). Hier drohen in gesellschaftlicher Abgeschiedenheit traditionelle Darstellungen noch stärker konserviert zu werden als in Schulbüchern anderer Schulformen, obwohl gerade diese Schülerinnen verstärkt auf positive Identifikationsmodelle angewiesen wären.

Angesichts dieser nach wie vor weitgehend desolaten Situation der Darstellung der Geschlechter in Schulbüchern wird in der feministischen Literatur über Konsequenzen nachgedacht. Gefordert wird eine generelle Revision von Schulbuchtexten auf der Ebene der Sprache wie auf der Ebene der Inhalte (vgl. z.B. FRIESS 1985). TRÖMEL-PLÖTZ schlägt eine Revision von Texten in folgender Weise vor (1989, 73): "1. Frauen und Mädchen müssen sichtbar sein, sie müssen mit Namen genannt und angesprochen werden, sie müssen gemeint und nicht nur mitgemeint sein. ... 2. Frauen müssen in gleichem Status gezeigt werden wie Männer. Immer und in allen Zusammenhängen in der zweiten Position, in niedrigerem Rang, untergeordnet, abhängig zu sein, schadet unserer Identität. ... 3. Frauen in Textbüchern, Beispielen, Artikeln sollten nicht immer Mütter, Ehefrauen oder Hausfrauen sein. Sie sollten nicht immer nur in diesen stereotypen Rollen abgebildet sein. Die Definition von Frauen vorwiegend als Hausfrauen, Ehefrauen und Mütter schadet der Entwicklung von Mädchen und jungen Frauen. Sie macht es Frauen schwer, sich berufliche Interessen, eine lange Ausbildung, eigene Arbeit, Studium, Kreativität und Kraft zuzugestehen. ... 4. Frauen sollten nicht negativ mit den sogenannten typischen weiblichen Eigenschaften beschrieben werden, z.B. daß sie schwach, dumm, hysterisch, schwatzhaft, zerbrechlich, passiv, unbedeutend, trügerisch usw. sind. Sie sollten nicht durch pejorative Ausdrücke entwertet werden, so daß eine Hand voll Frauen Ausnahme sein können - solche, die einen Kopf wie ein Mann haben und denken wie ein Mann. Negative Definitionen und Beschreibungen zerstören unsere Identität." Diese Empfehlungen nehmen wiederum das Thema auf, wie weit Mädchen und Frauen gleich oder ungleich mit Jungen und Männern dargestellt werden sollen. Formulierungen, die auf eine Erweiterung der Darstellungssituationen von Frauen zielen ('nicht immer nur als ...'), stehen Formulierungen gegenüber, die Gleichheit von Mädchen/Frauen und Jungen/Männern fordern ('... müssen in gleichem Status ...'). Daß das mit dem zweiten Formulierungstyp nahegelegte - letztlich assimilative - Gleichheitspostulat nicht ohne Gefahren ist, sagt TRÖMEL-PLÖTZ im letzten Abschnitt selbst.

Mit einer anderen Möglichkeit der Darstellungsveränderung, dem Rollentausch der Geschlechter, setzt sich FICHERA kritisch auseinander (vgl. auch FICHERA & WEYERHÄUSER 1986). Sie plädiert dezidiert gegen diese Strategie - es sei denn, als gelegentliche Provokation - , weil sie ihrer Meinung nach "keine frauen- und menschenfreundliche Orientierung liefert" (1990a, 262). Rhetorisch fragt FICHERA: "Bedeutet nicht-sexistische, gleichberechtigte Darstellung von Frauen: Frauen übernehmen unkritisch Männerberufe, Frauen übernehmen leitende Positionen - so wie sie sind, Frauen übernehmen patriarchalische Normen und Wertvorstellungen von Leben und Arbeiten (entfremdete Berufsarbeit, Streß, Leistungsdenken, Einseitigkeit, Vernachlässigung von Gefühlen und mitmenschlichen Beziehungen, Akzeptieren von Sachzwängen, Beherrschung der Natur, Umweltzerstörung bis hin zu Krieg und atomarer Verseuchung)?" (1989, 215).

Was offensichtlich anzustreben ist, ist die Erweiterung der Darstellungssituationen von Weiblichkeit und Männlichkeit im Sinne eines großen, sich gegenseitig überlappenden Spektrums. Dem von PRENGEL postulierten Verzicht auf Leitbilder zu entsprechen scheint gerade im Bereich von Schulbüchern ein schwieriges Unterfangen, jedoch wären erste Schritte in einem größeren Spektrum von verschiedenen Darstellungen und in einer problemorientierten Bewußtmachung von Darstellungsweisen zu sehen. Notwendig wäre die Reflexion sexistischer Klischees auch gerade in solchen fachlichen Bereichen, in denen sie bislang am wenigsten bewußt sind und am wenigsten hinterfragt wirken können.

5.6.4 Zur Ambivalenz von kompensatorischen Ansätzen - die Gefahr der 'Sonderpädagogisierung' der Koedukationsfrage

Bereits in Kap. 5.4.2 ist auf die Ambivalenz von Ansätzen getrennten Unterrichts eingegangen worden. Es ist kein Zufall, daß getrennter Unterricht besonders in jenen Bereichen diskutiert wird, die bislang als Jungendomänen empfunden werden. Daß es gerade diese Bereiche sind, läßt den Schluß zu, daß es hier zumindest z.T. auch um Möglichkeiten des besseren Zugangs in diese männlichen Domänen geht. Bei allen bekannten Berichten über Versuche getrennten Unterrichts stehen sich in der "Ambivalenz der erneuten Einführung reiner Mädchenlerngruppen" (SCHIERSMANN & SCHMIDT 1990, 47) immer wieder folgende Seiten gegenüber:

Einerseits erhalten Mädchen die Gelegenheit, z.B. "unabhängig vom Konkurrenzverhalten der Jungen, erste unterrichtspraktische Erfahrungen mit dem Computer zu gewinnen und sie auf dem Hintergrund der gesellschaftlichen Entwicklung der letzten Jahre zu reflektieren" (DICK 1988, 7f., ähnlich SCHIERSMANN & SCHMIDT 1990, 47, GRÄF 1986, 29). "Die (partielle) Geschlechtertrennung kann eher eine Entstereotypisierung bewirken" (METZ-GÖCKEL 1989, 105). Für Mädchenschulen und -klassen sprechen daher strukturelle Vorteile (1989, 105): "Sie sind eher ein gewalt- und störungsfreier Raum als koedukative Schulen. ... Schülerinnen erfahren hier weniger Geschlechtsdiskriminierung (wofür vor allem US-Frauencolleges ein guter Beleg sind). ... Die Leistungsbesten sind in den Leistungsklassen und -kursen, auch in den mathematisch-naturwissenschaftlichen Kursen, immer Mädchen. ... Alle öffentlichen und Technik-Ämter werden von Schülerinnen ausgeübt. ... Es gibt mehr weibliche Vorbilder an (ehemaligen) Mädchenschulen; der Unterricht wird ausschließlich auf sie konzipiert."

Andererseits wird festgestellt, dieses positive Ansinnen einer partiellen Trennung "war letztlich auch eine Bestätigung traditioneller geschlechtsspezifischer Vorurteile. Die 'Entlastung' der Schülerinnen, von den Schülern ungestört an den Geräten arbeiten zu können, ließ den Verdacht aufkommen, die Schülerinnen bräuchten 'Nachhilfe' im 'Computerunterricht'. Diese Vorgehensweise bestätigte bei einem Teil der Jungen und Mädchen ein längst feststehendes Urteil ihres 'Weltbildes', Mädchen seien auf diesen Gebieten längst nicht so 'begabt' wie Jungen und hätten deshalb auch eine 'Sonderbehandlung' nötig" (DICK 1988, 7f.). Mädchengruppen "reduzieren aber auch die Chance, durch konkrete Erfahrungen mit Jungen eingeschliffene Annahmen zu revidieren oder zu relativieren" (SCHIERSMANN & SCHMIDT 1990, 47).

Betrachtet man manche Formulierung genauer, so macht schon die Schilderung der erwarteten Vorteile für Mädchengruppen stutzig: "Dort müßten Lehrerinnen und Lehrer sensibel und geduldig auf die Ängste und Vorbehalte der Teilnehmerinnen eingehen" (GRÄF 1986, 29) - hier wird latent die negativ stereotypisierende Botschaft vermittelt, Mädchen seien so empfindlich und langsam, daß sie besondere LehrerInnen bräuchten. KAUERMANN-WALTER & KREIENBAUM verwenden eine auffällig ambivalente Formulierung, wenn sie sich für zeitweise getrennten Unterricht in sog. Jungenfächern aussprechen, "um nach einer 'Gewöhnungsphase', in der die Mädchen unbelächelt Fragen stellen können, gemeinsam in den eigentlichen Unterricht einzumünden" (1989, 43) - anscheinend bedarf der 'eigentliche' Unterricht einer gegen männliches Lächeln geschützte 'Gewöhnungsphase' für die anscheinend dümmeren und/oder unerfahreneren Mädchen.

Auch HEINRICHS & SCHULZ geraten in diese Einseitigkeit, wenn sie schreiben, "in unserer zunehmend technisch ausgerichteten Welt muß den Mädchen der Zugang zu diesen Bereichen (Naturwissenschaften und Technik, A.H.) eröffnet werden" (1989a, 39). Hier sind Mädchen die defizitären Menschen, die sich offensichtlich im Zuge der Modernisierung von Weiblichkeit an neue Anforderungen anpassen sollen - Jungen haben anscheinend keine Schwierigkeiten. Die gleiche Haltung wird auch in einer Veröffentlichung des BMBW eingenommen. Unter dem Titel: "Informatik - für Mädchen ein Buch mit sieben Siegeln?" wird ein Modellversuch vorgestellt, der durch getrennten Unterricht dazu beitragen soll, daß Mädchen "ihre möglicherweise vorhandene Scheu vor moderner Technik verlieren" (IBW 1990) und sich stärker am Bundeswettbewerb Informatik beteiligen. Wieder stehen Mädchen als defizitär und veränderungsbedürftig da.

STROBL (1981, 12) stellt angesichts dieser Schieflastigkeit provozierend die rhetorische Frage, ob je geplant wurde, "Gymnastik-Förderkurse für Jungen einzurichten, damit sie lernen, sich graziler zu bewegen? Oder Intensivkurse, in denen sie lernen sollen, sich weniger konkurrent zu verhalten und stattdessen mehr auf andere einzugehen?" Dieser Gefahr latent androzentristischer Normalitätskonzepte ist es, die PRENGEL zu ihrer sehr deutlichen Kritik dieser auf den mathematisch-naturwissenschaftlich-technischen Bereich bezogenen Ansätze veranlaßt: "Explizit oder implizit geht damit, und das ist problematisch am Hauptstrom, Entwertung und Ignoranz des weiblichen Lebenszusammenhangs und der dort ausgeprägten Kompetenzen einher. Die Orientierung der Mädchen an ästhetischen Werten, an Beziehungen untereinander, zu Kindern, zu Männern, ihre Unsicherheit, ihre Fähigkeit zum Selbstzweifel und zur Anerkennung von anderen werden aus der Sicht der Gleichstellung ausschließlich als Defizite wahrgenommen und mit dem Verhaftetsein an tradierte, überholte Weiblichkeitsbilder erklärt" (1989a, 144). PRENGEL kritisiert die implizite Pädagogik der Gleichheit, die durch getrennten Unterricht zur kompensatorischen Heranführung an männliche Maßstäbe und Verhaltensweisen gerät: "Feministische Pädagogik dieses Typs ist Assimilationspädagogik mit der zu allen Assimilationspädagogiken zugehörigen, kompensatorischen Erziehung, die helfen soll, Defizite zu kompensieren" (1989a, 144).

Notwendig ist im Gegensatz zu kompensatorisch-assimilativen Tendenzen die Entwicklung eines nichthierarchischen und damit demokratischen Differenzbegriffs, da hinreichend deutlich geworden sei, "daß emanzipatorische Mädchenbildung nicht Assimilationspädagogik sein kann, die sich die höchst fragwürdige männliche Lebensweise in unserer Kultur zum Vorbild macht" (PRENGEL 1990d,

41). Ob allerdings (fast) alle Versuche getrennten Unterrichts solcher assimilativen Kompensationspädagogik zuzuordnen sind, ist zu bezweifeln, z.B. angesichts der Ansätze, die andere, weibliche Umgangsweisen mit Computern aufzeigen. Was aber bleibt und wo PRENGELS Kritik allemal zutrifft, ist das weit verbreitete Alltagsverständnis, mit dem viele Versuche getrennten Unterrichts betrieben werden.

Bei Befragungen von SchülerInnen zur Frage eines zeitweise getrennten Unterrichts zeigen sich durchaus unterschiedliche Ergebnisse, die hier ungeklärt wiedergegeben werden. In der Untersuchung von FAULSTICH-WIELAND divergieren die Stellungnahmen: Die Voten der Jungen sind geteilt, während sich die Mädchen für getrennten Unterricht aussprechen, dieses aber in der Hoffnung auf Hilfestellungen durch Jungen revidieren (1988a, 133). Beide befürchten, daß ein getrennter Unterricht für Mädchen inhaltliche Nachteile und eine schlechtere Qualität aufweisen könnte (vgl. FAULSTICH-WIELAND 1991a, 160, 1991b, 13). Dagegen stoßen HEINRICHS & SCHULZ bei knapp 80 % der Jungen und Mädchen auf Ablehnung für getrennten Unterricht, sie haben Angst vor einer Elitebildung und fürchten, "daß hier eine Trennung in einen besseren Kurs für die Jungen und einen schlechteren für die Mädchen vorgenommen werden soll" (1989b, 12). Im Niedersächsischen Modellversuch 'Mädchen und Neue Technologien' findet sich bei den Äußerungen über gemeinsamen oder getrennten Computerunterricht keine klare Präferenz (HEPPNER U.A. 1990, 152ff.).

Versuche getrennten Unterrichts, die Mädchen Hilfen in bisherigen Jungendomänen geben wollen, können als Hilfskonstruktion gesehen werden, die so lange im wahrsten Sinne des Wortes not-wendig sind, wie die Veränderung des Unterrichts nicht erfolgt ist. Dieses ist gleichzeitig die große Gefahr in der Praxis: Daß man glaubt, mit der Einrichtung getrennter Kurse für Mädchen und Jungen das inzwischen als solches erkannte Problem der Koedukation gelöst zu haben. Solange die inhaltliche und didaktische Veränderung des Unterrichts im Sinne der Berücksichtigung beider Geschlechter nicht angegangen wird, bleibt die Einrichtung getrennter Lerngruppen eine 'sonderpädagogische Maßnahme' für Mädchen, die ihre Abwertung im Sinne der Bedürftigkeit für derartige Sondermaßnahmen notwendig einschließt.

5.6.5 Kritik von Betroffenen an der Reproduktionstechnologie

In Kap. 3.5.4 wurde auf Phänomene eingegangen, die im Zuge des medizinisch-technischen Fortschritts gesellschaftliche Normen zuungunsten von Menschen mit Behinderungen zu verändern vermögen. Die dort dargestellte Kritik von Betroffenen findet ihre Entsprechung in ähnlichen, hier aus feministischer Perspektive von Betroffenen kritisierten Phänomenen. HELSPER & JANZ schätzen die Reproduktionstechnologie mit KLEIN als ein perfides Mittel ein, Frauen künftig noch mehr unter totale männliche Kontrolle zu bringen (1989, 179). Sie folgen KLEINS These, "daß es der den modernen Naturwissenschaften im allgemeinen und den neuen Reproduktions- und Gentechnologien im besonderen systemimmantente Größenwahn sowie die patriarchalische Mißachtung der Einheit und Integrität von Körper und Seele - speziell derjenigen von Frauen - sind, die diese Technologien nicht nur zu einer verschwenderischen, höchst ineffizienten Praxis, sondern auch zu einer weiteren Form von Gewalt gegen Frauen machen" (1990, 301).

KLEINs besonderes Interesse gilt der In-vitro-Fertilisation (IvF), der Verschmelzung von Eizelle und Spermium im Reagenzglas. Bei diesem Verfahren sind Frauen Rohstofflieferantinnen und Klientinnen einer rapide wachsenden Industrie für vorgeburtliche Untersuchungen. Auch HELSPER & JANZ nehmen zur IvF kritisch Stellung: "Es hat sich gezeigt, ein IvF-Programm zu durchlaufen, ist eine schmerzhafte Prozedur, greift in alle normalen biologischen und sozialen Abläufe ein, bringt die Frau in totale Abhängigkeit vom Arzt, ist teuer und in den meisten Fällen erfolglos" (1989, 182, vgl. KLEIN 1990, 304). Dies bringt neben dem Mißerfolg an sich und körperlichen Nebenwirkungen auch psychische Konsequenzen mit sich: Betroffene Frauen erleben diese Programme "sehr deutlich als psychische Gewalt" (HELSPER & JANZ 1989, 183). Oft sind sie "noch verzweifelter als am Anfang der Prozedur, die sich über Jahre hinziehen kann, und noch überzeugter 'Versagerinnen' zu sein, d.h. nicht einmal mit Hilfe der Technologie ein Kind zustande zu bringen" (KLEIN 1990, 304). KLEIN hält die IvF insofern für einen weiteren Fall "einer medizinischen 'Behandlung', die mehr Schaden anrichtet, als sie nützt" (1990, 304). Angesichts der methodischen Weiterentwicklungen der IvF, die z.B. eine Einpflanzung des befruchteten Eies innerhalb eines hermetisch abgeschlossenen Reagenzglases innerhalb der Gebärmutter vorsehen - und dies mit psychologischen Vorteilen der Mutter begründen -, kann sich KLEIN "kaum ein reduktionistischeres Bild vorstellen als das einer Frau, die ihren eigenen Embryo in einem Reagenzglas in ihrer Scheide ausbrütet" (1990, 305).

Weiter nehmen die Indikationen für die IvF ständig zu, es stehen weitere Ausweitungen ins Haus, etwa "IvF mit Eispende aus eugenischen Gründen wegen vorliegenden erblichen Krankheiten der Frau oder Alter der Frau; IvF für Frauen, die toxischen Einflüssen ausgesetzt sind oder waren; IvF zur Anwendung von Pränatalimplantationsdiagnostik (d.h. der Embryo wird vor der Einpflanzung in den Körper der Frau auf genetische Eignung durchgecheckt, ein Verfahren, das zur Zeit erforscht wird und in das Wissenschaftler große Hoffnungen setzen)" (HELSPER & JANZ 1989, 183). Auch KLEIN befürchtet über die gängige Praxis hinaus einen zunehmenden Druck auf Frauen zu pränataler und Prae-Implantationsdiagnostik (1990, 314). Mit diesen Verfahren sowie der Entwicklung von DNA-Sonden, "die in der Lage sind, in Chromosomen bestimmte Gene zu erkennen und zu 'markieren'" (1990, 315), könne man "Defekte, das Fehlen oder auch Vorhandensein bestimmter Gene ... nachweisen. Mit dieser Methode, so sagt man, wird es in absehbarer Zeit möglich sein, 3000 genetisch bedingte Krankheiten zu diagnostizieren, indem man einem vier- bis achtzelligen Embryo eine Zelle entfernt und sie analysiert. Dieses als 'embryonale Biopsie' bezeichnete Verfahren soll weiterhin erlauben, 'defekte' Embryos vor ihrer Einnistung in der Gebärmutter zu erkennen, so daß eine Auswahl getroffen werden kann und nur die 'guten' Embryos eingepflanzt werden" (1990, 315). KLEIN sieht hier zum einen das Problem, daß biologistisch und eugenisch zwischen 'normal' und 'defekt' getrennt wird, und zum anderen das Problem, daß eine Ausweitung derartiger Untersuchungen einen zunehmenden Druck zu ihrer Nutzung auf Frauen ausüben würde: "Die 'Wahlmöglichkeit' einer schwangeren Frau, ja oder nein zu dieser medizinischen 'Hilfe' zu sagen, würde damit enorm eingeschränkt" (1990, 315). Diese "neue Eugenik" ist "gleichzeitig ein weiterer Schritt zur völligen Enteignung und Zerstückelung unserer Körper und unserer Gebärfähigkeit" (HELSPER & JANZ 1989, 184). So treffen sie sich in ihrer feministischen Einschätzung der Reproduktionstechnologie mit KLEIN, die meint, "daß Frauen mehr denn je 'lebende Laboratorien' in den Händen des Triumvirats aus Wissenschaftlern, Ärzten und internationalen Pharmakonzernen sind" (1990, 317). "Der 'Kinderwunsch' - das 'Leid' der 'Patient/inn/en' - dient dazu, unter dem Deckmantel des 'Heilens' Experimente an Frauen zu legitimieren, die ihre körperliche und seelische Gesundheit gefährden" (1990, 307). Statt eines solchen patriarchalischen Fortschrittswahns spricht sie sich dafür aus, "das Stigma - oder Tabu - , das der Unfruchtbarkeit anhaftet und bei den Frauen unter anderem Schuldgefühle verursacht" (1990, 310) zu brechen: "Kinderlos und glücklich zu sein muß mindestens so akzeptabel sein - und nicht nur toleriert werden - wie Kinder haben" (1990, 310), ist die logische Folgerung und KLEINs Forderung zugleich.

Eine letzte - kritische - Bemerkung soll diesen Abschnitt beenden. Auffällig bei HELSPER & JANZ - zumal eine der Autorinnen Sonderpädagogin ist - erscheint bei der Aufführung der Methoden der Gen- und Reproduktionstechniken, daß zwar die Fruchtwasserpunktion (Amniozentese) und die Chorionzottenbiopsie als Methoden zur Erkennung von Chromosomenanomalien und verschiedene vererbbaren Behinderungen erwähnt (1989, 180f.), jedoch nur in der Weise problematisiert wird, welche Risiken für die Gesundheit der Mutter und für Spontanaborte bestehen. Nicht problematisiert wird in diesem Beitrag, wie auf schleichendem Wege Qualitätskontrollen für Embryos entstehen können, die das Lebensrecht für Menschen mit Behinderungen bedrohen. Die sich geradezu aufdrängende Koalition mit den KritikerInnen dieser Entwicklung in Krüppelgruppen und Sonderpädagogik gerät damit nicht ins Blickfeld (vgl. Kap. 3.5.4).

5.7 Zusammenfassung wesentlicher Aussagen der Feministischen Pädagogik zur Bewältigung der Heterogenität der Geschlechter

In diesem Abschnitt werden nun die wesentlichen Aussagen der Feministischen Pädagogik über die Bewältigung geschlechtlicher Heterogenität zusammengefaßt. Dabei ist zunächst der Frage nachzugehen, ob auch für diese Dimension der Heterogenität ein dialektisches Verständnis von Gleichheit und Verschiedenheit als Grundlage zu erkennen ist. Weiter gilt es, die Einlösung eines solchen Verständnisses auf den verschiedenen Ebenen zu betrachten.

Während in der Vergangenheit der Verschiedenartigkeit der Geschlechter durch verschiedene Schulen - mit deutlichen Benachteiligungen der Mädchen - entsprochen wurde, setzte sich in den 70er Jahren auch im höheren Schulwesen der gemeinsame Unterricht für Mädchen und Jungen durch. Die Koedukation als Ausdruck formaler Gleichheit wird seit einigen Jahren von der Feministischen Pädagogik kritisch hinterfragt. Hinter ihr wird subtile geschlechtsspezifische Diskriminierung deutlich. Im Bildungsbereich und damit auch im gemeinsamen Unterricht von Mädchen und Jungen spiegelt sich das traditionell in der Gesellschaft herrschende hierarchische Geschlechterverhältnis wider. Die feministische Diskussion behandelt zentral dieses Spannungsverhältnis: Einerseits wird Gleichheit im Sinne der Gleichwertigkeit und Gleichberechtigung, andererseits wird Raum für Weiblichkeit im Sinne geschlechtlicher Verschiedenheit gefordert. Von einigen Vertreterinnen wird eine dialektische Position eingenommen, die Gleichheit und Verschiedenheit zusammenzudenken versucht: Auf der Grundlage universeller Gleichheit fordert sie die Offenheit für eine demokratische, vielfältige Geschlechterdifferenz unter Verzicht auf monistische, vereinheitlichende Leitbilder.

Die gleiche Struktur findet sich auch in der Diskussion um die Koedukation wider: Pro-Argumente betonen Gemeinsamkeit und Gleichheit der Geschlechter, Contra-Argumente heben deren Konflikte und Verschiedenheit hervor. Dementsprechend lassen sich folgende Ansätze in der Feministischen Pädagogik unterscheiden: Die Pädagogik der Gleichheit betont die prinzipielle Gleichheit der Geschlechter, der Ansatz der Aufwertung des Weiblichen kehrt die bisher dominierende Wertigkeit bei der Betrachtung geschlechtlicher Verschiedenheit um, die Androgynitätspädagogik versucht eine Annäherung und gegenseitige Ergänzung der Geschlechterrollen in Richtung auf ein Persönlichkeitsideal mit beiden Tendenzen herbeizuführen, die Pädagogik der Pluralität vertritt den Verzicht auf Leitbilder und die Gleichberechtigung als Basis der Offenheit für Vielfalt. Somit kann auch im Bereich der geschlechtlichen Heterogenität die Grundfrage der Gleichheit und Verschiedenheit als Basis der Diskussion und ihr dialektisches Verständnis als grundlegend angesehen werden.

Auf dieser Basis lassen sich für die **Person-Ebene** folgende Aussagen treffen:

Die Bildungsbeteiligung der Mädchen hat im Zuge der Bildungsreformphase die traditionellen Benachteiligungen überwunden; quantitativ erhalten Mädchen keine schlechtere schulische Ausbildung als Jungen. Rückstellungen vom Schulanfang, Klassenwiederholungen, Aussonderung in Sonderschulen kommen bei Jungen häufiger vor, Mädchen weisen durchschnittlich höhere Abschlüsse allgemeinbildender Schulen auf als Jungen. Deutliche Benachteiligungen von Mädchen zeigen sich dagegen im berufsbildenden Bereich und beim Übergang in berufliche Ausbildung und Tätigkeit. Schulleistungsuntersuchungen zeigen unterschiedliche Tendenzen: teils wird eine generell günstigere Leistungsentwicklung der Mädchen, teils ein geschlechtsspezifisch unterschiedliches Leistungsprofil festgestellt. In vergleichenden Untersuchungen ergibt sich für Mädchen bei getrennter, für Jungen bei gemeinsamer Erziehung ein Leistungsvorteil.

Bei der Identitätsentwicklung zeigt sich bereits im Grundschulalter eine deutliche geschlechtsspezifische Unterschiedlichkeit in Zugangsweisen und Interessen: Im Sachunterricht werden Tendenzen zu Technikfaszination und unkritischer Technikfixierung bei Jungen sowie zu verstärkter Betrachtung sozialer Prozesse und romantisierender Technikdekoration bei Mädchen deutlich. Diese Tendenzen erweisen sich als im Unterricht durch bewußte Reflexion veränderbar. Entsprechende Unterschiede in der Orientierung zeigen sich auch im Stil des Malens sowie in der Wahl von sportlichen Betätigungen bei SchulanfängerInnen. Für den Grundschulunterricht ergibt sich somit die Forderung nach durchgängiger Berücksichtigung der geschlechtlichen Heterogenität. In der Sekundarstufe I zeigt sich insgesamt ein Anstieg des Selbstbewußtseins bei den SchülerInnen, jedoch mit höherem Niveau bei den Jungen und zunehmendem Abstand in Relation zu den Mädchen. Auch nachschulische Orientierungen und Lebensentwürfe zeigen - noch deutlicher - geschlechtsdifferente Strukturen: Während Jungen für sich selbst vom Primat der Berufstätigkeit ausgehen, erwarten sie eine vorübergehende Einschränkung der weiblichen Berufstätigkeit zugunsten von Familie und Haushalt. Mädchen finden sich in einer ambivalenten Lage wieder: Einerseits streben auch sie für sich eine Berufstätigkeit an, andererseits wollen sie auf traditionell weibliche Tätigkeitsbereiche wie Familie und soziale Beziehungen nicht verzichten.

Durchgängig finden sich in der Entwicklung von Mädchen und Jungen in der Schule geschlechtsspezifische Orientierungen auf bestimmte inhaltliche Bereiche - ganz im Gegensatz zu Hoffnungen zur Zeit der Bildungsreformphase. Mädchen bevorzugen eher sprachliche und künstlerische Fächer, Jungen eher mathematische, naturwissenschaftliche und technische Bereiche. Dies zeigt sich schon bei SchülerInnenbefragungen während der Sekundarstufe I, später im Kurswahlverhalten in der Sekundarstufe II und setzt sich in den Studienwahlentscheidungen verstärkend fort. Nach Berichten vor allem aus dem englischsprachigen Raum scheint der gemeinsame Unterricht diese Profile nicht zu nivellieren, sondern noch zu verstärken. Auch innerhalb einzelner Fächer zeigen sich unterschiedliche Interessenprofile, so etwa im Computer-, Physik- Geschichts- und Sportunterricht: Bei Jungen zeigt sich eine stärkere Faszination durch Personen und von der Beherrschung von Kraft und Technik, während für Mädchen eher die Einbindung in gesellschaftliche und soziale Zusammenhänge sowie alltagsbezogene und gestalterische Aspekte wichtig sind. Weiter werden Tendenzen zu stärker analytischem Vorgehen und linearem Denken bei den Jungen und zu stärker synthetischem Vorgehen und zirkulärem Denken bei den Mädchen deutlich. Ein koedukativer Unterricht muß sich diesen geschlechtsspezifischen Tendenzen stellen.

Geschlechtsspezifische Unterschiede zeigen sich auch bei der Selbst- und Fremdwahrnehmung der SchülerInnen. Sie spiegeln die gesellschaftlichen Rollenzuweisungen männlichen Durchsetzungsvermögens und weiblichen Einfühlungsvermögens wider. Jungen sehen sich als stark und überlegen, Mädchen nehmen sie als schwach und bedroht wahr. Teilweise wird diese Rollenverteilung auch von Mädchen übernommen. Psychische Kosten bringt sie indessen für beide Geschlechter mit sich: Jungen sind einem Heldenmythos ohne Schwäche- und Angstgefühle unterworfen, Mädchen sind gehalten, sich eher in Situationen einzupassen als Situationen an eigene Bedürfnisse anzupassen. Besonders deutlich werden die Tendenzen zu geschlechtsspezifischen Imperativen, männlicher Überlegenheit und Durchsetzung und weiblicher Unterlegenheit und Einpassung, in Bereichen, die als männliche Domänen gelten. Gerade in der Phase der Pubertät zeigt sich bei Mädchen häufig die Perspektive eines Zugewinns an Weiblichkeit durch den Verzicht auf mathematisch-naturwissenschaftliche Leistungsfähigkeit, die in Selbstverkleinerung mündet. Die Tendenz, weibliche Leistungsfähigkeit in diesem Bereich in Frage zu stellen und männliche Leistungsfähigkeit fraglos anzuerkennen, zeigt sich auch bei einer SchülerInnenbefragung, bei der der weitere Lebensweg zweier begabter PhysikschülerInnen phantasiert werden soll. Die dargestellten Entwicklungstendenzen rufen zu Konsequenzen auf: Selbsterfahrung und Selbstreflexion, Interaktionsspiele und generell die bewußte Betrachtung der geschlechtlichen Dimension in der Schule sollen dazu beitragen, daß Entwicklungen ermöglicht werden, die für Mädchen zu mehr Bezug zu eigenen Machtwünschen und für Jungen zu mehr Hinwendung zu eigenen Beziehungswünschen führen.

Besondere Wichtigkeit hat in diesem Zusammenhang das Verhalten der PädagogInnen. Mehrfach zeigt sich eine geschlechtsspezifische Aufmerksamkeitsverteilung, die sich zu zwei Dritteln auf die Jungen und nur zu einem Drittel auf die Mädchen richtet, bei positiven wie negativen Rückmeldungen. Zusätzlich problematisch erscheint an diesem Ergebnis, daß weder PädagogInnen noch Schüler dieses als ungerecht, sondern als eine Annäherung an eine gerechtere Verteilung der Aufmerksamkeit als Benachteiligung der Jungen wahrnehmen. Zudem weisen positive Rückmeldungen von PädagogInnen an Jungen eher auf intellektuelle Fähigkeiten wie Phantasie und Originalität, Rückmeldungen an Mädchen eher auf soziale Fähigkeiten wie Fleiß und Ordentlichkeit hin. Dieses hat unterschiedliche Folgen für die Entwicklung des Selbstbewußtseins: Jungen können schlechte Leistungen mangelnden Bemühungen zuschreiben, ihre intellektuellen Fähigkeiten aber weiter als hoch einschätzen, Mädchen wird trotz allen sozialen Verhaltens häufig das Eingeständnis mangelnder intellektueller Fähigkeiten nahegelegt. PädagogInnen scheinen von Jungen eher zu erwarten, fähig und frech zu sein, während Mädchen eher nett und fleißig sein sollen. Die sozialen Leistungen, vor allem von 'stillen' Mädchen im Klassenraum, die die Atmosphäre des Unterrichts positiv beeinflussen, werden demgegenüber nicht als Leistungen anerkannt, sondern eher als selbstverständlich erwartet. Für die PädagogInnen ebenso wie für die SchülerInnen leitet sich aus diesen Grundtendenzen die Notwendigkeit der Selbstreflexion ab, sei es durch gegenseitige Hospitation oder Supervisionsangebote.

Auf der **Interaktion-Ebene** lassen sich für die Bewältigung geschlechtlicher Heterogenität folgende Aussagen treffen:

Bei der Interaktion zwischen Mädchen und Jungen im Grundschulalter zeigen die Ergebnisse eine deutliche Geschlechtsspezifik der Kontakte. Dies wird u.a. auch im Sportunterricht anhand deutlich überrepräsentierter gleichgeschlechtlichen PartnerInnenwahlen deutlich. Auch in Computerkursen mit älteren SchülerInnen wird wenig Kooperation und Austausch zwischen Mädchen und Jungen beobachtet. Eine gegenläufige Tendenz zeigt sich jedoch in der Entwicklung der Interaktionen zwischen Mädchen und Jungen, die sich von einer kontroversen - es dominiert das Ärgern der ordentlicheren Mädchen durch chaotischere Jungen - zu einer egalitäreren Struktur wandelt, bei der die Mädchen eher Distanz gegen die Übergriffe von Jungen zu schaffen wissen und gegenseitige Hilfeleistungen häufiger sind. Bei den Interaktionsstilen der Geschlechter zeigt sich eine Orientierung der Jungen eher an Konkurrenz und Dominanzstreben, bei den Mädchen eher eine Orientierung an Kooperation und Hilfestellung. Eine 'Mädchenöffentlichkeit' hat allerdings nur Chancen sich durchzusetzen, wenn zwei Drittel der SchülerInnen einer Klasse Mädchen sind. Die unterschiedliche Interaktionsstile zeigen sich z.B. im Computerunterricht darin, daß Jungen eher versuchen, sich mit eigenen Leistungen in der Konkurrenz zu profilieren und u.U. anderen eigenes Wissen - so es denn vorhanden ist - vorzuenthalten, während Mädchen eher mit gegenseitiger Hilfestellung zusammenarbeiten. Während Mädchen in getrennten Gruppen ein weites Spektrum eigener Rollen einnehmen, geraten sie in gemischten Situationen schnell in die Rolle einer stillen Assistentin mit der Bewunderung für den Regisseur der Situation. Auch in der Zuwendung zu Kindern mit Behinderungen zeigen sich unterschiedliche Interaktionsstile: Mädchen bauen eher kooperative Beziehungen mit der Gefahr der Überbehütung auf, während Jungen eher Distanz halten mit der Gefahr der Kontaktvermeidung oder aggressiver Abwendung. In Rollenspielen können die geschlechtsspezifischen Rollenzuweisungen in Gegensatz zur einzunehmenden Rolle geraten; als dominierend für die Bewertung erweist sich die Geschlechterrolle gegenüber der Rolle im Spiel, so daß eine double-bind-Situation entstehen kann mit der Botschaft: dominierende, laute Rolle im Spiel und stille, angepaßte Mädchenrolle. In diesem Beispiel zeigen sich die geschlechtsspezifischen Rollenerwartungen auch im Gesprächsverhalten: Mädchen sprechen seltener und kürzer als Jungen, sie werden häufiger unterbrochen; insgesamt dominieren Jungen das Gespräch. In Aufrufketten zeigt sich ein Muster konversationeller Ungleichheit, nach dem Jungen eher Jungen aufrufen, während Mädchen Mädchen und Jungen aufrufen. Auch hier tut, so die feministische Schulkritik, bewußte Reflexion mit PädagogInnen und SchülerInnen not.

Die Gewalt von Jungen gegen Mädchen nimmt einen subjektiv anderen quantitativen wie qualitativen Stellenwert ein als die Gewalt von Mädchen gegenüber Jungen: Fast jede zweite Äußerung von Mädchen darüber, was ihnen während des Unterrichts durch den Kopf geht, betrifft verbal oder körperlich aggressive Aktionen von Jungen. Zur Erklärung dieses Phänomens wird ein Zusammenhang zwischen aggressiven Verhaltensweisen und geschlechtsspezifischen Rollenerwartungen gesehen, der zu zwei unbewußten Denkknoten führt. Sie wirken im Sinne von Teufelskreisen zusammen, indem sich aggressive Verhaltensweisen von Jungen, regressive Reaktionen von Mädchen und das Eingreifen von PädagogInnen zugunsten der Mädchen gegenseitig bestärken. Diese Teufelskreise können von seiten der PädagogInnen nur dadurch aufgebrochen werden, daß Mädchen sich gegen Jungen zu wehren lernen. Auch hier sind PädagogInnen wiederum zu gemeinsamer Reflexion aufgerufen und zur Hinwendung zu aggressivem Ausagieren von Beziehungswünschen bei Jungen und zu regressivem Hinnehmen von Allmachtsphantasien ohne Widerstand bei Mädchen.

Zum geschlechtsspezifischen Verhalten von PädagogInnen gegenüber SchülerInnen stellen mehrere Untersuchungen fest, daß sie Jungen häufiger aufrufen, loben und tadeln, sie häufiger ansprechen; Jungen nehmen auch häufiger von sich aus Kontakt zu ihnen auf als Mädchen. Die bestehenden Rollenerwartungen an die SchülerInnen verschärfen diese Ungleichheit: Werden Jungen als intellektuell fähiger und chaotischer, Mädchen als weniger kompetent und fleißiger wahrgenommen, wird sie dieses auch als - eher unbewußte - Botschaft erreichen und sich im Sinne der self-fullfilling prophecy verstärkend auf das ohnehin vorhandene Ungleichgewicht auswirken. Die spezifischen Kompetenzen des weiblichen Interaktionsstils geraten zu einem weiteren Nachteil für Mädchen: Kooperatives, aber wenig herausforderndes Verhalten wird eher als langweilig, die den Unterricht sozial stützende Funktionen als selbstverständlich wahrgenommen. Chaotische Kreativität von Jungen mag zwar nervig sein, fordert aber stärker heraus. Diese Problematik erledigt sich nicht mit Formen des Offenen Unterrichts, sondern kann dort sogar verstärkt in Form ständiger Absorbierung durch Jungen auftreten.

Auch als mögliche Vorbilder nehmen die Erwachsenen in der Schule Einfluß auf 'heimliche' Lernprozesse. Die strukturelle Ungleichverteilung der Geschlechter mit weithin weiblichen Lehrerinnen und männlichen Schulleitungen und Schulverwaltern hält für SchülerInnen die Botschaft bereit, daß Männer für Leitungsaufgaben und Frauen für untergeordnete Tätigkeiten geeigneter sind. Verstärkt wird eine solche Tendenz, wenn Lehrerinnen die männliche Schulleitung als drohende Instanz einsetzen oder Schulleiter sich mit ungebetener Hilfestellung aufdrängen.

Für die **Handlungsebene** lassen sich folgende Aussagen zur Bewältigung geschlechtlicher Heterogenität machen:

Grundlage der Feministischen Pädagogik ist die Kritik an der weithin vorzufindenden pädagogischen Praxis, bei der die Tatsache geschlechtlicher Heterogenität meist keinen Stellenwert hat. Implizit wird der Unterricht jungenorientiert geplant und durchgeführt, auf curricularer Ebene wird Wissen von Frauen in Geschichte und Gegenwart ausgegrenzt; der wichtige Bereich (bisher) weiblicher Tätigkeit in Familie und Haushalt wird kaum als solcher wahrgenommen und behandelt. Häufig, besonders in sog. Jungendomänen wie den Naturwissenschaften, wird mit immer gleicher Methodik nach einer lebensfernen, wissenschaftsorientierten Systematik unterrichtet, bei der Alltagsbezüge oder größere, über die Naturwissenschaft hinausgehende Zusammenhänge äußerst selten auftauchen. Längerfristige Erfolge bestehen dann mitunter lediglich in auswendig gelernten Formelfragmenten und Satztrümmern. Demgegenüber wird ein lebensnaher, in größere Zusammenhänge eingebetteter Unterricht gefordert, der auch Möglichkeiten der Selbsttätigkeit eröffnet. Diese Postulate entsprechen eher schulreformerischen Vorstellungen. Dementsprechend ist Feministische Pädagogik keine spezielle Pädagogik, sondern eine allgemeine Pädagogik, die der bedeutsamen und bisher weithin vernachlässigten Tatsache ins Auge blickt, daß sich in der Schule Angehörige zweier verschiedener Geschlechter befinden. Diese Tatsache gilt es - neben der Berücksichtigung unterschiedlicher Interessen und Zugänge - auch im Unterricht gemeinsam mit den SchülerInnen bewußt anzugehen. Konkrete Herausforderung ist dabei die Herstellung von Gemeinsamkeit zwischen Mädchen und Jungen, zu der Arbeits- und Sozialformen, aber auch direkte inhaltliche Fragestellungen wirksam beitragen können. Auf curricularer Ebene fordert die Feministische Pädagogik eine generelle Überarbeitung aller Lehrpläne und Schulbücher dergestalt, daß ebenso wie Männer und männliche Tätigkeitsbereiche auch Frauen und weibliche Tätigkeitsbereiche zum Thema gemacht werden. Dabei müssen neben den Problemen weiblicher auch die männlicher Sozialisation bzw. neben Möglichkeiten männlicher auch die weiblicher Sozialisation thematisiert werden. Für den Sportunterricht heißt dies z.B., daß die Dimension von Leistung und Wettkampf und die Dimension von Selbsterfahrung und Gestaltung zu ihrem Recht kommen können müssen.

Besondere Beachtung verdienen Praxisversuche mit geschlechtsgetrenntem Unterricht im Sinne einer differenzierten Koedukation. Sie zeigen einerseits Freiräume auf, in denen sich Mädchen ohne Konkurrenz und ggf. negative Kommentare von Jungen entwickeln und so zu ihren Fähigkeiten finden können. Andererseits wird insbesondere von Mädchenkursen in sog. Jungendomänen durchgängig die Erfahrung beschrieben, daß Mädchen und Jungen Mädchenkurse als Kurse zweiter Wahl, als sonderpädagogische Veranstaltungen für Mädchen wahrnehmen und damit abwerten. Weiter scheint die Einrichtung getrennter Kurse allein keineswegs auszureichen; didaktische, methodische und curriculare Veränderungen müssen mit ihnen einhergehen. Eine weitere Möglichkeit für geschlechtsgetrennte Veranstaltungen sind Gruppenstunden für Mädchen oder Jungen, in denen mit Hilfe der Erwachsenen existentielle Themen der eigenen Entwicklung und des Umfeldes bearbeitet werden können. Solche wichtigen Aktivitäten stehen nicht in der Gefahr kompensatorischer Veranstaltungen für Mädchen.

Wichtig für die Entwicklung einer tatsächlich koedukativen Erziehung werden Angebote innerhalb der LehrerInnenfortbildung, aber auch eine verbindliche Einbindung der Heterogenität der Geschlechter in die LehrerInnenausbildung für alle Lehrämter gehalten. Da koedukativer Unterricht und seine bisherige praktische Problemhaftigkeit zentral mit den Personen der PädagogInnen verknüpft ist, werden im Bereich der Fortbildung Angebote gefordert, die die Trennung von fachdidaktischen Aspekten und dem Aspekt der LehrerInnenpersönlichkeit überwinden und in den Bereich der Selbsterfahrung und Supervision hineinreichen.

Für die **Institution-Ebene** erscheinen folgende Aussagen zur Bewältigung geschlechtlicher Heterogenität möglich:

Die bestehenden rechtlichen und administrativen Grundlagen der Schule sichern seit einigen Jahren formal die Gleichheit der Geschlechter in Hinblick auf Zugänge, Bildungsgänge und Abschlüsse. Dennoch wird das Verhältnis der Geschlechter in allgemeinen Erziehungszielen weitgehend ausgeblendet. Damit werden im Sinne einer ignorierenden Strategie die bestehenden gesellschaftlichen Diskriminierungen implizit bestätigt und verstärkt. Neuere Schulgesetze wenden sich in den letzten Jahren der Frage des gemeinsamen oder getrennten Unterrichts zu und ermöglichen administrativ die zeitweilige Trennung der Geschlechter in einem prinzipiell koedukativ strukturierten Schulsystem.

Ein Brennpunkt auf der institutionellen Ebene ist die Frage geschlechtsspezifischer Strukturen bei der Diagnostik und speziell bei Aussonderungsprozessen. Da in allen Sonderschultpyen, je weniger sie durch medizinische Indikationen definiert werden, um so stärker Jungen überrepräsentiert sind, muß es Geschlechtsspezifika bei Diagnostik und Aussonderung geben. Hierzu wird zum einen vermutet, daß Jungen höheren Erwartungen und damit schneller als Mädchen der Gefahr ausgesetzt sind, die in sie gesetzten Erwartungen zu enttäuschen. Hierbei handelt es sich um geschlechtsspezifisch differenzierte Normalitätsbegriffe, die zu unterschiedlichen Erwartungen und Selbstverständlichkeiten führen. Weiter kann ein Zusammenhang bestehen zu den Formen störenden Verhaltens in der Schule, die bei Jungen eher außengerichtet sind und sich in Wut, Aggressivität, Lautstärke und Schnelligkeit äußern, bei Mädchen dagegen eher innengerichtet sind und in Ängstlichkeit, Autoaggression und übersteigerter Weiblichkeit deutlich werden.

Auf der **Gesellschaft-Ebene** lassen sich folgende Aussagen zusammenfassen:

Die feministische Kritik am androzentrischen Universalismus zielt darauf, daß in Erziehungswissenschaft und pädagogischer Praxis die Vernachlässigung der geschlechtlichen Dimension von Heterogenität dominiert und implizit an männlichen Standards ausgerichtete Theorien, Curricula und Inhalten als allgemeingültig und allumfassend verstanden werden. Verbreitet ist nach wie vor ein Verständnis von Allgemeinbildung, das eigentlich eine männliche Pädagogik bezeichnet. So spiegeln Wissenschaft und pädagogische Praxis das traditionell in der Gesellschaft herrschende hierarchische Geschlechterverhältnis wider. Als Konsequenz dieser Kritik wird die Ergänzung bisheriger vorgeblich geschlechtsneutraler Aussagen um die Kategorie des Geschlechts und eine dementsprechende Überarbeitung der Curricula gefordert. Bildungsziel müsse die Überwindung der geschlechtlichen Arbeitsteilung in ihrer bisherigen rigiden Form sein und die Ermöglichung von individuellen Freiräumen für personale Entwicklung jenseits vorgegebener Normen von - zudem einengender - Weiblichkeit und Männlichkeit. Angesichts dieser Forderungen ist klar, daß es der Feministischen Pädagogik nicht um eine kompensatorische Spezialpädagogik für Mädchen, sondern um die grundsätzliche Veränderung der allgemeinen Pädagogik insgesamt geht. Dabei ist sie sich möglicher Gefahren eines Tunnelblicks im klaren, der die Vielfalt kultureller Entwicklung auf einen westeuropäisch-abendländischen Horizont der weißen Frau aus der Mittelschicht verengen und diese Situation für absolut setzen könnte. Dies ist die Warnung vor der Gefahr eines feministischen Eurozentrismus.

Die feministische Kritik am Sexismus zielt auf gesellschaftliche und individuelle Diskriminierung aufgrund des Geschlechts, sei es in direkter oder indirekter Form. Im Anschluß an die Kritik am androzentristischen Universalismus wird kritisiert, daß Mädchen und Frauen eher als das Besondere, als die Abweichung vom Normalen, Männlichen mitgemeint werden als daß sie gleichberechtigt wahrgenommen würden. Hierbei spielt der Biologismus als Behauptung biologisch festgelegter, die Geschlechterhierarchie begründender Unterschiede eine weniger bedeutende Rolle und taucht eher implizit, auch in wissenschaftlichen Arbeiten, als grundsätzliche Unterschiedlichkeit auf. Ein wichtiger Aspekt des Sexismuskritik ist die Ebene des unbewußten Handelns, die als heimlicher Lehrplan um so wirksamer wird. Über ihn lernen Mädchen wie Jungen gleichsam nebenbei, daß - gesellschaftlichen Erwartungen gemäß - Jungen überlegen und durchsetzungsfähig und Mädchen unterlegen und einfühlungsfähig zu sein haben. Mädchen erhalten die Botschaft 'Learning to loose', Jungen die Botschaft 'Learning to win'. Für den heimlichen Lehrplan bietet sich eine gemischte Schule mit Mädchen und Jungen geradezu als ideales Lernfeld an. Schließlich ist nicht die Bedeutung sexistischer Sprache zu vernachlässigen, die mit scheinbar geschlechtsneutralen Begriffen teilweise nur das männliche Geschlecht, teilweise aber auch beide Geschlechter bezeichnet - und dabei das weibliche Geschlecht lediglich unausgesprochen mitmeint. Der Problematik, entscheiden zu müssen, wann man gemeint ist und wann nicht, sind Mädchen demnach ständig, Jungen dagegen nicht ausgesetzt.

Besonders deutlich und gut dokumentiert sind sexistische Darstellungen in Schulbüchern und Richtlinien. Schulbücher als eigens für den Unterricht konzipierte und durch behördliche Zulassung quasi amtliche Texte enthalten nach wie vor durch alle inhaltlichen Bereiche und Fächer hindurch eine geschlechtsspezifische Schieflage, auch wenn in einigen Bereichen in den letzten Jahren Entwicklungen zu bewußt koedukativen Schulbüchern zu verzeichnen sind. Dominierend sind immer noch Schulbücher, in denen ein verengtes Bild von Weiblichkeit im Sinne der Hausfrau und Mutter und ein verengtes Bild von Männlichkeit im Sinne ausschließlicher Berufstätigkeit gezeichnet wird. Während sich das Spektrum gezeigter Weiblichkeit in jüngster Zeit in Richtung auf Berufstätigkeit und verantwortungsvollere Tätigkeiten erweitert, droht Männlichkeit in ihrem defizitären Status zu verbleiben. Weiter sind Mädchen und Frauen in Schulbüchern auch quantitativ unterrepräsentiert, so daß Mädchen nicht in gleichem Maße Identifikationsfiguren zur Verfügung stehen wie Jungen. Ähnliche Ergebnisse liegen für

Schulbücher in der Sekundarstufe für diverse Fächer vor. In jenen für den Sonderschulbereich werden in gesellschaftlicher Abgeschiedenheit die gleichen Tendenzen in verstärktem Maße und mit verflachter Darstellung festgestellt, obwohl die SchülerInnen dort noch dringender auf positive Identifikationsangebote angewiesen sind und hier verstärkt eine mädchen- und jungengerechtere Pädagogik betrieben werden sollte. Angesichts dieser Situation fordert die Feministische Pädagogik eine grundlegende Überarbeitung von Richtlinien und Schulbüchern auf inhaltlicher und sprachlicher Ebene und veränderte Kriterien für die Zulassung von Schulbüchern. Dabei ist der Rollentausch von Frauen und Männern keine weiterführende Vorstellung, sondern bestenfalls punktuell eine anregende Methode.

Ansätze getrennten Unterrichts zeigen eine Ambivalenz von Prozessen und Effekten fest: Einerseits bekommen Mädchen Freiräume, unbeeinträchtigt von männlichem Konkurrenzverhalten eigene Fähigkeiten zu entwickeln, andererseits geraten sie in den Verdacht, eine Sonderbehandlung nötig zu haben. Dieses positiv gemeinte Eingehen auf die Bedürfnisse von Mädchen bestätigt also gleichzeitig traditionelle geschlechtsspezifische Klischees. Das Phänomen einer Sonderbedürftigkeit von Mädchen im assimilativ-kompensatorischen Sinne wird auch in der feministischen Literatur in zahlreichen Formulierungen nahegelegt. Die bisherige Konzentration auf die problematischen Aspekte der Situation von Mädchen muß durch die gleiche Betrachtung bei Jungen ergänzt werden. Erst so lassen sich Konsequenzen ableiten, die nicht in assimilativ-kompensatorische Bahnen führen und möglicherweise in rein organisatorischen Maßnahmen steckenbleiben, sondern die eine schülerInnengerechte Schule für Mädchen und Jungen mit Phasen gemeinsamen und getrennten Lernens einleiten könnten.

Schließlich zielt die feministische Kritik an der Reproduktionstechnologie darauf, daß Frauen zunehmend dem Druck der Reproduktions- und Gentechnologie ausgesetzt sind. So erleben sie Verfahren der In-Vitro-Fertilisation als von männlicher Medizintechnik ausgeübte psychische Gewalt, die nicht nur die Einheit und Integrität von Körper und Seele mißachtet, sondern sie unter den zunehmenden Druck setzt, ihrer Funktion als Gebärende nachzukommen oder als Versagerinnen stigmatisiert zu sein. Die zunehmende Ausweitung von Indikationsstellungen für dieses Verfahren und neuere Modifikationen weisen in die angsterregende Richtung einer zunehmenden Enteignung des weiblichen Körpers zugunsten quasiindustrieller Herstellungsverfahren von neuem Leben. Zudem wird in natürliche Prozesse eingegriffen mit neuen Möglichkeiten, zwischen unterschiedlichen Qualitäten ungeborenen Lebens zu differenzieren im Sinne einer Trennung von normalem, d.h. zur Geburt zugelassenem und anormalem, d.h. auszusonderndem und zu tötendem Leben. Kritisiert wird aus feministischer Perspektive der zunehmende Zwang für Frauen, Kinder zu gebären, sowie die diesen Verfahren immanenten Gefahren für Leben und Leib der zukünftigen Mutter, nicht hingegen die möglichen Gefahren von Qualitätsprüfungen für das ungeborene und für das bereits geborene Kind.

6. Heterogenität der Begabungen, der Kulturen und der Geschlechter - ein neues Paradigma der allgemeinen Pädagogik?

Im vorliegenden Abschnitt soll die Fragestellung der Arbeit in drei Schritten beantwortet werden. Zunächst gilt es zu betrachten, ob die Dialektik von Gleichheit und Verschiedenheit die gemeinsame theoretische Grundlage der drei untersuchten Dimensionen der Heterogenität bildet. In einem zweiten Schritt folgt der Vergleich der drei Dimensionen, insbesondere ihrer Gemeinsamkeiten und Unterschiede. Im dritten Schritt soll der Frage nachgegangen werden, ob dieses Verständnis als Tendenz zu einem neuen allgemeinpädagogischen Paradigma zu verstehen ist.

6.1 Zur Gültigkeit der Theorie der Dialektik von Gleichheit und Verschiedenheit für die bearbeiteten Felder

Die Theorie integrativer Prozesse der Frankfurter Arbeitsgruppe um Helmut REISER beansprucht ihrer Formulierung nach, über den Bereich der Integration von behinderten und nichtbehinderten Kindern hinauszugehen. In Analogie zum Symbolischen Interaktionismus bezieht sie sich auf das Spannungsverhältnis von Gleichheit und Verschiedenheit mit den Prozessen der Annäherung und Abgrenzung, das im Symbolischen Interaktionismus als Balance zwischen personaler und sozialer Identität auftaucht. Ich-Identität wäre gleichzusetzen mit der gelungenen Balance zwischen Annäherungs- und Abgrenzungsprozessen (vgl. Kap. 2.1.3).

Der Anspruch dieser Theorie auf Gültigkeit über die Integration behinderter und nichtbehinderter Kinder im Sinne einer Heterogenität der Begabungen hinaus kann anhand der in Kap. 4.1 und 5.1 zusammengefaßten Aussagen überprüft werden.

Bei der Heterogenität der Kulturen sind anhand der bisherigen Bildungskonzepte für Migrantenkinder und den Vorstellungen der Interkulturellen Erziehung folgende Kernpunkte deutlich geworden: Die bisher politisch vertretenen Bildungskonzepte verharren im Denken und im Anstreben kultureller Homogenisierung: Entweder sollen Migrantenkinder nach dem 'Rotationskonzept' in Kontinuität ermöglichender Separierung innerhalb ihres kulturellen Kontextes aus der deutschen Schule herausgehalten oder nach dem 'Integrationskonzept' assimilativ an deutsche Sprache und Normen herangeführt und 'wie Deutsche' werden.

Die Interkulturelle Erziehung strebt entgegen diesen monokulturellen Tendenzen zu Separierung bzw. Assimilation ein Miteinander der Verschiedenen - also Migranten- und deutschen Kindern - an, in dem Angehörige verschiedener Kulturen und Sprachen verschieden bleiben können und gleichwohl miteinander in einer gemeinsamen Schule in Berührung kommen sollen - und dies mit der Hoffnung auf gegenseitige Bereicherung und Akzeptanz aller auftretenden Spannungen und Konflikte. Im Widerspruch zu einer Ausländerpädagogik, die sich auf die besonders zu fördernden - und primär als defizitär verstandenen - Migrantenkinder bezieht, zielt die Interkulturelle Erziehung in der Analogie zur Situation der faktisch multikulturellen Gesellschaft auf kulturell heterogene Lerngruppen.

Gemeinsamkeit in zugelassener Verschiedenheit - so könnte die Programmatik der Interkulturellen Erziehung zusammengefaßt werden. Oder entsprechend den Formulierungen der Theorie integrativer Prozesse: Auf der Basis genereller Gleichheit werden partikulare - hier kulturelle - Besonderheiten akzeptiert und als positive Ergänzungs- und Anregungsmöglichkeiten aufgefaßt.

Bei der Heterogenität der Geschlechter bildet innerhalb der Diskussion über den gemeinsamen Unterricht von Mädchen und Jungen der Aspekt der Gleichheit oder Verschiedenheit der Geschlechter den Kern. In der Koedukationsdebatte wird auf der Pro-Seite angesichts historischer Benachteiligungen der Mädchenbildung die Wichtigkeit der gleichwertigen Erziehung von Mädchen und Jungen betont, die Contra-Seite prangert dagegen die Tendenz zur Anpassung an männliche Maßstäbe und das Leiden unter männlichen Übergriffen an. Während die Pro-Seite also Gemeinsamkeit und formale Gleichheit betont, beklagt die Contra-Seite die Vernachlässigung der Verschiedenheit und Anpassung an das Männliche.

In der feministischen Diskussion werden in diesem Zusammenhang unterschiedliche pädagogische Ansätze diskutiert: Die 'Pädagogik der Gleichheit' betont die Notwendigkeit formaler und juristischer Gleichheit von Frauen und Männern und bekämpft alle Tendenzen zu hierarchischem Geschlechterverhältnis und zu schulischer Separierung. Der ihr immanenten Gefahr der Anpassung an männliche Maßstäbe sucht der Ansatz der 'Aufwertung des Weiblichen' durch die Betonung der Eigenheiten des Weiblichen, ihrer Stärken und Möglichkeiten entgegenzutreten. Er will Mädchen auch schulisch in ihrer weiblichen Entfaltung ohne männliche Einflüsse fördern. Der bestehenden Gefahr der schlichten Umwertung des Bestehenden ohne weitere Veränderung versucht die 'Androgynitätspädagogik' durch die gegenseitige Annäherung und zielperspektivisch durch die Deckungsgleichheit der Geschlechterrollen in der schulischen Gemeinsamkeit zu entgehen. Sie wird wiederum kritisiert für die Aufrechterhaltung eines - wenn auch hier nicht hierarchischen, sondern einheitlichen - Maßstabs von Weiblichkeit und Männlichkeit. Ihn aufzugeben zugunsten einer Offenheit für individuelle Heterogenität und je eigene Entwicklungsperspektiven, propagiert die 'Pädagogik der Vielfalt'. Sie vertritt einen demokratischen Differenzbegriff, der die Verschiedenheit der Geschlechter in grundsätzlicher Gleichheit und unter Verzicht auf allgemeingültige Orientierungen versteht und schulisch bei prinzipieller Gemeinsamkeit auch die Möglichkeit zu zeitweiser Trennung gesichert wissen will.

In der Terminologie der Theorie integrativer Prozesse kann die feministische Diskussion folgendermaßen wiedergegeben werden: Die 'Pädagogik der Gleichheit' strebt Gleichheit der Geschlechter an, ignoriert aber, daß sie aufgrund des herrschenden hierarchischen Geschlechterverhältnisses zur Anpassung an das Männliche gerinnt. Der Ansatz einer 'Aufwertung des Weiblichen' verneint die Gleichheit der Geschlechter wegen der Anpassungsgefahr und gerät so in die

Separierung der Geschlechter durch Überbetonung der Verschiedenheit. Die 'Androgynitätspädagogik' versucht einen Kompromiß durch gegenseitige Annäherung und stärkere Betonung der Gleichheit, behält aber einen gültigen gemeinsamen Maßstab für alle im Sinne angestrebter Homogenisierung bei. Die 'Pädagogik der Vielfalt' erkennt die prinzipielle Gleichheit der Geschlechter im Sinne gleicher Rechte und grundsätzlich gleicher Bedürfnisse an. Sie betont zugleich die Vielfältigkeit individueller Orientierungen, vertritt also eine dialektische Sichtweise von Gleichheit und Verschiedenheit. Bezüglich der Heterogenität der Geschlechter gibt es eine große Bandbreite feministischer Entwürfe, die über den Bereich eines dialektischen Verständnisses von Gleichheit und Verschiedenheit weit hinausgeht. Dennoch kann - zumal angesichts der kritischen Anmerkungen zu einzelnen Strömungen - von einer Bestätigung des zugrundeliegenden Vorverständnisses ausgegangen werden. Unterschiedlich fällt bei einzelnen Ansätzen die Gewichtung der Pole dieser Balance aus; teils wird mehr auf die Gleichheitsforderung, teils mehr auf die Betonung des spezifisch Weiblichen abgehoben.

Mit den Ergebnissen in den drei Untersuchungsfeldern kann ausgesagt werden, daß für die Dimensionen der Heterogenität der Begabungen, der Kulturen und der Geschlechter ein dialektisches Verständnis von Gleichheit und Verschiedenheit entsprechend der Theorie integrativer Prozesse als gemeinsame Grundlage gelten kann. Dieses bedeutet gleichwohl nicht, daß es nur gleiche Strukturen und Qualitäten in den drei Bereichen gibt. Natürlich sind z.B. die Qualitäten der Verschiedenheit und die sich daraus ergebenden Herausforderungen bei Begabungen, Kulturen und den Geschlechtern unterschiedlich; Frauen, MigrantInnen und Menschen mit Behinderungen stehen zwar je gesellschaftlichen Diskriminierungen gegenüber, sie haben sich jedoch nicht mit der gleichen Qualität von Anpassungsforderungen und Ausgrenzungsdrohungen auseinanderzusetzen. Ein notwendiger, differenzierterer Vergleich der drei Felder erfolgt im anschließenden Kap. 6.2.

6.2 Vergleich der Dimensionen der Heterogenität - Begabung, Kultur und Geschlecht

Wenn im folgenden die drei Dimensionen der Heterogenität vergleichend untersucht werden, so ist dabei zu beachten, daß in den drei Feldern höchst unterschiedliche Ausgangssituationen anzutreffen sind: Bei der Heterogenität der Begabungen ist bundesweit trotz aller Modell- und Schulversuche die Aussonderung von Kindern mit Behinderungen die Regel. Nach wie vor wird der größte Teil von Kindern mit Behinderungen dem hierarchisch gestuften System der Sonderschulen zugewiesen. Bei der Heterogenität der Kulturen liegt analog zur bildungspolitischen Doppelstrategie eine Situation vor, die Kinder von MigrantInnen entweder bundesdeutschen Schulverhältnissen anzupassen sucht oder sie einem gestuften System von Sondermaßnahmen zuweist. Hier werden Anpassung und Aussonderung als zwei sich ergänzende Seiten einer Logik der Homogenisierung besonders deutlich. Bei der Heterogenität der Geschlechter dominiert in ihrer bisherigen

Praxis, so die Aussage der feministischen Schulkritik, eine durchgängige Situation der Anpassung an männliche Standards.

Gemeinsam ist insofern allen drei Feldern die Bemühung um das Aufbrechen der homogenisierenden Logik: Integration verficht die Gemeinsamkeit von Kindern mit unterschiedlichen - und u.U. unterschiedlich bleibenden - kognitiven Niveaus, Koedukation fordert die Gemeinsamkeit von Kindern unterschiedlichen Geschlechts bei Anerkennung ihrer Unterschiede, Interkulturelle Erziehung verlangt die Anerkennung der kulturellen Verschiedenheit von Kindern in einer gemeinsamen Situation.

Bei dem folgenden Vergleich dieser drei Dimensionen der Heterogenität ist die leitende Fragestellung, welche Gemeinsamkeiten, aber auch welche Unterschiede sich bei einer vergleichenden Betrachtung ergeben. Erschwert wird der Vergleich dadurch, daß in den drei Feldern zum einen in unterschiedlichem Maße empirische Untersuchungen bzw. konzeptionelle Entwürfe vorliegen und zum anderen die vorliegenden Untersuchungen aus verschiedenen Blickwinkeln heraus, teils als Beschreibung bisheriger Praxis, teils als Begleituntersuchung in Schulversuchen, teils als Vergleich zwischen Schulversuch und allgemeiner Praxis angelegt sind. Die Kategorien bilden wiederum die Ebenen der Theorie integrativer Prozesse, wie sie in Kap. 2.1.3 vorgestellt worden sind.

6.2.1 Aussagen zur Person-Ebene

Zur **Bildungsbeteiligung** kann ausgesagt werden, daß Mädchen ihre Benachteiligungen im Zuge der Bildungsreform in quantitativer Hinsicht überwunden haben, wenn man die Quoten der Rückstellungen am Schulanfang, der Klassenwiederholungen, der Aussonderungen in Sonderschulen und der Abschlüsse betrachtet. Kinder von MigrantInnen dagegen stehen nach wie vor in einer Situation fortgesetzter Benachteiligung, wenngleich sich in den 80er Jahren neben Entwicklungstendenzen zur Hierarchisierung mit verschärfter ethnisch-kultureller Selektion auch Tendenzen zur Normalisierung von Bildungsverläufen zeigen. Während für die Bereiche der Koedukation und in eingeschränktem Maße auch der Interkulturalität von einigermaßen ähnlichen Voraussetzungen ausgegangen wird - so ungerecht und unrealistisch dies auch sein mag - , ist dies im Bereich der Integration nicht der Fall, denn dort geht es um die Dimension unterschiedlicher und u.U. unterschiedlich bleibender kognitiver Möglichkeiten. Aussagen über möglichst homogene Bildungsverläufe sind kein anzustrebendes Ziel der Integration. Nicht das für alle Gleiche, sondern das individuell Mögliche ist der entscheidende Maßstab. Allen drei Bereichen gemeinsam ist die Problemstellung des Übergangs von der allgemeinen Schulbildung zu Berufsorientierung, -vorbereitung, -ausbildung und Berufstätigkeit. Hier werden die Grenzen der relativ autonomen Institution Schule überschritten, gesellschaftliche Normen und rigide Leistungsselektion in der Ökonomie führen dazu, daß Mädchen und MigrantInnen trotz ihrer vorhandenen schulischen Erfolge im ökonomischen Konkurrenzkampf zu 'Randgruppen' werden, von Menschen mit Behinderungen und der Verweigerung des allgemeinen Arbeitsmarktes ihnen und ihren Möglichkeiten gegenüber ganz zu schweigen.

Bezüglich der **Schulleistungen** ergibt sich ein differenzierteres Bild: Im Bereich der Koedukation wird teilweise eine generelle leistungsmäßige Überlegenheit der Mädchen, teilweise werden nach Lernbereichen unterschiedliche Leistungsprofile von Mädchen und Jungen angenommen. Bedenklich erscheint der Befund, daß Mädchen bei getrenntem Unterricht, Jungen hingegen bei gemeinsamem Unterricht der Geschlechter bessere Leistungen zeigen. Bei der Integration zeigt sich durchgängig bei den nichtbehinderten Kinder eine zumindest gleichwertige, wenn nicht in manchen Aspekten bessere Leistungsentwicklung, bei Kindern mit Lernbehinderungen eindeutig bessere Leistungen als in der entsprechenden Sonderschule - selbst bei ihrem Verbleib in der allgemeinen Schule ohne jegliche spezielle Unterstützung - und bei Kindern mit anderen Behinderungen eine deutliche Tendenz zu einer unvorhergesehen positiven Leistungsentwicklung. Bei Kindern von MigrantInnen ergeben sich in vergleichenden Untersuchungen gegenüber deutschen Arbeiterkindern deutliche Leistungsrückstände, auch innerhalb von interkulturellen Schulversuchen. Dort verkleinert sich zwar der Unterschied in den Schulleistungen - vor allem dank der Einbeziehung der Erstsprachen - , es ergibt sich aber keine generelle Angleichung der Leistungen.

Die Leistungsrückstände der Migrantenkinder überraschen nicht angesichts der Tatsache, daß sie statt einem erstsprachlichen einem fremdsprachlichen, deutschen Unterricht folgen sollen. Die volle Gleichheit der Leistungsentwicklung wäre vermutlich erst in einem Schulsystem zu erwarten, das die Erstsprachen der Migrantenkinder in koordinierter Weise einbezieht. Es ist zu konstatieren, daß kulturelle Heterogenität Migrantenkindern nicht zu einer durchschnittlichen Leistungsentwicklung verhilft, da offensichtlich nicht in ausreichendem Maße an ihre Lernvoraussetzungen und Lernmöglichkeiten angeknüpft wird und, wie in späteren Abschnitten deutlich wird, die Rahmenbedingungen nicht im Hinblick auf die vorhandene kulturelle Heterogenität gestaltet werden. Anders stellt sich die Situation bei der Integration dar: Hier wirkt sich die Heterogenität der Begabungen offensichtlich für alle Beteiligten positiv aus; zumindest weist sie keine negativen Konsequenzen auf. Dieses ist sicherlich auch auf die Rahmenbedingungen, insbesondere das Zwei-PädagogInnen-System zurückzuführen. Im Bereich der Koedukation ist am ehesten eine gleiche Leistungsentwicklung zu erwarten. Während angesichts der generellen Leistungstendenzen bei Mädchen und Jungen weiterer Untersuchungsbedarf besteht, weist die Aussage einer besseren Leistungsentwicklung der Mädchen bei getrenntem und der Jungen bei gemeinsamem Unterricht auf eine offensichtliche Problemsituation hin. Geschlechtliche Heterogenität in der bisherigen Praxis gereicht nach dieser Aussage Jungen zum Vorteil, Mädchen hingegen zum Nachteil, selbst wenn ihre Leistungen beim gemeinsamen Unterricht höher liegen als die der Jungen.

Hinsichtlich der **Persönlichkeitsentwicklung** sind im Bereich der Integration wiederum positive Ergebnisse festzustellen: Nichtbehinderte Kinder in Integrationsklassen weisen eine höhere soziale Akzeptanz und eine größere Fähigkeit zur Rollenübernahme sowie komplexere moralische Urteile auf, bei behinderten Kindern zeigen sich positive Tendenzen zu mehr Selbständigkeit und höherem Selbstbewußtsein, die u.a. zu Konflikten mit solchen SonderpädagogInnen führen, die diese Kinder in bisheriger sonderschulischer Weise fördern wollen. Interpretationsbedürftig erscheinen die Ergebnisse zu integrierten SchülerInnen mit Lernbehinderungen, die ihre eigenen Leistungen, sozialen Beziehungen und ihr Selbstwertgefühl geringer einschätzen als die SchülerInnen in Sonderschulen. In begabungsmäßiger Heterogenität scheint es ein größeres Maß an realistischer Einschätzung zu geben als im beschützten Rahmen einer Sonderschule, in dem die gesellschaftlichen Leistungsnormen erst später zu realistischeren Selbsteinschätzungen führen.

Im Bereich kultureller Heterogenität wird eine kontroverse Diskussion geführt, ob die Persönlichkeitsentwicklung von Migrantenkindern prinzipiell als gestört angesehen werden muß oder ob vielmehr die bestehende Situation für Sozialisationsprobleme verantwortlich ist. Bei der Selbst- und Fremdwahrnehmung ausländischer und deutscher SchülerInnen zeigen sich einerseits vorhandene Vorurteile und Stereotypen, andererseits gebietet der Wunsch, 'brave Kinder' sein zu wollen, Solidarität mit anderen. Fremdheit und Ablehnung gegenüber deutschen Kindern sind im übrigen bei Migrantenkindern in nationalen Schulen größer als bei jenen in gemischten Klassen. Demnach scheint die Möglichkeit zu selbstverständlichem Kontakt als wichtige - wenn auch keine hinreichende - Basis für mehr gegenseitige Nähe zwischen deutschen und Migrantenkindern. Die gleiche Widersprüchlichkeit wie bei deutschen SchülerInnen taucht auch bei deutschen PädagogInnen auf, zu deren professionellem Selbstverständnis einerseits die Vorurteilslosigkeit gehört, die andererseits jedoch als BürgerInnen Vorurteile aufweisen und diesen Widerspruch über den Begriff der Mentalität aufzulösen versuchen. Auch bezogen auf kulturelle Heterogenität erweist sich in der deutschen Unterrichtspraxis der Freiraum für individuelle Entwicklungen als eher gering, denn es bestehen schon klare Bilder von den je Anderen, wenn auch bei SchülerInnen noch nicht so festgefügte wie bei Erwachsenen.

Im Bereich geschlechtlicher Heterogenität zeigt sich eine durchgängige geschlechtsspezifische Orientierung auf bestimmte inhaltliche Bereiche, und dies von Schulbeginn an: Mädchen orientieren sich eher auf den sprachlichen und künstlerischen Bereich, Jungen tendieren eher zum mathematischen, naturwissenschaftlichen und technischen Bereich hin. Dieses wird in der Beliebtheit von Fächern in der Sekundarstufe I sowie in Kurswahlen in der Sekundarstufe I und II und noch verstärkt im Studium deutlich. Auch innerhalb von Fächern tendieren Jungen eher zur Faszination von Technik und von Möglichkeiten zu deren Beherrschung, während Mädchen sich mehr für größere Zusammenhänge interessieren, die über Fachgrenzen hinausgehen und z.B. soziale Aspekte beinhalten. Diese Orientierungen werden im gemeinsamen Unterricht eher verstärkt als abgebaut. In der Sekundarstufe I ist eine generelle Steigerung des Selbstbewußtseins festzustellen, allerdings bei Jungen auf höherem Niveau und mit zunehmendem Abstand zu den Mädchen - obwohl Mädchen durchschnittlich höhere Schulleistungen aufweisen. Bei nachschulischen Orientierungen liegt das Primat der Jungen eindeutig bei der beruflichen Tätigkeit; Mädchen erleben demgegenüber den Widerspruch, sowohl traditionell weibliche Bereiche wie Familie und Haushalt beibehalten als auch neue Bereiche der Berufstätigkeit erschließen zu wollen und mit diesem Widerspruch alleingelassen zu sein. Bei der Selbst- und Fremdwahrnehmung von Jungen und teilweise auch von Mädchen dominiert der gesellschaftliche männliche Überlegenheitsimperativ, der dazu führt, daß sich Mädchen in der Zeit der Pubertät verstärkt von sog. Jungendomänen distanzieren und zugunsten stärker zur Geltung kommender Weiblichkeit in eine Dynamik der Selbstverkleinerung geraten. Mit der Selbst- und Fremdwahrnehmung der SchülerInnen geht eine entsprechende Verteilung der Aufmerksamkeit der PädagogInnen einher, die sich etwa zwei Drittel ihrer Aufmerksamkeit auf Jungen und nur ein Drittel auf Mädchen richtet. Während PädagogInnen bei Jungen stärker intellektuelle Fähigkeiten und weniger soziale Tugenden wahrnehmen, ist dies bei Mädchen umgekehrt. Entsprechende positive Rückmeldungen können zu ambivalenten Botschaften geraten, indem Mädchen für Fleiß gelobt werden, Jungen dagegen für intellektuelle Brillanz; Jungen können schlechte Leistungen auf soziale (Un-)Tugenden zurückführen, Mädchen stehen stärker unter Druck, intellektuelle Probleme einzugestehen.

Geschlechtliche Heterogenität scheint in der allgemeinen Schulpraxis wenig wahrgenommen zu werden. Die problematische - und bei gemeinsamem Unterricht verstärkte - Einengung von Mädchen und Jungen auf bestimmte Bereiche schulischer Inhalte spricht nicht für die Wahrnehmung und Förderung individueller - geschlechtsunabhängiger - Interessenentwicklung, sondern für eine eher unbewußte Reproduktion gesellschaftlicher Rollenvorstellungen männlicher Überlegenheit und weiblicher Unterlegenheit. Zuschreibungen von PädagogInnen gegenüber den SchülerInnen unterstützen eine problematische Entwicklung von deren Selbst- und Fremdwahrnehmung zu und tragen zur unterschiedlichen Entwicklung des Selbstvertrauens bei. So wirkt ein unreflektierter, negierender Umgang mit geschlechtlicher Heterogenität verstärkend auf vorhandene Rollenbilder, auch auf individueller, innerpsychischer Ebene. Er führt zu Anpassungdruck auf die Abweichenden an die gesellschaftliche, männlich geprägte Normalität. Offenheit für die innerpsychische Heterogenität der Geschlechter kann sich so kaum entwickeln.

Lediglich bei der Heterogenität der Begabungen scheint es - hier in Schulversuchen - zu veränderten positiven Möglichkeiten der Persönlichkeitsentwicklung zu kommen. Die Heterogenität der Lerngruppe wird in Integrationsprojekten wahrgenommen und gemeinsam reflektierend bearbeitet. Diese Praxis hält für alle Beteiligten eine Vielzahl von Gelegenheiten zur Reflexion personaler und sozialer

Problemstellungen bereit, an denen Kinder mit wie ohne Behinderungen offensichtlich wachsen können. Dieses gilt trotz des Vergleichs mit der entsprechenden Sonderschule auch für SchülerInnen mit Lernbehinderungen, auch wenn sie dadurch zu einer realistischeren - und innerpsychisch ggf. schwerer zu ertragenden - Selbsteinschätzung kommen. Hier scheint die Begleitungsfunktion der PädagogInnen für solche innerpsychischen Prozesse besonders wichtig zu sein. Um so erstaunlicher ist es, daß bisher Untersuchungen über die Einstellungen von PädagogInnen zur Heterogenität der Begabungen und zu Phänomenen wie Leistungsschwäche und Versagen fehlen. Gleiches gilt auch für die Frage, wie Mädchen und Kinder von MigrantInnen bei integrativer Erziehung wahrgenommen werden.

Dem Bereich der **Sprachentwicklung** kommt bei der Dimension kultureller Heterogenität besondere Wichtigkeit zu. Unisono wird die koordinierte Einbindung der Erstsprachen von Migrantenkindern in den Unterricht gefordert, weil sie für Migrantenkinder die Entwicklung in beiden Sprachen begünstigt und zudem für deutsche Kinder einen wichtigen Lernanreiz bilden kann. Weitgehende Praxis ist dagegen die isolierte, mit dem sonstigen Unterricht unverbundene erstsprachliche Förderung in der Schule oder in einigen Bundesländern sogar das Abschieben dieser zentralen Bildungsaufgabe in die Zuständigkeit der Konsulate. Hier werden die Heterogenität und sich aus ihr ergebende Bedarfe extrem ignoriert und ausgeblendet. Lediglich in einigen Versuchen zeigen sich die positiven Effekte einer koordinierten zweisprachlichen Alphabetisierung. Gleiches gilt auch für den Streit innerhalb der Gehörlosenpädagogik, bei dem die Anerkennung der eigenen Sprache Kern der integrativen Anerkennung dieses Personenkreises wäre. Kurioserweise werden VertreterInnen der Gebärdensprache eher des Separatismus verdächtigt, wogegen VertreterInnen einer lautsprachlichen Orientierung sich für integrativ halten, jedoch mit der Ablehnung einer eigenen Sprache sprachliche Heterogenität negieren und faktisch Anpassung betreiben. Hier bestehen deutliche Parallelen bezüglich der Anerkennung der Sprache der Gehörlosengemeinschaft wie der Erstsprachen von Migrantenkindern. Gleichwohl muß gesehen werden, daß Gehörlose sich angesichts der unterrichtlichen Dominanz lautsprachlicher Vermittlung in einer ungleich schwierigeren Situation befinden.

Bezüglich der sprachlichen Heterogenität ist in der bisherigen Praxis des deutschen Schulwesens also eine weitgehende Dominanz des lautsprachlichen Deutschen festzustellen. Sprachliche Heterogenität kommt als anerkanntes Bildungsgut gleichsam nicht vor, sie wird weitgehend ausgeblendet und ignoriert.

6.2.2 Aussagen zur Interaktion-Ebene

Über die **emotionalen Beziehungen** kann bei der Heterogenität der Begabungen ausgesagt werden, daß Kinder mit Behinderungen nahezu gleichwertig bei soziometrischen Wahlen und Ablehnungen berücksichtigt werden. Lediglich Kinder mit aggressiven Verhaltensweisen sind weniger beliebt. Insgesamt ergibt sich bei soziometrischen Untersuchungen in Integrationsklassen eine alltägliche Bandbreite sozialer Rollen. Zusätzlich ergeben sich im Laufe der Grundschulzeit positive Tendenzen dieser sozialen Einbindung. In Erfahrungsberichten zeigt sich ebenfalls diese Alltäglichkeit mit allen harmonischen, aber auch konflikthaften Anteilen.

Demgegenüber ergibt sich bei der Heterogenität der Kulturen ein ungünstigeres Bild: Generell herrscht eine kritische Distanz zwischen deutschen und Migrantenkindern vor, in soziometrischen Untersuchungen zeigt sich eine geringere Zuneigung und teilweise eine stärkere Ablehnung von Migantenkindern. Je nach Beschulungsform - sowie auch nach Nationalität - ergeben sich in unterschiedlichem Maße Freundschaften zwischen deutschen und Migrantenkindern; in gemischten Klassen ist dies - wenn auch insgesamt selten - häufiger der Fall als in nationalen Schulen, in denen der Anteil von SchülerInnen mit ausschließlichen Schul- und Freizeitkontakten zu Landsleuten deutlich höher ist. Bei der Koedukation ereignet sich Interaktion im Grundschulalter vorwiegend innerhalb der gleichgeschlechtlichen Gruppe, es kommt hier wie auch später wenig Kooperation zwischen den Geschlechtern zustande. Gleichwohl zeigt sich mit zunehmendem Alter eine Tendenz zu mehr Gleichheit und weniger männlichen Attacken innerhalb der Interaktion zwischen den Geschlechtern. Wichtig erscheint die Feststellung unterschiedlicher Interaktionsstile von Mädchen und Jungen: Mädchen tendieren eher zu einem kooperativen Stil mit gegenseitiger Hilfeleistung, Jungen zu einem konkurrierenden Stil mit Machtkämpfen und eigener Profilierung; in der koedukativen Situation geraten Mädchen in der Interaktion mit Jungen leicht in die Rolle anpassungsfähiger Assistentinnen, die für regieführende Jungen Hilfsdienste übernehmen. Entsprechend ergibt sich in der Zuwendung zu Kindern mit Behinderungen bei Mädchen eine Tendenz zum Aufbau kooperativer Beziehungen mit der Gefahr der Überfürsorge, bei Jungen eine Tendenz zu distanzierter Beobachtung mit der Gefahr aggressiver oder kontaktvermeidender Abwendung - entsprechend gesellschaftlichen Rollenerwartungen weiblicher Zuwendung und männlicher Härte.

Die Beziehungs- und Kontaktsituation unterscheidet sich bei den drei Dimensionen deutlich: Integrationsprojekte kultivieren eine Atmosphäre der Nähe mit vielfältigen Kontakt- und Begegnungsmöglichkeiten. Die allgemeine schulische Praxis, auf die sich die Betrachtung der kulturellen und geschlechtlichen Heterogenität bezieht, zeichnet sich dagegen durch stärkere Abgrenzung der Verschiedenen voneinander aus: Migrantenkinder weisen eher marginale Positionen innerhalb der Gruppe auf, Mädchen und Jungen haben nicht viel füreinander übrig und pflegen positive Kontakte eher unter Gleichen.

Als spezielles Phänomen zeigt sich bei der Koedukation die subjektive Wahrnehmung der **Gewalt** von Jungen gegenüber Mädchen. Hierbei wirken zwei Denkknoten bei den Jungen ineinander: der Imperativ, Mädchen nicht schlagen zu dürfen, und der Imperativ, daß Jungen besser seien als Mädchen. Es wäre zu prüfen, wie weit diese negative Bezugnahme auf die 'andere Gruppe' in den anderen Feldern zu verzeichnen ist. Für die Integration finden sich derlei Tendenzen nicht, bei kultureller Heterogenität sind derartige Dynamiken wohl vorhanden, jedoch finden sich keine Untersuchungen zu diesem Thema. Zu überprüfen wäre etwa, ob latente Imperative bestehen, die Prozesse verbaler und ggf. körperlicher Abgrenzung von Kindern mit Behinderungen tabuisieren.

Über den schulischen Rahmen hinaus weisen zwar Kinder mit Behinderungen in Integrationsprojekten weniger häufige und weniger **Freizeitkontakte** auf, jedoch mehr als SchülerInnen in Schulen für Lernbehinderte. Der Kontaktkreis erweitert sich stärker über den Kreis der Familie hinaus auf die MitschülerInnen. In der Grundschulzeit stellt sich zudem eine positive Entwicklung bei behinderten wie nichtbehinderten SchülerInnen ein. Bedeutsam ist dabei die Wohnortnähe der Schule insbesondere für die behinderten SchülerInnen, die großen Einfluß auf die Kontaktdichte hat. Demgegenüber zeigen sich bei der Heterogenität der Kulturen sehr geringe Freizeitkontakte, vielmehr sind hier Ablehnung und neutrale Distanz bestimmende Phänomene. Bei Migrantenkindern in gemischten Klassen bestehen sie primär mit MitschülerInnen, bei jenen in nationalen Schulen kommt es zu insgesamt weniger Freizeitkontakten und einer Konzentration auf die Nachbarschaft. Zu Freizeitkontakten finden sich im Bereich der Koedukation keine Ergebnisse, es ist jedoch ein ähnliches - wenn nicht schärferes - Bild der Distanz wie bei den Kontakten innerhalb der Schule zu erwarten.

Die in der schulischen Situation festgestellte unterschiedliche Beziehungs- und Kontaktsituation wirkt offenbar darüber hinaus in den Freizeitbereich hinein: Bei der Integration findet sich eine große außerschulische Kontaktdichte mit großer Beteiligung auch der behinderten Kinder, bei der Koedukation und bei kultureller Heterogenität größere Distanz bzw. Ablehnung. Es bleibt zu klären, wie weit die positiven integrativen Ergebnisse dem Status von Schulversuchen mit einer engagierten Elternschaft zuzuschreiben sind und wie weit sie bei einer größeren Ausweitung integrativer Erziehung erhalten bleiben.

Große Bedeutung kommt in allen drei Feldern den **PädagogInnen** zu. Bei der Koedukation wenden sie sich deutlich mehr den Jungen, bei kultureller Heterogenität deutschen SchülerInnen zu. Jungen nehmen sie als intellektuell kompetenter, wenn auch als chaotischer wahr, Mädchen halten sie dagegen für sozial kompetenter, aber für intellektuell weniger fähig. Über längere Zeiträume hinweg wissen PädagogInnen tendenziell von Jungen mehr als von Mädchen. Ähnliches gilt für Migrantenkinder: Solange der Schein der Gleichheit gewahrt werden kann, verhalten sich PädagogInnen gemäß einer Strategie der 'ignorierenden Toleranz', d.h. Migrantenkinder werden als mit deutschen Kindern gleich wahrgenommen, spezifische Kompetenzen und Bedürfnisse wie besondere Probleme werden so lange wie möglich ausgeblendet. Gelingt dies nicht mehr, reagieren PädagogInnen mit einer Strategie 'positiver Diskriminierung', d.h. Migrantenkinder bekommen eine spezielle, zusätzliche Förderung, sie werden aber gleichzeitig primär als defizitär erlebt und in die Verantwortung von SpezialistInnen delegiert, die sie kompensatorisch fördern und an den Leistungsstand deutscher Kinder heranführen sollen, so daß wieder ein höheres Maß von Gleichheit vorhanden ist. Bei der Integration fehlen Untersuchungen über das Interaktionsverhalten der PädagogInnen, gleichwohl wird in vielen Berichten deutlich, daß integrative Erziehung Kontakte und Beziehungen und ihre harmonischen wie konflikthaften Anteile als zentrale pädagogische Aufgaben versteht. Entscheidend für die PädagogInnen in ihrer unterschiedlichen Interaktionssituation scheint zu sein, daß im interkulturellen wie im koedukativen Feld häufig ein eher unreflektiertes Interaktionsverhalten unter dem dominierenden Druck der inhaltlichen Vermittlung praktiziert wird, während im integrativen Bereich neben der inhaltlichen Ebene im Zwei-PädagogInnen-System bessere Möglichkeiten für die bewußte Pflege der sozialen Atmosphäre und für die Gestaltung einer größeren Kontaktdichte und Beziehungspflege bestehen.

6.2.3 Aussagen zur Handlungsebene

Zur **Kooperation der PädagogInnen** wird im Bereich der Integration festgestellt, daß die Komplexität der heterogenen Lerngruppe die Grundlage für ein Zwei-PädagogInnen-System bildet und nicht primär die Anwesenheit behinderter SchülerInnen. Gleichzeitig stellt diese Kooperation ein zentrales Problem der Integrationspädagogik dar. In der Analyse lassen sich Anteile auf der Persönlichkeits-, Sach-, Beziehungs- und Organisationsebene unterscheiden, also Aspekte, die alle Ebenen integrativer Prozesse betreffen. Im Bereich kultureller Heterogenität wird die Einsprachigkeit des deutschen Schulsystems kritisiert und ein mehrsprachiges Zwei-LehrerInnen-Team gefordert, das gleichberechtigt den Unterricht planen und gestalten soll. Im Bereich der Koedukation wird auf dieses Thema nicht eingegangen; die Praxis der Doppeltutoriums in Gesamtschulen und seine Effekte wäre eine Analyse wert. Gleichwohl ist die Nichtbetrachtung plausibel, denn geschlechtliche Heterogenität ist einerseits eine Tatsache in jeder Klasse, andererseits wird sie weithin didaktisch ignoriert. Die Notwendigkeit einer Doppelbesetzung im Unterricht wird zwar im Bereich der Grundschule von schulreformerischen Kreisen betont, jedoch nicht aus Gründen der Bewältigung geschlechtlicher Heterogenität, sondern um einer SchülerInnenschaft gerecht zu werden, der heute ohnehin kaum eine erwachsene Person pädagogisch gerecht zu werden vermag. Auch fließt hier die Einsicht ein, daß offener Unterricht so lange exotisch zu bleiben droht, wie eine Person den Unterricht allein bewältigen muß. Und doch verwundert es, daß die Lösung der Problematik der Aufmerksamkeitsverteilung nicht in der nach der Betrachtung der anderen Heterogenitätsfelder naheliegenden Doppelbesetzung gesucht wird, sondern perspektivlos als Problem stehen bleibt.

Das Zwei-PädagogInnen-System wird also zur Bewältigung der Heterogenität der Begabungen wie der Kulturen als notwendig und unverzichtbar angesehen. Für die weithin ignorierte geschlechtliche Heterogenität wird dies nicht proklamiert, obwohl hier auf die Wichtigkeit geschlechtlicher Heterogenität bei den Erwachsenen in Gestalt von männlichen Lehrern hingewiesen wird. Da nicht für jede Dimension der Heterogenität ein spezifisches Zwei-PädagogInnen-System zusammengestellt werden kann, wäre zu überlegen, in welcher Form und Zusammensetzung ein Zweier-Team verschiedenen Dimensionen gerecht werden könnte.

Zum **Unterricht** wird für alle drei Dimensionen betont, daß keine Spezialdidaktik bzw. Sonderpädagogik für Behinderte, AusländerInnen und Mädchen angestrebt wird, sondern die Weiterentwicklung allgemeiner Pädagogik in Richtung auf die Berücksichtigung der Dimensionen von Heterogenität in den Lerngruppen. Nirgends kommt es zu einer anderen didaktischen Struktur. In allen drei Bereichen werden vielmehr besondere Qualitäten der allgemeinen Didaktik verlangt: die Heterogenität der Begabungen soll durch das Aufgeben der Verpflichtung zum Erreichen des gleichen kognitiven Leistungsniveaus und durch die inhaltliche Verknüpfung unterschiedlicher Leistungsniveaus, Kompetenzen und Begabungen zugelassen, unterschiedliche Kulturen sollen durch die Einbeziehung der Erstsprachen und anderer besonderer Kompetenzen als Bildungsgut der mehrsprachigen Kinder berücksichtigt, und der geschlechtlichen Heterogenität soll durch das Zulassen unterschiedlicher Interessen und Zugänge und durch die gemeinsame Reflexion einengender Rollenzuschreibungen Raum gegeben werden. Die gemeinsame Forderung nach der Berücksichtigung unterschiedlicher Dimensionen der Heterogenität basiert letztlich auf der Kritik an einer didaktischen Praxis des Gleichschritts, die sich auf das Phantom von DurchschnittsschülerInnen bezieht: Sie dürften männlich, nichtbehindert und deutsch sein - und der Mittelschicht entstammen. Soll der vorhandenen Heterogenität entsprochen werden können, muß die Vorstellung eines gleichschrittigen Voranschreitens aller SchülerInnen nach dem von LehrerInnen vorgegebenen Takt aufgegeben werden. Gleichermaßen geht es um eine Akzentverschiebung zu einer kindgerechteren Schule, in der SchülerInnen aktiver und selbstgesteuerter und LehrerInnen beobachtender und weniger dirigistisch sein können. Eine rein wissenschaftsorientierte, in Fächer unterteilte Wissensvermittlung soll durch fächerübergreifende Zusammenhänge in projektorientierten Arbeitsformen mit Alltagsbezügen überwunden werden, gleichzeitig geht es um die Überwindung der Schulmauern mit der Einbeziehung der Lebens- und Umwelt. Weiter wird die gemeinsame Reflexion von SchülerInnen und LehrerInnen über Gemeinsamkeiten und Unterschiede, über Freundschaften und Konflikte der SchülerInnen - ggf. auch der LehrerInnen - für wichtig erachtet, zumal angesichts der Tatsache, daß Kinder in ihrer heutigen Lebenslage kaum mehr jene sozialen Erfahrungen machen können, die früher selbstverständlich waren.

In allen drei Bereichen wird ein flexibles System innerer und äußerer Differenzierung favorisiert. Gleichwohl ist in allen Bereichen die Gefahr im Auge zu behalten, daß längerfristige Formen von durch PädagogInnen verfügter äußerer Differenzierung zu verstärkter Abgrenzung und Stigmatisierung einer Gruppe führen können: Versuche getrennten Unterrichts bei Mädchen und Jungen zeigen die Gefahr, daß Mädchen wie Jungen nach einem heimlichen Lehrplan lernen, Mädchen bräuchten einen nachhilfeähnlichen Sonderunterricht. Getrennter Unterricht droht in eine subjektive Hierarchie zu führen, die in einem kompensatorischen Verständnis besteht, besondere Förderung besonders förderbedürftiger SchülerInnen zu betreiben und damit die jeweiligen KlientInnen - seien es weibliche, ausländische oder behinderte SchülerInnen - mit ihrer Bedürftigkeit abzuwerten. Dieses wäre der Rückfall in eine Pädagogik der Gleichheit, die Heterogenität zu minimieren trachtet. Noch weniger hilfreich erscheint es, lediglich geschlechtshomogene Kurse einzurichten, in denen sich außer der Zusammensetzung der SchülerInnenschaft - zumal methodisch-didaktisch - nichts ändert. Einen gänzlich anderen Charakter hat getrennter Unterricht, wenn SchülerInnen sich für ein bestimmtes Angebot entscheiden, das ihren Bedürfnissen entspricht und/oder interessante Erfahrungen verspricht, sei es die Verbesserung der Schreibschrift, die Bearbeitung von Problemen der Familiensituation, eine Mädchen- oder Jungengruppe für Gespräche über ihre spezielle Situation in der Klasse, in Familie und Freizeit.

Bei der Heterogenität der Geschlechter wie der Kulturen wird die curriculare Ignoranz in Lehrplänen und Schulbüchern kritisiert. Curricula müssen demnach grundsätzlich überarbeitet werden, so daß sowohl die Kategorie des Geschlechts als auch die multikulturelle Situation in der deutschen Schule berücksichtigt wird. Bisher vorwiegend weibliche Tätigkeitsbereiche in Familie und Haushalt müssen der feministischen Kritik nach ins Curriculum aufgenommen werden, es muß interkultureller Kritik folgend eine Internationalisierung der Curricula erfolgen.

Gemeinsam ist allen drei Feldern auch die Forderung nach entsprechenden Angeboten der **Aus- und Fortbildung**. Für wichtig wird bei der Fortbildung die Verknüpfung von Sach- und Persönlichkeitsaspekten gehalten, da in allen Dimensionen die Persönlichkeit der PädagogInnen eine wichtige Rolle spielt, gerade in Hinblick auf unbewußte Botschaften im Sinne des heimlichen Lehrplans. Die bisher herrschende Trennung von fachdidaktischen und personzentrierten Angeboten im Bereich der Fortbildung muß aufgehoben werden, Angebote der Supervision werden in allen Bereichen gefordert und als wichtig und nützlich erfahren. Positive Erfahrungen werden aus dem interkulturellen und dem Integrationsbereich von regionalen, dezentralen Arbeitsstellen berichtet, die durch die Bereitstellung von Materialien und der Möglichkeit zu gemeinsamen Gesprächen unterrichtsunterstützend wirken. Neben derartig pragmatisch-praxisbezogener Unterstützung durch Fortbildung wird in allen Bereichen die obligatorische Einbeziehung der Arbeit mit heterogenen Lerngruppen mit ihren verschiedenen Dimensionen in die LehrerInnenausbildung gefordert. Aufbau-, Fern- und Kontaktstudiengänge existieren im Bereich der Interkulturellen Erziehung in großer Zahl, im Integrationsbereich gibt es einige Planungen und punktuelle Erfahrungen mit ihnen, die z.T. jedoch mit der Problematik eines defizitorientierten Förderansatzes behaftet sind. Dies gilt für die Behindertenpädagogik in höherem Maße, denn sie befindet sich in einer grundsätzlichen Umbruchssituation mit allen Krisensymptomen, in der die Herausforderung durch die Aufgabe ambulanter sonderpädagogischer Unterstützung zu der Kontroverse führt, ob lediglich ihr Tätigkeitsbereich ausgeweitet werden soll oder ob es zu einer grundsätzlichen Veränderung der Behindertenpädagogik kommen muß. Einer obligatorische Verankerung der Thematik der Heterogenität in Lerngruppen in der LehrerInnenausbildung bleibt bisher eine zu realisierende Herausforderung.

6.2.4 Aussagen zur Institution-Ebene

Zunächst ist festzustellen, daß die **juristischen und administrativen Regelungen** des deutschen Schulwesens weitgehend einer homogenisierenden Logik folgen. Im Bereich der Koedukation hat es die formale Gleichheit der Geschlechter im Hinblick auf Zugangsberechtigungen und gleiche Curricula gesichert. Gleichzeitig wird jedoch die Thematik der Geschlechter und damit die Frage geschlechtlicher Heterogenität weitgehend vernachlässigt. So fehlt beispielsweise bis 1990 bei den allgemeinen Erziehungszielen das Ziel der Erziehung zur Gleichberechtigung der Geschlechter. Im Bereich der kulturellen Heterogenität gilt ebenfalls die Logik der Homogenisierung: In einem gestuften System werden Migrantenkinder entweder der deutschen Normalität in Regelklassen oder unterschiedlichen Organisationsformen von Sondermaßnahmen zugeordnet. Je nach bundeslandspezifischem Schwerpunkt wird der ausländerbildungspolitischen Doppelstrategie gemäß die Priorität auf möglichst schnelle assimilative Integration oder auf die separierende Wahrung der Herkunftskultur gelegt. Und im Bereich der Heterogenität der Begabungen wird - in übergeordneter Sicht - ebenfalls weitgehend die Homogenisierung von Lerngruppen innerhalb eines hierarchisch gegliederten Schulwesens betrieben. Dies führt zu einer Auffächerung der Sonderschulen in neun Typen mit unterschiedlichen Niveaus. Da die Integrationsentwicklung quer zu dieser Logik liegt, wird sie zunächst in die Nischen von Schulversuchen verwiesen. Dort können Erfahrungen mit dieser Heterogenitätsdimension gesammelt werden. Inzwischen sind diese Versuche teilweise abgeschlossen, sie werden angesichts positiver Erfahrungen und nicht nachlassendem Elternwillen in Regelangebote überführt. Wird hier aus der Separierung heraus mehr Gemeinsamkeit ermöglicht, so zeigt sich bei der Koedukation eine spiegelbildliche Tendenz: Neue Schulgesetze erlauben eine zeitweise unterrichtliche Trennung der Geschlechter. So soll der Verschiedenheit aus bisheriger Anpassung zu mehr Raum verholfen werden.

Bei den **Rahmenbedingungen** ergibt sich folgendes Bild: In konzeptioneller Hinsicht wird in allen drei Bereichen das Primat des gemeinsamen Unterrichts betont und eine Schule für alle Kinder favorisiert, in der flexible Formen der Gruppenbildung möglich sein sollen. Integration und Interkulturelle Erziehung halten eine Kooperation von PädagogInnen unterschiedlicher Profession für notwendig, in beiden Bereichen wird neben entsprechenden LehrerInnen auch die Beteiligung von SozialpädagogInnen für wichtig erachtet, wenn auch bei Interkultureller Erziehung in unterrichtsfernerer Funktion. Zentrale konzeptionelle Forderung ist die Berücksichtigung der verschiedenen Heterogenitätsdimensionen, die auch eine institutionelle Bedeutung beinhaltet: zum ersten die Aufhebung der Verpflichtung zur Niveaugleichheit (mit allen Folgen für Zeugnis- und Versetzungsordnungen), zum zweiten die Berücksichtigung der Mehrsprachigkeit, zum dritten die unterschiedlicher Interessen und Zugänge. Während Integration teilweise auf unbedingte Wohnortnähe setzt, gerät diese Maxime bei Interkultureller Erziehung in Konflikt mit der Forderung nach zweisprachiger Gruppierungsmöglichkeit, die ggf. zum Schulbesuch in einer weiter entfernten Schule führen kann. Wohnortnähe ist bei der Koedukation unausgesprochene und selbstverständliche Maxime seit Einführung der Bezirksgrundschule, sie verbessert auch die Möglichkeiten der Öffnung zu Stadtteil und Umfeld. In der Sekundarstufe I verliert diese Maxime jedoch an Bedeutung zugunsten des differenzierten Schulsystems. Die Integrationspädagogik verficht am konsequentesten die Aufnahme wirklich aller Kinder des Umfeldes, unabhängig von Art oder Schwere der Behinderung. Sie bildet damit einen Kontrapunkt zum behindertenpädagogischen Bereich, wo die stärkste Tradition der Selektion und Zuweisung nach immer differenzierteren Kategorien besteht und für einige Kinder überhaupt erst seit Mitte der 70er Jahre das Recht auf Schulbesuch durchgesetzt ist. Als zunehmendes Problem für die Integration erweist sich die finanzielle Rahmenbedingung der politisch geforderten Kostenneutralität. Mit ihr drohen Umformungsprozesse von einem alle Kinder umfassenden integrativen Ansatz zu einem Förderansatz für Kinder, deren Bedürfnisse nicht so hohe personelle Ressourcen erfordern, der gleichzeitig andere ausschließt.

Der Bereich der **Diagnostik** bildet einen Brennpunkt innerhalb der Strukturen des selektierenden Schulwesens. Im Bereich der Koedukation zeigt sich eine deutliche Geschlechtsspezifik bei Sonderschulüberweisungen, von denen wesentlich mehr Jungen als Mädchen betroffen sind. Ursachen dafür werden in der Belastung von Jungen durch höhere Erwartungen oder darin vermutet, daß Jungen eher nach außen und Mädchen eher nach innen gerichtete Störungen entwickeln, so daß sich Unterschiede sozialer Verträglichkeit in der Schule zeigen und dementsprechende Konsequenzen ergriffen werden. Im Bereich der Interkulturellen Erziehung zeigen sich ähnlich selektive Tendenzen, nach denen Migrantenkinder unmodifizierten deutschen Tests unterworfen werden. So problematisch dies grundsätzlich ist, noch problematischer ist, dieses als Entscheidungsgrundlage für die Aussonderung in Sonderschulen zu benutzen. Kulturelle Heterogenität wird in der verbreiteten schulischen Praxis eher durch eine selektionsorientierte Diagnostik zu bewältigen versucht denn durch eine in der Interkulturellen Erziehung angestrebte prozeßbegleitende Diagnostik. Auffällig ist dabei, daß unhinterfragt behindertenpädagogische Verfahren und Begriffe benutzt werden, die dort kontrovers diskutiert werden, wenn sie nicht schon verworfen worden sind, wie der Begriff der Sonderschulbedürftigkeit. Im Bereich der Integration ist die nichtselektive Nutzung von Diagnostik ein Grundkonzept. Auf seiner Basis werden neue, meist systemische Verfahren entwickelt, die auf eine Passung zwischen den Bedürfnissen des Kindes und den bestehenden bzw. herzustellenden Bedingungen zielen. Der Schritt von der Entwicklung organisatorisch neuer diagnostischer (Aufnahme-)Verfahren zu einem praktizierten neuem Selbstverständnis, das sich auf die Erklärung von Verhaltensweisen und nicht auf die Etikettierung von Kindern bezieht, ist indessen von Widersprüchen und Brüchen zwischen traditioneller Defizit- und neuer Kompetenzorientierung gekennzeichnet.

Die Bewältigung von Heterogenität gelangt mit der Diagnostik an einen Punkt brennglasartiger Zuspitzung, hier wird der Widerspruch zwischen selektiven Schulstrukturen und individuellen pädagogischen Maßstäben für SchülerInnen am deutlichsten. Die Integrationspädagogik scheint hier am ehesten auf dem Weg zu einer nichtselektiven Diagnostik zu sein und könnte Anregungen für eine nichtselektive diagnostische Betrachtung kultureller wie geschlechtlicher Heterogenität geben. Der o.g. Widerspruch wird sich gleichwohl erst in solchen Strukturen auflösen lassen, die eine Schule für alle Kinder bereithält und bei der sich eine immer in Selektionsgefahren schwebende Plazierungsdiagnostik erübrigen könnte.

6.2.5 Aussagen zur Gesellschaft-Ebene

Zum **Verhältnis zur allgemeinen Pädagogik** wird - wie bereits auf der Handlungsebene für die Didaktik - in allen drei Feldern festgestellt, daß es nicht um Spezialpädagogiken geht, sondern um eine Bewegung von verschiedenen Ist-Situationen aus auf eine Pädagogik zu, die Gleichheit und Verschiedenheit in den unterschiedlichen Dimensionen zuläßt und zum Programm erhebt. Die Integrationspädagogik entdeckt aus der Separierung der Behindertenpädagogik heraus verstärkt Gemeinsamkeiten mit der Schulpädagogik, die Interkulturelle Erziehung tut dies aus der Separierung einer - sich spezialistisch verstehenden - Ausländerpädagogik heraus ebenfalls; die Feministische Pädagogik hingegen sucht aus bisherigen Anpassungszwängen und der Kritik am falschen androzentristischen Universalismus heraus durch die pädagogische Berücksichtigung der Kategorie des Geschlechts die Eröffnung von Vielfältigkeit zu kultivieren, ohne in das Fahrwasser einer kompensatorischen Sonderpädagogik für Mädchen zu geraten. Mit diesen Veränderungsprozessen gehen im Bereich der Integration begriffliche Veränderungen einher, die als Indikatoren für Veränderungen des Selbstverständnisses gelten können: So wird der Sinn des Behinderungsbegriffs diskutiert, der einerseits Ressourcen und Veränderungen von Anforderungen begründen kann, andererseits die gedankliche Aussonderung der Einteilung von Menschen in zwei Gruppen - behinderte und nichtbehinderte - kultiviert. Weiter zeigt sich eine Tendenz, vom Denken in Kategorien der Förderung zum Denken in Entwicklungsdimensionen überzugehen, d.h. das pädagogische Selbstverständnis beginnt sich vom Bild der Erwachsenen, die Kinder in einem Karren durch die Schul- und Bildungslaufbahn ziehen, zum Bild pädagogischer GärtnerInnen zu wandeln, die für alle Kinder ohne die Fixierung auf Fortschritte möglichst gute Wachstumsbedingungen herzustellen versuchen. Dementsprechend wandelt sich der Leistungsbegriff von einem verengten kognitiven zu einem umfassenden, Kopf, Herz und Hand einbeziehenden Verständnis. Diese Veränderungsprozesse sind nicht für die Integrationspädagogik exklusiv, sondern spiegeln wiederum allgemeine pädagogische Veränderungen wider. Dieses tun sie jedoch, da die unbeschränkte Heterogenität der Begabungen geradezu dazu zwingt, besonders deutlich.

Die drei Ansätze der Integrationspädagogik, der Interkulturellen Erziehung und der Feministischen Pädagogik sind alle demokratischen emanzipatorischen Idealen verpflichtet und wenden sich gegen Tendenzen der Hierarchiebildung. Dies gilt auch für pädagogische Ansätze, denen solche Normen immanent sind:

In allen drei Bereichen werden **Förderansätze** kritisiert, die das Phänomen der Heterogenität als Problem einzelner SchülerInnen definieren, anstatt die problematische Situation der Schule und des Unterrichts in den Blick zu nehmen. Präventionsansätze im Sinne besonderer Förderung lernschwacher SchülerInnen, Förderansätze gemäß einer Bikulturellen Bildung sowie Ansätze geschlechtergetrennten Unterrichts weisen die Tendenz der Defizitorientierung und der Vernachlässigung von Kompetenzen auf. Sie stehen in der Gefahr der kompensatorischen Gleichheitspädagogik, die Heterogenität nicht zuzulassen vermag, sondern assimilativ minimieren will. Das Dilemma besteht darin, daß hiermit einerseits eine Stigmatisierung bestimmter - eben förderungsbedürftiger - SchülerInnen einhergeht, aber andererseits ihre bestmögliche Förderung - wie immer sie auch konkret definiert werden mag - gewährleistet sein muß. Die Kritik an kompensatorischen Ansätzen richtet sich nicht gegen individuelle Hilfestellungen, sondern gegen die Zielperspektive einer Anpassung an einheitliche Maßstäbe mit den entsprechenden innerpsychischen Kosten bei den betroffenen SchülerInnen. Es ist letztlich jene Ambivalenz, die mit dem Begriff der 'positiven Diskriminierung' griffig zusammengefaßt wird: positiv, weil individuelle Hilfen gegeben werden, Diskriminierung, weil dies - häufig verbunden mit dem Delegieren an SpezialistInnen - als Abweichung von der Normalität für ausschließlich defizitär und behebungsbedürftig erklärt wird. Dies gilt auch und verstärkt im Bereich der Integration für den therapeutischen Sektor, der häufig ebenfalls eher der Psychohygiene der umgebenden Erwachsenen und ihrer 'perversen Allianz' zur Aufrechterhaltung von Normalität zu dienen scheint als einer wachsenden Handlungsfähigkeit des betroffenen Kindes; wieder mit dem innerpsychischen Preis der Fixierung auf das eigene Defizit, auf den eigenen Defekt.

Mit der Betrachtung von **Normalitätsvorstellungen** ist der Kern der Kritik der drei Ansätze auf der gesellschaftlichen Ebene beschrieben. Sie richtet sich gegen jene gesellschaftliche Normen, die hierarchiebildend wirken:

Die Kritik der Integrationspädagogik an den zunehmenden Phänomenen in der Medizintechnik wie vorgeburtliche Diagnostik, Gentechnologie, Sterilisation geistig behinderter Menschen und aktive 'Sterbehilfe' zielt auf die ihnen zugrundeliegende Hypothese der Unzumutbarkeit von Behinderung. Daß Behinderung - auch um den Preis der Tötung ungeborenen oder geborenen Lebens - gesellschaftlich als unzumutbar und vermeidungswürdig angesehen wird, knüpft an jene Traditionen an, die in der Folge eines sozialdarwinistischen Verständnisses nur dem

Starken und Gesunden ein Lebensrecht zubilligen und alles Schwache und Kranke verdrängen und beseitigen wollen. Die gedankliche Tradition der Höherwertigkeit des Gesunden gegenüber dem - zunehmend inflationär definierten - Kranken bzw. dem sog. Erbkranken führte zur Massenvernichtung von Menschen mit Behinderungen und anderen Abweichungen vom Bild nationalsozialistischer Normalität.

Die zentrale Kritik der Interkulturellen Erziehung an gesellschaftlichen Normen zielt auf mitteleuropäisch-abendländisch Höherwertigkeitsvorstellungen gegenüber anderen Gesellschaften und Völkern. In der Tradition des Rassismus erfolgt eine gesellschaftliche Abwertung mit verstärkten Vorurteilen und Abgrenzungsprozessen gegenüber Angehörigen anderer Sprachen und Kulturen, die in Deutschland leben. Gegenüber anderen Völkern und Kulturen zeigt sich Ethno- und Eurozentrismus z.B. darin, daß Unterentwicklung als Modernitätsrückstand gesehen wird, der durch Entwicklungshilfe ausgeglichen werden soll - eine ideologische Sichtweise, die eher die weitere Ausbeutung und Unterordnung weiter Teile der Welt unter ökonomische Interessen sichert als dort hilft. Indirekt werden abendländische Höherwertigkeitsvorstellungen auch durch punktuelle Folkloreveranstaltungen verstärkt, bestätigen sie doch geradezu den Ausnahmecharakter von Situationen, in denen Ausländisches für wichtig genommen wird. Zum Ausdruck kommen germanozentristische Tendenzen auch in der Sprache - etwa in negativ besetzten Begriffen wie der 'Asylantenflut', in der Deutschland unterzugehen drohe - und in Darstellungen in Lehrplänen und Schulbüchern, in denen teilweise ein verengter deutscher Blickwinkel vorherrscht und Ausländisches ignoriert wird oder die Identifikation mit dem Deutschen und die Abwertung und das Bedrohungspotential des Ausländischen Vorrang vor der Bildung internationalen Verständnisses genießt, seien es die bedrohlichen 'Türken vor Wien' oder die - nun kollabierte - 'rote Gefahr im Osten'. Als historischer Kristallisationspunkt drängt sich wieder der Nationalsozialismus auf, der die minderwertigen Rassen vernichten oder zu Arbeitssklaven herrichten und dem Bild nationalsozialistischer Normalität entsprechend der arischen Rasse zu angeblich angemessener Herrschaft verhelfen wollte.

Die zentrale Kritik der Feministischen Pädagogik richtet sich gegen die männlichen Höherwertigkeitsvorstellungen des Sexismus. Dieser Denktradition nach wird das Männliche als Normalität, das Weibliche als Abweichung bewertet; der Schule kommt die Funktion zu, der nachfolgenden Generation diesen heimlichen Lehrplan männlicher Überordnung und weiblicher Unterordnung zu vermitteln. Für diese gemeinsamen Lernprozesse des weiblichen 'learning to loose' und des männlichen 'learning to win' bietet sich der formal koedukative Unterricht geradezu an. Deutlich wird die Abwertung des Weiblichen in einer sexistischen Sprache, die androzentristisch das Männliche für das Allgemeine nimmt und das Weibliche ausgrenzt, so daß Mädchen und Frauen selbst interpretieren müssen, ob sie 'mitgemeint' sind oder nicht. Ausführlich dokumentiert sind sexistische Verzerrungen in Lehrplänen und in Schulbüchern; sie ziehen sich durch alle Lernbereiche, Fächer und Schulstufen und -typen. Daß Frauen seltener vorkommen und eher untergeordnete Rollen ausfüllen, gilt dort nach wie vor, auch wenn sich in den letzten Jahren das Frauenbild in manchem Schulbuch verändert hat. Frauen nehmen nun zusätzlich zu Familie und Haushalt Rollen im beruflichen Bereich ein, während Männer weithin in der defizitären Rolle des Nur-Berufstätigen verharren. Auch in der Tradition des Sexismus erweist sich der Nationalsozialismus als historischer Kristallisationspunkt; dort wurde Frauen über die Betonung von Mütterlichkeit am unverhohlensten die Männern und Vaterland dienende Funktion in Haushalt und Familie mit einer möglichst großen Kinderzahl zugewiesen.

Gemeinsam ist den Traditionen von Sozialdarwinismus, Rassismus und Sexismus die herrschaftsunterstützende Hierarchisierung von Heterogenität; gemeinsam ist ihnen eine Blütezeit der Umsetzung im Nationalsozialismus. Gemeinsam ist ihnen aber auch die historische Kontinuität des Fortwirkens in die heutige Zeit hinein, in der sie sich nicht mehr in massenmordender Brutalität, sondern im Gewand technologischer Verhinderung und Abschaffung, technokratischer Abwicklung und Ausschließung und normativer Anpassung und Unterordnung zeigen.

In allen drei Bereichen wird auch **Kritik von Betroffenen** artikuliert. Im Bereich der Integration warnen emanzipatorische Gruppen von Menschen mit Behinderungen davor, daß alter, sie entmündigender, förderungsaggressiver sonderschulpädagogischer Wein lediglich in neue organisatorische Schläuche gegossen wird. Für sich selbst befürchten diese Gruppierungen, daß ihnen lediglich die 'Weiterentwicklung' vom Objekt der Sonderpädagogik zum Objekt der Integration ermöglicht wird. Angesichts dessen mahnen sie die Veränderung hierarchiebildender Normalitätsvorstellungen an. Bevor sie zum Objekt der Integration zu werden drohen, ziehen sie sich lieber in emanzipatorische Selbstseparierung zurück. Ähnliche Tendenz haben viele Äußerungen von Betroffenen aus dem Bereich der Interkulturellen Erziehung. Sie befürchten einen gesellschaftlichen Druck zu schleichender Germanisierung. Bevor sie sich diesem assimilativen Druck beugen, ziehen auch sie selbstgewählte subkulturelle Separierung vor. Im Bereich der Koedukation handelt es sich bei der feministischen Schulkritik insgesamt um Kritik von Betroffenen. Hier wird ein spezifischer - und über den Bereich der Schule hinausgehender - Punkt herausgegriffen, die feministische Kritik an der Reproduktionstechnologie. Diese Eingriffe an und in Frauen werden von Betroffenen als Kristallisationspunkt männlich orientierter und in ungebrochenem Fortschrittsglauben gefangener Medizinindustrie kritisiert. Frauen werden normativ einem Gebärzwang unterworfen, selbst wenn dies zu seelischen und körperlichen Schäden führt - und nicht zu selten mit Mißerfolgen endet. Hierin sehen Betroffene den Inbegriff der Instrumentalisierung des weiblichen Körpers.

Gemeinsam ist allen drei Bereichen die Gegenwehr von Betroffenen gegen gesellschaftliche Übergriffe auf normativer oder auch auf individuell-körperlicher Ebene. Wenn die vereinnahmende Anpassung oder die normative Instrumentalisierung droht, erscheint in allen Bereichen die kollektive emanzipatorische Separierung als zweitproblematischste und damit relativ bessere Lösung.

6.3 Integration als allgemeinpädagogisches Paradigma

6.3.1 Umgangsstrategien mit Heterogenität - eine allgemeinpädagogische Theorie

In Anlehnung an das Modell der Identitätsbildung, das ein spannungsvolles Gleichgewicht zwischen den Anteilen der sozialen und der persönlichen Identität zur Entwicklung von Ich-Identität annimmt (vgl. HINZ 1989a, 54), können drei Modelle des Umgangs mit Heterogenität in der Schule benannt werden: Das Separierungsmodell basiert auf einer Theorie der Andersartigkeit und fordert Maßnahmen, die der Verschiedenheit entsprechen und sie fördern. Das Anpassungsmodell basiert auf einer Theorie der Gleichheit: Indem es Verschiedenheit ausblendet oder durch besondere Förderung von Abweichenden zu minimieren sucht, fordert und fördert es eine Gleichheit, die mit einem allgemeingültigen Maßstab gemessen wird. Das Ergänzungsmodell basiert auf einem dialektischen Verständnis von Gleichheit und Verschiedenheit entsprechend der Theorie integrativer Prozesse und bemüht sich um die Förderung von Verschiedenheit in Gemeinsamkeit. Tab. 6.1 faßt die Positionen dieser Diskussionen idealtypisch zusammen.

Innerhalb der Koedukationsdebatte betont die radikalfeministische Position die Verschiedenheit von Mädchen und Jungen und fordert - vom Einfluß von Jungen freie - feministische Mädchenschulen. Dagegen verneinen eine biologistische konservative und eine verdrängende Position jede grundsätzliche Unterschiede zwischen den Geschlechtern, so daß die vorhandene Dominanz des Männlichen erhalten bleibt; eine nivellierende Position setzt sich für die Abschaffung der letzten Rudimente männlicher Privilegien ein. Die dialektische Position sieht im Reflex auf gesellschaftliche Ungleichheiten Benachteiligungen der Mädchen im Schulsystem und sucht in einer gemeinsamen Schule den implizit männlichen Maßstab durch einen größeren Freiraum ohne einheitlichen Maßstab, zu ersetzen.

Bei der interkulturellen Debatte favorisiert die isolierende Position gemäß dem Rotationsverständnis, nach dem Arbeitsmigranten nur zeitlich begrenzt beschäftigt werden und dann in die 'Heimatländer' zurückkehren sollen, eine getrennte Schule für ausländische Kinder, die so - quasi in ungebrochener Kulturlinie - nach ihrer Rückkehr möglichst wenige schulische Probleme haben sollen. Dagegen vertritt eine ignorierende Position vorhandene Gleichheit zwischen ausländischen und deutschen Kindern, eine positiv diskriminierende Position sucht durch zusätzliche Förderung vorhandene Sprachdefizite zu vermindern und somit möglichst Gleichheit herzustellen. Die interkulturelle Position setzt auf das (auch schulische) Miteinander verschiedener Kulturen, ohne Hierarchie und unterschiedliche Wertigkeit.

MODELL	Koedukationsdebatte	Interkulturelle Debatte	Integrationsdebatte
Separierungsmodell	**radikalfeministische Position**	**isolierende Position**	**segregative Position**
Anthropologische Annahme	Andersartigkeit des Weiblichen	Andersartigkeit des Ausländischen	Andersartigkeit des Behinderten
Konsequenz	spezielle Schulen für Mädchen	spezielle Schulen für Ausländer	spezielle Schulen für Behinderte
Ziel	Förderung der Eigentümlichkeit der Geschlechter	Förderung der Eigentümlichkeit der Kulturen	Förderung der Eigentümlichkeit der Begabungen
Anpassungsmodell	**konservative/verdrängende/nivellierende Position**	**ignorierende/positiv diskriminierende Position**	**assimilative Position**
Anthropologische Annahme	Normalität des Männlichen	Normalität des Deutschen	Normalität des Nichtbehinderten
Konsequenz a Ausblendung	Orientierung am Männlichen	Orientierung am Deutschen	Orientierung am Nichtbehinderten
b Minimierung	spezielle Förderung von Mädchen in der allgemeinen Schule	spezielle Förderung von Ausländern i. d. allgemeinen Schule	spezielle Förderung von Behinderten in d. allgemeinen Schule
Ziel	Förderung der Gleichheit in Bezug auf das Geschlecht	Förderung der Gleichheit in Bezug auf die Kultur	Förderung der Gleichheit in Bezug auf die Begabung
Ergänzungsmodell	**dialektische Position**	**interkulturelle Position**	**integrative Position**
Anthropologische Annahme	Verschiedenheit und Gleichheit der Geschlechter	Verschiedenheit und Gleichheit der Kulturen	Verschiedenheit und Gleichheit der Begabungen
Konsequenz	Eigenheit von Mädchen in der allgemeinen Schule, eine Schule für alle Geschlechter	Eigenheit von Ausländern in der allgemeinen Schule, eine Schule für alle Kulturen	Eigenheit von Behinderten in der allgemeinen Schule, eine Schule für alle Begabungen
Ziel	Förderung der Verschiedenheit der Geschlechter in Gemeinsamkeit	Förderung der Verschiedenheit der Kulturen in Gemeinsamkeit	Förderung der Verschiedenheit der Begabungen in Gemeinsamkeit

Tab. 6.1: Strategien im Umgang mit Heterogenität im Feld der Schule

In der Integrationsdebatte schließlich vertritt die segregative Position die Andersartigkeit von Menschen mit Behinderungen und demzufolge ihre notwendige Sonderbeschulung. Die assimilative Position läßt Kinder mit Behinderungen in der Praxis 'einfach so' mitlaufen, ignoriert ihre Besonderheiten, oder sucht die Lösung in spezieller Förderung von Kindern mit Schwierigkeiten im Sinne einer angleichenden Prävention. Die integrative Position vertritt die Gemeinsamkeit der Ungleichen in der allgemeinen Schule.

Innerhalb der einzelnen Modelle ergeben sich überraschende Koalitionen: So vertreten sowohl die frauenbewegte radikalfeministische, als auch die konservative segregative Position eine Separierungsstrategie. Die vertretenen Strategien sind im Zusammenhang mit der gesellschaftlichen Ist-Situation zu sehen: hier eine Mädchen benachteiligende Gleichheitsfiktion der Geschlechter, dort die These der Andersartigkeit von Menschen mit Behinderungen. So betonen dann Gruppen unter Anpassungsdruck ihre Verschiedenheits- und Gruppen unter Aussonderungsdruck ihre Gleichheitsanteile.

Die vorstehende Aufstellung verweist aber auch, wie PRENGEL (1988b, 1989a) feststellt, auf strukturelle Gemeinsamkeiten zwischen den Ansätzen der dialektisch ansetzenden Feministischen, der Interkulturellen und der Integrationspädagogik im Sinne des Ergänzungsmodells, denn sie bemühen sich um eine integrative Bewältigung von Heterogenität (vgl. Tab. 6.2).

Eine integrative Bewältigung von Heterogenität zielt auf der **Person-Ebene** auf die Akzeptanz der eigenen Person in ihrer Ganzheit. Dies schließt u.a. die eigene Unvollkommenheit ein, bei Personen ohne Behinderung vor allem im Hinblick auf den Abschied von Phantasien geistiger, psychischer und körperlicher Omnipotenz. Bei Personen mit Behinderung gilt es vor allem, auch ihre Gaben und Fähigkeiten zu sehen. Im Hinblick auf geschlechtsbezogene, d.h. männliche bzw. weibliche Rollenfixierungen gilt es, die bisher dem anderen Geschlecht zugeordneten Fähigkeiten für sich zu entdecken und als eigene, authentische Seiten zu akzeptieren, so etwa für Frauen, auch die eigene Durchsetzungsfähigkeit und Aggressivität, und für Männer, auch die eigene Weichheit und Abhängigkeit zu leben. Alle stehen vor der Herausforderung, die eigene kulturelle Beschränktheit wahr- und anzunehmen, die in der schlichten Tatsache begründet ist, daß alle Menschen in einer bestimmten Gesellschaft mit je eigenen Normen aufwachsen und so nicht die Chance haben, vorurteilslos auf andere Kulturen zuzugehen.

Was auf der Person-Ebene für die Hinwendung zum 'Fremden' in der eigenen Person gilt, trifft ebenso auf der **Interaktion-Ebene** für die Begegnung, für Kontakt und Konfrontation zwischen Personen zu. Auch bei ihr geht es um die Erfahrung von Ganzheitlichkeit: um das Können und Nicht-Können, um die je individuelle Gestaltung der Existenz als Mädchen/Frau bzw. Junge/Mann und um die persönlichen Ausdrucksformen kultureller Identität. Dazu gehören immer die Erfahrungen des Gleichseins und des Verschiedenseins.

Ebenen	Integrative Bewältigung von Heterogenität in der Schule
Person: AKZEPTANZ (versus Verleugnung / Verfolgung)	Hinwendung zum 'Fremden' in der eigenen Person, zu den eigenen dunklen, ungeliebten, schwachen Seiten und zu den eigenen Verstehensgrenzen: - zur eigenen Unvollkommenheit bzw. zu den je eigenen Gaben; - zur eigenen geschlechtlichen Fixiertheit (zu Weichheit und Abhängigkeit bzw. Durchsetzungsfähigkeit und Aggressivität) - zur eigenen kulturellen Beschränktheit durch ein so bestehendes gesellschaftliche Umfeld
Interaktion: BEGEGNUNG (versus Distanzierung / Verschmelzung)	Hinwendung zum 'Fremden' in Anderen, Kontakt und Konfrontation mit den 'ganzen' Anderen: - mit ihren je individuellen Gaben, mit Können und Nicht-Können, - mit ihren je individuellen Ausformungen geschlechtlichen Seins, - mit ihren je individuellen kulturellen Ausdrucksformen
Handlung: KOOPERATION (versus Verweigerung / Vereinnahmung)	Allgemeine Didaktik mit spezifischen Qualitäten: Eingehen auf die Unterschiedlichkeit und Gemeinsamkeit in den Voraussetzungen und Möglichkeiten der Anderen unter dem Aspekt - unterschiedlicher sprachlich-kultureller Kontexte, - weiblicher und männlicher Existenzweisen, - behinderter und nichtbehinderter Entwicklungsmöglichkeiten; Individualisierung eines allgemeinen, d.h. internationalisierten sowie geschlechts- und begabungsbezogen diversifizierten Curriculums; Primat unterrichtlicher Gemeinsamkeit mit den Möglichkeiten flexibler Differenzierung; Komplexitätsreduktion durch ein Mehr-PädagogInnen-System
Institution: GEMEINSAMKEIT (versus Aussonderung / Anpassung)	Administrative Öffnung der Schule und des Schulwesens für alle, verbunden mit Autonomisierung; dabei insbesondere - Verzicht auf die Verpflichtung zum Erreichen kognitiver Niveaugleichheit, - Eingehen auf Mehrsprachigkeit und Multikulturalität, - Berücksichtigung von unterschiedlichen Zugängen und Interessen
Gesellschaft: NORMALISIERUNG (versus Exotisierung / Kolonialisierung)	Kritik an monistischen, hierarchischen und damit ausgrenzenden und abwertenden Normalitätskonzepten, an - Rassismus im Sinne der Überlegenheit des Deutschen, - Sexismus im Sinne der Überlegenheit des Männlichen, - Sozialdarwinismus im Sinne der Überlegenheit des 'Starken', sowie Kritik an entsprechenden sonderpädagogisch, ausländerpädagogisch und feministisch orientierten kompensatorischen Förder- und Therapieansätzen

Tab. 6.2: Integrative Bewältigung von Heterogenität in der Schule

Auf der **Handlung-Ebene** zielt eine integrative Bewältigung von Heterogenität auf das Ermöglichen von Kooperation. Eine integrative Schule geht auf die gemeinsamen und je individuell unterschiedlichen Voraussetzungen und Möglichkeiten der Beteiligten unterrichtlich ein, indem sie die kulturell, geschlechtlich und begabungsbezogen unterschiedlichen Lebenswelten berücksichtigt. Dies gilt sowohl für die didaktisch-methodische Ebene als auch für die curriculare Ebene, auf der durch die Öffnung zu unterschiedlichen kulturellen, geschlechts- und begabungsbezogenen Kontexten ein allgemeines Curriculum individualisiert realisiert werden kann. Eine solche Allgemeine Didaktik kann auf die dauerhafte, hierarchische Trennung von SchülerInnen verzichten und vertritt das Primat unterrichtlicher Gemeinsamkeit, das durch die Möglichkeit flexibler, situativer Differenzierung ergänzt wird. Die dauerhafte Trennung von SchülerInnen wird auch überflüssig, weil die Komplexität der Unterrichtssituation durch ein Zwei-PädagogInnen-System integrativ bewältigt werden kann.

Auf der **Institution-Ebene** kann Heterogenität integrativ bewältigt werden, wenn sich die einzelne Schule und das Schulwesen insgesamt für alle Kinder öffnen und die administrativen Bemühungen um Homogenisierung einstellen. Dabei ist insbesondere bedeutsam, daß auf die Verpflichtung zum Erreichen gleicher Lernziele auf gleichem Niveau verzichtet wird, daß die multikulturelle und vielsprachige Situation der Schule anerkannt wird und daß unterschiedliche, sozialisatorisch begründete Zugänge und Interessen ermöglicht werden.

Auf der **Gesellschaft-Ebene** schließlich trägt zur integrativen Bewältigung von Heterogenität bei, wenn bestehende gesellschaftliche Normen kritisiert werden, die monistisch Hierarchien begründen und Abweichungen abwerten. Dieses gilt für sexistische ebenso wie für rassistische und sozialdarwinistische Haltungen und auch für jene Förder- und Therapieansätze, die Kinder mit kompensatorischen Anliegen an eine unhinterfragte Normalität heranführen wollen, seien es z.B. Technikkurse für Mädchen, Rechtschreibkurse für Kinder mit Schreibproblemen oder Deutschkurse für Kinder von MigrantInnen und Flüchtlingen. So notwendig eine individuelle Unterstützung jedes Kindes ist, so problematisch ist der allseits gültige Maßstab, unter dem diese Kinder als defizitär und veränderungsbedürftig diskriminiert werden. "Allen drei Erkenntnisperspektiven ist gemeinsam, daß sie sich darum bemühen, bestehende hierarchische Verhältnisse zwischen Menschen nicht zu reproduzieren, sondern vielmehr am Abbau von Hierarchien zu arbeiten" (PRENGEL 1988b, 370). "Indem sie sich gegen Behindertendiskriminierung, Frauenfeindlichkeit und Ausländerfeindlichkeit, auch Rassismus, wenden, sind sie einer emanzipatorischen Pädagogik verpflichtet" (PRENGEL 1989a, 7). Mit der Vorstellung eines "Miteinander des Verschiedenen" (ADORNO) ist diese Gemeinsamkeit griffig gekennzeichnet, PRENGEL subsumiert sie unter einer integrativen "Pädagogik der Vielfalt" (1989a, 6).

6.3.2 Integration als allgemeinpädagogisches Paradigma

Die Frankfurter Forschungsgruppe beansprucht mit ihrer Theorie integrativer Prozesse paradigmatische Qualitäten. Um diesen Anspruch zu klären, sollen in drei Schritten zunächst die Begriffe Integration und Paradigma reflektiert werden; abschließend soll eine Beantwortung der Frage nach einem allgemeinpädagogischen Paradigma der Integration versucht werden.

Zunächst zu den **Überlegungen zum Integrationsbegriff**. Im Ansatz der Theorie integrativer Prozesse wird betont, daß Integration nicht direkt hergestellt werden kann, daß somit die Integration von Menschen mit Behinderungen oder anderer kultureller Herkunft, geschweige denn von Mädchen und Frauen in die allgemeine Schule eine assimilative Fiktion ist. Gerade die Diskussion um die Integrationsforderung innerhalb der Ausländerpädagogik macht die Ambivalenz des Integrationsbegriffs deutlich (vgl. Kap. 4.1.2): Ein Verständnis von Integration zielt auf eben diese assimilative - und damit im Sinne dieser Arbeit eben nicht integrative - Fiktion und meint letztlich eine angleichende Einpassung in das Bestehende, ohne daß dieses sich im ganzen verändert. In diesem Sinne wären alle kompensatorischen Ansätze der besonderen Förderung von Kindern mit Lernproblemen im Sinne der Prävention, von Migrantenkindern im Sinne der Sprachförderung und von Mädchen im Sinne der Überwindung der Technikdistanz eher assimilativ denn integrativ. Tatsächlich entsprechen sie dem Muster positiver Diskriminierung auf der Grundlage des Homogenisierungsdenkens der assimilativen Pädagogik der Gleichheit. Dieses Verständnis von Integration ist es, das zu Abwehrreaktionen bei Betroffenen führt, die leistungsbezogene Überforderung, schleichende Germanisierung und Anpassung an männliche Maßstäbe befürchten und angesichts dieser Gefahren als kleineres Übel eher in kollektive, emanzipatorische Isolation ausweichen.

Integration im Sinne dieser Arbeit meint demgegenüber die Veränderung des Ganzen durch die Zusammenführung der Verschiedenen. Wenn Kinder, die bisher in Schulen für Behinderte eingeschult wurden, nun allgemeine Schulen besuchen, besteht das Ziel nicht mehr in der Minimierung von Verschiedenheit, sondern in der Veränderung von Schule im ganzen, innerhalb dessen die Verschiedenen ihren Möglichkeiten gemäß sich entwickeln können sollen. Diesem Verständnis nach basiert Integration auf einer dialogischen Entwicklungsvorstellung. Hier geht es nicht um die Integration von Kindern mit Behinderungen, mit nichtdeutscher Herkunft und Kindern weiblichen Geschlechts, sondern um eine integrative Schule für alle, die Freiräume für die soziale und individuelle Entwicklung aller Kinder ohne Anpassungsdruck und Aussonderungsdrohung bereithält und auf die Forderung nach Homogenisierung von Lerngruppen verzichtet.

Die Ambivalenz des Integrationsbegriffs kann auch am Beispiel der Vereinigung der beiden früheren deutschen Staaten verdeutlicht werden. Viele mögen auf eine Integration im Sinne der dialogischen Herstellung von Einigungen, quasi auf eine Synthese auf höherem Niveau gehofft haben, die gleichwohl der bestehenden Heterogenität aufgrund der bisherigen Entwicklung von DDR und BRD Raum gibt - in der Praxis zeigt sich die Vereinigung Deutschlands weniger als Beispiel für integrative Prozesse denn als Beispiel für die Anpassung eines Teils an einen anderen Teil, also als assimilativen Anschluß eines Systems an ein anderes. Dieses mag auch eine innere Logik haben, handelt es sich hierbei doch nicht um zwei qualitativ gleiche Systeme, die ihren Zusammenschluß planen, sondern um den Zusammenbruch eines politisch wie ökonomisch bankrotten Systems, das nun dem anderen zufällt. Damit geht jedoch die Dynamik einher, daß auch der entsprechende Teil der deutschen Bevölkerung normativ zur Problembevölkerung, zur problematischen Minderheit gemacht wird. Hört man PolitikerInnen von der deutschen Einheit und von der Integration von West- und Ostdeutschland sprechen, so klingt auch hier eine hierarchische Botschaft positiver Diskriminierung mit: 'Wir Westler' verzichten großzügig - wenn auch mitunter zähneknirschend - auf einen Teil unseres Wohlstands, um 'euch Ostlern' eine besondere ökonomische und politische Förderung angedeihen zu lassen. Dies ist unbestritten notwendig, aber damit wird auch die Botschaft minderer Fähigkeiten der östlichen Bevölkerung bzw. Ökonomie und damit ihrer Minderwertigkeit transportiert. Damit ist dies nicht nur ein Beispiel für Nicht-Integration, sondern auch für hierarchische, kompensatorische Entwicklungsstrategien, das das Dilemma von Hilfeleistungen und Abwertung widerspiegelt. Integration im dialogischen Sinne findet dabei nicht statt, sie bleibt als vor uns liegende Herausforderung bestehen.

Nun zu den **Überlegungen zum Paradigmabegriff**: Im Anschluß an den Wissenschaftshistoriker KUHN (1973) kann der Begriff des Paradigmas verstanden werden als Zusammenhang von Fragestellungen, der für eine Gruppe von WissenschaftlerInnen eine gemeinsame Grundlage bildet. Er bezeichnet eine gemeinsame Denkweise, mit der auf Probleme und Untersuchungsvorhaben zugegangen wird und die auch bestimmte Lösungsrichtungen näherliegend erscheinen läßt als andere. KUHN weist darauf hin, daß sich die wissenschaftliche Entwicklung nicht zu einem Mehr an Erkenntnissen additiv vollzieht, sondern daß in historischen Zusammenhängen entstandene und auf ihnen basierende Erkenntnisse zu revidieren sind. So kommt es zu grundlegenden "wissenschaftlichen Revolutionen", in deren Rahmen bisherige Erkenntnisse aufgrund neuer theoretischer und/oder Praxisentwicklungen zu modifizieren oder gänzlich zu verwerfen sind. Deutlichste und grundlegendste Beispiele hierfür sind bei KUHN jene "Wendepunkte in der wissenschaftlichen Entwicklung, die mit den Namen Kopernikus, Newton, Lavoisier und Einstein verbunden sind" (1973, 23). Diese wissenschaftlichen Revolutionen gewinnen nach KUHN ihre paradigmatische Qualität aus zwei Merkmalen: "Ihre Leistung war beispiellos genug, um eine beständige Gruppe von Anhängern anzuziehen, hinweg von den wetteifernden Verfahren wissenschaftlicher Tätigkeit, und gleichzeitig war sie noch offen genug, um der neubestimmten Gruppe von Fachleuten alle möglichen Probleme zur Lösung zu überlassen" (1973, 28).

Die **Überlegungen zur Frage eines Paradigmas der Integration** - so, wie der Integrationsbegriff in dieser Arbeit verstanden wird - sollen nun in zwei Schritten entfaltet werden: für die Behindertenpädagogik und für die Allgemeine Pädagogik.

Zunächst ist für den Bereich der Behindertenpädagogik festzustellen, daß man von einem Paradigmenwechsel ausgehen kann. Der seit dem zweiten Weltkrieg gültige Konsens, daß Kinder mit Behinderungen am besten getrennt von anderen SchülerInnen in Sonderschulen gefördert werden können, ist mit der zunehmenden praktischen und theoretischen Entfaltung der Integrationspädagogik grundsätzlich in Frage gestellt. Es ist ein weitgehender Konsens festzustellen in bezug auf die paradigmatischen Qualitäten dieser Veränderungsprozesse, die die Behindertenpädagogik in eine Umbruchssituation mit wechselseitiger Polemik und mit allen Krisensymptomen der Herausforderung, der Beharrung, der vorübergehenden Resignation und des Aufbruchs gebracht haben. Der häufig gebrauchte Begriff der Kopernikanischen Wende der Sonderpädagogik seit der Empfehlung des Deutschen Bildungsrates 1973 vermag diese paradigmatische Qualität auch verbal zu illustrieren. Die Existenz eines gemeinsamen Grundverständnisses drückt sich - neben der Tatsache, daß es überhaupt zur Begrifflichkeit einer Integrationspädagogik kommt - in der Herausbildung einer scientific community aus, die sich in jährlichen Kolloquien miteinander austauscht (vgl. Kap. 2.1.1).

Schwieriger erscheint die Beantwortung der Frage, ob Integration auch als allgemeinpädagogisches Paradigma Gültigkeit hat. Zunächst ist festzustellen, daß die integrationspädagogische Entwicklung in der allgemeinpädagogischen Diskussion kaum wahrgenommen wird. Bei Diskussionen um die Allgemeinbildung wird in der Schulpädagogik durchweg von einer notwendigen Basiskompetenz, einem für alle verbindlichen Fundament der allen gemeinsamen Bildung ausgegangen (vgl. Kap. 3.6.1 mit dem Hinweis auf FLITNER, vgl. auch PRENGEL 1990c, die als weitere Beispiele für die Nichtbeachtung von SchülerInnen mit Behinderungen KLEMM, ROLFF & TILLMANN 1985 und für die Basiskompetenz KLAFKI 1985 anführt). In einem solchen Verständnis von Allgemeinbildung finden evtl. SchülerInnen mit Lernproblemen ihren Platz. Sollen indessen auch SchülerInnen, die bisher Schulen für Geistigbehinderte besuchen, zur Allgemeinheit der SchülerInnenschaft gehören, kann ein allen gemeinsames Fundamentum nicht mehr formuliert werden. Was in der Schulpädagogik als Grenzmarkierung für Verschiedenheit gesetzt wird, erscheint in der Wahrnehmung der Integrationspädagogik als Inkonsequenz; mit dieser Ausgrenzung verkommt das, was als Allgemeinbildung diskutiert wird, zu einer Sonderbildung für Nichtbehinderte und verfehlt damit seinen Allgemeinheitsanspruch. In der Wahrnehmung durch die Schulpädagogik sind die interkulturelle und die feministische Pädagogik weiter, betrachtet man die Diskussionen um ihre Kritik des Andro- und des Germanozentrismus an Allgemeinbildungskonzepten (vgl. Beihefte Nr. 18, 21 und 23 der Zeitschrift für Pädagogik).

Andererseits zeigen die großen Übereinstimmungen der drei untersuchten Felder untereinander wie auch in Verbindung mit Postulaten und Elementen der Schulreform, daß Integration im dialogischen Sinne als gemeinsame theoretische Grundlage der demokratischen, nicht-hierarchischen Bewältigung von Heterogenität in der Schule anzusehen ist. Die gemeinsame Erziehung unterschiedlicher

Kinder in der Schule ist gemeinsames Anliegen unterschiedlicher pädagogischer Strömungen. Auch wenn bisher wenig Berührungspunkte zwischen diesen Feldern wahrgenommen werden und von einer gemeinsamen scientific community nicht im entferntesten gesprochen werden kann, so eint dieses Anliegen integrationspädagogische, interkulturelle und (auch inhaltlich und nicht nur formal) koedukative Ansätze. Es erscheint insofern angemessen, von Entwicklungstendenzen zu einem allgemeinpädagogischen Paradigma der Integration zu sprechen. Damit sollen nicht in einer kolonialistischen Weise Erkenntnisse und Erfahrungen aus dem gemeinsamen Unterricht von Kindern mit und ohne Behinderungen einfach anderen pädagogischen Feldern übergestülpt werden. Die unterschiedlichen Dimensionen der Heterogenität basieren auf divergenten Grundsituationen, hier der Aussonderung, dort der Anpassung; sie beinhalten sehr wohl verschiedene Problemstellungen und verlangen z.T. nach unterschiedlichen Lösungen.

Die allgemeinpädagogisch paradigmatischen Qualitäten der Integrationspädagogik liegen in der konsequenten Praxis- und Theorieentwicklung des Miteinander des Verschiedenen, die keine SchülerInnen ausschließt. Ihren Kernpunkt bildet die Beteiligung der SchülerInnen, die sonst Schulen für Geistigbehinderte, und mitunter dort noch separierte Klassen für Schwerst- und Mehrfachbehinderte, besuchen. Viele Integrationsprojekte machten ihre ersten Erfahrungen mit SchülerInnen mit geistigen Behinderungen - sie verdeutlichen die Unmöglichkeit eines homogenisierenden, gleichschrittigen Unterrichts am drastischsten.

Auch die Integrationspädagogik bedarf der Anregung durch andere Felder der Heterogenität. Am stärksten drängt sich hier die Frage auf, ob sie nicht mit der strikten Maxime der Wohnortnähe einer zu starken Vereinzelung von SchülerInnen mit Behinderungen Vorschub leistet und die Gemeinsamkeit der Gleichbetroffenen vernachlässigt, wie sie etwa von emanzipatorischen Krüppelgruppen, aber auch von der Gehörlosengemeinschaft praktiziert wird. Diese Frage gewinnt angesichts des interkulturellen Ansatzes der zeitweisen sprachhomogenen Gruppenbildung und des Ansatzes der Binnenintegration an zusätzlichem Gewicht. Nun ist sicherlich davon auszugehen, daß einer gemeinsamen Sprache eine höhere Qualität des Erlebens von Gemeinsamkeit innewohnt als etwa der gemeinsamen Diagnose 'geistige Behinderung' in ihrer Unbestimmtheit und in ihrer ganzen Bandbreite. Dennoch besteht für die Integrationspädagogik, zumal in den Formen der Einzelintegration, aller Anlaß, der Gemeinsamkeit der Gleichbetroffenen, z.B. durch klassenübergreifende Angebote, stärkere Aufmerksamkeit zu widmen. Dabei ist gleichwohl davor zu warnen, in alte sonderpädagogische, kategorisierend verwaltende Verfahrensweisen zu verfallen und SchülerInnen in (sonder-)pädagogischer Aggressivität zu binnenintegrativen Erfahrungen ihres Behindert-Seins drängen zu wollen.

Gemeinsamkeiten der drei Dimensionen der Heterogenität zeigen sich indessen nicht nur in ihrer Grundlage des dialektischen Verständnisses von Gleichheit und Verschiedenheit. Auch die praktische Einlösung bzw. die vorgelegten konzeptionellen Entwürfe weisen, wie in Kap. 6.2 deutlich geworden ist, grundlegende Gemeinsamkeiten mit paradigmatischer Qualität auf.

Diese Gemeinsamkeiten weisen gleichzeitig auch darauf hin, daß sich mit dem Paradigma der Integration nicht etwas völlig neues entwickelt hat. REISER vertritt die Auffassung, daß es sich nicht um ein neues Paradigma handelt, sondern um "eine Generalisierung im Laufe der Geschichte" (1990e, 12). Als Erweiterung kommt "die Akzeptanz der Unvollkommenheit des Menschen und der prinzipiellen Ergänzungsbedürftigkeit des Menschen" (1990e, 12) hinzu. Erst sie ermöglicht, ohne Ausschluß alle Menschen in die Gemeinsamkeit der Verschiedenen und in die sich ergänzende Entwicklung menschlicher Autonomie und Interdependenz einzubeziehen. Und PRENGEL bemerkt, daß mit der Integration "ein in der Pädagogik neuer Modus der alten Dialektik von Gleichheit und Differenz" (1990c, 281) entsteht. "Der originelle Beitrag der Integrationsprojekte in die Geschichte der Pädagogik ist, daß sie bewiesen haben, daß es möglich ist, alle SchülerInnen in der ganzen Bandbreite menschlicher Vielfalt von den Schwerstbehinderten bis zu den Hochbegabten gemeinsam zu unterrichten" (1990c, 278), und dies - so wäre zu ergänzen - in einer Weise, die für die Entwicklung aller Kinder förderlich ist. Ähnliche Aussagen dürften nach größeren empirischen Untersuchungen auch von seiten der Interkulturellen Erziehung und von der Feministischen Pädagogik zu erwarten sein, wenn sie über die theoretische Diskussion und konzeptionelle Entwürfe hinaus empirische Ergebnisse der praktischen Erprobung - evtl. im Rahmen wissenschaftlich begleiteter Schulversuche - vorweisen.

PRENGEL (1990c) weist über die Gemeinsamkeiten der drei Dimensionen der Heterogenität hinaus auf weitere Entsprechungen zu konzeptionellen Entwürfen in der Allgemeinen Pädagogik hin. So zeichnet sich etwa KLAFKIs Konzept einer neuen Allgemeinbildung durch die Feststellung aus, "daß es notwendig ist, einerseits jeweils ein Höchstmaß an Gemeinsamkeiten anzustreben, andererseits aber doch immer die Möglichkeit zu unterschiedlichen und kontroversen Auffassungen, Problemlösungsversuchen, Lebensentwürfen zu gewährleisten" (1985, 22) - oder anders ausgedrückt, die dynamische Balance von Gleichheit und Verschiedenheit zum Ziel und zur Bedingung von Allgemeiner Bildung zu machen.

In die gleiche Richtung weisen auch einige Merkmale eines neuen Bildungsbegriffs von KLEMM, ROLFF & TILLMANN (1985, 168ff.): Sie fordern etwa mit dem Merkmal Sinnlichkeit zur praktischen, lebensweltbezogenen Eigentätigkeit und zum Verbinden von Erfahren mit Erleben auf. Mit dem Merkmal Ganzheitlichkeit beziehen sie gegen die Zerstückelung von Lebenswelten Stellung, beginnend mit der Teilung der Kopf- und Handarbeit, verstärkt durch neue Technologien und Mediatisierung und im schulischen Bereich schließlich bei der zeitlichen, räumlichen und inhaltlichen Zerstückelung endend. Eine Zielperspektive gibt für sie PESTALOZZIs Postulat der "Selbstentfaltung der Grundkräfte von Kopf, Herz und Hand (...), also von Verstand, Gefühl und Tätigkeit" (1985, 175). Mit dem Merkmal Solidarität wollen KLEMM, ROLFF & TILLMANN im Bildungsbegriff nach dem Gleichheitsgebot Beschränkungen und insbesondere selektive Momente abgebaut und die SchülerInnen durch einen humaneren pädagogischen Umgang emotional, sozial und intellektuell gestärkt und individuell gefördert wissen. Dabei soll "individuelle Entwicklung immer solidarischem Handeln verpflichtet" (1985, 176) sein. Auch hier also wird die notwendige, gegenseitige Ergänzung von individueller Autonomie und sozialer Verbundenheit deutlich, die die Basis der Theorie integrativer Prozesse bildet.

Ebenso zielen die Überlegungen von PREUSS-LAUSITZ zu einem neuen Bildungsverständnis auf die Vereinbarkeit von individueller Entwicklung und sozialer Einbindung, wenn er eine Schule fordert, "in die alle SchülerInnen gemeinsam gehen - und in der formale Trennungen überwunden werden: Ausländerregelklassen, Sonderschulen und -klassen für Langsamlerner, körperlich, sinnes- und geistig Behinderte, für Kinder unterschiedlicher Religionen und Geschlechter" (1988d, 416).

Zusammenfassend ist festzustellen, daß die aus partikularen Bereichen - der Behindertenpädagogik, der Ausländerpädagogik, der Feministischen Pädagogik - entstandenen Ansätze Integrativer, Interkultureller und Feministischer Pädagogik große Gemeinsamkeiten aufweisen: Sie bearbeiten die je primär wahrgenommene Dimension der Heterogenität in der Schule. Dabei kommen sie zu nahezu identischen Aussagen zum Verhältnis von Gleichheit und Verschiedenheit, die in der paradigmatischen Kernaussage des 'Miteinander des Verschiedenen' ohne Homogenisierungsbemühungen mit Anpassungsdruck und Aussonderungsdrohung ihre gemeinsame Basis haben. In dieser Basis weisen sie darüberhinaus auch grundlegende Gemeinsamkeiten mit Überlegungen innerhalb der Allgemeinen Pädagogik auf, wie sie etwa in Allgemeinbildungskonzepten oder für einem neuen Bildungsbegriff entwickelt werden, auch wenn diese in ihrem Allgemeinheitsgrad nicht die Konkretisierung in unterschiedlichen Dimensionen enthalten, die gleichzeitig auch mit einer konsequenteren Generalisierung der Grundaussage einhergehen. In der Zusammenführung der partikularen wie der allgemeinen Ansätze scheint die Chance zur (Weiter-) Entwicklung eines allgemeinpädagogischen Paradigmas der Integration zu bestehen, das die dynamische Balance von Gleichheit und Verschiedenheit in einem dialektischen Verständnis als Kern hat. Die Zielperspektive wäre eine gemeinsame, vielfältige Schule für alle.

7. Perspektiven für eine Allgemeine Pädagogik und eine gemeinsame und vielfältige Schule für alle

Im letzten Kapitel dieser Arbeit gilt es nun der Frage nachzugehen, welche Bedeutung den erarbeiteten Ergebnissen beizumessen ist und welche Konsequenzen sich aus ihren Ergebnissen ableiten lassen, wenn das Ziel eine Allgemeine Pädagogik und eine allgemeine, gemeinsame und vielfältige Schule für alle ist. Dabei wird nun nicht mehr der Systematik der Theorie integrativer Prozesse gefolgt, sondern es werden verschiedene Felder beleuchtet, für die die allgemeinpädagogische Maxime des Miteinander des Verschiedenen relevant ist oder sein sollte.

Bei dieser Reflexion geht es zunächst um die Institution der Schule bzw. des Schulsystems. Wenn das Miteinander des Verschiedenen eine allgemeinpädagogische Maxime ist, wird sich dies sowohl auf der Ebene der einzelnen Schule als auch auf der Ebene des ganzen Schulsystems einschließlich der Schulverwaltung bemerkbar machen müssen (Kap. 7.1). Daß das Miteinander des Verschiedenen auf praktischer Ebene Einfluß auf den Unterricht haben wird, liegt auf der Hand. Es wird eine radikale Abwendung vom gleichschrittigen Vorgehen und von der Orientierung an imaginären - und implizit deutschen, männlichen und nichtbehinderten - DurchschnittsschülerInnen stattfinden müssen (Kap. 7.2). Weiter wird das Miteinander des Verschiedenen nicht ohne Auswirkungen auf die Erziehungswissenschaft und ihre universitäre Entwicklung bleiben können. Die bisherigen Diskussionen um eine neue Allgemeinbildung erhalten mit den Ergebnissen dieser Arbeit eine neue Zuspitzung, doch auch strukturelle Fragen stehen hier zur Debatte (Kap. 7.3). Auch die LehrerInnenausbildung wird sich mit dem allgemeinpädagogischen Postulat des Miteinander des Verschiedenen befassen müssen. Es wird nicht bei der bisherigen strikten Trennung der Lehrämter und der pädagogischen Vernachlässigung der Kategorie des Geschlechts bleiben dürfen (Kap. 7.4).

7.1 Konsequenzen für die Institution Schule und das Schulsystem

Im folgenden werden schlaglichtartig einige Überlegungen zu institutionellen Konsequenzen und Herausforderungen angestellt. Dabei lassen sich zwei Aspekte unterscheiden: Zunächst gilt das Interesse der Frage, welche schulbezogenen und schulsystembezogenen Folgen sich mit dem Verzicht auf Homogenisierung und der Anerkennung von Heterogenität einstellen. Anschließend wird der Frage nachgegangen, unter welchen Voraussetzungen und mit welchen Bedingungen Schulen und Schulverwaltung in eine erfolgversprechende Entwicklungsdynamik in Richtung auf eine gemeinsame und vielfältige Schule eintreten können.

7.1.1 Institutioneller Verzicht auf Homogenisierung und Anerkennung von Heterogenität

Zentrales Postulat einer gemeinsamen und vielfältigen Schule für alle ist die Aufgabe der Bemühungen um Homogenisierung und die Anerkennung vorhandener und sich entwickelnder Heterogenität - und dies auf der Ebene der einzelnen Klasse wie auf der Ebene des Schulsystems insgesamt.

Die Ebene der einzelnen Klasse wird in Kap. 7.2 weitergehend betrachtet. An dieser Stelle erscheint es dennoch geboten, auf notwendige institutionelle Gegebenheiten hinzuweisen, die die Voraussetzung dafür bilden, daß auf der unterrichtlichen Ebene Heterogenität anerkannt werden kann: Es kann auf Dauer, zumal angesichts der raschen Veränderungen der Kindheit mit ihren abnehmenden Möglichkeiten sozialer und lebensweltlicher Erfahrungen, nicht bei der alten schulpädagogischen Grundaussage bleiben, daß eine Schulklasse von einzelnen LehrerInnen unterrichtet wird. Über kurz oder lang wird es, zumindest im Primarbereich, zu einem partiellen Zwei-PädagogInnen-System kommen müssen. Dieses ist nicht in der Problematik einzelner 'ProblemschülerInnen' begründet, sondern in der Problematik der Komplexität der Unterrichtssituation an sich. So lange am Ein-PädagogIn-System festgehalten wird, werden die innerhalb der Interkulturellen Erziehung analysierten, aber für jegliche Heterogenitätsdimension zutreffenden Strategien der ignorierenden Toleranz und der positiven Diskriminierung die zentralen Strategien dieser LehrerInnen sein müssen, mit denen sie als EinzelkämpferInnen die Komplexität des Unterrichts bewältigen können.

Die Anerkennung vorhandener Heterogenität und ihre nichtanpassende wie nichtaussondernde, d.h. nicht-hierarchische und damit demokratische Bewältigung wird in verschiedenen Stufen des Schulsystems unterschiedliche Auswirkungen und Herausforderungen nach sich ziehen. Schon die Schulsystemstruktur einer mit zunehmendem Lebensalter der SchülerInnen zunehmenden institutionellen Differenzierung bedingt, daß auch die Herausforderungen für eine demokratische Schule für alle mit zunehmendem Lebensalter der SchülerInnen wachsen.

Im Grundschulbereich als dem Bereich, der bisher schon eine Schule für die meisten Kinder bereithält, dürften sie am geringsten - wenngleich auch dort nicht ohne Konflikte und Schwierigkeiten - ausfallen. Wie die Integrationsversuche gezeigt haben, ist der gemeinsame Unterricht von Kindern mit unterschiedlichem kognitiven Leistungsvermögen zu allseitigem Nutzen möglich. Es muß auch ebenso möglich sein, eine angemessene Berücksichtigung der Erstsprachen der SchülerInnen in dieser Schulstufe einzubinden. Für einen angemessenen Umgang mit geschlechtlicher Heterogenität steht institutionell überhaupt kein Bedarf an, der über die ohnehin geforderte institutionelle Möglichkeit der flexiblen Bildung von temporären Lerngruppen hinausginge.

Wesentlich problematischer gestaltet sich demgegenüber die Situation in der Sekundarstufe I. Die leistungsbezogen hierarchisch strukturierten bzw. konkurrierenden Schultypen sind mit der demokratischen Bewältigung von Heterogenität radikal in Frage gestellt. Sie kann grundsätzlich nur in einer für alle SchülerInnen obligatorischen Gesamtschule gelingen. Es bedarf einer Gesamtschule, die ihr Heil nicht in der Konkurrenz zum Gymnasium und in einer möglichst gerechten Leistungsselektion der SchülerInnen auf immer mehr Kursniveaus sucht, sondern die

die heterogene Lerngruppe, in der verschiedene SchülerInnen mit- und voneinander lernen können, zu ihrer Maxime erhebt und so ein klares, unverwechselbares pädagogisches wie bildungspolitisches Profil gewinnt. Eine solche Vorstellung erscheint zur Zeit als utopisch.

Immerhain aber befindet sich das deutsche Schulsystem in einer Phase des Umbruchs, wenn auch mit widersprüchlichen Tendenzen: Der sich rasant vollziehende "heimliche Umbau der Sekundarschule" (KLEMM & ROLFF 1988) zeigt, daß es bei der bisherigen Struktur nicht bleiben wird. Der Trend zur 'Zweigliedrigkeit' - bei der durchweg 'vergessen' wird, daß es SchülerInnen gibt, die sich in keinem der beiden Glieder, sondern in Sonderschulen befinden - zeigt, daß die Hauptschule als Schulform von SchülerInnen und Eltern kaum mehr gewünscht wird und sich mehr und mehr zur 'Restschule' - wobei wiederum der 'Rest' jenseits des gemeinten Rests 'vergessen' wird - entwickelt. Einerseits zeigen sich also deutliche Tendenzen der Veränderung des Bestehenden. Andererseits bildet in der bildungspolitischen Diskussion nicht die für alle verbindliche Gesamtschule die Alternative, sondern es dominiert die Vorstellung einer hierarchischen Stufung, in die die Gesamtschule eingeordnet werden soll als gemeinsamer Lernort derjenigen SchülerInnen, die weder das Gymnasium noch Sonderschulen besuchen, also die bisherigen SchülerInnen von Haupt- und Realschulen. Dieses wäre dann die Vollendung eines Umformungsprozesses des Gesamtschulansatzes - ursprünglich als alle anderen Schulformen ersetzende Schule geplant, nun als ein Teil des gegliederten Schulwesens existierend. Damit hätten Modernisierungsimpulse die Priorität gegenüber Demokratisierungsimpulsen erlangt. Gleichwohl stellt sich in europäischem Maßstab und angesichts des zunehmenden Zusammenwachsens Europas die Frage, wie lange das deutsche Schulsystem noch als singuläres Phänomen innerhalb der gesamtschulischen Systeme fast aller europäischer Länder existieren wird.

Bezüglich der Sekundarstufe II stellt sich die Situation noch schwieriger und als weitgehend unklar dar. Die fast durchgängige Trennung zwischen allgemeiner und beruflicher Bildung und die Differenzierung des Berufsschulbereichs in einzelne Berufsbereiche mit unterschiedlichen Ausbildungs- und Abschlußniveaus zeigt ein Bild weitestgehender Homogenisierung. Hier, am Übergang zwischen Bildungs- und Beschäftigungssystem, wo die Autonomie des staatlichen Bildungssystems endet und ökonomische Machtstrukturen Einfluß gewinnen, scheint die Perspektive einer demokratischen Bewältigung von Heterogenität am unklarsten. Hier bleibt Entwicklungsarbeit zu leisten.

7.1.2 Autonomisierung von Schule und Schulentwicklung

Wie sich in allen drei Untersuchungsfeldern gezeigt hat, kann sich eine gemeinsame und vielfältige Schule für alle nicht in routinisierter Ableistung von Unterrichtsstunden unter festgefügten, wenig Spielräume lassenden Verwaltungsstrukturen entwickeln. In allen drei Bereichen wird die - auch institutionelle - Öffnung der Schule gefordert und teilweise, in unterschiedlichem Maße, realisiert. Um sich in einen solchen dynamischen Prozeß der Entwicklung eigener Konzepte und Strukturen begeben zu können, müssen Schulen einen größeren autonomen Freiraum bekommen als dies weithin der Fall ist.

Das Spannungsverhältnis zwischen einheitlicher, zentraler Verwaltung und unterschiedlicher, dezentraler Gestaltung im Schulwesen wurde bereits 1973 von der Bildungskommission des Deutschen Bildungsrates in der Empfehlung "Zur Reform von Organisation und Verwaltung im Bildungswesen" (DEUTSCHER BILDUNGSRAT 1973b) thematisiert. Schon zu jener Zeit allgemeiner Reformbestrebungen wurde die Forderung nach einer "Verlagerung von Entscheidungskompetenzen im Zusammenhang der staatlichen und kommunalen Verwaltung an die einzelne Schule" (1973b, 17) erhoben.

Neuere Ansätze der Organisationsentwicklung, die auch von Instituten für LehrerInnenfortbildung unterstützt werden, können hier vielversprechende Perspektiven aufzeigen, gerade weil sie auf die Selbstentwicklung der vorhandenen Kräfte im Blick auf die konkrete Situation und ihre Möglichkeiten wie Problemlagen einzugehen vermögen. Sie weisen günstigere Startbedingungen auf als jene reformerischen Vorhaben - und seien sie noch so gut geplant - von seiten der Kultusverwaltung, denen allzu leicht ein dirigistisches Moment des Überstülpens 'von oben' anhaftet, das zunächst Widerstand bei PraktikerInnen hervorruft. Der Hamburger Schulversuch 'Integrative Grundschule' scheint einen Schritt in die richtige Richtung zu wagen, indem er Schulen die Möglichkeit gibt, sich zu beteiligen, also keine dazu zwingt und so mit Schulen in einen Dialog einzutreten gezwungen ist (vgl. Kap. 3.5.2; vgl. auch HINZ 1992a). Die Strategie der autonomen Schulentwicklung mit eher weiten kultusministeriellen Rahmensetzungen scheint eine erfolgversprechende Innovationsstrategie zu sein, die, wenn auch langsamere, aber langfristig effektivere und tiefgreifendere Entwicklungen ermöglicht. Dies darf allerdings nicht im Sinne eines 'freien Bildungsmarktes' mißverstanden werden: Behördliche Vorgaben müssen verbindliche Eckwerte festschreiben, in deren Rahmen sich Autonomieentwicklung vollziehen kann; sonst würden grundlegende Gemeinsamkeiten aller Schulen gefährdet und z.B. durch Sponsoring der sozialen Ungleichheit Tür und Tor geöffnet. Gleichwohl liegen fraglos in solchen Entwicklungsstrategien positive Impulse, sie werden von den PraktikerInnen dann auch eher getragen und können von der - u.U. mit anderen bildungspolitischen Weisungen versehenen - Schulverwaltung weniger leicht zurückgeschraubt werden.

Wenn eine solche Autonomisierung der Institution Schule angestrebt werden soll, kann dies nicht ohne integrative Prozesse innerhalb der Schulverwaltung geschehen. Es wird die innere Struktur wie das Selbstverständnis der Schulverwaltung im Hinblick darauf zu überprüfen sein, zu welcher Priorität hin das Spannungsverhältnis zwischen Kontrolle und Unterstützung aufgelöst werden soll. Plakativ ausgedrückt: SchulrätInnen tun gut daran, sich ihrer Berufsbezeichnung bewußt zu sein, die explizit das Rat-Geben nahelegt und weniger das Kontrolle-Ausüben. Gleiches gilt für die zweite Phase der LehrerInnenausbildung: Wo Studienseminare bisher primär als 'beamtenrechtliche Zurichtungsapparate' mit 'unterrichtstechnischer Anpassung' fungiert haben, sind integrative Prozesse vonnöten, die hierarchische Strukturen in Frage stellen und im Sinne einer partnerschaftlicher Kooperation verändern. In Schulverwaltungen wie Studienseminaren ist für alle Beteiligten die eigene Rolle zu überdenken im Hinblick auf den Abbau omnipotenter Selbstwahrnehmung und damit auf die Anerkennung und das Eingeständnis immer vorhandener partieller eigener Inkompetenz.

Eine solche Entwicklung wird sich nicht linear und bruchlos, geschweige denn konfliktfrei vollziehen können. Sie wird immer wieder in Systemwidersprüche im Spannungsfeld von pädagogischen Ideen der universellen Gleichheit und lediglich partikularen Verschiedenheit einerseits und den real existierenden, gesellschaftlich-normativen Hierarchien und Ungleichheiten andererseits geraten. Diesen Widersprüchen kann das Bildungssystem nicht ausweichen.

7.2 Konsequenzen für den Unterricht

Was für die institutionelle Ebene der Schule und des Schulsystems der grundlegend entscheidende Punkt ist, gilt ebenso für die Ebene des Unterrichts: Eine nicht-hierarchische, demokratische Bewältigung von Heterogenität hat nur Chancen auf Realisierung, wenn die Bemühungen um Homogenisierung aufgegeben werden. Wie in Kap. 7.1 deutlich geworden ist, kann dies nicht auf breiter Linie ohne die Überwindung des Ein-PädagogInnen-Systems gelingen, d.h. ein - zumindest partielles - Zwei-PädagogInnen-System ist für die integrative Bewältigung von Heterogenität in der Schule notwendig. Erst hierdurch besteht die Chance - wenn auch keineswegs die Sicherheit - , daß die heterogene Lerngruppe auf den je unterschiedlichen Niveaus angemessene individuelle Angebote bekommt, ohne daß für einen Teil der Gruppe der Beigeschmack entstünde, 'minderwertige Sonderangebote' zu erhalten, und daß die Lerngruppe gleichzeitig den Raum für soziale Gemeinsamkeit und den Austausch von Arbeitsergebnissen und -vorhaben erhält.

In den unterschiedlichen Feldern der Heterogenität drohen immer latent homogenisierende Abstürze vom schmalen unterrichtlichen Grat des Miteinander der Verschiedenen hin zur separierenden Addition oder hin zur assimilativen Vernachlässigung der Verschiedenheit. Beiden homogenisierenden Tendenzen verspricht eine weitere, in dieser Arbeit vernachlässigte Dimension der Heterogenität einen Riegel vorschieben zu können: die altersbezogene Mischung der Lerngruppe. Mit ihr besteht keinerlei Chance mehr, auch nur eine relative kognitiv-leistungsbezogene Homogenität herzustellen, der Normalitätsdruck der Jahrgangsklasse wäre aufgehoben. Die bisherigen Praxiserfahrungen mit altersgemischten Lerngruppen, etwa in der Laborschule Bielefeld, in der Römerstadtschule in Frankfurt oder in der Peter-Petersen-Schule in Köln - Integrationsschulen oder Schulen auf dem Wege dazu - , geben bei allen bestehenden Problemen Anlaß zur Hoffnung auf pädagogische Entwicklungsprozesse, die auf Homogenisierung im Sinne von Anpassung und/oder Separierung verzichten können. Solche durch Altersheterogenität begünstigten Entwicklungen könnten die Gefahr homogenisierender Abstürze auch in anderen Schulen bzw. Entwicklungsprojekten minimieren helfen.

Im folgenden sollen mehrere Aspekte der Unterrichtsebene angesprochen werden. Zunächst ist die Rollendefinition und das Berufsbild der PädagogInnen von zentraler Bedeutung (Kap. 7.2.1). Auf dieser Basis erscheinen Veränderungen des didaktischen Ansatzes notwendig (Kap. 7.2.2). Gleiches gilt auch für die Ebene der Curricula (Kap. 7.2.3). Flankierend werden für einen vorhandene Heterogenität integrativ bewältigenden Unterricht begleitende und beratende Dienste als notwendig erachtet (Kap. 7.2.4).

7.2.1 Rollendefinition und Berufsbild der PädagogInnen

In den drei bearbeiteten Feldern der Heterogenität ist je deutlich geworden, welche große Bedeutung der Persönlichkeit der PädagogInnen zukommt. Ihre individuellen, durch gesellschaftliche Normen beeinflußten Einstellungen und Bewertungen prägen das soziale Klima innerhalb der Lerngruppe. In diesem Sinne ist also die von der gesellschaftlich-normativen Ebene beeinflußte innerpsychische Ebene integrativer Prozesse entscheidend.

Es ergeben sich für pädagogische Prozesse große Unterschiede, ob PädagogInnen bewußt oder unbewußt

- einen schweren Karren zu vorgegebenen Zielen hin ziehen oder einen pädagogischen Garten pflegen, um Wachstum und Entwicklung zu fördern,
- unhinterfragte deutsche, männliche, nichtbehinderte Normalität vermitteln oder für individuelle Verschiedenheit offen sind,
- sich vorwiegend auf Wissensvermittlung und kognitive Förderung beschränken oder Entwicklungsprozesse junger Menschen ganzheitlich begleiten,
- effektive Maßnahmen und Regelungen für Problemlösungen fordern oder bereit und in der Lage sind, Widersprüche auszuhalten,
- sich als Person in pädagogische Prozesse einbringen oder vorwiegend in ihrer professionellen Rolle, quasi als ihr eigenes Denkmal agieren, wie GEBAUER es treffend formuliert.

Wenngleich die Bevorzugung jeweils eines Pols dieser nebeneinander gestellten Alternativen naheliegt, so ist doch festzustellen, daß das je einzelne Spannungsverhältnis, das mit den Alternativen angedeutet wird, keine einfachen Lösungen zugunsten eines Pols zuläßt. Immer wird es Widersprüche und Begrenztheiten geben, die nicht zu lösen sind, sondern ausgehalten werden müssen. Wenn diese Feststellungen richtig sind, gilt es die, je eigene, individuelle Orientierung in den Blick zu bekommen und - mit Hilfe geeigneter Rahmenbedingungen - fortlaufend zu reflektieren und weiterzuentwickeln. Solche Frage- und Reflexionshorizonte gehen damit weit über das hinaus, was gemeinhin als Handwerkszeug von LehrerInnen bezeichnet wird. Hier erscheint eine pädagogische Weiterentwicklung von Schule und von LehrerInnentätigkeit dringend geboten und möglich.

7.2.2 Didaktische Ebene

Mit den Spannungsverhältnissen ist bereits der Bedarf an didaktischer Weiterentwicklung angedeutet. Hier gilt es, die didaktische Praxis des Primats der Sache vor der Gruppe und den Einzelnen zu überwinden und zu einer Gleichwertigkeit von Sache, Gruppe und Kind zu kommen - dies ist wahrlich keine neue Erkenntnis. Sie erhält angesichts eines Anspruchs auf eine integrative Bewältigung von Heterogenität neue und zusätzliche Dringlichkeit: Das didaktische Primat der Sache bildet die Wurzel der unterrichtlichen Homogenisierung, denn wo die Gruppe und die Einzelnen im Nebel einer rein sachorientierten didaktischen Planung verschwinden, hat Heterogenität keine Chance.

Die didaktische Kernfrage kann demnach nicht mehr die Vermittlung von weitgehend vorgegebenen Inhalten an einen imaginären Durchschnitt - und damit an eine imaginäre deutsche, maskuline und nichtbehinderte Normalität - innerhalb der Klasse sein, von der dann bestenfalls 'Sonderangebote' für die SchülerInnen abgeleitet werden, deren Verschiedenheit aus diesem den anderen zugemuteten Rahmen fällt. Die entscheidende erkenntnisleitende didaktische Frage muß vielmehr sein, wie welche SchülerInnen mit ihren individuellen Möglichkeiten und Schwierigkeiten im Zusammenhang ihrer heterogenen sozialen Gruppe an vorgegebenen oder gemeinsam entwickelten Inhalten teilhaben, sich am Gesamtprozeß innerhalb der Gemeinschaft beteiligen und zum Ergebnis der Gruppe beitragen und beides für sich individuell nutzen können.

Ein zweiter notwendiger Umorientierungsprozeß verbindet sich mit Veränderungen des Leistungsbegriffs. Hier gilt es, das verkürzende Primat des Kognitiven zu überwinden und zu einer Gleichwertigkeit von Kopf, Herz und Hand, von Kognition, Emotion und Handlung zu kommen - auch dieses ist beileibe keine neue Erkenntnis. Auch sie erhält jedoch neue Dringlichkeit, wenn es um die integrative Bewältigung von Heterogenität und damit die Überwindung allgemeiner Normsetzungen geht, sei es im Sinne der unzulässigen Überbewertung der Kognition, der Ausblendung der Emotion und der Kanalisierung von Handlungsmöglichkeiten oder sei es im Sinne einer allgemeinen Niveaubestimmung als gültige Normalität, die damit gleichzeitig Abweichungen als defizitär und minderwertig definiert.

Im Rahmen dieser angedeuteten Veränderungsprozesse werden auch neue pädagogisch-ganzheitliche Akzentsetzungen möglich: Beispielsweise gilt es angesichts zunehmender individueller persönlicher und sozialer Problemlagen bei den SchülerInnen mehr als bisher Freiräume für deren gemeinsame Bearbeitung zu eröffnen. Hier können etwa flexibel nach Bedarf einzuplanende Gruppenstunden mit unterschiedlichster Zusammensetzung hilfreich sein, in denen die Möglichkeit besteht, Problemstellungen und existentielle Fragen von Jungen, von Mädchen, von SchülerInnen mit Behinderungen, von SchülerInnen mit gemeinsamer Erstsprache, aber auch andere, übergreifende Interessen oder Problemstellungen gemeinsam zu bearbeiten. Gleichwohl sollten derartige, quasi exklusive Gespräche und Aktionen nicht ausschließlich auf diesen Rahmen festgelegt, sondern auch innerhalb des allgemeinen Klassengesprächs geführt werden.

7.2.3 Curriculare Ebene

Die auf den Unterricht bezogenen Prozesse der Veränderung und Umorientierung haben zugleich eine unmittelbare Bedeutung für die curriculare Ebene. In allen drei Bereichen der Heterogenität wird der heimliche Lehrplan der Diskriminierung kritisiert, der unhinterfragt das Männliche, Deutsche und Nichtbehinderte bzw. Leistungsfähige absolut setzt und Weiblichkeit, Anderssprachigleit, -kulturalität und Behinderung abwertet und ausgrenzt.

Auf der kultusministeriellen Ebene der Gestaltung von Richtlinien und Lehrplänen und der Genehmigung von Lehr- und Lernmaterialien gilt es allen inhaltlichen und sprachlichen Tendenzen eines Sexismus, Rassismus und Sozialdarwinismus nachzugehen und die entsprechenden Materialien so zu verändern, daß solcherlei Tendenzen entgegengewirkt wird. Doch auch auf der individuellen Ebene einzelner PädagogInnen gilt es, auf einen reflektierteren Umgang mit eigenen Einstellungen und insbesondere auf die Einsicht eigener normativer Beschränktheit hinzuwirken. Es ist viel gewonnen, wenn Kultusbeamte und PädagogInnen sehen, daß sie aufgrund ihres Aufwachsens unter konkreten gesellschaftlichen Bedingungen in ihren Einstellungen und Normensetzungen beschränkt sind und sie nicht universalistisch absolut setzen dürfen. Die eigene Unvollkommenheit zu bekennen, ist ein wichtiger, entlastender und hilfreicher Schritt auf dem Weg zu einem integrativen Miteinander der Verschiedenen, auch in der Schule.

7.2.4 Beratungsebene

Wenn, wie sich in allen Feldern der Heterogenität bestätigt hat, die personale, innerpsychische Ebene die Grundlage für alle weiteren Ebenen integrativer Prozesse und damit zur integrativen Bewältigung von Heterogenität bildet und ein angemessen auf Heterogenität eingehender Unterricht u.a. auch von diesen Prozessen abhängig ist, liegt auf der Hand, daß PädagogInnen auf die kontinuierliche Reflexion der eigenen Praxis angewiesen sind. Dies kann vernünftigerweise nicht - oder zumindest nicht ausschließlich - im heimischen Arbeitszimmer bei der nachmittäglichen oder spätabendlichen Vorbereitung für den nächsten Unterrichtstag geschehen, sondern erfordert kontinuierlichen Austausch und gegenseitige Beratung mit anderen PädagogInnen.

Gemeinsame Beratung kann sich auf unterschiedlichen Ebenen vollziehen: Zunächst ist im Zwei-PädagogInnen-System die gemeinsame Planung und Vorbereitung anstehender Vorhaben als wichtige Ebene wechselseitiger Beratung anzusehen. Da jedoch die Kompetenzen - oder sei es die Phantasie - jedes PädagogInnenteams begrenzt sind, ist die ergänzende Beratung mit anderen Personen notwendig, die nicht unmittelbar in den gemeinsamen Unterricht involviert sind und zudem über spezifische Erfahrungen und Kompetenzen verfügen.

Hier können Erfahrungen im interkulturellen und integrativen Bereich hilfreich sein: An vielen Schulen sind PädagogInnen tätig, die über spezifische Ausbildungen und/oder Erfahrungen verfügen, seien es Qualifikationen im Bereich der Psychomotorik, im Bereich der Sozialisation und Sprache türkischer Kinder oder anderes. Diese Erfahrungen sollten aufgegriffen und so weiterentwickelt werden, daß jede Schule über jene kollegiumsinterne Beratungskompetenz verfügt, die in allen Schulen nachgefragt wird. In Analogie zur Integrativen Grundschule in Hamburg, die Kinder mit Lern-, Sprach- und Verhaltensproblemen nicht mehr aussondert und dafür zusätzlich mit SonderpädagogInnen und ErzieherInnen ausgestattet wird, wäre es sinnvoll, in jede Schule mit höherem Anteil von Migrantenkindern PädagogInnen mit Kompetenzen für mehrsprachigen Unterricht einzubinden.

Eine gemeinsame und vielfältige Schule für alle Kinder ist weiter auf SpezialistInnen angewiesen, die jene Ideen, Erfahrungen und Kompetenzen einbringen können, die an der Schule nicht vorhanden sind, aber gebraucht werden. Dabei muß es jedoch um eine ergänzende Unterstützung für die PädagogInnen als Team gehen, nicht um ein SpezialistInnentum, an das die Verantwortung für bestimmte Kinder delegiert wird. Regionalisierte, dezentrale Beratungsstellen haben sich hierfür im Bereich der interkulturellen wie der integrativen Pädagogik als geeignet erwiesen. Solche begleitenden und beratenden Dienste bieten grundlegende Fortbildung an - wobei immer sach- und personenbezogene Aspekte verknüpft werden sollten - , sie bieten aber auch flexible Möglichkeiten der Einzelberatung und vermögen so auf die konkreten Fragen und Problemstellungen einzugehen. Diese Form kooperativer Beratung durch regionale Arbeitsstellen oder Institute für LehrerInnenfortbildung sollte sich nicht nur auf eine Dimension der Heterogenität beziehen, sondern alle Dimensionen umfassen. Dieses gilt zumal für die Dimension geschlechtlicher Heterogenität, die zwar in fast jeder Klasse vorhanden ist, jedoch häufig im Bewußtsein der LehrerInnen nicht die ihrer Bedeutung zukommende Rolle spielt.

7.3 Konsequenzen für die LehrerInnenausbildung

Eine LehrerInnenausbildung, die dem Postulat einer integrativen Bewältigung von Heterogenität verpflichtet ist, muß als verbindlichen Teil für alle Lehrämter den inhaltlichen Bereich der Arbeit mit heterogenen Gruppen berücksichtigen. Wenn in allen Schulformen und Schulstufen die Fiktion der homogenen Lerngruppe aufzugeben ist, muß bereits in der ersten Ausbildungsphase der Grundstein für ein solches Verständnis und für Möglichkeiten der praktischen Bewältigung gelegt werden. Dabei sind alle Dimensionen der Heterogenität auf der Grundlage des dialektischen Verhältnisses von Gleichheit und Verschiedenheit zu betrachten. Dieses sollte ohnehin für die Dimension geschlechtlicher Heterogenität selbstverständlich sein, jedoch auch für die kulturelle und begabungsbezogene Dimension gelten. Diesen Ansatz gilt es dann in der zweiten Ausbildungsphase in der stärkeren Verzahnung von theoretischer und praktischer Arbeit weiterzuführen und in der dritten Phase der LehrerInnenbildung berufsbegleitend zu unterstützen.

Zentral für eine solche Weiterentwicklung der LehrerInnenausbildung ist, daß in allen ihren Phasen verstärkt auf die Person-Ebene eingegangen wird. Individuelle Begriffe von 'Normalität' und 'normaler Entwicklung' und damit ihrer impliziten Definition von Abweichung und Minderwertigkeit müssen hinterfragt und reflektiert werden. Insbesondere die allgemeine menschliche Unvollkommenheit gilt es zu thematisieren, zumal wenn LehrerInnen - wie auch ihre AusbilderInnen - leicht der Meinung sind, daß das, was sie tun, richtig ist bzw. sein muß. Hier gilt es, pädagogischen Omnipotenzphantasien entgegenzuwirken und pädagogische Bescheidenheit zu kultivieren. Dieses bedeutet z.B., sich vom Perfektionismus zu lösen, für alle Probleme möglichst hier und jetzt eine Lösung parat haben und auf jede Frage eine Antwort wissen zu müssen. Das Bemühen sollte dahin gehen, momentan unlösbare Probleme und bestehende spannungsvolle Widersprüche zuzulassen, u.U. auszuhalten und SchülerInnen im Aushalten zu unterstützen, anstatt institutionelle Forderungen zu formulieren und institutionelle Maßnahmen und schnelle Regelungen zu fordern - und damit auch die eigenen Widersprüche abzuwehren.

Wenn Sensibilität für die Reflexion eigener Einstellungen geweckt ist, können unbewußte Botschaften gemäß dem heimlichen Lehrplan geschlechtlicher, kultureller und begabungsbezogener Diskriminierung eher als solche erkannt und - auch gemeinsam mit den SchülerInnen in der konkreten Situation - verändernd bearbeitet werden. Ist in der LehrerInnenausbildung ein Bewußtsein für die eigene Unvollkommenheit und für die durch die bestehenden Verhältnisse der eigenen Sozialisation bedingte Beschränktheit des eigenen Verständnisses für andere geweckt, bestehen bessere Chancen, daß der heimliche Lehrplan der geschlechtlichen, ethnisch-kulturellen und begabungsbezogenen Diskriminierung der bewußten Bearbeitung zugänglich gemacht werden kann. Die unbewußte und damit verdeckte Ausrichtung des Unterrichts auf den imaginären männlichen, deutschen, nichtbehinderten - und der Mittelschicht angehörenden, wie zu ergänzen wäre - Durchschnittsschüler könnte so zumindest punktuell durchbrochen werden.

Weiter erscheint es notwendig, jene Bereiche verstärkt in die LehrerInnenausbildung einzubeziehen, die nicht direkt das Unterrichten betreffen. Wenn pädagogische Tätigkeit mehr ist als das 'Abhalten von Unterrichtsstunden' - und für die integrative Bewältigung von Heterogenität ist dies unabdingbare Voraussetzung -, müssen jene Bereiche verstärkt in den Blick genommen und erlernt werden, die zur Qualifizierung im pädagogischen Umfeld gehören, wie etwa Kooperation und Beratung. Im Zwei-PädagogInnen-System ist dieses ein absolutes Muß, schon im Hinblick auf die gemeinsame Vor- und Nachbereitung des Unterrichts. Kooperation und Beratung muß sich auch auf andere, nicht direkt im Unterricht Anwesende beziehen. Die interkulturellen Integrationsversuche verweisen auf die Bedeutung flankierender sozialpädagogischer Tätigkeit, deren Schwerpunkt gerade in der kooperativen Beratung mit den Eltern und sozialen Diensten im Umfeld liegt. Im Zusammenwirken (vor allem unterrichtlicher) Schul- und (vorwiegend außerunterrichtlicher) Sozialpädagogik könnte ein Schlüssel liegen für eine ganzheitliche pädagogische Arbeit. Die Einbindung von LehrerInnen in kooperative Netzwerke dürfte sich zu einem festen Bestandteil der LehrerInnenrealität entwickeln und muß deshalb in der Ausbildung verstärkte Aufmerksamkeit erfahren.

Über die notwendige Hinwendung zum Schwerpunkt der Arbeit mit heterogenen Gruppen und zur Reflexion der Lehrerpersönlichkeit im Hinblick auf ihre Rollendefinition hinaus sollte eine Annäherung bisher getrennter, spezieller Ausbildungsgänge (Behindertenpädagogik, Ausländerpädagogik) an die allgemeinen Lehramtsausbildungen erfolgen. Wenn die Erziehung aller Kinder ohne Ausschluß nach ethnischer und kultureller Herkunft sowie nach Art und Schwere der Behinderung genuine Aufgabe der allgemeinen Schule ist, können die entsprechenden Ausbildungsgänge nicht auf SpezialistInnen beschränkt bleiben. Die allgemeine LehrerInnenausbildung muß ein Basiswissen und -verständnis für die Situation und die Bedürfnisse von Kindern anderer Herkunft sowie von Kindern mit Lern- und Entwicklungserschwernissen enthalten. Das bedeutet jedoch nicht, daß die Spezialisierung damit gleichzeitig abzubauen wäre. Es erscheint weiterhin notwendig, daß SpezialistInnen innerhalb ihres Gebietes Beratungsaufgaben wahrnehmen und Kompetenzen und/oder Erfahrungen einbringen, über die nicht speziell ausgebildete PraktikerInnen nicht verfügen. Andernfalls bestünde die Gefahr, daß entwickeltes Spezialwissen zugunsten eines allgemeinen nivellierenden Halbwissens unterginge und die Entwicklungschancen gerade jener SchülerInnen gemindert würden, die schon bisher durch Anpassungsdruck und Aussonderungsdrohung benachteiligt werden. Dieses bedeutet gleichwohl, daß auch SpezialistInnen zur Veränderung und Weiterentwicklung ihres Bereiches mit Bezug auf die neuen Rahmenbedingungen und Möglichkeiten verpflichtet sind und nicht einfach alles beim spezialisierten und separierten Alten belassen dürfen.

Ein Beispiel für die notwendige Weiterentwicklung bildet der Bereich der Diagnostik. Er findet sich im Schnittpunkt von integrativer und interkultureller Erziehung. Für die LehrerInnenausbildung wäre wichtig, sich von einer defekt- und defizitorientierten Diagnostik, die für selektierende Plazierungsentscheidungen innerhalb eines hierarchisch organisierten Schulsystems herangezogen wird, zu einer Diagnostik hinzubewegen, die Lernvoraussetzungen und Lernprozesse kontinuierlich beobachtet und davon Möglichkeiten nächster Schritte ableitet. Zentrale Fragestellung wäre dann, welche Fähigkeiten bei der/dem betreffenden SchülerIn vorhanden sind und was er/sie an Rahmenbedingungen und Angeboten braucht, und nicht, in welche Form der Beschulung bzw. besonderer Förderung er/sie am besten paßt und welche Forderungen an ihn/sie gestellt werden können. Aufgabe der LehrerInnenausbildung wäre demnach, diesen Perspektivenwechsel von der selektionsorientierten, von den Anforderungen der Institution Schule ausgehenden Betrachtung der SchülerInnen als Objekte hin zu einer die SchülerInnen als Subjekte wahrnehmenden, von ihren Bedürfnissen ausgehenden und sie verstehenden, prozeßbegleitenden Diagnostik zu vermitteln.

7.4. Konsequenzen für die Erziehungswissenschaft

In allen drei Bereichen ist die Fragestellung angesprochen worden, wie sich das Spannungsverhältnis von Spezialisierung und Generalisierung gestaltet. Integrationspädagogik, Interkulturelle Erziehung und Feministische Pädagogik lehnen - bei aller Kontroverse im Detail - den Charakter einer Spezialdisziplin ab, die Exklusivität für ihr jeweiliges Klientel anstrebt. Sie betonen im Gegenteil, daß sie auf die Einbindung in die Allgemeine Pädagogik angewiesen sind. Es geht eben nicht um die Integration behinderter, um die besondere Förderung ausländischer und die stärkere Beachtung weiblicher SchülerInnen, sondern es geht diesen Ansätzen um eine Veränderung der Pädagogik insgesamt. Ziel ist, die Verschiedenheit von SchülerInnen anzuerkennen und sie dennoch miteinander lernen zu lassen - ein Prozeß der **alle** SchülerInnen einschließt.

Hier findet sich wiederum ein dialektisches Spannungsverhältnis, zwischen Spezialisierung und Generalisierung. Integrative Bewältigung von Heterogenität in der Schule kann nur gelingen mit der Basis eines wissenschaftlichen dialektischen Verständnisses, einer dynamischen Balance von Spezialisierung und Generalisierung innerhalb der Erziehungswissenschaft: Erhielte die Spezialisierung ein Übergewicht, würden sich also Behindertenpädagogik, Ausländerpädagogik und Feministische Pädagogik (weiter) als Spezialpädagogiken etablieren, ginge die Verbindung zum Allgemeinen verloren und die jeweiligen Klientele hätten im wissenschaftlichen Verständnis keinerlei Verbindung mehr zur Allgemeinheit der SchülerInnen wie der Pädagogik - eine Gefahr, der die Behindertenpädagogik über lange Zeit erlegen ist. Gewänne die Generalisierung das Primat, droht eine Einebnung spezifischer Ansätze und Erkenntnisse zugunsten einer Allgemeinheit, die letztlich keine Allgemeinheit darstellt, sondern einen normativen Durchschnitt. Dieses bedeutete die Anpassung des jeweiligen Klientels und den Untergang der speziellen wissenschaftlichen Arbeitsfelder.

Die dialektische Vermittlung liegt demgegenüber in der Einbindung spezieller Arbeitsgebiete in das Allgemeine der Erziehungswissenschaft. Integrationspädagogik, Interkulturelle Erziehung und Feministische Pädagogik muß es als eigene Arbeitsfelder (nur) so lange geben, wie die Allgemeine Pädagogik von einem verkürzten Bild von Allgemeinheit ausgeht und Dimensionen von Verschiedenheit ausblendet. Eine solche verflachte Allgemeine Pädagogik wäre demnach keine allgemeine, sondern eine Sonderpädagogik für Jungen, Deutsche und Nichtbehinderte. Notwendig ist quasi die innere Differenzierung der Allgemeinen Pädagogik, die die speziellen Aspekte der verschiedenen Arbeitsfelder rückkoppelnd einbezieht. Erst wenn in theoretische Aussagen der Allgemeinen Pädagogik **alle** SchülerInnen einbezogen sind, kann sie sich zu Recht als Allgemeine Pädagogik bezeichnen. Solange dieses nicht der Fall ist, handelt es sich um eine Sonderpädagogik, die den heimlichen Lehrplan der geschlechtlichen, kulturellen und begabungsbezogenen Diskriminierung wissenschaftlich zementiert. Es wäre demnach zu überprüfen, inwieweit bisherige Aussagen der Allgemeinen Pädagogik bzw. insbesondere Allgemeinbildungskonzepte versteckte, unbewußte Ausgrenzung und Diskriminierung der bisherigen pädagogischen 'Randgruppen' Mädchen, MigrantInnen und Behinderte enthalten, sei es, indem sie Verschiedenheit assimilatorisch ignorieren oder indem sie sie aussondernd exotisieren.

Dieses Verständnis hat unmittelbare inhaltliche wie strukturelle Konsequenzen: Ihre Inhaltliche Bedeutung ist für die Lehre bereits in Kap. 7.3 dargestellt worden. Für die Forschung gilt, daß eine Beschränkung auf einzelne Dimensionen der Heterogenität nur statthaft ist in dem Bewußtsein ihrer Einbindung in die Gesamtsituation. Ebenso ist klar, daß eine geschlechts-, kultur- und begabungsneutral vorgehende Forschung der Realität nicht angemessen ist und falsche Universalismen weiterführt. Auch die allgemeinpädagogische Forschung muß die Balance von Gleichheit und Verschiedenheit berücksichtigen.

Strukturell ist zu hinterfragen, inwieweit die Verschiedenheit der erziehungswissenschaftlichen Arbeitsbereiche durch die Aufteilung in einzelne Institute überbetont wird, oder andersherum formuliert, wie die Gemeinsamkeit des Allgemeinen über Institutsgrenzen hinweg zu ihrem Recht kommen kann. Die Einrichtung von institutsübergreifenden Arbeitsstellen mag hier einen Schritt in die richtige Richtung darstellen.

Langfristig erscheint jedoch die Begründbarkeit der Spezialpädagogiken als eigenständige Arbeitsfelder fraglich. Für NIEKE ist die Interkulturelle Erziehung "eine konzeptuelle Variante bisheriger erziehungswissenschaftlicher Theorien. Dies meint einerseits, daß hier nicht ein neues wissenschaftliches Spezialgebiet entsteht, das eine Theoriebildung hervorbringt, die sich von den bestehenden Paradigmen der Wissenschaftsdisziplin grundsätzlich unterscheidet. Andererseits ist diese Konzeptualisierung nicht einfach ein Anwendungsfall der bestehenden (schul-)pädagogischen Theorien und Handlungskonzeptionen ... Auch kann eine solche interkulturelle Erziehung nicht einfach in einer 'Pädagogik für Benachteiligte' aufgehen, ... , weil die Bewältigung mehrerer, stark differenter Kulturen ein Spezifikum für die Kinder und Jugendlichen ausländischer Herkunft ist, das so nicht für die üblicherweise als benachteiligt begriffenen sozialen Gruppen gilt und auch spezielle pädagogische Handlungskonzeptionen erfordert" (1984, 87). Dieses dialektische Verständnis von Spezialisierung und Generalisierung im Begriff der konzeptuellen Variante kann als grundlegend auch für andere Dimensionen der Heterogenität angesehen werden. Entscheidend wird sein, wie weit die Allgemeine Pädagogik, in falschen Universalismen befangen, Verschiedenheit wissenschaftlich ausblendet oder wie weit sie den spezifischen Bedürfnissen Verschiedener gerecht zu werden und damit erst ihren Allgemeinheitsanspruch einzulösen vermag.

8. Literatur

ADORNO, Theodor W.: Erziehung zur Mündigkeit. Frankfurt: Suhrkamp 1970

AFFELDT, Udo: Integration und Unterrichtsorganisation. Das Team 5.2. Dokumentation des Integrationsversuchs an der Gesamtschule Holweide. Köln: Unveröff. Skript o.J.

AG ELTERN FÜR INTEGRATION: Stolpersteine in der Praxis des Schulversuchs "Integrationsklassen" (Bereich Grundschule). Hamburg: Unveröff. Skript 1988

AG ELTERN FÜR INTEGRATION (Hrsg.): Dokumentation: Briefe an Frau Senatorin Raab zur Weiterführung von Integrationsklassen im Sekundarbereich. Hamburg: Selbstverlag 1989

AHLHEIM, Brigitte, GUTBERLET, Michael, KLEIN, Gabriele, KREIE, Gisela, KRON, Maria, NYSSEN, Renate & REISER, Helmut: Ein Grundschulversuch in Frankfurt: Sonderschullehrer in der Grundschule. Vom Förderansatz zum Integrationskonzept. In: REINARTZ & SANDER 1982, 267-281

AKADEMIE FÜR LEHRERFORTBILDUNG DILLINGEN (Hrsg.): Kooperation zwischen Schulen für Behinderte und andere Schulen. Geistigbehinderte und nichtbehinderte Schüler begegnen sich, handeln und lernen gemeinsam. Akademiebericht Nr. 175. Dillingen: Selbstverlag 1991

AKPINAR, Ünal: Zur Schulsituation der Kinder ausländischer Arbeitnehmer. In: LANGENOHL-WEYER, Angelika, WENNEKES, Renate, BENDIT, René, LOPEZ-BLASCO, Andrés, AKPINAR, Ünal & VINK, Jan: Zur Integration der Ausländer im Bildungsbereich. Probleme und Lösungsversuche. München: Juventa 1979, 97-127

ALTERMANN-KÖSTER, Marita & DE WITT, Claudia: Mädchen und neue Technologien. Der nordrhein-westfälische Modellversuch. In: KREIENBAUM 1989, 156-168

ALTERMANN-KÖSTER, Marita, HOLTAPPELS, Heinz Günter, KANDERS, Michael, PFEIFFER, Hermann & DE WITT, Claudia: Bildung über Computer? Informationstechnische Grundbildung in der Schule. Weinheim: Juventa 1990

ALY, Monika: Probleme behinderter Kinder - Therapie als Hilfe oder Hindernis. In: WUNDER & SIERCK 1982, 89-97

ALY, Monika, ALY, Götz & TUMLER, Morlind: Kopfkorrektur oder der Zwang gesund zu sein. Ein behindertes Kind zwischen Therapie und Alltag. Berlin: Rotbuch 1981

ANSTÖTZ, Christoph: Heilpädagogische Ethik auf der Basis des Präferenz-Utilitarismus. Behindertenpädagogik 27, 1988, 368-382

ANTOR, Georg: Ein Schulversuch zwischen System und Lebenswelt. In: WOCKEN & ANTOR 1987, 91-115

ANTOR, Georg: Zum Verhältnis von Gleichheit und Verschiedenheit in der pädagogischen Förderung Behinderter. In: WOCKEN, ANTOR & HINZ 1988, 415-435 (a)

ANTOR, Georg: Behindertes Leben und Lebensqualität. In: WOCKEN, ANTOR & HINZ 1988, 471-487 (b)

ANTOR, Georg: Wertidentität und Erfolg - oder: Läßt sich eine gemeinsame pädagogische Förderung Behinderter und Nichtbehinderter ausschließlich moralisch rechtfertigen? In: ELLGER-RÜTTGART, Sieglind (Hrsg.): Bildungs- und Sozialpolitik für Behinderte. München: Reinhardt 1990, 25-37

ARBEITSKREIS NEUE ERZIEHUNG & ELTERN FÜR INTEGRATION (Hrsg.): "Wir sind ja nur die Eltern..." Erfahrungen mit dem Förderausschuß zum Schuljahr 1990/91 aus Elternsicht. Berlin: Selbstverlag 1990

ARIN, Cihan: Die Legende von der "Ausländerintegration" - Anmerkungen zu einem unbrauchbar gewordenen Begriff. Recht der Jugend und des Bildungswesens 34, 1986, 144-152

ASI (Arbeitsstelle Integration der Universität Hamburg) & BZI (Beratungszentrum Integration): Integration im Fachunterricht der Sek I. Dokumentation und Materialien zur Fachtagung 12.-13. April 1991. Hamburg: Universität 1991

AUERNHEIMER, Georg: Kultur, Identität und interkulturelle Erziehung. Demokratische Erziehung 10, 1984, H.12, 23-26

AUERNHEIMER, Georg: Kulturelle Identität - ein gegenaufklärerischer Mythos? Das Argument 3, 1989, 381-394

AUERNHEIMER, Georg: Einführung in die interkulturelle Erziehung. Darmstadt: Wissenschaftliche Buchgesellschaft 1990

BACH, Heinz: Soziale Integration. Soziale Integrationstendenzen im vorschulischen und schulischen Bereich angesichts vorliegender geistiger Behinderung. Geistige Behinderung 21, 1982, 138-149

BACH, Heinz: Integrierte Förderung bei Verhaltensauffälligkeiten in der Schule. In: GOETZE & NEUKÄTER 1989, 246-260

BACHMANN, Walter: Die Integration von 'Grenzfällen' zwischen Sonderschule und Gesamtschule. In: WEIGT 1977a, 265-284

BACKES, Adelheid: Die Diskriminierung von Mädchen und Frauen in Schulbüchern. In: KREIENBAUM 1989, 224-231

BÄRSCH, Walter: Die Integration Behinderter ist ein gesamtgesellschaftliches Problem. In: GEW 1982, 10-11

BÄRSCH, Walter: Integration ist eine menschliche Pflicht. In: GEW 1986a, 4-6

BÄRSCH, Walter: Behinderung und Gesellschaft. In: HINZ & WOCKEN 1987, 55-61

BÄRSCH, Walter: Nichtaussonderung - eine humane Notwendigkeit. In: ROSENBERGER 1988, 24-26

BÄRSCH, Walter: Zur Reform des Sonderschulwesens: Auf dem Weg zur Integration? In: DASCHNER & LEHBERGER 1990, 151-163

BAGIV (Bundearbeitsgemeinschaft der Immigrantenverbände in der Bundesrepublik Deutschland und Berlin-West): Memorandum zum Muttersprachlichen Unterricht. Deutsch lernen 1983, H.1, 75-97

BAKER, David & LENHARDT, Gero: Ausländerintegration, Schule und Staat. Kölner Zeitschrift für Soziologie und Sozialpsychologie 40, 1988, 40-61

BARKOWSKI, Hans: Interkulturelles Lernen oder die Mauer im eigenen Kopf. Überlegungen nach einem Jahrzehnt DfaA-Arbeit. In: ESSINGER & UÇAR 1984, 166-186

BARON, Ingrid & HINZ, Andreas: Elterngesprächskreis. Hamburg macht Schule 1, 1989, H.6, 18

BARTNITZKY, Horst & SCHLOTMANN, Barbara: Von der erfolgreichen Suche nach "Interkulturellem" in der Grundschulszene Nordrhein-Westfalens. In: POMMERIN 1988a, 40-57

BARZ, Monika: Gleiche Chancen in Lesebüchern der Grundschule? In: BREHMER 1982a, 103-114

BARZ, Monika: Körperliche Gewalt gegen Mädchen. In: DJI 1984, 47-76 (a)

BARZ, Monika: Was Schülern und Schülerinnen während des Unterrichts durch den Kopf geht und wie sich ihr Denken dabei verknotet. In: WAGNER, BARZ, MAIER-STÖRMER, UTTENDORFER-MAREK & WEIDLE 1984, 92-129 (b)

BARZ, Monika: "Mädchen schlägt man(n) nicht!" Zur Interaktion zwischen Mädchen und Jungen. In: GRUNDSCHULE - FRAUENSCHULE 1985, 88-109 (a)

BARZ, Monika: Jungengewalt gegen Mädchen. Interviews mit Schülerinnen/Schülern und Lehrerinnen/Lehrern. In: VALTIN & WARM 1985, 120-124 (b)

BARZ, Monika: Körperliche Gewalt gegen Mädchen. In: ENDERS-DRAGÄSSER & FUCHS 1990, 92-119

BAST, Christa: Weibliche Autonomie und Identität. Untersuchungen über die Probleme von Mädchenerziehung heute. München: Juventa 1988

BATSALIAS-KONTÉS, Friederike: Ein integratives, zweisprachiges Beschulungsmodell für in Deutschland lebende Migrantenkinder. Lernen in Deutschland 7, 1987, 4-7

BATTON, Johannes & GUNDLACH, Sigi: Katharina und Tim. Zwei behinderte Kinder. Der Kampf um ihre schulische Integration und die Folgen. Schwelm: Skript 1990

BATTON, Johannes & GUNDLACH, Sigi: Das Problem mit der Integration hat erstaunlich viele Facetten. Päd extra 19, 1991, H.7/8, 43-46

BAUR, Rupprecht S. & MEDER, Gregor: Die Rolle der Muttersprache bei der schulischen Sozialisation ausländischer Kinder. Diskussion Deutsch 20, 1989, 119-135

BAYAM, Halime, BUCHMAYER, Brigitte, RAUSCHER, Dieter & SEVINC, Meryem: Von "Ampel" bis "Zimmermann". Fünfjährige Kinder aus der Türkei lernen Deutsch. Weinheim: Beltz 1990

BAYAZ, Ahmet, DAMOLIN, Mario & ERNST, Heiko (Hrsg.): Integration: Anpassung an die Deutschen? Weinheim: Beltz 1984 (a)

BAYAZ, Ahmet, DAMOLIN, Mario & ERNST, Heiko: Vorwort. In: BAYAZ, DAMOLIN & ERNST 1984a, 7-10 (b)

BAYAZ, Ahmet & WEBER, Florian: Die Rechnung ohne den Gast. In: BAYAZ, DAMOLIN & ERNST 1984a, 158-166

BAYER, Manfred: Didaktische und methodische Prinzipien des Unterrichts mit Gastarbeiterkindern. In: SCHERON & SCHERON 1984a, 103-119

BECK, Ulrich: Risikogesellschaft. Auf dem Weg in eine andere Moderne. Frankfurt: Suhrkamp 1986

BECK, Ulrich: Gegengifte. Die organisierte Unverantwortlichkeit. Frankfurt: Suhrkamp 1988

BECK, Ulrich & BECK-GERNSHEIM, Elisabeth: Das ganz normale Chaos der Liebe. Frankfurt: Suhrkamp 1990

BECK-GERNSHEIM, Elisabeth: Starke Männer - schwache Frauen? Zur Revision von Vorurteilen. In: FAULSTICH-WIELAND 1987a, 20-32

BECKE, Marlene von der, DETERDING, Michael, HETZNER, Renate, & PETTERS, Harald: Ein Geländespiel mit behinderten und nichtbehinderten Kindern. Beispiel aus dem binnendifferenzierten Unterricht einer Integrationsklasse der Fläming-Grundschule Berlin. Zeitschrift für Heilpädagogik 37, 1986, 410-417

BEERMANN, Antonius: Das Krefelder Modell. Begründungen und Erfahrungen einer zehnjährigen Praxis zur Integration ausländischer Schüler. In: FUCHS & WOLLMANN 1987, 287-314

BELKE, Gerlind, CHRYSAKOPOULOS, Christos, KROON, Sjaak, LUCHTENBERG, Sigrid, OOMEN-WELKE, Ingelore, POMMERIN, Gabriele & REICH, Hans H.: Planung mehrkultureller Erziehung. Diskussion Deutsch 17, 1986, 424-438

BENNER, Dietrich & RAMSEGER, Jörg: Wenn die Schule sich öffnet. Erfahrungen aus dem Grundschulprojekt Gievenbeck. München: Juventa 1981

BERGER, Hartwig & ZIMMERMANN, Ulrike: Babylon in Berlin. Unterrichtseinheiten zur interkulturellen Stadtkunde. Weinheim: Beltz 1989

BERTRAM, Hans: Zukünftige Forschungsperspektiven des Ausländerprojekts am DJI - Voraussetzungen, Methoden, Inhalte. In: DJI 1987, 85-95

BIERHOFF-ALFERMANN, Dorothee: Koedukation statt Koinstruktion - Argumente für den gemeinsamen Unterricht von Jungen und Mädchen. In: PFISTER 1988, 73-86

BIERHOFF-ALFERMANN, Dorothee: Androgynie. Möglichkeiten und Grenzen der Geschlechterrollen. Opladen: Westdeutscher Verlag 1989

BIERMANN, Christine: Koedukation bewußt gemacht. Grundschule 17, 1985, H.2, 34-37

BILDEN, Helga: Geschlechtsspezifische Sozialisation. In: HURRELMANN, Klaus & ULICH, Dieter (Hrsg.): Neues Handbuch der Sozialisationsforschung. Weinheim: Beltz 1991, 279-301

BLEIDICK, Ulrich: Freiheit und Gleichheit im Bildungswesen für Behinderte. In: THALHAMMER 1986, 13-37

BLEIDICK, Ulrich: Betrifft Integration: behinderte Schüler in allgemeinen Schulen. Konzepte der Integration: Darstellung und Ideologiekritik. Berlin: Marhold 1988

BLEIDICK, Ulrich: Empirische Begründung und ideologische Rechtfertigung der pädagogischen Förderung Behinderter. In: DER SENATOR FÜR SCHULWESEN, BERUFSAUSBILDUNG UND SPORT 1989, 31-82 (a)

BLEIDICK, Ulrich: Bedenken. Hamburg macht Schule 1, 1989, H.6, 21 (b)

BLEIDICK, Ulrich: Löbliches Ziel und viele offene Fragen. Die Grundschulzeitschrift 1989, H.30, 33-36 (c)

BLEIDICK, Ulrich: Kontingenzformeln in der Behindertenpädagogik. In: DÜE, Willi & PLUHAR, Christine (Hrsg.): Selbstbestimmung und Offenheit. Zugang zu einer zeitgenössischen Sehgeschädigtenpädagogik. Hamburg: Hamburger Buchwerkstatt 1990, 42-60 (a)

BLEIDICK, Ulrich: 100 Jahre Förderschule in Hamburg. Zeitschrift für Heilpädagogik 41, 1990, 114-121 (b)

BLEIDICK, Ulrich: Bildungspolitische Entwicklungslinien zur gesellschaftlichen Integration von Behinderten. In: SCHUCK 1990, 9-32 (c)

BLEIDICK, Ulrich: Über das Versprechen der Didaktik, alle Menschen alles zu lehren. Die Deutsche Schule 83, 1991, 461-473

BLESS, Gérard & KLAGHOFER, Richard: Begabte Schüler in Integrationsklassen. Untersuchung zur Entwicklung von Schulleistungen, sozialen und emotionalen Faktoren. Zeitschrift für Pädagogik 37, 1991, 215-223

BL-INFO (Informationen für Beratungslehrer in Hamburg): Die Eingliederung ausländischer Schüler in Hamburger Schulen. BL-INFO 15, 1991, H.1, 3-6

BLK (Bund-Länder-Kommission für Bildungsplanung und Forschungsförderung): Modellversuche zur Förderung und Eingliederung ausländischer Kinder und Jugendlicher in das Bildungssystem. Bericht über eine Auswertung von Hartmut Esser und Michael Steindl. Bonn: Köllen 1987

BLOCH, Harald, SOCHUREK, K. Peter & WACKERBARTH, Gunhild: Ein Weg zur Reform der Grundschule und der Sonderschule für Lernbehinderte. In: VALTIN, REINARTZ & SANDER 1984, 207-218

BLOCH, Harald, SOCHUREK, Klaus-Peter & WACKERBARTH, Gunhild: Schule am Ellenerbrokweg in Bremen - eine Schule ohne Aussonderung. In: GEW 1986a, 21-23

BOBAN, Ines: Kritische Darstellung eines binnendifferenzierten Unterrichts im Rahmen einer gemeinsamen Beschulung nichtbehinderter und behinderter Kinder in der Klassenstufe 5 der Fläming-Grundschule in Berlin. Hamburg: Unveröff. Examensarbeit 1984

BOBAN, Ines: Integration in Schule und Kollegium. In: SCHLEY, BOBAN & HINZ 1989, 145-152 (a)

BOBAN, Ines: Neue Verhältnisse. In: SCHLEY, BOBAN & HINZ 1989, 213-222 (b)

BOBAN, Ines: 'Die Krise findet nicht statt ...' - Sicht der Eltern. In: SCHLEY, BOBAN & HINZ 1989, 227-253 (c)

BOBAN, Ines & HINZ, Andreas: Behinderte Kinder nach vier Jahren Integrationsklasse. In: WOCKEN, ANTOR & HINZ 1988, 127-181 (a)

BOBAN, Ines & HINZ, Andreas: Vorgeburtliche Diagnostik - Prävention von Behinderten statt Integration? In: WOCKEN, ANTOR & HINZ 1988, 449-469 (b)

BOBAN, Ines & HINZ, Andreas: Latent behindertenfeindlich. Oder: Warum man Gudrun Pausewangs Buch "Die letzten Kinder von Schewenborn" nicht in der Grundschule lesen sollte. Grundschulzeitschrift 4, 1990, H.40, 42-43

BOBAN, Ines & HINZ, Andreas: Wider die sonderpädagogische Aggressivität! Hamburg: Unveröff. Skript 1992

BOBAN, Ines & HINZ, Andreas: Geistige Behinderung und Integration. Überlegungen zum Begriff der 'Geistigen Behinderung' im Zusammenhang integrativer Erziehung. Zeitschrift für Heilpädagogik 44, 1993, 327-340

BOBAN, Ines, HINZ, Andreas, MAIKOWSKI, Rainer & WOCKEN, Hans: Integration auf italienisch. Hamburger Lehrerzeitung 1987, H.2, 17-18

BOBAN, Ines, HINZ, Andreas & SCHLEY, Wilfried: Vorwort. In: SCHLEY, BOBAN & HINZ 1989, 5-7

BOBAN, Ines, HINZ, Andreas & WOCKEN, Hans: Warum Pädagogen aus der Arbeit in Integrationsklassen aussteigen. In: WOCKEN, ANTOR & HINZ 1988, 275-331

BOBAN, Ines & KÖBBERLING, Almut: Der Weg wird, indem wir ihn gehen. Kinder mit Behinderungen in der Sekundarstufe I. Behinderte in Familie, Schule und Gesellschaft 14, 1991, H.5, 5-21

BOBAN, Ines & WOCKEN, Hans: '... man kann sich das einfach nicht vorstellen!' Geschichten aus dem Alltag einer integrativen Grundschule. Sonderpädagogik 13, 1983, 148-156

BODE, Bärbel: Bodelschwinghschule - eine Schule für behinderte und nichtbehinderte Kinder. In: DUMKE 1991a, 13-16

BODE, Bärbel, BRABECK, Harry, WOESLER, Karin, HELLER, Monika, ROEBKE, Christa, JAEGER, Dorit und Kristian, MACK, Gisela & SCHUCHT, Regina: Gemeinsamer Unterricht für behinderte und nichtbehinderte Kinder. In: VALTIN, SANDER & REINARTZ 1984, 85-114

BÖCKER, Birghild, DANIEL, Christa, GEERKENS, Karen, KRAMER, Jan, MALZ-TESKE, Regina, NETTE, Bernhard, OERTLING, Antje: Integration Behinderter in der Gesamtschule Bergedorf. Hamburger Lehrerzeitung 1991, H.9, 10-18

BÖS, Klaus & SCHOLTES, Udo: Integrativer Sportunterricht von nichtbehinderten und geistigbehinderten Schülern. Zeitschrift für Heilpädagogik 41, 1990, 246-253

BOOS-NÜNNING, Ursula: Schulmodelle für ethnische Minderheiten. Drei Bundesländer im Vergleich. Essen/Landau: ALFA 1981 (a)

BOOS-NÜNNING, Ursula: Muttersprachliche Klassen für ausländische Kinder: Eine kritische Diskussion des bayerischen "Offenen Modells". Deutsch lernen 6, 1981, H.2, 40-71 (b)

BOOS-NÜNNING. Ursula: Sozialisation und Sprache. Die Bedeutung für die Schulorganisation und für den Unterricht für Kinder ausländischer Arbeitnehmer. In: TUMAT & KEUDEL 1981, 65-86 (c)

BOOS-NÜNNING, Ursula: Lernprobleme und Schulerfolg. In: HOHMANN 1982a, 57-88 (a)

BOOS-NÜNNING, Ursula: Schulorganisatorische Formen für ausländische Schüler. Informationsdienst zur Ausländerarbeit 1982, H.3, 120-122 (b)

BOOS-NÜNNING, Ursula: Kulturelle Identität und die Organisation des Muttersprachlichen Unterrichts für Kinder ausländischer Arbeitnehmer. Deutsch lernen 8, 1983, H.4, 3-14

BOOS-NÜNNING, Ursula: Modellversuche im Schulbereich. In: FUCHS & WOLLMANN 1987, 252-273

BOOS-NÜNNING, Ursula: Eingliederungsprobleme bei behinderten ausländischen Kindern. In: SPECK & MARTIN 1990, 556-573

BOOS-NÜNNING, Ursula & HENSCHEID, Renate: Ausländische Kinder im deutschen Schulsystem: Politische Anstrengungen in den 70er und 80er Jahren. In: DJI 1987, 277-294

BOOS-NÜNNING, Ursula & HOHMANN, Manfred: Probleme des Unterrichts in der Grund- und Hauptschule aus der Sicht der Lehrer in Vorbereitungs- und Regelklassen. In: HOHMANN 1982a, 26-56

BOOS-NÜNNING, Ursula, HOHMANN, Manfred, REICH, Hans H. & WITTEK, Fritz: Aufnahmeunterricht, muttersprachlicher Unterricht, interkultureller Unterricht. München: Oldenbourg 1983

BOOS-NÜNNING, Ursula, NEUMANN, Ursula, REICH, Hans H. & WITTEK, Fritz: Krise oder Krisengerede? Von den Pflichten einer illegitimen Wissenschaft. In: REICH & WITTEK 1984, 7-33

BORRELLI, Michele: "Ausländerpädagogik" - Ersatz für politisch-ökonomische Versäumnisse? In: RUHLOFF 1982a, 10-32

BORRELLI, Michele: Politischer Unterricht mit ausländischen Schülern. Didaktische Voraussetzungen und Unterrichtsplanung. In: ESSINGER & UÇAR 1984, 35-60

BORRELLI, Michele (Hrsg.): Interkulturelle Pädagogik. Positionen - Kontroversen - Perspektiven. Baltmannsweiler: Burgbücherei Schneider 1986 (a)

BORRELLI, Michele: Interkulturelle Pädagogik als pädagogische Theoriebildung: Hypothesen zu einem (neuen) Bildungsbegriff. In: BORRELLI 1986a, 8-36 (b)

BORRIES, Bodo von: Weibliche Geschichtslosigkeit: 'Angeboren' oder 'erlernt'? In: BREHMER 1982a, 119-128 (a)

BORRIES, Bodo von: Sexismus im Geschichts- und Politikunterricht? Eine Nachuntersuchung aus fünf Jahren Abstand. In: BREHMER 1982a, 129-149 (b)

BORRIES, Bodo von: Frauengeschichte - Mode, Sekte, Wende? In: FEMININ - MASKULIN 1989, 76-82

BRAASCH, Klaus: Behinderte und Nichtbehinderte lernen gemeinsam. Hoffnung für Eltern. Erziehung und Wissenschaft 1985, H.11, 18

BRABECK, Harry: An der Bonner Bodelschwinghschule. Der Schulversuch wird verlängert. Selbsthilfe 1983, H.2, 9-10

BRABECK, Harry: Integration Behinderter in die allgemeine Schule als flächendeckendes Konzept. Das Beispiel Bonn-Beuel. In: MEISSNER & HESS 1988, 97-102

BRÄMER, Rainer: Naturwissenschaftlicher Unterricht: Böse Erinnerungen. Betrifft: Erziehung 18, 1985, 49-52

BREHMER, Ilse (Hrsg.): Sexismus in der Schule. Der heimliche Lehrplan der Frauendiskriminierung. Weinheim: Beltz 1982 (a)

BREHMER, Ilse: Über den ganz vulgären Sexismus in der Schule. In: BREHMER 1982a, 7-22 (b)

BREHMER, Ilse: Zur Geschichte weiblicher Bildung. In: GRUNDSCHULE - FRAUENSCHULE 1985, 6-50

BREHMER, Ilse: Koedukation in der Schule: Benachteiligte Mädchen. In: FAULSTICH-WIELAND 1987a, 80-111 (a)

BREHMER, Ilse: Koedukation in der Diskussion dieses Jahrhunderts. In: KINDERMANN, MAUERSBERGER & PILWOUSEK 1987, 34-63 (b)

BREITENBACH, Diether: Verordnung - Schulordnung - Über die gemeinsame Unterrichtung von Behinderten und Nichtbehinderten in Schulen der Regelform (Integrations-Verordnung). Amtsblatt des Saarlandes vom 27. August 1987

BRONFENBRENNER, Urie: Die Ökologie der menschlichen Entwicklung. Natürliche und geplante Experimente. Frankfurt am Main: Fischer 1989

BRÜCK, Horst: Die Angst des Lehrers vor seinem Schüler. Reinbek: Rowohlt 1978

BRUMLIK, Micha: Was heißt Integration? Zur Semantik eines sozialen Problems. In: BAYAZ, DAMOLIN & ERNST 1984a, 75-97

BRUNNERT, Babette: Am Anfang war die Elterninitiative... Grundschulpreis 1988 für Hamburger Integrationsprojekt. Grundschule 20, 1988, H.12, 66-67

BRUNS, Christiane: Eltern verzweifeln bei der Durchsetzung von Integrationsklassen in der Sekundarstufe. In: SCHLEY, BOBAN & HINZ 1989, 255-262

BSB (Behörde für Schule und Berufsbildung): Richtlinien und Hinweise für die Erziehung und den Unterricht ausländischer Kinder und Jugendlicher in Hamburger Schulen. Hamburg: Behörde für Schule und Berufsbildung 1986

BSB (Behörde für Schule und Berufsbildung): Aufgaben des Präventionslehrers. In: WOCKEN, ANTOR & HINZ 1988, 75-76 (a)

BSB (Behörde für Schule und Berufsbildung): Das Aufnahmeverfahren für behinderte Kinder in Integrationsklassen an Grundschulen. In: WOCKEN, ANTOR & HINZ 1988, 77-86 (b)

BSJB (Behörde für Schule, Jugend und Berufsbildung): Die Integration behinderter Kinder in der Grundschule. Überlegungen zur Fortentwicklung und Ausweitung bestehender Ansätze. Referentenentwurf. Hamburg: Unveröff. Skript 1989 (a)

BSJB (Behörde für Schule, Jugend und Berufsbildung): Überarbeiteter Referentenentwurf zur Integration behinderter Kinder in die Grundschule. Hamburg: Unveröff. Skript 1989 (b)

BUBER, Martin: Reden über Erziehung. Heidelberg: Schneider 1953

BUCH, Andrea, HEINECKE, Birgit u.a.: An den Rand gedrängt. Was Behinderte daran hindert, normal zu leben. Reinbek: Rowohlt 1980

BUDDE, Hildegard: Manches kann man anders sehen - manches muß man anders sehen. Anmerkungen zum Umgang mit Ethnozentrismus im pädagogischen Feld. Pädagogik 39, 1987, H.12, 13-17

BÜRGERSCHAFT (der Freien und Hansestadt Hamburg): Mitteilung des Senats an die Bürgerschaft: Integration behinderter Kinder in die Grundschule. Drucksache 13/6477 vom 11.7.1990

BÜRLI, Alois (Hrsg.): Zur Behindertenpädagogik in Italien, England und Dänemark. Fakten, Beobachtungen, Anregungen. Luzern: Zentralstelle für Heilpädagogik 1985

BÜRLI, Alois: Integration Behinderter im internationalen Vergleich - dargestellt am Beispiel einiger europäischer Länder. In: EBERWEIN 1988a, 299-312

BUNDESVEREINIGUNG LEBENSHILFE (Hrsg.): Normalisierung - eine Chance für Menschen mit geistiger Behinderung. Große Schriftenreihe Bd.14. Marburg: Bundesvereinigung 1986

BUNDESVEREINIGUNG LEBENSHILFE (Hrsg.): Zur Diskussion gestellt: Gemeinsames Leben und Lernen geistig behinderter und nicht behinderter Kinder und Jugendlicher im Schulalter. Informationen, Hinweise, Meinungen. Marburg: Bundesvereinigung, 1987[4]

BUNDESVEREINIGUNG LEBENSHILFE (Hrsg.): Rechtliche Grundlagen und Probleme schulischer Integration. Große Schriftenreihe Bd. 25. Marburg: Bundesvereinigung 1991

BUNK, Hans-Dieter: Innere Differenzierung in Grundschulklassen mit hohem Anteil ausländischer Kinder. In: HOHMANN 1982a, 235-255

BUROW, Olaf-Axel & NEUMANN-SCHÖNWETTER, Marina: Integration als grundlegendes Prinzip Humanistischer Psychologie und Pädagogik. In: MEISSNER & HESS 1988, 78-83

BUROW, Olaf-Axel, QUITMANN, Helmut & RUBEAU, Martin P.: Gestaltpädagogik in der Praxis. Unterrichtsbeispiele und spielerische Übungen für den Schulalltg. Salzburg: Otto Müller 1987

BUROW, Axel-Olaf & SCHERPP, Karlheinz: Lernziel Menschlichkeit. Gestaltpädagogik - eine Chance für Schule und Erziehung. München: Kösel 1981

BUSCHBECK, Helene, ERNST, Karin & REBITZKI, Monika: (K)eine Schule wie jede andere. Vom Tempelhofer Projekt zu neuen Lernformen. Weinheim: Beltz 1982

BZI (Beratungszentrum Integration): Dokumentation der Arbeitstagung "Bundesländerübergreifender Erfahrungsaustausch von Beratungs-, Förder- und Fortbildungszentren zur Integration behinderter und von Behinderung bedrohter Kinder in der Regelschule" vom 18. - 19. April 1991. Hamburg: Selbstverlag 1991

CHRIST, Klaus: Integration behinderter Schüler und Schülerinnen im Saarland. In: HINZ & WOCKEN 1987, 163-169

CHRIST, Klaus, FRANCK-WEBER, Barbara, FUCHS, Isolde, JUNG, Joachim, SCHULER, Sigrid: Konzept für die Institutionalisierung der schulischen Integrationsberatung. In: SANDER U.A. 1989, 31-55

CHRIST, Klaus & JUNG, Joachim: Die Diagnose spielt eine entscheidende Rolle. Ein Fallbeispiel zur Integrationsförderung im Saarland. Grundschule 21, 1989, H.9, 27-29

CHRIST, Klaus & SANDER, Alfred: Erfahrungen mit den Rechtsbestimmungen über die schulische Integration im Saarland. In: SANDER U.A. 1989, 201-222

CHRISTOPH, Franz: Krüppelschläge. Gegen die Gewalt der Menschlichkeit. Reinbek: Rowohlt 1983

CHRISTOPH, Franz: Tödlicher Zeitgeist. Notwehr gegen Euthansie. Köln: Kiepenheuer & Witsch 1990

CHRISTOPH, Franz & MÜRNER, Christian: Der Gesundheits-Fetisch. Über Inhumanes in der Ökologiebewegung. Heidelberg: Asanger 1990

CLAUSSEN, Claus & GOBBIN-CLAUSSEN, Christiane: Soziales Lernen in altersgemischten Lerngruppen. In: FÖLLING-ALBERS 1989, 159-170

COHN, Ruth: Von der Psychoanalyse zur Themenzentrierten Interaktion. Stuttgart: Klett 1975

COWLAN, Gabriele, DEPPE-WOLFINGER, Helga, KREIE, Gisela, KRON, Maria & REISER, Helmut: Der Weg der integrativen Erziehung vom Kindergarten in die Schule. Bd. 12 der Schriftenreihe Lernziel Integration. Bonn: Reha 1991 (a)

COWLAN, Gabriele, DEPPE-WOLFINGER, Helga, KREIE, Gisela, KRON, Maria & REISER, Helmut: Gemeinsame Förderung Behinderter und Nichtbehinderter in Kindergarten und Grundschule. Endbericht der Wissenschaftlichen Begleitung. Frankfurt: Universität 1991 (b)

CUMMINS, James: Die Schwellenniveau- und die Interdependenz-Hypothese: Erklärungen zum Erfolg zweisprachiger Erziehung. In: SWIFT 1982, 34-43

CZERWIONKA, Renate & SCHMUCK, Lydia: Aus dem Schulalltag einer 2. Klasse. In: PROJEKTGRUPPE 1988, 43-59

CZOCK, Heidrun: Zur Logik des institutionellen Umgangs mit Migrantenkindern oder "... da sind einfach Lücken und Differenzen, die man nicht schließen kann". In: KALPAKA & RÄTHZEL 1986a, 92-102

CZOCK, Heidrun & RADTKE, Frank-Olaf: Der heimliche Lehrplan der Diskriminierung. Päd extra 12, 1984, H.10, 34-39

CZOCK, Heidrun & RADTKE, Frank-Olaf: Regeln und Maßnahmen: Die Praxis des Unterrichts mit ausländischen Kindern. Deutsch lernen 10, 1985, H.3, 66-78

DAHMKE, Ulrike & POPPE, Marianne: Der Klassenrat als Motor für integrative Prozesse. In: SCHLEY, BOBAN & HINZ 1989, 203-212

DAMANAKIS, Michael: Ausbildungsprobleme junger Griechen in Deutschland - Forderungen, Einflußfaktoren, Konsequenzen. In: RUHLOFF 1982a, 54-85

DAMANAKIS, Michael: Soziale Beziehungen ausländischer Jugendlicher. Ergebnisse einer empirischen Untersuchung in einem Ballungsgebiet. Lernen in Deutschland 4, 1984, 78-86

DANNER, Helmut: Methoden geisteswissenschaftlicher Pädagogik. München: Reinhardt 1979

DANNOWSKI, Elke, KÖRNER, Ingrid & MIEHLICH, Günter: '... die wollen die Behinderung ihres Kindes nicht wahrhaben!' - ein Verarbeitungssyndrom? In: SCHLEY, BOBAN & HINZ 1989, 263-274

DAOUD-HARMS, Mounira: Die Theorie der "Integration" und die Praxis der "Behinderung" - Diskussionsbeitrag aus der Sicht einer Betroffenen. Behindertenpädagogik 25, 1986, 139-151

DAOUD-HARMS, Mounira: Arbeitsgegenstand oder Subjekt unserer Lebensgeschichte - Erfahrungen und Reflexionen zum Verhältnis von Betreuern/Experten und "Behinderten". In: EBERWEIN 1988a, 345-350

DASCHNER, Peter & LEHBERGER, Reiner (Hrsg): Hamburg - Stadt der Schulreformen. Hamburg: Curio 1990

DEGENER, Theresia: Der Rechtsanspruch behinderter Kinder auf integrative Beschulung in den USA. Rechtslage und Wirklichkeit. Zeitschrift für Heilpädagogik 41, 1990, Beiheft 17, 34-41

DEMES, Brigitte: Bio-Ideologie: Geschlechtsrollendiskurs in Biologieschulbüchern. In: FEMININ - MASKULIN 1989, 108-112

DEMMER-DIECKMANN, Irene: Zum Stand der Realisierung 'schulischer Integration' im Schuljahr 1987/88 in der Bundesrepublik Deutschland und West-Berlin. Behindertenpädagogik 28, 1989, 49-97

DEMMER-DIECKMANN, Irene: Innere Differenzierung als wesentlicher Aspekt einer integrativen Didaktik: Beispiele aus dem projektorientierten Unterricht einer Integrationsklasse in der Primarstufe. Arbeitsberichte Folge 81. Bremen: Wissenschaftliches Institut für Schulpraxis 1991

DEPPE-WOLFINGER, Helga (Hrsg.): Behindert und abgeschoben. Zum Verhältnis von Behinderung und Gesellschaft. Weinheim: Beltz 1983

DEPPE-WOLFINGER, Helga: Tutti uguali - tutti diversi. Oder: Die gemeinsame Schule für behinderte und nichtbehinderte Kinder in Italien. Demokratische Erziehung, 1985, H.2, 16-19 (a)

DEPPE-WOLFINGER, Helga: Die gemeinsame Erziehung von behinderten und nichtbehinderten Kindern - Überlegungen zur bildungsökonomischen und bildungspolitischen Funktion integrativer Schulversuche. Behindertenpädagogik 24, 1985, 392-406 (b)

DEPPE-WOLFINGER, Helga: Integration im Widerspruch von Ökonomie, Politik und Pädagogik. In: EBERWEIN 1988, 18-23 (a)

DEPPE-WOLFINGER, Helga: Mode oder Modell? Integration: Fluchtpunkt für schulische Gegenkultur oder konkrete Utopie einer Schule für alle? päd. extra & Demokratische Erziehung 1988, H.5, 33-36 (b)

DEPPE-WOLFINGER, Helga: Zur Geschichte integrativer Klassen und Schulen. In: DEPPE-WOLFINGER, PRENGEL & REISER 1990, 11-26 (a)

DEPPE-WOLFINGER, Helga: Integration im gesellschaftlichen Wandel. In: DEPPE-WOLFINGER, PRENGEL & REISER 1990, 310-324 (b)

DEPPE-WOLFINGER, Helga, PRENGEL, Annedore & REISER, Helmut: Integrative Pädagogik in der Grundschule. Bilanz und Perspektiven der Integration behinderter Kinder in der Bundesrepublik Deutschland 1976-1988. München: DJI 1990

DER KULTUSMINISTER (des Landes Nordrhein-Westfalen): Gemeinsamer Unterricht für behinderte und nichtbehinderter Kinder. Zwischenbericht über den Schulversuch in der Grundschule und über weitere Versuche in anderen Schulformen. Strukturförderung im Bildungswesen des Landes Nordrhein-Westfalen, Heft 47. Frechen: Ritterbach 1990

DER SENATOR FÜR SCHULWESEN, BERUFSAUSBILDUNG UND SPORT (Hrsg.): Sonderpädagogik heute - Bewährtes und Neues. Referate des Sonderpädagogischen Forums Berlin. Fachtagung vom 23. bis 25. November 1987. Berlin: Selbstverlag o.J. (1989)

DEUTSCHER BILDUNGSRAT: Empfehlungen der Bildungskommission. Zur pädagogischen Förderung behinderter und von Behinderung bedrohter Kinder und Jugendlicher. Bonn: Bundesdruckerei 1973 (a)

DEUTSCHER BILDUNGSRAT: Empfehlungen der Bildungskommission. Zur Reform von Organisation und Verwaltung im Bildungswesen. Teil 1: Verstärkte Selbständigkeit der Schule und Partizipation der Lehrer, Schüler und Eltern. Stuttgart: Klett 1973 (b)

DICK, Anneliese: Vom Ende der koedukativen Erziehung? päd. extra & Demokratische Erziehung 1988, H.4, 6-8

DICK, Lutz van, KEESE-PHILIPPS, Henning & PREUSS-LAUSITZ, Ulf (Hrsg.): Ideen für Grüne Bildungspolitik. Weinheim: Beltz 1986

DICKOPP, Karl-Heinz: Erziehung ausländischer Kinder als pädagogische Herausforderung. Das Krefelder Modell. Düsseldorf: Schwann 1982

DICKOPP, Karl-Heinz: Begründungen und Ziele einer interkulturellen Erziehung - Zur Konzeption einer transkulturellen Pädagogik. In: BORRELLI 1986a, 37-48

DIEDERLEY, Hartmut: Ambulatorische Beratung und Betreuung körperbehinderter Kinder und Jugendlicher in Schleswig-Holstein. In: GEW LV SCHLESWIG-HOLSTEIN 1986, 74-75

DIETRICH, Ingrid: Interkulturelle Spracherziehung von ausländischen und deutschen Kindern. Demokratische Erziehung 10, 1984, H.12, 27-30

DIETRICH, Margret, KOCH, Christine, SCHNEEBERG, Helga, SCHOLZ, Herbert, STÜRMER, Willi & TAMS, Martina: Behinderte im Unterricht der Grundschule. Bericht über die Integration behinderter Schüler in der Klasse 1a, Schuljahr 1986/87, der Grundschule Am Wasser in Bremen-Grohn. Bremen: Wissenschaftliches Institut für Schulpraxis 1988

DIETZE, Lutz: Rechtliche Grundlagen integrativer Erziehung und Bildung. In: EBERWEIN 1988a, 91-99 (a)

DIETZE, Lutz: Integration Behinderter durch gerichtliche Entscheidung? Rechtliche Probleme und Möglichkeiten der Integration Behinderter. In: MEISSNER & HESS 1988, 125-136 (b)

DJI (Deutsches Jugendinstitut) (Hrsg.): Die Schule lebt - Frauen bewegen die Schule. Reihe Materialien für die Elternarbeit Bd. 12. München: DJI 1984

DJI (Deutsches Jugendinstitut) (Hrsg.): Ausländerarbeit und Integrationsforschung. Bilanz und Perspektiven. München: DJI 1987

DJI (Deutsches Jugendinstitut) (Hrsg.): Einleitung. In: DJI (Hrsg.): Beiträge zur Ausländerforschung - Wege der Integration. München: DJI 1988, 7-13

DOMHOF, Franz: Die Entwicklung des Unterrichts für ausländische Schüler in der Bundesrepublik Deutschland: Ergebnisse einer Dissertation. Lernen in Deutschland 4, 1984, 34-37

DÜBBERS, Sabine & PODLESCH, Wolfgang: Integrationsklassen machen die Schule menschlicher. Die Grundschulzeitschrift 1988, H.15, 10-13

DUMKE, Dieter (Hrsg.): Integrativer Unterricht. Weinheim: Deutscher Studien Verlag 1991 (a)

DUMKE, Dieter: Integrativer Unterricht: eine neue Lehrmethode? In: DUMKE 1991a, 33-56 (b)

DUMKE, Dieter: Soziale Kontakte behinderter Schüler in Integrationsklassen. Heilpädagogische Forschung 1991, H.1, 21-26 (c)

DUMKE, Dieter: Schulleistungen nichtbehinderter Schüler in Integrationsklassen. Zeitschrift für Pädagogische Psychologie 5, 1991, H.1, 33-42 (d)

DUMKE, Dieter & BRABECK, Harry: Wohnortnahe Integration. Grundschule 1988, H.11, 37-41

DUMKE, Dieter, KELLNER, Magdalene & KRANENBURG, Mishell: Unterrichtsorganisation in Integrationsklassen. In: DUMKE 1991a, 109-160

DUMKE, Dieter, KRIEGER, Gertrude & SCHÄFER, Georg: Schulische Integration in der Beurteilung von Eltern und Lehrern. Weinheim: Deutscher Studien Verlag 1989

DUMKE, Dieter & MERGENSCHRÖER, Barbara: Soziale Kognitionen von Schülern in Integrationsklassen. Psychologie in Erziehung und Unterricht 37, 1990, 111-122

DUMKE, Dieter & MERGENSCHRÖER, Barbara: Schülerverhalten in Integrationsklassen. In: DUMKE 1991a, 161-198

DUMKE, Dieter & SCHÄFER, Georg: Integrationsklassen in der Beurteilung von Eltern. Berichte aus dem Semindar für Psychologie der Pädagogischen Fakultät der Universität Bonn. Bonn: Universität 1987

EBERWEIN, Hans: Zum Stand der Integrationsentwicklung und -forschung in der Bundesrepublik Deutschland. Zeitschrift für Heilpädagogik 35, 1984, 677-691

EBERWEIN, Hans (Hrsg.): Behinderte und Nichtbehinderte lernen gemeinsam. Handbuch der Integrationspädagogik. Weinheim: Beltz 1988 (a)

EBERWEIN, Hans: Integrationspädagogik als Weiterentwicklung (sonder-)pädagogischen Denkens und Handelns. In: EBERWEIN 1988a, 45-53 (b)

EBERWEIN, Hans: Zur dialektischen Aufhebung der Sonderpädagogik. In: EBERWEIN 1988a, 343-345 (c)

EBERWEIN, Hans: Konsequenzen der Integrationsentwicklung für die Sonderpädagogik. Das Ambulanzsystem als sonderpädagogische Überlebensform? In: MEISSNER & HESS 1988, 53-64 (d)

EBERWEIN, Hans: Zum gegenwärtigen Stand der Integrationspädagogik. Grundschule 1989, H.9, 10-15

ECK, Christina, FROST, Karin, HEYER, Peter, KIPP, Margitte, KORFMACHER, Edelgard, KORNMESSER, Ingrid, LATTA, Peter, PREUSS-LAUSITZ, Ulf, RUDNICK, Martin, SCHÜPPEL, Rolf, WILKE, Karin & ZIELKE, Gitta: Schule ohne Aussonderung - Eineinhalb Jahre Schulversuch. In: VALTIN, SANDER & REINARTZ 1984, 139-188

ELBERT, Johannes: Geistige Behinderung - Formierungsprozesse und Akte der Gegenwehr. In: KASZTANTOWICZ 1982, 56-105

ELLGER-RÜTTGART, Sieglind: Kritiker der Hilfsschule als Vorläufer der Integrationsbewegung. In: EBERWEIN 1988a, 38-44

ELLROTT, Dieter, GRÜTTNER, Dörthe, STÜRMER, Willi & WREDE, Ursel: Schulversuch 'Integration' 1984-1988 an der Grundschule Robinsbalje Bremen Huchting. Abschlußbericht. Bremen: Wiss. Institut für Schulpraxis 1989

ELWERT, Georg: Probleme der Ausländerintegration - Gesellschaftliche Integration durch Binnenintegration. Kölner Zeitschrift für Soziologie und Sozialpsychologie 34, 1982, 717-731

ELWERT, Georg: Die Angst vor dem Ghetto. Binnenintegration als erster Schritt zur Integration. In: BAYAZ, DAMOLIN & ERNST 1984a, 51-74

ENDERS, Uta: Eine Theorie der Schule aus feministischer Sicht. In: KINDERMANN, MAUERSBERGER & PILWOUSEK 1987, 18-33

ENDERS-DRAGÄSSER, Uta: Schulische Ausgrenzung in einer multikulturellen Gesellschaft. Informationsdienst zur Ausländerarbeit 1984, H.2, 56-59

ENDERS-DRAGÄSSER, Uta: Männliche Selbstbestätigung und bürgerliche Normalität im deutschen Schulbuch: Heilmittel gegen die multikulturelle Gesellschaft? Informationsdienst zur Ausländerarbeit 1986, H.3, 81-85

ENDERS-DRAGÄSSER, Uta: Schulischer Sexismus in der Bundesrepublik. Recht der Jugend und des Bildungswesens 36, 1988, 47-56

ENDERS-DRAGÄSSER, Uta: Mädchensozialisation - Jungensozialisation in der Schule. In: KREIENBAUM 1989, 23-28 (a)

ENDERS-DRAGÄSSER, Uta: Der ganz normale männliche Störfall. Zur schulischen Sozialisation von Mädchen und Jungen. Päd. extra & Demokratische Erziehung 1989, H.1, 5-9 (b)

ENDERS-DRAGÄSSER, Uta: Schule ist Frauensache. In: ENDERS-DRAGÄSSER & FUCHS 1990, 9-15 (a)

ENDERS-DRAGÄSSER, Uta: Mütterarbeit und schulische Ausgrenzung: die heimliche Ganztagsschule. In: ENDERS-DRAGÄSSER & FUCHS 1990, 65-74 (b)

ENDERS-DRAGÄSSER, Uta & FUCHS, Claudia: Interaktionen der Geschlechter. Sexismusstrukturen in der Schule. München: Juventa 1989

ENDERS-DRAGÄSSER, Uta & FUCHS, Claudia (Hrsg.): Frauensache Schule. Aus dem deutschen Schulalltag: Erfahrungen, Analysen, Alternativen. Frankfurt am Main: Fischer 1990

ENDERS-DRAGÄSSER, Uta, FUCHS, Claudia & SCHMIDT, Petra: "Weiblichkeit" und "Männlichkeit" in den Interaktionen des Unterrichts. Der Deutschunterricht 38, 1986, H.3, 7-15

ENDERS-DRAGÄSSER, Uta & STANZEL, Gabriele (Hrsg.): Frauen Macht Schule. Dokumentation der 4. Fachtagung der AG Frauen + Schule. Frankfurt: Feministisches Interdisziplinäres Forschungsinstitut 1986

ENGEL, Rudolf, MESENHOLL, Wolfgang & NIERMANN, Jochen: Spiel- und sportbezogene Geschlechtsrollenorientierung in ihrer Bedeutung für den Aufbau der kindlichen Identität. In: KRÖNER & PFISTER 1985, 53-67 (a)

ENGEL, Rudolf, MESENHOLL, Wolfgang, NIERMANN, Jochen & WÜSTENHAGEN, Ruth: Ist koedukativer Sportunterricht in der Primarstufe notwendig? - Empirische Befunde zu einer pädagogischen Begründung. In: KRÖNER & PFISTER 1985, 68-92 (b)

EPPLE, Eva-Maria: Sonderschulen zwecks unbehinderter Männlichkeit? Frauen + Schule 6, 1987, H.18, 20-21

ESSINGER, Helmut: Interkulturelle Pädagogik. In: BORRELLI 1986a, 71-80 (a)

ESSINGER, Helmut: Annäherung an eine Theorie und Praxis Interkultureller Erziehung. In: TUMAT 1986a, 237-245 (b)

ESSINGER, Helmut: Interkulturelle Erziehung als antirassistische Erziehung unter dem Aspekt der Gemeinwesenorientierung. In: POMMERIN 1988a, 58-64

ESSINGER, Helmut & GRAF, Jochen: Interkulturelle Erziehung als Friedenserziehung. In: ESSINGER & UÇAR 1984, 15-34

ESSINGER, Helmut & HELLMICH, Achim: Unterrichtsmaterialien und -medien für eine Interkulturelle Erziehung. In: ESSINGER, HELLMICH & HOFF 1981, 98-128

ESSINGER, Helmut, HELLMICH, Achim & HOFF, Gerd (Hrsg.): Ausländerkinder im Konflikt. Zur interkulturellen Arbeit in Schule und Gemeinwesen. Königsstein: Athenäum 1981

ESSINGER, Helmut & KULA, Onur Bilge: Pädagogik als interkultureller Prozeß. Beiträge zu einer Theorie interkultureller Pädagogik. Felsberg & Istanbul: Migro 1987

ESSINGER, Helmut & UÇAR, Ali (Hrsg.): Erziehung in der multikulturellen Gesellschaft. Versuche und Modelle zur Theorie und Praxis einer Interkulturellen Erziehung. Baltmannsweiler: Burgbücherei Schneider 1984

FAULSTICH-WIELAND, Hannelore (Hrsg.): Abschied von der Koedukation? Frankfurt am Main: Fachhochschule 1987 (a)

FAULSTICH-WIELAND, Hannelore: Einleitung: Koedukation - ein erledigtes Thema? In: FAULSTICH-WIELAND 1987a, 7-19 (b)

FAULSTICH-WIELAND, Hannelore: Koedukation und Mathematik/Naturwissenschaft/Technik. In: PFISTER 1988, 120-136 (a)

FAULSTICH-WIELAND, Hannelore: Koedukation. Geschlechterverhältnisse in der Erziehung. Frauen + Schule 7, 1988, H.21, 38-40 (b)

FAULSTICH-WIELAND, Hannelore: Koedukation und Utopie. In: HANSMANN, Otto & MAROTZKI, Winfried: Diskurs Bildungstheorie II: Problemgeschichtliche Orientierungen. Weinheim: Deutscher Studien Verlag 1989, 560-579 (a)

FAULSTICH-WIELAND, Hannelore: Frauensicht als humane Perspektive. Oder: Wider die Verkürzung der naturwissenschaftlich-technischen Bildung. In: FEMININ - MASKULIN 1989, 83-85 (b)

FAULSTICH-WIELAND, Hannelore: Technikdistanz von Mädchen? Die Deutsche Schule, Beiheft 1, 1990, 110-125

FAULSTICH-WIELAND, Hannelore: Koedukation - Enttäuschte Hoffnungen? Darmstadt: Wissenschaftliche Buchgesellschaft 1991 (a)

FAULSTICH-WIELAND, Hannelore: Widersprüchliche Ergebnisse. Päd extra 19, 1991, H.9, 12-13 (b)

FAULSTICH-WIELAND, Hannelore & HORSTKEMPER, Marianne: Lebenspläne und Zukunftsentwürfe von Jungen und Mädchen am Ende der Sekundarstufe I. Die Deutsche Schule 77, 1985, 478-491

FAULSTICH-WIELAND, Hannelore, HORSTKEMPER, Marianne, TILLMANN, Klaus-Jürgen & WEISSBACH, Barbara: Erfolgreich in der Schule, diskriminiert im Beruf. Geschlechtsspezifische Ungleichheiten bei der Berufseinmündung. In: ROLFF, HANSEN, KLEMM & TILLMANN 1984, 117-143

FAULSTICH-WIELAND, Hannelore, KOCH, Christa & LANDWEHR, Brunhild: 'Mädchen können keine Naturwissenschaftler sein' oder: Die Bedingungen der Technikdistanz von Mädchen und Frauen. In: FAULSTICH-WIELAND 1987a, 142-183

FAULSTICH-WIELAND, Hannelore & SCHEFER-VIETOR, Gustava: Koedukation - Geschlechterverhältnisse in der Erziehung. Zeitschrift für Pädagogik, 23. Beiheft, 1988, 169-180

FAUST-SIEHL, Gabriele, SCHMITT, Rudolf & VALTIN, Renate (Hrsg.): Kinder heute - Herausforderung für die Schule. Dokumentation des Bundesgrundschulkongresses 1989 in Frankfurt/M. Frankfurt: Arbeitskreis Grundschule 1990

FECHLER, Hans: Sonderpädagogik in der Grundschule. Anmerkungen zu einem problematischen Verhältnis. Sonderschule in Niedersachsen 1987, H.1, 50-64 (a)

FECHLER, Hans: Möglichkeiten und Grenzen des Kompagnon-Modells. Anmerkungen zu einem Schulversuch in Hildesheim. Sonderschule in Niedersachsen 1987, H.2, 43-61 (b)

FECHLER, Hans: "Zusammenarbeit zwischen Grundschule und Sonderschule" - Endgültige Lösung oder offenes Problem? Sonderschule in Niedersachsen 1990, H.1, 1-19

FEIL, Christine: "Soziale Bilder" deutscher und ausländischer Kinder voneinander. In: DJI 1987, 471-493

FEIL, Christine & FURTNER-KALLMÜNZER, Maria: Belastungen im Verhältnis zwischen Ausländern und Deutschen - ein Überblick. In: DJI 1987, 463-469

FEMININ - MASKULIN. Konventionen, Kontroversen, Korrespondenzen. Friedrich Jahresheft VII. Seelze: Friedrich 1989

FEUSER, Georg: Integration = die gemeinsame Tätigkeit (Spielen/Lernen/Arbeit) am gemeinsamen Gegenstand/Produkt in Kooperation von behinderten und nichtbehinderten Menschen. Behindertenpädagogik 21, 1982, 86-105

FEUSER, Georg: Gemeinsame Erziehung behinderter und nichtbehinderter Kinder im Kindertagesheim. Ein Zwischenbericht. Bremen: Diakonisches Werk 1984 (a)

FEUSER, Georg: Curriculare und thematische Aspekte einer Qualifikation für die pädagogisch-therapeutische Tätigkeit in der gemeinsamen Erziehung behinderter und nichtbehinderter Kinder (Integration) in Regelkindergärten/Kindertagesheimen. Behindertenpädagogik 23, 1984, 349-366 (b)

FEUSER, Georg: Integration muß in den Köpfen beginnen. Bedarf es einer eigenen Pädagogik zur gemeinsamen Erziehung Behinderter und Nichtbehinderter? Welt des Kindes 1985, 189-195

FEUSER, Georg: Unverzichtbare Grundlagen und Formen der gemeinsamen Erziehung behinderter und nichtbehinderter Kinder in Kindergarten und Schule. In: GEW LV SCHLESWIG-HOLSTEIN 1986, 22-35 (a)

FEUSER, Georg: Integration: Humanitäre Mode oder humane Praxis? Demokratische Erziehung, 1986, H.1, 22-27 (b)

FEUSER, Georg: Aspekte einer integrativen Didaktik unter Berücksichtigung tätigkeitstheoretischer und entwicklungspsychologischer Erkenntnisse. In: EBERWEIN 1988a, 170-179

FEUSER, Georg: Allgemeine integrative Pädagogik und entwicklungslogische Didaktik. Behindertenpädagogik 28, 1989, 4-48

FEUSER, Georg: Integrative Erziehung und Unterrichtung schwerstbehinderter Kinder - Eine Frage der Didaktik! In: VDS 1990, 52-68

FEUSER, Georg & MEYER, Heike: Integrativer Unterricht in der Grundschule. Ein Zwischenbericht. Solms-Oberbiel: Jarick 1987

FICHERA, Ulrike: Vorschläge zu einer nicht-sexistischen und nicht-rassistischen Darstellung der Geschlechter in Unterrichtsmaterialien. In: KREIENBAUM 1989, 213-223

FICHERA, Ulrike: Schluß mit den sexistischen Stereotypen in Schulbüchern! Gedanken zu frauenorientierten Darstellungen von Mädchen und Frauen in Unterrichtsmaterialien. In: ENDERS-DRAGÄSSER & FUCHS 1990, 257-279 (a)

FICHERA, Ulrike: Der "kleine Unterschied" in den alltäglichen Beziehungen zwischen Lehrerinnen und männlichen Vorgesetzten. In; ENDERS-DRAGÄSSER & FUCHS 1990, 404-444 (b)

FICHERA, Ulrike & STORK, Heidi: Lehrerinnen und ihr Rektor oder: Der Rektor und seine Frauen - Schulwirklichkeit aus Frauensicht. In: ENDERS-DRAGÄSSER & STANZEL 1986, 35-68

FICHERA, Ulrike & WEYERHÄUSER, Elma: "... die Frau muß hinaus ins feindliche Leben ..." - Welche Bilder von Weiblichkeit beziehungsweise Männlichkeit sollen die Unterrichtsmaterialien vermitteln? In: ENDERS-DRAGÄSSER & STANZEL 1986, 109-119

FISCHER, Kurt Gerhard: Politik und Pädagogik angesichts der multikulturellen Demokratie. In: BORRELLI 1986a, 81-95

FLAAKE, Karin: Michaela, Martin und Maria - wie sie sich selbst in Informatik erleben und einschätzen. päd. extra & Demokratische Erziehung 1988, H.4, 9-10

FLAAKE, Karin: Geschlechterdifferenz und Institution Schule. Das unterschiedliche Verhältnis von Lehrerinnen und Lehrern zu ihrem Beruf. Die Deutsche Schule, Beiheft 1, 1990, 160-171

FLAAKE, Karin: Auf eigene Fähigkeiten vertrauen, statt sich "liebevoll" zurückzunehmen. Päd extra 19, 1991, H.9, 20-25

FLITNER, Andreas: Gerechtigkeit als Problem der Schule und als Thema der Bildungsreform. Zeitschrift für Pädagogik 31, 1985, 1-26

FÖLLING-ALBERS, Maria (Hrsg.): Veränderte Kindheit - veränderte Grundschule. Frankfurt: Arbeitskreis Grundschule 1989

FOHRBECK, Karla & WIESAND, Andreas J.: Wir Eingeborenen. Magie und Aufklärung im Kulturvergleich. Opladen: Leske & Budrich 1981

FRASCH, Heidi & WAGNER, Angelika C.: 'Auf Jungen achtet man einfach mehr ...' In: BREHMER 1982a, 260-278

FRAUEN + SCHULE: Schulforscherinnen fordern: Reforn der Koedukation. Frauen + Schule, 1988, H.21, 4-6

FREHE, Horst: Die Helferrolle als Herrschaftsinteresse nichtbehinderter 'Behinderten-(Be)-Arbeiter'. In: WUNDER & SIERCK 1982, 157-164

FRIED, Lilian: Werden Mädchen im Kindergarten anders behandelt als Jungen? Zeitschrift für Pädagogik 35, 1989, 471-492

FRIED, Lilian: Ungleiche Behandlung schon im Kindergarten und zum Schulanfang? Sprachvermittelte Erziehung von Mädchen und Jungen. Die Deutsche Schule, Beiheft 1, 1990, 61-76

FRIESS, Barbara: Sexismus in der Sprache - Ansatzpunkte für eine Veränderung im Unterricht. In: GRUNDSCHULE - FRAUENSCHULE 1985, 51-87

FRÖHLICH, Andreas D.: Schulische Integration schwerstbehinderter Kinder. Gutachterliche Stellungnahme für das Land Berlin. Pädagogisches Zentrum. Kaiserslautern: Unveröff. Skript 1986 (Gekürzter Abdruck in: DER SENATOR FÜR SCHULWESEN, BERUFSAUSBILDUNG UND SPORT 1989)

FROMM, Erich: Haben oder Sein. Stuttgart: Deutsche Verlags-Anstalt 1979

FROMM, Erich: Über den Ungehorsam. München: dtv 1985

FRUCK, Frauke u.a.: Gemeinsam lernen - eine Herausforderung. Kooperation einer Lerngruppe der Schule für geistig Behinderte mit einer 4. Grundschulklasse. Geistige Behinderung 24, 1985, Einhefter Heft 4, 1-20

FRÜHAUF, Theo: Zum Stand gemeinsamen Unterrichts geistig behinderter und nichtbehinderter Kinder in der Bundesrepublik Deutschland. In: BUNDESVEREINIGUNG 1991, 9-29

FTHENAKIS, Wassilios E., SONNER, Adelheid, THRUL, Rosemarie & WALBINDER, Waltraud: Bilingualbikulturelle Entwicklung des Kindes. Ein Handbuch für Pädagogen und Linguisten. München: Hueber 1985

FUCHS, Claudia: Interaktionen im Unterricht. Diskussion Deutsch 20, 1989, 90-99

FUCHS, Claudia: "... ja, manchmal mußte bißchen gescheit sein in dein Kopp!" Ein Mädchengespräch über Geschlechterverhältnisse in der Grundschule. In: ENDERS-DRAGÄSSER & FUCHS 1990, 77-91 (a)

FUCHS, Claudia: Das Muster kennen und verändern. In: ENDERS-DRAGÄSSER & FUCHS 1990, 369-376 (b)

FUCHS, Claudia & SCHMIDT, Petra: Weiblichkeit und Männlichkeit in den Interaktionen des Unterrichts. In: KINDERMANN, MAUERSBERGER & PILWOUSEK 1987, 83-97

FUCHS, Herbert E. & WOLLMANN, Hellmut (Hrsg.): Hilfen für ausländische Kinder und Jugendliche. Wege aus dem gesellschaftlichen Abseits? Basel: Birkhäuser 1987

FÜSSEL, Hans-Peter: Schulrechtliche Grundstrukturen für das Sonderschulwesen und Möglichkeiten ihrer Veränderung. In: EBERWEIN 1988a, 100-104

FÜSSEL, Hans-Peter & NEVERMANN, Knut: Rechtliche Probleme bei der schulischen Integration Behinderter. In: VALTIN, SANDER & REINARTZ 1984, 46-61

FURCK, Carl-Ludwig: Konfliktfeld Schule: Zur politischen Auseinandersetzung um das Hamburger Schulwesen 1918 - 1988. In: DASCHNER & LEHBERGER 1990, 68-80

FURTNER-KALLMÜNZER, Maria: Handlungsmöglichkeiten Erwachsener. In: ACHENBACH, Seka von & FURTNER-KALLMÜNZER, Maria: Die besten Freunde. Fallberichte zu Freundschaften zwischen deutschen und ausländischen Kindern und Jugendlichen. München: DJI 1988, 135-165

GÄNS, Annette & SCHNEIDER, Ossi: Reiner - ein Schüler mit schwerer Behinderung in unserer Klasse. In: EVANGELISCHE FRANZÖSISCH-REFORMIERTE GEMEINDE FRANKFURT (Hrsg.): Wegzeichen. Ein Lesebuch zu fünf Jahren Integrative Schule Frankfurt am Main. Bonn: Reha 1991, 113-116

GÄRTNER, Heinz: Zur Förderung ausländischer Schüler in Kleingruppen. Lernen in Deutschland 8, 1988, 85-89

GAMM, Hans-Jochen: Ausländerkinder im Konflikt. Ein Nachwort. In: ESSINGER, HELLMICH & HOFF 1981, 201-213

GEBAUER, Karl: Wie können erziehungsschwache Lehrerinnen und Lehrer (Schulkollegien) in einem mächtigen und durchorganisierten Schulsystem die Lebendigkeit von Kindern wahrnehmen und erhalten? In: VALTIN, SANDER & REINARTZ 1984, 267-284

GERHARD, Ute, JANSEN, Mechthild, MAIHOFER, Andrea, SCHMID, Pia & SCHULTZ, Irmgard (Hrsg.): Differenz und Geschlecht. Menschenrechte haben (k)ein Geschlecht. Frankfurt; Helmer 1990

GERS, Dieter (Hrsg.): Das Sonderpädagogische Förderzentrum. Ein Schritt auf dem Wege zu einem integrativen Schulwesen. Soltau: Schulze 1991

GESETZ NR. 1200 zur Änderung von Vorschriften auf dem Gebiet des Schulrechtes. Amtsblatt des Saarlandes 1986, 477-485

GEW (Hrsg.): Gemeinsam leben lernen. Analysen, Modelle, Perspektiven zur Integration Behinderter. Bundesfachtagung der GEW vom 13.-15.11.1981 in Stuttgart. Im Brennpunkt. März 1982. Frankfurt: Selbstverlag 1982

GEW (Hrsg.): Grundschule - die gemeinsame Schule für alle Kinder. Im Brennpunkt Mai 1983. Frankfurt: Selbstverlag 1983

GEW (Hrsg.): Integration fördern statt behindern! Erfahrungen aus der Integration behinderter Kinder in Kindergrten und Schulen. Dokumentation der Bundesfachtagung der GEW vom 27. - 29. 9. 1985 in Worms. Im Brennpunkt. April 1986. Frankfurt: Selbstverlag 1986 (a)

GEW (Hrsg.): Integration fördern statt behindern! Verzeichnis der Projekte zur Integration Behinderter in Schulen der Bundesrepublik Deutschland. Im Brennpunkt. Juli 1986. Frankfurt: Selbstverlag 1986 (b)

GEW BV WESER-EMS (Hrsg.): Schule für Schüler. Ostfriesische Hochschultage '87. Oldenburg: Selbstverlag 1988

GEW LÜNEBURG (Hrsg.): Beiträge zur Gestaltung einer anderen Schule für alle Kinder. Arbeitsheft 24. Soltau: Schulze 1986

GEW LV HAMBURG: Eine Schule für alle. Stellungnahme der GEW-Hamburg zur integrativen Erziehung im Sekundarbereich. Hamburger Lehrerzeitung 1990, H.12, 51-53

GEW LV SCHLESWIG-HOLSTEIN (Hrsg.): Gemeinsam lernen und leben. Dokumentation der Fachtagung vom 2. 9. 1986 in Rendsburg. Kiel: Selbstverlag 1986

GGG (Hrsg.): Integration behinderter und nichtbehinderter Kinder in der Gesamtschule. Dokumente + Informationen + Arbeitsmaterialien 2 - 89. Aurich: Selbstverlag 1989

GLÖTZNER, Johannes: Frauenfeindlichkeit als Verfassungsgebot. In: BREHMER 1982a, 115-118 (a)

GLÖTZNER, Johannes: Ist ein mathematisches Weib wider die Natur? In: BREHMER 1982a, 150-153 (b)

GLÖTZNER, Johannes: Heidi häkelt Quadrate, Thomas erklärt die Multiplikation. In: BREHMER 1982a, 154-158 (c)

GLÖTZNER, Johannes: Sexismus in neuen Mathematikbüchern. Pädagogik heute 1987, H.3, 19-20

GLUMPLER, Edith: Schullaufbahn und Schulerfolg türkischer Migrantenkinder. Hamburg: e.b. Verlag Rissen 1985

GLUMPLER, Edith: Türkische Mädchen an deutschen Schulen. Eine Schülergruppe mit eingeschränkten Schullaufbahnmöglichkeiten? Informationsdienst zur Ausländerarbeit 1987, H.1, 21-31

GLUMPLER, Edith: Türkische Kinder in Klassen des Bayerischen Modells. Lernen in Deutschland 8, 1988, 38-42

GÖBEL, Richard: Verschiedenheit und gemeinsames Lernen. Kooperative Binnendifferenzierung im Fremdsprachenunterricht. Königstein/Ts.: Scriptor 1981

GÖPFERT, Hans: Ausländerfeindlichkeit durch Unterricht. Konzeptionen und Alternativen für Geschichte, Sozialkunde und Religion. Düsseldorf: Schwann 1985

GOETZE, Herbert (Hrsg.): Fördern von Schülern mit Verhaltensstörungen. Zeitschrift für Heilpädagogik, Beiheft 13, 1987

GOETZE, Herbert & NEUKÄTER, Heinz (Hrsg.): Pädagogik bei Verhaltensstörungen. Handbuch der Sonderpädagogik Bd. 6. Berlin: Marhold 1989

GÖTZE, Lutz & POMMERIN, Gabriele: Ein kulturtheoretisches Konzept für Interkulturelle Erziehung. In: BORRELLI 1986a, 110-126

GOGOLIN, Ingrid: 'Muttersprache': Zweisprachigkeit. Pädagogik 39, 1987, H.12, 26-30

GOGOLIN, Ingrid: Erziehungsziel Zweisprachigkeit. Konturen eines sprachpädagogischen Konzepts für die multikulturelle Schule. Hamburg: Bergmann + Helbig 1988

GOGOLIN, Ingrid: "Hamburg macht Schule" - auch für Kinder aus dem Ausland? Hamburg macht Schule 1, 1989, H.5, 29-31

GOGOLIN, Ingrid & NEUMANN, Ursula: Plädoyer für ein interkulturelles Verständnis von Bildung. Pädagogik 40, 1988, H.7/8, 62-64

GONDOLF, Ulrike, HEGELE, Irmintraut, POMMERIN, Gabriele, RÖBER-SIEKMEYER, Christa, SCHELLONG, Inge & STEFFEN, Gabriele (Hrsg.): Gemeinsames Lernen mit ausländischen und deutschen Schülern. Tübingen: DIFF 1983

GRABRUCKER, Marianne: 'Typisch Mädchen...' Prägungen in den ersten drei Lebensjahren. Ein Tagebuch. Frankfurt: Fischer 1985

GRABRUCKER, Marianne: Typisch Mädchen - typisch Junge? In: ENDERS-DRAGÄSSER & FUCHS 1990, 120-131

GRAF, Peter: Chancen in der Schule oder die Frage des Lernens in der Zweitsprache. In: DJI 1987, 295-313

GRÄF, Amelie: Die Grenzen der Koedukation. Päd extra 1986, H.5, 28-29

GRIESE, Hartmut M.: Bundesrepublik Deutschland. In: JUST, Wolf-Dieter & GROTH, Annette (Hrsg.): Wanderarbeiter in der EG. Ein Vergleich ihrer rechtlichen und sozialen Situation in den wichtigsten Aufnahmeländern. Mainz/Ingelheim: Werkmeister/Manthano 1985, 297-323

GROLLE, Joist: Grußwort zum Bundeselterntreffen. In: HINZ & WOCKEN 1987, 41-44

GRONEMEIER, Ute, HORSTMANN, Uwe & WOTH, Jürgen: So geht es auch! Parallelunterricht und Integrale Unterrichtsorganisation in der Grundschule. In: SANDFUCHS 1981, 135-145

GROTH, Günther, JUNGMANN, Walter & STADELHOFER, Carmen: Ausländische Kinder an der Integrierten Gesamtschule. Die Deutsche Schule 78, 1986, 496-509

GRUEN, Arno: Der Verrat am Selbst. Die Angst vor Autonomie bei Mann und Frau. München: dtv 1986

GRUEN, Arno: Der Wahnsinn der Normalität. Realismus als Krankheit: eine grundlegende Theorie zur menschlichen Destruktivität. München: dtv 1989

GRUNDSCHULE - FRAUENSCHULE. Protokoll 223/1985. Hofgeismar: Ev. Akademie 1985

GRUNDSCHULMANIFEST: Frankfurter Manifest zum Bundesgrundschulkongreß 1989: Kinder heute - Herausforderung für die Schule. Arbeitskreis aktuell 10, September 1989, 2-3

GÜNTHER, Anne: Die Sonderschule für Lernbehinderte - eine Jungenschule? Hamburg macht Schule 1, 1989, H.5, 10

GÜNTHER, Klaus-B.: Spezifische Probleme bei der Integration gehörloser Kinder und Jugendlicher. Überlegungen zur Möglichkeit einer bisozialen Integration. In: SANDER & RAIDT 1991, 180-186

GUTBERLET, Michael, KLEIN, Gabriele, KREIE, Gisela, KRON, Maria & REISER, Helmut: Integrierte sonderpädagogische Betreuung bei Lern- und Verhaltensstörungen in Grundschulen - Ergebnisse einer Schulversuchs in Frankfurt am Main. Sonderpädagogik 13, 1983, 114-120 und 165-187

HAAS, Peter: Türkisch anstelle der ersten Fremdsprache. In: ESSINGER & UÇAR 1984, 91-98

HAEBERLIN, Urs: Wertgeleitete Integrationsforschung: dargestellt an einem Forschungsprojekt zur empirischen Evaluation von Maßnahmen zur Integration von Lernbehinderten in der Schweiz. Heilpädagogische Forschung 17, 1991, H.1, 34-42 (a)

HAEBERLIN, Urs: Die Integration von leistungsschwachen Schülern. Ein Überblick über empirische Forschungsergebnisse zu Wirkungen von Regelklassen, Integrationsklassen und Sonderklassen auf "Lernbehinderte". Zeitschrift für Pädagogik 37, 1991, 167-189 (b)

HAEBERLIN, Urs, BLESS, Gérard, MOSER, Urs & KLAGHOFER, Richard: Die Integration von Lernbehinderten. Versuche, Theorien, Forschungen, Enttäuschungen, Hoffnungen. Bern: Huber 1990

HÄUSSLER, Peter & HOFFMANN, Lore: Wie Physikunterricht auch für Mädchen interessant sein kann. Naturwissenschaften im Unterricht - Physik 1, 1990, 12-18

HAGEMANN-WHITE, Carol: Sozialisation: Weiblich - männlich? Opladen: Leske & Budrich 1984

HAGEMEISTER, Volker: Argumente für die Fortsetzung der Koedukation. Methodische und organisatorische Mängel als Ursachen für die Schwierigkeiten, die viele Mädchen (und ein Teil der Jungen) mit den "harten" Naturwissenschaften haben. Die Deutsche Schule 83, 1991, 474-492

HALL, John: A Strategy für Inclusive Education? LLIAS 24, Spring 1992, 6-21

HAMBURGER, Franz: Erziehung in der Einwanderungsgesellschaft. Zeitschrift für Pädagogik, 18. Beiheft 1983, 273-282

HAMBURGER, Franz: Erziehung in der Einwanderungsgesellschaft. In: BORRELLI 1986a, 142-157

HAMBURGER, Franz: Der Kulturkonflikt und seine pädagogische Kompensation. Mainz: Universität 1988

HANSEN, Georg: Integration oder Segregation - eine falsche Alternative. In: ROLFF, HANSEN, KLEMM & TILLMANN 1984, 248-258

HANSMANN, Otto & MAROTZKI, Winfried: Diskurs Bildungstheorie I: Systematische Markierungen. Weinheim: Deutscher Studien Verlag 1988

HARTH, Ulrike: Zwei Jahre Integration an der GS Holweide. Köln: Unveröff. Skript o.J.

HASCHE, Sabine, NOWAK, Christiane & STOELLGER, Norbert: Max besucht die Gesamtschule - Aspekte der Schulkarriere eines 'sonderschulbedürftig' behinderten Kindes. In: PROJEKTGRUPPE 1988, 202-214

HAUPT, Ursula: Grundschule. In: HAUPT, Ursula & JANSEN, Gerd W. (Hrsg.): Pädagogik der Körperbehinderten. Handbuch der Sonderpädagogik Bd.8. Berlin: Marhold 1983, 139-149

HAUPT, Ursula: Die schulische Integration von Behinderten. In: BLEIDICK, Ulrich (Hrsg.): Theorie der Behindertenpädagogik. Handbuch der Sonderpädagogik Bd. 1. Berlin: Marhold 1985, 152-197

HEESE, Gerhard: Mit der Integration ist es gar nicht so einfach - Notizen zum Thema Einbezug behinderter Schüler. Vierteljahresschrift für Heilpädagogik und ihre Nachbargebiete 53, 1984, 383-395

HEIMER, Werner: Bedingungen für Integrationsklassen in Hamburger Gesamtschulen. In: SCHLEY, BOBAN & HINZ 1989, 117-130

HEINRICHS, Ute & SCHULZ, Thomas: Mädchen und Naturwissenschaften. Wahlverhalten in der gymnasialen Oberstufe. Pädagogik 41, 1989, H.9, 36-39 (a)

HEINRICHS, Ute & SCHULZ, Thomas: Einstellung von Mädchen und Jungen zu den Fächern Physik und Geschichte. Projekt: Mädchen und Naturwissenschaften in der Schule. Hamburg: Unveröff. Skript 1989 (b)

HELLBRÜGGE, Theodor: Pädagogik ohne Angst. Erfahrungen aus der Montessori Modellschule in München als Schulversuch der integrierten Erziehung gesunder mit mehrfach und verschiedenartig behinderten Kindern. Heilpädagogische Forschung 1977, 1-26

HELLBRÜGGE, Theodor: Die Vorzüge der Montessori-Pädagogik für die gemeinsame Erziehung behinderter und nichtbehinderter Kinder. In: EBERWEIN 1988a, 189-196

HELLBRÜGGE, Theodor u.a.: Integrierte Erziehung gesunder Kinder mit mehrfach und verschiedenartig behinderten Kindern. In: MUTH, KNIEL & TOPSCH 1976, 160-201

HELLBRÜGGE, Theodor, OCKEL, Brigitte, VOSS-RAUTER, Helga & KAUL, Claus-Dieter: Integration mehrfach und verschiedenartig behinderter Kinder. In: VALTIN, SANDER & REINARTZ 1984, 65-84

HELLER, Monika: Gemeinsamer Unterricht für behinderte und nichtbehinderte Kinder an der Bodelschwingh-Schule, Bonn-Friesdorf. In: GEW 1986a, 19-20

HELSPER, Helga & JANZ, Ulrike: Gen- und Reproduktionstechnologien. In: KREIENBAUM 1989, 179-186

HEPPNER, Gisela, OSTERHOFF, Julia, SCHIERSMANN, Christiane, SCHMIDT, Christiane: Computer? "Interessieren tät's mich schon, aber..." Wie sich Mädchen in der Schule mit Neuen Technologien auseinandersetzen. Bielefeld: Kleine 1990

HEPTING, Roland: Mädchenbildung versus Koedukation. Eine vergleichende Untersuchung über die Sozialisation der Mädchen in privaten konfessionellen Mädchengymnasien und staatlichen koedukativen Gymnasien. Stuttgart: HochschulVerlag 1978

HERBSLEB-BIALAS, Helga: Wohnortnahe Integration in den Grundschulen eines gesamten Stadtbezirks. In: DUMKE 1991a, 24-32

HESSISCHER LANDTAG: Gesetz zur Regelung der sonderpädagogischen Förderung in der Schule und zur Änderung des Hessischen Schulpflichtgesetzes und anderer Rechtsvorschriften (Entwurf). Drucksache 13/1592 vom 10. 02. 1992

HETZNER, Renate: Schulleistungen der Schüler in Integrationsklassen. In: PROJEKTGRUPPE 1988, 251-254 (a)

HETZNER, Renate: "Helfen Sie bitte mal, den Rollstuhl hochzutragen!" Behindertengerechte Einrichtung der Fläming-Grundschule. In: PROJEKTGRUPPE 1988, 319-327 (b)

HETZNER, Renate: "In einer normalen Klasse geht mein Kind unter!" Gespräche mit Eltern behinderter Kinder. In: PROJEKTGRUPPE 1988, 281-292 (c)

HETZNER, Renate & LINGENBERG, Birgit: Julian paßt in keine Schule - Probleme der Integration eines mehrfachbehinderten Kindes. In: PROJEKTGRUPPE 1988, 172-185

HETZNER, Renate & STOELLGER, Norbert: Geistigbehinderte Kinder in der allgemeinen Schule? Behindertenpädagogik 24, 1985, 406-417 (a)

HETZNER, Renate & STOELLGER, Norbert: Integrativer Unterricht in der Grundschule. In: PREUSS 1985, 147-164 (b)

HETZNER, Renate & STOELLGER, Norbert: Welche behinderten Kinder werden in die Integrationsklasse aufgenommen? - Sonderpädagogische Diagnostik als Entscheidungshilfe. In: PROJEKTGRUPPE 1988, 215-231

HETZNER, Renate & ZIELKE, Gitta: Berdarf, Konzeption und Realisierung einer integrationspädagogischen Fortbildung. In: MEISSNER, Klaus (Hrsg.): Eine gemeinsame Schule für alle. Realisierungsprobleme. Berlin: Edition Diesterweg-Hochschule 1990, 116-122

HEYER, Peter: Aus- und Fortbildung der Lehrkräfte. In: MEISSNER & HESS 1988, 70-77 (a)

HEYER, Peter: Bericht über die 10jährige Tätigkeit einer gewerkschaftlichen Arbeitsgruppe zur Integration. In: EBERWEIN 1988a, 326-331 (b)

HEYER, Peter: Integrativer Unterricht und Schulleben. In: HEYER, PREUSS-LAUSITZ & ZIELKE 1990, 63-94 (a)

HEYER, Peter: Die Leistungsentwicklung der Schülerinnen und Schüler. In: HEYER, PREUSS-LAUSITZ & ZIELKE 1990, 129-143 (b)

HEYER, Peter: Veränderungen in der Rolle der Grundschullehrer/innen. In: HEYER, PREUSS-LAUSITZ & ZIELKE 1990, 165-168 (c)

HEYER, Peter, KORFMACHER, Edelgard, PODLESCH, Wolfgang, PREUSS-LAUSITZ, Ulf & SEBOLD, Lydia (Hrsg.): Zehn Jahre wohnortnahe Integration. Behinderte und nichtbehinderte Kinder gemeinsam in ihrer Grundschule. Frankfurt am Main: Arbeitskreis Grundschule 1993

HEYER, Peter & MEIER, Richard: Zur Lehrerbildung für die integrationspädagogische Arbeit an Grundschulen. In: EBERWEIN 1988a, 337-342

HEYER, Peter & PREUSS-LAUSITZ, Ulf: Die Uckermark-Schule als wohnortnahe Integrationsschule. Entstehung, Konzept und Weiterentwicklung. In: HEYER, PREUSS-LAUSITZ & ZIELKE 1990, 15-23

HEYER, Peter, PREUSS-LAUSITZ, Ulf & ZIELKE, Gitta: Wohnortnahe Integration. Gemeinsame Erziehung behinderter und nichtbehinderter Kinder in der Uckermark-Grundschule in Berlin. Weinheim: Juventa 1990

HEYER, Peter & ZIELKE, Gitta: Fortbildungspraxis und Fortbildungserfordernisse. In: HEYER, PREUSS-LAUSITZ & ZIELKE 1990, 191-194

HILDESCHMIDT, Anne: Kind-Umfeld-Diagnose. Weiterentwicklung des Konzepts und Anwendung in der Praxis. In: SANDER U.A. 1988, 25-68

HILDESCHMIDT, Anne: Schulische Integration in der Sekundarstufe I. In: SANDER U.A. 1990, 39-64

HILDESCHMIDT, Anne: Integration in der Sekundarstufe. Wahrnehmung und Bewertung von Übergang und Integration aus Schüler/innen- und Elternsicht. In: SANDER & RAIDT 1991, 249-257

HILDESCHMIDT, Anne & SANDER, Alfred: Der ökosystemische Ansatz als Grundlage für Einzelintegration. In: EBERWEIN 1988a, 220-227

HINZ, Andreas: Schwerstbehinderte und Integrationsklassen. Überlegungen zu einem "unvorstellbaren" Thema. In: WOCKEN & ANTOR 1987, 307-314

HINZ, Andreas: (Wieder-)Entdeckung der Heterogenität in der Schule? In: SCHLEY, BOBAN & HINZ 1989, 49-74 (a)

HINZ, Andreas: Integrationsklassen in der Sekundarstufe I? Ja, natürlich ... oder lieber doch nicht? In: SCHLEY, BOBAN & HINZ 1989, 75-99 (b)

HINZ, Andreas: Thesenpapier zum Forum: Welche Fort- und Weiterbildung braucht die Integration? In: DIE GRÜNEN IM NIEDERSÄCHSISCHEN LANDTAG (Hrsg.): Nichtaussonderung behinderter Kinder. Eine Leitidee für die Schule der 90er Jahre. Dokumentation des bildungspolitischen Forums in Göttingen am 11.2.89. Hannover: Selbstverlag 1989, 14-15 (c)

HINZ, Andreas: Emily - (k)ein Kind wie jedes andere. Hamburg macht Schule 1, 1989, H.6, 12 (d)

HINZ, Andreas: Veränderungen sonderpädagogischer Arbeit in allgemeinen Schulen. Zeitschrift für Heilpädagogik 41, 1990, 389-403 (a)

HINZ, Andreas: "Integrationsfähigkeit" - Grenzen der Integration? Behindertenpädagogik 29, 1990, 131-142 (b)

HINZ, Andreas: Kinder mit schwersten Behinderungen in Integrationsklassen. Geistige Behinderung 30, 1991, 130-145 (a)

HINZ, Andreas: Braucht die Pädagogik einen Behinderungsbegriff? Zeitschrift für Heilpädagogik 42, 1991, 126-127 (b)

HINZ, Andreas: Aufnahmeverfahren für integrative Erziehung. Behindertenpädagogik 32, 1992, 338-349 (a)

HINZ, Andreas: Krise der Integration im Saarland. Grundschulzeitschrift 6, 1992, H.52, 42 (b)

HINZ, Andreas & WOCKEN, Hans (Hrsg.): Gemeinsam leben - gemeinsam lernen beim Hamburger Integrationszirkus. Hamburg: Curio 1987

HINZ, Andreas & WOCKEN, Hans: Der Schulversuch im Überblick. In: WOCKEN, ANTOR & HINZ 1988, 13-24

HINZ, Andreas & WÖLFERT-AHRENS, Erika: Offene Formen der Förderung. In: FRÖHLICH, Andreas (Hrsg.): Pädagogik der Schwerstbehinderten. Handbuch Sonderpädagogik Band 12. Berlin: Spiess 1991, 282-295

HINZ, Andreas u.a.: Schwerstbehinderte Kinder in Integrationsklassen - eine Herausforderung. Bericht von einer Fachtagung. Marburg: Bundesvereinigung 1992

HÖHN, Karl-Joachim: Integration in den Bundesländern. In: DEPPE-WOLFINGER, PRENGEL & REISER 1990, 47-146

HOEHNE, Rainer: Frühe Krankengymnastik - überschätzte Therapie, überforderte Therapeuten? Frühförderung interdisziplinär 3, 1984, H.1, 1-7

HOEHNE, Rainer: Integration und Therapie. In: HINZ & WOCKEN 1987, 62-71

HÖNTSCH, Andreas, MAIKOWSKI, Rainer, PODLESCH, Wolfgang, REGER, Helmut, SCHINNEN, Maria & LAU, Gisela: Aus dem Alltag der Klassen 3d und 5d - Wege zu einem integrativen Unterricht mit behinderten und nichtbehinderten Kindern. In: VALTIN, SANDER & REINARTZ 1984, 115-138

HÖSSL, Alfred: Entwicklungen integrativer Erziehung im Elementarbereich. In: EBERWEIN 1988a, 114-123 (a)

HÖSSL, Alfred: Erziehung ohne Aussonderung im Kindergarten - derzeitige Möglichkeiten und Empfehlungen für betroffene Eltern. In: ROSENBERGER 1988, 52-68 (b)

HÖSSL, Alfred: Überblick über integrativ arbeitende Kindergärten und Kindertagesstätten in der Bundesrepublik Deutschland. In: BUNDESVEREINIGUNG LEBENSHILFE (Hrsg.): Gemeinsam Leben und Lernen - Fragen und Erfahrungen aus Kindergarten und Schule. Bericht über das offene Lebenshilfe-Treffen vom 18. bis 19. 9. 1987 in Gießen. Marburg: Bundesvereinigung 1988, 8-14 (c)

HOFF, Gerd: 'Integration' auf dem Hintergrund Interkultureller Erziehung. In: ESSINGER, HELLMICH & HOFF 1981, 63-71

HOFFMANN, Lore: Die Interessen von Schülerinnen an Physik und Technik - Mögliche Ansatzpunkte für Unterricht auf der Sekundarstufe I. Die Realschule 97, 1989, 201-205

HOFFMANN, Lore: Mädchen und Physik - ein aktuelles, ein drängendes Thema. Naturwissenschaften im Unterricht - Physik 1, 1990, 4-11

HOFFMANN, Lore & LEHRKE, Manfred: Eine Zusammenstellung erster Ergebnisse aus der Querschnittserhebung 1984 über Schülerinteressen an Physik und Technik vom 5. - 10. Schuljahr. Kiel: IPN 1985

HOFMANN, Ilona: Ich wünschte mir einen gehörlosen Sohn. Zusammen 11, 1991, H.8, 19-20

HOHMANN, Manfred (Hrsg.): Unterricht mit ausländischen Kindern. München - Wien: Oldenbourg 1982 (a)

HOHMANN, Manfred: Grundlagen und Ziele. In: HOHMANN 1982a, 89-111 (b)

HOHMANN, Manfred: Schule als Ort der Integration: Nationale Erfahrungen - Möglichkeiten, Grenzen. In: RUHLOFF 1982a, 158-176 (c)

HOHMANN, Manfred: Interkulturelle Erziehung - Versuch einer Bestandsaufnahme. Ausländerkinder in Schule und Kindergarten 1983, H.4, 4-8

HOHMANN, Manfred: Interkulturelle Erziehung - eine Chance für Europa? In: HOHMANN & REICH 1989, 1-32

HOHMANN, Manfred & REICH, Hans H. (Hrsg.): Ein Europa für Mehrheiten und Minderheiten. Diskussionen um interkulturelle Erziehung. Münster: Waxmann 1989

HOLTZ, Peter: Matthias. In: WOCKEN, ANTOR & HINZ 1988, 105-126

HOPF, Diether: Unterricht in Klassen mit ausländischen Schülern. Ein Konzept zur Individualisierung in multiethnisch zusammengesetzten Klassen. Weinheim: Beltz 1984

HORSTKEMPER, Marianne: Schule, Geschlecht und Selbstvertrauen. Eine Längsschnittstudie über Mädchensozialisation in der Schule. München: Juventa 1987

HORSTKEMPER, Marianne: Jungen und Mädchen in der Schule. Formale Gleichheit und unterschwellige Benachteiligung. Hamburg macht Schule 1, 1989, H.5, 5-8 (a)

HORSTKEMPER, Marianne: Mädchensozialisation - Jungensozialisation. Mechanismen der Diskriminierung und Förderung in der Schule. In: FEMININ - MASKULIN 1989, 98-101 (b)

HORSTKEMPER, Marianne: Zwischen Anspruch und Sekbstbescheidung - Berufs- und Lebensentwürfe von Schülerinnen. Die Deutsche Schule, Beiheft 1, 1990, 17-31 (a)

HORSTKEMPER, Marianne: "Jungenfächer" und weibliche Sozialisation - Lernprozesse im koedukativen Unterricht. Die Deutsche Schule, Beiheft 1, 1990, 97-109 (b)

HORSTKEMPER, Marianne: Fortsetzung der Koedukation Ja - aber nicht mit unangemessenen Argumenten! Die Deutsche Schule 83, 1991, 493-502

HUNDERTMARCK, Gisela: Der Kindergarten als sozialpädagogische Einrichtung. In: SPECK & MARTIN 1990, 283-297

HURRELMANN, Klaus, RODAX, Klaus & SPITZ, Norbert: Zur Bildungssituation von Mädchen im allgemeinbildenden Schulbereich. In: SACHVERSTÄNDIGENKOMMISSION SECHSTER JUGENDBERICHT 1986, 9-86

IBW (Informationen Bildung Wissenschaft): Informatik - für Mädchen ein Buch mit sieben Siegeln? IBW 1990, H.12, 167

IFL (Institut für Lehrerfortbildung) (Hrsg.): Integrationsklassen in der Sek I. Dokumentation der Tagung des Hamburger Schulversuchs im März 1990. Hamburg: Institut für Lehrerfortbildung o.J. (1991)

IFS (Institut für Schulentwicklung): IFS-Umfrage: Die Schule im Spiegel der öffentlichen Meinung. Ergebnisse der sechsten IFS-Repräsentativumfrage der bundesdeutschen Bevölkerung. In: ROLFF, Hans-Günter, BAUER, Karl-Oswald, KLEMM, Klaus & PFEIFFER, Hermann (Hrsg.): Jahrbuch der Schulentwicklung. Daten, Beispiele und Perspektiven. Bd.6. Weinheim: Juventa 1990

INNERHOFER, Paul & KLICPERA, Christian: Integration. Solidarität contra Selbstentfaltung. In: THALHAMMER 1986, 49-64

INNERHOFER, Paul & KLICPERA, Christian: Integration und Schulreform. Eine Untersuchung zur Integration Behinderter in den Pflichtschulen Südtirols. Wien: Institut für Psychologie der Universität 1988

INTEGRATIVE MONTESSORI-SCHULE MÜNSTERLAND (Hrsg.): 'Gemeinsam leben, lernen' - Konzept und Erfahrungen. Borken: Selbstverlag 1984

JACOBI-DITTRICH, Juliane: Geschichte der Mädchenbildung. Erfolgsgeschichte oder Wiederholung der Chancenungleichheit? In: FEMININ - MASKULIN 1989, 59-63

JACOBS, Hildegard: Ein- und Beschulungsmodelle für ausländische Kinder und Jugendliche in der Bundesrepublik Deutschland. München: DJI 1982

JANDER, Lothar, SCHRAMKE, Wolfgang & WENZEL, Hans-Joachim (Hrsg.): Metzler Handbuch für den Geographieunterricht. Stuttgart: Metzler 1982

JANTZEN, Wolfgang: Schafft die Sonderschule ab! Demokratische Erziehung, 1981, H.2, 96-103

JETTER, Karlheinz: Prämissen eines erziehungswissenschaftlichen Konzepts und einer pädagogischen Praxis integrativer Erziehung und Bildung. In: EBERWEIN 1988a, 135-141

JÖDICKE-RIEGER, Almut: Ich mußte mich rechtfertigen, weil ich nicht traurig war. Zusammen 11, 1991, H.8, 23-25

JUNG, Joachim: Weiterbildungsprojekt Integrationspädagogik für LehrerInnen und andere PädagogInnen an der Universität des Saarlandes. In: SANDER U.A. 1990, 299-316

JUNG-SION, Joachim & SANDER, Alfred: Abschlußbericht zum Modellversuch Integrationspädagogik (Kontakt- und Aufbaustudium). In: MEISTER & SANDER 1993, 17-124

KAISER, Astrid: Die Arbeitswelt aus Mädchen- und Jungenperspektive. In: GRUNDSCHULE - FRAUENSCHULE 1985, 173-190

KAISER, Astrid: Koedukation als didaktische Differenzierung. In: FAULSTICH-WIELAND 1987a, 112-141 (a)

KAISER, Astrid: Bildung für Mädchen und Jungen. Zeitschrift für Pädagogik 1987, 21. Beiheft, 231-237 (b)

KAISER, Astrid: Mädchengerechte Inhalte im Sachkundeunterricht - worauf es ankommt. In: KINDERMANN, MAUERSBERGER & PILWOUSEK 1987, 119-124 (c)

KAISER, Astrid: Geschlechtsneutrale Bildungstheorie und Didaktik. In: HANSMANN & MAROTZKI 1988, 364-376 (a)

KAISER, Astrid: Didaktische Differenzierung statt Koinstuktion. In: PFISTER 1988, 153-164 (b)

KAISER, Astrid: Sachunterricht in der Grundschule für Jungen und Mädchen. In: FEMININ - MASKULIN 1989, 121-123

KAISER, Astrid: Grundschulpädagogik der Gleichberechtigung. Die Grundschulzeitschrift 5, 1991, H.41, 40-43

KAISER, Ingrid & NIEMEYER-WAGNER, Ludgera: Schulversuch 'Integration behinderter und nichtbehinderter Kinder' in der Sekundarstufe I der Ernst-Reuter-Schule II. Erfahrungsbericht, vorgelegt auf der Gesamtkonferenz am 18.1.1990. Frankfurt am Main: Unveröff. Skript 1990

KALPAKA, Annita: Handlungsfähigkeit statt 'Integration'. Schulische und außerschulische Lebensbedingungen und Entwicklungsmöglichkeiten griechischer Jugendlicher. Ergebnisse einer Untersuchung in Hamburg. München: DJI 1986

KALPAKA, Annita & RÄTHZEL, Nora (Hrsg.): Die Schwierigkeit, nicht rassistisch zu sein. Berlin: EXpress Edition 1986 (a)

KALPAKA, Annita & RÄTHZEL, Nora: Wirkungsweisen von Rassismus und Ethnozentrismus. In: KALPAKA & RÄTHZEL 1986a, 32-90 (b)

KANTER, Gustav O.: Die Sonderschule regelschulfähig, die Regelschule sonderschulfähig machen - Perspektiven aus Modellversuchen. Zeitschrift für Heilpädagogik 36, 1985, 309-325

KARGER, Ernst: Datenanalyse zu Eingangsvoraussetzungen, Schullaufbahn und Schulabschlüssen an den Modellschulen 2.0 Kreuzberg und 1.0 Tiergarten. In: THOMAS 1987a, 119-206

KARGER, Ernst & THOMAS, Helga: Ausländische Schülerinnen und Schüler. Recht der Jugend und des Bildungswesens 34, 1986, 103-116

KASPARI, Elisabeth: Freie Arbeit im Sportunterricht? In: DUMKE 1991a, 204-208

KASZTANTOWICZ, Ulrich (Hrsg.): Wege aus der Isolation. Heidelberg: Schindele 1982

KAUERMANN-WALTER, Jacqueline & KREIENBAUM, Maria Anna: Der sozio-psychologische Bildungszirkel. In: KREIENBAUM 1989, 29-47

KAUERMANN-WALTER, Jacqueline, KREIENBAUM, Maria Anna & METZ-GÖCKEL, Sigrid: Formale Gleichheit und diskrete Diskriminierung: Forschungsergebnisse zur Koedukation. In: ROLFF, KLEMM, PFEIFFER & RÖSNER 1988, 157-188

KAUERMANN-WALTER, Jacqueline & METZ-GÖCKEL, Sigrid: Geschlechterverhältnis und Computerbildung. In: KREIENBAUM 1989, 169-178

KAUERMANN-WALTER, Jacqueline & METZ-GÖCKEL, Sigrid: Still, angepaßt und kooperativ, aber im Alleingang besser. Päd extra 19, 1991, H.11, 43-45

KAUL, Claus-Dieter: Integrative Pädagogik in der Montessori-Schule Aktion Sonnenschein im Kinderzentrum München. In: MEISSNER & HESS 1988, 202-207

KELLNER, Magdalene, WIRTZ, Elisabeth & DUMKE, Dieter: Die Entwicklung eines geistigbehinderten Jungen mit autistischem Syndrom in einer Integrationsklasse. Heilpädagogische Forschung 1991, H.1, 14-20

KINDERHAUS FRIEDENAU: Integration als Elternforderung - der Anfang und das "Kinderhaus Friedenau". In: PROJEKTGRUPPE 1988, 262-267

KINDERMANN, Gisela, MAUERSBERGER, Barbara & PILWOUSEK, Ingelore (Hrsg.): Frauen verändern Schule. Dokumentation des 5. Fachkongresses der AG Frauen und Schule. Berlin: Frauen und Schule 1987

KINKEL, Annemarie: Interkulturelle Erziehung vom ersten bis vierten Schuljahr - Vierjahresbericht aus einer Grundschulklasse. In: POMMERIN 1988a, 166-182

KLAFKI, Wolfgang: Neue Studien zur Bildungstheorie und Didaktik. Weinheim: Beltz 1985

KLAFKI, Wolfgang & STÖCKER, Hermann: Innere Differenzierung des Unterrichts, Zeitschrift für Pädagogik 22, 1976, 479-523

KLEBER, Eduard W.: Schulische Integration in Groß-Britannien. Zeitschrift für Heilpädagogik 33, 1982, 1-13

KLEBER, Eduard Werner: Schulische Integration? - Zehn Jahre Bildungspolitik in der Bundesrepublik Deutschland, dem UK und den USA. In: VALTIN, SANDER & REINARTZ 1984, 287-297

KLEBER, Eduard W.: Integration durch 'integrative Pädagogik' (bzw. eine Pädagogik, welche den verschiedenen Strömungen der humanistischen Psychologie folgt)? In: EBERWEIN 1988a, 149-153

KLEIMANN, Jürgen: Soziales Lernen mit ausländischen und deutschen Kindern im Primarbereich. Lernen in Deutschland 7, 1987, 44-45

KLEIN, Gabriele, KREIE, Gisela, KRON, Maria & REISER, Helmut: Integrative Prozesse in Kindergartengruppen. Über die gemeinsame Erziehung von behinderten und nichtbehinderten Kindern. München: DJI 1987

KLEIN, Gerhard, MÖCKEL, Andreas & THALHAMMER, T. (Hrsg.): Heilpädagogische Perspektiven in Erziehungsfeldern. Heidelberg: Schindele 1982

KLEIN, Ferdinand: Schulische Integrationsversuche unter dem Aspekt der Bildung des Schülers. Konsequenzen für die Forschungsmethode. Pädagogische Rundschau 41, 1987, 633-644

KLEIN, Renate: Frauenfeindlichkeit im Biologieunterricht: Die neuen Fortpflanzungstechniken. In: ENDERS-DRAGÄSSER & FUCHS 1990, 300-330

KLEMM, Klaus: Bildungsplanung. In: AUERNHEIMER, Georg (Hrsg.): Handwörterbuch Ausländerarbeit. Weinheim: Beltz 1984, 92-95

KLEMM, Klaus: Interkulturelle Erziehung - Versuch einer Eingrenzung. Die Deutsche Schule 77, 1985, 176-187

KLEMM, Klaus: Die Bildungsbe(nach)teiligung ausländischer Schüler in der Bundesrepublik. Pädagogik 38, 1987, H.12, 18-21

KLEMM, Klaus & ROLFF, Hans-Günter: Der heimliche Umbau der Sekundarschule. In: ROLFF, KLEMM, PFEIFFER & RÖSNER 1988, 75-101

KLEMM, Klaus, ROLFF, Hans-Günther & TILLMANN, Klaus-Jürgen: Bildung für das Jahr 2000. Bilanz der Reform, Zukunft der Schule. Reinbek bei Hamburg: Rowohlt 1985

KLINKE, Erwin: Bericht über das Integrationsprojekt an der Peter-Petersen-Grundschule Am Rosenmaar in Köln-Höhenhaus (PPS). In: GEW 1986a, 12-14

KMK (Kultusministerkonferenz): Bericht: "Zum Unterricht für Schüler und Schülerinnen mit sonderpädagogischem Förderbedarf". Unveröff. Skript 1991

KOBI, Emil E.: Praktizierte Integration. Eine Zwischenbilanz. Vierteljahresschrift für Heilpädagogik und ihre Nachbargebiete 52, 1983, 196-216

KOBI, Emil E.: Was bedeutet Integration? Analyse eines Begriffes. In: EBERWEIN 1988a, 54-62

KOBI, Emil E.: Kontinuität integrativer Erziehung im Bildungswesen. In: STAATSINSTITUT FÜR FRÜHPÄDAGOGIK UND FAMILIENFORSCHUNG (Hrsg.): Handbuch der integrativen Erziehung behinderter und nichtbehinderter Kinder. München: Reinhardt 1990, 52-68

KOCH-GOMBERT, W. & BRABECK, Harry: Rahmenbedingungen für die Aufnahme behinderter Kinder in die Grundschulen in Bonn (Stadtbezirk Beuel). Bonn: Unveröff. Skript 1986

KÖBBERLING, Almut: Wie es weitergehen kann: Integrationsklassen auf der Sekundarstufe. Die Grundschulzeitschrift 50, 1991, 50-54

KÖBBERLING, Almut & STIEHLER, Uwe: Der Übergang zur Sekundarstufe: Quelle von Angst oder Chance zu pädagogischer Neuorientierung. In: SCHLEY, BOBAN & HINZ 1989, 131-144

KÖHLING, Gaby, HAARMANN, Uta & ROEDER, Mario: Das Schenefelder Integrationsprojekt. In: VALTIN, SANDER & REINARTZ 1984, 189-206

KÖPCKE-DUTTLER, Arnold: Einige Gedanken zum Begriff der Integration in der Ausländer-Pädagogik. In: SWIFT 1982, 125-136

KÖRNER, Ingrid: Die Worte eines Ministers ... und die Erfahrungen einer Mutter. Grundschulzeitschrift 3, 1989, H.22, 2-3

KOERNER, Renate (Hrsg.): Eltern gegen Aussonderung. Erstes bundesweites Treffen von Elterninitiativen gegen die Aussonderung von Kindern mit Behinderung. Schenefeld: Selbstverlag 1985

KOERNER, Renate: Warum wir die Frage: "... um was für Behinderungen handelt es sich bei ihren Kindern?" nicht mehr hören können. In: WOCKEN & ANTOR 1987, 13-16

KOLBECK, Franz & WENNEKES, Renate: Kooperationsunterricht in Berlin. Eine neue Möglichkeit der Beschulung ausländischer Schüler? Informationsdienst zur Ausländerarbeit 1981, H.3, 55-59

KOTTMANN-MENTZ, Christel: Sayziye lernt Deutsch und Türkisch. Bericht über einen koordinierten deutsch-türkischen Leselehrgang. In: ESSINGER & UÇAR 1984, 61-90

KRAUL, Margret: Utopie der Geschlechterverhältnisse. Die aktuelle Diskussion in der pädagogischen Frauenforschung. Pädagogik 41, 1990, H.7-8, 50-53

KREIE, Gisela: Integrative Kooperation. Über die Zusammenarbeit von Sonderschullehrer und Grundschullehrer. Weinheim: Beltz 1985

KREIE, Gisela: Integrative Kooperation - ein Modell der Zusammenarbeit. In: EBERWEIN 1988a, 235-240

KREIENBAUM, Maria Anna (Hrsg.): Frauen bilden Macht. Dokumentation des 7. Fachkongresses Frauen und Schule. Dortmund: Weissbach 1989

KRISCHOK, Margot (Hrsg.): Spandauer Verhältnisse für Kinder und Jugendliche mit/ohne Behinderungen. Berlin: Guhl 1989

KRÖNER, Sabine: Leitbild Androgynität - Eine Utopie im Sport? In: KRÖNER & PFISTER 1985, 37-52

KRÖNER, Sabine: Weibliche Kraft und männliche Anmut. Zur Kontroverse koedukativen Sportunterrichts. In: PFISTER 1988, 99-119

KRÖNER, Sabine & PFISTER, Gertrud: Nachdenken über Koedukation im Sport. Ahrensburg: Czwalina 1985

KRON, Maria: Kindliche Entwicklung und die Erfahrung von Behinderung. Frankfurt: AFRA 1988 (a)

KRON, Maria: Integrative Prozesse im Kindergarten - Theorie und Erfahrungen aus der Praxis. In: EBERWEIN 1988a, 123-127 (b)

KRON, Maria: Kindliche Erfahrung von Behinderung. Wie Kindergartenkinder Behinderungen ihrer Altersgefährten wahrnehmen und verarbeiten. Geistige Behinderung 29, 1990, 20-29

KROPPENBERG, Dieter: Gemeinsamer Unterricht von behinderten und nichtbehinderten Schülern in der Grundschule (Schulversuche in der Hartenberg-Grundschule Mainz und der Keune-Grundschule Trier). In: GEW 1986a, 23

KROPPENBERG, Dieter & SCHRODIN, Christine: Gemeinsamer Unterricht von behinderten und nichtbehinderten Schülern in der Grundschule. Bericht über einen Schulversuch. Mainz: Kultusministerium Rheinland-Pfalz 1991

KRÜGER, Heidemarie & RÖHNER, Charlotte: Frauen und Schulleitung. In: GRUNDSCHULE - FRAUENSCHULE 1985, 116-139

KRÜGER-POTRATZ, Marianne: Die problematische Verkürzung der Ausländerpädagogik als Subdisziplin der Erziehungswissenschaft. In: HAMBURGER, Franz, KARSTEN, Maria-Eleonora, OTTO, Hans-Uwe & RICHTER, Helmut: Sozialarbeit und Ausländerpolitik. Neuwied: Luchterhand 1983, 172-182

KUGELMANN, Claudia: Mädchen im Sportunterricht heute - Frauen in Bewegung morgen. Sportpädagogik 15, 1991, H.4, 17-25

KUGELMANN, Cilly & LÖW-BEER, Peter: Bürger, Mitbürger und das ewige Durcheinander vom Miteinander. Ein Puzzle. In: BAYAZ, DAMOLIN & ERNST 1984a, 27-50

KUHN, Thomas S.: Die Struktur wissenschaftlicher Revolutionen. Frankfurt am Main: Suhrkamp 1973

KULA, Onur Bilge: Türkische Migrantenkultur als Determinante der Interkulturellen Pädagogik. Versuch der Erstellung eines kulturellen Bezugsrahmens für eine pädagogische Praxis. Saarbrücken: Die Brücke e.V. 1986

LAJIOS, Konstantin (Hrsg.): Die zweite und dritte Ausländergeneration. Ihre Situation und Zukunft in der Bundesrepublik Deutschland. Opladen: Leske + Budrich 1991

LAMNEK, Siegfried: Qualitative Sozialforschung. Bd. 1 Methodologie. München: Psychologie Verlags Union 1988

LANGFELDT, Hans-Peter: Wissenschaftliche Begleitung von Integrationsversuchen als Forschungsproblem. In: EBERWEIN 1988a, 282-291

LANGNER, Ingo: Frauen: Randfiguren des Lebens. Pädagogik heute 1987, H.3, 20-22

LAU, Gisela & Wolf-Dieter (Hrsg.): Jenny darf nicht in die Oberschule. Dokumentation. Berlin: Selbstverlag 1987

LAURIEN, Hanna-Renate: Integration zur Diskussion. Zusammen 1986, H.3, 30-31

LENGERKE, C. v., NOHR, K., WEISS, A., SATTLER, A. & SCHUNTERMANN, D.: Verführung zur Ohnmacht. Koedukation. Courage 1980, H.9, 33-37

LIETH, Elisabeth von der: Mädchenbildung im Wandel. In: KREIENBAUM 1989, 10-22

LIGUORI-PACE, Rosa Maria: Analyse und Vorschläge - Zur Situation italienischer Schüler an Frankfurter Schulen. In: BORRELLI, Michele & HOFF, Gerd (Hrsg.): Interkulturelle Pädagogik im internationalen Vergleich. Baltmannsweiler: Burgbücherei Schneider 1988, 219-239

LÖRCHER, Gustav Adolf: Mathematikunterricht In: ROTH 1985a, 107-140

LORENZER, Alfred: Zur Begründung einer materialistischen Sozialisationstheorie. Frankfurt am Main: Suhrkamp 1972

LORENZER, Alfred: Die Wahrheit der psychoanalytischen Erkenntnis. Frankfurt am Main: Suhrkamp 1974

LUCHTENBERG, Sigrid: Sprache und Diskriminierung. Beispiele aus der Arbeit mit ausländischen Kindern und Jugendlichen. Die Deutsche Schule 77, 1985, 90-100

LUCHTENBERG, Sigrid: Zu Zweisprachigkeit und Bikulturalität ausländischer Kinder. In: LAJIOS 1991, 55-90

LÜHRING, Marion: Lehrerinnenfortbildung: Schulleiterin als Beruf. In: FEMININ - MASKULIN 1989, 28-30

LÜHRING, Marion: Karrierehindernisse auf dem Weg zur pädagogischen Führungskraft. Die Deutsche Schule, Beiheft 1, 1990, 172-184

LUHMANN, Niklas & SCHORR, Karl Eberhard: Reflexionsprobleme im Erziehungssystem. Stuttgart: Klett 1979

LUKESCH, Helmut: Empirische Befunde zur Stellung des Ausländerkindes im deutschen Schulsystem und ihre Bedeutung für die Entwicklung der Erziehungswissenschaft. Zeitschrift für Pädagogik, 18. Beiheft, 1983, 262-272

MACK, Gisela: Unterricht in einem dritten Schuljahr - vier Stundenbeispiele. In: DUMKE 1991a, 199-203

MAIKOWSKI, Rainer: Integration in der Sekundarstufe I - Zielsetzungen und Erfahrungen. In: EBERWEIN 1988a, 154-159 (a)

MAIKOWSKI, Rainer: Der Auftrag der Sekundarschulen und die Integration Behinderter - unvereinbare Gegensätze? In: MEISSNER & HESS 1988, 215-230 (b)

MAIKOWSKI, Rainer & PODLESCH, Wolfgang: Geistig behinderte Kinder in der Grundschule? Theoretische und praktische Ergebnisse integrativer Erziehung. In: EBERWEIN 1988a, 261-267 (a)

MAIKOWSKI, Rainer & PODLESCH, Wolfgang: Zur Sozialentwicklung behinderter und nichtbehinderter Kinder in der Grundschule. In: EBERWEIN 1988a, 275-281 (b)

MAIKOWSKI, Rainer & PODLESCH, Wolfgang: Bausteine für eine integrative Didaktik. In: PROJEKTGRUPPE 1988, 130-153 (c)

MAIKOWSKI, Rainer & PODLESCH, Wolfgang: Geistig behinderte Kinder in der Grundschule? In: PROJEKTGRUPPE 1988, 157-171 (d)

MAIKOWSKI, Rainer & PODLESCH, Wolfgang: Zur Sozialentwicklung behinderter und nichtbehinderter Kinder in der Grundschule. In: PROJEKTGRUPPE 1988, 232-250 (e)

MALCHAU, Ingo, NÖTZOLD, Michael, SCHIRMACHER, Anne & TEPP, Karin: Das Hamburger Projekt - Förderung behinderter und von Behinderung bedrohter Kinder durch Sonderpädagogen an Grundschulen. In: MUTZECK & PALLASCH 1984, 65-85

MARTIAL, Ingbert von: Koedukation - Vorteile für Mädchen? Recht der Jugend und des Bildungswesens 36, 1988, 56-63

MEIER, Richard & HEYER, Peter: Grundschule - Schule für alle Kinder. Voraussetzungen und Prozesse zur Entwicklung integrativer Arbeit. In: EBERWEIN 1988a, 179-189

MEISSNER, Klaus & HESS, Erik (Hrsg.): Integration in der pädagogischen Praxis. Auf dem Weg zur Nichtaussonderung von Kindern und Jugendlichen mit Behinderungen. Berlin: Edition Diesterweg-Hochschule 1988

MEISTER, Hans & SANDER, Alfred (Hrsg.): Qualifizierung für Integration. Pädagogische Kompetenzen für gemeinsame Erziehung und integrativen Unterricht behinderter und nichtbehinderter Kinder. St. Ingbert: Röhrig 1993

MERKENS, Hans: Erfordernis und Grenzen ausländerthematischer Spezialisierung in der Schulpädagogik. Zeitschrift für Pädagogik, 18. Beiheft 1983, 283-291

MERLIN, Heide: Darstellendes Spiel mit Ausländerkindern in Berlin-Kreuzberg. Lernen in Deutschland 6, 1986, 89-92

METTKE, Jörg R.: Eltern als Integrations-Antreiber vom Dienst. In: MUTH U.A. 1982, 31-41

METZ-GÖCKEL, Sigrid: Licht und Schatten der Koedukation. Zeitschrift für Pädagogik 33, 1987, 455-474

METZ-GÖCKEL, Sigrid: Wenn zwei das Gleiche tun, ist es noch lange nicht dasselbe. Über diskrete Diskriminierungen im Rahmen von Koedukation oder: hat die Koedukation versagt? In: FEMININ - MASKULIN 1989, 104-105

MEUER, Jürgen, NIEDERBROCKSTRUCK, Jörg, PANNACH, Gerhard & STRÜMPLER, Helmut: Der Unterrichtsversuch "Gemeinsame Unterrichtung von behinderten und nichtbehinderten Kindern in einem Klassenverband der Orientierungsstufe am Schulzentrum an der Fläminschen Straße (Integrationsklasse)". Abschlußbericht. Arbeitsberichte Folge 79 '91. Bremen: Wissenschaftliches Institut für Schulpraxis 1991

MEYER-INGWERSEN, Johannes: Zweisprachigkeit ausländischer Kinder: Probleme der sprachlichen Integration. In: TUMAT & KEUDEL 1981, 29-64

MEYER-INGWERSEN, Johannes & NEUMANN, Rosemarie: Abschaffung der Vorbereitungsklassen = Integration? Informationsdienst zur Ausländerarbeit 1981, H.3, 23-28

MILANI-COMPARETTI, Adreano: Grundlagen der Integration behinderter Kinder und Jugendlicher in Italien. Behindertenpädagogik 26, 1987, 227-234

MILANI-COMPARETTI, Adreano & ROSER, Ludwig O.: Förderung der Normalität und der Gesundheit in der Rehabilitation. In: WUNDER & SIERCK 1982, 77-88

MILHOFFER, Petra: "Mädchen und Jungen" - Geschlechterdifferenz als Thema in der Grundschule. In: FEMININ - MASKULIN 1989, 117-120

MILHOFFER, Petra: Koedukation und Sexismus. Für eine Neubestimmung der Sexualerziehung vor dem Hintergrund der Koedukationsdebatte. Die Deutsche Schule, Beiheft 1, 1990, 44-60

MILLER, Alice: Das Drama des begabten Kindes und die Suche nach dem wahren Selbst. Frankfurt: Suhrkamp 1979

MILLER, Alice: Am Anfang war Erziehung. Frankfurt: Suhrkamp 1980

MÖCKEL, Andreas: Die Funktion der Sonderschulen und die Forderung der Integration. In: EBERWEIN 1988a, 30-37

MÖCKEL, Andreas: Die Würzburger Elterninitiative "Gemeinsam leben - gemeinsam lernen" und die Bedenken der Schulverwaltung. Bericht. In: SANDER & RAIDT 1991, 241-248

MÜHL, Heinz: Möglichkeiten und Probleme gemeinsamer Beschulung geistig behinderter und nichtbehinderter Schüler. Geistige Behinderung 23, 1984, 112-121

MÜHL, Heinz: Integration von Kindern und Jugendlichen mit geistiger Behinderung. Gemeinsame Erziehung mit Nichtbehinderten in Kindergarten und Schule. Berlin: Marhold 1987

MÜHLEN-ACHS, Gitta: Über die Notwendigkeit von Frauenforschung: Defizite der empirischen Pädagogik. Empirische Pädagogik 1, 1987, 353-368 (a)

MÜHLEN-ACHS, Gitta: Eine feministische Kritik der Koedukation. In: KINDERMANN, MAUERSBERGER & PILWOUSEK 1987, 64-78 (b)

MÜLLER, Holger: Integration aus der Sicht der Schulbehörde. In: WOCKEN, ANTOR & HINZ 1988, 25-48

MÜLLER, Sabine: Eltern der ersten Stunde: "Es gab viel Arbeit, aber ich habe keine Sekunde bereut". In: PROJEKTGRUPPE 1988, 257-261

MUNDER, Rita: Meinungen der beteiligten Eltern zum Integrationsversuch. Projektgruppe 'Integrationsversuch Fläming-Grundschule' Berlin. Berlin: Pädagogisches Zentrum 1983

MUNDER, Rita: Meinungen der beteiligten Eltern zum Integrationsversuch. In: PROJEKTGRUPPE 1988, 293-296

MUTH, Jakob: Behinderte in allgemeinen Schulen. In: MUTH U.A. 1982, 7-30

MUTH, Jakob: Die Empfehlungen des Deutschen Bildungsrates von 1973 und ihre Wirkungen. In: VALTIN, SANDER & REINARTZ 1984, 17-24

MUTH, Jakob: Integration von Behinderten. Über die Gemeinsamkeit im Bildungswesen. Essen: Neue Deutsche Schule 1986

MUTH, Jakob: Zur bildungspolitischen Dimension der Integration. In: EBERWEIN 1988a, 11-18 (a)

MUTH, Jakob: Die Fläming-Grundschule im Kontext der Ausbreitung integrativer Schulen. In: PROJEKTGRUPPE 1988, 17-23 (b)

MUTH, Jakob: Integration und gesellschaftliche Wertvorstellungen. In: ZÄH 1989, 19-26

MUTH, Jakob, KNIEL, Adrian & TOPSCH, Wilhelm (Hrsg.): Schulversuche zur Integration behinderter Kinder in den allgemeinen Unterricht. Braunschweig: Westermann 1976

MUTH, Jakob u.a.: Behinderte in allgemeinen Schulen. Essen: Neue Deutsche Schule 1982

MUTH, Jakob & HÜWE, Birgit: Wege zur Gemeinsamkeit. Modelle integrativer Schulen in Nordrhein-Westfalen. Essen: Neue Deutsche Schule 1988

MUTZECK, Wolfgang: Kollegiale Supervision. Forum Pädagogik 1989, H.4, 178-182

MUTZECK, Wolfgang & PALLASCH, Waldemar (Hrsg.): Integration verhaltensgestörter Schüler. Weinheim: Beltz 1984

N.N.: Streiflichter auf den ganz gewöhnlichen Schulalltag: Erfahrungen von Referendarinnen. In: ENDERS-DRAGÄSSER & FUCHS 1990, 397-403

NAEGELE, Ingrid & HAARMANN, Dieter (Hrsg.): Darf ich mitspielen? Kinder verständigen sich in vielen Sprachen - Anregungen zur interkulturellen Kommunikationsförderung. Weinheim: Beltz 1986

NARZI, Heiderose: Ausländerkinder an Sonderschulen. München: DJI 1981

NAUMANN, Klaus: Multikultureller Abschied von der Integration? Erziehung und Wissenschaft 42, 1990, H.1, 24-25

NEBL-KOLLER, Inge: Alle lernen lesen - Lernen alle lesen? In: PROJEKTGRUPPE 1988, 60-78

NEHR, Monika, BIMKOTT-RIXIUS, Karin, KUBAT, Leyla & MASUCH, Sigrid: In zwei Sprachen lesen lernen - geht denn das? Erfahrungsbericht über zweisprachige koordinierte Alphabetisierung. Weinheim: Beltz 1988

NESTVOGEL, Renate: Interkulturelles Lernen ist mehr als 'Ausländerpädagogik'. Informationsdienst zur Ausländerarbeit 1987, H.2, 64-71 (a)

NESTVOGEL, Renate: Kann die Aufrechterhaltung einer unreflektierten Mehrheitskultur eine Aufgabe öffentlicher Erziehung sein? Zeitschrift für Pädagogik, 23. Beiheft 1987, 39-49 (b)

NEUHÄUSER, Gerhard: Gefährdungen in früher Kindheit. Über Möglichkeiten und Grenzen von Früherkennung und Frühförderung. In: THALHAMMER 1986, 104-121

NEUMANN, Ursula: Erziehung ausländischer Kinder. Erziehungsziele und Bildungsvorstellungen in türkischen Arbeiterfamilien. Düsseldorf: Schwann 1981 (a)

NEUMANN, Ursula: Sozialisation ausländischer Kinder in der Grundschule. Lernen in Deutschland 2, 1981, H.5, 34-39 (b)

NEUMANN, Ursula: Schwierigkeiten junger Türken in Deutschland. In: RUHLOFF 1982a, 124-138

NEUMANN, Ursula: Hamburger Richtlinien und Lehrpläne unter dem Aspekt Interkultureller Erziehung. Deutsch lernen 11, 1986, H.2, 65-68

NIEDECKEN, Dietmut: Namenlos. Geistig Behinderte verstehen. München: Piper 1989

NIEKE, Wolfgang: Von der Ausländerpädagogik zur Interkulturellen Erziehung? In: REICH & WITTEK 1984, 83-98

NIEKE, Wolfgang: Multikulturelle Gesellschaft und interkulturelle Erziehung. Zur Theoriebildung in der Ausländerpädagogik. Die Deutsche Schule 78, 1986, 462-473

NIEKE, Wolfgang: Situation ausländischer Kinder und Jugendlicher in der Bundesrepublik Deutschland: Vorschule, Schule, Berufsausbildung, Freizeit, Kriminalität. In: LAJIOS 1991, 13-41

NITZSCHKE, Volker: Multikulturelle Gesellschaft - multikulturellen Erziehung? In: NITZSCHKE, Volker: Multikulturelle Gesellschaft - multikulturelle Erziehung? Stuttgart: Metzler 1982, 5-12

NÖTZOLD, Michael: Präventive Arbeit in der Grundschule. Hamburg macht Schule 1, 1989, H.6, 16

NOWAK, Christiane: Die andere Schule. In: BUCH U.A. 1980, 163-169

NOWAK, Christiane: Ein neuer Weg: Behinderte Kinder in der allgemeinen Schule. In: PROJEKTGRUPPE 1988, 27-42

OCKEL, Brigitte: Ist die Integration behinderter Kinder in die Grundschule möglich? Bericht der Sonderschule der Aktion Sonnenschein - Schulversuch nach Maria Montessori. In: MUTH, KNIEL & TOPSCH 1976, 202-222

OCKEL, Brigitte: Integrierte Erziehung verschiedenartig und mehrfach behinderter Kinder mit nicht behinderten Kindern in einer zweizügigen Grund- und Sonderschule der Aktion Sonnenschein. In: SCHINDELE 1977a, 428-443

OCKEL, Brigitte: Warum die Montessori-Pädagogik geeignet ist, verschiedenartig und mehrfach behinderte Kinder gemeinsam mit nichtbehinderten Kindern in der Schule lernen zu lassen. In: MUTH U.A. 1982, 83-92

OHLMS, Ulla: "Und drinnen waltet die züchtige Hausfrau ..." Das Mädchen- und Frauenbild in Grundschulbüchern. In: DJI 1984, 131-161

OLEJNIK, Bärbel & GÄBLER, Sabine: 'Wir freuen uns, daß du so viel gelernt hast!' Zusammen 1986, H.7, 10-13

ORHAN, Deniz: Zur Situation der Lehrerkollegen aus der Türkei. In: SCHERON & SCHERON 1984a, 89-100

OSWALD, Hans, KRAPPMANN, Lothar & SALISCH, Maria von: Miteinander - Gegeneinander. Eine Beobachtungsstudie über Mädchen und Jungen im Grundschulalter. In: PFISTER 1988, 173-192

OUBAID, Monika: Bildung verändern - aus der Perspektive von Frauenpolitik. In: DICK, KEESE-PHILIPPS & PREUSS-LAUSITZ 1986, 42-55

PAASCHE, Hans: Die Forschungsreise des Afrikaners Lukanga Mukara ins Innerste Deutschlands. o.O., o.J. (zuerst 1912/1913)

PABST, Aart: Integrationsklassen in Theorie und Praxis der Gesamtschule. In: SCHLEY, BOBAN & HINZ 1989, 103-116

PAPALANGI, Der: Die Reden des Südsee-Häuptlings Tuiavii aus Tiavea. Zürich: Tanner + Staehelin 1980 (zuerst 1920)

PAPE, Peter & LEMKE, Dietrich: Integration behinderter Kinder. In: LEMKE, Dietrich (Hrsg.): Bildung 2000 in Hamburg. Eine Studie zur Zukunft von Schule und Berufsbildung. Hamburg: Buchwerkstatt 1988, 189-196

PETER-PETERSEN-SCHULE 1952 - 1982. Städtische Angebotsschule - Ganztagsgrundschule. Köln: Peter-Petersen-Schule Am Rosenmaar 1982

PETERS, Erika: Offener Mathematikunterricht und Integration. In: SCHLEY, BOBAN & HINZ 1989, 189-201

PETZOLD, Hilarion G. & BROWN, George I. (Hrsg.): Gestaltpädagogik. Konzepte der integrativen Erziehung. München: Pfeiffer 1977

PFISTER, Gertrud: Erziehung zur Kraft - Erziehung zur Anmut. In: BREHMER 1982a, 215-223

PFISTER, Gertrud: Zur Ausgrenzung von Weiblichkeit. Entwicklungen und Verhinderungen des koedukativen Unterrichts. In: KRÖNER & PFISTER 1985, 11-36 (a)

PFISTER, Gertrud: "Als Mädchen darf man kein Fußball spielen" Über das Einüben der Geschlechtsrollen im Sportunterricht. In: VALTIN & WARM 1985, 42-51 (b)

PFISTER, Gertrud (Hrsg.): Zurück zur Mädchenschule? Pfaffenweiler: Centaurus 1988

PFISTER, Gertrud & KLEIN, Marie-Luise: Kooperation - Konflikt - Gewalt. Zur Friedenserziehung der Mädchen im Sportunterricht. In: BLOCK, Irene, PFISTER, Gertrud, RIEGER, Ursula & SCHMELING, Christiane (Hrsg.): Feminismus in der Schule. Berichte, Analysen, Meinungen. Berlin: Frauen + Schule 1985, 176-191

PIAZOLO, Paul Harro: Der bildungspolitische Beitrag der Bundesregierung im Ausländerbereich. In: DJI 1987, 75-83

PICHT, Georg: Die deutsche Bildungskatastrophe. Analyse und Dokumentation. Olten/Freiburg: Walter 1964

PIROTH, Günter: Schwerpunkte der Ausländerpädagogik in den kommenden Jahren. In: FREY, Herbert, PIROTH, Günter & RENNER, Erich: Ausländische Kinder im Unterricht. Erfahrungen, Materialien, Hilfen zu einer mehrkulturellen und integrativen Pädagogik. Heinsberg: Agentur Dieck 1982, 11-28

PITTNER, Ulrike: "Über weibliche Sexualität wird nicht aufgeklärt - über sie wird geschwiegen". In: ENDERS-DRAGÄSSER & FUCHS 1990, 291-299

PIXA-KETTNER, Ursula: Geistigbehindert und Mutter? Sonderpädagogik 21, 1991, 60-69

PLACHETKA, Renate & LUHMER, Hildegard: Ein fächerübergreifendes Projekt: Minderheiten in der Gesellschaft am Beispiel der Roma und Sinti. In: DUMKE 1991a, 217-220

PODLESCH, Wolfgang & SCHINNEN, Maria: Projekte. In: PROJEKTGRUPPE 1988, 83-102

POMMERIN, Gabriele: Deutschunterricht mit ausländischen und deutschen Kindern. Bochum: Ferdinand Kamp 1977

POMMERIN, Gabriele: Entwicklung vom fremdsprachlichen zum "erfahrungsentfaltenden" Deutschunterricht mit ausländischen und deutschen Kindern. In: RUHLOFF 1982a, 139-157

POMMERIN, Gabriele (Hrsg.): 'Und im Ausland sind die Deutschen auch Fremde!' Interkulturelles Lernen in der Grundschule. Frankfurt: Arbeitskreis Grundschule 1988 (a)

POMMERIN, Gabriele: Zu diesem Band: Interkulturelles Lernen in der Grundschule. In: POMMERIN 1988a, 9-14 (b)

POMMERIN, Gabriele: Gemeinsame Grundschule für alle Kinder - Hirngespinst oder konkrete Utopie? In: POMMERIN 1988a, 17-28 (c)

POMMERIN, Gabriele: Clustern macht Spaß! - Kreatives Schreiben im interkulturellen Kontext. In: POMMERIN 1988a, 109-120 (d)

POPPE, Marianne: Geistigbehinderte Kinder in der Integrationsklasse. In: GEW LV SCHLESWIG-HOLSTEIN 1986, 39-41 (a)

POPPE, Marianne: Gedanken zur Schaffung gemeinsamer Lernsituationen nichtbehinderter und geistig behinderter Kinder in Grundschulen. Reinbek: Unveröff. Skript 1986 (b)

POPPE, Marianne: Einführung in das Kartenlesen. In: WOCKEN, ANTOR & HINZ 1988, 335-346
POPPE, Marianne: '... und nach welchem didaktischen Konzept arbeitet Ihr?' In: SCHLEY, BOBAN & HINZ 1989, 165-181
PORTMANN, Rosemarie: "An der Zweisprachigkeit allein kann es nicht liegen." Über die Schwierigkeiten, die Nöte ausländischer Kinder zu verstehen. In: POMMERIN 1988a, 77-84
PRÄNDL, Bruno: Offener Brief. Zeitschrift für Heilpädagogik 32, 1981, 802-804
PREISSLER, Eva: Schwierige Kinder - gestörte Therapien - belastete Therapeuten. Erfahrungsbericht aus der Praxis einer Krankengymnastin. In: ARBEITSKREIS KOOPERATIVE PÄDAGOGIK (Hrsg.): Integration Behinderter. Reflexionen kooperativer Praxis. Frankfurt am Main: Lang 1990
PRENGEL, Annedore: Was ist besonders an der Situation der Sonderschülerinnen? In: BREHMER 1982a, 202-214
PRENGEL, Annedore (Hrsg.): Gestaltpädagogik - Therapie, Politik und Selbsterkenntnis in der Schule. Weinheim: Beltz 1983
PRENGEL, Annedore: Schulversagerinnen - Versuche über diskursive, sozialhostorische und pädagogische Ausgrenzung der Weiblichkeit. Gießen: 1984 (a)
PRENGEL, Annedore: Die schlechte Schülerin: ängstlich, isoliert und ignoriert. In: DJI 1984, 77-82 (b)
PRENGEL, Annedore: Erziehung zur Gleichberechtigung. Eine vernachlässigte Aufgabe der Allgemeinen und der Politischen Bildung. Die Deutsche Schule 78, 1986, 417-425 (a)
PRENGEL, Annedore: 'Das hierarchische Geschlechterverhältnis ist ein traditionelles' - Zur Notwendigkeit der Institutionalisierung schulbezogener Frauenforschung. In: ENDERS-DRAGÄSSER & STANZEL 1986, 25-30 (b)
PRENGEL, Annedore: Gleichberechtigung, ein utopisches Ziel von Schulpädagogik und Lehrer/innenausbildung. Frauen + Schule, 1986, H.14, 4-8 (c)
PRENGEL, Annedore: Gleichheit und Differenz der Geschlechter - Zur Kritik des falschen Universalismus der Allgemeinbildung. Zeitschrift für Pädagogik 1987, 21. Beiheft, 221-230 (a)
PRENGEL, Annedore: Vielfalt und Individualität als Prinzipien der feministischen Pädagogik. In: KINDERMANN, MAUERSBERGER & PILWOUSEK 1987, 80-82 (b)
PRENGEL, Annedore: 'tutti uguali - tutti diversi' - Miteinander des Verschiedenen. Frauen + Schule, 1987, H.18, 17-18 (c)
PRENGEL, Annedore: Gleichberechtigung - Ein utopisches Ziel von Schulpädagogik und Lehrerinnenbildung. In: PRENGEL, SCHMIDT, SITALS & WILLFÜHR 1987, 25-36 (d)
PRENGEL, Annedore: Zur Dialektik von Gleichheit und Differenz in der Integrationspädagogik. In: EBERWEIN 1988a, 70-74 (a)
PRENGEL, Annedore: Utopie wäre das Miteinander des Verschiedenen - Zum strukturellen Zusammenhang zwischen der Integration Behinderter, der feministischen Pädagogik und der interkulturellen Erziehung. Vierteljahresschrift für Heilpädagogik und ihre Nachbargebiete 57, 1988, 370-378 (b)
PRENGEL, Annedore: Verschiedenheit und Gleichberechtigung in der Bildung. Eine Studie zur Bedeutung der Interkulturellen Pädagogik, der Feministischen Pädagogik und der Integrationspädagogik für eine Pädagogik der Vielfalt. Marburg/Lahn: Unveröff. Habil. 1989 (a)
PRENGEL, Annedore: Gestaltpädagogik. In: GOETZE & NEUKÄTER 1989, 793-803 (b)
PRENGEL, Annedore: Kollektivität von Behinderten - Ein brisantes Thema für die Integrationspädagogik? Behindertenpädagogik 28, 1989, 197-203 (c)
PRENGEL, Annedore: Statistische Daten aus Integrationsprojekten 1976-1986. In: DEPPE-WOLFINGER, PRENGEL & REISER 1990, 35-40 (a)
PRENGEL, Annedore: Subjektive Erfahrungen mit Integration (Untersuchung mit qualitativen Interviews). In: DEPPE-WOLFINGER, PRENGEL & REISER 1990, 147-258 (b)
PRENGEL, Annedore: Integration als pädagogisches Paradigma? In: DEPPE-WOLFINGER, PRENGEL & REISER 1990, 273-291 (c)
PRENGEL, Annedore: Erziehung von Mädchen und Jungen. Plädoyer für eine demokratische Differenz. Pädagogik 42, 1990, H.7-8, 40-44 (d)

PRENGEL, Annedore: Schulversagerinnen. In: ENDERS-DRAGÄSSER & FUCHS 1990, 199-215 (e)

PRENGEL, Annedore: Mädchen und Jungen in Integrationsklassen an Grundschulen. Einige Forschungsergebnisse zur Sozialisation der Geschlechter unter den Bedingungen integrativer Pädagogik. Die Deutsche Schule, Beiheft 1, 1990, 32-43 (f)

PRENGEL, Annedore: Gleichheit versus Differenz - eine falsche Alternative im feministischen Diskurs. In: GERHARD, JANSEN, MAIHOFFER, SCHMID & SCHULTZ 1990, 120-127 (g)

PRENGEL, Annedore, SCHMID, Pia, SITALS, Gisela & WILLFÜHR, Corinna (Hrsg.): Schulbildung und Gleichberechtigung. Frankfurt: Frauenliteraturvertrieb 1987

PREUSS, Eva (Hrsg.): Berliner Sonderpädagogik. Neue Alltagspraxis durch Kooperation. Berlin: Marhold 1985

PREUSS, Eva u.a.: Das Ambulanzlehrersystem - eine neue Organisationsform sonderpädagogischer Hilfe in der Berliner Schule - Erfahrungen und Zwischenbilanz. In: DER SENATOR FÜR SCHULWESEN, BERUFSAUSBILDUNG UND SPORT 1989, 83-116

PREUSS-LAUSITZ, Ulf: Fördern ohne Sonderschule. Konzepte und Erfahrungen zur integrativen Förderung in der Regelschule. Weinheim: Beltz 1981

PREUSS-LAUSITZ, Ulf: Statt Sonderschule: Schulen ohne Aussonderung. Über das Konzept einer gemeindenahen, integrierten Schule. päd. extra 1982, H.5, 17-20

PREUSS-LAUSITZ, Ulf: Sonderschule - Schule in der Krise. In: ROLFF, Hans-Günter, KLEMM, Klaus & TILLMANN, Klaus-Jürgen (Hrsg.): Jahrbuch der Schulentwicklung Bd. 4. Weinheim: Beltz 1986, 102-124 (a)

PREUSS-LAUSITZ, Ulf: Bildungspolitische Perspektiven für die neunziger Jahre - Grundlagen eines grünen Bildungsbegriffs. In: DICK, KEESE-PHILIPPS & PREUSS-LAUSITZ 1986, 13-28 (b)

PREUSS-LAUSITZ, Ulf: Gemeinsam mit Behinderten leben - Kindertagesstätten und Schulen ohne Aussonderung. In: DICK, KEESE-PHILIPPS & PREUSS-LAUSITZ 1986, 88-105 (c)

PREUSS-LAUSITZ, Ulf: Vorschlag zur Einrichtung bezirklicher Förderzentren zur flächendeckenden gemeinsamen Erziehung behinderter und nichtbehinderter Kinder im Vorschul- und Schulbereich. Berlin: Unveröff. Skript 1987

PREUSS-LAUSITZ, Ulf: Zum Stand der Integrationsforschung. In: EBERWEIN 1988a, 241-247 (a)

PREUSS-LAUSITZ, Ulf: Verwirklichung flächendeckender Nichtaussonderung im Vorschul- und Schulbereich - Perspektiven integrativer Erziehung. In: EBERWEIN 1988a, 312-320 (b)

PREUSS-LAUSITZ, Ulf: Schule ohne Aussonderung als Weg aus der Krise unseres Bildungssystems? In: MEISSNER & HESS 1988, 16-30 (c)

PREUSS-LAUSITZ, Ulf: Auf dem Weg zu einem neuen Bildungsverständnis. In: HANSMANN & MAROTZKI 1988, 401-418 (d)

PREUSS-LAUSITZ, Ulf: Schule ohne Aussonderung - der Weg aus der Krise unseres Bildungssystems? päd. extra & Demokratische Erziehung 1988, H.2, 6-11 (e)

PREUSS-LAUSITZ, Ulf: Die Sonderschule und die Zukunft sonderpädagogischer Arbeit. Pädagogik 40, 1988, H.2, 33-37 (f)

PREUSS-LAUSITZ, Ulf: Bildungspolitische Aspekte der Integration in der Bundesrepublik. In: ZÄH 1989, 10-18

PREUSS-LAUSITZ, Ulf: Soziale Beziehungen in Schule und Wohnumfeld. In: HEYER, PREUSS-LAUSITZ & ZIELKE 1990, 95-128 (a)

PREUSS-LAUSITZ, Ulf: Der Übergang auf die Oberschulen. In: HEYER, PREUSS-LAUSITZ & ZIELKE 1990, 145-151 (b)

PREUSS-LAUSITZ, Ulf: Die Eltern innerhalb des Schulversuchs. In: HEYER, PREUSS-LAUSITZ & ZIELKE 1990, 169-189 (c)

PROJEKTGRUPPE INTEGRATIONSVERSUCH (Hrsg.): Das Fläming-Modell. Gemeinsamer Unterricht für behinderte und nichtbehinderte Kinder an der Grundschule. Weinheim: Beltz 1988

PUHAN-SCHULZ, Barbara: Wenn ich einsam bin, fühle ich mich wie acht Grad minus. Kreative Sprachförderung für deutsche und ausländische Kinder. Weinheim: Beltz 1989

QUITMANN, Helmut: Supervision - eine notwendige Bereicherung für Integrationsprojekte. In: EBERWEIN 1988a, 205-211

RAAB, Rosemarie: "Die Hilfs- und Förderangebote zu den Kindern bringen." - Zur Diskussion um ein neues Integrationskonzept. In: DASCHNER & LEHBERGER 1990, 164-167

RÀDTKE, Frank-Olaf: Magische Praxis - Ursprünge und Folgen der Maßnahmen-Pädagogik. In: MITTER, Wolfgang & SWIFT, James (Hrsg.): Erziehung und die Vielfalt der Kulturen. Köln & Wien: Böhlau 1985, 469-484

RADTKE, Frank-Olaf: Zehn Thesen über die Möglichkeiten und Grenzen interkultureller Erziehung. Zeitschrift für Pädagogik, 23. Beiheft 1987, 50-56

RAIDT, Peter: Die Unterrichtung hörgeschädigter Schüler/innen - Eine Auseinandersetzung mit einem BDT-Positionspapier. In: SANDER & RAIDT 1991, 195-203

RAITH, Werner & RAITH, Xenia: Behinderte Kinder gemeinsam mit anderen. Erfahrungen mit der Integration. Reinbek bei Hamburg: Rowohlt 1982

RAMSEGER, Jörg: Offener Unterricht in der Erprobung. Erfahrungen mit einem didaktischen Modell. München: Juventa 1985[2]

RAMSEGER, Jörg: Grundschulpreis 1988 für die Integration behinderter Kinder in die Grundschule. Grundschulzeitschrift 2, 1988, H.17, 2-3

RANDOLL, Dirk: Wirkungen der integrativen Beschulung im Urteil Lernbehinderter und ihrer Lehrer. Ergebnisse einer empirischen Untersuchung in verschiedenen Ländern der Bundesrepublik Deutschland zu ausgewählten Aspekten der Integration. Vierteljahresschrift für Heilpädagogik und ihre Nachbargebiete 60, 1991, 18-29 (a)

RANDOLL, Dirk: Lernbehinderte in der Schule: Integration oder Segregation? Köln & Wien: Böhlau 1991 (b)

RAUCH, Judith: KOedukation. Emma 1989, H.1, 16-20

REICH, Hans H.: Sprachenvielfalt im Unterricht. Pädagogische Beiträge 38, 1987, H.12, 31-35

REICH, Hans H., NEUMANN, Ursula, KRÜGER-POTRATZ, Marianne & GOGOLIN, Ingrid: FABER. Ein Schwerpunktprogramm zur Erforschung der Folgen der Arbeitsmigration für Bildung und Erziehung. Migration 1989, H.6, 127-136

REICH, Hans H. & WITTEK, Fritz (Hrsg.): Migration - Bildungspolitik - Pädagogik. Aus der Diskussion um die interkulturelle Erziehung in Europa. Essen/Landau: ALFA 1984

REICHER, Hannelore: Zur schulischen Integration behinderter Kinder. Eine empirische Untersuchung der Einstellungen von Eltern. Zeitschrift für Pädagogik 37, 1991, 191-214

REINARTZ, Anton & SANDER, Alfred: Schulschwache Kinder in der Grundschule. 2 Bde. Frankfurt: Arbeitskreis Grundschule 1978

REINARTZ, Anton & SANDER, Alfred: Schulschwache Kinder in der Grundschule. Pädagogische Maßnahmen zur Vorbeugung und Verminderung von Schulschwäche in der Primarstufe. Weinheim: Beltz 1982

REISER, Helga R. (Hrsg.): Sonderschulen. Schulen für Ausländerkinder? Berlin 1981 (a)

REISER, Helga R.: Vergleichende Darstellung der Situation ausländischer Schüler in Vorbereitungs- und in Regelklassen. In: REISER 1981a, 6-26 (b)

REISER, Helmut: Nichtaussonderung bei Lern- und Verhaltensbeeinträchtigungen - eine Zwischenbilanz bisheriger Integrationsveruche. In: EBERWEIN 1988a, 248-255

REISER, Helmut: Probleme der Kooperation zwischen allgemeinen Pädagogen und Sonderpädagogen. In: DER SENATOR FÜR SCHULWESEN, BERUFSAUSBILDUNG UND SPORT 1989, 146-164 (a)

REISER, Helmut: Überlegungen zur Bedeutung des Integrationsgedankens für die Zukunft der Sonderpädagogik. In: DEPPE-WOLFINGER, Helga, PRENGEL, Annedore & REISER, Helmut: Konzepte der Integration im Primarbereich. Frankfurt: Universität 1989, 309-337 (b)

REISER, Helmut: Entwicklung der Fragestellung und Untersuchungsplan. In: DEPPE-WOLFINGER, PRENGEL & REISER 1990, 26-34 (a)

REISER, Helmut: Behinderungsformen in den Integrationsklassen. In: DEPPE-WOLFINGER, PRENGEL & REISER 1990, 41-46 (b)

REISER, Helmut: Ergebnisse der Untersuchung. In: DEPPE-WOLFINGER, PRENGEL & REISER 1990, 259-272 (c)

REISER, Helmut: Überlegungen zur Bedeutung des Integrationsgedankens für die Zukunft der Sonderpädagogik. In: DEPPE-WOLFINGER, PRENGEL & REISER 1990, 291-310 (d)

REISER, Helmut: Integration - Wege zu einer pädagogischen Reform? Gemeinsam Leben, Sonderheft 3/90, 1990, 9-20 (e)

REISER, Helmut: Wege und Irrwege zur Integration. In: SANDER & RAIDT 1991, 13-33

REISER, Helmut, GUTBERLET, Michael, KLEIN, Gabriele, KREIE, Gisela, KRON, Maria: Sonderschullehrer in Grundschulen. Weinheim: Beltz 1984

REISER, Helmut, KLEIN, Gabriele, KREIE, Gisela & KRON, Maria: Integration als Prozeß. Sonderpädagogik 16, 1986, 115-122 und 154-160

REMPT, Jutta: 'Man fühlt sich dermaßen bevormundet ...' Lebenshilfe-Zeitung, 1990, H.1, 5

REUTER, Lutz-Rainer & DODENHOEFT, Martin: Migrantenbildung in der Bundesrepublik Deutschland. Eine Literaturanalyse. Beiträge aus dem Fachbereich Pädagogik 3/1988. Hamburg: Universität der Bundeswehr 1988

RICHTER, Horst Eberhard: Der Gotteskomplex. Die Geburt und die Krise des Glaubens an die Allmacht des Menschen. Reinbek bei Hamburg: Rowohlt 1986

RIEDEL, Klaus: Gemeinsam lernen bei differenzierten Lernanforderungen. Integrationspädagogik als Herausforderung der Didaktik. Die Deutsche Schule 83, 1991, 444-460

RITTMEYER, Christel: Integration: kaum jemand will zurück... Päd. extra & demokratische erziehung 1990, H.3, 34-37

RODUST, Heike: Zur Praxis der Sprachtherapie. In: PROJEKTGRUPPE 1988, 103-119

RÖBER-SIEKMEYER, Christa: Sachunterricht in Grundschulklassen mit deutschen und ausländischen Schülern. Lernen in Deutschland 3, 1983, H.11, 36-44

RÖHNER, Charlotte: "Das vergißt Jochen nie". Wie geht man damit um: Gewalt von Jungen gegenüber Mädchen. Grundschule 17, 1985, H.2, 32-33

RÖHNER, Charlotte: 'Frauen sind wie Türken. Die kann ich auch nicht leiden.' Beobachtungen zum Geschlechtsverhältnis in der Grundschule. In: ENDERS-DRAGÄSSER & STANZEL 1986, 121-131

RÖHNER, Charlotte: Stark wie ein "Master" und bildschön wie eine "Barbie". Die Grundschulzeitschrift 1, 1987, H.9, 19-23

ROLFF, Hans-Günter, HANSEN, Georg, KLEMM, Klaus & TILLMANN, Klaus-Jürgen (Hrsg.): Jahrbuch der Schulentwicklung. Daten, Beispiele und Perspektiven Bd. 3. Weinheim: Beltz 1984

ROLFF, Hans-Günter, KLEMM, Klaus, PFEIFFER, Hermann & RÖSNER, Ernst (Hrsg.): Jahrbuch der Schulentwicklung. Daten, Beispiele und Perspektiven Bd. 5. München: Juventa 1988

ROLOFF, Christine, METZ-GÖCKEL, Sigrid, KOCH, Christa & HOLZRICHTER, Elke: Nicht nur ein gutes Examen. Forschungsergebnisse aus dem Projekt: Studienverlauf und Berufseinstieg von Frauen in Naturwissenschaft und Technologie - Die Chemikerinnen und Informatikerinnen. Dortmund: Universität 1987

ROSENBERGER, Manfred (Hrsg.): Ratgeber gegen Aussonderung. Heidelberg: Schindele 1988

ROSER, Ludwig O.: Wo es keine Behinderung mehr gibt. Schulen ohne Aussonderung in Italien. päd. extra 1981, H.3, 16-21 (a)

ROSER, Ludwig O.: Wer hat Angst vorm behinderten Schüler? päd. extra 1981, H.10, 40-44 (b)

ROSER, Ludwig O.: Schule ohne Aussonderung in Italien. In: DEPPE-WOLFINGER 1983, 155-161 (a)

ROSER, Ludwig O.: Förderung Behinderter durch eine aufgeschlossenere Umwelt im natürlichen Lebensbereich. Erfahrungen und Vorschläge. Behinderte in Familie, Schule und Gesellschaft, 1983, H.1, 45-50 (b)

ROSER, Ludwig O.: Die Förderung der Normalität im behinderten Kinde. In: HINZ & WOCKEN 1987, 97-103 (a)

ROSER, Ludwig O.: Gegen die Logik der Sondereinrichtung. Behinderte in Familie, Schule und Gesellschaft, 1987, H.2, 36-53 (b)

ROSER, Ludwig O. & MILANI-COMPARETTI, Adreano: Förderung der Normalität und Gesundheit in der Rehabilitation. Voraussetzung für die reale Anpassung behinderter Menschen. In: WUNDER & SIERCK 1982, 77-88

ROTH, Wolfgang K. (Hrsg.): Ausländerpädagogik I. Unterricht und Elternarbeit. Stuttgart: Kohlhammer 1985 (a)

ROTH, Wolfgang K.: Schul-Leistungssituation von Ausländerkindern. In: ROTH 1985a, 11-71 (b)

ROTHMAYR, Angelika: Zur Integration sog. schwerstbehinderter in integrativen Gruppen. In: DEUTSCHER VEREIN FÜR ÖFFENTLICHE UND PRIVATE FÜRSORGE (Hrsg.): Integrative Erziehung behinderter und nichtbehinderter Kinder. Materialien für die sozialpädagogische Praxis 16. Frankfurt am Main: Selbstverlag 1988, 77-92

ROTHMAYR, Angelika: Schwerstmehrfachbehinderte Kinder im integrativen Kindergarten. Bonn: Reha 1989

RUHLOFF, Jörg (Hrsg.): Aufwachsen im fremden Land. Probleme und Perspektiven der "Ausländerpädagogik". Frankfurt: Lang 1982 (a)

RUHLOFF, Jörg: Bildung und national-kulturelle Orientierung. In: RUHLOFF 1982a, 177-194 (b)

RUHLOFF, Jörg: Zur Einführung. In: RUHLOFF 1982a, 3-9 (c)

RUHLOFF, Jörg: Ausländersozialisation oder kulturüberschreitende Bildung? In: BORRELLI 1986a, 186-200

SACHVERSTÄNDIGENKOMMISSION SECHSTER JUGENDBERICHT (Hrsg.): Koedukation - Jungenschule auch für Mädchen? Opladen: Leske & Budrich 1986

SAKAR, Alpay: Kulturelle Bedürfnisse der Türken - Integration und Ausländerkulturarbeit. In: DJI 1987, 223-228

SANDER, Alfred: Behinderungsbegriffe und ihre Konsequenzen für die Integration. In: EBERWEIN 1988a, 75-82

SANDER, Alfred: Schulische Integration von Kindern und Jugendlichen mit Behinderungen im Saarland 1989. In: SANDER U.A. 1990, 9-38

SANDER, Alfred: Integration behinderter Schüler und Schülerinnen als Gegenstand der Lehreraus- und -fortbildung. In: MEISTER & SANDER 1993, 191-201

SANDER, Alfred, BACKES, Ilse, CHRIST, Klaus, HILDESCHMIDT, Anne, JUNG, Joachim, KRÄMER, Herbert & MOLARO-PHILIPPI, Iris: Schulische Integration behinderter Kinder und Jugendlicher im Saarland - Jahresbericht 1986. Saarbrücken: Universität, Arbeitseinheit Sonderpädagogik 1987

SANDER, Alfred & CHRIST, Klaus: Sonderschule oder Integration - zur gegenwärtigen rechtlichen und tatsächlichenn Situation in der Bundesrepublik Deutschland. Recht der Jugend und des Bildungswesens 34, 1986, 170-181

SANDER, Alfred, CHRIST, Klaus, FUCHS, Isolde, HILDESCHMIDT, Anne, JUNG, Joachim, KRÄMER, Herbert, MOLARO-PHILIPPI, Iris & RAIDT, Peter: Behinderter Kinder und Jugendliche in Regelschulen. Jahresbericht 1987 über schulische Integration im Saarland. St. Ingbert: Röhrig 1988

SANDER, Alfred, CHRIST, Klaus, FRANCK-WEBER, Barbara, FUCHS, Isolde, HILDESCHMIDT, Anne, JUNG, Joachim, MOLARO-PHILIPPI, Iris, RAIDT, Peter & SCHULER, Sigrid: Integration behinderter Kinder und Jugendlicher in Regelschulen - Jahresbericht 1988 aus dem Saarland. St. Ingbert: Röhrig 1989

SANDER, Alfred, CHRIST, Klaus, FRANCK-WEBER, Barbara, FUCHS, Isolde, HILDESCHMIDT, Anne, JUNG, Joachim, MOLARO-PHILIPPI, Iris, RAIDT, Peter & SCHULER, Sigrid: Gemeinsame Schule für behinderte und nichtbehinderte Kinder und Jugendliche. Jahresbericht 1989 aus dem Saarland. St. Ingbert: Röhrig 1990

SANDER, Alfred & HILDESCHMIDT, Anne: Behinderte Kinder: Grundschule oder Sonderschule? - Hinweise für eine Entscheidung "vor Ort". In: PORTMANN, Rosemarie (Hrsg.): Kinder kommen zur Schule. Frankfurt: Arbeitskreis Grundschule 1988, 118-125

SANDER, Alfred & RAIDT, Peter (Hrsg.): Integration und Sonderpädagogik. Referate der 27. Dozententagung für Sonderpädagogik in deutschsprachigen Ländern im Oktober 1990 in Saarbrücken. St. Ingbert: Röhrig 1991

SANDFUCHS, Uwe (Hrsg.): Lehren und Lernen mit Ausländerkindern. Grundlagen - Erfahrungen - Praxisanregungen. Bad Heilbrunn: Klinkhardt 1981

SARGES, Heidrun: Mädchen und Mathematikunterricht. In: DJI 1984, 196-212

SAUSEN, Helmut: Die Integrationspolitik der Bundesregierung zugunsten der zweiten und dritten Ausländergeneration. In: FUCHS & WOLLMANN 1987, 36-40

SAYLER, Wilhelmine M.: Ausländerpädagogik - Integrative Pädagogik: Zum Problemhorizont einer wissenschaftlichen Teildisziplin. Lernen in Deutschland 11, 1991, 16-36

SCHÄFER, Georg: Die Entwicklung systematischer Beobachtungsverfahren für den integrativen Unterricht. In: DUMKE 1991a, 57-108

SCHEFFEL, Heidi & THIES, Wiltrud: Parteilichkeit im koedukativen Sportunterricht: Schritte zur Selbstbestimmung von Mädchen! In: ENDERS-DRAGÄSSER & FUCHS 1990, 353-366

SCHERON, Bodo & SCHERON, Ursula (Hrsg.): Politisches Lernen mit Ausländerkindern. Düsseldorf: Schwann 1984 (a)

SCHERON, Bodo & SCHERON, Ursula: Gastarbeiter: Ein gesellschaftspolitisches und/oder pädagogisches Problem? In: SCHERON & SCHERON 1984a, 13-46 (b)

SCHERON, Bodo & SCHERON, Ursula: Qualifizierungsmöglichkeiten für die pädagogische Arbeit mit Gastarbeitern bzw. Gastarbeiterkindern. In: SCHERON & SCHERON 1984a, 121-176 (c)

SCHEU, Ursula: Wir werden nicht als Mädchen geboren, wir werden dazu gemacht. Frankfurt am Main: Fischer 1977

SCHIERSMANN, Christiane & SCHMIDT, Christiane: "Da heißt es dann, alle Mädchen sind so". Geschlechterdifferenz bei der Auseinandersetzung mit neuen Technologien. Pädagogik 42, 1990, H.7-8, 45-49

SCHINDELE, Rudolf (Hrsg.): Unterricht und Erziehung Behinderter in Regelschulen. Rheinstetten: Schindele 1977

SCHINNEN, Maria: Klassenbergreifende Förderung als Teil integrativer Unterrichtspraxis. In: PROJEKTGRUPPE 1988, 120-129 (a)

SCHINNEN, Maria: Stephan und Sebastian, zwei hörbehinderte Kinder. In: PROJEKTGRUPPE 1988, 186-201 (b)

SCHIRMACHER, Annerose: Lernbehinderte ausländische Schüler. Weinheim: Deutscher Studien Verlag 1990

SCHLESWIG-HOLSTEINISCHES SCHULGESETZ (SchulG). Kiel: Die Ministerin für Bildung, Wissenschaft, Kultur des Landes Schleswig-Holstein 1990

SCHLEY, Wilfried: Integration als Herausforderung. In: SCHLEY, BOBAN & HINZ 1989, 13-26 (a)

SCHLEY, Wilfried: Wissenschaftliche Begleitung von Integrationsklassen in der Sekundarstufe I ... was ist das eigentlich? In: SCHLEY, BOBAN & HINZ 1989, 27-48 (b)

SCHLEY, Wilfried: Befragung der Integrationsteams in der Sek I. In: SCHLEY, BOBAN & HINZ 1989, 279-328 (c)

SCHLEY, Wilfried: Teamentwicklung in Integrationsklassen. In: SCHLEY, BOBAN & HINZ 1989, 329-348 (d)

SCHLEY, Wilfried: Wie weit sind wir gekommen? In: SCHLEY, BOBAN & HINZ 1989, 349-358 (e)

SCHLEY, Wilfried: Sonderpädagogen zwischen Identitätsverlust und Neuorientierung: Präventive und integrative Arbeitsformen als Wege aus der Krise!? In: SASSE, Otto & STOELLGER, Norbert (Hrsg.): Offene Sonderpädagogik - Innovationen in sonderpädagogischer Theorie und Praxis. Lang: Frankfurt am Main 1989 (f)

SCHLEY, Wilfried: Integration - eine pädagogische Herausforderung. Hamburg macht Schule 1, 1989, H.6, 5-8 (g)

SCHLEY, Wilfried: Sonderpädagogen zwischen Identitätsverlust und Neuorientierung. Wege aus der Krise. Zeitschrift für Heilpädagogik 41, 1990, Beiheft 17, 246-251 (a)

SCHLEY, Wilfried: Wissenschaftliche Begleitung als Team-Supervision. In: SCHUCK 1990, 138-166 (b)

SCHLEY, Wilfried: Wissenschaftliche Begleitung als interventive Forschung. Gesamtschul-Informationen 21, 1990, H.3/4, 145-170 (c)

SCHLEY, Wilfried: Wir schreiben unser Drehbuch selbst ... oder: Wie entwickelt sich Integration in der Sekundarstufe I? Pädagogik 43, 1991, H.1, 10-14

SCHLEY, Wilfried, BOBAN, Ines & HINZ, Andreas (Hrsg.): Integrationsklassen in Hamburger Gesamtschulen. Erste Schritte zur Integrationspädagogik im Sekundarstufenbereich. Hamburg: Curio 1989

SCHLEY, Wilfried, DAHMKE, Ulrike, HOFFMANN, Annegret, NIERMEYER, Gerda, POPPE, Marianne: Integrationsklassen in der Sekundarstufe I. "Bergedorfer Erfahrungen". Gesamtschul-Informationen 21, 1990, H.3-4, 144-215

SCHLÖMERKEMPER, Jörg: Bildung für alle. Über das Verhältnis von Egalität und Bildung. Die Deutsche Schule 78, 1986, 405-416

SCHLÖMERKEMPER, Jörg: Pädagogische Integration. Über einen schwierigen Leitbegriff pädagogischen Handelns. Die Deutsche Schule 81, 1989, 316-329

SCHMIDT, Georg: "Integration" - ein pädagogisches Schlagwort. In: REISER 1981a, 49-69

SCHMIDT, Hilde: Übergang und Integration. Aufnahme behinderter Kinder in die Sekundarstufe I einer Regelschule. In: PORTMANN, Rosemarie, WIEDERHOLD, Karl A. & MITZLAFF, Hartmut (Hrsg.): Übergänge nach der Grundschule. Frankfurt: Arbeitskreis Grundschule 1989, 80-89

SCHMIDT-WULFFEN, Wulf: Ethnozentrismus/Eurozentrismus. In: JANDER, SCHRAMKE & WENZEL 1982, 55-60 (a)

SCHMIDT-WULFFEN, Wulf: Unterentwicklung/Dritte Welt. In: JANDER, SCHRAMKE & WENZEL 1982, 494-502 (b)

SCHMIDTBAUER, Walter: 18 Menschen arbeiten zusammen. Schulalltag in einer Integrationsklasse. päd. extra & demokratische erziehung 1988, H. 2, 17-20

SCHMINCK-GUSTAVUS, Gisela: Schüler als Lehrer und Schule heißt okul. In: BOLTE, Heinz (Hrsg.): Schule heißt okul. Schulpraktische Versuche zur Integration ausländischer Kinder in die deutsche Schule. Arbeitsberichte Folge 18/81. Bremen: Wissenschaftliches Institut für Schulpraxis 1981, 108-189

SCHMITT, Guido: Allgemeine Prinzipien. In: ROTH 1985a, 72-82 (a)

SCHMITT, Guido: Deutschunterricht In: ROTH 1985a, 82-107 (b)

SCHMITT, Peter: Zwei Sprachen in einer Schulklasse. Süddeutsche Zeitung vom 22.4.1991

SCHMITTER, Romina: Die Gleichberechtigung der Lehrerinnen. In: ENDERS-DRAGÄSSER & FUCHS 1990, 52-59

SCHNACK, Dieter & NEUTZLING, Rainer: Kleine Helden in Not. Jungen auf der Suche nach Männlichkeit. Reinbek bei Hamburg: Rowohlt 1990

SCHNEIDER, Gerhard: Die Entwicklung der Integration in Schulen der Sekundarstufe I unter besonderer Berücksichtigung der Gesamtschule. In: SANDER & RAIDT 1991, 257-263

SCHNORRENBERG, Krista & VÖLKEL, Karin: Koedukation oder: Die Anpassung an das allgemein Männliche. In: PFISTER 1988, 61-72

SCHÖLER, Jutta (Hrsg.): Schule ohne Aussonderung in Italien. Berlin: Guhl 1983

SCHÖLER, Jutta: Das Zuammenleben von 'Behinderten' und 'Normalen' ist Normalität - Integrationspraxis in Italien. In: VALTIN, SANDER & REINARTZ 1984, 298-317

SCHÖLER, Jutta (Hrsg.): 'Italienische Verhältnisse' insbesondere in den Schulen von Florenz. Berlin: Guhl 1987 (a)

SCHÖLER, Jutta: Die Arbeit von Milani-Comparetti und ihre Bedeutung für die Nicht-Aussonderung behinderter Kinder in Italien und in der Bundesrepublik Deutschland. Behindertenpädagogik 26, 1987, 2-16 (b)

SCHÖLER, Jutta: 'Einzelintegration' auch aus einer Sonderschule heraus - was ist derzeit möglich? In: ROSENBERGER 1988, 99-106 (a)

SCHÖLER, Jutta: Einzelintegration - Alternative oder Lückenbüßer? In: MEISSNER & HESS 1988, 112-124 (b)

SCHÖLER, Jutta: An den Fähigkeiten des behinderten Kindes müssen wir uns orientieren. päd. extra & demokratische erziehung 1988, H. 2, 12-16 (c)

SCHÖLER, Jutta (Hrsg.): Ansätze zur Integration behinderter Kinder und Jugendlicher in den Ländern der Europäischen Gemeinschaft. Berlin: Technische Universität 1990

SCHÖNBERGER, Franz: Die Integration Behinderter als moralische Maxime. In: EBERWEIN 1988a, 63-69

SCHOLZ, Herbert: Zur Integration schwerstbehinderter Kinder: Grundlagen und Probleme schulpraktischer Umsetzungen - dargestellt am Beispiel der Grundschule Am Wasser in Bremen-Grohn. In: VDS 1990, 140-151

SCHOLZ, Reiner: SIEziehung statt ERziehung? Die Zeit Nr. 15, 6. April 1990, 17-20

SCHRADER, Achim, NIKLES, Bruno W. & GRIESE, Hartmut M.: Die Zweite Generation. Sozialisation und Akkulturation ausländischer Kinder in der Bundesrepublik. Königstein/Taunus 1979[2]

SCHREINER, Manfred: Ausländische Kinder in deutschen Regelklassen. Lernen in Deutschland 3, 1983, H.12, 23-26

SCHREINER, Manfred: Ausländische Kinder in deutschen Regelklassen. Zwischen Integration und Identität: Herausforderung und Chance für Interkulturelles Lernen. In: TUMAT 1986a, 246-256

SCHUCHARDT, Erika: Soziale Integration Behinderter. 2 Bde. Braunschweig: Westermann 1982[2]

SCHUCK, Karl Dieter (Hrsg.): Beiträge zur Integrativen Pädagogik. Weiterentwicklungen des Konzepts gemeinsamen Lebens und Lernens Behinderter und Nichtbehinderter. Hamburg: Buchwerkstatt 1990

SCHÜMER, Gundel: Geschlechtsunterschiede im Schulerfolg - Auswertung statistischer Daten. In: VALTIN & WARM 1985, 95-100

SCHULGESETZ der Freien und Hansestadt Hamburg. In: Verwaltungshandbuch für Schulen der Freien und Hansestadt Hamburg. Hamburg: Behörde für Schule und Berufsbildung 1983

SCHULTE, Brigitta M.: Kommen Mädchenschulen wieder? Zur neuen Debatte um Koedukation. Pädagogik 40, 1988, H.11, 40-43

SCHULTZ, Dagmar: Den Tunnelblick erweitern. In: ENDERS-DRAGÄSSER & FUCHS 1990, 60-64

SCHULZ-ZANDER, Renate: Gleichberechtigung von Mädchen und jungen Frauen in der informationstechnischen Bildung. In: ENDERS-DRAGÄSSER & FUCHS 1990, 139-169

SCHWARZ, Hermann: Prinzipien und Formen einer offenen Grundschule. Seelze: Friedrich 1987

SCHWARZ, Hermann: Zur Offenheit des Grundschulunterrichts. In: FÖLLING-ALBERS 1989, 146-158 (a)

SCHWARZ, Hermann: Was heißt 'gemeinsame Schule für alle' pädagogisch? Hamburg: Unveröff. Skript 1989 (b)

SCHWARZ, Hermann: Grundschulreform heute. Dokumentation Erziehungswissenschaft. Schriften aus dem FB 06 der Universität Hamburg. Heft 1 / 1991, 15-24

SCHWEITZER, Ingrid: Auch heute noch Sexismus in Fibeln? Eine Analyse. In: VALTIN & WARM 1985, 69-74

SCHWEITZER, Ingrid: Otto ist toll - Susanne weint. Neues zu Rollenklischees und Gleichberechtigung in Fibeln. Grundschule 23, 1991, H.1, 18-20

SCHWEITZER, Otto : Gastarbeiterkinder und Schule. In: ZITZKE 1983, Anhang

SEITH, Corinna: Nichtaussonderung von Kindern mit Lernschwierigkeiten durch Regelklassen mit Heilpädagogischer SchülerInnenhilfe. Vierteljahresschrift für Heilpädagogik und ihre Nachbargebiete 60, 1991, 282-295

SELBMANN, Frank: Fachdidaktik und Lernbehindertenpädagogik unter dem Aspekt der Ziel- und Mediendependenz. Die Sonderschule in Schleswig-Holstein, 1988, H.1-2, 22-35

SIERCK, Udo: Die Entwicklung der Krüppelgruppen. In: WUNDER & SIERCK 1982, 151-156

SIERCK, Udo: Integration aus der Sicht Behinderter. In: HINZ & WOCKEN 1987, 104-110

SIERCK, Udo: Behinderung und Ökologie. In: WOCKEN, ANTOR & HINZ 1988, 489-499

SIERCK, Udo: Das Risiko nichtbehinderte Eltern zu bekommen: Kritik aus der Sicht eines Behinderten. München: AG SPAK 1989

SIERCK, Udo & RADTKE, Nati: Die WohlTÄTER-Mafia. Vom Erbgesundheitsgericht zur Humangenetischen Beratung. Frankfurt: Mabuse 1989[5]

SINGER, Peter: Praktische Ethik. Stuttgart: Reclam 1984

SKINNINGSRUD, Tone: Mädchen im Klassenzimmer: warum sie nicht sprechen. Frauen + Schule 3, August 1984, 21-23

SLUPIK, Vera: Diskriminierung von Mädchen und Frauen in der Schule aus rechtlicher Sicht. In: ENDERS-DRAGÄSSER & FUCHS 1990, 36-51

SOCHUREK, Klaus-Peter: Von der Kooperation zwischen Grund- und Sonderschule zur "Schule ohne Aussonderung". Zeitschrift für Heilpädagogik 39, 1988, 334-338

SPECK, Otto: Konzepte und Organisationsformen sonderpädagogischer Hilfe im Bildungssystem - Rückblick und zukünftige Entwicklung. In: DER SENATOR FÜR SCHULWESEN, BERUFSAUSBILDUNG UND SPORT 1989, 11-30

SPECK, Otto & MARTIN, Klaus-Rainer (Hrsg.): Sonderpädagogik und Sozialarbeit. Handbuch der Sonderpädagogik Bd. 10. Berlin: Marhold 1990

SPENDER, Dale: Frauen kommen nicht vor. Sexismus im Bildungswesen. Frankfurt: Fischer 1985

SPRINGER, Monika: Die pädagogische Kompetenz von Lehrern. Was leisten Förderzentren an Grundschulen? Weinheim: Beltz 1982

SROCKE, Bettina: Mädchen und Mathematik. Historisch-systematische Untersuchung der unterschiedlichen Bedingungen des Mathematiklernens von Mädchen und Jungen. Wiesbaden: Deutscher Universitäts-Verlag 1989

STALMANN, Franziska: Die Schule macht die Mädchen dumm. Die Probleme mit der Koedukation. München: Piper 1991 (a)

STALMANN, Franziska: Die Reform einer Reform. Wie Koedukation erkämpft wurde und wie man sie nun verbessern muß. Päd extra 19, 1991, H.9, 6-10 (b)

STANZEL, Gabriele: 'Mädchen und Jungen'. Verändertes Rollenverhalten als gesellschaftspolitisches Lernziel in der Grundschule. In: ENDERS-DRAGÄSSER & STANZEL 1986, 133-152

STAUDTE, Adelheid: Für Koedukation und Geschlechterdifferenz in der ästhetischen Erziehung. Die Grundschulzeitschrift 5, 1991, H.41, 32-40

STEFFEN, Gabriele: Interkulturelles Lernen - Lernen mit Ausländern. In: SANDFUCHS 1981, 56-68

STEINMÜLLER, Ulrich: Schulorganisation, Sprachunterricht und Schulerfolg am Beispiel türkischer Schüler in Berlin (West). Diskussion Deutsch 20, 1989, 136-145

STOELLGER, Norbert: Kooperation zwischen Grund- und Sonderschullehrern - Sonderpädagogik an der Grundschule. Zeitschrift für Heilpädagogik 32, 1981, 107-110

STOELLGER, Norbert: Erfahrungen mit dem Zwei-Pädagogen-System im gemeinsamen Unterricht für behinderte und nichtbehinderte Kinder. In: MUTH U.A. 1982, 43-52 (a)

STOELLGER, Norbert: Erfahrungsbericht zum gemeinsamen Unterricht für behinderte und nichtbehinderte Kinder an einer Berliner Grundschule. In: KLEIN, MÖCKEL & THALHAMMER 1982, 102-107 (b)

STOELLGER, Norbert: Behinderte und nichtbehinderte Kinder in gemeinsamen Klassen der Fläming-Grundschule in Berlin. In: DEPPE-WOLFINGER 1983, 170-194 (a)

STOELLGER, Norbert: Sieben Jahre integrative Grundschule - und was dann? Grundschule 1983, H.10, 38-43 (b)

STOELLGER, Norbert: Was passiert nach der Grundschule? - Fortführung der gemeinsamen Schulerziehung in der Sekundarstufe. In: PROJEKTGRUPPE 1988, 333-353

STROBL, Ingrid: Koedukation macht Mädchen dumm! Ein Plädoyer für Mädchenschulen? Emma 1981, H.3, 8-13

STRÜFING, Christine: Förderung der Schriftsprachkompetenz durch Binnendifferenzierung im Rechtschreiben in Grundschulklassen mit hohem Ausländeranteil. Lernen in Deutschland 5, 1985, 8-17

STÜWE, Gerd: Sozialisation und Lebenslage ausländischer Jugendlicher. In: DJI 1987, 137-154

STÜWE, Gerd: Lebenslagen und Bewältigungsstrategien junger Ausländer. In: LAJIOS 1991, 107-134

SUCHAROWSKI, Wolfgang: Kooperation in der Schule - Erfahrungen aus einem Schulversuch. Zeitschrift für Heilpädagogik 41, 1990, 217-234

SUCHAROWSKI, Wolfgang, LIEB, Barbro, KAAK, Silke & NEHLSEN, Lisbeth: Verhalten zwischen Verständigung und Verstehen.Kommunikationsanalysen zum gemeinsamen Unterricht von behinderten und nichtbehinderten Kindern in der Grundschule. Kiel: IK Forschungsprojekt 1988

SWIFT, James (Hrsg.): Bilinguale und multikulturelle Erziehung. Würzburg: Königshausen + Neumann 1982

TENT, Lothar, WITT, Matthias, BÜRGER, Wolfgang & ZSCHOCKE-LIEBERUM, Christiane: Ist die Schule für Lernbehinderte überholt? Heilpädagogische Forschung 17, 1991, H.1, 3-13 (a)

TENT, Lothar, WITT, Matthias, ZSCHOCKE-LIEBERUM, Christiane & BÜRGER, Wolfgang: Über die pädagogische Wirksamkeit der Schule für Lernbehinderte. Zeitschrift für Heilpädagogik 42, 1991, 289-320 (b)

THALHAMMER, Manfred (Hrsg.): Gefährdungen des behinderten Menschen im Zugriff von Wissenschaft und Praxis. Anfragen an Sondererziehung und Therapie. München: Reinhardt 1986

THIES, Wiltrud: Ausstieg aus der Koedukation? Demokratische Erziehung 13, 1987, H.10, 22-25

THIMM, Walter, FERBER, Christian von, SCHILLER, Burkhard & WEDEKIND, Rainer: Ein Leben so normal wie möglich führen. Zum Normalisierungskonzept in der Bundesrepublik Deutschland und Dänemark. Marburg: Bundesvereinigung Lebenshilfe 1985

THOMAS, Helga: Modellversuch "Integration ausländischer Schüler an Gesamtschulen. Abschlußbericht der Wissenschaftlichen Begleitung. 2 Bde. (Sonderhefte der Gesamtschulinformationen). Berlin: Pädagogisches Zentrum 1987 (a)

THOMAS, Helga: Zusammenfassende Darstellung der Wissenschaftlichen Begleitung zum Modellversuch "Integration ausländischer Kinder an Gesamtschulen" an der 2. Oberschule in Berlin-Kreuzberg und der 1. Oberschule in Berlin-Tiergarten. In: THOMAS 1987a, 7-55 (b)

THÜRMANN, Eike: Muttersprachlicher Unterricht für ausländische Schüler. Zum Beispiel in Nordrhein-Westfalen. Pädagogische Beiträge 38, 1987, H.12, 36-41

TOMSCHIK, Ruth: Freie Arbeit - Ausländische Schüler - Integration. Lernen in Deutschland 3, 1983, H.13, 28-29

TORNIEPORTH, Gerda: Rollenklischees in der Schulausbildung. Beispiel Arbeitslehre. In: KUHN, Annette & TORNIEPORTH, Gerda (Hrsg.): Frauenbildung und Geschlechtsrolle. Gelnhausen: Burckhardthaus-Laetare 1980, 15-68

TREESS, Uwe: Unterricht als Kooperationsprojekt. In: WOCKEN, ANTOR & HINZ 1988, 347-358

TREPPTE, Carmen: Die alltägliche Entdeckung der Welt. Pädagogische Beiträge 38, 1987, H.12, 8-12

TRÖMEL-PLÖTZ, Senta: Frauen und Macht in der Sprache. In: BREHMER 1982a, 189-20

TRÖMEL-PLÖTZ, Senta (Hrsg.): Gewalt durch Sprache. Die Vergewaltigung von Frauen in Gesprächen. Frankfurt am Main: Fischer 1984

TRÖMEL-PLÖTZ, Senta: Sexismus in der Sprache. In: FEMININ - MASKULIN 1989, 72-75

TUMAT, Alfred J. (Hrsg.): Migration und Integration. Interkulturelle Erziehung in Praxis und Theorie Bd. 3. Baltmannsweiler: Burgbücherei Schneider 1986 (a)

TUMAT, Alfred J.: "Stichwörter". In: TUMAT 1986a, 72-95 (b)

TUMAT, Alfred J.: Probleme der Ausbildung von Lehrern für den Unterricht mit ausländischen Kindern. In: TUMAT 1986a, 291-299 (c)

TUMAT, Alfred J. & KEUDEL, Ulrich (Hrsg.): Unterricht für Kinder ausländischer Arbeitnehmer (III). Kiel: Schmidt und Klauning 1981

TWITCHIN, John & DEMUTH, Clare: Sensibilisierung für das Problem des Rassismus im Schulsystem: Fragenkatalog zu Einstellungen. In: HOHMANN & REICH 1989, 237-264

ULICH, Michaela: Kulturarbeit mit ausländischen Kindern - was können deutsche Pädagogen tun? In: DJI 1987, 203-217

VALTIN, Renate & KOPFFLEISCH, Richard: "Mädchen heulen immer gleich" - Stereotype bei Mädchen und Jungen. In: VALTIN & WARM 1985, 101-109

VALTIN, Renate, SANDER, Alfred & REINARTZ, Anton (Hrsg.): Gemeinsam leben - gemeinsam lernen. Behinderte Kinder in der Grundschule - Konzepte und Erfahrungen. Frankfurt: Arbeitskreis Grundschule 1984

VALTIN, Renate & WARM, Ute (Hrsg.): Frauen machen Schule. Probleme von Mädchen und Lehrerinnen in der Grundschule. Frankfurt: Arbeitskreis Grundschule 1985

VANGEROW, Hans-Heinrich: Allen hilft der Wald. Waldtherapie für behinderte Jugendliche. Lebenshilfe 18, 1979, 170-173

VDS (Verband Deutscher Sonderschulen): Von der Schule für Lernbehinderte zum Sonderpädagogischen Förderzentrum. Zeitschrift für Heilpädagogik 40, 1989, 868-870

VDS (Verband Deutscher Sonderschulen) (Hrsg.): Entwicklungsförderung schwerstbehinderter Kinder und Jugendlicher. Tagungsbericht zur Fachtagung vom 9.-10. September 1988 in Hamburg. Hamburg: Selbstverlag 1990

VERNOOJ, Monika A.: Überlegungen und Konzepte zur Aus-, Fort- und Weiterbildung von Pädagogen in integrativen Einrichtungen. In: SANDER & RAIDT 1991, 265-274

VIERLINGER, Rupert: Die Neue Hauptschule - ein glückloser Kompromiß. Erziehung und Unterricht (Österreich) 138, 1988, 546-553

VOIT, Helga: Unterschiedliche Aspekte der sozialen Integration Gehörloser - Pädagogische Konsequenzen. In: SANDER & RAIDT 1991, 186-195

VOSS-FRANZEN, Elisabeth & ZIMMER, Christa: Freie Arbeit in der Klasse 4d. In: PROJEKTGRUPPE 1988, 79-82

WAGNER, Angelika C.: Geschlechtsspezifische Sozialisation und schulische Erziehung. In: GEW BV WESER-EMS 1988, 47-62

WAGNER, Angelika C., FRASCH, Heidi & LAMBERTI, Elke: Mann - Frau: Rollenklischees im Unterricht. München: Urban & Schwarzenberg 1978

WAGNER, Angelika C., BARZ, Monika, MAIER-STÖRMER, Susanne, UTTENDORFER-MAREK, Ingrid, WEIDLE, Renate: Bewußtseinskonflikte im Schulalltag. Denk-Knoten bei Lehrern und Schülern erkennen und lösen. Weinheim: Beltz 1984

WAHL, Jürgen: Das Konzept des integrativen Unterrichts an der Gesamtschule. In: DUMKE 1991a, 17-23

WALLRABENSTEIN, Wulf: Offener Unterricht in der Grundschule. In: GEW BV WESER-EMS 1988, 122-131

WALLRABENSTEIN, Wulf: Offene Schule - Offener Unterricht. Ratgeber für Eltern und Lehrer. Reinbek bei Hamburg: Rowohlt 1991

WARM, Ute: Aktuelle Grundschulstatistik: 79 % Frauen, davon 7 % bis 45 Jahre und 41 % in Teilzeit. Grundschule 17, 1985, H.2, 20-21

WARZECHA, Birgit: 'Wir sind doch alle Mädchen - und Frau W. auch !' Frauen + Schule, 1987, H.18, 12-16

WEIGT, Michael (Hrsg.): Schulische Integration von Behinderten. Weinheim: Beltz 1977

WELZEL, Steffen: Von unten getragen - von oben gestützt. Bildungsreform nach der Wende im Saarland. Erziehung und Wissenschaft 1988, H.9, 6-12

WESCHKE-MEISSNER, Margret: Der stille Beitrag der Mädchen zur Schulkultur. Die Deutsche Schule, Beiheft 1, 1990, 89-96

WEYERHÄUSER, Elma: Ist Mathematik nicht so wichtig für Mädchen? In: ENDERS-DRAGÄSSER & FUCHS 1990, 280-290

WILDT, Carola & NAUNDORF, Gabriele: 'Der Streit um die Koedukation'. In: SACHVERSTÄNDIGENKOMMISSION SECHSTER JUGENDBERICHT 1986, 88-174

WILKEN, Etta: Gemeinsames Lernen behinderter und nichtbehinderter Grundschüler unter besonderer Berücksichtigung geistigbehinderter Kinder. Sonderschule in Niedersachsen 1987, H.2, 37-45

WILKEN, Etta: Möglichkeiten und Probleme des integrativen Unterrichts - unter besonderer Berücksichtigung der geistigbehinderten Schüler. In: SANDER & RAIDT 1991, 232-240

WINTERS-OHLE, Elmar: Zum muttersprachlichen Unterricht mit ausländischen Schülern im Rahmen einer zweisprachigen Erziehung in der Bundesrepublik Deutschland. Diskussion Deutsch 20, 1989, 114-118

WOCKEN, Hans: Integration und Leistung. In: HINZ & WOCKEN 1987, 111-124 (a)

WOCKEN, Hans: Integrationsklassen in Hamburg. In: WOCKEN & ANTOR 1987, 65-90 (b)

WOCKEN, Hans: Das Aufnahmeverfahren für Integrationsklassen. In: WOCKEN & ANTOR 1987, 118-124 (c)

WOCKEN, Hans: Eltern und schulische Integration. In: WOCKEN & ANTOR 1987, 125-202 (d)

WOCKEN, Hans: Soziale Integration behinderter Kinder. In: WOCKEN & ANTOR 1987, 203-275 (e)

WOCKEN, Hans: Schulleistungen in Integrationsklassen. In: WOCKEN & ANTOR 1987, 276-306 (f)

WOCKEN, Hans: Schulleistungen in heterogenen Lerngruppen. In: EBERWEIN 1988a, 255-260 (a)

WOCKEN, Hans: Bilanz und Perspektiven des Schulversuchs Integrationsklassen. In: WOCKEN, ANTOR & HINZ 1988, 49-60 (b)

WOCKEN, Hans: Kriterien der Aufnahme behinderter Kinder. In: WOCKEN, ANTOR & HINZ 1988, 87-97 (c)

WOCKEN, Hans: Sonderschullehrer in Integrationsklassen. In: WOCKEN, ANTOR & HINZ 1988, 185-198 (d)

WOCKEN, Hans: Kooperation von Pädagogen in integrativen Grundschulen. In: WOCKEN, ANTOR & HINZ 1988, 199-274 (e)

WOCKEN, Hans: Offener Unterricht. In: WOCKEN, ANTOR & HINZ 1988, 359-377 (f)

WOCKEN, Hans: Integrative Prozesse. In: WOCKEN, ANTOR & HINZ 1988, 437-447 (g)

WOCKEN, Hans: Zum Primat der Integration. Papier zur Abschlußtagung des Modellversuchs "Integrationsklassen in Hamburger Grundschulen". Hamburg: Unveröff. Skript 1988 (h)

WOCKEN, Hans: Gemeinsame Lernsituationen. Hamburg: Unveröff. Skript 1988 (i)

WOCKEN, Hans: Erfahrungen mit integrativen und präventiven Maßnahmen. In: BSJB 1989a, 4-13

WOCKEN, Hans: Sonderpädagogisches Förderzentrum. In: SCHUCK 1990, 33-60

WOCKEN, Hans: Integration heißt auch: Arbeit im Team. Bedingungen und Prozesse kooperativer Arbeit. Pädagogik 43, 1991, H.1, 18-22 (a)

WOCKEN, Hans: Ambulante Sonderpädagogik. Zeitschrift für Heilpädagogik 42, 1991, 104-111 (b)

WOCKEN, Hans: Bewältigung von Andersartigkeit. Untersuchungen zur Sozialen Distanz in verschiedenen Schulen. In: GEHRMANN, Petra & HÜWE, Birgit (Hrsg.): Forschungsprofile der Integration von Behinderten. Bochumer Symposion 1992. Essen: Neue Deutsche Schule 1993, 86-106

WOCKEN, Hans & ANTOR, Georg (Hrsg.): Integrationsklassen in Hamburg. Erfahrungen - Untersuchungen - Anregungen. Solms-Oberbiel: Jarick 1987

WOCKEN, Hans, ANTOR, Georg & HINZ, Andreas (Hrsg.): Integrationsklassen in Hamburger Grundschulen. Bilanz eines Modellversuchs. Hamburg: Curio 1988

WUNDER, Michael: Wider die Therapiesucht! In: WUNDER & SIERCK 1982, 73-76

WUNDER, Michael & SIERCK, Udo (Hrsg.): Sie nennen es Fürsorge. Behinderte zwischen Widerstand und Vernichtung. Berlin: Verlagsgesellschaft Gesundheit 1982

ZÄH, Karin (Hrsg.): 6. Treffen der BundesArbeitsGemeinschaft Eltern gegen Aussonderung von Kindern mit Behinderungen. Reutlingen 7./8. Mai 1988. Reutlingen: Selbstverlag 1989

ZIELKE, Gitta: Einsatz von Sonderpädagogen/innen in integrativ arbeitenden Grundschulen. In: EBERWEIN 1988a, 227-234

ZIELKE, Gitta: Die 'Gutachtenkinder'. In: HEYER, PREUSS-LAUSITZ & ZIELKE 1990, 41-62 (a)

ZIELKE, Gitta: Aufgaben und Tätigkeiten der Sonderpädagoginnen und Sonderpädagogen. In: HEYER, PREUSS-LAUSITZ & ZIELKE 1990, 153-163 (b)

ZIELKE, Gitta: Das Berliner Konzept der Lehrerfortbildung zum gemeinsamen Unterricht von behinderten und nichtbehinderten Schülern - erste Erfahrungen nach einem Jahr der Erprobung. In: SANDER & RAIDT 1991, 275-282

ZIMMER, Jürgen: Interkulturelle Erziehung: Eine konkrete Utopie? In: Die Zeit vom 21.11.1980. Veröffentlicht u.a. In: ESSINGER & UÇAR 1984, 237-239

ZIMMER, Jürgen: Interkulturelle Erziehung als Erziehung zur internationalen Verständigung. In: BORRELLI 1986a, 225-242

ZIMMER, Jürgen: Interkulturelle Erziehung in Kindergarten und Grundschulen In: FUCHS & WOLLMANN 1987, 231-250

ZITZKE, Renate: Elementarerziehung und Grundschulprobleme von Kindern ausländischer Arbeitnehmer. München: DJI 1983

ZOGRAFOU, Andreas: Die Schulfrage der Griechen. Informationsdienst zur Ausländerarbeit 1982, H.3, 106-114

ZUMBÜHL, Ursula: Learning English and Sexism. In: BREHMER 1982a, 94-102

ZWEIUNDZWANZIGSTES GESETZ zur Änderung des Schulgesetzes für Berlin (22. ÄndSchulG). Gesetzes- und Verordnungsblatt für Berlin 46. Jg., Nr. 77, 27. Oktober 1990, 2202